오피스 실무역량 강화 프로젝트 4

POWERPOINT 2013 MASTERBOOK

파워포인트 2013

마스터링 북

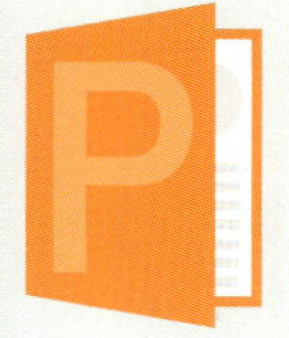

파워포인트 기초 + 활용
인포그래픽 + 애니메이션 + 프리젠테이션 기술

김민구 · 오병관 · 음준식 저

파워포인트 2013 마스터링 북

| 만든 사람들 |

기획 IT · CG기획부 **| 진행** 양종엽 **| 집필** 김민구 · 오병관 · 음준식 **| 편집 디자인** 아이디어스토리지 **| 표지 디자인** 전민경

| 책 내용 문의 |

도서 내용에 대해 궁금한 사항이 있으시면
디지털북스 홈페이지의 게시판을 통해서 해결하실 수 있습니다.
디지털북스 홈페이지 : www.digitalbooks.co.kr
E-Mail : digital@digitalbooks.co.kr
김민구 : willy1hour@naver.com
오병관 : obkorea@naver.com
음준식 : eum425@hanmail.net

| 각종 문의 |

영업관련 hi@digitalbooks.co.kr
기획관련 dgbookplan@digitalbooks.co.kr 또는 digital@digitalbooks.co.kr
전화번호 (02) 447-3157~8

이 책을 쓰면서…

프레젠테이션 디자인이라는 분야를 처음 접했던 때가 생각난다. 처음 프레젠테이션 디자인을 경험했을 때나 현재에서 프레젠테이션 디자인이 지향하는 점은 같다. 바로 '정보의 전달'이다. 하지만 디자인의 방법과 툴은 꾸준히 변화해왔다. 이러한 툴은 '파워포인트', '키노트', '프레지' 등의 프레젠테이션 툴이 있으며 현재에는 이러한 툴 이외에도 다양한 방법으로 프레젠테이션이 이루어지고 있다. 그리고 이러한 프레젠테이션 제작 툴의 변화는 프레젠테이션을 편집하고 디자인하며, 그리고 발표하는데 있어 더욱 효과적이며 좀 더 빠르게 우리에게 결과물을 보여줄 수 있도록 만들어 주었다.

올해 파워포인트의 새로운 버전인 '파워포인트 2013'이 출시되었다. 그리고 다양한 툴 중에서 파워포인트는 우리가 쉽게 접하고 쉽게 사용할 수 있는 툴이다. 때마침 출시 시기와 맞춰 출판사에서 파워포인트와 인포그래픽을 다룬 책을 제안하셨고 이것은 그동안 프레젠테이션과 인포그래픽을 분리해서 생각했던 부분에서 많은 공통요소를 가진 두가지를 다시한번 생각하게 만드는 기회가 되었다.

지난 날을 되돌아보면 프레젠테이션 디자이너로 활동하며 항상 보람을 느끼며 좋은 기억만 있었던 것은 아니다. 과도한 업무로 힘들었던 적도 있었고, 클라이언트와의 커뮤니케이션 문제로 도저히 일을 진행 할 수 없을 정도로 답답했던 적도 있었다. 하지만 결과물이 만들어지고 모두에게 보여지는 순간과 그리고 이때 만난 다양한 클라이언트들이 나에게 많은 경험을 주었고 이것이 책을 쓰는데 많은 도움을 주었다고 생각한다.

책을 쓸 때 가장 중요하게 생각하며 쓴 부분은 '정보의 분석'이다. 물론 툴의 사용법이 가장 기본적이지만, 정보를 분석하고 이해하여 표현하는 방법에 대해 '이러한 방법도 있구나'라는 한가지 예를 보여주려고 노력했다. 이 책을 보는 독자분들께서 같은 정보를 이런 방법으로도 표현해보고 저런 방법으로도 표현해본다면 더욱 좋을 것이라고 생각한다.

책을 쓰면서 도움을 주신분들과 고마운 분들이 너무 많다. 먼저 아버지, 어머니 그리고 멀리 프랑스에 있는 누나에게 감사하고 사랑한다는 말을 전한다. 그리고 고민이 있을 때에나 방향을 잡지 못할 때 든든하게 조언을 해준 하영이형, 대학시절 다른 진로를 선택함에 있어 다양성을 존중해주신 홍익대학교 교수님들과 대학 친구들, 바쁜 시간에도 나를 위해 시간을 내어준 오랜 친구 동석이, 호용이, 효근이, 그리고 늦어진 마감에도 이해해주시고 기다려주신 디지털북스의 양종엽 과장님과 관계자 분들게 진심으로 감사드린다.

마지막으로 지금 이 책을 보고 있는 독자분들에게 감사의 마음을 전하며, 이 책이 독자분들에게 파워포인트를 사용하는데 있어 조금이나마 도움이 되길 바란다.

음 준 식 (파워포인트 2013 부문)

eum425@hanmail.net

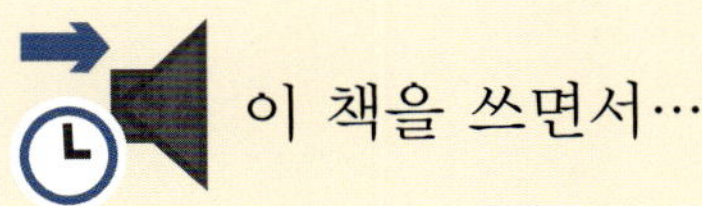

이 책을 쓰면서…

재미있는 컨텐츠로 파워포인트의 다양한 애니메이션 스킬을 배울 수 있다면 어떨까요?
칠판에 그렸던 사다리게임을 파워포인트로 작동하면서 함께 어울리면 어떨까요?
여기에 타이머 기능이 추가된다면?
여기에 사다리를 따라 개체가 연속해서 이동한다면?
원하는 사진의 일부까지 별도로 발췌할 수 있다면?
5가지 애니메이션만 학습해도 부족함 없는 애니메이션 스킬을 뽐낼 수 있습니다.

놀부 몸에 강아지 얼굴을 얹는다면..
인물사진이나 사물사진에서 원하는 인물만 원하는 사물만 발췌할 수 있다면, 별도의 포토샵 프로그램이 필요 없겠죠. 파워포인트 '자유형' 선과 '투명한 색 설정' 기능만으로 포토샵 효과를 연출할 수 있습니다. '배경제거' 기능이 있지 않냐구요? 맞습니다. 하지만, 생각하는 만큼 원하는 만큼의 효과를 얻어내기는 어렵습니다.

파워포인트로 게임을 만드는 사용자가 많아진 듯 합니다. 그래서 다양한 게임에 활용할 수 있는 '타이머'를 담았습니다. 원하는 만큼 시간을 조절할 수 있고, 원하는 효과음을 담아 재미를 극대화 할 수도 있습니다. '회전' 기능을 이용하면 되지 않냐구요? 생각했던 방향으로 타이머가 작동하지는 않을 것입니다. 간단한 방법으로 모든 게임에 활용할 수 있는 '타이머' 기능을 함께 학습해보시죠.

과제발표 및 보고를 위한 PT에서는 늘 밋밋하고, 딱딱한 애니메이션만 사용했었지만, 이제는 스토리에 맞는 상황에 맞는 애니메이션으로 적재적소에 활용해보세요. 훨씬 쉽고, 훨씬 간결하게 작성된 슬라이드로 청중들과 호흡하고, 어울릴 수 있습니다.

김 민 구 (파워포인트 애니메이션 부문)
www.bananapt.com
willy1hour@naver.com

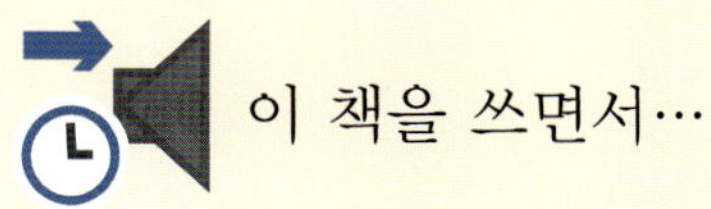

이 책을 쓰면서…

프레젠테이션에 관한 글을 써보는 것이 어떻겠냐는 제안을 받고 처음에는 무척 난감했었다. 스스로를 평가한다면 평균 정도밖에 되지 않는 프리젠터라고 생각하는 나로서 다른 누군가에게 지침이 되는 내용의 글을 쓴다는 것이 선뜻 용기가 나지 않았다. 그리고 프레젠테이션이라는 행위도 상황에 따라 다양한 종류가 있기 때문에 광고회사에서의 프레젠테이션 경험을 일반화하는데 어렵다는 생각도 하였다.

일단 글을 쓰기로 결정하면서 몇 가지 가이드 라인을 스스로 정했다. 이 글을 읽는 독자들도 이 점을 감안해 주시기 바란다.

첫째, 이 책은 프레젠테이션의 세계에 입문하는 분들을 대상으로 하였다. 아마도 대학생이거나 막 직장생활을 시작하거나 하는 분들일 것이다. 아니면 프레젠테이션 문화가 시작되는 회사의 팀장일 수도 있을 것이다. 그 분들의 입장에서 프레젠테이션의 전과정을 순서에 따라서 정리하였다. 이것이 이 글을 쓰게 된 근본적인 이유이며 나 스스로도 겪었던 어려움이었기에 그런 입장에서 정리하였다. 비즈니스에서 프레젠테이션이 보편화되고 중요성이 높아지고 있음에도 불구하고 아직도 실용적인 입문서가 보이지 않는 것이 현실이기 때문이다.

두번째, 이 책에서 말하는 프레젠테이션은 어떠한 과제를 두고 다른 팀과 경쟁하는 경쟁 프레젠테이션을 기본 상황으로 하였다. 경쟁이 없이 회사 내에서 어떤 과제에 대한 해결책을 프레젠테이션하는 경우도 많지만 좀 더 치열한 경쟁 상황을 기본으로 하였다. 물론 경쟁이 없다고 하더라도 프로젝트가 채택되느냐 마느냐 하는 경우는 경쟁 상황과 거의 같은 개념의 프레젠테이션이라 할 수 있을 것이다.

세번째, 이 글은 슬라이드 디자인이나 파워 포인트 스킬을 설명하려는 것이 아니라 프레젠테이션의 전체 과정을 설명하는 것을 목적으로 하였다. 슬라이드 디자인을 설명하는 글들은 이미 많이 나와 있고 인터넷에도 멋진 슬라이드를 공유하는 사이트들이 많이 있다. 여기에서는 어떤 과정과 방법으로 프레젠테이션 프로젝트를 구성할 것인가를 설명하고자 한다.

나 역시 그랬듯이 대부분의 프레젠테이션 입문자들은 똑 같은 질문을 한다. "어떻게 하면 프레젠테이션을 잘 할 수 있나요?" 입문자 입장에서는 참 절실한 질문이기도 하지만 답변하기 굉장히 어려운 질문이다. 그 해답을 한 마디로 정리할 수는 없다. 적어도 기획서를 어떻게 쓰고, 슬라이드를 어떻게 디자인하며, 프리젠터는 어떻게 해야 하는지에 대한 설명이 모두 되어야 한다. 당연히 쉽고 짧게 설명할 수 없다. 이 글은 그런 질문에 기본적인 대답이 될 수 있도록 정리하고자 노력하였다.

이 글을 쓰는 것은 생각보다 매우 어려웠다. 기본적으로는 전문 저술가가 아니기 때문에 글 쓰기 능력에 한계를 느꼈고, 회사생활을 하면서 시간을 내서 책을 쓰는 것이 쉽지 않았다. 글이라는 것이 물리적으로 타이핑을 하는 것이 전부가 아니라 머리 속에서 먼저 정리가 되어야 되는데 구상을 하는 시간이 절대적으로 부족했기 때문이다. 그러다보니 아주 만족스러운 글이 되었는지 의문이 드는 것이 사실이다. 한국 직장인들의 뛰어난 이해 능력으로 잘 이해해주길 기대해 본다.

먼저 이 글에 도움을 주신 분들과 직접 본인들의 의견을 써주신 분들께 감사드린다. 또한 항상 뛰어난 인사이트로 많은 도움을 주신 정순영 대표님에게 감사드린다. '아빠 멋있게 한번 써 봐요'라고 해준 우리 가족에게 감사한다. 마지막으로 책을 쓸 수 있게 키워주신 존경하는 어머니 김선자 여사에게 무한한 감사를 드린다.

2013년 씨앤마케팅서비스 오 병 관 (부록, 프레젠테이션 기술 부문)

obkorea@naver.com

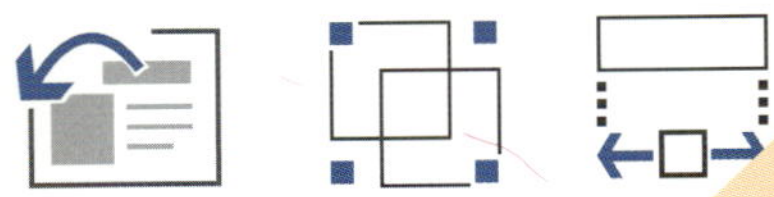
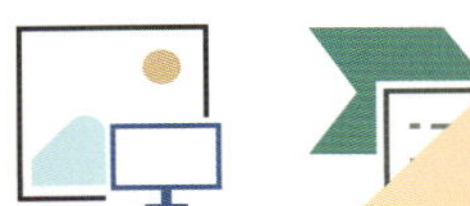

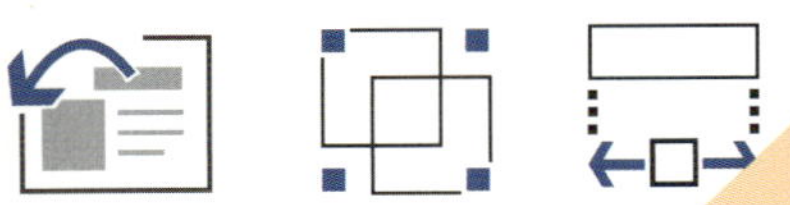
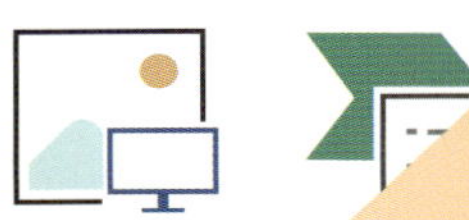

PART

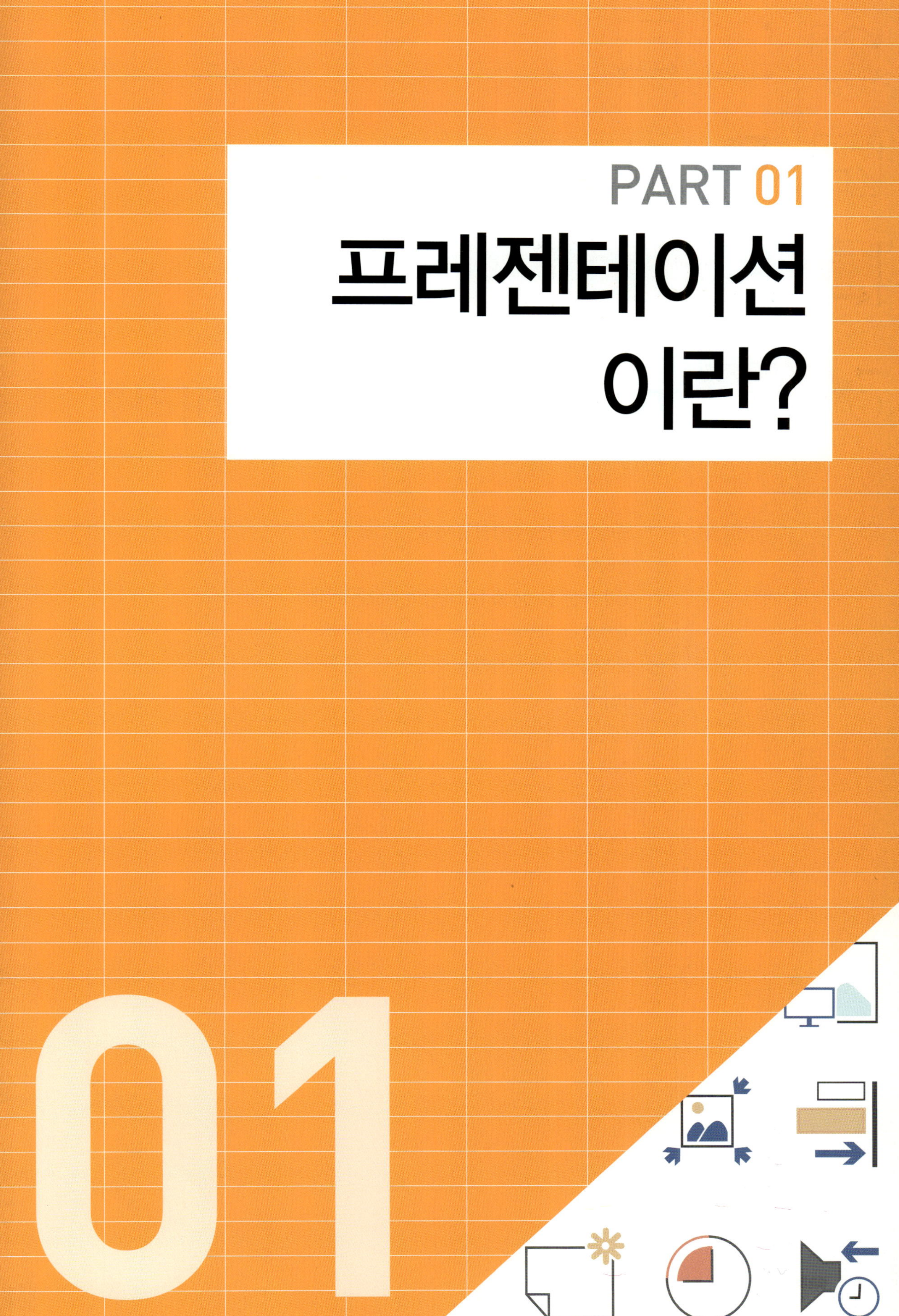
PART 01
프레젠테이션
이란?
01

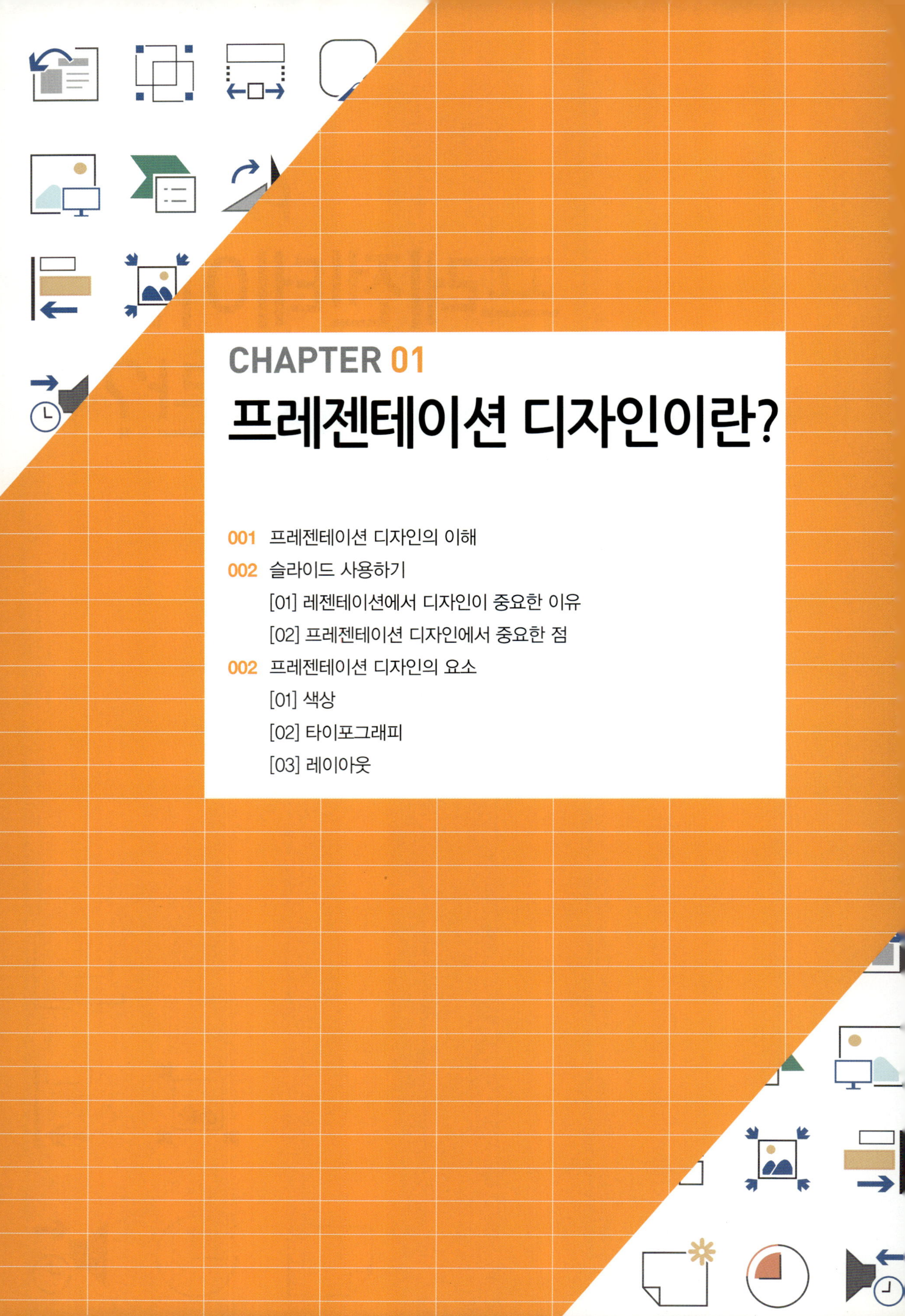

프레젠테이션 디자인이란?

001 프레젠테이션 디자인의 이해

 ## 01 프레젠테이션에서 디자인이 중요한 이유

우리는 일상에서 다양하게 프레젠테이션과 마주하게 됩니다. 예를 들자면 대학교에서 과제물을 발표하면서, 과제의 수행과정, 결과의 도출에 대한 프레젠테이션, 회사에서 업무보고를 발표하는 프레젠테이션, 학술 세미나, 신제품 발표회 등 다양한 프레젠테이션을 접하게 됩니다. 그리고 이러한 프레젠테이션이 아니더라도 상사에게 업무를 서면보고를 할 때에도 문서를 가져가 상사에게 간략한 보고를 하는 것 또한 프레젠테이션이라 볼 수 있습니다. 청중은 회사의 상사이고 발표자는 업무보고자이며 작성된 서류가 프레젠테이션 슬라이드라고 볼 수 있는 것이지요.

이와 같이 프레젠테이션은 우리 일상생활에서 많은 범위를 차지하고 있으며, 좀 더 넓게 본다면 결혼을 하기 전에 이성에게 프러포즈하는 것 또한 프레젠테이션으로 볼 수 있습니다. 그렇다면 프레젠테이션에서 디자인은 왜 중요할까요?

예를 들어 여러분에게 선물이 도착했습니다. 그냥 일반 박스에 담겨진 선물과, 곱게 포장된 선물박스가 도착했습니다. 여러분은 어떤 선물 상자를 먼저 열어보고 싶으신가요? 여기서 여러분은 이미 박스 안에 담긴 선물에 대해 이미 어느 정도 기대치를 가지게 될 것입니다. 바로 여러분이 어떤 선물(컨텐츠, 정보 등)을 접하게 되는 첫인상, 바로 프레젠테이션에서 디자인의 역할입니다. 02. 프레젠테이션 디자인에서 중요한 점'에서도 설명하겠지만 물론 무조건 화려하고, 시선을 끄는 디자인이 좋다는 뜻은 아닙니다.

프레젠테이션의 제작 과정은 흔히 기획, 디자인, 발표의 과정으로 이루어집니다. 디자인은 내용물을 좀 더 효과적으로 보여주며 기대를 가지게 만드는 첫인상이라고 볼 수 있습니다. 각각의 과정을 쉽게 풀어보자면 기획은 즉 선물을 받게 될 사람(청중)에게 전달되어질 상자 안에 들어있는 내용물(컨텐츠, 정보 등)이라고 할 수 있으며, 디자인은 선물의 상자, 즉 첫인상이며 안에 담긴 선물을 좀더 효과적으로 보여주는 과정이라고 할 수 있습니다. 그리고 마지막으로 발표는 선물상자(컨텐츠, 정보)를 받게 될 사람(청중)에게 전달하는 과정으로 볼 수 있습니다.

프레젠테이션에서 디자인이란, 쇼윈도와 같다고도 볼 수 있습니다. 우리가 보여줄 컨텐츠를 쇼윈도에 디스플레이하는 과정입니다. 청중들에게 정보를 전달하는 기본적인 기능과, 청중들의 호기심을 자극하여 관심을 유도하고 집중하도록 하는 역할을 하는 것입니다. 그리고 이러한 과정들은 위에서 말한 바와 같이 기획, 디자인, 발표의 큰 과정으로 구성되며, 프레젠테이션 주제 설정, 자료 수집 및 청중 분석, 프레젠테이션 컨셉 및 방향, 내용의 기획과 디자인 기획, 프레젠테이션 디자인, 발표 준비, 발표와 같이 세분화 될 수도 있습니다. 하지만 일반적인 대다수의 프레젠테이션 디자인의 경우 제작환경, 일정에 따라 유동적으로 구성되고 있습니다.

우리는 흔히 '프레젠테이션'하면 스티브 잡스를 떠올립니다. 물론 스티브잡스의 프레젠테이션을 좀 더 자세히 보면 청중을 설득하는 많은 요소들이 있습니다. 하지만 그 전에 애플의 신제품 발표를 위한 프레젠테이션을 보면, 이러한 요소들이 먼저 보이기 전에 우리가 한눈에 알 수 있도록 보이는 '단순함'을 가진 슬라이드 구성이 눈에 띕니다. 우리가 일반적으로 보아오던 텍스트로 가득 찬 프레젠테이션과 달리 핵심적인 키워드로만 구성된 슬라이드를 볼 수 있습니다. 분명 슬라이드가 가지고 있는 텍스트의 양은 적지만, 핵심적인 내용들은 우리에게 모두 전달되고 있습니다.

많은 사람들은 프레젠테이션을 하기 위해, 기획, 디자인을 하는 과정에서 많은 정보를 전달하기 위해서는 많은 정보를 담으면 된다고 생각하고 있습니다. 물론 틀린 말은 아닙니다. 하지만 많은 정보를 보여주기 위한 방법의 차이가 있는 경우가 많습니다. 방법, 즉 슬라이드에 담긴 정보를 시각화하는 방식에 차이가 있습니다. 스티브 잡스의 프레젠테이션은 전달해야할 정보에 대해서 텍스트를 통한 전달보다는 청중의 경험, 인지방법에 따라 좀 더 몸소 와닿을수 있도록 전달하는 방법을 선택하고 있습니다. 예를 들면 맥북air를 처음 선보였을 때, 서류봉투에 담긴 맥북air를 보여줌으로써 수많은 텍스트보다 이미지를 통해 더 많은 정보를 전달하고 있습니다. 이러한 시각화되어 받아들여지는 정보는 텍스트를 통한 정보보다 더욱 이해하기 쉽고 빠르게 전달되어집니다. 단순하지만 직관적으로 많은 내용을 말해주고 있습니다.

프레젠테이션 디자인은 청중과의 일방적인 커뮤니케이션이 아닌, 청중의 경험과 인지를 통해 효과적으로 정보를 전달합니다. 피터드러커는 "인간에게 있어 가장 중요한 능력은 다름 아닌 '자기표현'이며, 이어 현대의 경영이나 관리는 커뮤니케이션(Communication)에 의해 좌우 된다"라고 말했습니다. 현재 사회에서 프레젠테이션은 우리가 타인과 정보를 주고받는 효과적인 방법입니다. 프레젠테이션 디자인은 정보의 시각화를 통해 타인에게 더 가까이 다가가 효율적인 커뮤니케이션(Communication)이 가능해지도록 하는 방법입니다.

프레젠테이션의 제작 단계에서 기획과 컨셉이 정해지면 디자인 작업이 진행됩니다. 물론 기획이 디자인과 별개로 진행되는 것은 아닙니다. 기획 단계에서 프레젠테이션의 디자인에 대해 어느 정도 염두해 두고 작업이 진행되어야 하며, 디자인 또한 겉모습만 화려하고, 아름답게 제작되는 것이 아니라, 전체적이 주제와 컨셉을 효율적으로 전달하기 위한 디자인이 되어야 청중들의 니즈를 만족시켜 줄 수 있는 훌륭한 결과물이 나올 수 있습니다.

그렇다면 프레젠테이션 디자인을 진행함에 있어 중요한 점은 무엇일까요? 가장 중요한 점은 주제와 목적에 부합하는 정보의 시각화입니다. 디자인은 단순히 치장을 위한 것이 아닙니다. 프레젠테이션 디자인은 복잡하고 이해하기 어려운 내용을 간결하게 시각화하여 청중들에게 효과적으로 기억되도록 하는 것입니다. 시각화의 예를 들어보겠습니다.

우리가 흔히 보는 비상구, 신호등을 보면 아무런 설명도 없지만 우리는 색상만으로 어떤 내용을 우리에게 말하고 있는지 알 수 있습니다. 비상구의 녹색 바탕과 픽토그램을 통해 우리는 어떤 표시를 하는지, 신호등의 빨간색, 노란색, 파란색의 불빛이 우리에게 어떤 정보를 전달하고 있는지 굳이 설명하지 않아도 우리는 그 안에 담긴 정보를 얻을 수 있습니다. 이것은 우리가 경험을 통해 습득한 정보로써, 텍스트를 통해 어떠한 의미인지 설명하지 않아도 우리는 색상에 담긴 정보의 의미를 인지하고 있습니다.

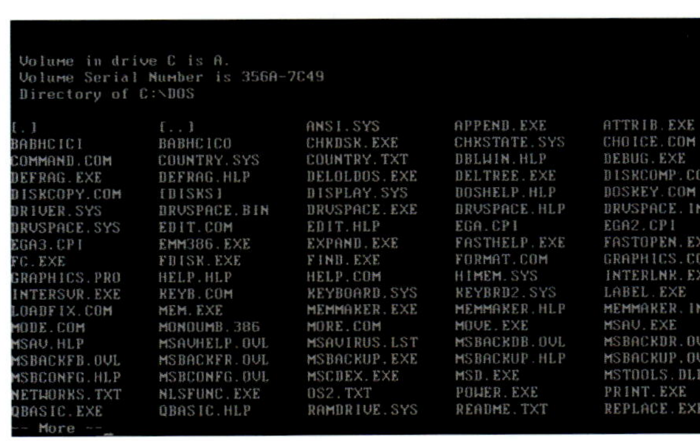

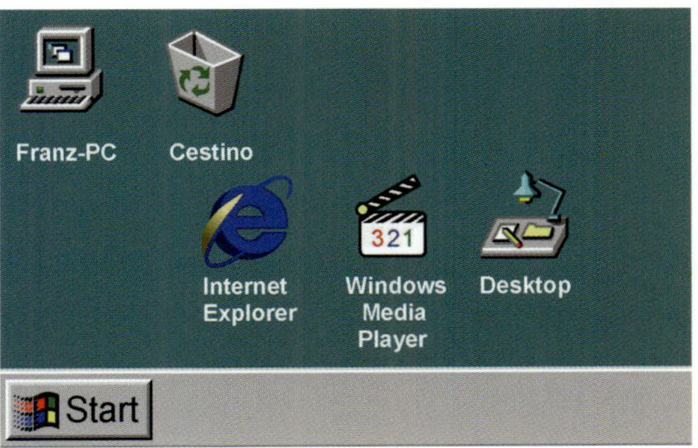

대표적인 예를 들자면, CUI 방식에서 GUI 방식으로의 변화를 들 수 있습니다. DOS에서는 사용자가 키보드로 명령어를 입력하여 작업을 수행시키고 컴퓨터는 작업 결과를 문자로 화면에 표시하는 문자중심(CUI : Character User Interface)의 조작이었지만, 그래픽 사용자 인터페이스(GUI : Graphic User Interface) 환경인 윈도우에서는 키보드와 마우스를 통해 아이콘을 선택하고 작업을 수행하는 직관적인 체계로 변화했습니다. 휴지통, 폴더, 컴퓨터와 같은 아이콘은 우리가 어떤 기능을 수행하는지 단번에 바로 알 수 있게 되고 작업속도 또한 빨라지게 되었습니다.

시각화된 이미지는 우리에게 짧은 시간에 더 많은 정보를 제공합니다. 시각적 이미지의 정보는 우리의 경험을 통해 인지하게 되고 텍스트를 통해 받아들이는 것보다 훨씬 빠르게 다가옵니다.

프레젠테이션에서 디자인의 요소들은 아주 다양합니다. 텍스트, 이미지, 도형, 동영상, 사운드, 애니메이션 등등 모두 사용할 수 있는 요소 들입니다. 프레젠테이션 디자인에서는 크게 색상, 타이포그래피, 레이아웃이 큰 요소로 작용하고 있습니다. 이 세 가지 요소들에 대한 지식과 노하우를 배우는 것만으로도 효과적인 표현이 가능해집니다.

002 프레젠테이션 디자인 요소 (색상, 타이포그래피, 레이아웃)

 ## 01 색상

색채는 프레젠테이션 디자인에서 감성적인 측면과 색채가 지니고 있는 정보의 전달에서 강력한 기능을 합니다. 색상은 크게 유채색과 무채색으로 나눠집니다. 우리가 입는 옷에도 조화가 있듯이 프레젠테이션의 색상에도 조화가 있습니다. 무조건 예쁘고 값비싼 옷을 입는 것이 아니라, 누구를 만날지, 어느 곳으로 가는지, 어떤 날씨인지에 따라 옷의 차림새가 다르듯 무슨 내용인지, 무슨 목적을 가지고 있는지, 어떤 사람들에게 발표할지에 따라서 서로 어울리는 색상을 적절하게 사용해야 합니다. 프레젠테이션의 컨셉에 맞춰 너무 많은 색상보다는 3~4가지의 색상을 사용하는 것이 좋습니다.

크게 무채색과 유채색을 생각할 수 있습니다. 무채색은 밝고 어두운 정도를 나타내는 검정, 회색, 흰색이라고 말할 수 있으며 유채색은 무채색을 제외한 모든 색상을 말하며, 색상, 명도, 채도의 3속성을 가지고 있습니다. 프레젠테이션 디자인에서는 무채색과 유채색 모든 종류의 색상을 다양하게 사용합니다. 흔히 텍스트를 입력할 때는 무채색을 주로 사용합니다. 예를 들어 흰색 배경에는 검은색 텍스트, 검은색 배경에는 흰색 텍스트를 사용하여 대비를 주어 효과적으로 표현합니다. 그리고 텍스트에 무채색이 아닌 유채색을 사용하는 경우가 있는데 이럴 경우에는 주로 특정 텍스트를 강조하기 위하여 사용합니다. 가능하다면 색상을 사용하지 않고 강조의 단계를 주는 것이 좋습니다. 간혹 욕심을 부려 강조색을 3~4 가지 사용하게 되는 경우가 있는데 이럴 경우에는 어떤 것도 강조되어 보이지 않습니다. 색상을 사용하지 않고 가능한 강조의 단계를 맞춰놓은 상태에서 색상을 사용한다면 더 효과적으로 강조를 표현할 수 있습니다.

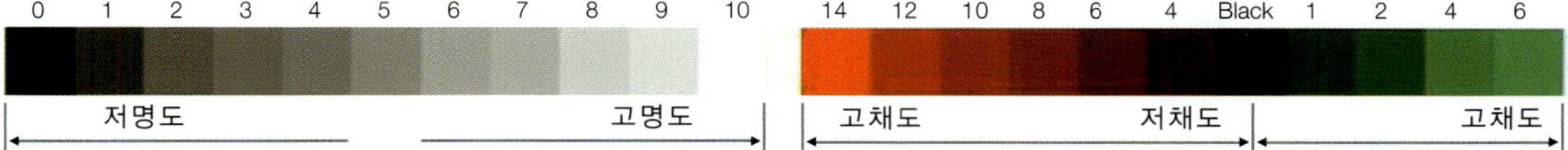

TIP **색의 3속성**

　색의 3속성이란 색조(색상, Hue), 채도(Chroma), 명도(Value) 등의 3가지를 이야기합니다. 이 세 속성이 모여 색(Color)을 이루며, 세 속성 모두 수치로서 표현하고 있습니다. 이 3속성은 별도로 독립되지 않고 밀접한 관계를 이루고 있으며, 서로간에 영향을 끼치고 있습니다. Photoshop에서도 이 3속성에 의해 색을 표현하고 있으며 다만, Chroma(채도)라는 표현 대신 Saturation라는 표현을, Value(명도)라는 표현 대신 Lightness라는 표현을 사용하고 있습니다.

◼ 색상(색조, Hue)

색상이란 빨강, 파랑, 노랑 등 눈으로 구분할 수 있는 색의 종류 또는 명칭을 말합니다. 주로 색상환(Color Circle)에 의해 표현되며 먼셀의 20색상환이 많이 사용되고 있습니다. 물체의 표면에서 선택적으로 반사되는 빛의 파장의 종류에 따라 결정되며 무수히 많은 색상들이 존재합니다.

파워포인트에서는 [색] 대화상자를 통해 RGB 값을 조절함으로서 다양한 색상을 지정할 수 있습니다. R은 Red, G는 Green, B는 Blue를 나타내며 각각 0~255까지 입력할 수 있습니다.

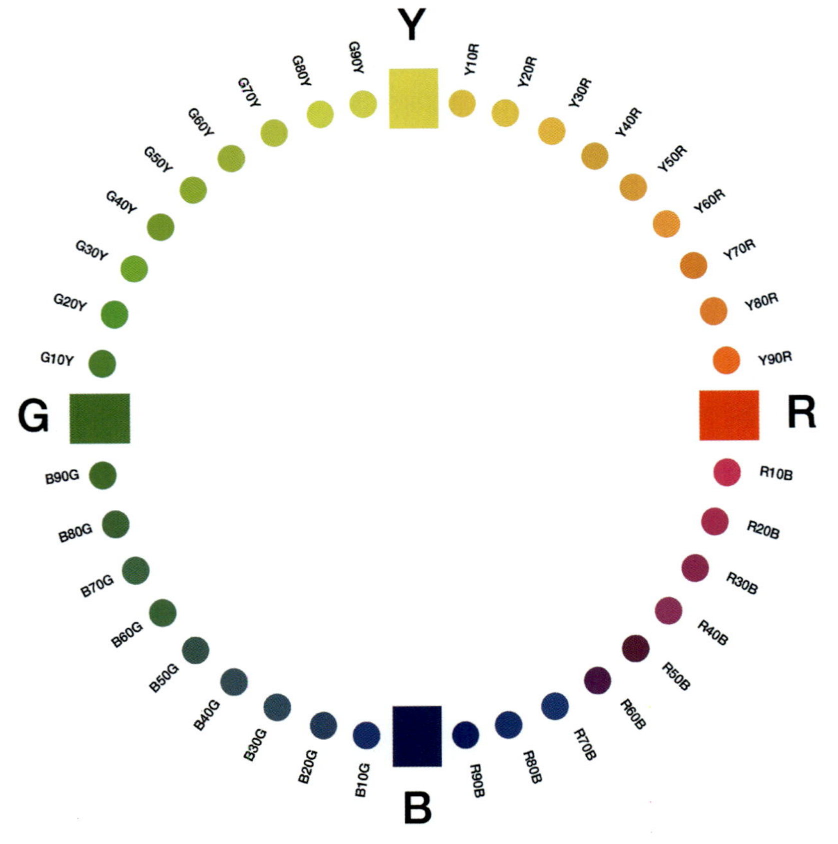

TIP

색상환

　원을 이용하여 연속적인 색의 관계를 가장 명확한 기준으로 나타내준 것을 색상환이라고 합니다. 마주보고 있는 색상을 보색이라 하고, 가까운 쪽에 있어 색상 차이가 작은 색을 유사색이라고 합니다. 보색의 경우는 대비가 강해 강한 인상을 주지만, 자칫 잘못 사용하면 부조화스러워 질 수 있습니다.

❷ 명도

명도(Value/Lightness)는 색의 밝고 어두움을 이야기 합니다. 3속성 중 사람이 가장 잘 인지할 수 있는 속성이라고 합니다. 가장 밝은 색은 흰색, 가장 어두운 색은 검은색으로 표현하지만 실제 가장 밝은 색과 가장 어두운 색은 표현이 불가능하다고 합니다. 사람의 눈으로는 약 200단계까지 인지가 가능합니다. 흰색에 가까울수록 고명도라고 하며, 슬라이드 디자인을 할 때 명시성과 가독성을 결정하는 중요한 요소입니다. 명도 차가 크지 않아 텍스트가 눈에 띄지 않을 때는 프레젠테이션 디자인에서 적절하지 못하다고 할 수 있습니다.

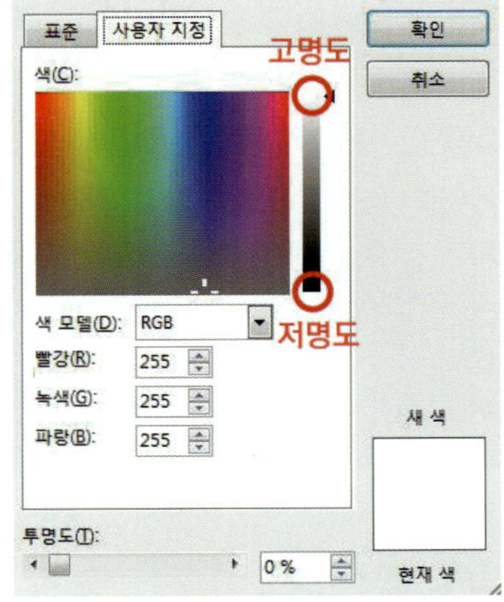

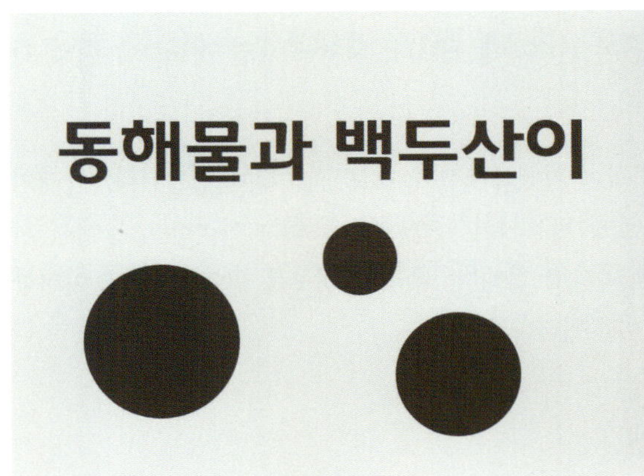

❸ 채도

채도(Chrome/Saturation)는 색의 양을 이야기 합니다. 비유를 들자면 물감과 물을 섞을 때, 전혀 섞지 않은 상태의 물감을 채도 100%라고 한다면, 물은 채도 0이라고 할 수 있을 겁니다. 그리고 섞는 양에 따라 채도의 값이 결정되겠죠. 사람의 눈은 보통 20~30 정도의 채도를 구분한다고 합니다.

동일한 색을 채도가 낮은 바탕과 채도가 높은 바탕에 각각 놓았을 때 채도가 낮은 바탕 위에 있는 색이 높은 바탕 위의 색보다 선명해 보입니다. 채도의 차이가 클수록 더 가독성이 뚜렷해집니다. 파워포인트 [색] 대화상자에서 색상표의 위쪽에 있을수록 고채도, 아래쪽에 있을수록 저채도입니다.

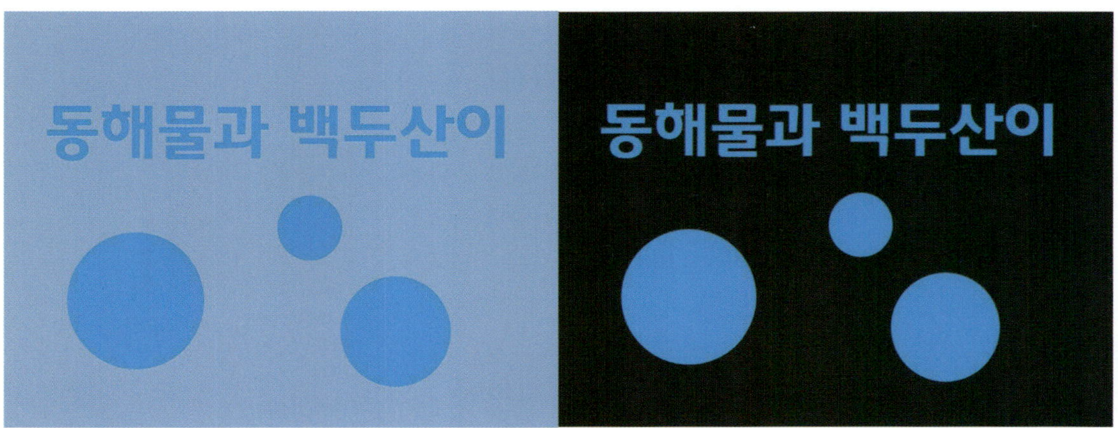

4 색채의 사용과 인지

색을 통해 디자인된 슬라이드를 볼 때 우리의 인지 작용이 관여하게 됩니다. 색채에 대한 정보는 기존의 지식이나 관습, 환경에 의해 형성됩니다.

다음에서 보는 바와 같이 'Go'와 'Stop'의 색상이 우리의 인지체계에서 반대로 적용되어 있습니다. 아래의 텍스트들 또한 본래의 텍스트들이 의미하는 색상과 다르게 적용되어 있습니다. 우리는 이러한 상황에서 지각된 색채정보들이 서로 충돌하게 되는데 이를 간섭 효과라고 합니다. 우리가 정보를 받아들일 때 이러한 간섭 없이 받아들여질 때, 우리는 빠른 해석이 가능해지게 됩니다.

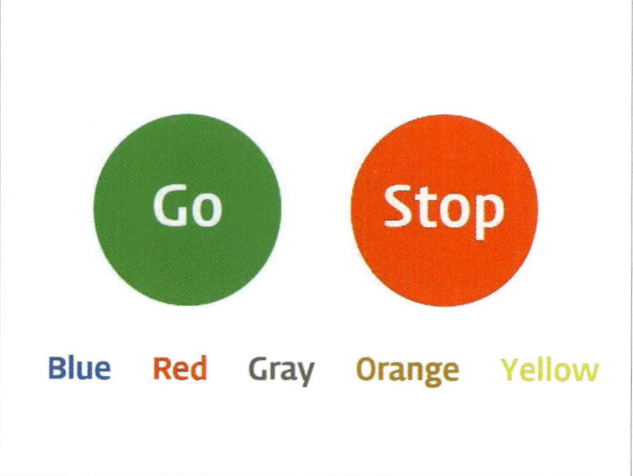

인지체계와 반대의 결과들은 우리가 해석을 하는데 부정적인 영향을 주어 정보를 이해하는데 많은 시간을 필요로 합니다. 이러한 상관관계를 잘 이해하여 기존의 지식과의 충돌을 최소화하여 디자인 한다면, 청중에게 좀 더 효과적으로 정보를 전달할 수 있습니다.

⑤ 배색과 조화

프레젠테이션을 만들기 전에 주조색과 보조색에 대한 색상계획을 세워야 합니다. 색은 단독보다는 대부분의 경우 다른 색과 함께 어울린 배색으로 존재합니다. 잘못된 배색은 프레젠테이션의 전체적인 분위기를 어색하게 만들고 세련된 느낌을 주지 못합니다. 색채의 사용을 잘하기 위해서는 배색의 원리와 효과를 잘 이해하고 이를 적절하게 사용하여야 합니다.

배색과 조화란 두 가지 이상의 색상이 서로 어울려 한 가지 색만으로는 얻을 수 없는 효과를 말합니다. 각각의 색상이 어울릴 때 조화를 이루고 각각의 색상이 충돌할 때 부조화라고 합니다. 예를 들면 결혼식장에서 모두 검정 정장을 입고 있는데 혼자 유채색의 색상 옷을 입었을 때 어울리지 않는다고 하게 됩니다. 배색 또한 같은 경우입니다. 배색은 개인의 취향이나 심리적인 상태에 따라 영향을 많이 받지만 객관적인 시선으로 청중들을 고려한 배색을 선택해야 합니다. 그렇기 때문에 사전에 어떤 곳에서 발표가 이루어지는지, 어떤 청중들이 참석을 하는지 파악하는 것이 중요합니다. 예를 들어 나이가 지긋한 어른들이 참석하는 프레젠테이션에 가볍고 알록달록한 색상으로 꾸밀 경우와, 어린 아이들이나 젊은 층의 청중들이 참석하는 자리에 채도가 낮은 배색을 이용하는 것은 어울리지 않는 색상을 사용하게 되는 것입니다. 이와 같이 배색은 주제와도 부합해야하는 것은 당연하고, 청중, 발표장의 환경적 요소도 중요하게 반영해야 할 부분입니다.

프레젠테이션의 환경은 예전에 비해 매우 우수해졌습니다. 흔하게 프로젝터를 통한 프레젠테이션 이외에도 리어스크린(Rear Screen, 후사투영에 사용되는 반투명 스크린), LED 모니터 등을 이용한 프레젠테이션 등 과거와 달리 가독성이 높고 화려한 프레젠테이션이 가능해졌습니다. 일반적으로 인쇄용이 아닌 발표용 프레젠테이션의 경우 전반적으로 어두운 색감을 이용하여 가독성과 집중도를 높이기도 합니다. 또한 요즘은 고성능의 프로젝터의 경우 다양한 색감을 잘 표현해 줄 수 있기에 밝은 색감을 이용하여 무겁지 않은 밝은 이미지를 연출하기도 합니다.

▲ 밝은 색 배경일 경우

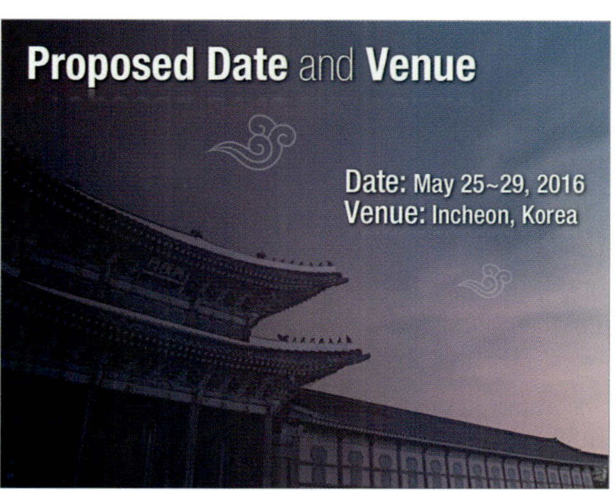

▲ 어두운 배경일 경우

프레젠테이션 디자인의 배색을 위한 참고 사이트

프레젠테이션 작성 시에 어떠한 색상을 사용해야 할지 고민이 될 때 참고할 만한 사이트입니다.

http://www.kuler.adobe.com

Adobe사의 Kuler 서비스를 이용하면 색상의 전문적인 감각이 없어도 슬라이드에 사용할 수 있는 색상 배합을 얻을 수 있습니다. 특히 회사의 아이덴티티를 표현하기위해 회사의 로고 색상을 사용할 때 색상을 추출하여 사용할 수 있습니다.

http://www.colourlovers.com/

컬러와 컬러배색의 최신 트렌드를 볼 수 있는 웹사이트입니다. 주조색을 선택하고 나서 이러한 사이트에서 배색의 정보를 얻을 수 있습니다.

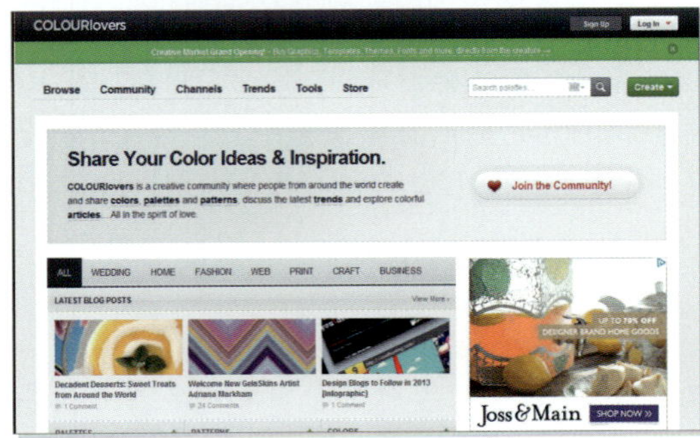

http://www.pantone.com

미국 펜톤사에서 운영하는 웹사이트입니다.
펜톤컬러연구소에서는 매해마다 한 해를 대표하는 색상을 발표하며, 색상에 대한 다양한 정보와 트렌드를 볼 수 있습니다. 패션, 인테리어 등 다양한 분야의 색상을 볼 수 있습니다.

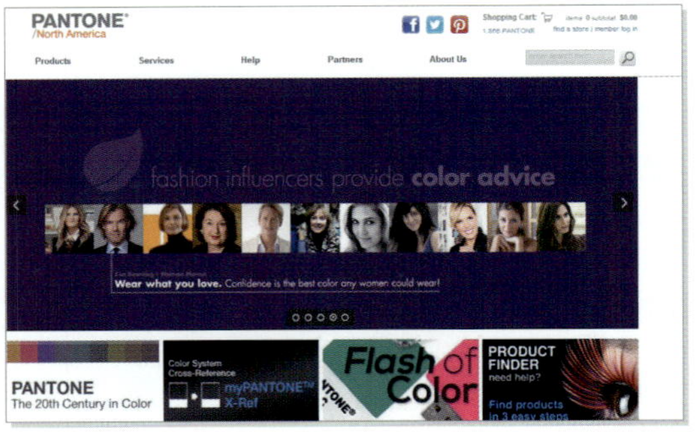

우리가 사용하고 있는 서체들은 매우 다양합니다. 프레젠테이션에서 서체는 전체적인 분위기를 좌우할 정도로 매우 중요합니다. 서체의 다양한 특성, 명시성과 가독성이란 무엇인지 알아보고, 프레젠테이션에 적합한 서체에 대해 알아보겠습니다.

1 명시성

명시성은 두 가지 이상의 색, 선 모양을 대비시켰을 때 눈에 더 쉽게 띠는 성질을 말하며, 색상의 명도차가 클수록 명시성은 높아지게 됩니다. 프레젠테이션 제작 시에도 명시성은 반드시 수반되어야 할 중요한 요소 중 하나입니다. 프레젠테이션 디자인은 청중과 스크린의 거리가 멀다는 특수성을 가지고 있습니다. 청중과 스크린의 거리, 청중의 수 등에 따른 특수성이 있기 때문에 프레젠테이션에서 명시성은 매우 중요합니다. 명시성을 높이기 위해 명도의 미묘한 차이로 강조의 단계를 줄 수도 있으며, 글씨의 크기가 커지면 커질수록 명시성은 높아지게 됩니다. 아무리 아름답고 화려한 디자인이라 할지라도 명시성이 없다면 청중들에게 프레젠테이션의 내용이 전달 될 수 없습니다.

2 가독성

가독성은 타이포그래피에서 글자를 보다 쉽게 읽히게 하는 시각적 속성으로 서체, 굵기, 크기, 자간에 따라 결정됩니다. 가독성을 높이기 위해서는 어느 부분보다 자간의 역할이 큽니다. 문장에서 자간이 불규칙하거나 지나치게 멋을 내면 오히려 가독성이 떨어지게 됩니다. 내용이 많이 들어 있는 본문에서는 불규칙적인 자간의 변화는 가독성을 떨어뜨리게 됩니다.

3 명조체와 고딕체

명조체(Serif)와 고딕체(Sanserif) 두 가지 서체의 성격과 느낌은 서로 다르므로 글꼴의 특성을 이해하고 사용하는 것이 좋습니다. 명조체는 그은 획의 첫머리와 끝머리를 세리프로 장식한 서체를 말합니다. 고딕체는 세리프가 없으므로 Sanserif라 합니다.

프레젠테이션에서는 굵고 가독성이 좋아 고딕체를 많이 사용하는 편이지만, 무조건적으로 고딕체가 좋다고는 할 수 없습니다. 고딕은 짧은 글, 제목을 빠르게 인식하는데 효과적이며, 명조체의 경우 사람이 내용(긴 글)을 인지하는데 효과적이라고 합니다.

4 **프레젠테이션에 적합한 글꼴**

왼쪽의 예시는 HY견고딕(고딕체)를, 오른쪽의 예시는 바탕체(명조체)를 사용해보았습니다. 두 가지를 비교해 보면 고딕체가 명조체에 비해 가독성 면에서 높다는 것을 알 수 있습니다. 명조체가 읽힘 면에서는 좋지만, 프레젠테이션의 특수성을 생각한다면, 굵고 균일한 고딕체가 더 눈에 잘 들어오는 것을 알 수 있습니다. 프레젠테이션의 글꼴의 크기와 색, 간격은 명시성과 가독성을 결정짓는 중요한 요소이므로 사용하는데 있어 주의를 기울여야 합니다.

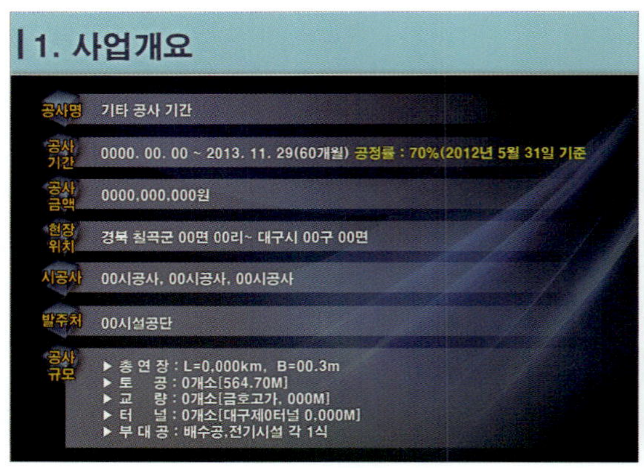
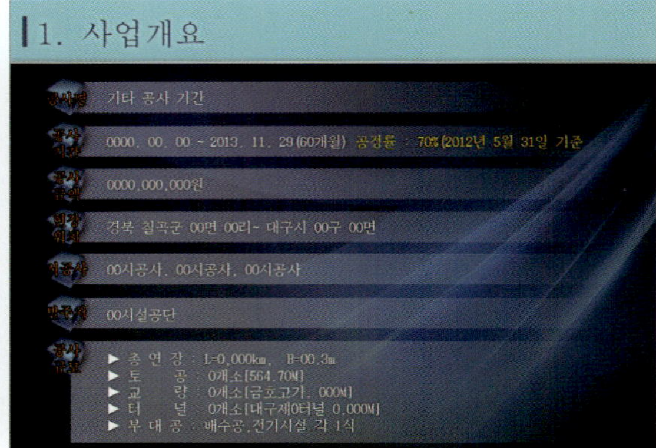

5 **문단의 정렬**

문단의 정렬은 텍스트를 공간에 배치하는 방법으로 정렬의 방법에 따라 장단점이 있습니다. 왼쪽 정렬은 흔히 사용하는 정렬 방법으로 단점으로는 오른쪽에 끝이 들쑥날쑥해지는 단점이 있습니다. 오른쪽 정렬은 짧은 문장이나, 모서리에 흥미를 유발하기 위한 적은 양의 텍스트를 나타내기에 좋습니다. 가운데 정렬은 흔히 도형 안의 내용을 표현하거나, 주목을 필요로 하는 부분에 사용하면 좋습니다. 문단을 구성할 때에 글자의 숫자에 따라 문단의 모양이 많이 달라질 수 있으므로, 기획 시에 글자의 숫자를 고려한 기획을 한다면 더욱 좋은 결과물을 완성할 수 있습니다.

프레젠테이션에서 레이아웃은 안에 포함된 이미지와 텍스트 등의 요소를 명시성과 가독성을 고려하여 조화롭게 배치하는 작업입니다.

위의 예시를 보면 같은 내용인데도 불구하고 각각의 느낌을 살펴보면 전혀 다른 느낌을 받을 수 있습니다. 첫 번째 레이아웃을 보면 엔딩의 페이지와 같은 느낌을 받을 수 있고, 두 번째 레이아웃은 오히려 표지와 같은 느낌을 받을 수 있습니다. 이것이 바로 레이아웃의 기능입니다. 레이아웃을 결정할 때 가장 중요한 요소는 바로 안정감입니다. 위의 예시들을 보면 다들 한 페이지로 보았을 때 안정감이 있음을 알 수 있습니다. 물론 극단적으로 요소들이 적은 면도 있지만, 우리가 흔히 보는 광고의 이미지나, 잡지, 신문과 같은 제작물의 레이아웃을 보면 대칭과 비대칭, 통일과 변화와 같은 요소들을 이용하면서 안정감 있는 레이아웃을 보여주고 있습니다. 이러한 안정감은 바로 황금비율이 숨어있기 때문입니다. 황금분할은 1:1.618의 비율로 사람의 눈에 가장 편안하고 아름답게 보이는 비율입니다. 디자인 과정에서 목표에 크게 벗어나지 않는다면 황금분할을 고려해보는 것도 좋습니다. 반대로 황금비율이 무조건 좋은 결과물을 주는 것은 아닙니다. 안정감은 있지만, 반대로 이러한 황금비율을 깨뜨리는 방법 또한 주목성을 끌 수 있는 좋은 방법입니다. 즉흥적이고 직관적인 방법의 레이아웃 또한 좋은 결과물을 만들 수 있습니다. 다양한 방법을 통해 레이아웃을 적용해보고, 주제에 맞는 레이아웃을 찾아봅시다.

PART

PART 02
파워포인트
2013
02

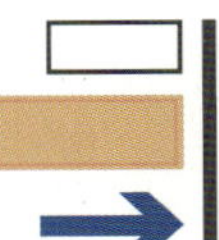
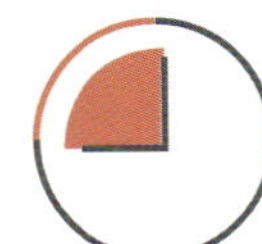

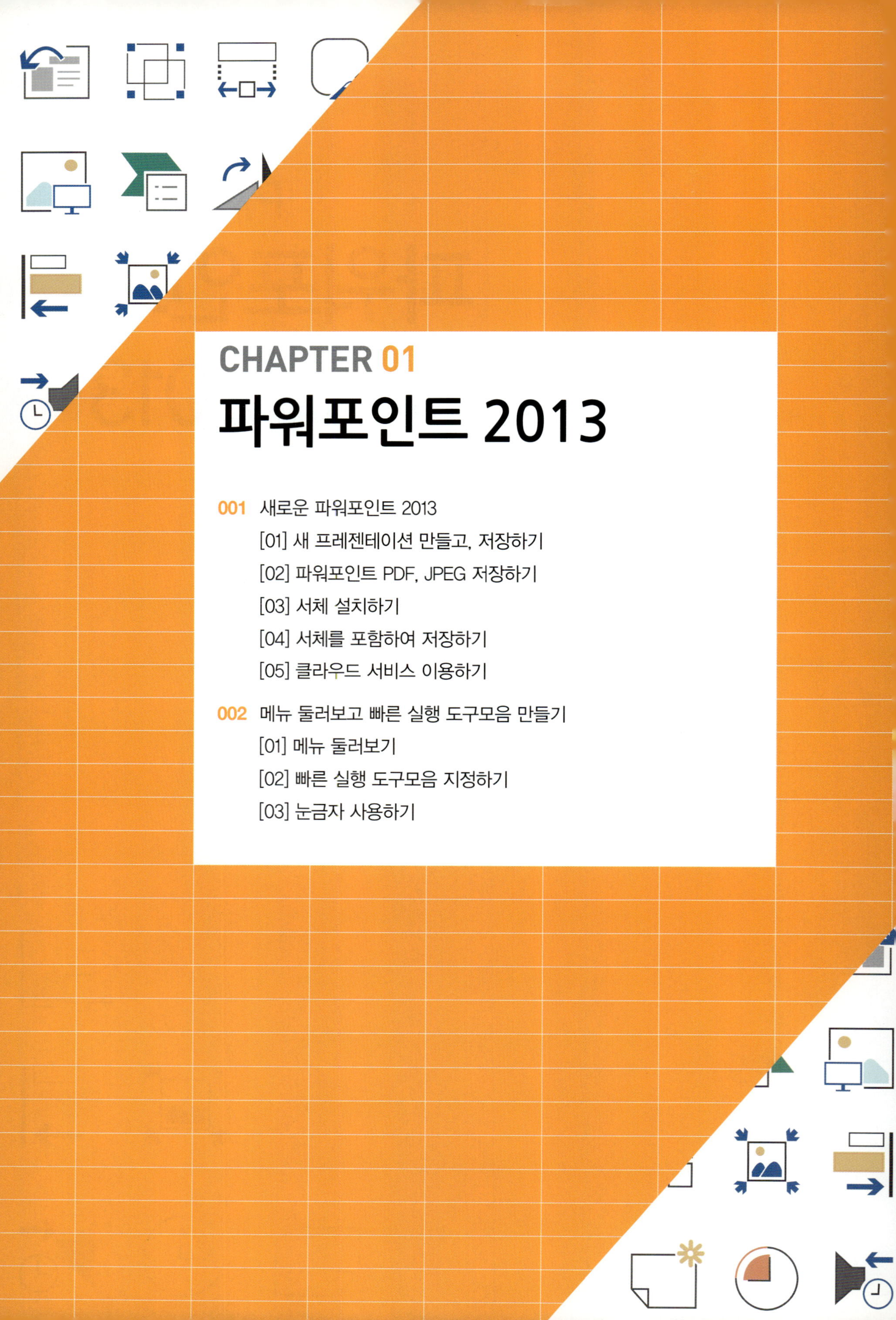

파워포인트 2013

001 새로운 파워포인트 2013

'프레젠테이션'하면 바로 연관되어 떠오르는 것이 '파워포인트'입니다. 물론 'Keynote', 'Prezi' 등의 다양한 프레젠테이션 툴이 존재하며, 굳이 툴을 쓰지 않고도, PDF, JPEG 파일만으로도 프레젠테이션을 하는 경우도 있습니다. 하지만 우리나라의 거의 많은 회사와 단체들이 현재에도 사소한 문서를 주고받을 때에도 파워포인트라는 문서서식을 자주 사용합니다. 파워포인트는 프레젠테이션을 위한 툴의 기능 외에도 이제 워드

프레스의 기능까지도 겸하고 있습니다. 이로 인해 파워포인트를 잘 다루게 된다면 업무의 능률이 향상 될 수밖에 없게 되었습니다. 파워포인트 2013은 초보자도 손쉽고 편리하게 문서 작성이 가능하도록 다양한 기능들이 추가되었습니다. 이제부터 파워포인트의 기능들에 대해 알아보겠습니다.

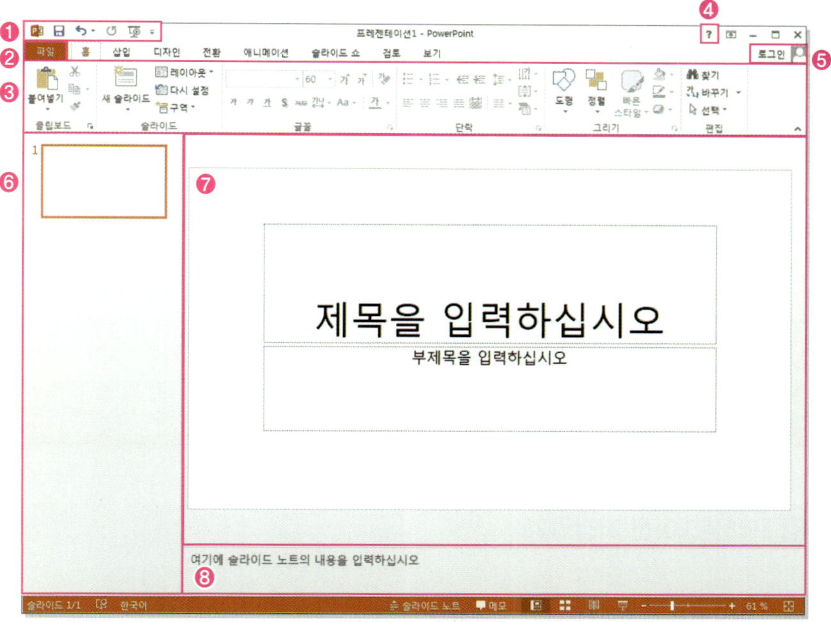

① 빠른 실행 도구 모음 : 사용자 스스로 자주 사용하는 기능들을 모아 놓고 단축키로 사용할 수 있습니다.

② 파일 탭 : 새로 만들기, 저장, 열기, 다른 이름으로 저장, 인쇄, 공유 등 의 기능들을 가지고 있습니다.

③ 리본 메뉴 : 슬라이드를 만들 때 필요한 기능을 탭 〉 그룹으로 분류하여 모아놓은 메뉴입니다.

④ 도움말 : 파워포인트 2013의 도움말 창을 열수 있으며 궁금한 점을 검색하면 웹을 통한 검색이 가능합니다.

⑤ 로그인 : Microsoft 계정을 통해 로그인하면 Skydrive와 같은 클라우드 기능을 이용할 수 있습니다.

⑥ 개요 및 슬라이드 창 : 작업중인 슬라이드들이 작은 이미지로 보여지며, 개요 보기를 통해 전체적인 개요를 볼 수 있습니다.

⑦ 슬라이드 창 : 현재 편집중인 슬라이드가 표시되는 영역입니다.

⑧ 슬라이드 노트 : 슬라이드에 대한 부가 내용을 적을 수 있는 곳입니다. 발표시 대본을 미리 입력하기도 합니다.

⑨ 상태 표시줄 : 슬라이드의 확대 및 축소와 슬라이드의 보기 방법을 선택할 수 있습니다.

01 새 프레젠테이션 만들고, 저장하기

파워포인트를 활용하기 위해 가장 기본적인 기능인 새 프레젠테이션을 만들고, 저장하는 방법에 대해 알아 보겠습니다.

❶ 새 프레젠테이션 만들기

01 파워포인트 2013을 실행합니다.
[다른 프레젠테이션 열기]를 선택하면 기존의 파일을 불러 올 수 있습니다. 오른쪽의 테마들을 선택하면 쉽게 새로운 프레젠테이션을 만들 수 있습니다.
[새 프레젠테이션]을 선택합니다.

02 새 프레젠테이션 문서가 생성되었습니다.

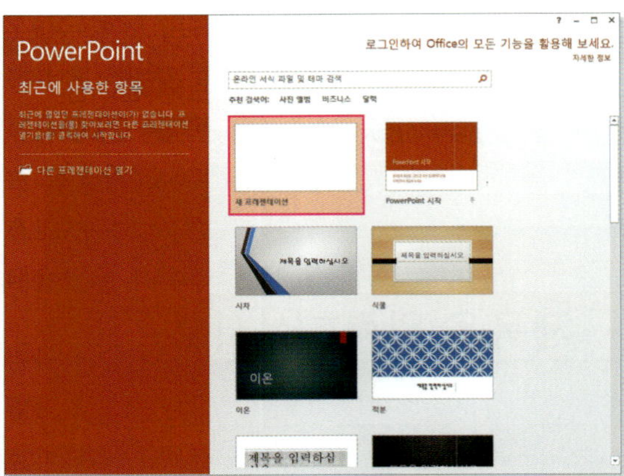

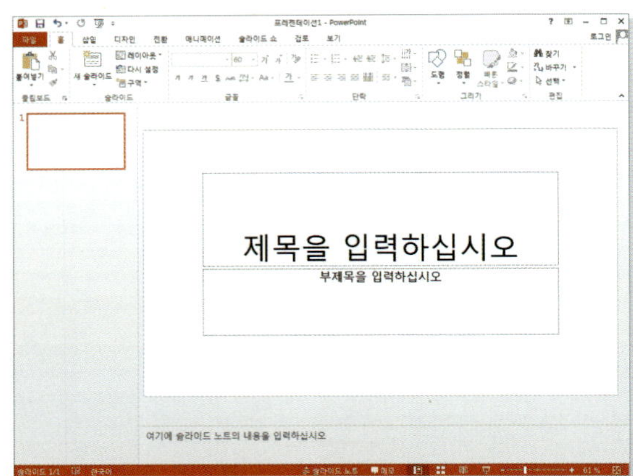

❷ 프레젠테이션 저장하기

01 [파일] 탭을 클릭합니다.

02 Backstage가 나타납니다. [다른 이름으로 저장]을 클릭합니다. 원하는 경로를 선택합니다.

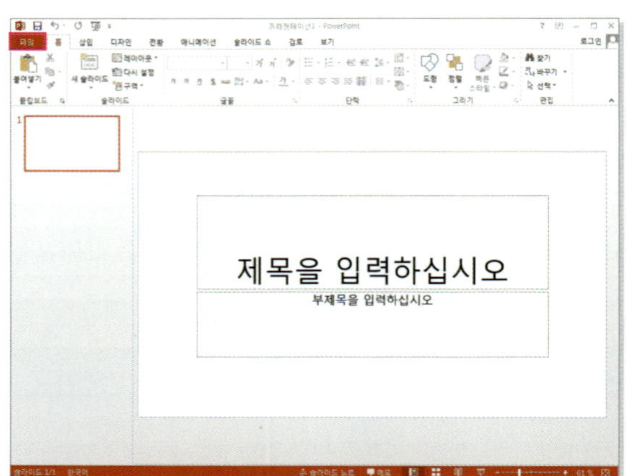

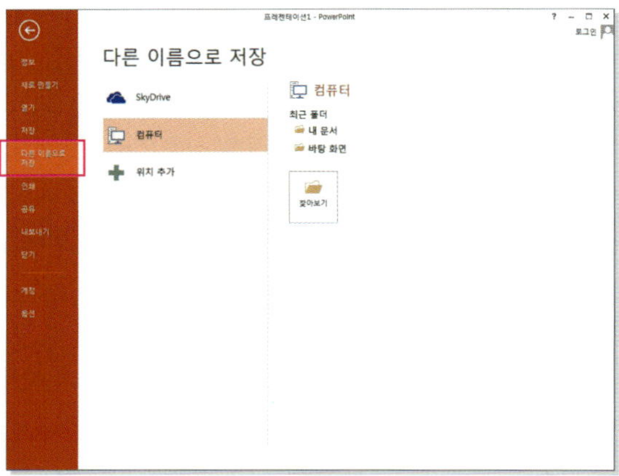

처음 생성한 문서가 아니라면 [Ctrl] + [S]의 단축키를 누르거나, [빠른 실행 도구 모음]의 🖫 버튼을 누르면 빠르게 저장할 수 있습니다.

03 원하는 경로를 지정하고 '프레젠테이션1'의 파일명에 저장할 파일명을 입력하고, [저장]을 클릭합니다. 파일 형식을 통해 PDF, JPEG와 같은 다양한 형식으로 저장이 가능합니다.

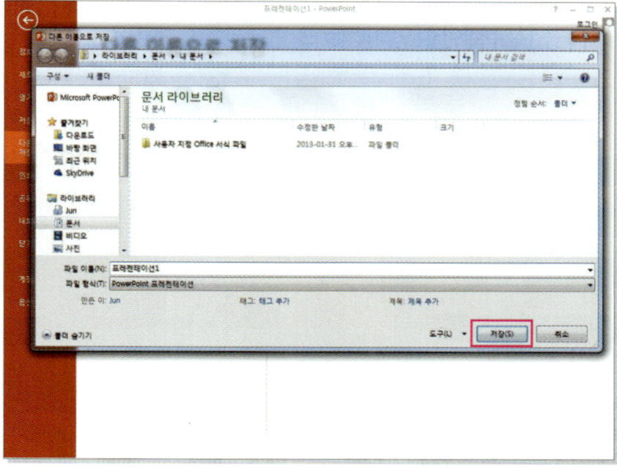

02 파워포인트 PDF, JPEG 저장하기

파워포인트를 통해 문서를 작성하다 보면 저장하여 다른 사람과 주고받게 되는 상황이 생기게 됩니다. 상대방이 같은 버전에 동일한 서체를 가지고 있다면 다행이지만 상황이 항상 그렇지만은 않은 경우가 많습니다. 이런 경우에 PDF나 JPEG로 저장하여 주고받는다면 문제를 해결할 수 있습니다.

	PPT	PPTX	PDF	JPEG
편집	가능	가능	불가능	불가능
장점	낮은 버전의 파워포인트에서도 읽고 쓰기가 가능합니다.	파워포인트 2007 이상의 버전에서 읽고 쓰기가 가능한 확장자입니다.	서체가 그대로 포함되어 저장된 채로 호환성이 뛰어납니다.	언제 어디서든지 편집자가 편집한 상태 그대로 저장이 가능합니다.
단점	낮은 버전(파워포인트 2003)으로 열었을 때 서식이 틀어져 있는 경우가 생길 수 있습니다.	파워포인트 2013의 새로운 효과들이 적용된 경우 다른 버전에서 서식이 올바르지 않게 나타날 수 있습니다.	텍스트를 Copy하는 것은 가능하지만 편집은 불가능합니다.	텍스트도 이미지화 저장되어 텍스트를 Copy할 수 없습니다.

❶ 파워포인트 PDF 저장하기

┌01 [파일] 탭을 클릭합니다.

┌02 [다른 이름으로 저장]을 클릭하고, 「찾아보기」를 통해 원하는 경로를 지정합니다.

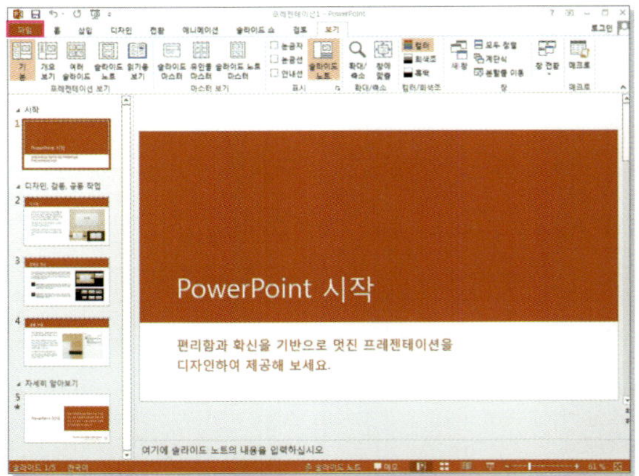

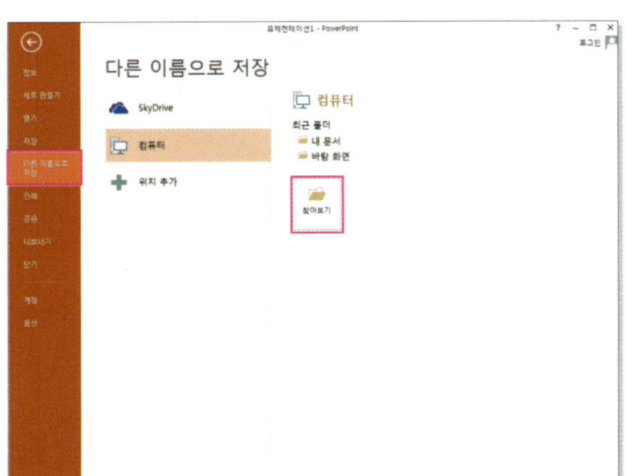

┌03 [파일 이름]에 'Powerpoint 시작'을 입력합니다.

┌04 [파일 형식]을 클릭하면 다양한 서식이 나타납니다. 'PDF'를 선택하고, [저장]을 클릭합니다.

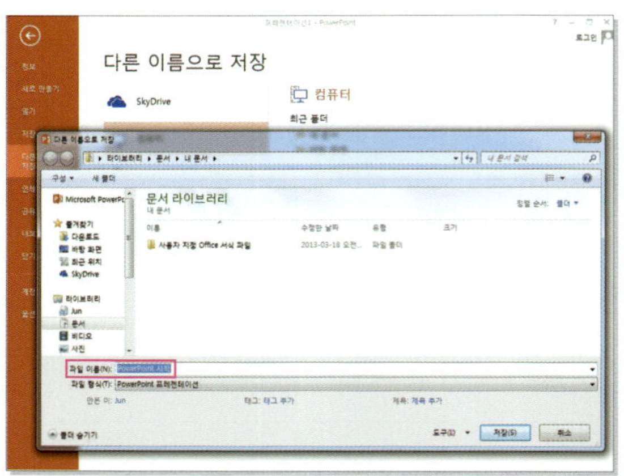

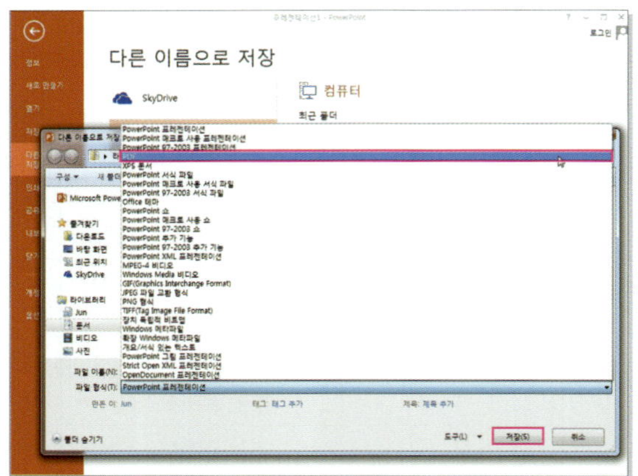

TIP PDF, JPEG 저장하기 기능은 '파워포인트 2007' 버전에서는 별도 기능을 설치해야 가능했지만 '파워포인트 2013'에서는 편리하게 기본적으로 기능을 포함하고 있습니다.

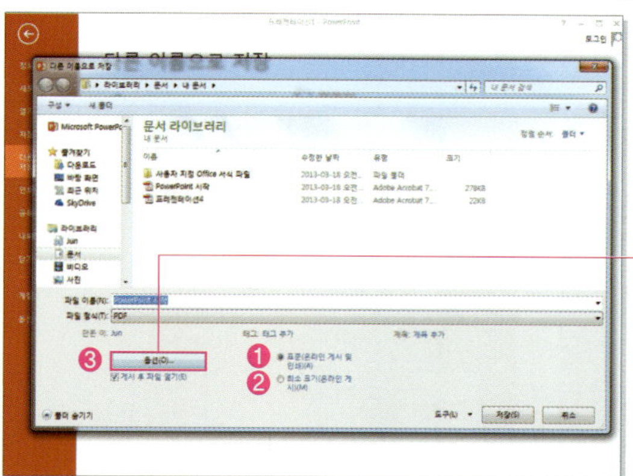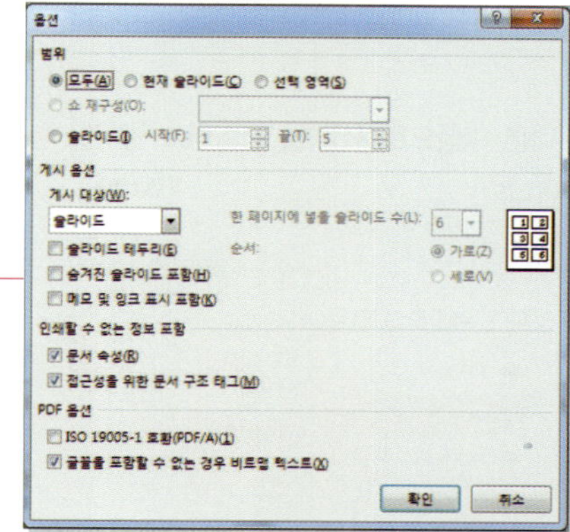

PDF 저장하기를 선택하면 옵션을 선택할 수 있습니다.

① 표준(온라인 게시 및 인쇄) : 일반적으로 표준 크기로 저장하며, 인쇄를 목적으로 할 때 선택합니다.

② 최소 (온라인 게시) : 온라인으로 주고받을 때 파일의 크기를 최소화하여 저장할 때 선택합니다.

③ 옵션 : 다음과 같이 세부 사항을 설정할 수 있습니다.

범위 : 그룹에서 일부 슬라이드만 선택하여 PDF로 저장이 가능합니다.

게시 옵션 :

– 슬라이드 : 슬라이드의 형태로 저장합니다.

– 유인물 : 청중들에게 인쇄물로 제공할 때 유인물로 여러 장의 슬라이드를 한페이지 모아서 저장합니다. PDF파일로 유인물을 만들어 원하는 곳에서 출력할 수 있습니다.

– 슬라이드 노트 : 슬라이드와 슬라이드 노트를 포함하여 PDF로 저장합니다.

– 개요 보기 : 개요만 PDF로 저장합니다.

05 PDF로 저장된 파일을 확인할 수 있습니다. 텍스트를 드래그 해보면 텍스트가 살아 있음을 확인할 수 있습니다.

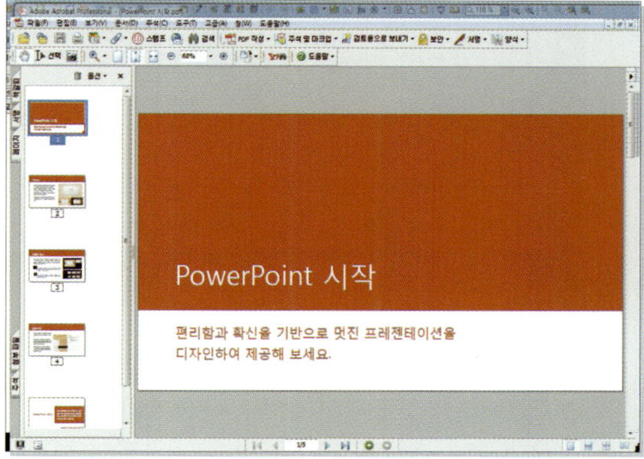

❷ 파워포인트 JPEG 저장하기

01 [다른 이름으로 저장]을 클릭하고 원하는 경로를 지정합니다.

02 [파일 이름]을 입력하고 'JPEG' 파일 교환 형식을 선택합니다.

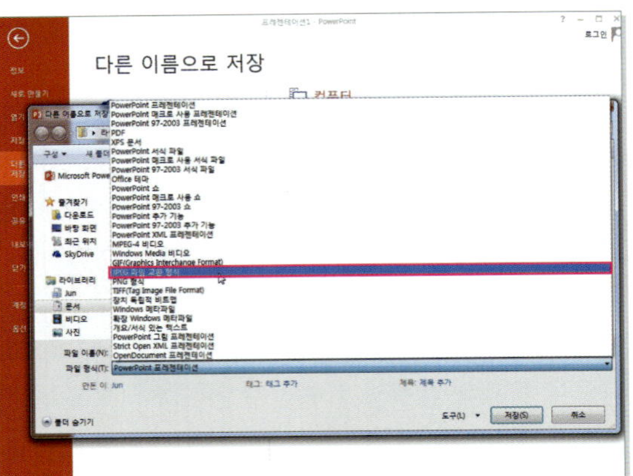

TIP [다른 이름으로 저장] 대화상자에서 [도구] – [그림 압축]을 선택하면 저장될 JPEG의 해상도를 선택할 수 있습니다.

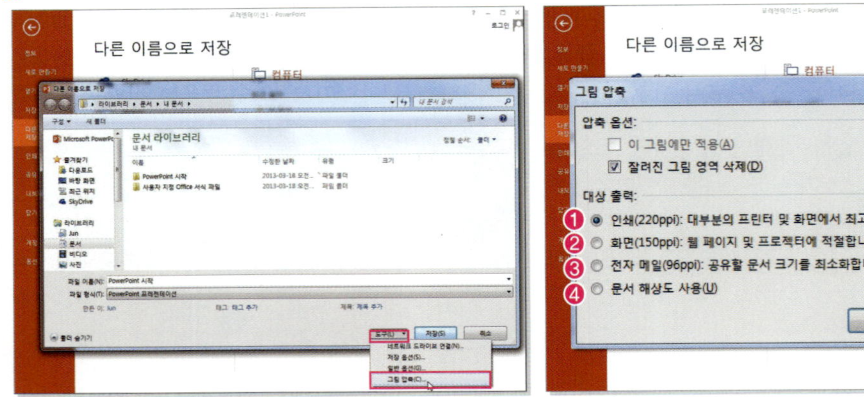

① 인쇄(220dpi) : 대부분의 프린터 및 화면에서 최고급 품질로 표시됩니다.

② 화면(150dpi) : 웹 페이지 및 프로젝터에 적절합니다.

③ 전자메일(96dpi) : 공유할 문서 크기를 최소화합니다.

④ 문서해상도 사용 : 문서의 해상도 그대로 사용합니다. ※ 일반적인 문서의 경우 150dpi로 사용하여도 무방합니다.

03 내보낼 슬라이드를 선택하기 위한 대화상자가 나타납니다. [모든 슬라이드]를 선택합니다.

04 파일 이름으로 폴더가 생성되었습니다.

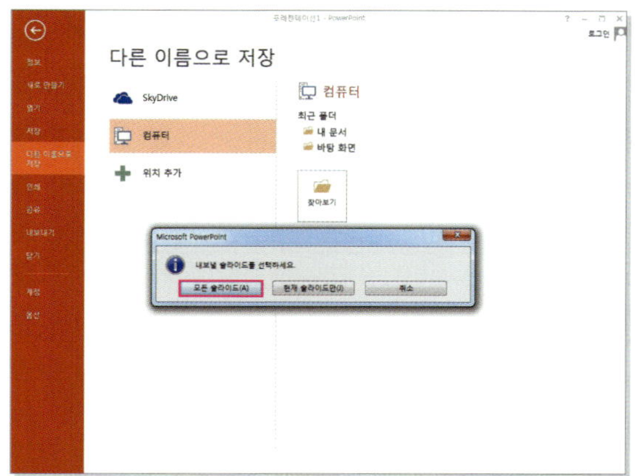

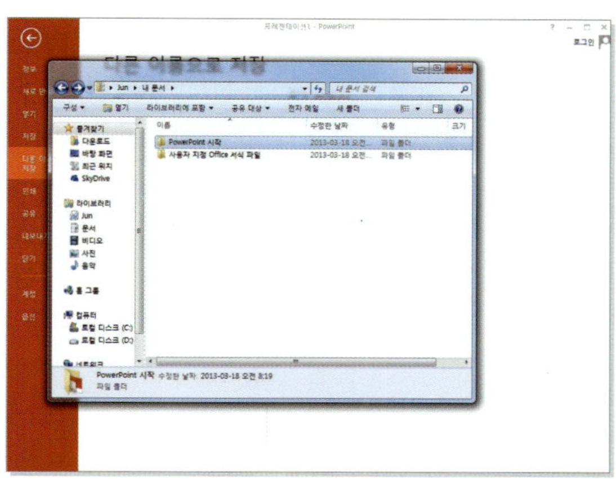

05 [모든 슬라이드]를 선택하면 파일명으로 폴더가 만들어지고, 슬라이드가 순서대로 JPEG로 저장됩니다.

06 [현재 슬라이드]를 선택할 경우 '파일 이름.JPEG'로 지정된 경로에 저장됩니다.

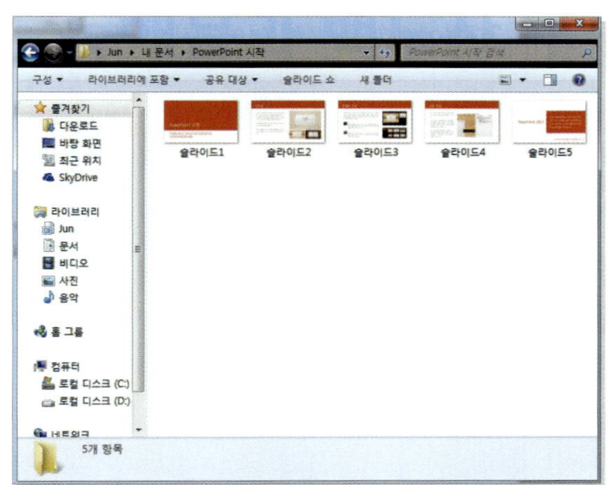

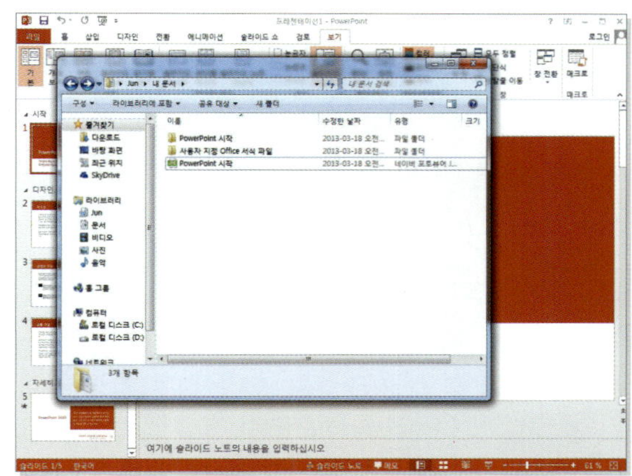

03 서체 설치하기

요즘은 기업들은 아이덴티티를 나타내기 위해 고유 서체를 제작 및 배포하는 곳이 늘어나고 있습니다. 서체가 기업의 이미지를 대변해 주게 된 것입니다. 이제는 서체를 통해서도 우리에게 정보를 전달하는 것입니다. 프레젠테이션에서도 이와 같이 주제를 전달하는데 있어 서체는 효과적인 역할을 하고 있습니다. 하지만 서체가 설치되어 있지 않은 다른 환경에서는 애써 지정한 서체들이 나타나지 않게 됩니다. 다른 환경에서도 서체를 사용하기 위해서 이번에는 파워포인트에서 서체의 설치에 대해 알아봅시다.

01 먼저 설치할 서체를 선택합니다.

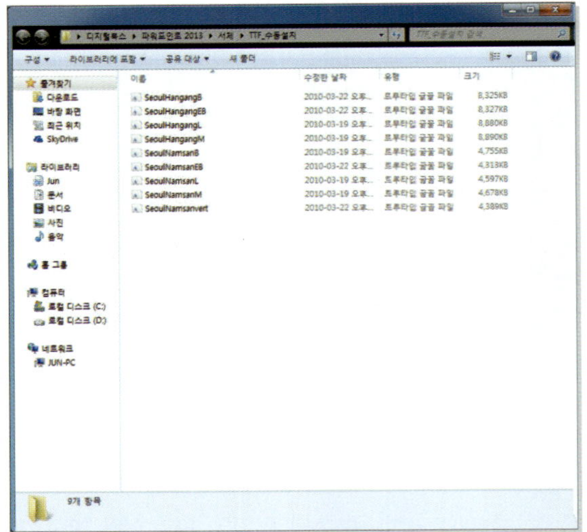

02 서체를 선택하고 마우스 오른쪽 버튼을 클릭하여 설치를 선택하거나, 복사하기를 선택합니다. 설치하기를 선택하면 바로 그 자리에서 설치가 진행됩니다.

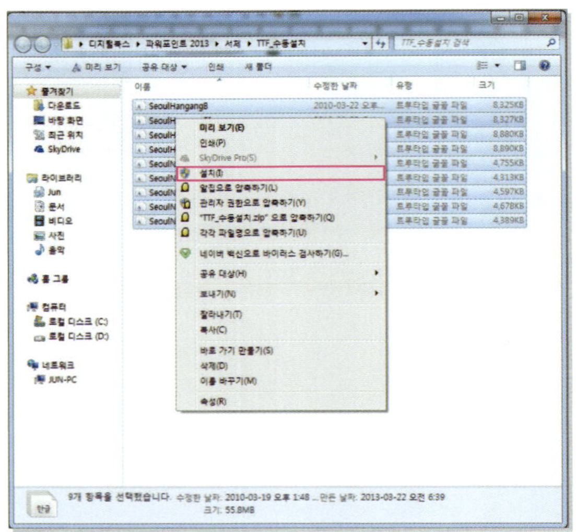

TIP 요즘은 기업이나 단체에서 아이덴티티를 나타내는 서체를 제작 및 배포하는 곳이 많이 있습니다. 유료서체를 사용하지 않고도 가독성이 좋은 서체들을 이용할 수 있습니다. 예제에서 사용된 서울시의 서체를 다운받아보도록 하겠습니다.

01. http://design.seoul.go.kr/로 접속합니다.

02. 서울상징에서 서울서체를 선택합니다.

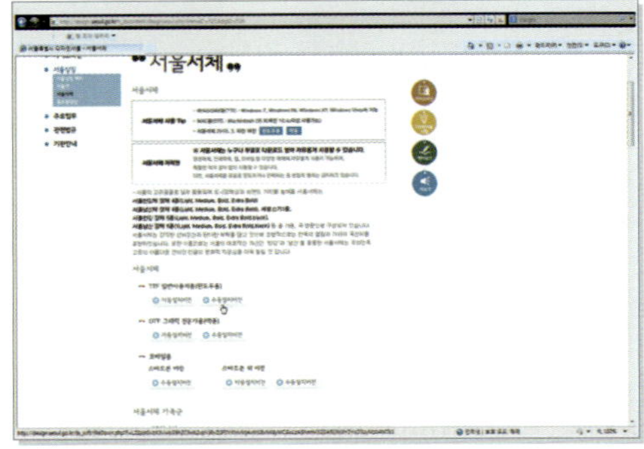

03. TTF 일반사용자용(윈도우용) 수동설치 버전을 선택합니다.

서울시 외에도 대형포털 사이트 및 언론, 기업에서도 다양한 서체를 제공하고 있습니다. 기업에서는 서체를 통해 기업을 홍보하는 이점을 가지고 있습니다. (예: 다음체, 나눔글꼴, 제주서체, 롯데마트 행복체/드림체 , 아모레퍼시픽 아리따체, SKT 뫼비우스체, KT 올레체, 한겨레 한겨레결체, 중앙일보 중앙체, 옥션 옥션고딕 등) 다만, 무료로 제공되는 서체라 하더라도, 사용 범위에 따라 저작권법 위반에 해당할 수 있으니, 사용범위에 따라 사용요청 및 허가를 받는 것이 좋습니다.

03 복사하기를 선택하였으면 [로컬디스크] – [Windows] – [Fonts]로 이동합니다. 윈도우에서 설치된 서체들을 볼 수 있습니다.

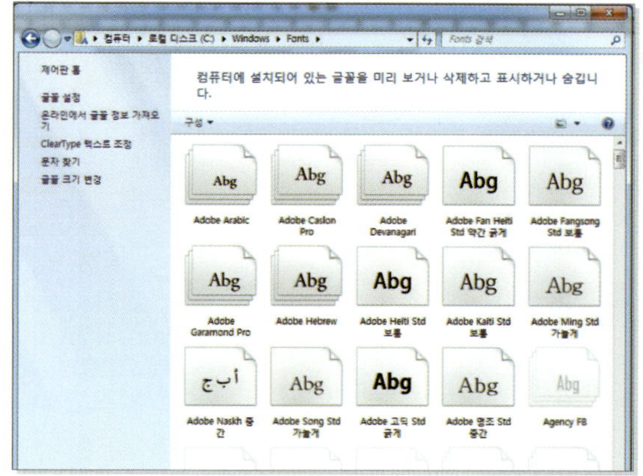

04 마우스 오른쪽 버튼을 클릭하여 [붙여넣기]를 선택하면 글꼴이 설치됩니다.

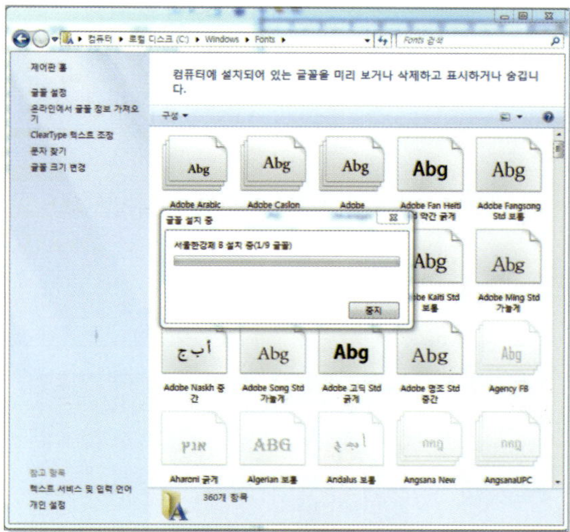

05 파워포인트를 실행하여 [홈] 탭 – [글꼴] 그룹 – [글꼴]에서 서체가 설치된 것을 확인할 수 있습니다. 환경에 따라서는 재부팅이 필요할 수도 있습니다.

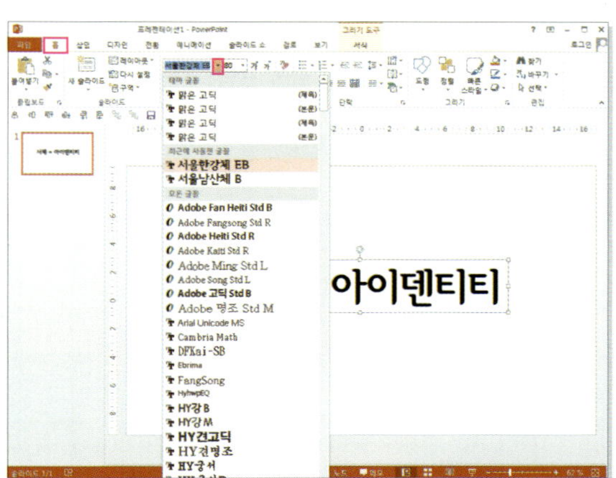

발표를 위해 다른 환경에서 파워포인트 파일을 열었을 때 텍스트가 제대로 나오지 않아 당황스러운 경험을 하게 될 때가 있습니다. 바로 서체가 설치되어 있지 않은 환경에서 이런 경우가 발생하게 되는데요. 서체를 포함하여 저장하면 이런 문제를 쉽게 해결할 수 있습니다.

01 서체를 포함하여 저장할 슬라이드를 불러옵니다.

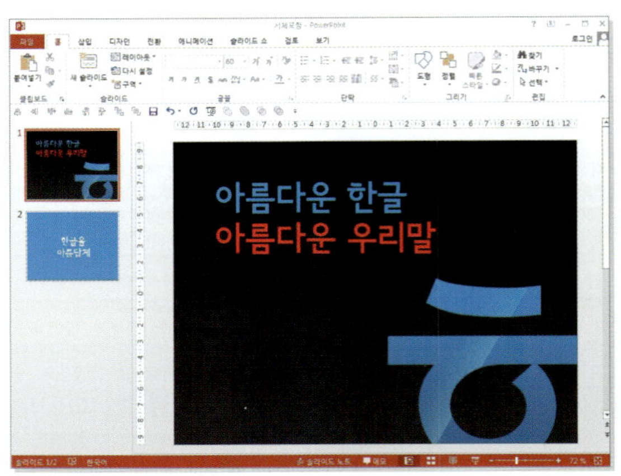

02 [파일] 탭 – [옵션]을 선택합니다.

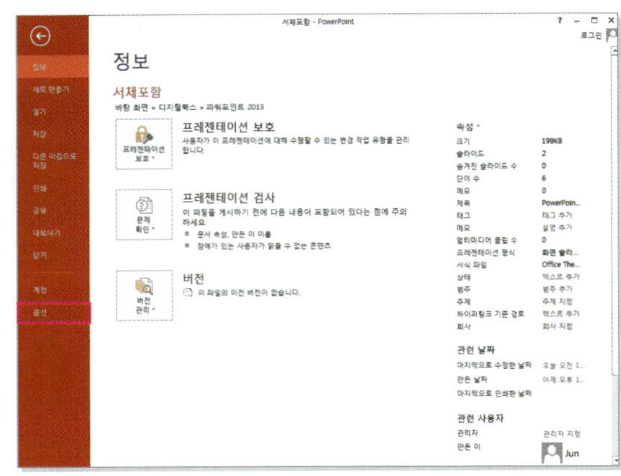

03 [Powerpoint 옵션] – [저장]을 선택합니다.

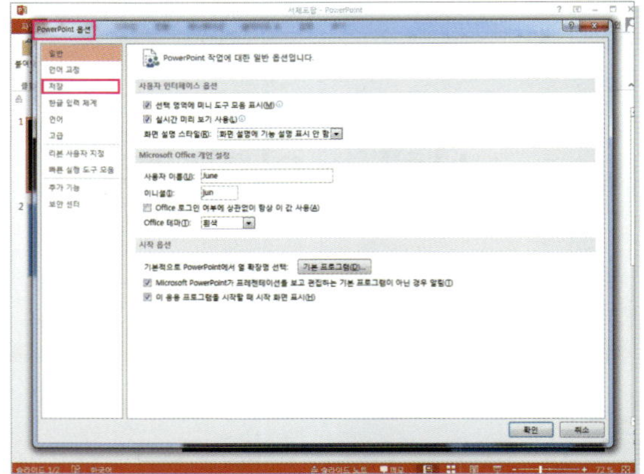

04 [저장] 탭에서 [파일의 글꼴 포함]에 체크합니다.

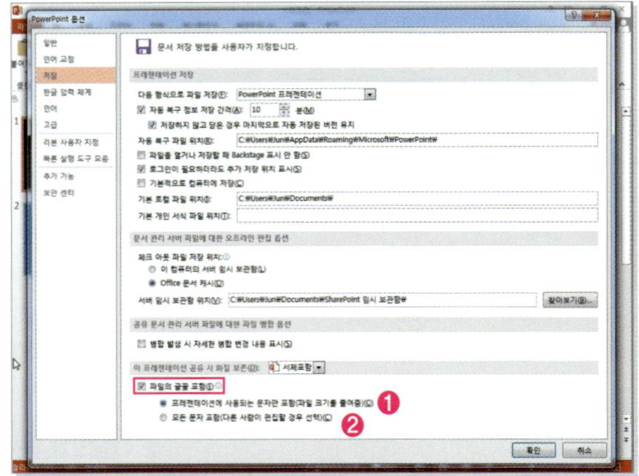

TIP

① 프레젠테이션에 사용되는 문자만 포함(파일 크기를 줄여줌) : 현재 사용된 문자에 대해서만 글꼴을 포함하여 저장하는 기능으로 나중에 편집이 불가능합니다.

② 모든 문자 포함(다른 사람이 편집할 경우 선택) : 현재 슬라이드에 사용되지 않은 문자들을 모두 포함하여 저장하는 것입니다. 다른 환경에서도 서체가 보임과 동시에 편집도 가능한 기능입니다. 반면 저장시간이 오래 걸리고, pptx의 파일 크기가 매우 커집니다. 그리고 일부 서체의 경우 완벽하게 지원하지 못하는 현상을 보이고 있어 첫 번째 옵션을 사용하는 것을 추천합니다.

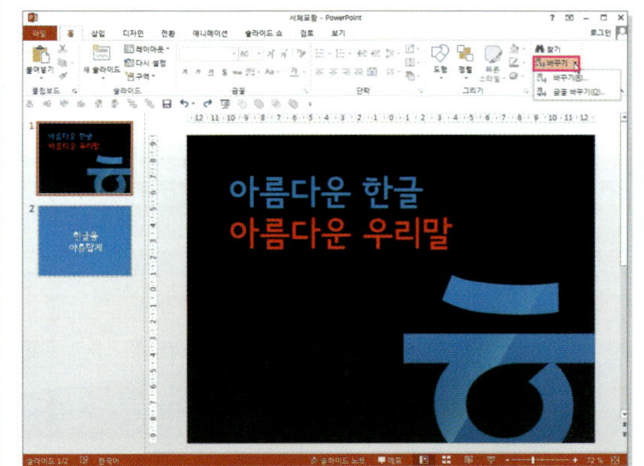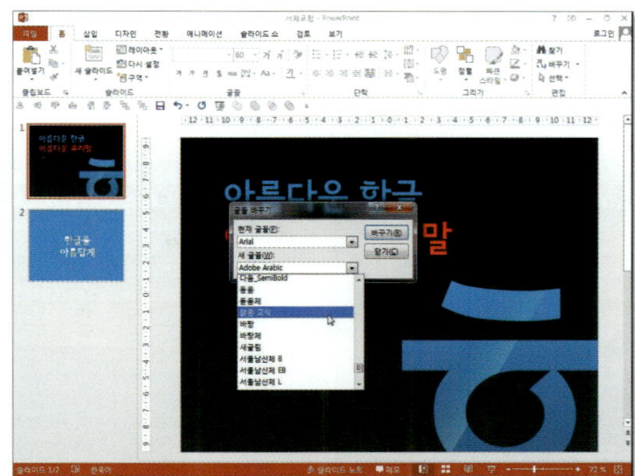

[홈] 탭 – [편집] 그룹 – [바꾸기] – [글꼴 바꾸기]를 선택하면 현재 프레젠테이션에 사용되어진 '현재 글꼴'을 새로 지정한 '새 글꼴'로 모두 변경할 수 있습니다. 일일이 하나씩 선택하고 바꿔줄 필요 없이 모두 바꾸어 주는 기능으로 매우 유용합니다. [바꾸기]의 기능을 이용하면 글꼴 이외에도 특정 단어를 일괄적으로 모두 바꿔줄 수 있습니다.

 05 클라우드 서비스 이용하기

우리가 흔히 프레젠테이션 문서를 작성하다 보면 다른 환경에서 작업이 진행 되어야 하는 경우가 생기게 됩니다. 이런 경우에 보통 USB, 외장 HDD와 같은 저장매체를 통해 데이터를 가지고 다니게 되는 경우가 많습니다. 하지만 이런 경우 저장매체를 직접 가지고 다녀야 하는 불편함이 따르는데요, 클라우드 서비스를 이용한다면 더욱 간편하게 문서 공유와 편집이 가능합니다. 파워포인트 2013에서는 마이크로소프트의 Skydrive를 통해 쉽게 데이터를 공유하고 손쉽게 편집이 가능합니다.

■ Skydrive 설치하기

01 http://skydrive.live.com/에 접속합니다. [지금 다운로드]를 클릭합니다.

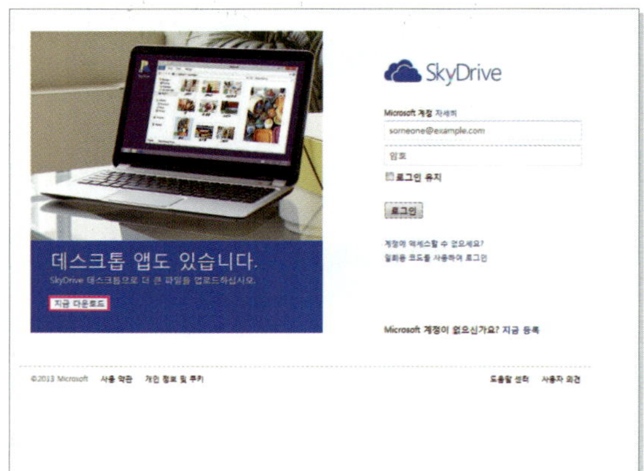

02 [Skydrive 다운로드]를 클릭하고, 설치를 진행합니다.

03 설치를 시작합니다.

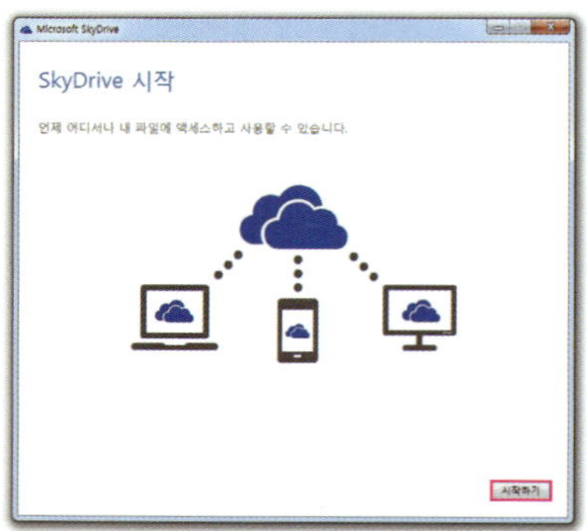

04 Skydrive를 사용하기 위해서는 Microsoft 계정이 필요합니다.

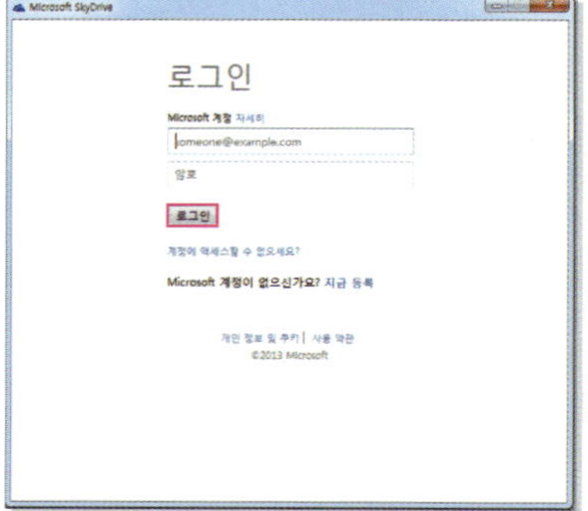

05 Skydrive가 설치되고 나면 앞으로 공유할 폴더의 위치를 설정합니다.
[로컬디스크]:\User\[사용자 계정]\SkyDrive로 기본 설정되어 있습니다. Skydrive 폴더를 통해 클라우드 서버와 파일의 관리가 실시간으로 이루어지기 때문에 찾기 쉬운 곳으로 지정해놓는 것이 좋습니다.

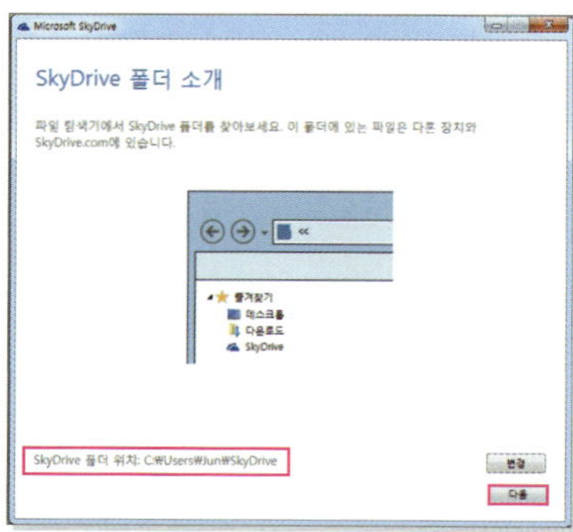

06 다음으로 Skydrive에서 동기화할 폴더를 선택할 수 있습니다.
가급적이면 모든 파일 및 폴더를 선택하는 것이 좋습니다.

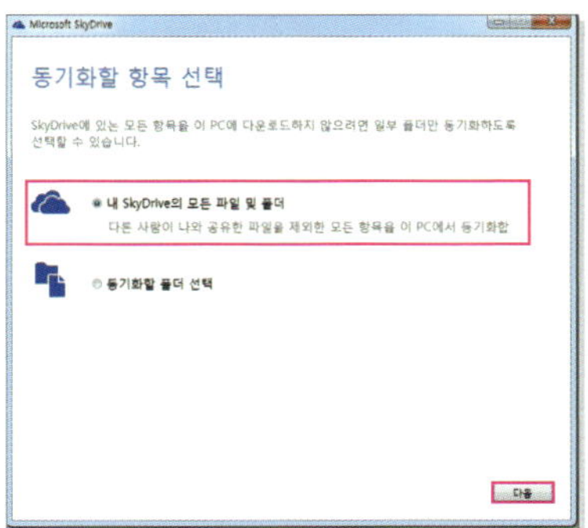

07 Skydrive를 통해 다른 곳에서 Skydrive 폴더 이외의 모든 파일들을 가져 올 수 있습니다.
그럼 아무나 접속할 수 있지 않나 생각하시겠지만, PC로의 접속은 따로 보안코드를 필요로 합니다.

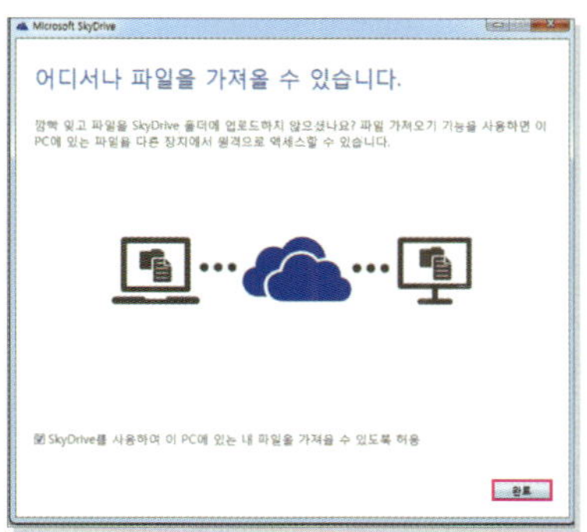

08 Skydrive 폴더가 나타납니다. 앞으로 이 폴더를 통해 클라우드 서버와 실시간으로 파일 관리가 이루어 집니다.

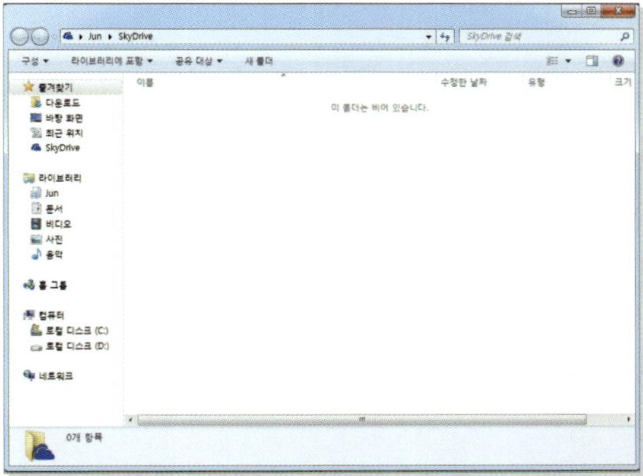

09 Skydrive 폴더에 파일을 추가하면 왼쪽 하단의 표시를 통해 파일이 업로드 되고 있는 것을 확인할 수 있습니다. 파일이 모두 업로드 되고 나면 체크표시가 나타납니다.

IMG_4697

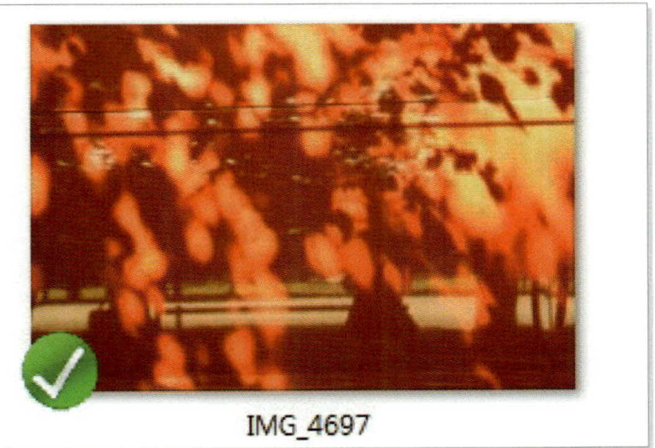

IMG_4697

❷ Skydrive 사용하기

01 Skydrive를 사용하기 위해서는 로그인을 해야 합니다. [파일] 탭 – [계정]을 선택합니다.

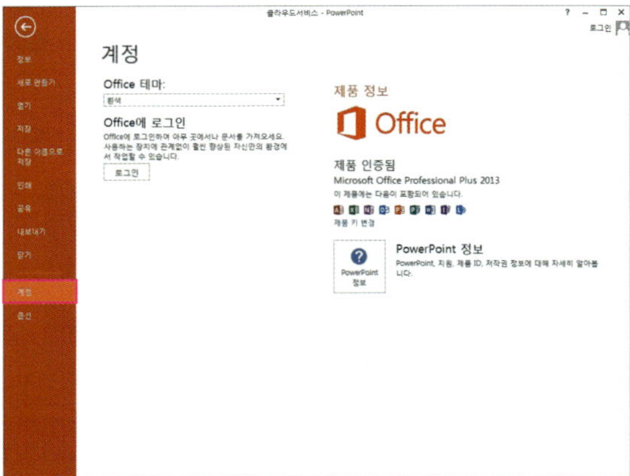

02 Skydrive를 설치할 때 사용했던 Microsoft 계정으로 로그인 합니다.
로그인을 하면 우측 상단에 로그인정보가 나타납니다.
로그인되어 있을 때에는 로그아웃의 상태보다 온라인을 통한 다양한 기능을 더욱 많이 사용할 수 있습니다.

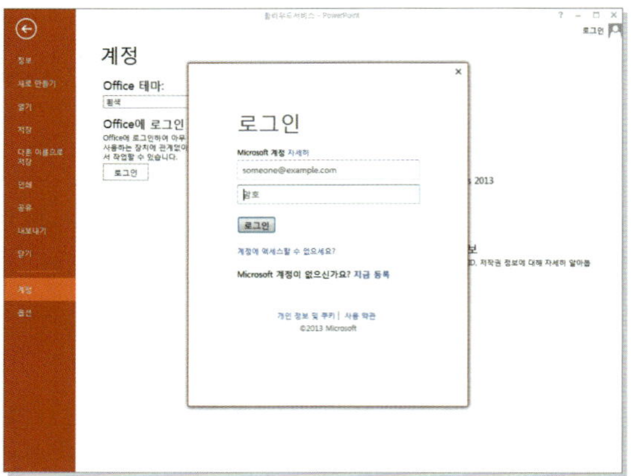

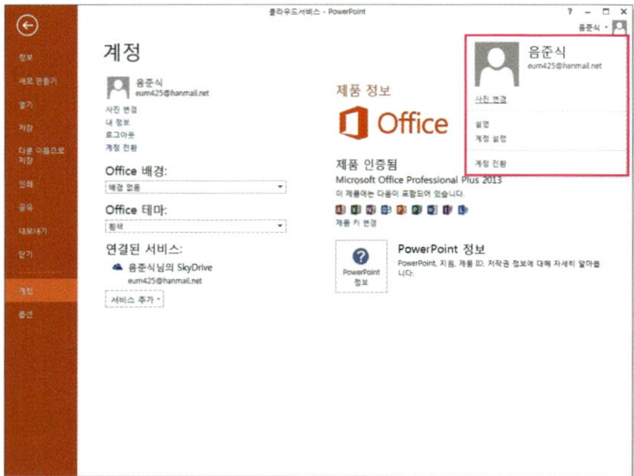

03 로그인 되어 있는 상태에서는 [파일] 탭 – Backstage에서 바로 열고, Skydrive로 바로 저장이 가능해집니다. 발표장이나 다른 환경에서도 파워포인트 사용중 로그인을 통해 자신의 문서를 언제 어디서나 불러 올 수 있는 매우 유용한 서비스입니다. 다른 다양한 클라우드 서비스가 있지만 Skydrive의 장점은 Office와의 연동성이 매우 뛰어나다는 점입니다.

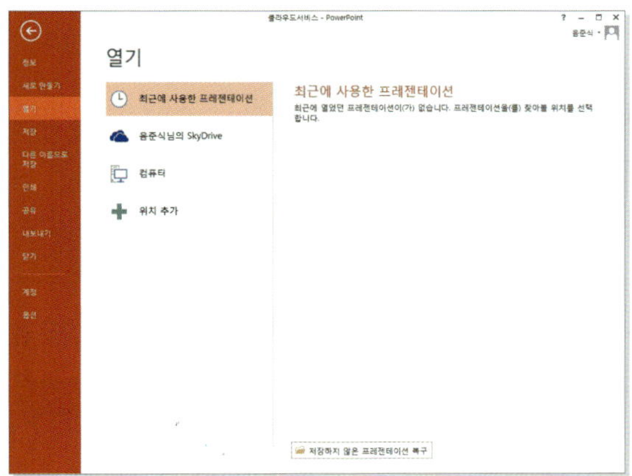

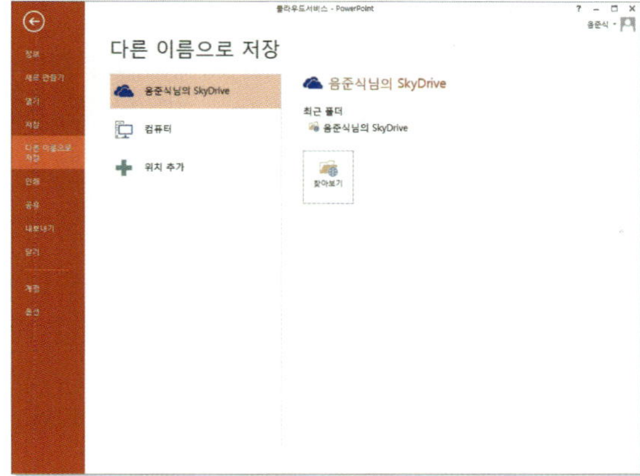

❸ Skydrive에서 Powerpoint Web App 사용하기

다른 환경에서 Skydrive를 웹으로 접속해 기존의 파일을 불러오고 웹에서 단순한 편집을 하는 방법에 대해 알아보겠습니다.

01 http://skydrive.live.com/로 들어가 로그인합니다.

02 현재 클라우드 서버에 저장된 데이터들이 나타납니다. 사진은 미리 볼 수 있도록 작은 이미지로 나타납니다.

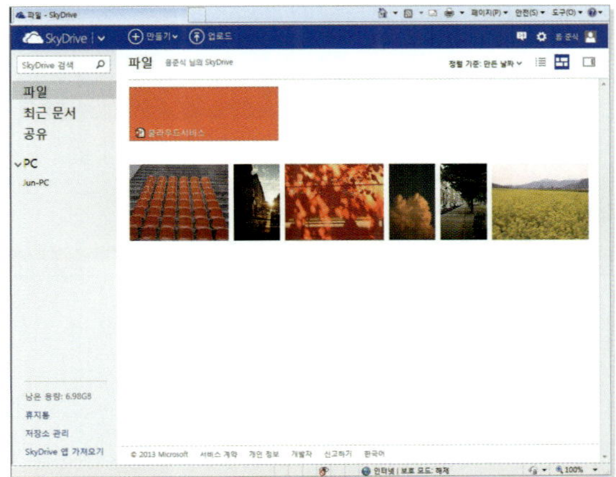

03 파워포인트 파일을 선택해봅시다. 파워포인트가 설치되어 있지 않은 상황에서도 'Powerpoint Web App'을 통해 파워포인트가 실행됩니다.

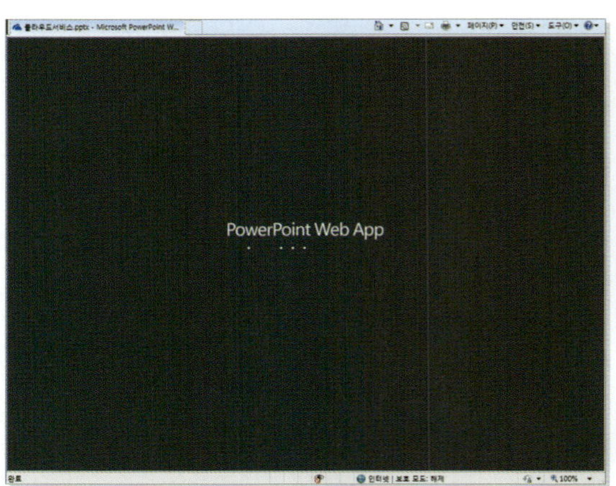

04 파워포인트가 실행되어 미리보기가 가능합니다. [프레젠테이션 편집] – [Powerpoint Web App에서 편집]을 선택합니다.

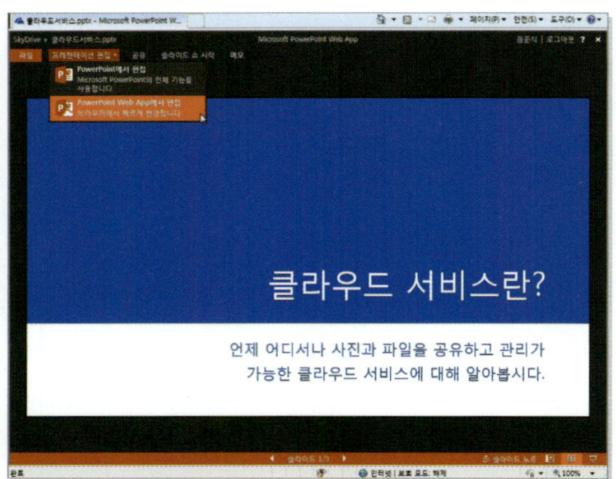

05 웹브라우저에서 파워포인트가 실행된 모습입니다. 모든 기능이 구현되어 있지는 않지만, 다른 곳에서 파워포인트가 설치되어 있지 않은 곳에서도 이와 같이 단순한 편집과 미리보기가 가능하다는 것은 매우 놀라운 기능입니다.

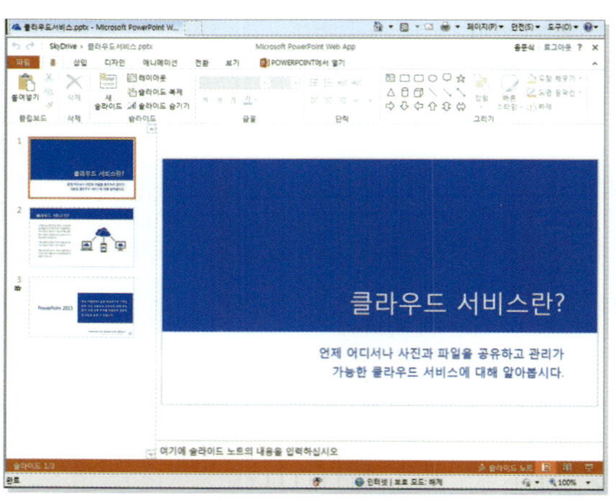

06 하지만 웹상에서는 속도나 기능의 제한이 있습니다. 파워포인트가 설치되어 있는 환경에서는 [POWERPOINT에서 열기]를 선택하면 설치된 파워포인트로 바로 문서가 열리게 됩니다.

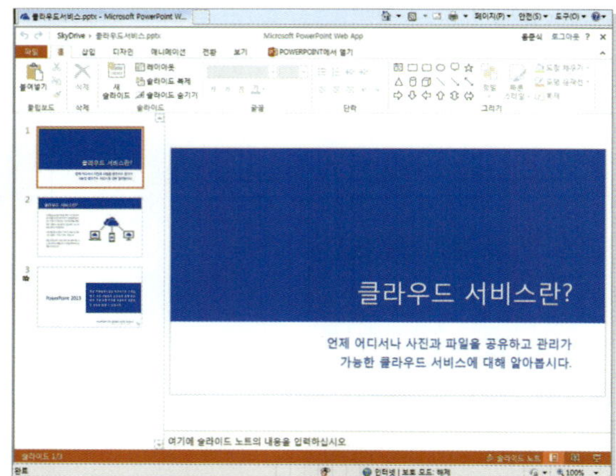

❹ 모바일, 스마트 기기에서 연동하기

01 Skydrive는 Android, iOS, Window의 모바일 OS
에 Application을 지원합니다.
여기서는 iOS에서의 연동화면으로 소개하겠습니다.

02 Appstore에서 Skydrive를 다운로드 합니다.

03 SkyDrive를 실행시킵니다.

04 Skydrive를 설치할 때 사용했던 Microsoft 계정으
로 로그인 합니다.

로그인을 하면 현재 클라우드 서버
에 저장된 데이터들이 나타납니다.
Skydrive의 클라우드 서비스를 통
해 모바일, 스마트 기기를 통해 언제
어디서든지 확인이 가능합니다. 아직
pptx의 경우 모바일 및 스마트기기
에서는 호환이 잘되는 편은 아닙니
다. 상대방과 데이터의 확인을 필요
로 할 때에는 PDF 파일을 이용하는
것이 좋습니다.

파일을 다른 사람과 공유하기를 원할 때에는 왼쪽 하
단의 +모양을 누르면 보기와 같은 메뉴가 나타납니
다. [메일로 링크 보내기]를 통해 메일로 링크주소를 주고받
을 수도 있습니다.

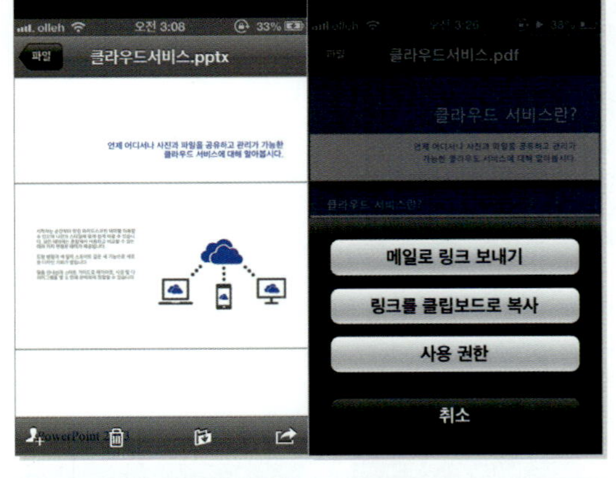

[링크를 클립보드로 복사]를 선택하면 링크 주소가 클립보드
에 저장됩니다.
흔히 메시지를 주고받을 때 [붙이기]를 통해 클립보드의 링크
를 가져오면 상대방에게 손쉽게 자료의 위치를 전달하고 공
유할 수 있습니다.

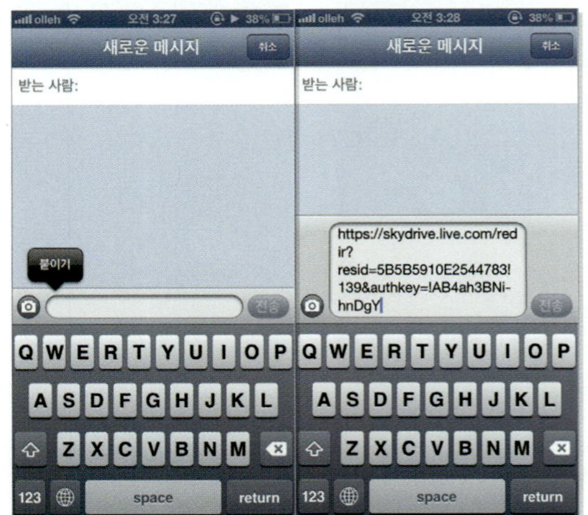

002 메뉴 둘러보고 빠른 실행 도구모음 만들기

01 메뉴 둘러보기

파워포인트를 실행시키면 상단에 [홈], [삽입], [디자인], [전환], [애니메이션], [슬라이드 쇼], [검토], [보기]와 같은 메뉴들이 있습니다. 이것들은 '리본 메뉴'라고 부릅니다. '리본 메뉴'는 파워포인트로 문서를 만들 때 원하는 기능을 쉽게 찾을 수 있도록 [탭] – [그룹]으로 분류되어 있습니다. 다양한 메뉴 [탭]에 대해 알아봅시다.

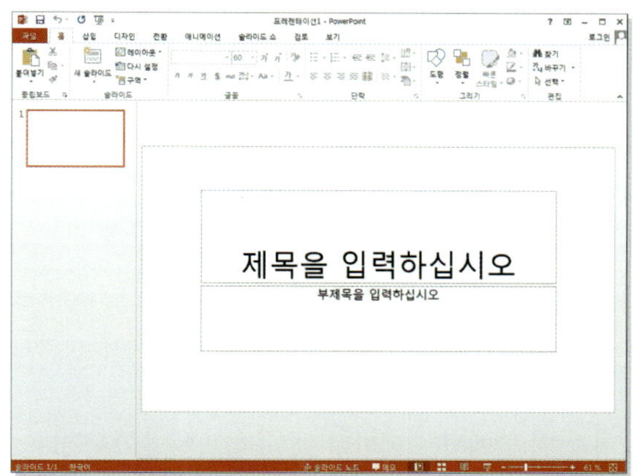

1 홈 탭

[홈] 탭에는 잘라내기 및 붙여넣기 기능, 글꼴 및 단락 옵션, 슬라이드 설정 등 자주 사용하는 기능들이 있습니다.

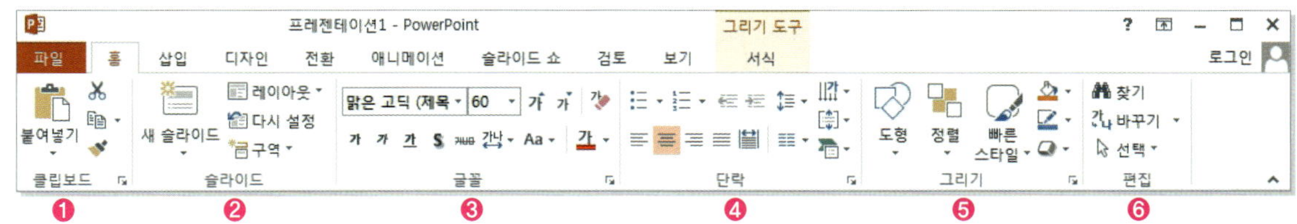

① 클립보드 : 잘라내기, 복사, 서식복사와 같은 기능들이 있습니다.

② 슬라이드 : 슬라이드 추가와 레이아웃을 설정할 수 있습니다.

③ 글꼴 : 글꼴의 크기, 색상, 기울이기, 그림자, 문자 간격을 지정할 수 있습니다.

④ 단락 : 글머리기호, 문단 설정, 줄 간격, 목록 수준 등 을 지정할 수 있습니다.

⑤ 그리기 : 도형 삽입과 정렬을 할 수 있고, 빠른 스타일을 통해 이미 설정된 서식을 적용시킬 수 있습니다.

⑥ 편집 : 단어를 찾거나, 글꼴 바꾸기, 단어 바꾸기를 할 수 있습니다.

❷ 삽입 탭

[삽입] 탭은 그림, 도형, 차트, 링크, 텍스트 상자, 비디오 등 다양한 요소를 슬라이드에 추가할 수 있습니다.

① 슬라이드 : 새 슬라이드를 추가할 수 있습니다.

② 표 : 표를 삽입할 수 있습니다.

③ 이미지 : 그림, 온라인그림, 스크린샷 등의 이미지를 삽입할 수 있습니다.

④ 일러스트레이션 : 자주 쓰는 도형의 삽입, SmartArt를 통해 미리 설정된 서식, 차트를 삽입할 수 있습니다.

⑤ 앱 : Office의 추가적인 Office 365와 같은 앱을 스토어에서 구매할 수 있습니다.

⑥ 링크 : 도형, 텍스트에 하이퍼링크를 지정할 수 있습니다.

⑦ 메모 : 메모를 삽입하여 다른 사용자에게 메시지를 전달할 수 있습니다. 슬라이드 쇼에서는 보이지 않습니다.

⑧ 텍스트 : 텍스트 상장의 삽입, 머리글, 바닥글, WordArt의 삽입이 가능합니다.

⑨ 기호 : 수식과 특수 기호를 삽입할 수 있습니다.

⑩ 미디어 : 비디오, 오디오의 파일을 삽입할 수 있습니다.

❸ 디자인 탭

[디자인] 탭에서는 테마나 색 구성표를 추가하거나 슬라이드 배경 서식을 지정할 수 있습니다.

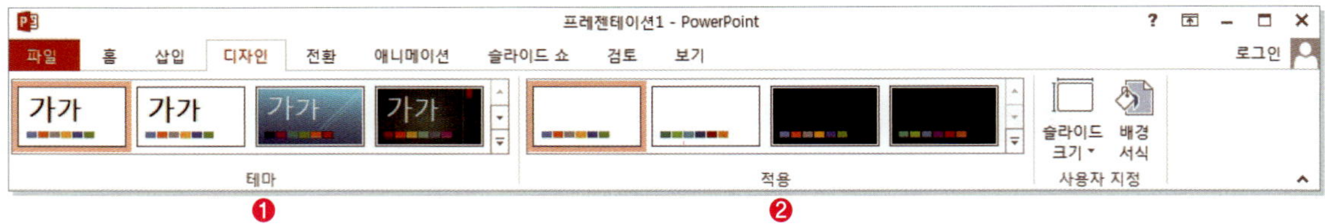

① 테마 : 기본적으로 설정되어 있는 테마를 선택하여 바로 슬라이드에 적용할 수 있습니다.

② 적용 : 적용된 테마의 [색], [글꼴], [효과], [배경 스타일]을 각각 선택하여 적용할 수 습니다.

❹ 전환 탭

[전환] 탭에서는 슬라이드 화면 전환 방법을 설정할 수 있습니다.

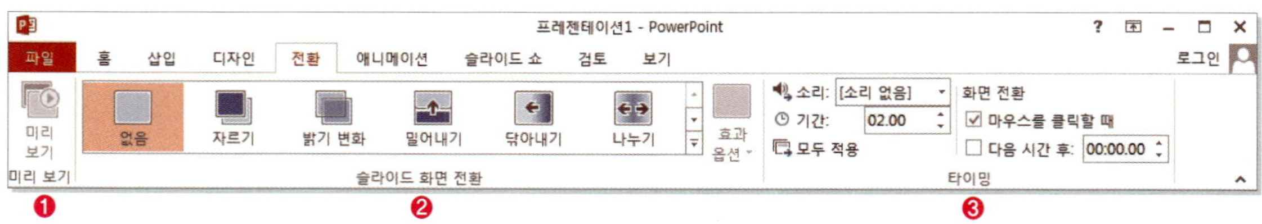

① 미리보기 : 적용된 [슬라이드 화면 전환] 효과를 미리 볼 수 있습니다.

② 슬라이드 화면 전환 : 슬라이드 화면 전환에 적용 가능한 전환 옵션 갤러리가 있으며, 갤러리 옆의 자세히 ▼를 클릭하면 모든 옵션을 볼 수 있습니다.

③ 타이밍 : 슬라이드의 화면 전환에 소리, 시간을 자세하게 지정할 수 있습니다.

⑤ 애니메이션 탭

[애니메이션] 탭에서는 도형, 텍스트 등과 같은 슬라이드 구성요소에 애니메이션 효과를 설정할 수 있습니다.

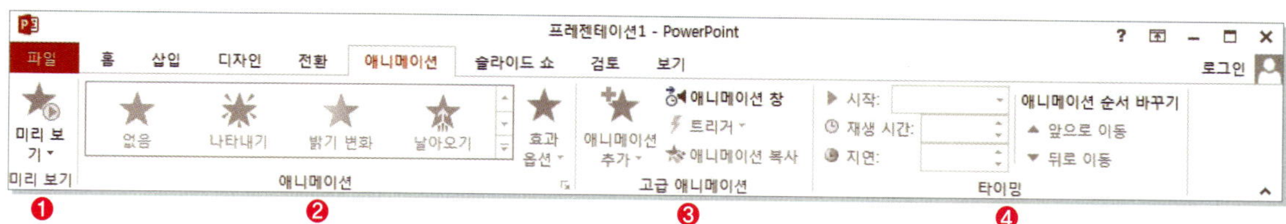

① 미리보기 : 적용된 [애니메이션] 효과를 미리 볼 수 있습니다.

② 애니메이션 : 적용 가능한 애니메이션 효과 갤러리가 있으며 자세히 ▼를 클릭하면 모든 애니메이션 효과를 볼 수 있습니다.

③ 고급 애니메이션 : 애니메이션 효과를 추가하거나 [애니메이션 창]을 통해 타이밍, 순서를 지정할 수 있습니다.

④ 타이밍 : 애니메이션의 시작, 재생시간, 지연 등의 효과를 주고 순서를 지정할 수 있습니다.

⑥ 슬라이드 쇼 탭

[슬라이드 쇼] 탭에서는 프레젠테이션을 청중에게 보여 주는 방식을 설정할 수 있습니다.
슬라이드 쇼의 설정과 녹화, 녹음 등도 여기서 설정합니다.

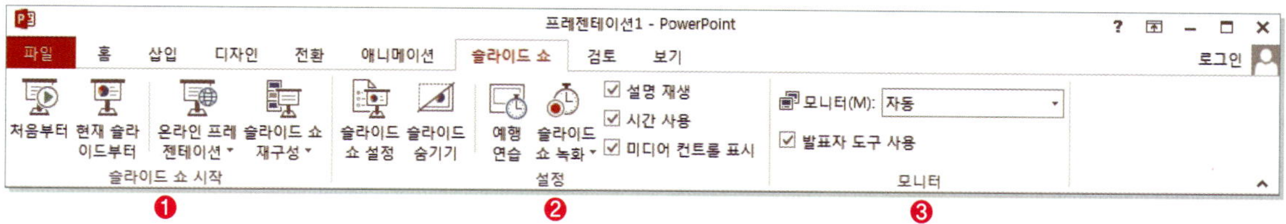

① 슬라이드 쇼 시작 : 슬라이드 쇼를 실행합니다.

② 설정 : 슬라이드 쇼의 쇼 형식, 설명할 때 사용되는 펜 색, 레이저 포인터의 색상 등을 지정할 수 있으며, 슬라이드 쇼를 녹화할 수도 있습니다.

③ 모니터 : 발표를 위해 듀얼 모니터를 사용시 어떤 모니터에 표시할지, 그리고 발표자 도구 사용 여부를 선택할 수 있습니다.

7 검토 탭

[검토] 탭에서는 메모를 추가하고, 맞춤법 검사를 실행하거나 이전 버전 등의 다른 프레젠테이션과 비교할 수 있습니다.

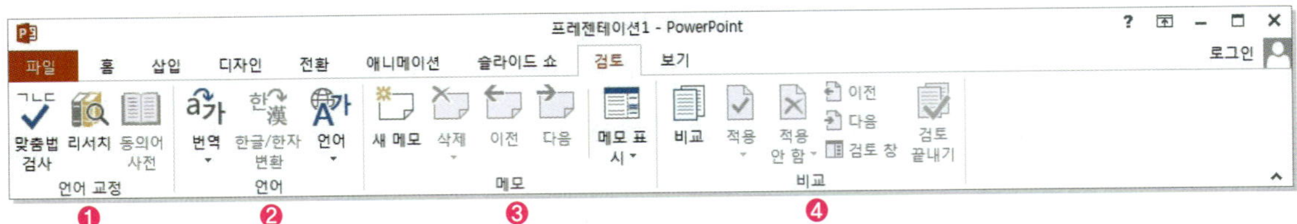

① 언어 교정 : 프레젠테이션 문서의 맞춤법 검사를 실행할 수 있습니다.

② 언어 : 프레젠테이션 문서의 간단한 번역, 기본 설정된 언어를 변경할 수 있습니다.

③ 메모 : 메모 기능을 이용해 메모를 남기고 편집할 수 있습니다. 슬라이드 쇼에서는 메모는 나타나지 않습니다.

④ 비교 : 다른 슬라이드와 비교하고 적용할 수 있습니다. 하지만 자칫 잘못 적용하면 모든 서식이 흐트러질 수도 있습니다.

8 보기 탭

[보기] 탭에서는 프레젠테이션의 다양한 보기 방법을 설정하고 슬라이드 마스터를 설정할 수 있습니다.

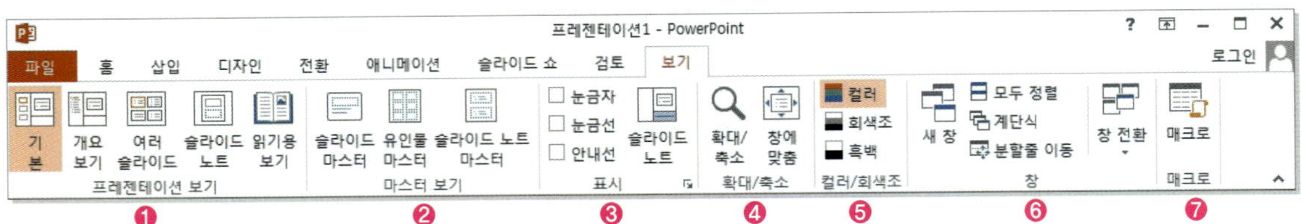

① 프레젠테이션 보기 : 프레젠테이션을 보는 방법을 선택할 수 있습니다.

② 마스터 보기 : 슬라이드 마스터를 열어서 볼 수 있습니다. 슬라이드 마스터를 잘 이용하면 문서의 기본 서식을 쉽게 적용할 수 있습니다.

③ 표시 : 눈금자, 눈금선, 안내선, 슬라이드 노트의 표시를 선택할 수 있습니다.

④ 확대/축소 : 슬라이드를 확대 및 축소 할 수 있습니다.

⑤ 컬러/회색조 : 슬라이드를 컬러, 회색조, 흑백으로 선택할 수 있습니다.

⑥ 창 : 여러 개의 슬라이드 창을 보는 방법을 선택 하고 정렬할 수 있습니다.

⑦ 매크로 : 사용할 수 있는 매크로 서식을 보여줍니다.

9 도구 탭

현재 보여지는 것들 외에도 텍스트, 도형, 표, 차트, SmartArt, 수식 등을 선택하면 보기와 같이 [도구] 탭이 나타납니다.

챠트 도구

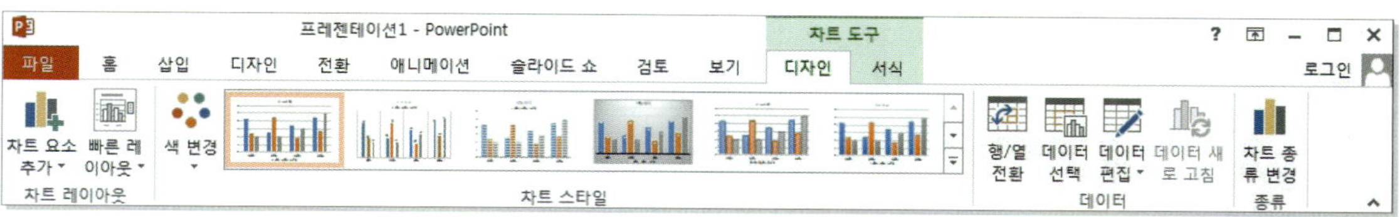

그리기 도구

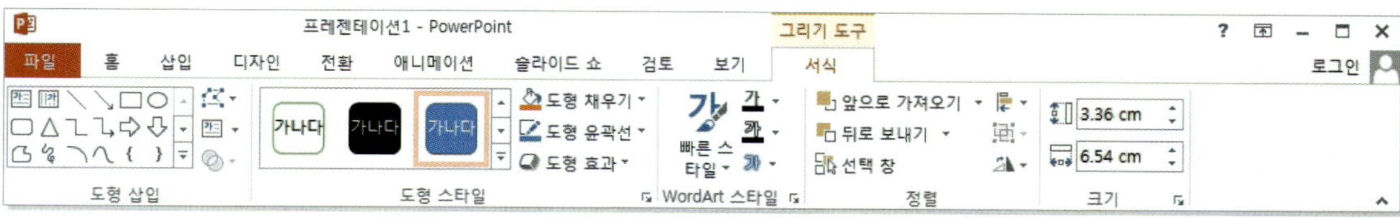

표 도구

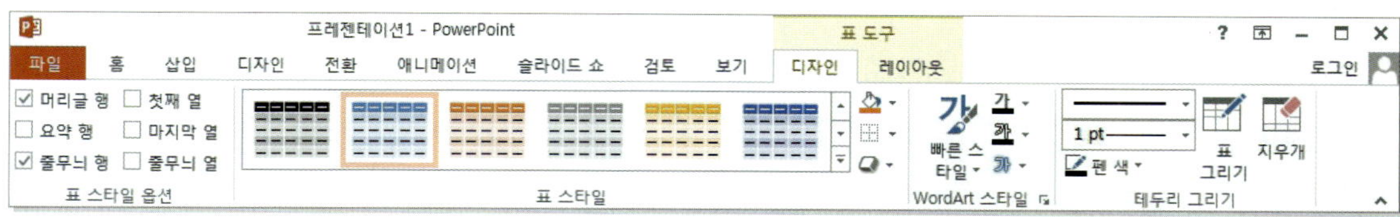

수식 도구

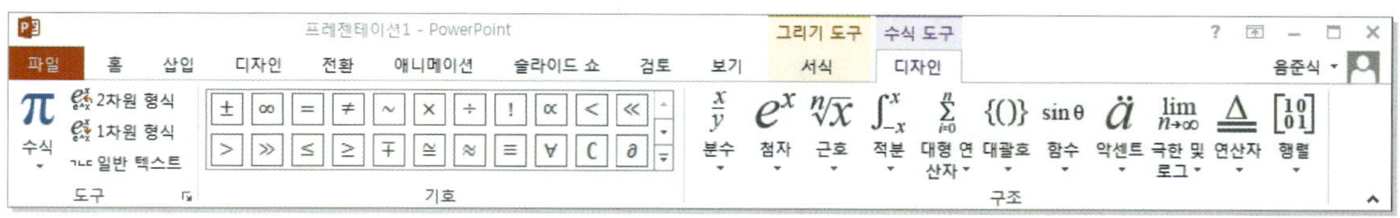

비디오 도구

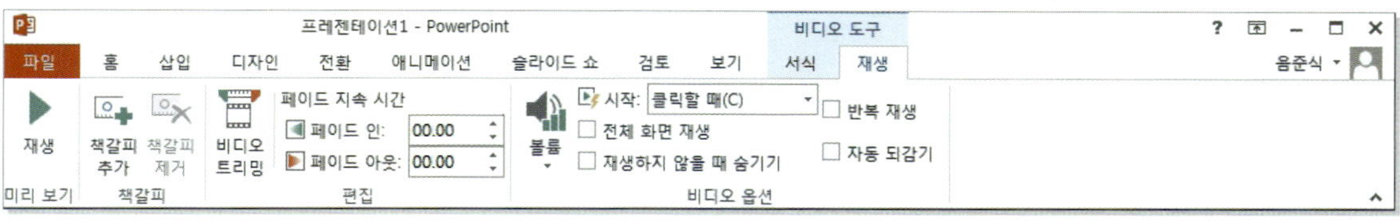

SMARTART 도구

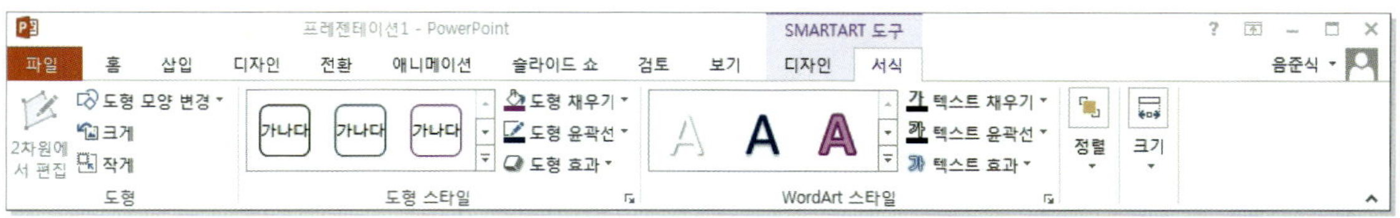

오디오 도구

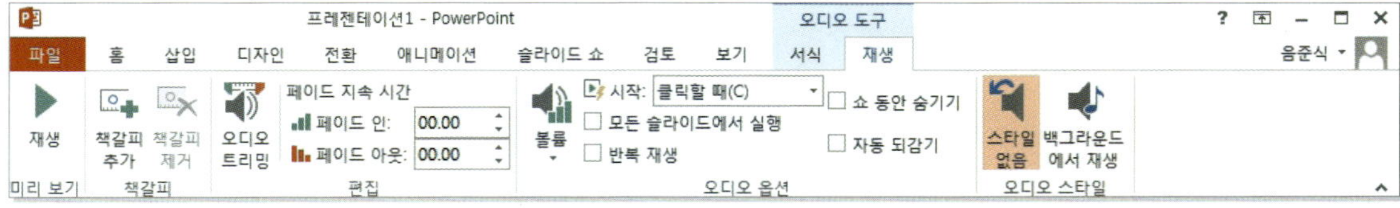

🔟 파일 탭

[파일] 탭에는 프레젠테이션 열기, 저장, 공유, 내보내기, 인쇄, 관리 등 프레젠테이션 파일에 대한 작업을
수행하는 데 사용하는 기본 기능이 있습니다. 파일 탭을 클릭하면 Backstage라는 새로운 보기가 열립니다.

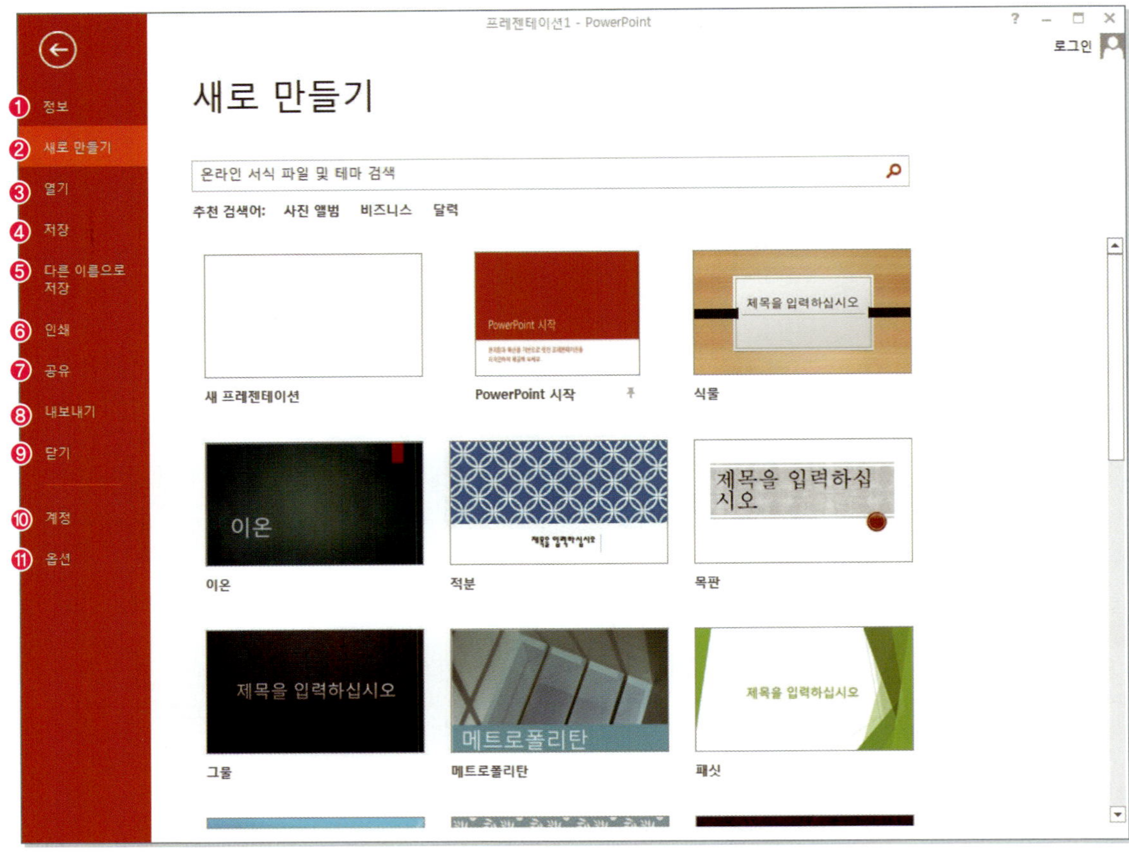

① 정보 : 프레젠테이션 문서의 속성과 작성자의 정보를 보여줍니다.

② 새로 만들기 : 프레젠테이션 문서를 새로 만들 수 있습니다.

③ 열기 : 프레젠테이션 문서를 불러옵니다. Skydrive의 문서도 불러 올 수 있습니다.

④ 저장 : 프레젠테이션 문서를 저장합니다. Skydrive로 저장 가능합니다.

⑤ 다른 이름으로 저장 : 다른 이름으로 문서를 저장합니다.

⑥ 인쇄 : 인쇄 옵션을 설정 및 인쇄를 할 수 있습니다.

⑦ 공유 : 초대, 전자 메일, 온라인 프레젠테이션, 슬라이드 게시를 통해 공유할 수 있습니다.

⑧ 내보내기 : PDF/XPS 문서 만들기, 비디오 만들기, CD용 패키지 프레젠테이션, 유인물 만들기, 파일 형식 변경과 같이
문서를 다른 형식으로 내보내기 할 수 있습니다.

⑨ 닫기 : 현재 열려있는 파워포인트를 닫습니다.

⑩ 계정 : 계정의 로그인과 계정설정을 할 수 있으며, 제품의 정보가 있습니다.

⑪ 옵션 : 파워포인트의 다양한 옵션들을 설정할 수 있습니다. 자동고침 옵션, 저장, 빠른 실행 도구 모음 등 유용한 옵션들을
설정할 수 있는 곳입니다.

[빠른 실행 도구 모음]은 자주 사용하는 기능을 원하는 데로 추가하여, 반복적인 작업을 진행할 때 매우 유용한 기능입니다. [빠른 실행 도구 모음]은 단축키로도 사용이 가능하여 더욱 편리하게 활용할 수 있습니다.

❶ 빠른 실행 도구 모음 지정하기

01 [빠른 실행 도구 모음] – [기타 명령]을 선택합니다.

02 [Powerpoint 옵션] 창이 나타납니다. [빠른 실행 도구 모음]에 추가할 기능을 선택하고, [추가]를 선택합니다. 원하는 기능들을 추가한 후, [확인]을 선택합니다.

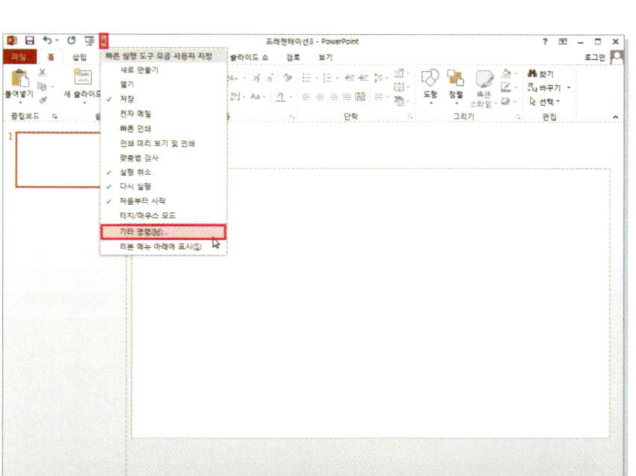

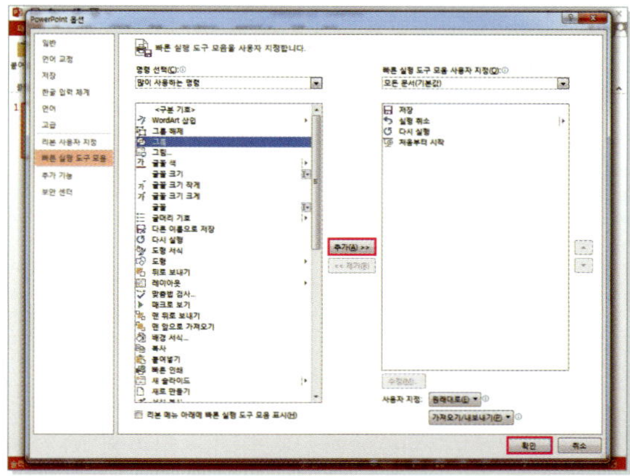

03 [빠른 실행 도구 모음]에 기능이 추가되었습니다. [빠른 실행 도구 모음] – [리본 메뉴 아래에 표시]를 선택합니다.

04 [빠른 실행 도구 모음]을 리본 메뉴 아래에 표시할 수도 있습니다.

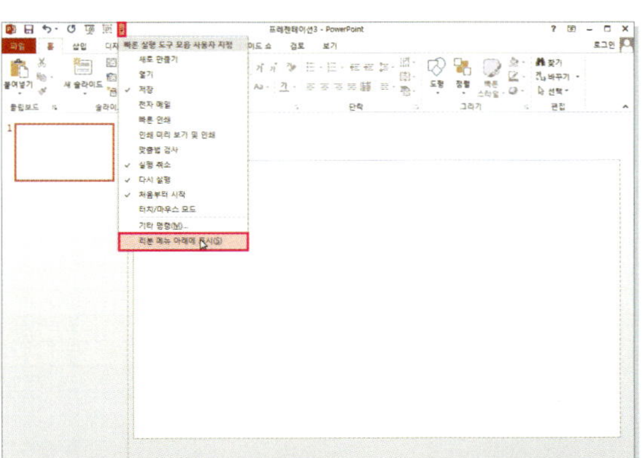

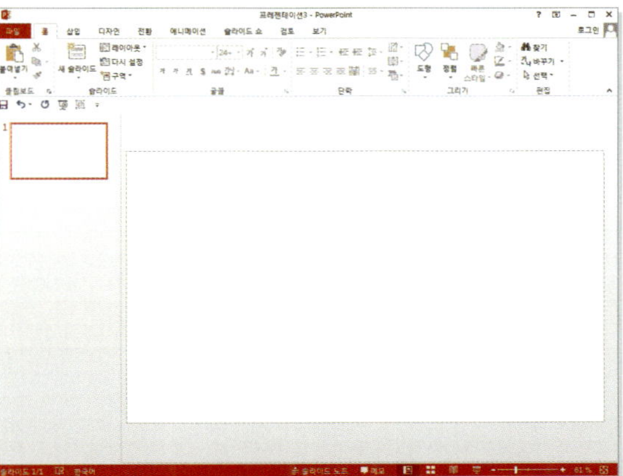

문서의 특성에 따라 다르겠지만, 주로 그룹, 정렬의 기능들은 자주 쓰이는 기능이기 때문에 리본 메뉴를 찾아 사용하는 것보다 [빠른 실행 도구 모음]에 지정을 해놓으면 매우 편리하게 사용할 수 있습니다.

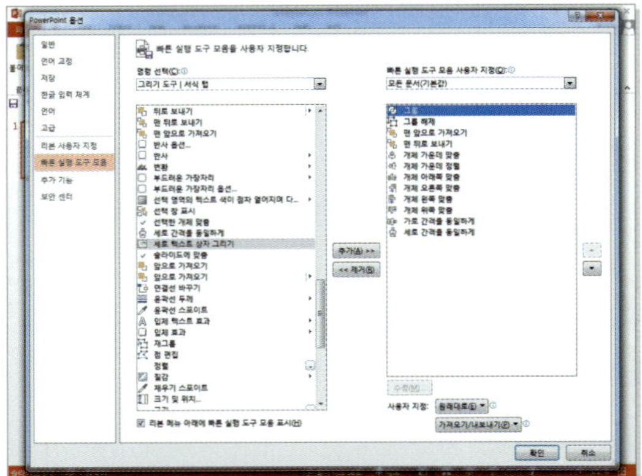

[빠른 실행 도구 모음]은 또한 단축키로도 사용이 가능합니다.
예를 들어 [개체 가운데 맞춤], [개체 가운데 정렬]을 지정합니다.

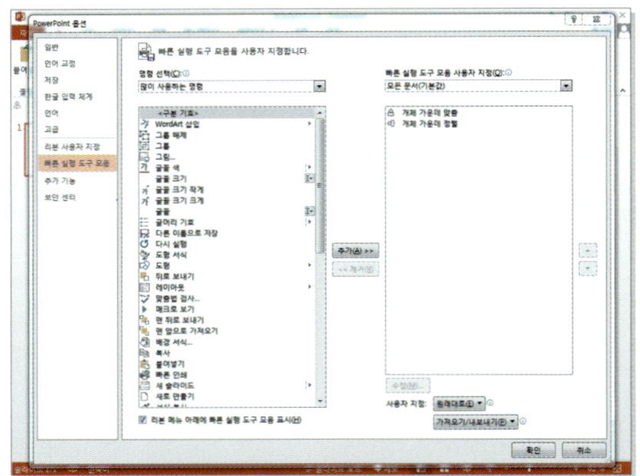

Alt 키를 누르면, 보기와 같이 Alt + [조합키]들의 단축키가 나타납니다.
명령이 늘어날수록 순차적으로 Alt + [숫자] 키를 누르면 [빠른 실행 도구 모음]에 지정해놓은 기능이 실행됩니다.

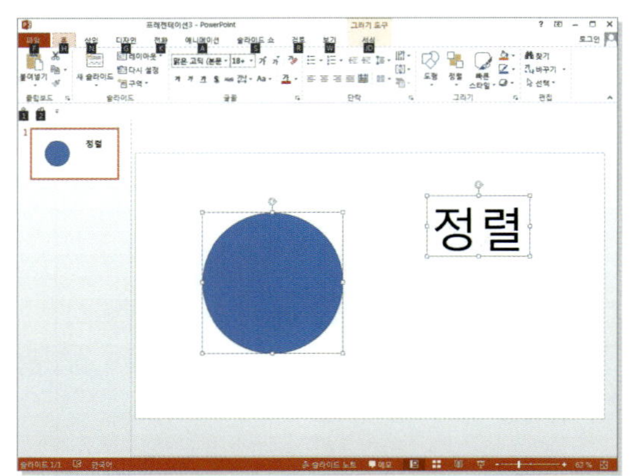

보기와 같은 도형과 텍스트의 경우 정렬이 필요할 경우 Alt + 1 키를 누르고 Alt + 2 키를 누르면 리본 메뉴 정렬을 찾아가지 않아도, 도형의 가운데로 빠르게 정렬할 수 있습니다.

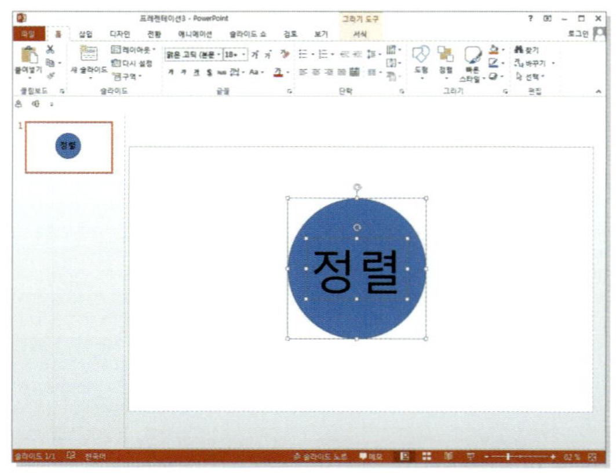

03 눈금자 사용하기

파워포인트에서 그림을 그리거나 사진을 배치할 때 정확히 움직이고 싶은데 어떻게 해야 할지 몰라서 불편했던 적이 있지 않나요? 눈금자와 스마트 가이드를 이용하면 이런 고민을 해결할 수 있습니다.

1 눈금자 표시하기

01 슬라이드 영역에서 마우스 오른쪽 버튼을 클릭하고 [눈금자]를 선택합니다.

02 슬라이드 외곽에 [눈금자]가 나타납니다.
나중에 [단락]에서 [목록 수준]을 조절할 때에 [눈금자]가 필요합니다.

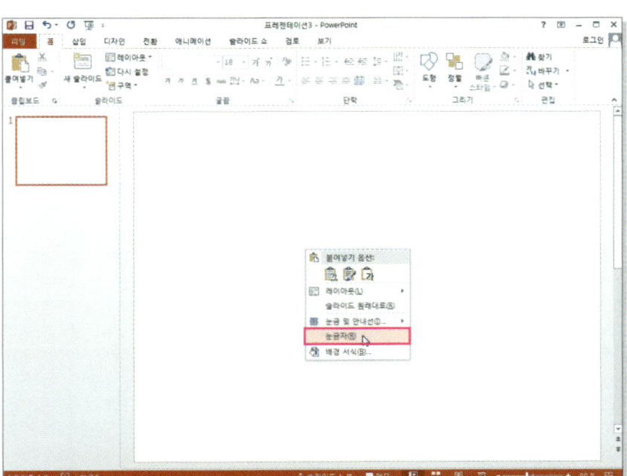

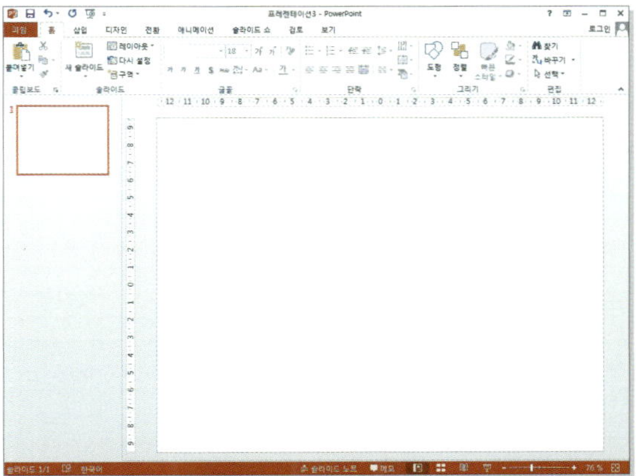

2 눈금 표시하기

03 마우스 오른쪽 버튼을 클릭하고 [눈금 및 안내선]을 클릭합니다. 눈금의 간격과 안내선의 설정이 가능합니다. [화면에 눈금 표시]를 체크해 보겠습니다.

04 화면에 점선으로 눈금이 표시됩니다.

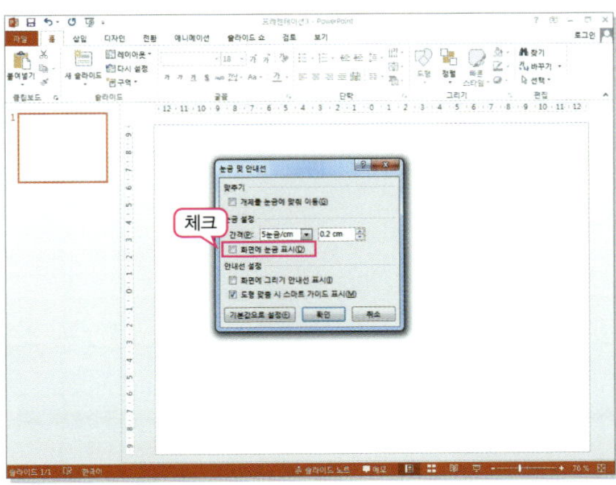

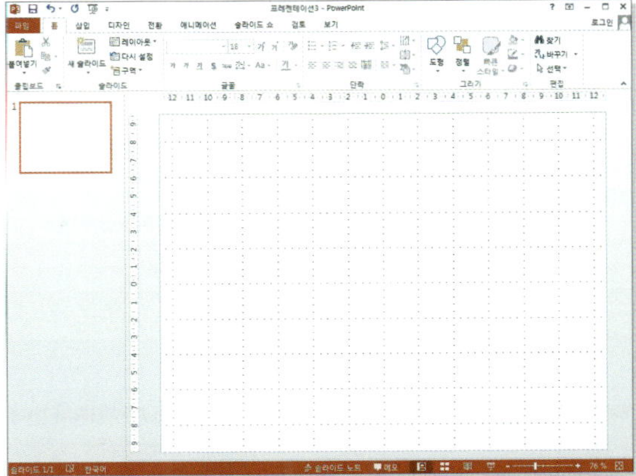

05 [눈금 및 안내선] 옵션에서 [개체를 눈금에 맞춰 이동]
   을 체크하면 도형을 그리거나 이동할 때 표시된 눈금
   표시만큼 간격으로 이동 및 그리기가 됩니다.

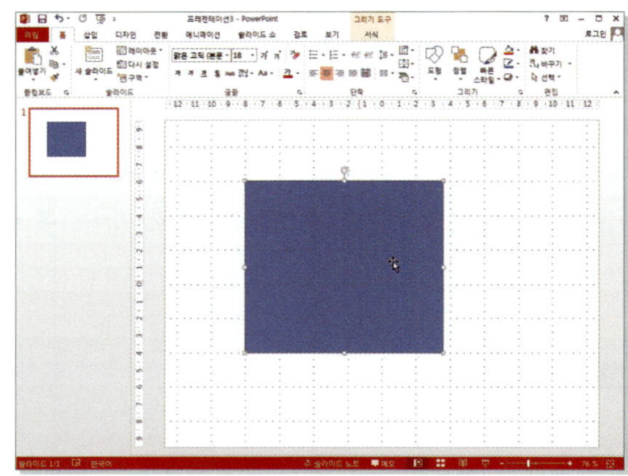

❸ 안내선 사용하기

01 마우스 오른쪽 버튼을 클릭하고 [눈금 및 안내선] −
   [안내선]을 선택합니다.

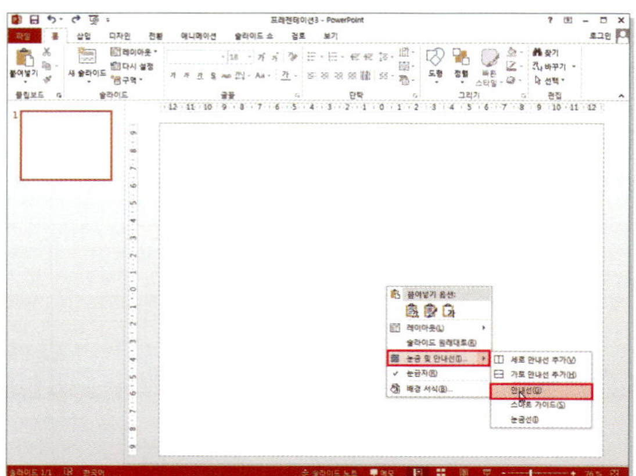

02 화면에 점선으로 [안내선]이 나타납니다. 안내선에 마우스 커서를 올려놓은 채로 마우스 오른쪽 버튼을 클릭하면 안내
   선의 색상과 추가, 삭제가 가능합니다.

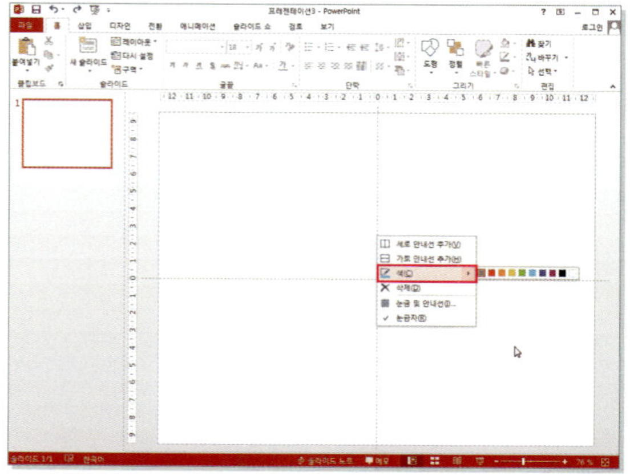

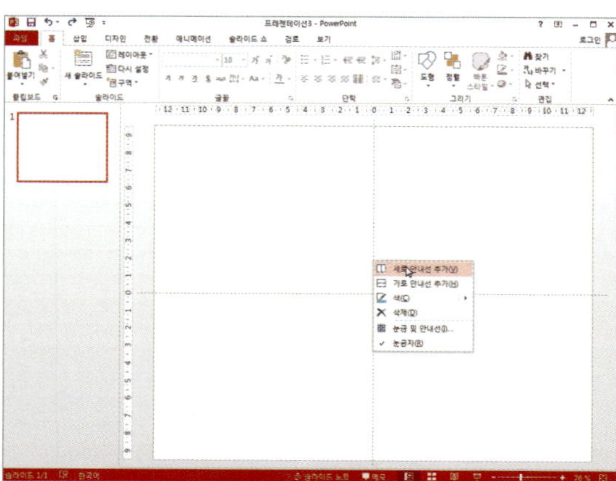

03 안내선은 문서의 외곽라인을 잡기에 좋습니다. 안내선이 그려진 상태에서 도형이나 표의 크기를 조절할 경우 안내선 근처에 드래그하면 안내선에 딱 맞도록 자동 조절이 됩니다. 표를 그리거나 문서에서 반복되는 부분에서 위치 조절할 때 매우 유용합니다.

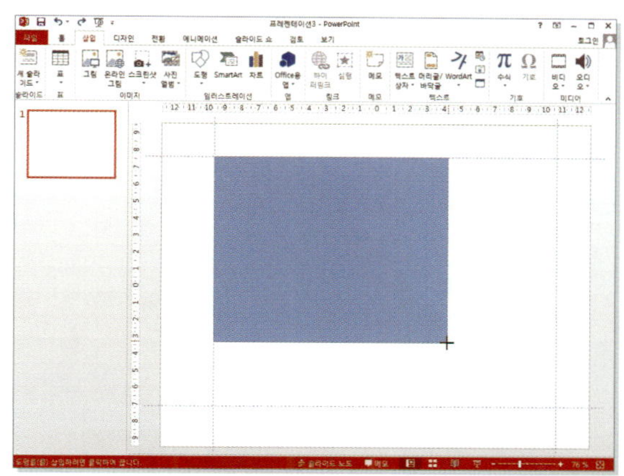

❹ 스마트 가이드 사용하기

01 마우스 오른쪽 버튼을 클릭하고 [눈금 및 안내선] – [스마트 가이드]을 선택합니다.

02 [스마트 가이드]가 옵션이 활성화 되어 있는 상태에서 보기와 같이 도형이 있는 경우에 도형을 하나 더 추가해보도록 하겠습니다.

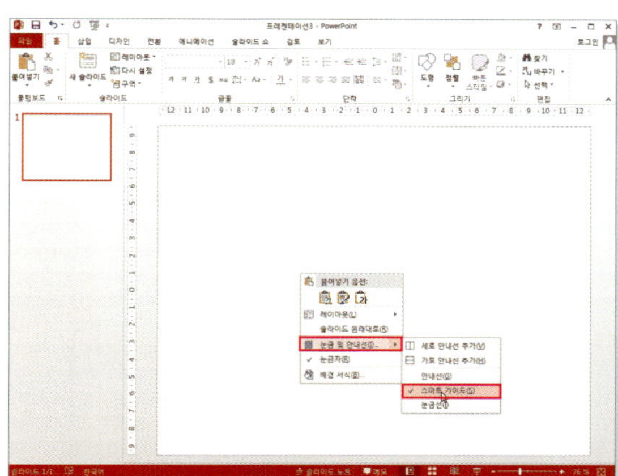

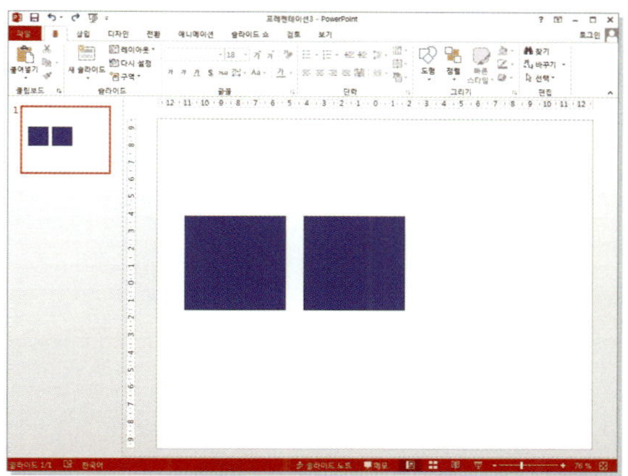

03 도형을 선택하고 Ctrl 키를 누르고 드래그 합니다. [스마트 가이드]에 의해서 각각의 개체의 간격이 동일하게 적용되도록 자동으로 가이드가 나타납니다. [정렬] 기능을 이용하지 않아도 [스마트 가이드] 기능으로 편리하게 위치 조정이 가능합니다.

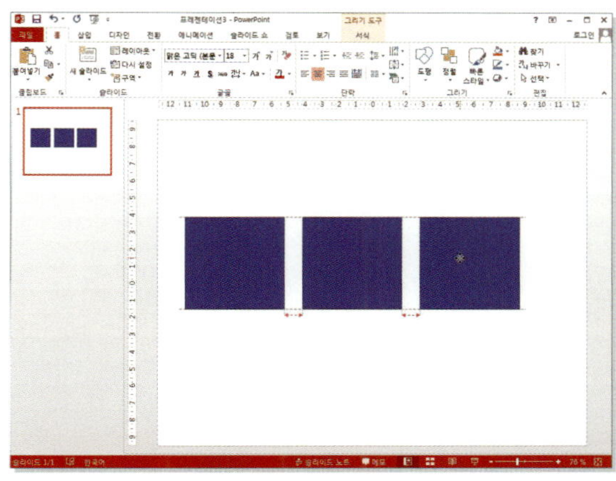

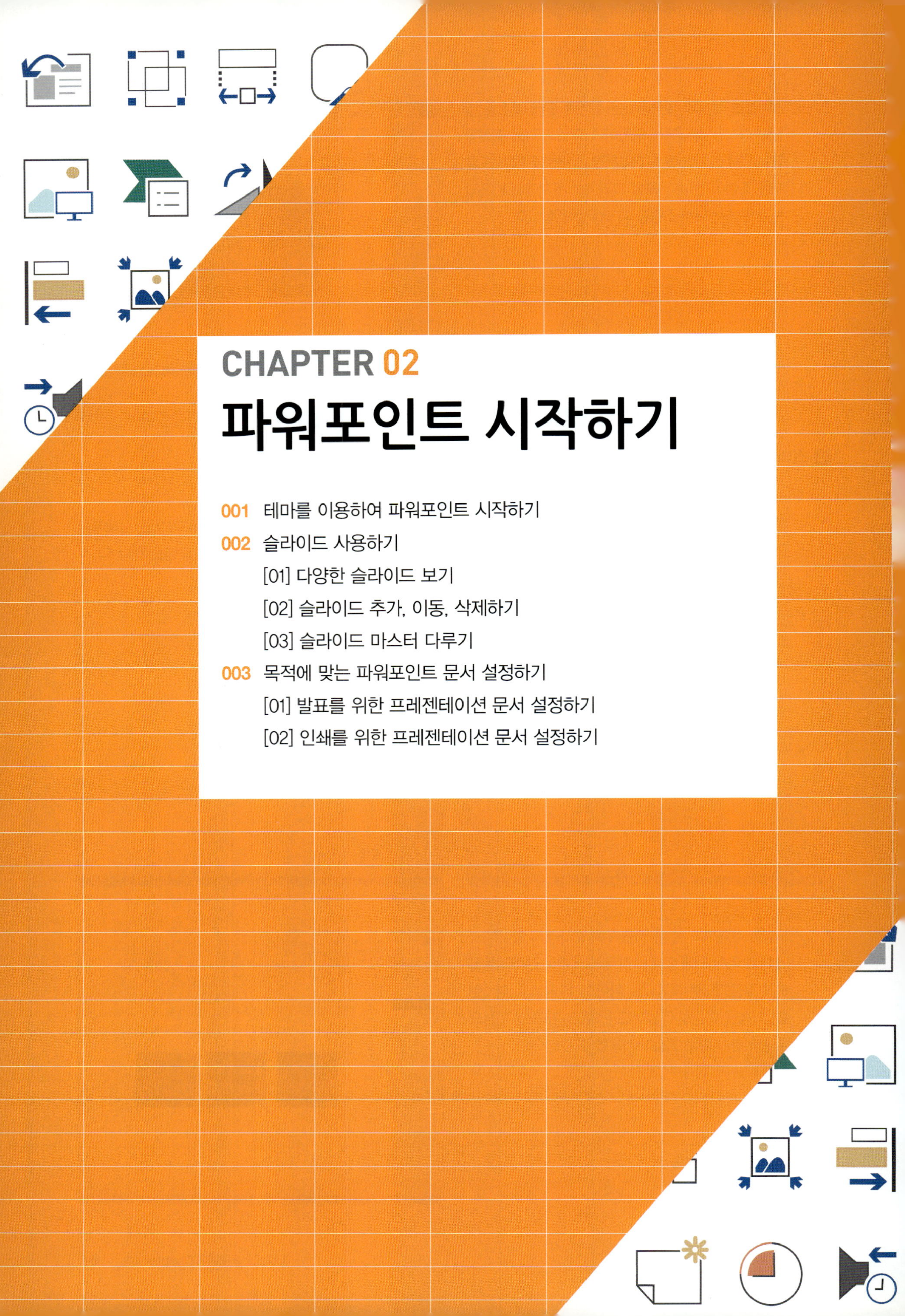

CHAPTER 02
파워포인트 시작하기

001 테마를 이용하여 파워포인트 시작하기

파워포인트에는 따로 디자인을 하지 않고도 사용할 수 있도록 미리 지정된 테마 기능이 있습니다. 테마 기능을 이용한다면 밋밋한 문서를 손쉽고 빠르게 꾸밀 수 있습니다.

■ 테마 선택하기

01 파워포인트 2013을 실행합니다. 처음 문서를 새로 만들면 보기와 같은 테마 선택 창을 볼 수 있습니다.

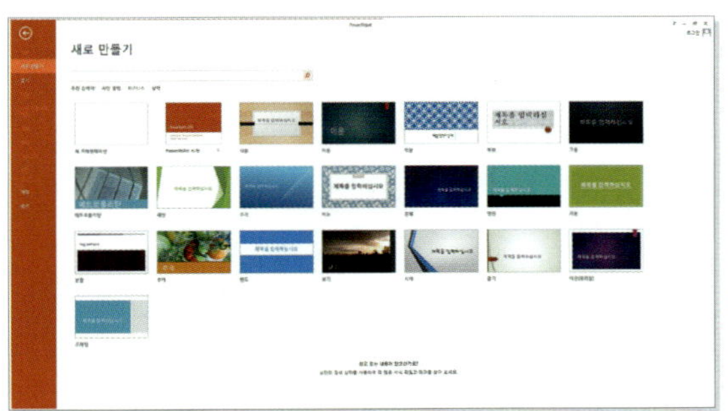

02 여기서는 [시차] 테마를 선택해보겠습니다. 배경과 레이아웃이 미리 지정된 테마가 나타납니다.

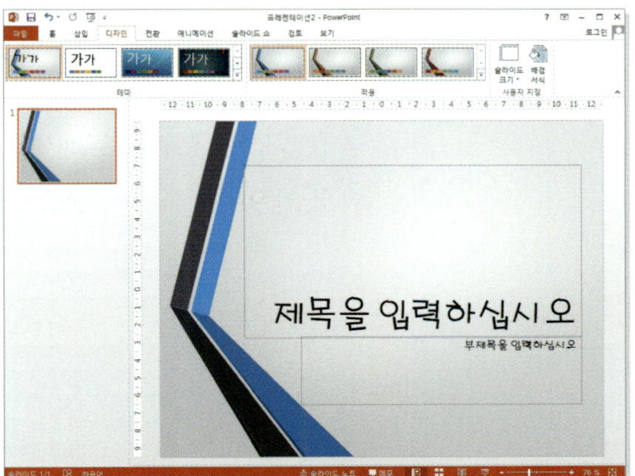

❷ 테마 적용하기

01 [디자인] 탭 – [적용] – [색]에서 테마의 색상을 원하는 대로 적용할 수 있습니다. 여기서는 [녹색]을 선택합니다.

02 [디자인] 탭 – [적용] – [글꼴] – [맑은 고딕]을 선택합니다.

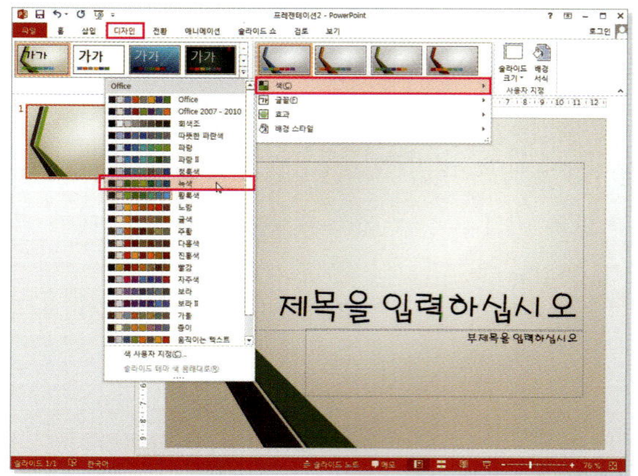

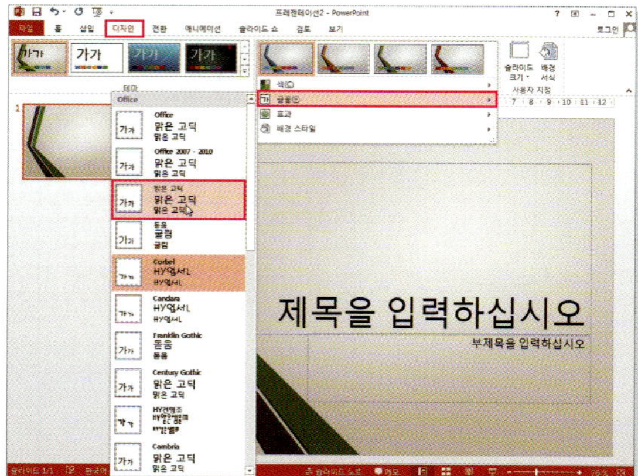

03 색상, 글꼴 이외에도 배경, 도형의 기본 서식도 지정 가능합니다. 여기서는 따로 배경 및 도형은 바꾸지 않도록 하겠습니다.

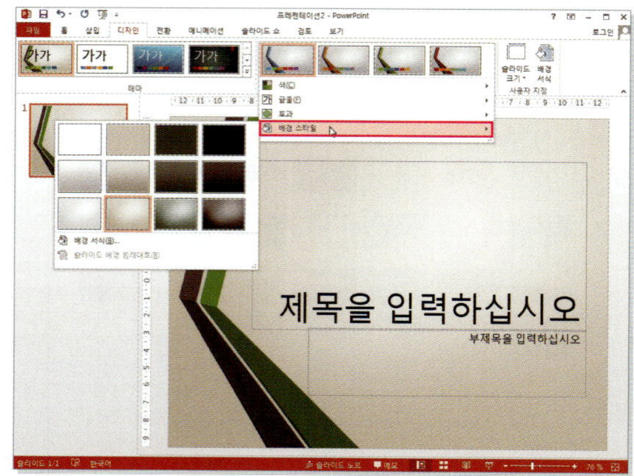

❸ 테마 이용하기

01 표지 슬라이드에 제목과 부제목을 입력합니다.

02 [홈] 탭 – [슬라이드] 그룹 – [새 슬라이드]를 선택하여 슬라이드를 추가합니다.

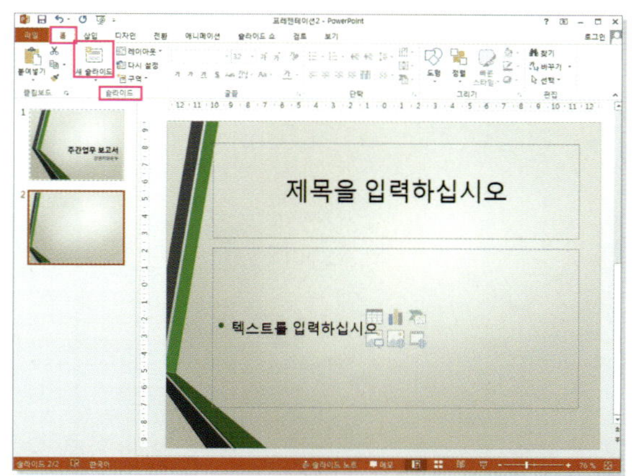

03 [홈] 탭 – [슬라이드] 그룹 – [레이아웃]을 선택하면 미리 설정되어 있는 레이아웃들이 나타납니다. 여기서는 [캡션 있는 그림]을 선택합니다.

TIP 슬라이드를 추가할 바로 전 슬라이드를 선택한 후 단축키 Ctrl + M 키를 누르면 새 슬라이드가 추가됩니다.

04 그림을 삽입할 수 있는 슬라이드가 나타납니다. 아이콘을 클릭하여 그림을 삽입할 수 있습니다.

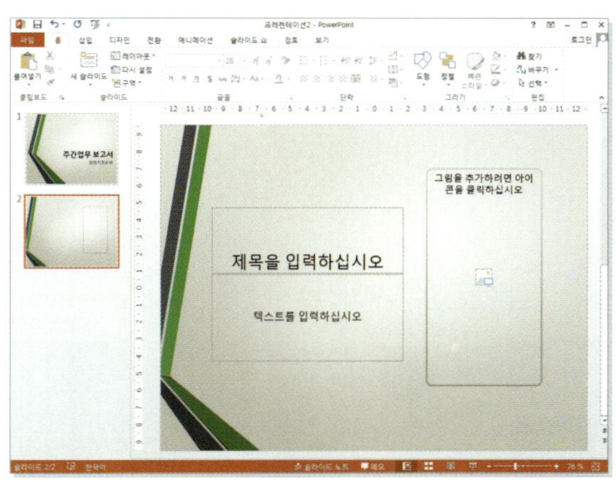

05 그림을 삽입하고, 텍스트를 입력합니다. 테마를 이용하면 디자인이 서툰 초보자도 손쉽게 슬라이드를 만들 수 있습니다.

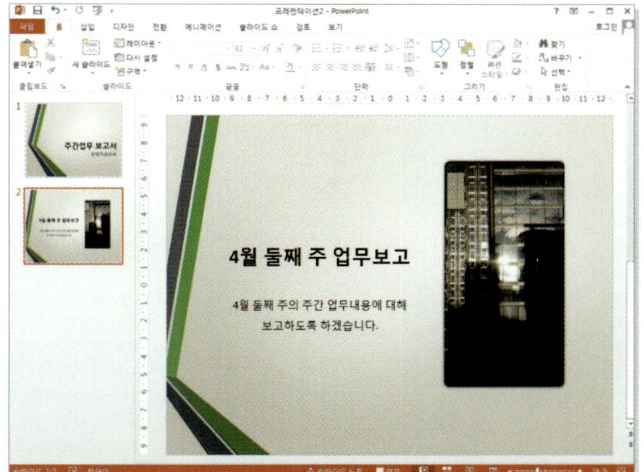

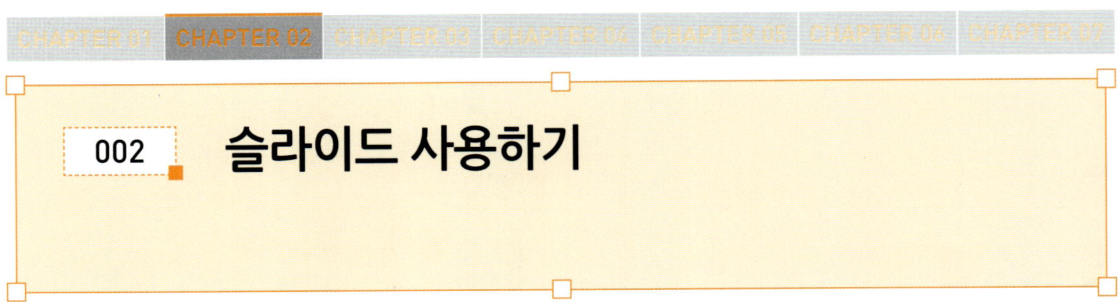

002 슬라이드 사용하기

01 다양한 슬라이드 보기

한 개의 프레젠테이션은 적게는 20장, 많게는 40장 정도의 슬라이드로 구성됩니다. 물론 꼭 그런 것은 아니지만 보통 여러 장의 슬라이드로 구성되기 때문에 슬라이드의 사용법은 프레젠테이션 문서 작성의 기본입니다.

01 슬라이드를 보는 방법에는 여러 가지 방법이 있습니다. 다음은 기본적인 화면입니다.

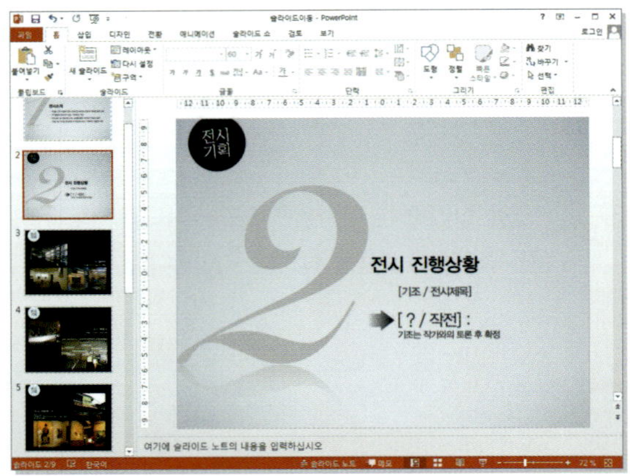

02 [보기] 탭 – [프레젠테이션 보기] 그룹을 보면 다양한 보기 메뉴가 있습니다.

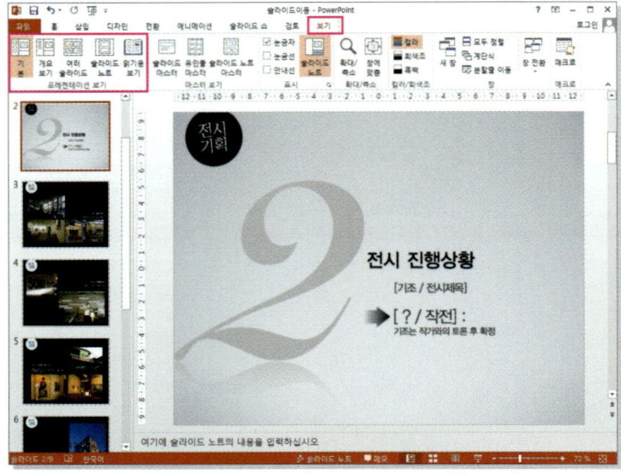

03 [개요 보기]를 선택한 화면입니다. [개요 보기]를 이용하면 내용을 하나하나 찾아보지 않고도 개요로 슬라이드를 찾기 편리합니다.

04 [여러 슬라이드]를 선택한 화면입니다. 슬라이드를 전체적으로 볼 수 있어 슬라이드를 이동하거나 삽입할 때 매우 편리합니다.

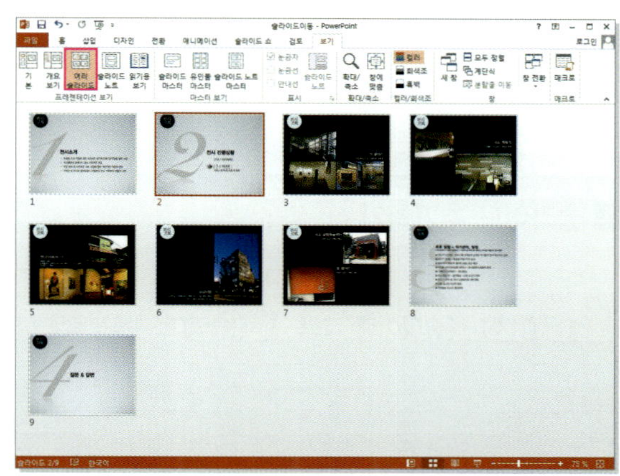

05 [슬라이드 노트]를 선택한 화면입니다. 슬라이드와 함께 슬라이드 노트에 입력해놓은 텍스트를 같이 볼 수 있습니다.

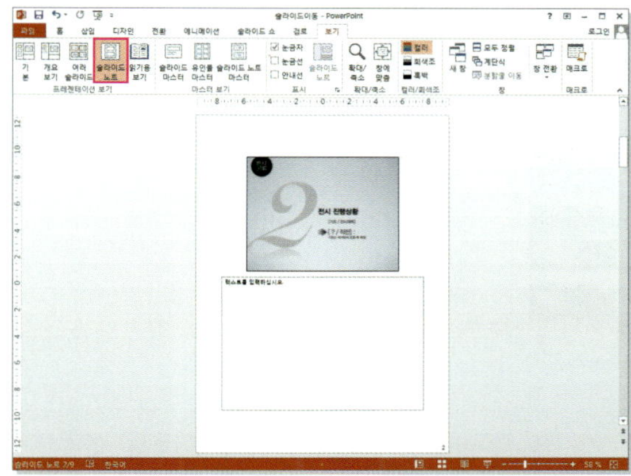

TIP [보기] 탭을 이용하지 않고, 파워포인트 창 하단의 상태 표시줄을 보면 슬라이드의 확대와 축소, 기본 보기, 여러 슬라이드 보기, 읽기용 보기, 슬라이드 쇼를 선택할 수 있습니다 .

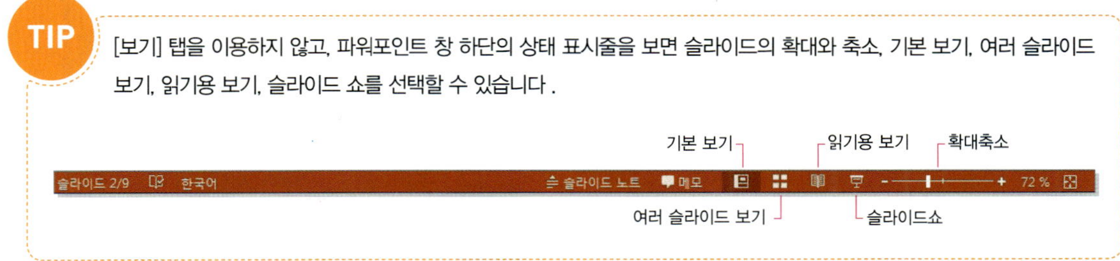

02 슬라이드 추가, 이동, 삭제하기

여러 장의 슬라이드로 구성된 프레젠테이션 문서를 관리하기 위해서는 슬라이드를 잘 다룰 수 있어야 합니다. 슬라이드의 추가, 이동, 삭제에 대해 알아봅시다.

❶ 슬라이드 추가하기

01 [홈] 탭 – [슬라이드] 그룹 – [새 슬라이드]를 선택합니다. 새로운 슬라이드가 추가되었습니다.

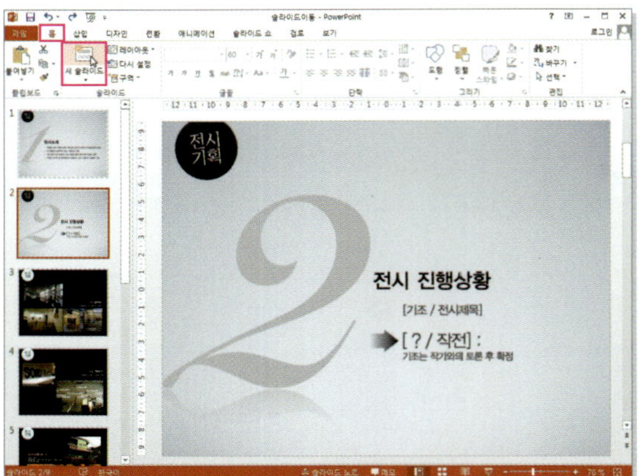 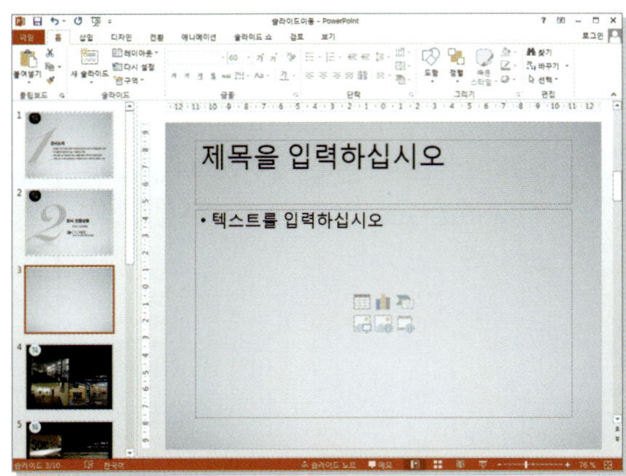

02 [홈] 탭 – [슬라이드] 그룹 – [레이아웃]을 선택하여 원하는 레이아웃을 지정합니다.

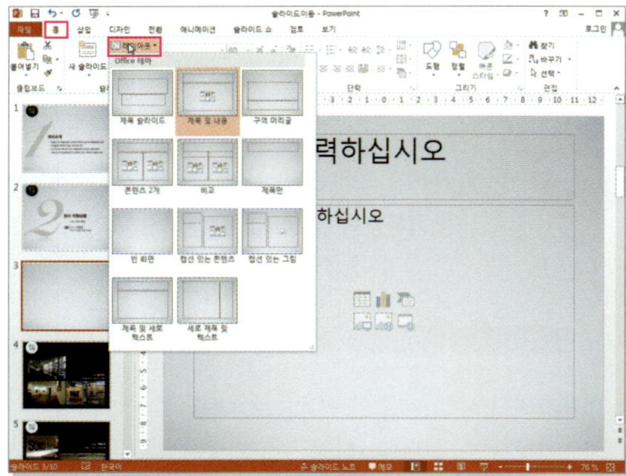

❷ 슬라이드 이동하기

01 슬라이드를 이동하기 위해서는 슬라이드를 클릭한
채로 원하는 곳으로 드래그 합니다.

02 보통 슬라이드를 이동할 때에는 [여러 슬라이드 보기]
를 선택하고 이동하는 것이 편리합니다.

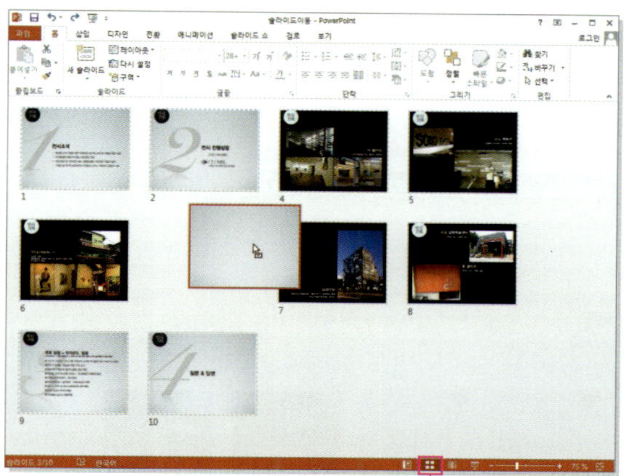

여러 슬라이드 보기

TIP 새로운 슬라이드를 삽입하고 싶을 때에도 삽입할 곳
에 마우스 오른쪽 버튼을 클릭하면 새 슬라이드를 추
가할 수 있습니다.

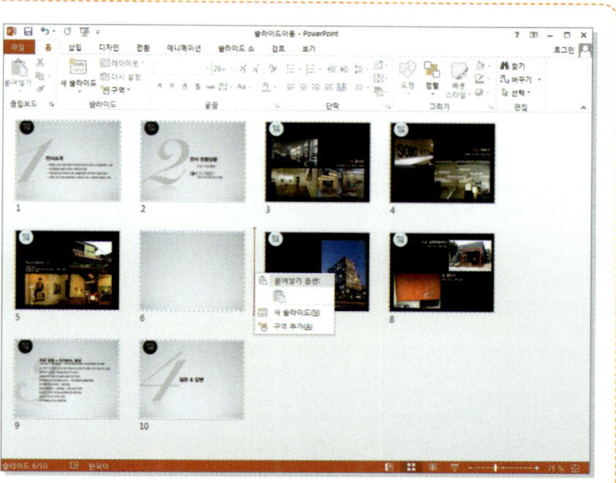

❸ 슬라이드 삭제하기

01 삭제하고 싶은 슬라이드를 먼저 선택합니다.
　　 Shift 키를 누른 상태에서 '2번 슬라이드'를 클릭하고 '8번 슬라이드'를 클릭하면 '2번 슬라이드'부터 '8번 슬라이드'까지 모두 선택할 수 있습니다. Ctrl 키를 누르고 선택을 하면 필요한 슬라이드만 선택할 수도 있습니다.

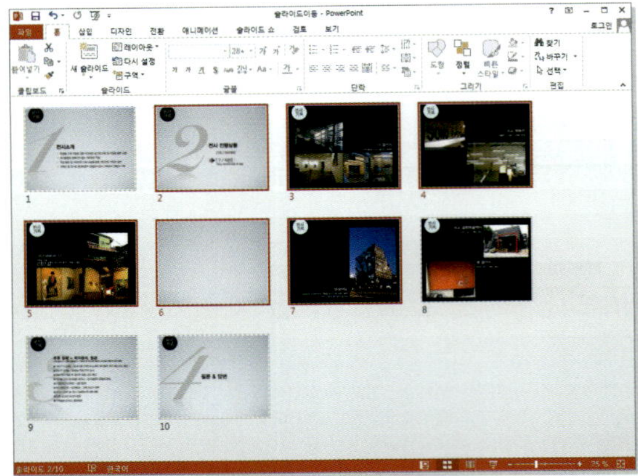

▲ Shift 키를 누른 상태에서 클릭　　　　　　　　　　▲ Ctrl 키를 누른 상태에서 클릭

02 Ctrl 키를 누른 상태에서 2, 6, 7, 8 슬라이드를 선택하고, 마우스 오른쪽 버튼을 클릭하여 [슬라이드 삭제]를 선택하면 슬라이드가 삭제됩니다.

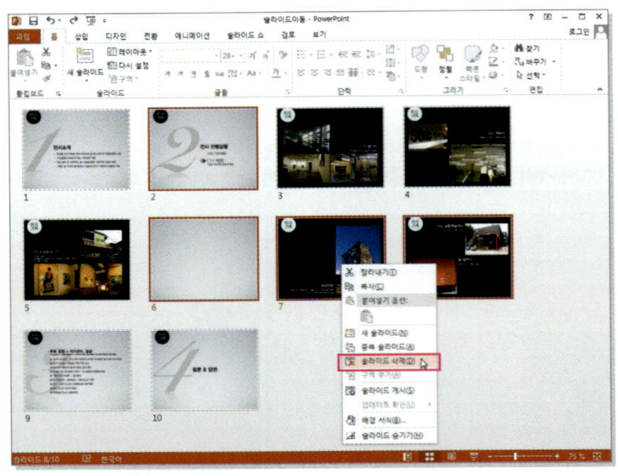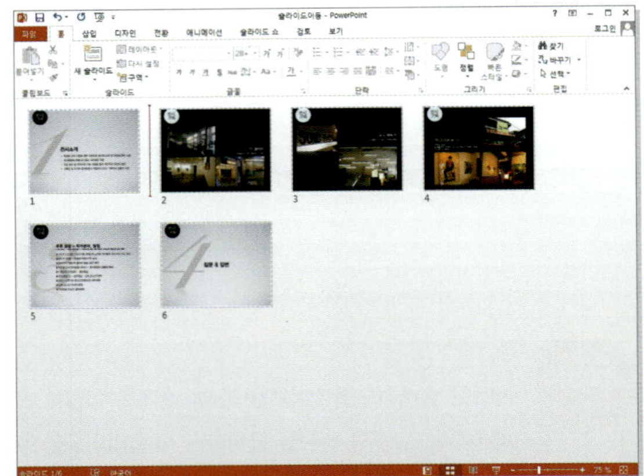

03 슬라이드 마스터 다루기

'슬라이드 마스터'는 각각의 슬라이드의 기본적인 서식을 포함하는 슬라이드를 말합니다. '슬라이드 마스터'는 배경, 페이지 번호, 레이아웃의 서식을 모두 포함하는 메인 슬라이드입니다. 각각의 슬라이드는 모두 이 '슬라이드 마스터'를 기초로 만들어집니다.

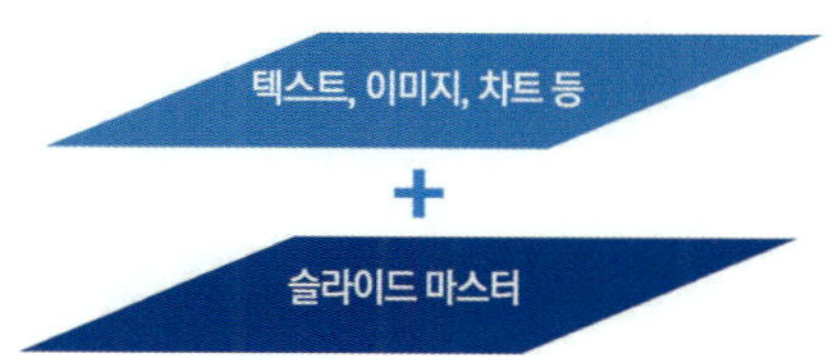

■ 슬라이드 마스터 만들기

01 새로 프레젠테이션 문서를 만듭니다.

02 [보기] 탭 – [마스터 보기] – [슬라이드 마스터]를 선택합니다.

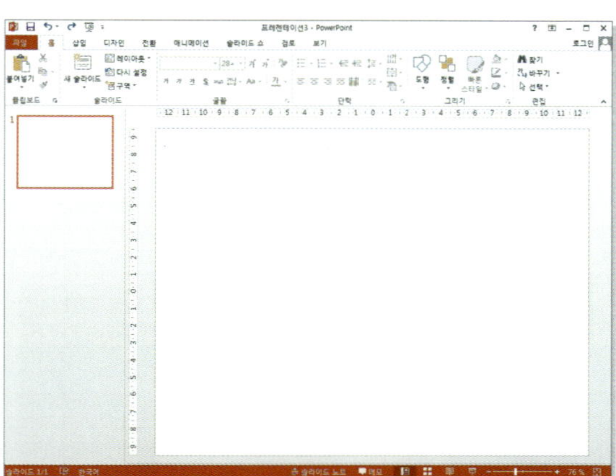

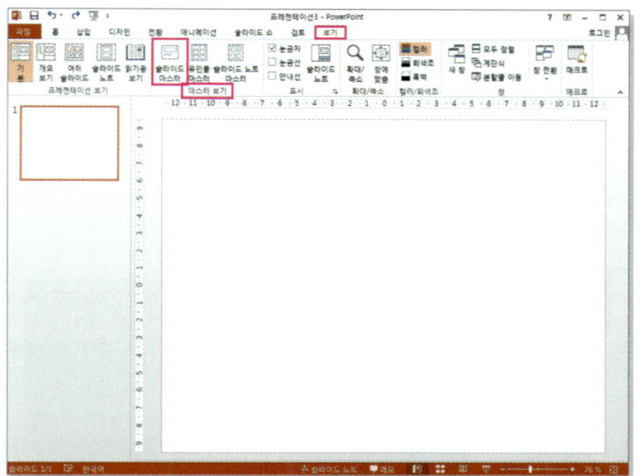

03 슬라이드 마스터가 나타나고 [슬라이드 마스터] 하위로 [레이아웃]들이 나타납니다.

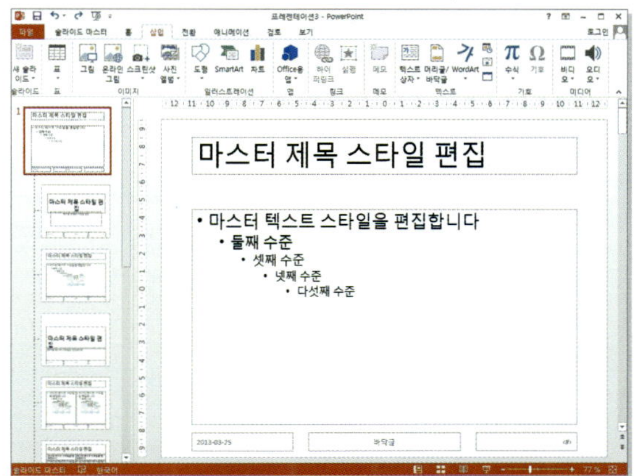

04 [슬라이드 마스터]를 선택하고 [삽입] 탭 – [이미지] 그룹 – [그림]을 선택하여 '내지.jpg'를 삽입합니다.

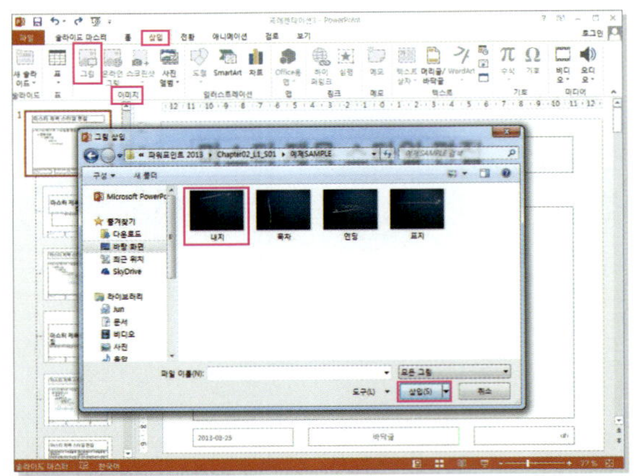

05 [그림도구] – [서식] 탭 – [정렬] – [뒤로 보내기] – [맨 뒤로 보내기]를 선택하여 배경을 맨 뒤로 보냅니다.

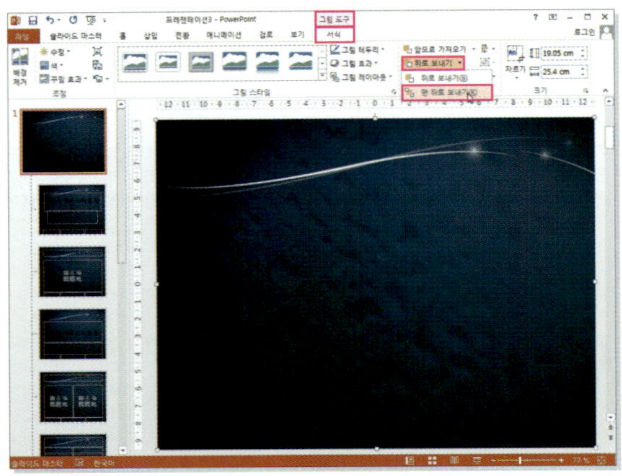

▲ 경로 PART02\Chapter2\002\[03]

06 이제 글자의 색상을 바꿔 보겠습니다. [슬라이드 마스터] – [배경] 그룹 – [색] – [색 사용자 지정]을 선택합니다.
[새 테마 색 만들기] 창이 나타납니다. 맨 위의 [어두운색 1]을 '흰색'으로 바꿔줍니다.

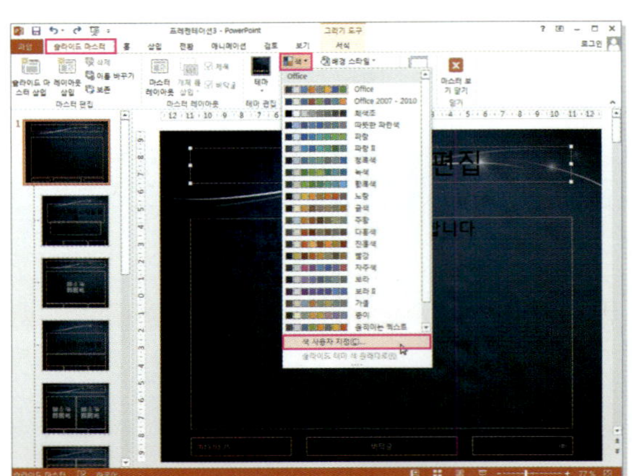

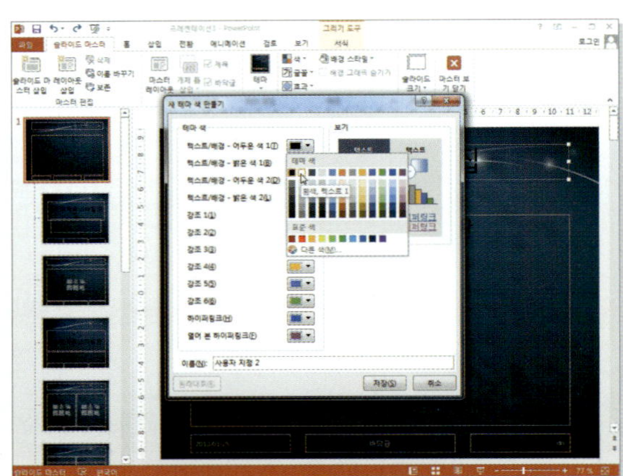

07 테마의 글씨 색상이 흰색으로 바뀌었습니다. 상단의 '마스터 제목 스타일 편집'을 살짝 올리고 '맑은고딕'. '32pt'로 조절하여 배경과 맞추도록 합니다.

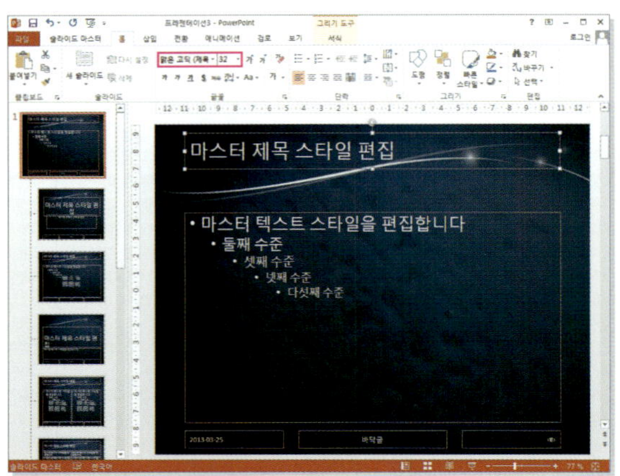

❷ 제목 슬라이드 레이아웃 만들기

01 메인 슬라이드 마스터 아래쪽에 '제목 슬라이드 레이아웃'을 선택합니다.

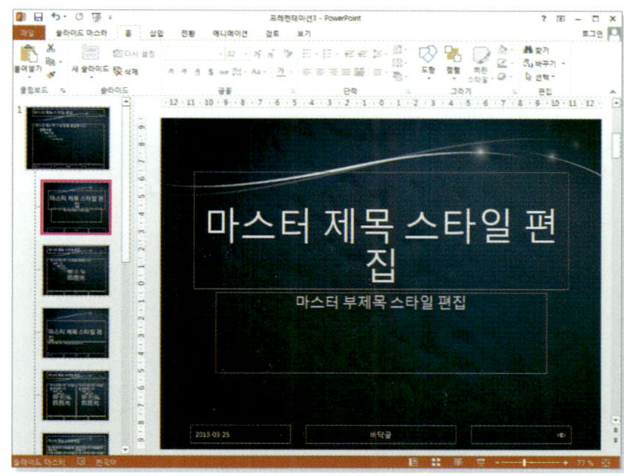

02 [삽입] 탭 – [이미지] 그룹 – [그림]을 선택하고 '표지.jpg'를 삽입합니다.
마찬가지로 [그림도구] – [서식] 탭 – [정렬] – [뒤로 보내기] – [맨 뒤로 보내기]를 선택하여 배경을 맨 뒤로 보냅니다.

▶ 경로 PART02\Chapter2\002\[03]

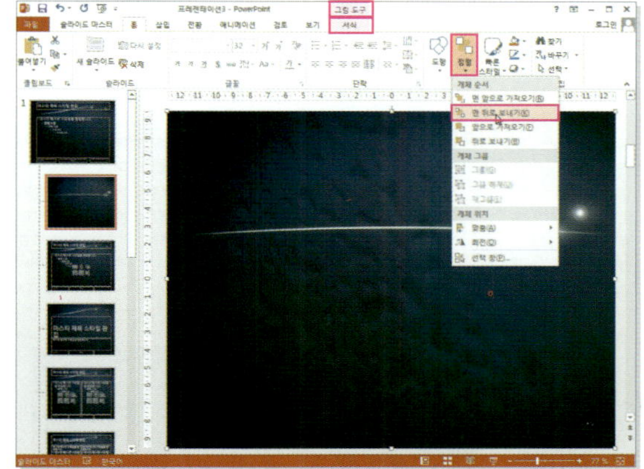

03 마스터 제목 스타일 편집' 텍스트 상자를 드래그 하여 크기와 위치를 조절합니다.

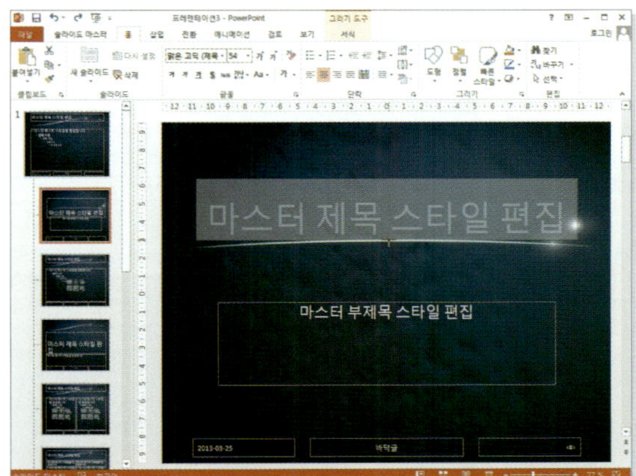

❸ 레이아웃 추가하기

01 이제 레이아웃을 추가해보도록 하겠습니다. '제목 슬라이드 레이아웃'과 '제목 및 내용 슬라이드' 레이아웃을 제외하고 필요 없는 레이아웃을 삭제하도록 합니다

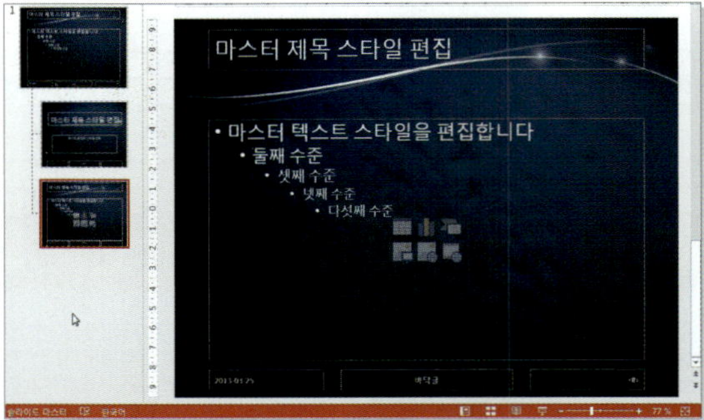

02 [슬라이드 마스터] – [마스터 편집] 그룹 – [레이아웃 삽입]을 선택합니다.

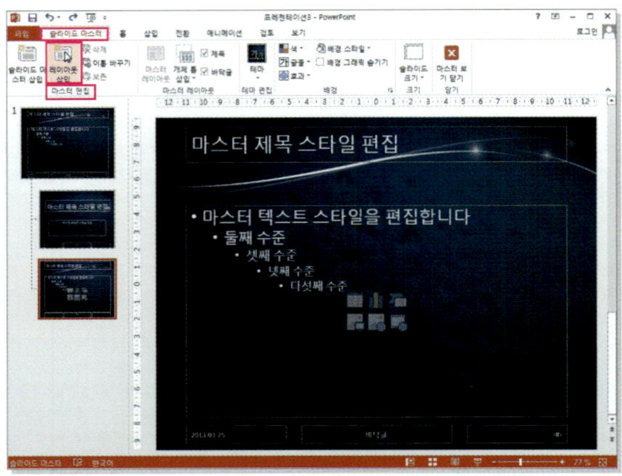

03 '사용자 지정 레이아웃'이 추가되었습니다. [슬라이드 마스터] – [마스터 레이아웃] 그룹 – [개체 틀 삽입] – [그림]을 선택합니다.

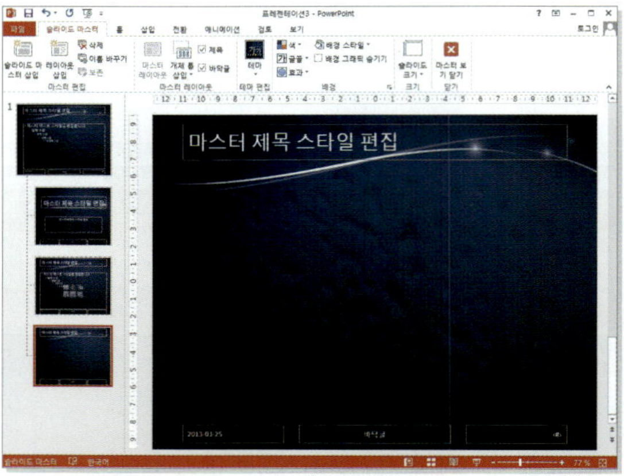

04 그림을 삽입할 수 있는 레이아웃이 만들어졌습니다. [개체 틀 삽입]을 잘 이용하면 반복적인 문서의 서식을 쉽게 만들 수 있습니다.

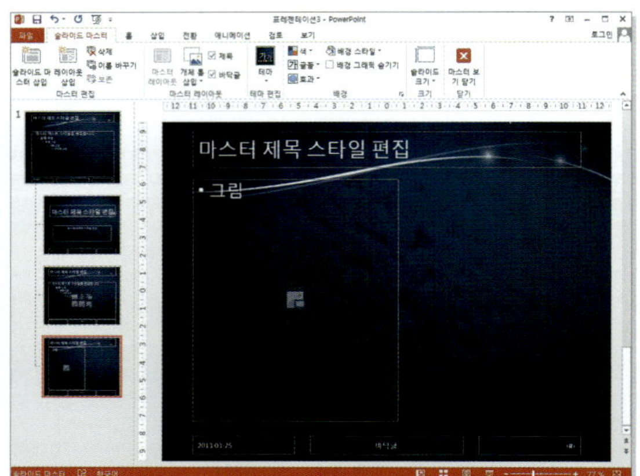

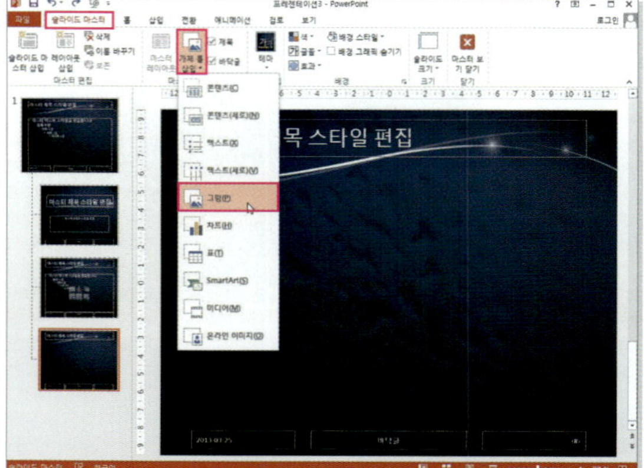

❹ 슬라이드 마스터에 로고 삽입하기

01 문서에서 반복되는 '제목'이나 '회사 로고'의 경우 매 번 페이지에 삽입해주는 것보다 '슬라이드 마스터'에 삽입하면 일괄적으로 적용이 가능합니다.

02 여기서는 텍스트를 삽입해 보도록 하겠습니다. [삽입] 탭 – [텍스트] 그룹 – [텍스트 상자]를 선택하 고, 'Powerpoint template'을 입력합니다.

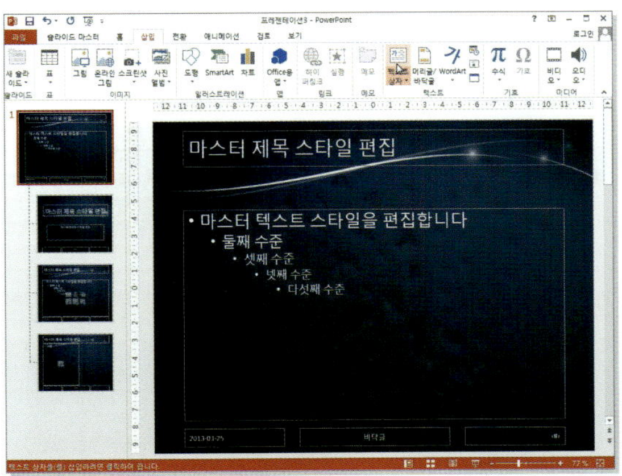

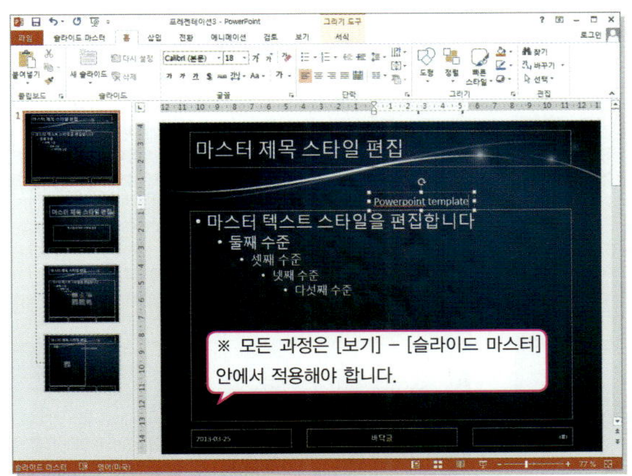

03 문서의 오른쪽 상단에 표시될 수 있도록 위치와 크기 를 조절합니다.
예제에서는 'Arial', '16pt'으로 크기를 지정합니다.

04 텍스트 상자를 선택하고 [홈] 탭 – [글꼴] 그룹 – [글 꼴 색] – [다른 색]을 선택합니다. 색상에 빨강(R) '198', 녹색(G) '251', 파랑(B) '179'를 입력합니다.

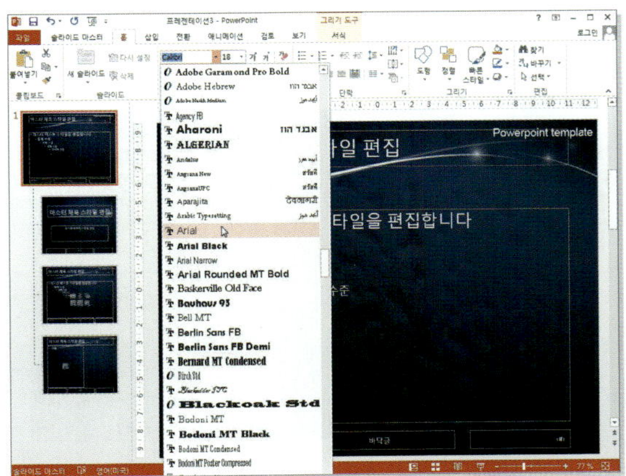

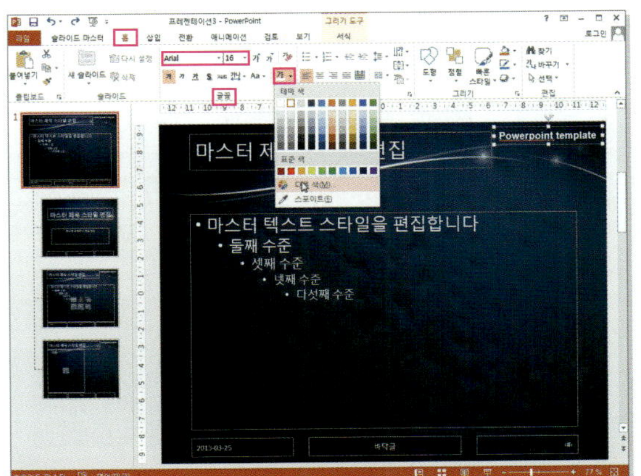

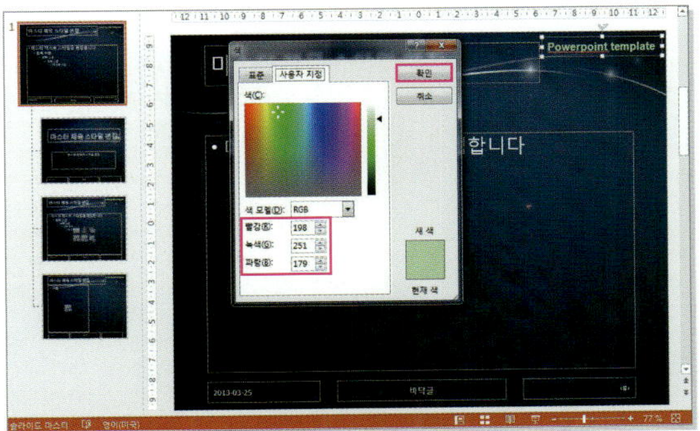

5 슬라이드에 레이아웃 적용하기

01 [슬라이드 마스터] 탭 – [닫기] 그룹 – [마스터 보기 닫기]를 선택하여 원래 슬라이드로 돌아옵니다.

02 이제 레이아웃을 적용해보도록 하겠습니다. 슬라이드를 선택하고 마우스 오른쪽 버튼을 클릭하여 만들어 놓은 '제목 슬라이드' 레이아웃을 선택합니다.

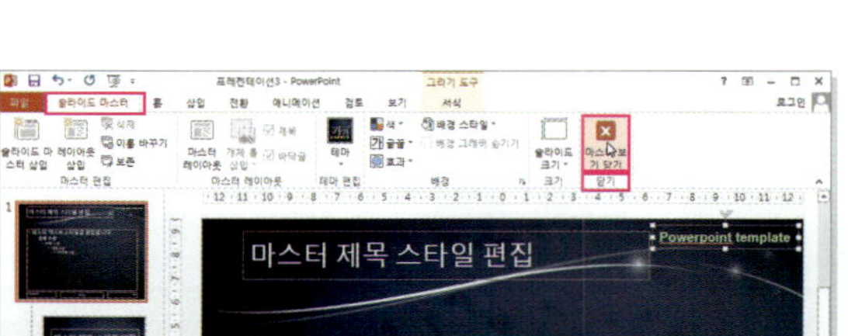

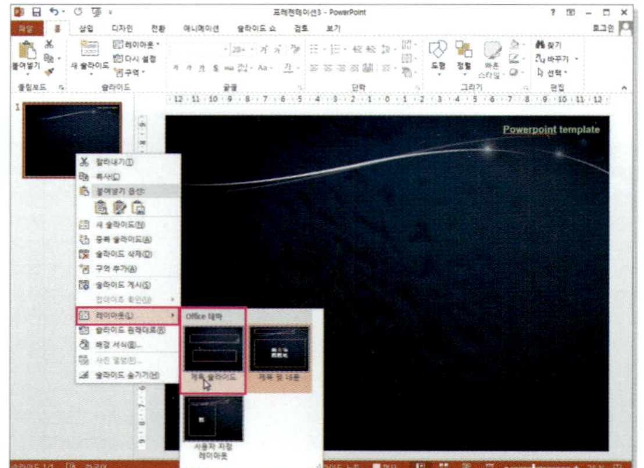

03 슬라이드에 '제목 슬라이드' 레이아웃이 적용되었습니다.
마우스 오른쪽 버튼을 클릭하여 '새 슬라이드'를 선택하여 슬라이드를 추가합니다.
만들어 놓은 '레이아웃'이 적용된 것을 확인할 수 있습니다.

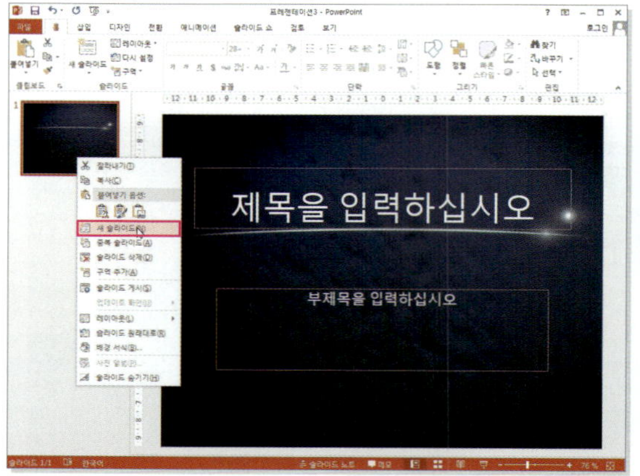

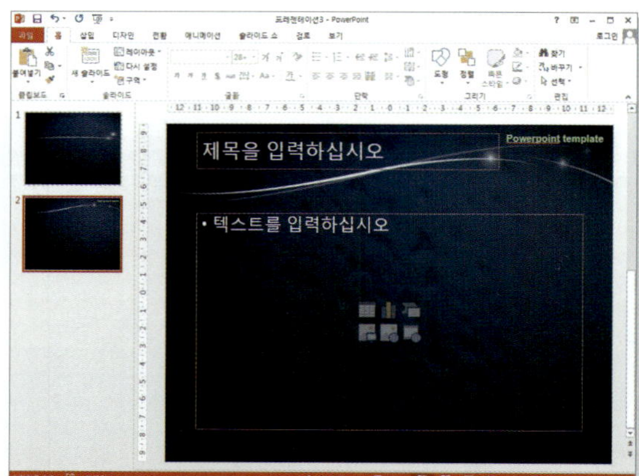

❻ 슬라이드 번호 삽입하기

01 [보기] 탭 – [마스터 보기] 그룹 – [슬라이드 마스터]를 선택합니다.

02 오른쪽 하단에 '〈#〉'이 '슬라이드 번호' 개체틀입니다.

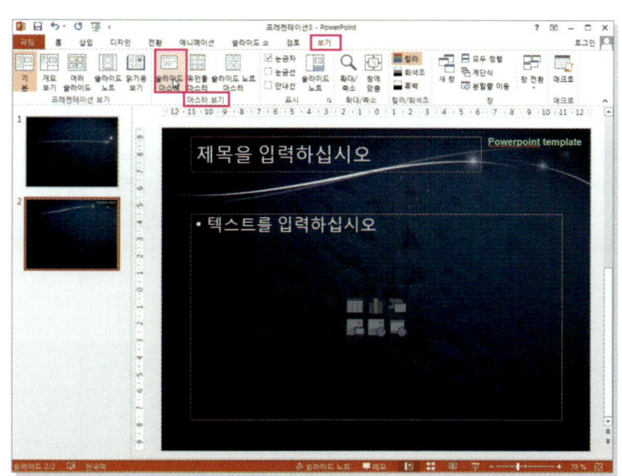

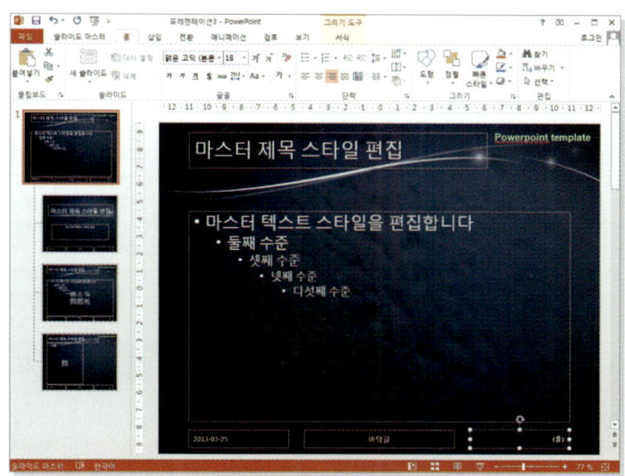

03 [슬라이드 마스터] 탭 – [마스터 레이아웃] 그룹 – [마스터 레이아웃]을 선택합니다. 현재 마스터의 레이아웃에서 표시된 개체들을 설정할 수 있습니다. 필요 없는 [날짜], [바닥글]을 체크해제합니다.

TIP 가끔 [마스터 레이아웃]이 활성화가 안 되는 경우가 있습니다. 이럴 때에는 현재 선택된 슬라이드가 '마스터 슬라이드'인지 '레이아웃'인지 확인해보세요. '레이아웃'이 선택되어 있다면 활성화 되지 않습니다.

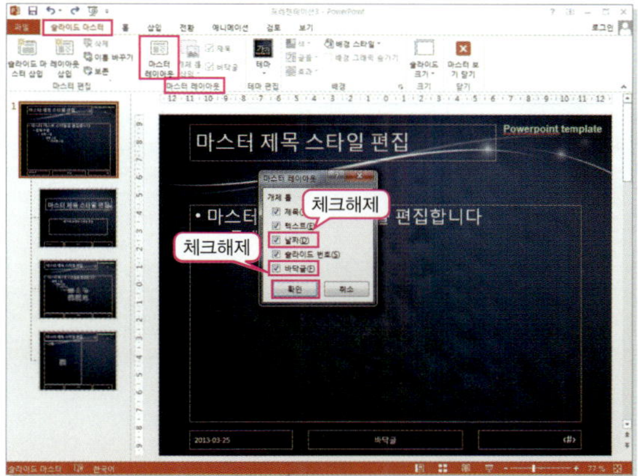

04 '슬라이드 번호'를 가운데 표시하도록 하겠습니다. '〈#〉'을 선택하여 [홈] 탭 – [단락] 그룹 – [가운데 맞춤]을 선택합니다. 그리고 [홈] 탭 – [그리기] 그룹 – [정렬] – [맞춤] – [가운데 맞춤]을 선택하여 가운데로 이동합니다.

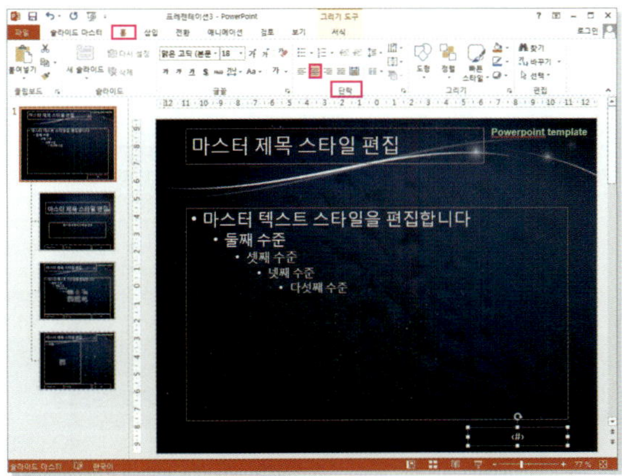

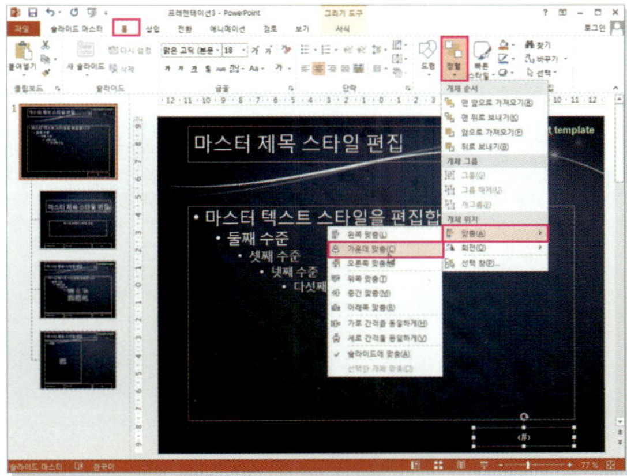

05 [슬라이드 마스터] 탭 – [닫기] 그룹 – [마스터 보기 닫기]를 선택하여 원래 슬라이드로 돌아옵다.
[삽입] 탭 – [텍스트] 그룹 – [머리글/바닥글]을 선택 합니다.

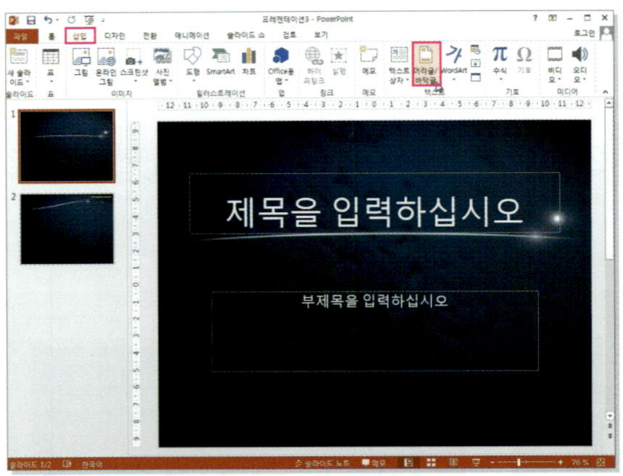

06 [머리글/바닥글] 창에서 '슬라이드 번호'를 체크합니다. 슬라이드 가운데 '슬라이드 번호'가 삽입되었습니다.

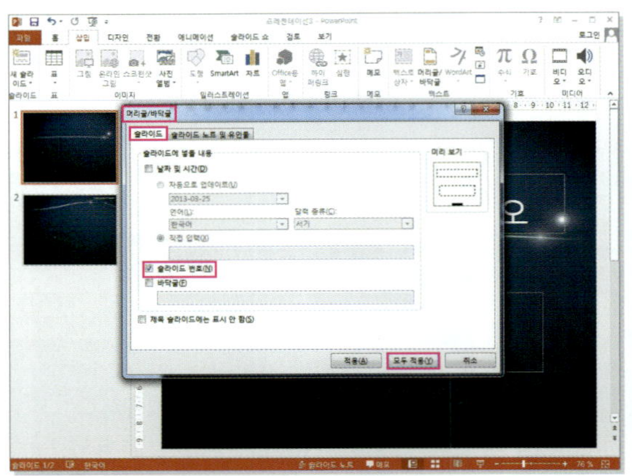
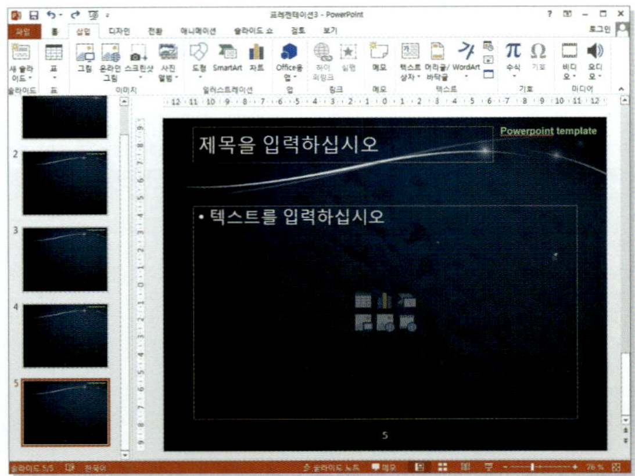

TIP '슬라이드 번호'가 1로 시작되는데 다른 숫자로 바꾸고 싶을 때에는 어떻게 해야 할까요?

[슬라이드 마스터] 탭 – [크기] 그룹 – [슬라이드 크기] – [사용자 지정 슬라이드 크기]를 선택합니다. [슬라이드 크기] 창에 서 [슬라이드 시작 번호]에 원하는 번호로 시작번호를 지정할 수 있습니다.

003. 목적에 맞는 파워포인트 문서 설정하기

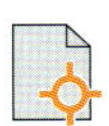 01 발표를 위한 프레젠테이션 문서 설정하기

파워포인트는 발표를 하는 것뿐만 아니라 인쇄 및 워드프레스로써의 용도로도 많이 사용되고 있습니다. 발표용 프레젠테이션 문서와 인쇄용 프레젠테이션의 문서 설정은 차이가 있습니다. 먼저 해상도에서 큰 차이가 나고, 용지 설정의 크기에서도 차이가 납니다.

문서 설정의 방법에 대해 알아보고 목적에 맞도록 문서를 설정하고 사용해보도록 합시다.

화면 비율	4:3 16:9 16:10
발표환경에 따라	밝은 발표장의 경우 밝은색 바탕의 배경 극장과 같이 어두운 환경의 발표장은 어두운 배경
최종결과물에 따라	인쇄를 할 경우의 밝은 톤의 배경 교육영상과 같은 동영상 제작시 어두운 톤의 배경 ※ 환경에 따른 배경톤을 조절은 가독성과 명시성을 결정짓는 중요한 요소입니다.

■ 문서 설정하기

01 새 프레젠테이션 문서를 만듭니다.

02 [디자인] 탭 – [사용자 지정] 그룹 – [슬라이드 크기] – [사용자 지정 슬라이드 크기]를 선택합니다.

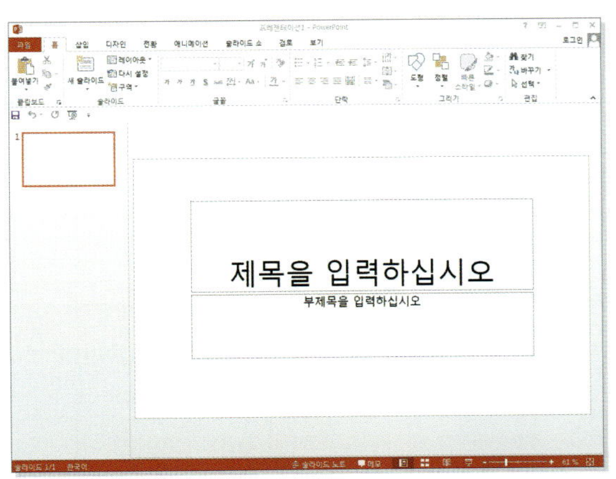

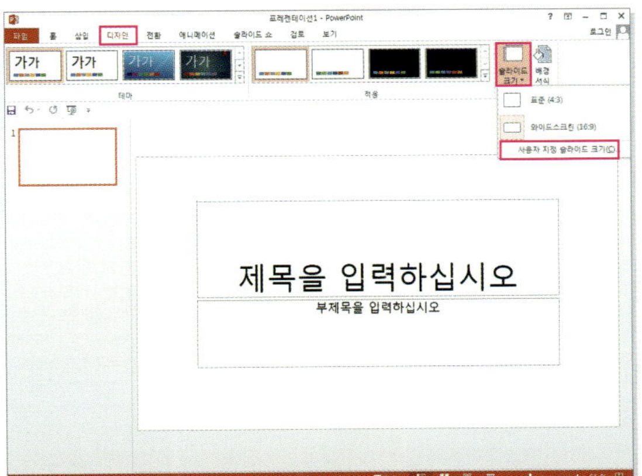

03 [슬라이드 크기] 대화상자가 나타납니다. [슬라이드 크기] 탭에서는 미리 설정된 슬라이드의 비율을 조절할 수 있습니다. 그리고 [너비], [높이]를 직접 입력하여 슬라이드의 크기를 조절할 수도 있습니다.

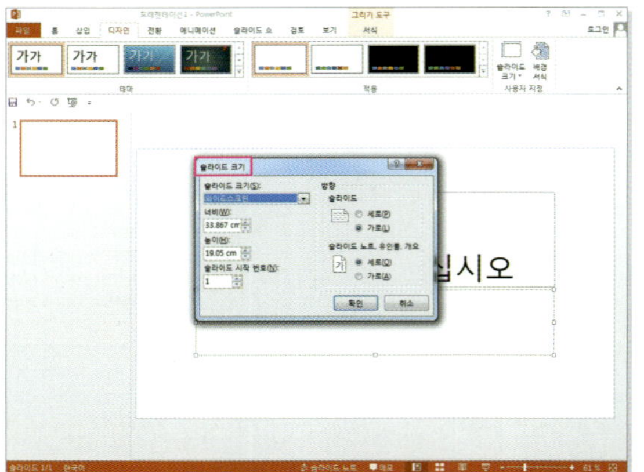

04 [슬라이드 크기] – [화면 슬라이드 쇼(4:3)]을 선택합니다. [너비]와 [높이]가 바뀐 것을 볼 수 있습니다. 파워포인트에서는 4:3 비율의 경우 기본적으로 너비 '25.4cm', 높이 '19.05cm'으로 지정되어 있습니다.

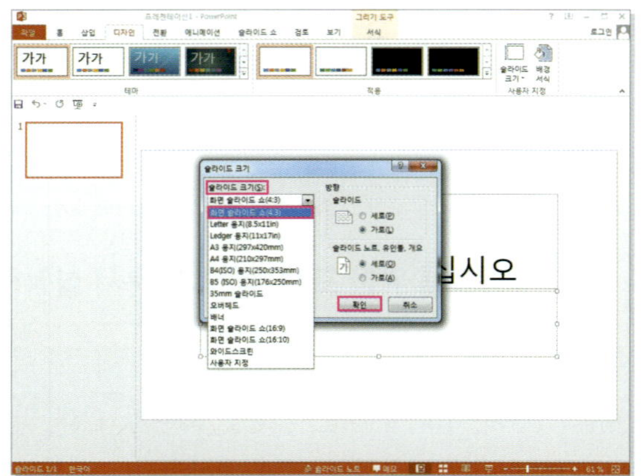

TIP [슬라이드 시작 번호]에 원하는 페이지 번호를 입력하면 파일에서 시작하는 슬라이드의 시작 번호를 변경할 수 있습니다.

05 [확인]을 눌러 페이지를 닫습니다. 슬라이드 비율이 4:3으로 변경되었습니다.

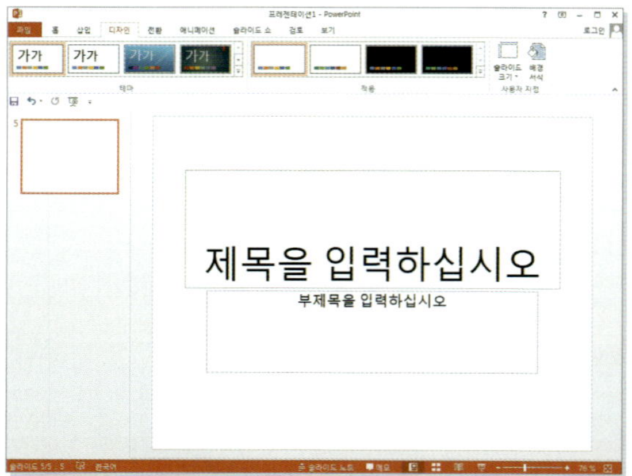

[디자인] 탭 – [사용자 지정] 그룹 – [슬라이드 크기]에서 [와이드 스크린 16:9]로 된 화면을 [표준 4:3]으로 선택해봅시다.
'새 슬라이드에 맞게 크기를 조정합니다. 콘텐츠를 최대 크기로 조정하거나 새 슬라이드에 맞게 크기를 줄이시겠습니까?'
라는 메뉴가 나타나고 [최대화]와 [맞춤 확인]의 메뉴가 있습니다.

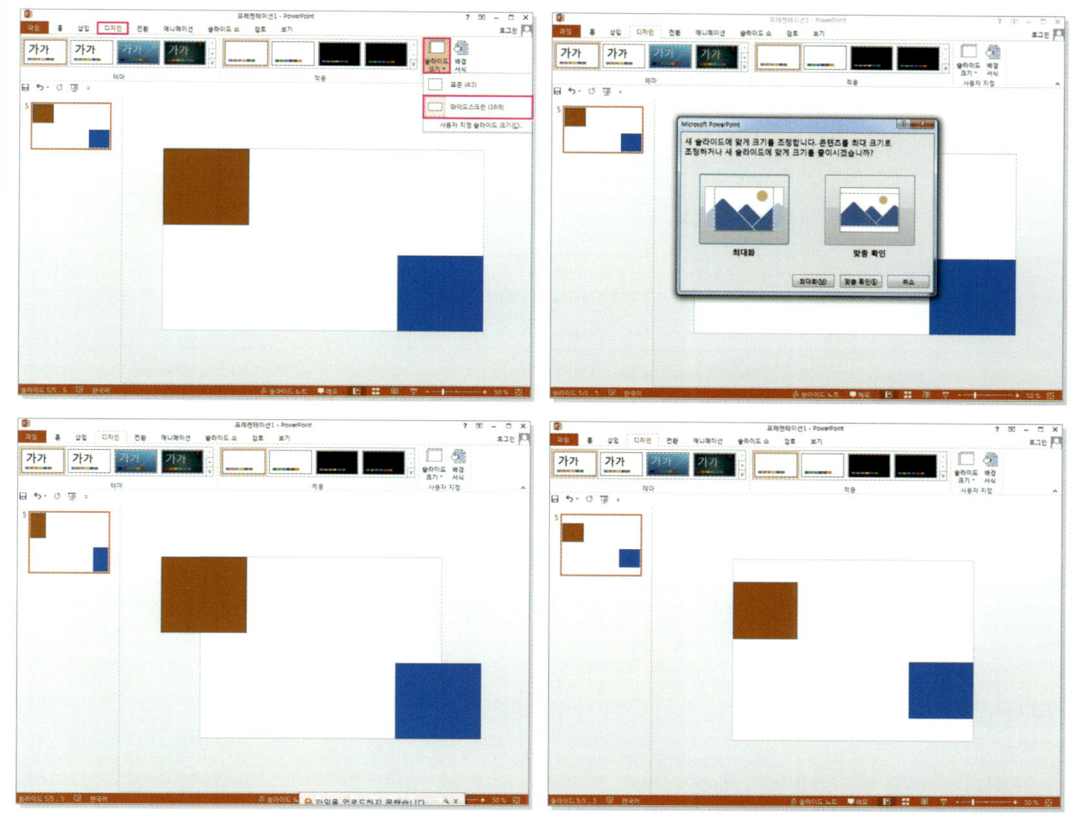

차이를 한번 비교해 봅시다.

[최대화] 메뉴를 선택하면 개체의 크기는 그대로 유지한 채 슬라이드의 비율만 줄어든 것을 볼 수 있습니다.

[맞춤 확인]을 선택하면 슬라이드 폭에 맞춰 도형이 그 안에 들어가도록 줄어들었습니다. 급한 상황에서는 이와 같은 방법으로 화면 비율 조정이 필요한 경우 조절을 통해 쉽게 화면 비율을 조정할 수 있습니다. 하지만 처음에 발표장의 환경을 확인하여 그에 맞는 비율로 제작하는 것이 좋습니다.

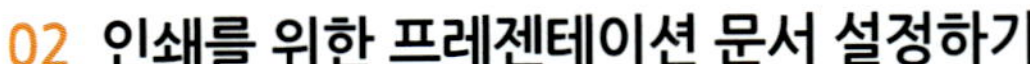

요즘은 파워포인트의 기능을 이용해 제안서를 작성하거나, 인쇄물을 제작하는 경우를 흔히 볼 수 있습니다. 파워포인트의 그래픽적인 기능이 많이 향상되었을 뿐만 아니라, 우리 주변에 파워포인트를 사용해보지 않은 사람을 찾기 쉽지 않을 정도로 많은 사람들이 사용하기 때문입니다. 인쇄용 파워포인트 문서의 설정과 이미지 소스의 사용에 대해 알아봅시다.

용지의 크기	A4(210×297mm) A3(297×420mm)
인쇄 목적에 따라	제안서와 같은 인쇄물은 세로 슬라이드 방향 발표용 슬라이드를 인쇄하는 경우 가로 슬라이드 방향
이미지 소스의 해상도	발표용의 경우 72dpi 인쇄목적의 해상도 150dpi이상

문서의 설정이 정확하게 맞춰지지 않는다면 인쇄하였을 때 여백이 생기거나 하는 문제가 생길 수 있습니다. 그리고 해상도가 낮은 이미지를 사용하였을 경우 화면으로 보았을 때에는 이상 없지만 인쇄하였을 때 흐릿하게 나올 수 있으니 꼭 확인하고 사용하도록 합니다.

1 문서 설정하기

01 새 프레젠테이션 문서를 만듭니다.

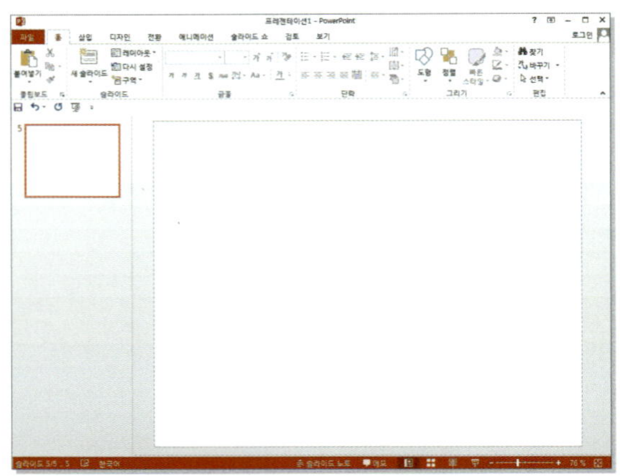

02 [디자인] 탭 – [사용자 지정] 그룹 – [슬라이드 크기] – [사용자 지정 슬라이드 크기]를 선택합니다.

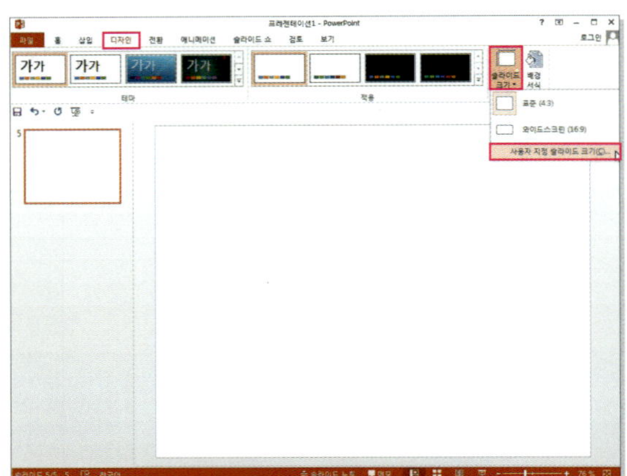

03 [슬라이드 크기]에서 [너비]에 21cm, [높이]에 29.7cm를 입력합니다. [방향]에서 [세로]를 선택하여 세로 슬라이드를 만들어 봅시다.

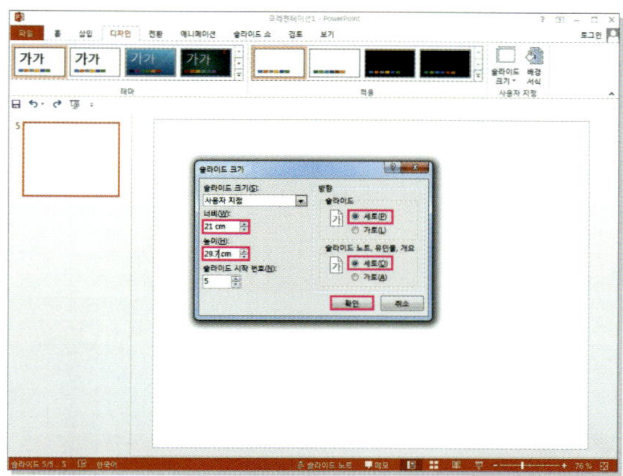

04 현재는 안에 콘텐츠가 없는 상태이므로 [최대화], [맞춤 확인] 아무거나 선택하여도 상관없습니다. 여기서는 [최대화]를 선택하도록 합니다.

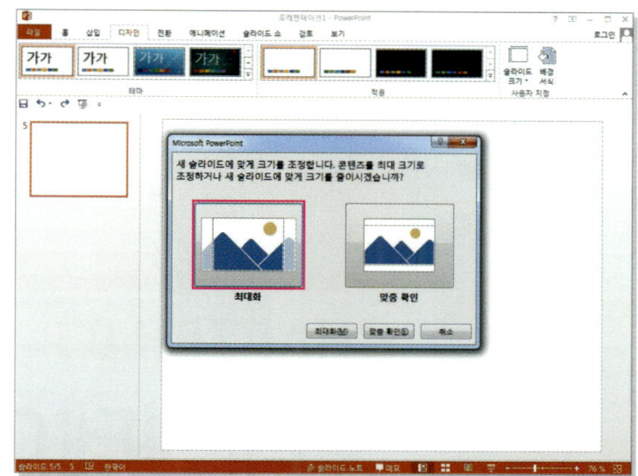

05 세로형 A4용지 크기에 맞는 문서가 설정되었습니다.

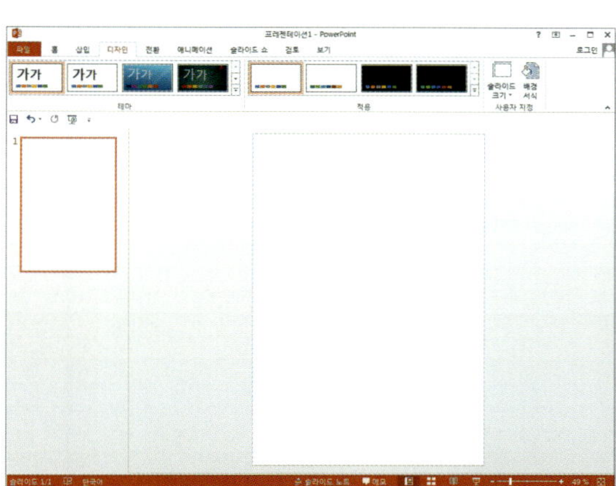

06 [파일] – [인쇄]를 선택합니다. [인쇄] 탭을 보면 인쇄할 문서의 미리보기를 통해 인쇄되었을 때의 상황을 볼 수 있습니다.

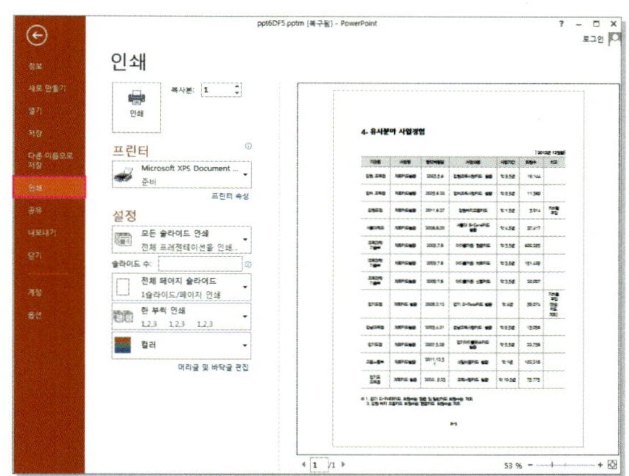

07 [인쇄] 탭 – [설정]에서는 페이지를 모아서 [유인물]로 인쇄할 수도 있고, 인쇄 방식과 인쇄 색상도 지정이 가능합니다.

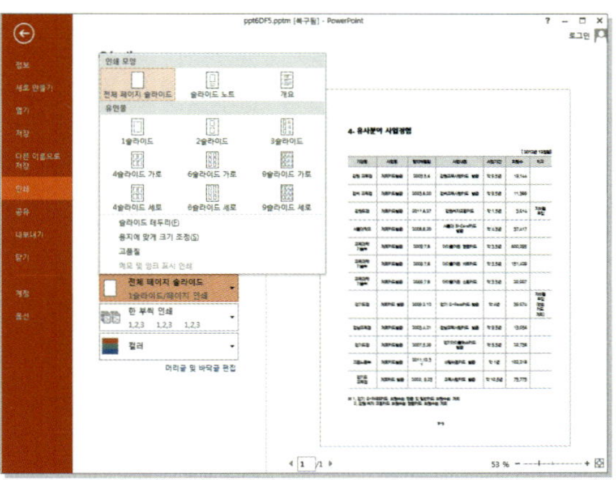

TIP 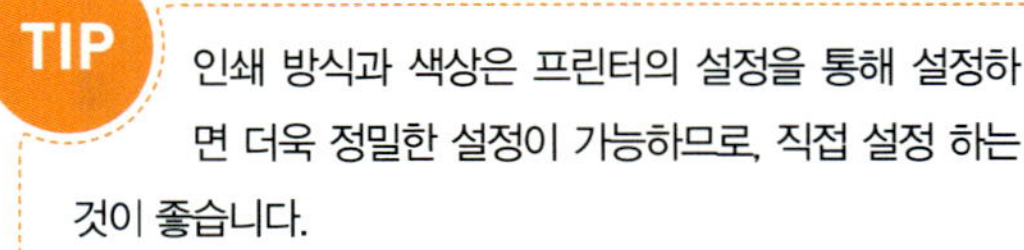 인쇄 방식과 색상은 프린터의 설정을 통해 설정하면 더욱 정밀한 설정이 가능하므로, 직접 설정 하는 것이 좋습니다.

CHAPTER 03

프레젠테이션 슬라이드 디자인하기

001　텍스트 다루기

 **01 텍스트 서식 지정하기**

프레젠테이션 슬라이드를 꾸미기 위해서는 텍스트의 서식이 매우 중요합니다. 잘 만들어진 슬라이드는 읽기에 좋은 슬라이드입니다. 읽기 좋은 슬라이드를 만들기 위해서는 텍스트의 자간, 자폭, 줄 간격, 서체의 두께 등이 중요하게 작용합니다. 이번에는 텍스트의 서식을 지정하는 방법에 대해 알아봅시다.

■ 텍스트 크기, 색상 지정하기

01 예제 001. pptx 파일을 불러옵니다.

02 [삽입] 탭 – [도형] – [직사각형]을 삽입합니다.

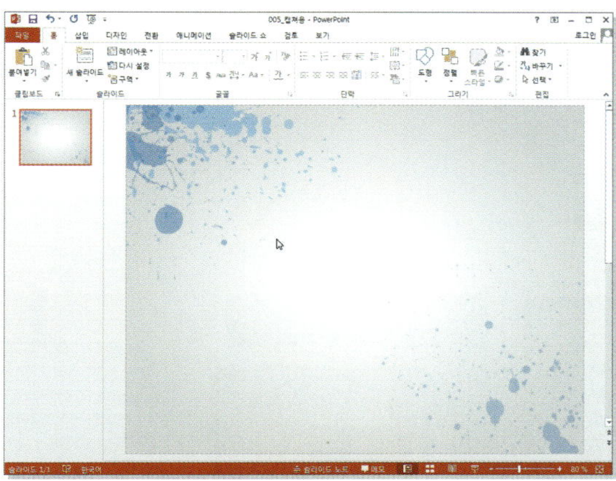

▲ 경로　PART02\Chapter3\001\[01]

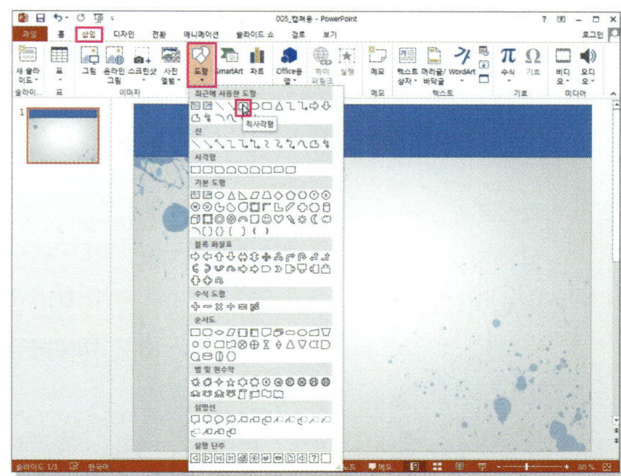

03 상단 제목을 위한 '직사각형' 도형을 상단에 적절한 크기로 배치합니다.

도형을 선택한 후 '마우스 오른쪽 버튼 클릭' – [도형 서식] – [채우기 및 선] – [채우기] – [단색 채우기]를 선택합니다.

빨강(R) '0', 녹색(G) '60', 파랑(B) '180', [투명도] 30%을 지정합니다.

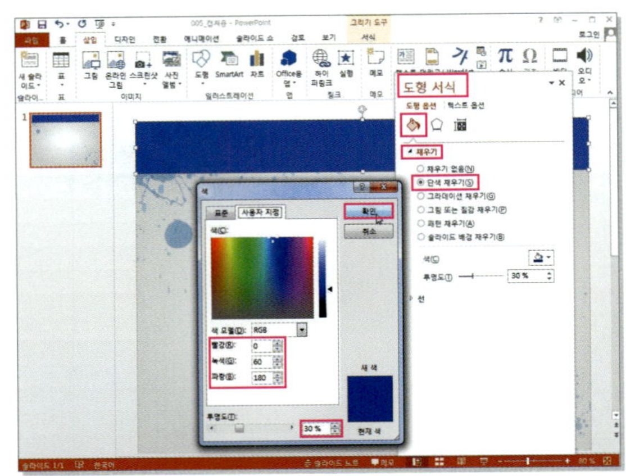

04 [삽입] 탭 – [텍스트] 그룹 – [텍스트 상자]를 삽입하고, '효과적인 타이포그래피를 위한 4가지 팁' 텍스트를 입력합니다.

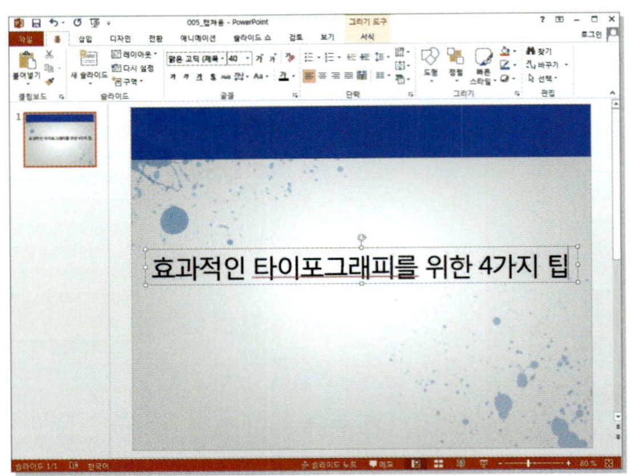

05 텍스트 상자를 선택하고, [홈] 탭 – [글꼴] 그룹 – [글꼴]에서 'HY견고딕', 크기는 '40pt'를 지정합니다.

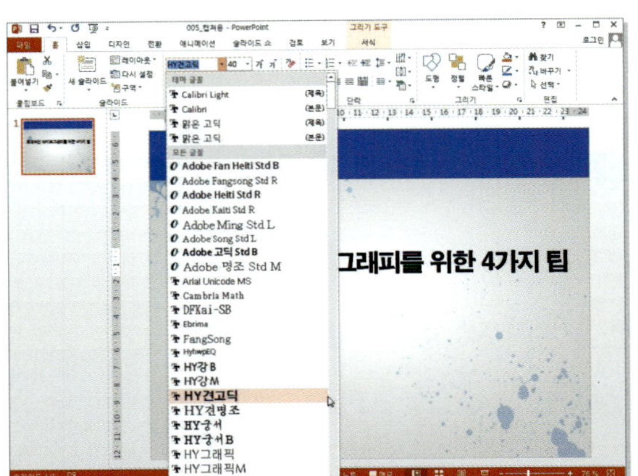

06 텍스트에 그라데이션을 지정합니다. '종류' 선형, '방향' 선형 아래쪽으로 지정합니다. 중지점에 각각 색상을 입력합니다.

중지점1 : 빨강(R) '11', 녹색(G) '117', 파랑(B) '141', 위치 '0%'

중지점2 : 빨강(R) '48', 녹색(G) '142', 파랑(B) '163', 위치 '44%'

중지점3 : 빨강(R) '255', 녹색(G) '255', 파랑(B) '255', 위치 '55%'

중지점4 : 빨강(R) '48', 녹색(G) '142', 파랑(B) '163', 위치 '66%'

중지점5 : 빨강(R) '255', 녹색(G) '255', 파랑(B) '255', 위치 '100%'

를 지정합니다. 그라데이션 중지점 우측을 보면 중지점 추가와 제거가 가능합니다.

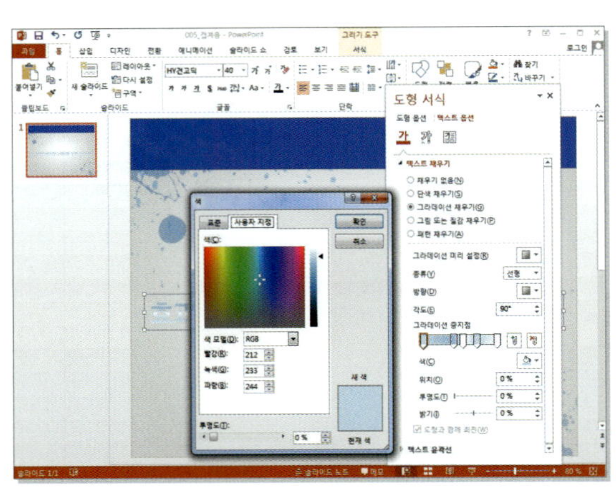

그라데이션 채우기에 대해 알아보겠습니다.

- 그라데이션 채우기 미리 설정 : 파워포인트에 미리 설정되어 있는 그라데이션을 바로 적용할 수 있습니다.

- 종류 : 선형, 방사형, 사각형, 경로형의 그라데이션 종류를 선택할 수 있습니다.

- 방향 : 그라데이션의 시작점과 끝점의 방향이 미리 설정되어 있어 손쉽게 설정할 수 있습니다.

- 각도 : 위의 방향을 수치를 입력함으로써 좀 더 미세하게 조정할 수 있습니다.

- 그라데이션 중지점 : 그라데이션에 중지점을 추가하거나 제거, 그리고 각각의 중지점의 색, 위치, 투명도, 밝기를 지정할 수 있습니다. 도형과 함께 회전 옵션을 체크하면, 도형을 회전시키면, 그라데이션의 방향도 도형의 회전과 같이 회전하게 됩니다.

▲ 그라데이션 채우기 미리 설정

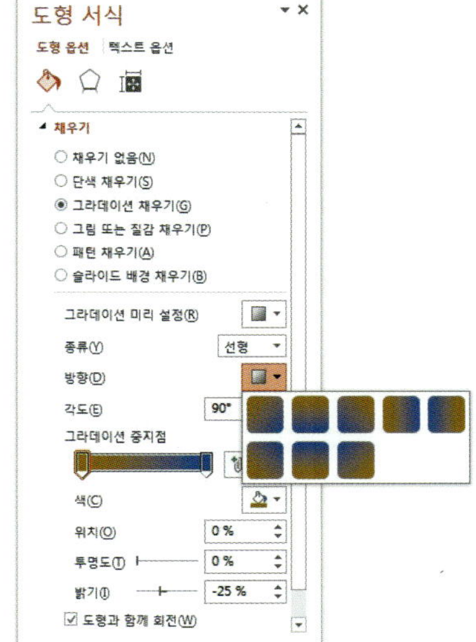

▲ 방향

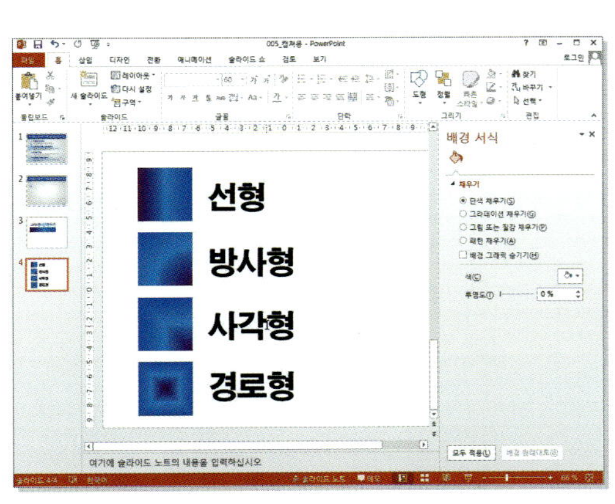

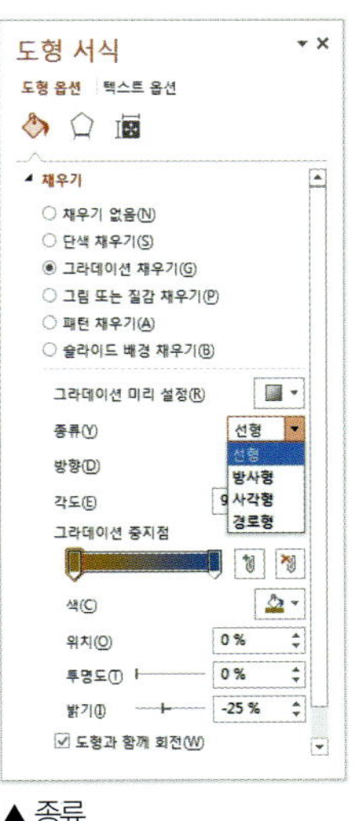

▲ 종류

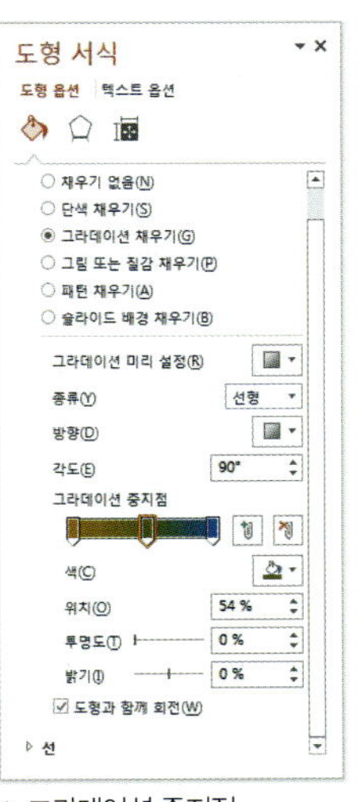

▲ 그라데이션 중지점

❷ 텍스트에 그림자 효과주기

07 텍스트를 선택하고 [도형 서식] 상자를 열어 [텍스트 옵션] – [텍스트 효과] – [그림자]에서 투명도 '10%', 크기 '100%', 흐리게 '10pt', 각도 '0°', 간격 '0pt'를 지정합니다.

08 제목 텍스트가 완성되었습니다.

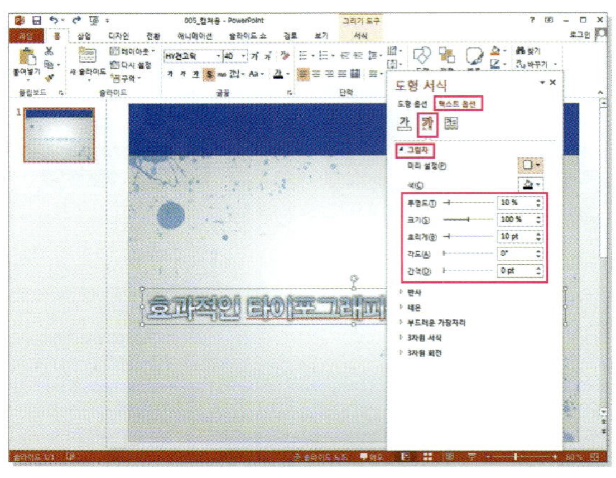

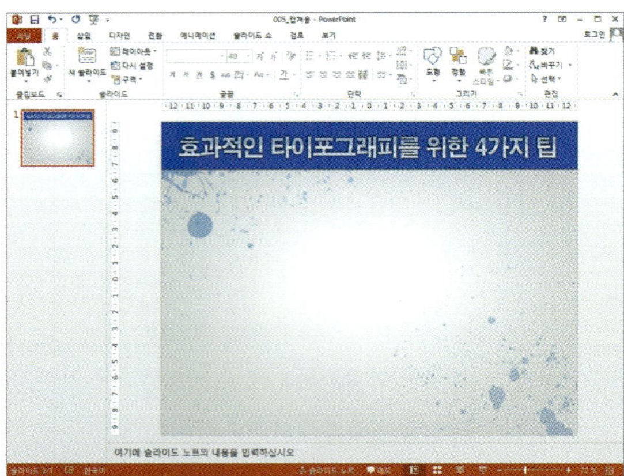

🔸 02 텍스트 단락 지정하기

텍스트의 단순 나열은 가독성을 떨어뜨리며, 프레젠테이션 슬라이드로써는 매우 지루한 느낌을 줄 수 있습니다. 이번에는 글머리 삽입과 텍스트의 줄 간격 사용법에 대해 알아보고 줄 간격, 단락 구분을 통한 가독성을 높여보도록 하겠습니다.

① 텍스트의 크기로 단락 구분하기

01 단순 나열된 텍스트들에서 어떤 식으로 단락을 구분 지을지 파악합니다.
전체 슬라이드에서 텍스트의 양을 배분하고, 텍스트의 크기를 지정하는 것은 레이아웃의 기본이며 가독성을 결정짓는 중요한 요소입니다.

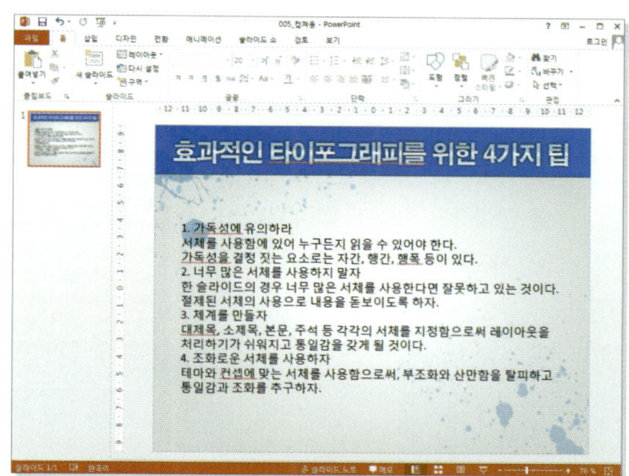

02 크게 4가지 팁의 소제목들을 텍스트의 '크기'와 '색'을 통해 먼저 구분 짓도록 하겠습니다.
'1. 가독성에 유의하라' 텍스트를 마우스 드래그를 통해 블록을 지정합니다. [홈] 탭 – [글꼴] 그룹 – [글꼴색] – [다른색]을 클릭하여 빨강(R) '0', 녹색(G) '60', 파랑(B) '180'을 지정하고, [홈] 탭 – [글꼴] 그룹 – [글꼴]에서 'HY견고딕', 크기는 '28pt'를 지정합니다.

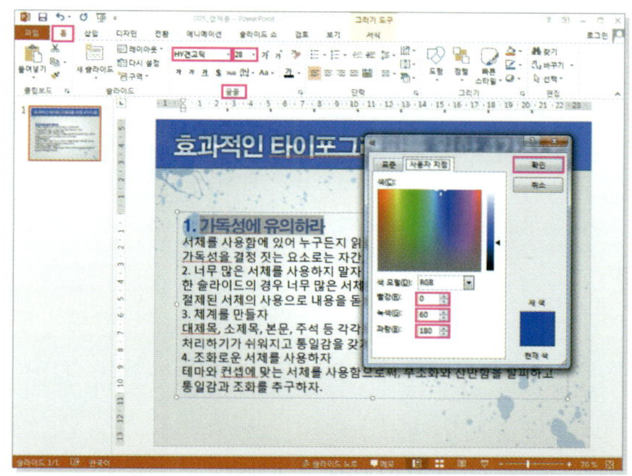

03 나머지 소제목 텍스트에도 같은 서식을 적용합니다. 아까보다 가독성이 많이 좋아졌음을 확인할 수 있습니다.

04 소제목 아래의 본문 내용들을 [홈] 탭 – [글꼴] 그룹 – [글꼴]에서 'HY중고딕', 크기는 '18pt'로 지정합니다.

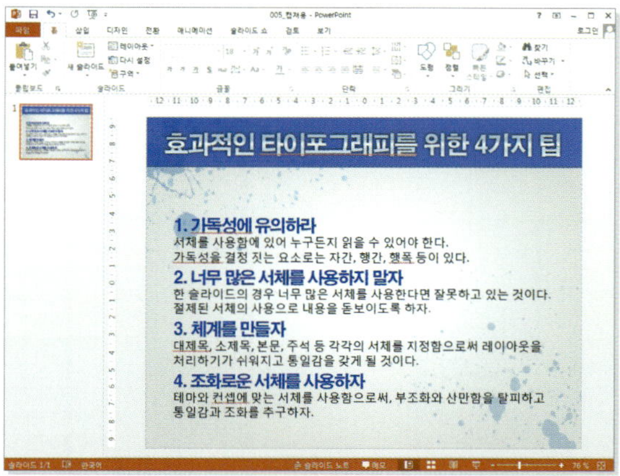

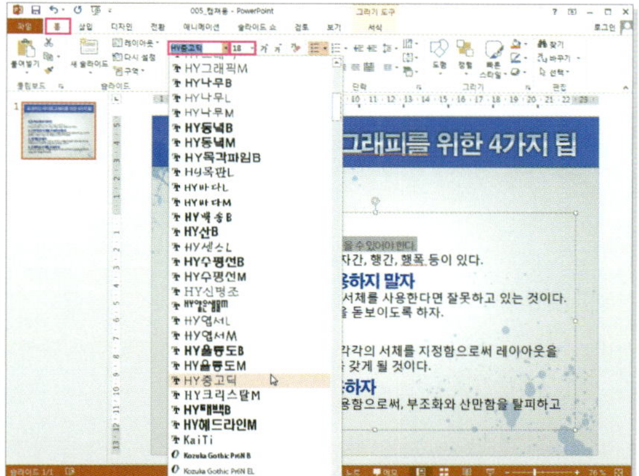

❷ 텍스트에 글머리 삽입하기

01 소제목 본문 내용을 마우스 드래그를 통해 블록을 지
정하고 [홈] 탭 – [단락] 그룹 – [글머리 기호] – [글머
리 기호 및 번호 매기기]를 선택합니다.
[글머리 기호] 탭에서 '속이 찬 정사각형 글머리 기호'
를 선택하고, 색상에 빨강(R) '89', 녹색(G) '89', 파랑
(B) '89'을 지정합니다.

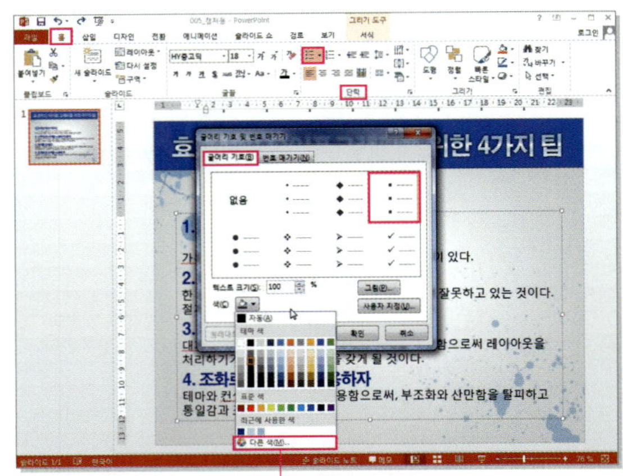

다른 색상 선택하여

02 [홈] 탭 – [단락] 그룹 – [목록수준 늘림]을 선택하여
들여쓰기 수준을 높입니다.
들여쓰기 수준을 지정하게 되면 눈금자를 통해 수준
을 직접 미세하게 조정할 수 있습니다.

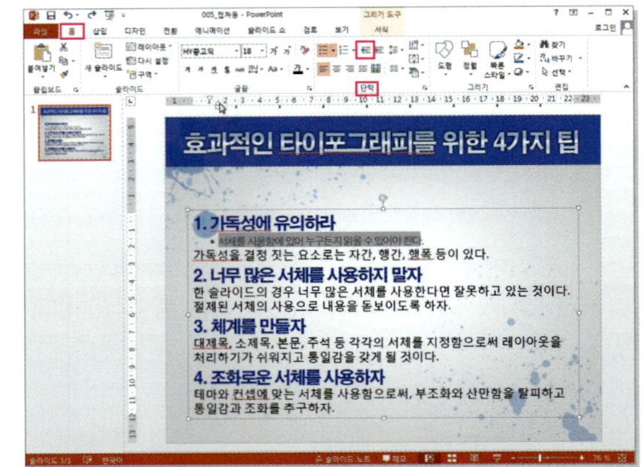

TIP [보기] 탭 – [표시] 그룹 – [눈금자]의 선택을 통해 보
이게 할 수 있습니다. 텍스트에 글머리 기호 항목이나
번호 매기기 항목이 두 수준 이상 포함되어 있으면 각 수준에
대한 들여쓰기 표식이 눈금자에 표시됩니다.
① 글머리 기호 또는 번호의 들여쓰기 위치를 보여 주는 첫째
줄 들여쓰기 표식
② 목록 텍스트의 들여쓰기 위치를 보여 주는 왼쪽 들여쓰기
표식

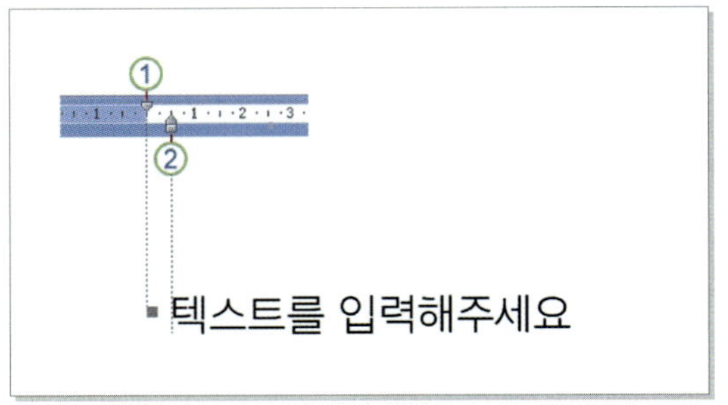

❸ 텍스트에 글머리 삽입하기

01 나머지 본문 내용에 대해서도 같은 서식을 적용하고, [홈] 탭 – [단락] 그룹 – [줄 간격] – [줄 간격 옵션]을 선택합니다.

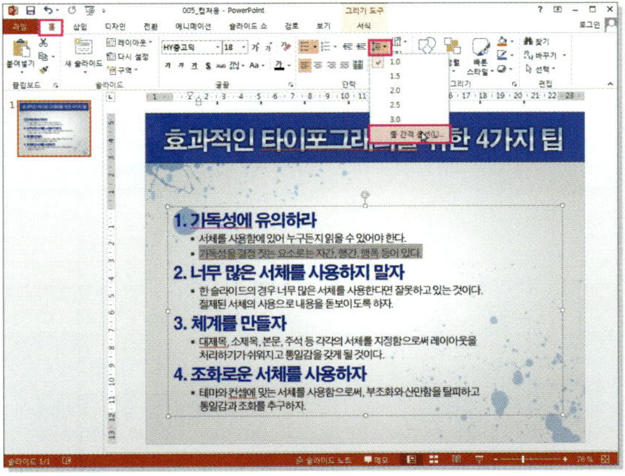

02 [들여쓰기 및 간격] 탭 – [간격]에서 단락 앞 '3pt', 단락 뒤 '18pt', 줄 간격 '1줄'을 입력합니다. 단락 가장 마지막 문장을 블록을 선택하고, 단락 뒤를 입력해야만, 단락의 마지막 부분만 줄 간격이 늘어납니다.

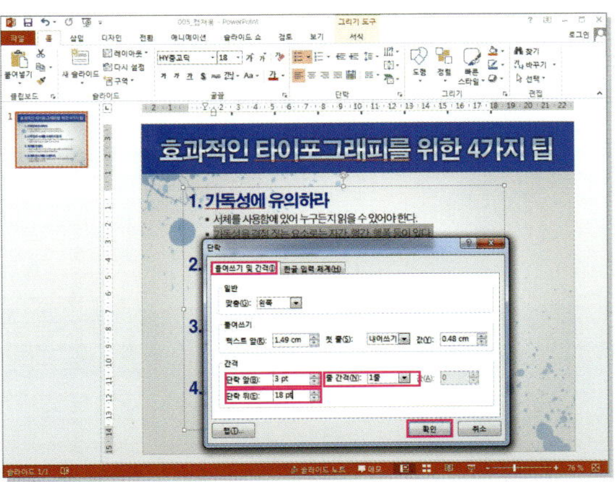

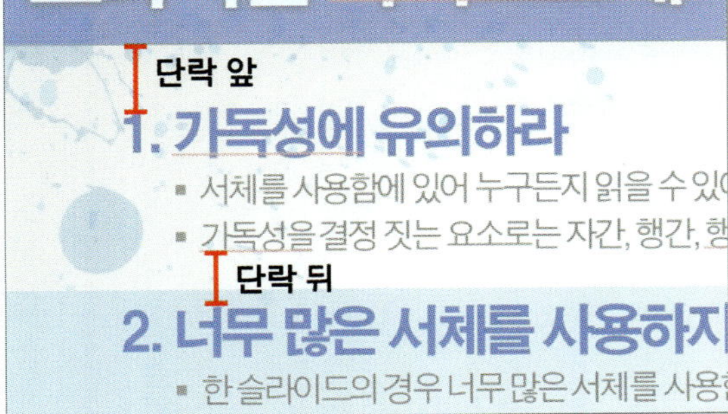

Shift + Enter 와 Enter 의 차이를 알아보겠습니다.

Shift + Enter 는 '줄 나누기'이고, Enter 는 '단락 나누기'의 기능을 가지고 있습니다.

같은 줄 간격 옵션일 때의 단락을 보겠습니다.

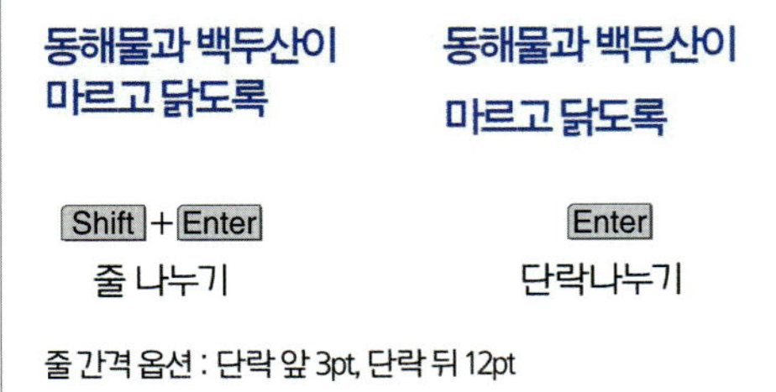

보기와 같이 '줄 나누기'의 경우, 단락 뒤의 지정된 줄 간격에 영향을 받지 않는 것을 볼 수 있습니다. 줄 나누기는 글이 끝나지 않았지만 의도적으로 줄을 바꿔 주어야할 때 사용하면 줄은 바뀌지만 단락의 영향을 받지 않도록 할 수 있습니다.

'줄 나누기'와 '단락 나누기'를 잘 이용하면 아래와 같은 문단을 손쉽게 만들 수 있습니다.

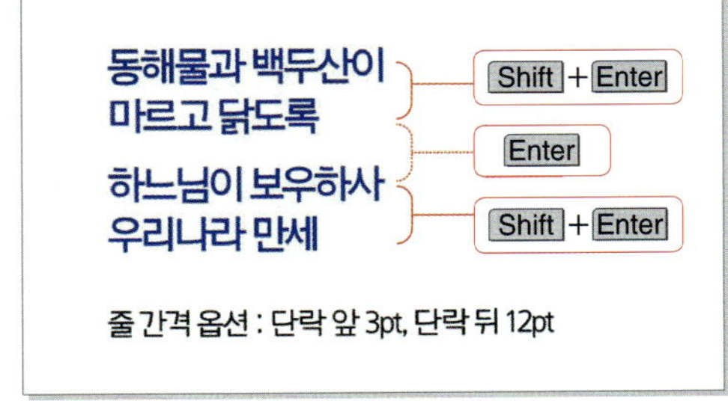

03 이제 정리된 문단에서 더 구분을 지어주기 위해서 [홈] 탭 – [그리기] 그룹 – [도형] – [직사각형]을 삽입하고, [도형 서식] – [채우기 및 선] – [채우기] – [그라데이션 채우기]를 선택합니다. '종류' 선형, '방향' 선형 오른쪽으로 지정합니다. 중지점에 각각 색상을 입력합니다.

중지점1 : 빨강(R) '179', 녹색(G) '216', 파랑(B) '235', 위치 '0%' ,투명도 '0%'

중지점2 : 빨강(R) '179', 녹색(G) '216', 파랑(B) '235', 위치 '100%', 투명도 '100%'

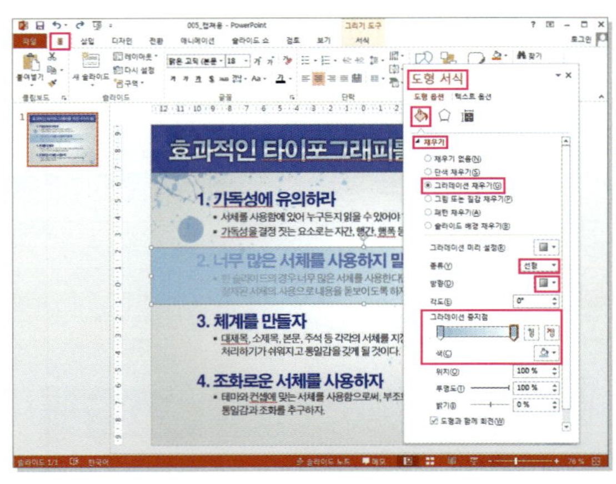

04 Ctrl 키를 누르고 드래그하여 같은 도형을 복사해 줍니다.

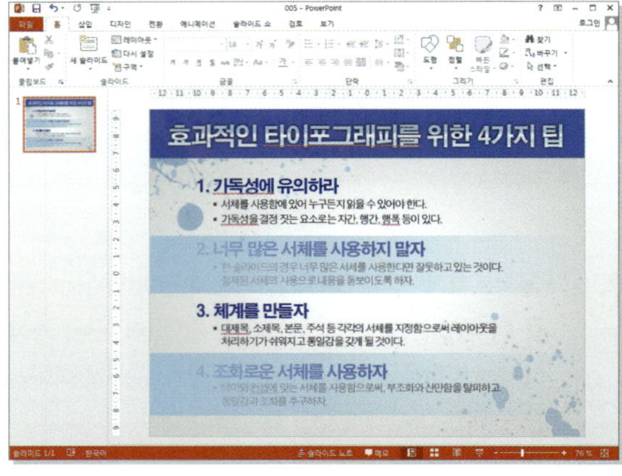

05 도형에 텍스트가 가려져 있으니 정렬 기능을 통해 맨 앞으로 텍스트를 가져오도록 하겠습니다. 텍스트 상자를 선택하고, [홈] 탭 – [그리기] 그룹 – [정렬] – [맨 앞으로 가져오기]를 선택합니다.

06 이제 슬라이드가 완성되었습니다. 텍스트의 크기, 색상, 줄 간격을 통해 가독성이 좋아진 것을 확인할 수 있습니다.

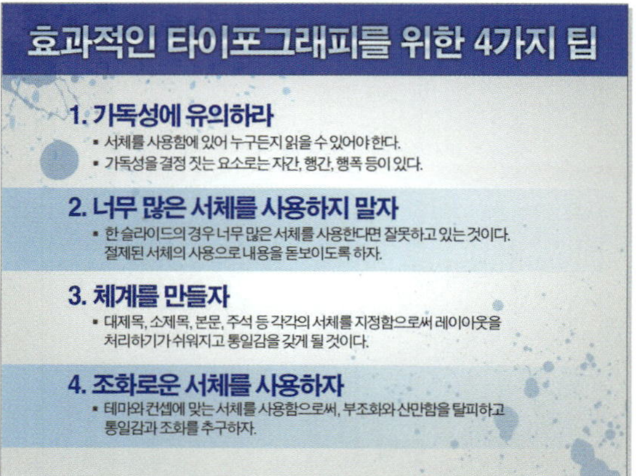

파워포인트에서는 텍스트에 다양한 효과들이 적용 가능합니다. 그리고 파워포인트 2013에서는 더욱더 세밀한 효과들의 변형이 가능해졌습니다. 예제를 통해 텍스트의 유용한 효과를 익혀보도록 하겠습니다.

01 예제 002.pptx 파일을 불러옵니다.
어두운 배경의 슬라이드에 빛이 나는 느낌의 텍스트 효과를 적용해보겠습니다.

02 [삽입] 탭 – [텍스트] 그룹 – [텍스트 상자]를 선택하여 텍스트 상자를 삽입한 후 'Starlight'를 입력합니다.

▲ 경로 PART02\Chapter3\001\[03]

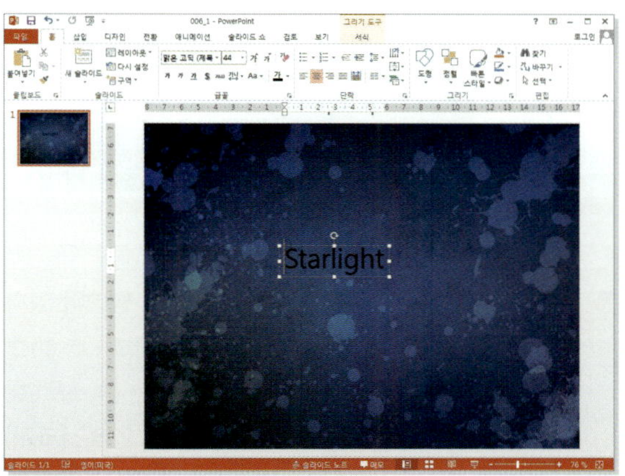

03 텍스트 상자를 선택하고, [홈] 탭 – [글꼴] 그룹에서 'Adobe Heiti StdR', 크기는 '88pt'를 입력합니다.

04 텍스트 상자를 선택하고, [홈] 탭 – [글꼴] 그룹에서 텍스트의 색상을 '흰색'으로 선택합니다.

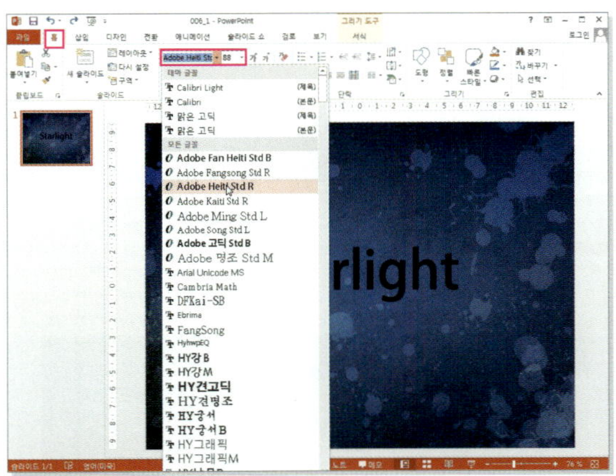

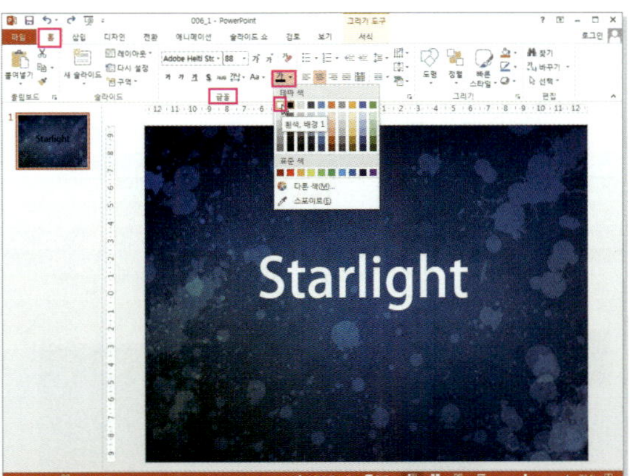

05 텍스트의 자간을 좁혀 보겠습니다. [홈] 탭 – [글꼴] 그룹에서 문자 간격을 '매우 좁게'로 선택합니다. 간혹 텍스트들을 보면 공간에 관계 없이 자간을 의도적으로 줄이는 것이 좋을 수도 있습니다.

06 이제 텍스트에 빛이 나는 느낌을 만들어 보겠습니다. '마우스 오른쪽 버튼 클릭' – [도형 서식]을 선택하여 서식상자를 열도록 합니다.

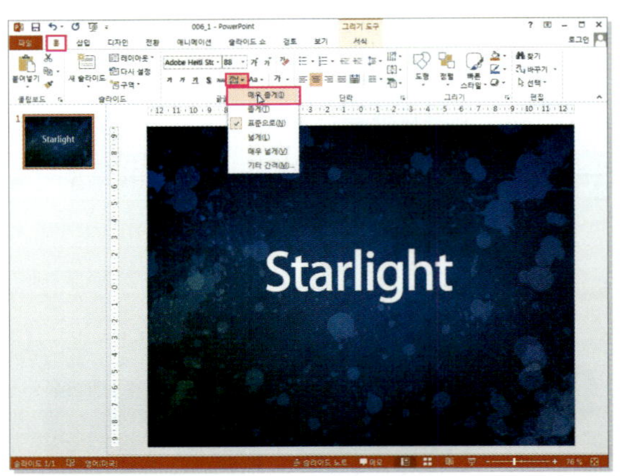

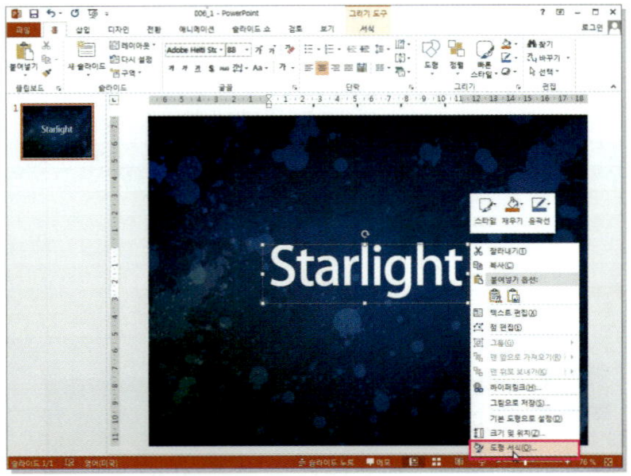

07 빛이 나는 느낌을 내기 위해 여러 가지 방법이 있지만, 자연스러운 '그림자' 효과를 이용해보도록 하겠습니다. [도형 서식] – [텍스트 옵션] – [텍스트 효과] – [그림자]에서 [색] '흰색', [투명도] '23%', [크기] '100%', [흐리게] '10pt', [각도] '0', [간격] '0pt'를 지정합니다.

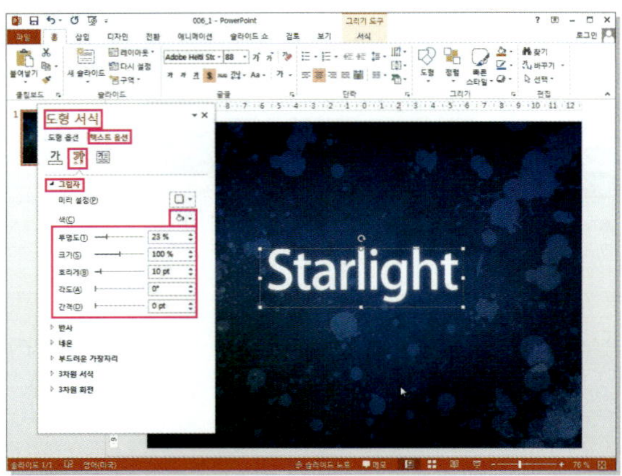

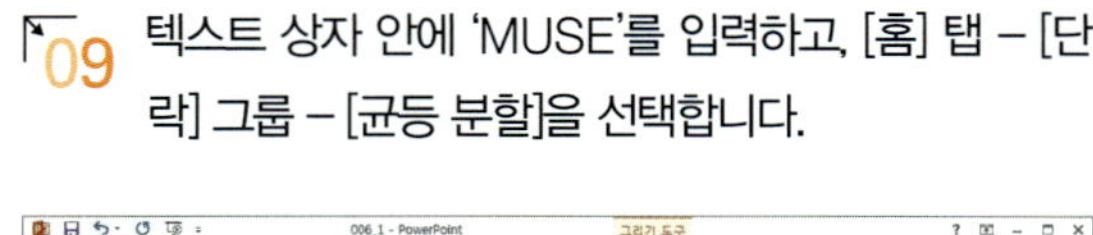

08 [삽입] 탭 – [텍스트] 그룹 – [텍스트 상자]를 선택하여, 텍스트가 들어갈 만큼, 공간을 드래그 합니다.

09 텍스트 상자 안에 'MUSE'를 입력하고, [홈] 탭 – [단락] 그룹 – [균등 분할]을 선택합니다.

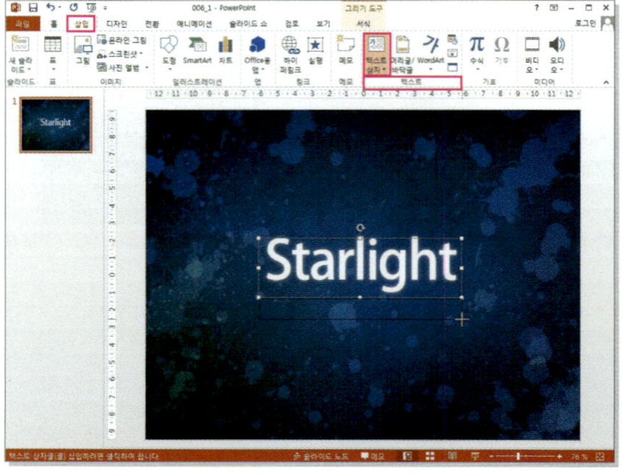

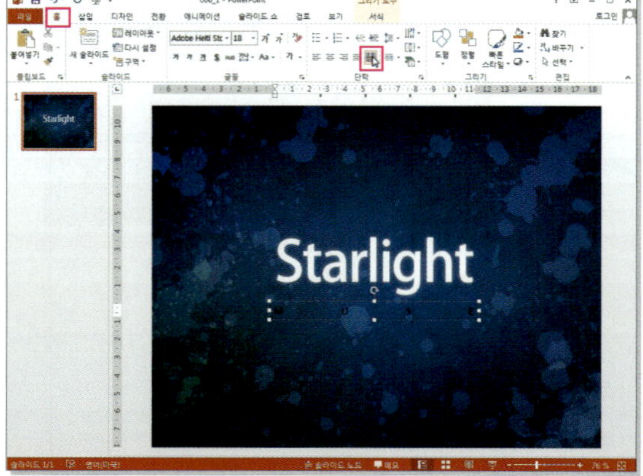

10 텍스트 상자 크기 안에서 텍스트가 균등한 간격으로 배치되었습니다. 이제 [홈] 탭 – [글꼴] 그룹에서 텍스트의 색상을 '흰색'으로 선택합니다.

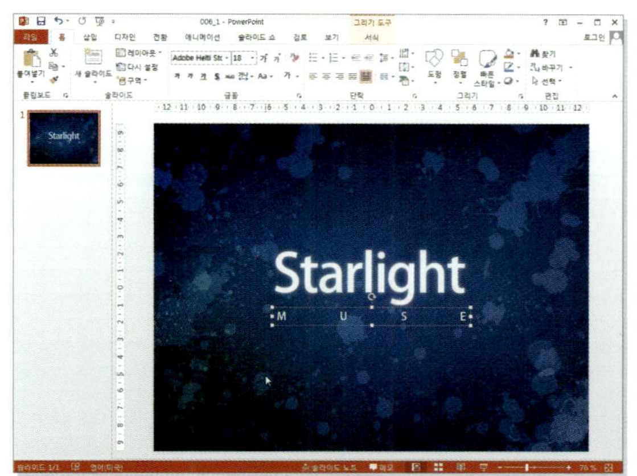

11 앞의 'Starlight' 텍스트와 마찬가지로 빛이 나는 느낌을 주기 위하여, [도형 서식] – [텍스트 옵션] – [텍스트 효과] – [그림자]에서 [색] '흰색', [투명도] '23%', [크기] '100%', [흐리게] '10pt', [각도] '0°', [간격] '0pt'를 지정합니다.

12 더 강력한 효과를 주기 위해 샘플 소스를 불러옵니다. [삽입] 탭 – [그림]에서 'Light_01.PNG', 'Light_02.PNG' 파일을 불러옵니다.

▼ 경로 PART02\Chapter3\001\[03]

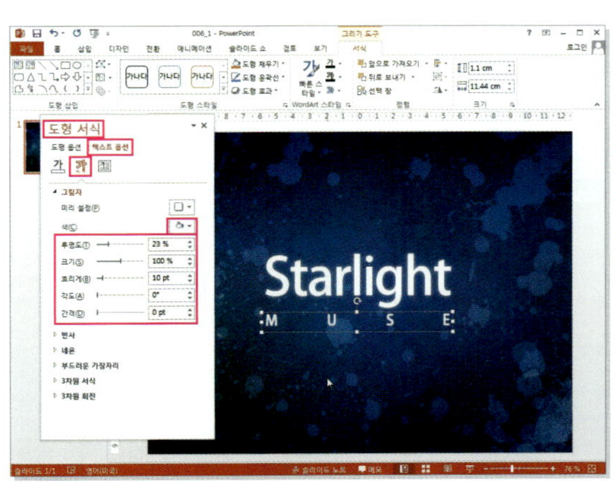

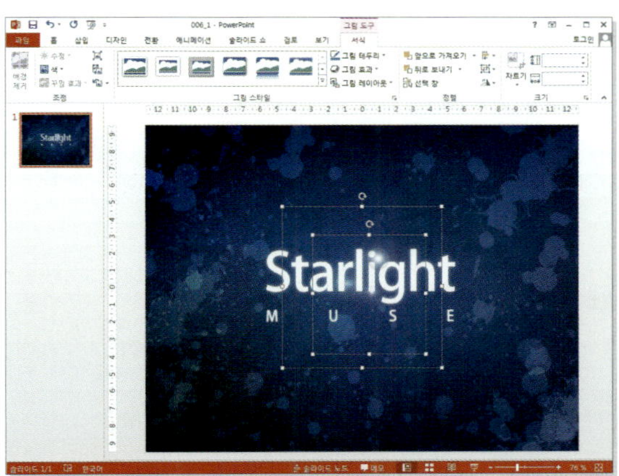

13 글씨의 모서리 부분과 배경에 자연스럽게 배치합니다.

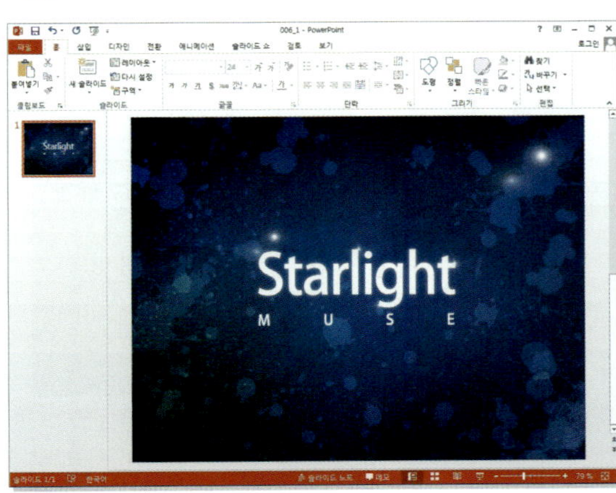

JPEG와 PNG의 차이를 알아봅시다.

	압축률	품질	투명한 배경
JPG/JPEG	높음	사용하는데 지장 없음	X
PNG	무손실 압축	고품질	O

JPG/JPEG의 경우 압축률이 높아 파일의 크기가 작고, 다른 프로그램에서의 호환성이 좋습니다. PNG 파일은 JPG보다 파일의 크기는 크지만, 손실이 없는 압축방법으로 더 나은 품질을 보여줍니다. 그리고 중요한 차이는 배경이 없이 저장된 이미지의 경우, 배경이 없는 상태로 불러올 수 있어, 활용도가 매우 높습니다.

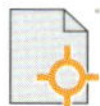 04 워드아트 스타일의 3차원 효과 적용하기

프레젠테이션 슬라이드를 만들다 보면, 2차원의 텍스트들이 지루하게 느껴지기도 하고, 텍스트를 이미지와 적절하게 맞춰 넣기가 쉽지 않습니다. 워드아트 스타일에서는 이러한 텍스트의 모양 변환 효과와 다양한 스타일을 쉽게 적용 가능합니다. 하지만 지나친 입체 효과와 회전 효과는 산만함을 줄 수 있으니 절제하여 해야 합니다.

 텍스트 입력하고 서식 지정하기

01 예제 003. pptx 파일을 불러옵니다.

▼ 경로 PART02\Chapter3\001\[04]

02 [삽입] 탭 – [텍스트] – [텍스트 상자] – [가로 텍스트 상자]를 선택하여, 텍스트 상자를 삽입하고, 텍스트를 입력합니다. 'Across the Universe'를 입력합니다.

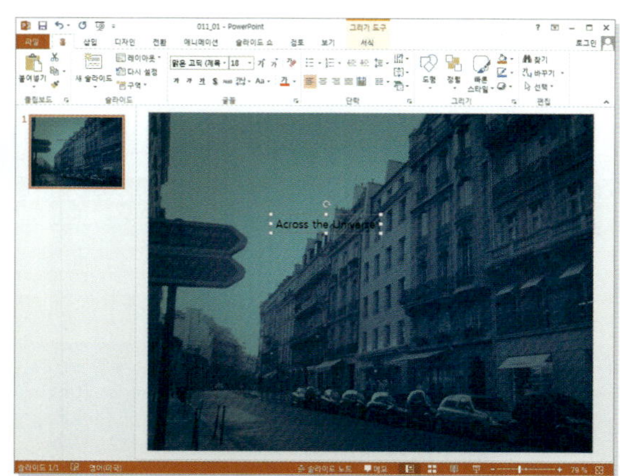

03 텍스트 상자를 선택한 상태에서 글꼴은 'Impact', 글꼴 크기는 '60pt'를 선택합니다.
[홈] 탭 – [글꼴] 그룹 – [글꼴 색] – [다른 색]을 선택하여 텍스트 색상을 '흰색'으로 바꿔줍니다.

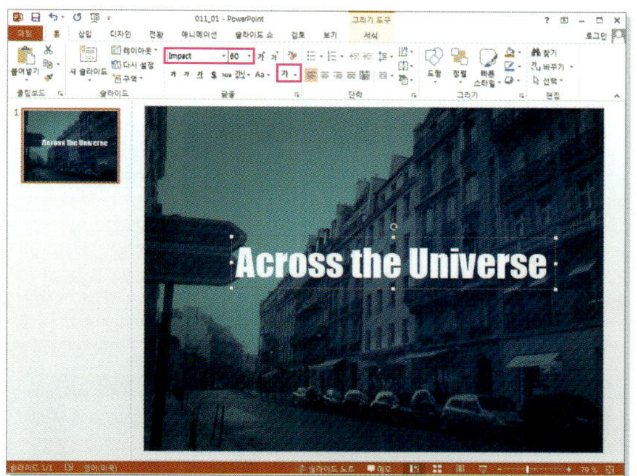

❷ 텍스트 변환하기

01 텍스트 상자를 선택하고 [그리기 도구] – [서식] 탭 – [WordArt스타일] 그룹 – [텍스트 효과] – [변환] – [왼쪽 줄이기]를 선택합니다.

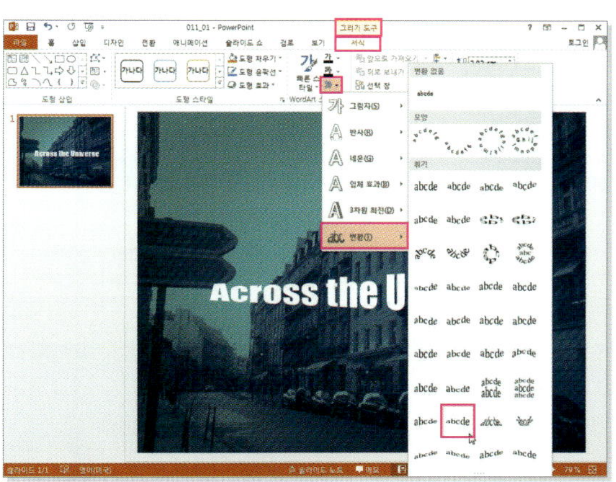

02 [텍스트 효과] – [변환]에서는 다양한 텍스트의 모양 변환이 가능합니다. [왼쪽 줄이기] 외에도 다양한 변환 효과를 적용해보도록 합니다.

❸ 텍스트 3차원 회전하기

01 텍스트 상자를 선택하고 [그리기 도구] – [서식] 탭 – [WordArt스타일] 그룹 – [텍스트 효과] – [3차원 회전] – [축 분리 2 오른쪽으로]를 선택합니다.

02 텍스트 회전을 하게 되면 크기가 변하게 됩니다. 슬라이드 크기에 맞도록 다시 크기를 조절하여 줍니다.

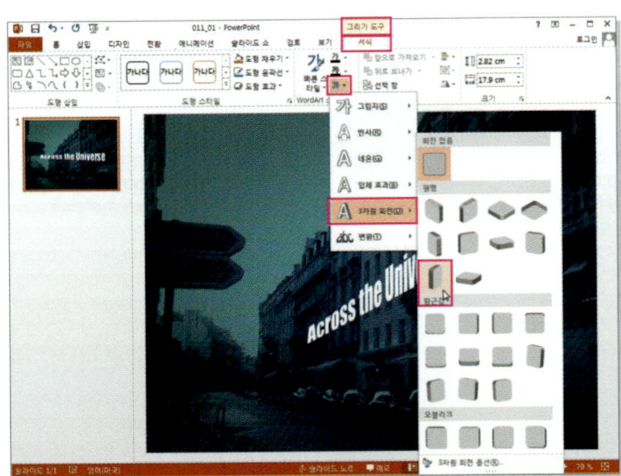

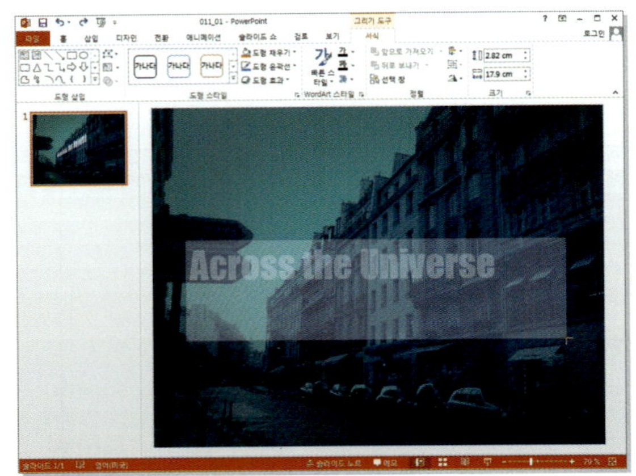

03 3차원 회전의 세밀한 조정을 위해서 텍스트 상자를 선택하고, [그리기 도구] – [서식] 탭 – [WordArt스타일] 그룹 – [텍스트 효과] – [3차원 회전] – [3차원 회전 옵션]을 선택합니다.
[X회전] '305°', [Y회전] '23°', [Z회전] '1.7°'를 지정합니다.
텍스트가 배경의 건물 이미지와 평행하며 원근감 있게 보이도록 조정해줍니다.

04 [텍스트 옵션] – [텍스트 채우기 및 윤곽선] 탭으로 가서 [그라데이션 채우기]를 선택합니다.
중지점1 : 빨강(R) '255', 녹색(G) '255', 파랑(B) '255', 위치 '0%'
중지점2 : 빨강(R) '255', 녹색(G) '255', 파랑(B) '255', 위치 '57%'
중지점3 : 빨강(R) '191', 녹색(G) '191', 파랑(B) '191', 위치 '60%'
중지점4 : 빨강(R) '255', 녹색(G) '255', 파랑(B) '255', 위치 '72%'
중지점5 : 빨강(R) '255', 녹색(G) '255', 파랑(B) '255', 위치 '100%'를 지정합니다.

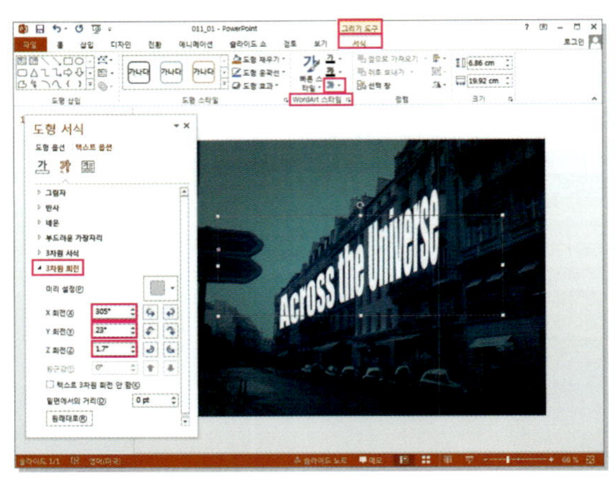

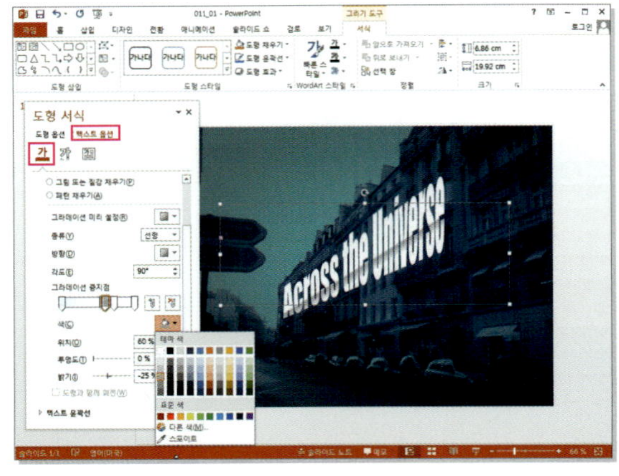

❹ 텍스트 그림자 효과 지정하기

01 [그리기 도구] – [서식] 탭 – [WordArt스타일] 그룹 – [텍스트 효과] – [그림자] – [오프셋 아래쪽]을 선택합니다.
[그리기 도구] – [서식] 탭 – [WordArt스타일] 그룹 – [텍스트 효과] – [그림자] – [그림자 옵션]을 선택합니다.

02 텍스트 효과 대화상자에서 [투명도] '50%', [크기] '100%', [흐리게] '11pt', [각도] '90˚', [간격] '1pt'를 지정합니다.

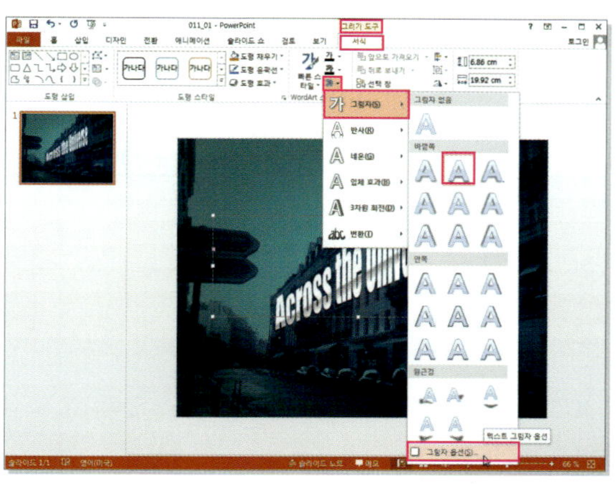

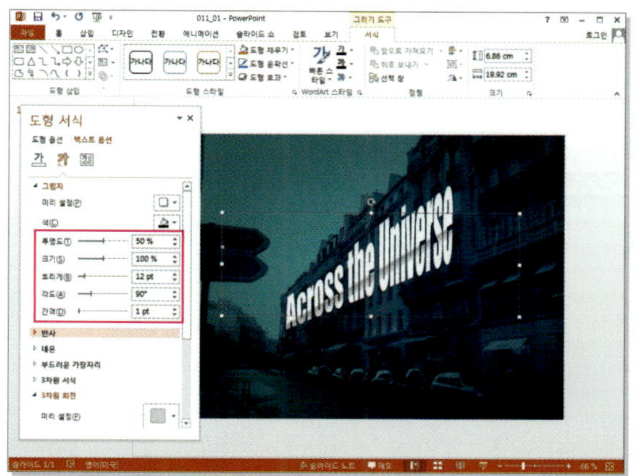

03 이제 텍스트의 배치가 끝났으니 더 꾸미기 위해 [삽입] 탭 – [그림]을 선택하고, 예제 소스 파일을 불러옵니다.

▼ 경로 PART02\Chapter3\001\[04]

04 각각의 소스들을 크기를 적절하게 조절하고 위치를 배치하여 줍니다.

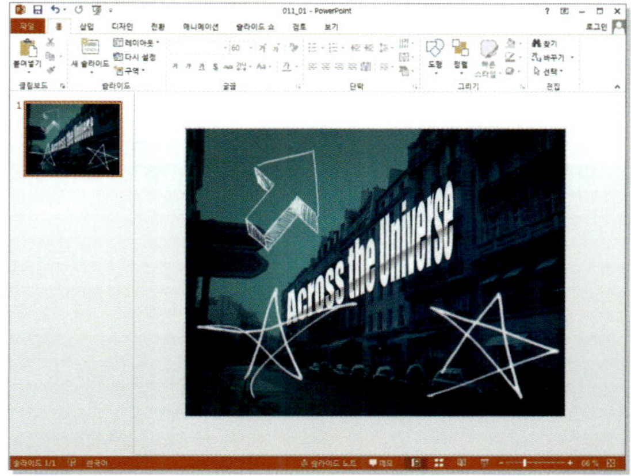

완성된 슬라이드를 확인하여 줍니다. '3차원 회전'을
이용하면 이미지와 어울리는 텍스트를 손쉽게 만들
어 낼 수 있습니다.

 텍스트를 사용하다보면 텍스트와 배경의 색상대비로도 가독성이 약한 경우에 '텍스트 윤곽선'을 사용하게 됩니다.

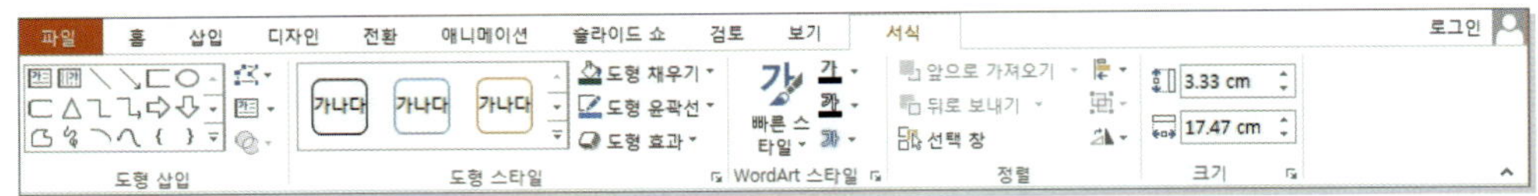

그런데 [WordArt스타일] 그룹의 [텍스트 윤곽선] 기능을 사용하다 보면 텍스트가 커지게 될 경우 '윤곽선'이 텍스트 안쪽으로 침
범하는 경우가 발생하게 됩니다. 하지만 [3차원 서식]을 이용하여 '윤곽선'을 사용하면 이 부분을 해결할 수 있습니다.

먼저 [텍스트 윤곽선]을 이용한 텍스트와 [3차원 서식]의 '외
형선'을 이용한 텍스트를 비교해 보겠습니다.

윤곽선의 두께가 많이 두껍지 않은 상태에서는 어떤 텍스트
가 [텍스트 윤곽선] 기능을 사용했는지 알아 볼 수 없을 정도
로 똑같습니다.

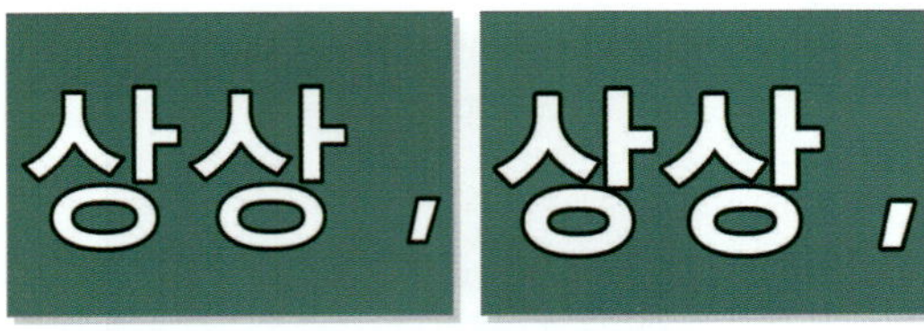

▲ 텍스트 윤곽선　　　　　▲ 3차원 서식

이제 텍스트의 윤곽선을 두껍게 조정을 하였습니다.

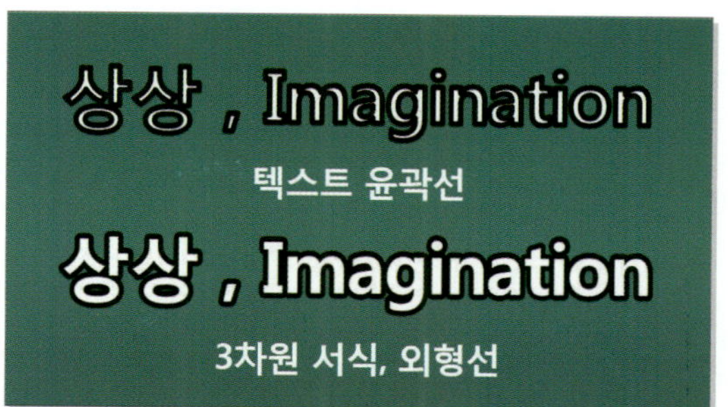

[텍스트 윤곽선]을 이용한 텍스트는 텍스트의 기본 외곽선을
침범하여 윤곽선이 표현됩니다. 반면에 [3차원 서식]을 이용
한 텍스트는 텍스트 고유의 외곽 라인을 유지하면서 윤곽선
이 적용되는 것을 확인할 수 있습니다.

▲ 텍스트 윤곽선   ▲ 3차원 서식

3차원 서식을 이용한 텍스트 윤곽선 사용법

01. [그리기 도구] – [서식] 탭 – [WordArt스타일] 그룹 – [텍
스트 효과] – [입체 효과] – [3차원 옵션]을 선택합니다.
[3차원 서식] – [위쪽 입체] – [둥글게]를 선택합니다.

02. [위쪽 입체]에서 너비 '0pt', 높이 '6pt', [외형선] '4pt'를 지정
합니다. 나머지 값들은 모두 '0pt'로 지정합니다.
텍스트의 윤곽선에 영향을 주는 요소는 [위쪽입체]의 높이 값
과 [외형선]의 크기 값입니다.

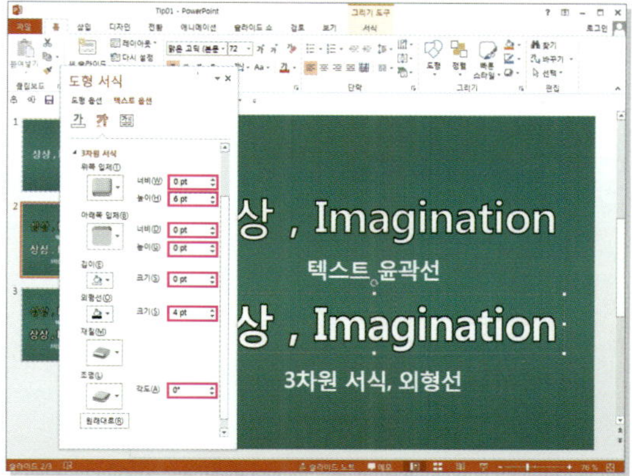

파워포인트 [텍스트 윤곽선] 기능보다 [3차원 서식]을 이용하면 텍스트의 윤곽선의 두께를 자유롭게 사용할 수 있습니다.

002 이미지와 도형 다루기

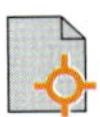 01 도형 삽입과 도형 다루기

파워포인트 2010부터 다양하고 강력한 이미지 편집 기능들이 추가되었습니다. 이번에는 파워포인트의 이미지 편집 기능 중 하나인 배경 제거 기능과, 도형의 그라데이션과 투명도를 이용해 생일 축하 메시지가 담긴 슬라이드를 만들어 보도록 하겠습니다. 이미지 배경 제거 기능은 파워포인트 2010부터 추가된 기능으로 전문적인 그래픽 작업을 거치지 않고도 간단하게 이미지 편집이 가능하게 하는 유용한 기능입니다.

■ 도형 삽입하기

01 새 프레젠테이션 문서를 생성하고 도형을 삽입합니다.
[삽입] 탭 – [도형] – [직사각형]을 선택합니다.
슬라이드에 딱 맞도록 도형을 드래그 하여 크기를 조절하여 줍니다.

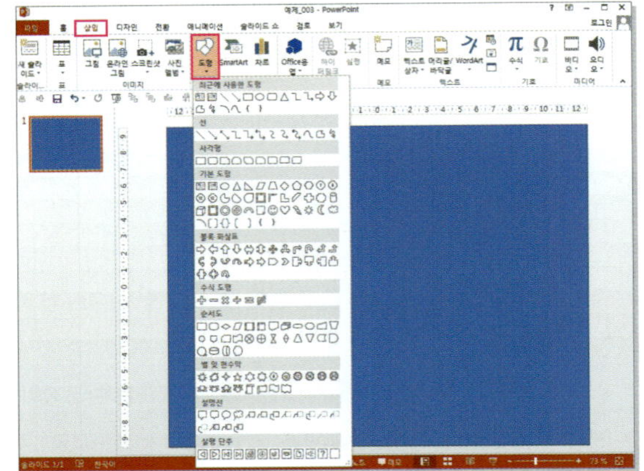

TIP | 도형 다루기

01. [삽입] 탭 – [도형] – [직사각형]을 선택합니다. Shift 키를 누르고 도형을 드래그 하면 정사각형을 그릴수 있습니다.

02. 그려진 도형을 선택하고 Ctrl 키를 누른 채 드래그 합니다. Ctrl 키를 누르고 드래그하면 같은 개체를 복사할 수 있습니다. 텍스트, 도형, 이미지 모두 적용 가능합니다.

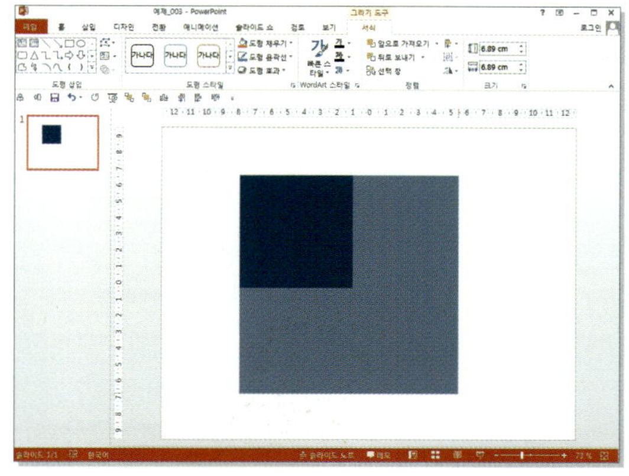

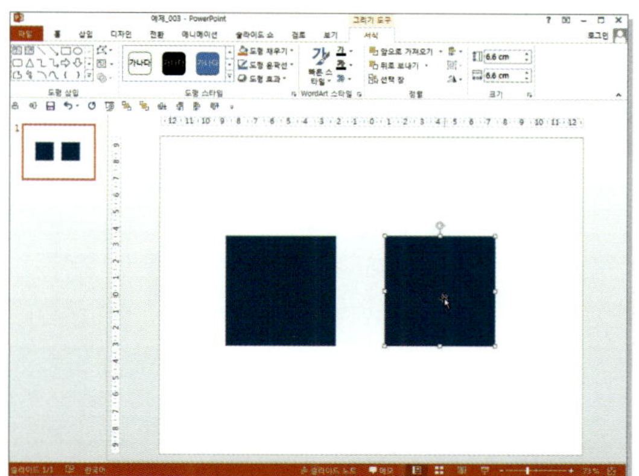

03. 이번에는 도형을 회전시켜 보겠습니다. 도형 상단의 고리 모양을 클릭합니다. 그리고 회전 시켜 주면 도형을 회전할 수 있습니다. 회전 시킬 때에도 Shift 키를 누르고 회전시키면 일정 각도로 정확히 회전이 가능합니다.

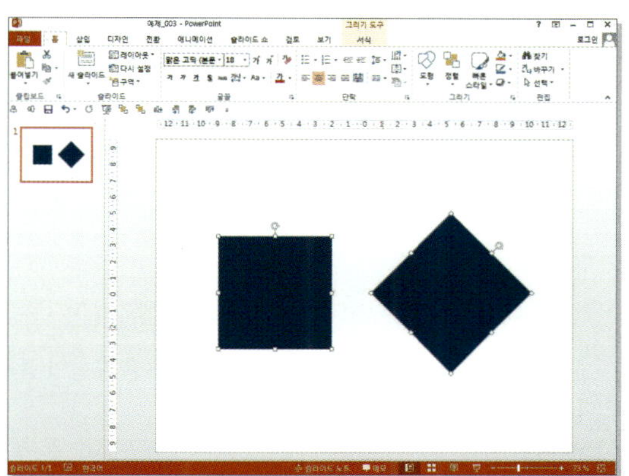

04. [삽입] 탭 – [도형] – [모서리가 둥근 직사각형]을 선택합니다. 모서리가 둥근 사각형좌측 상단 모서리를 보면 핸들이 있습니다. 핸들을 마우스로 클릭 후 좌우로 움직여 도형의 모서리의 둥근 정도를 조절 할 수 있습니다.

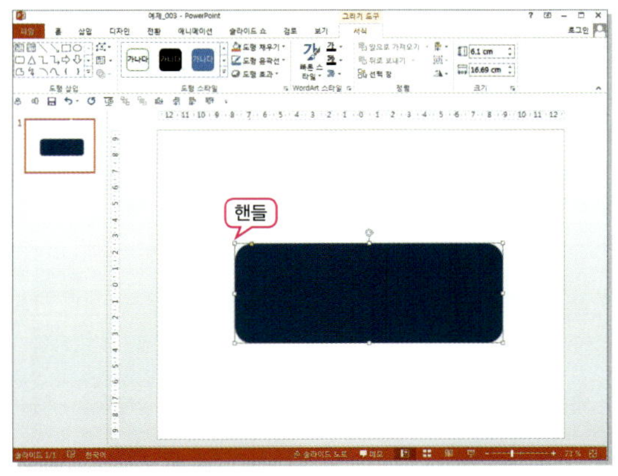

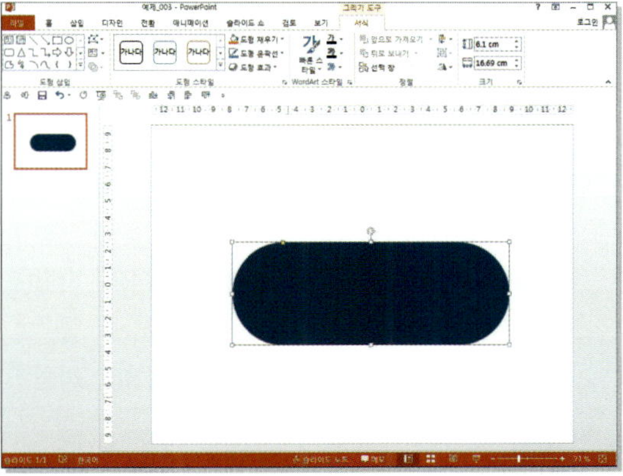

❷ 도형에 그라데이션 효과 주기

01 이번에는 도형에 그라데이션 효과를 넣어보겠습니다.
[홈] 탭 – [도형채우기] – [그라데이션] – [기타 그라데이션]을 선택합니다.

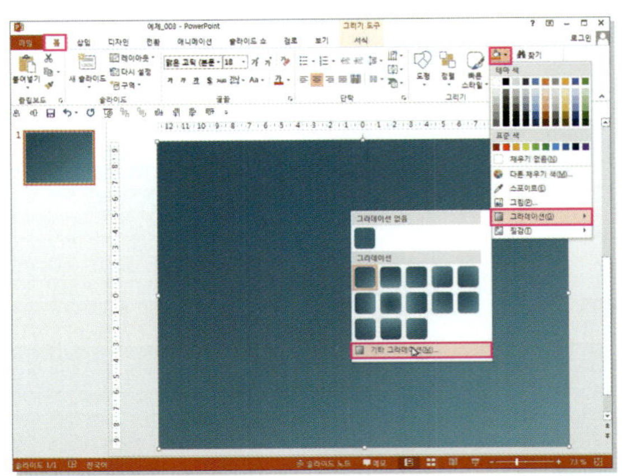 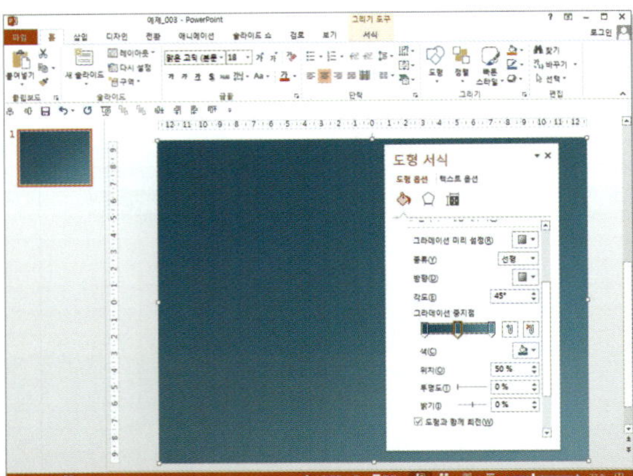

TIP 도형에 색상을 지정하는 방법에는 위와 같이 상단의 메뉴 [Tap]을 통해 지정하는 방법과 도형을 선택하고 '마우스 오른쪽 버튼 클릭'을 이용해 지정하는 방법이 있습니다. '마우스 오른쪽 버튼 클릭'의 방법을 이용하면 개체에 적용 가능한 다양한 메뉴를 한눈에 보고 확인할 수 있는 장점이 있습니다. ('마우스 오른쪽 버튼 클릭'을 사용하면 상단 메뉴 [Tap]을 사용하는 것과 달리 개체에 관련된 서식만 볼 수 있기 때문에 매우 유용합니다.)

① 채우기 및 선 : 도형의 채우기, 외곽선의 효과를 줄 수 있는 메뉴가 있습니다.
② 효과 : 도형의 그림자. 반사, 가장자리 효과 등 도형의 효과적용 메뉴가 있습니다. 3차원 효과의 경우 도형에 3차원 과를 쉽게 줄 수 있습니다.
③ 크기 및 속성 : 도형의 크기 및 위치, 그리고 도형에 텍스트 삽입 시 도형에서의 텍스트 상자 여백을 지정할 수 있습니다.

02 그라데이션 색상 값을 지정해 봅시다.
[도형 서식] – [채우기] – [그라데이션] 채우기를 선택합니다. [종류] '선형', [방향] '선형대각선–왼쪽 위에서 왼쪽 아래'로 지정합니다.
중지점에 각각 색상을 입력합니다.
중지점1 : 빨강(R) '11', 녹색(G) '117', 파랑(B) '141', 위치 0%
중지점2 : 빨강(R) '48', 녹색(G) '142', 파랑(B) '163', 위치 50%
중지점3 : 빨강(R) '117', 녹색(G) '188', 파랑(B) '205', 위치 100%
을 지정합니다. 그라데이션 중지점 우측을 보면 중지점 추가와 제거가 가능합니다.

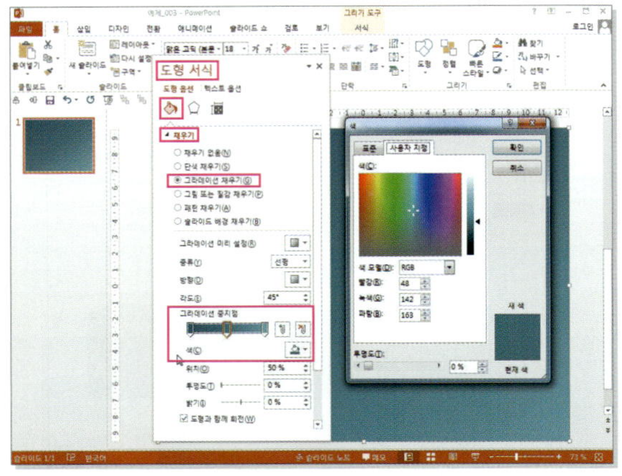

❸ 도형에 투명도 효과주기

01 도형을 이용해 배경에 굵은 스트라이프 패턴 효과를 넣어보겠습니다.
[삽입] 탭 – [도형] – [직사각형]을 선택합니다. 위에서 아래로 흐르는 패턴을 넣을 것이기 때문에 도형을 드래그 하여 크기를 조절합니다. 예제의 도형 크기는 높이 '19.05㎝', 너비 '1.8㎝'입니다.

02 Ctrl 키를 이용하여 같은 도형을 복사하여 배치합니다.

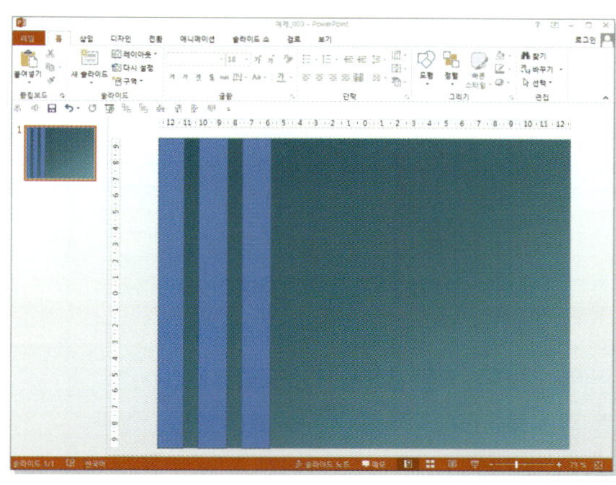

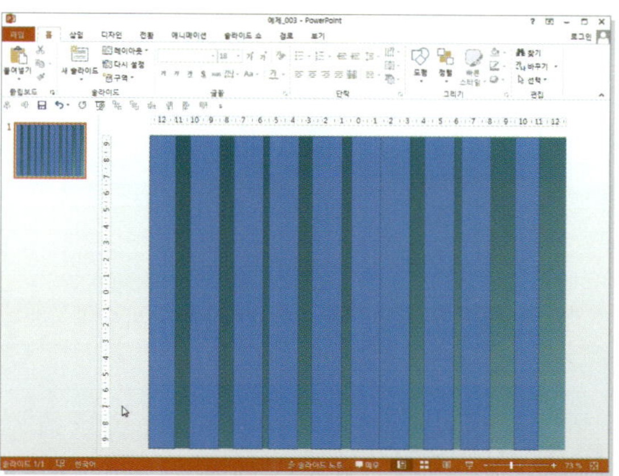

03 배치된 직사각형이 균일하게 위치될 수 있도록 정렬해보도록 하겠습니다.
먼저 양끝의 직사각형 도형들을 슬라이드의 양끝으로 배치합니다.
이제 배치된 직사각형 도형들을 모두 선택하고, [홈] 탭 – [정렬] – [맞춤] – [가로 간격 동일하게]를 선택합니다.

04 정렬된 직사각형을 선택하고, 색상을 지정합니다.
직사각형을 모두 선택하고 '마우스 오른쪽 버튼 클릭'을 통해 [도형 서식] 상자를 열어봅니다.
[도형 서식] – [채우기] – [단색 채우기]에서 빨강(R) '255', 녹색(G) '255', 파랑(B) '255'을 지정합니다.

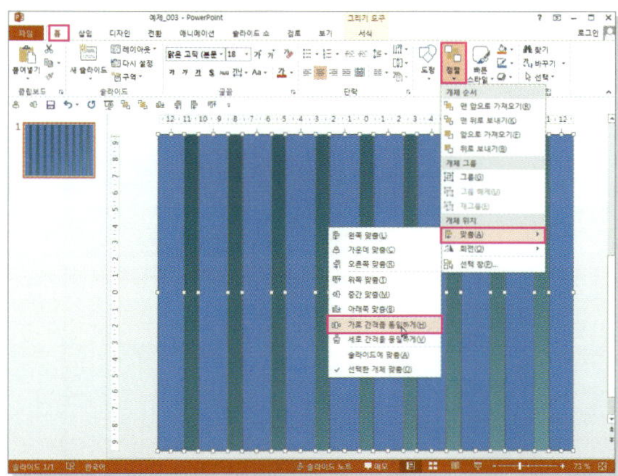

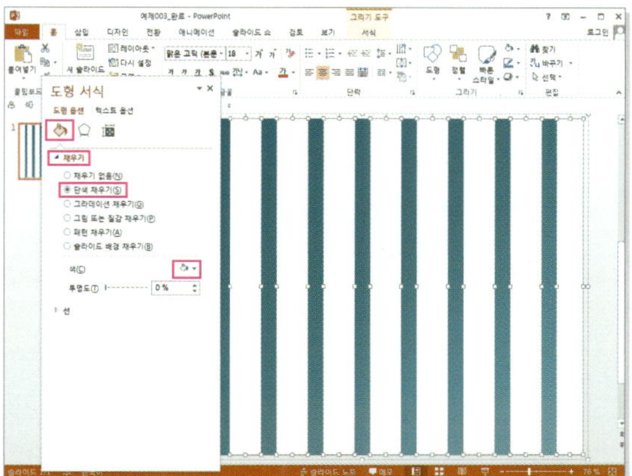

05 흰색으로 지정된 도형이 너무 강하게 보입니다. 흰색 스트라이프 패턴의 투명도를 조절해 배경과 잘 어우러지도록 해보겠습니다.

[도형 서식] – [채우기] – [단색 채우기]에서 투명도 : '95%', [선] 메뉴에서 '선 없음'을 선택합니다.

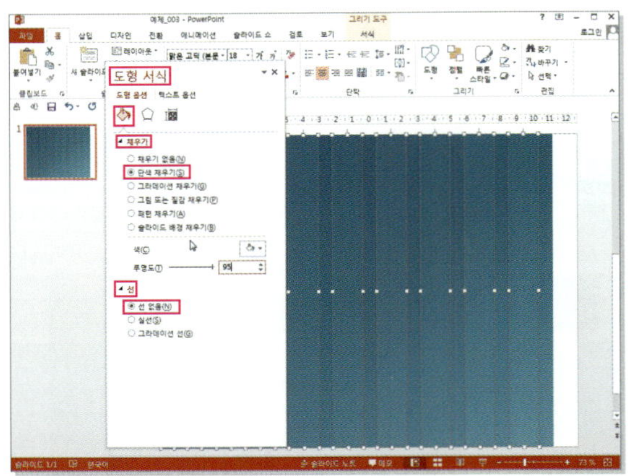

06 배경이 완성되었습니다. 다 완성된 배경은 전체를 선택한 후, '마우스 오른쪽 버튼 클릭' – [그룹] – [그룹]을 통해 그룹 지정을 해놓습니다. 또는 Ctrl + G 단축키를 사용해도 됩니다. 이제 이미지 개체를 삽입해보도록 합니다.

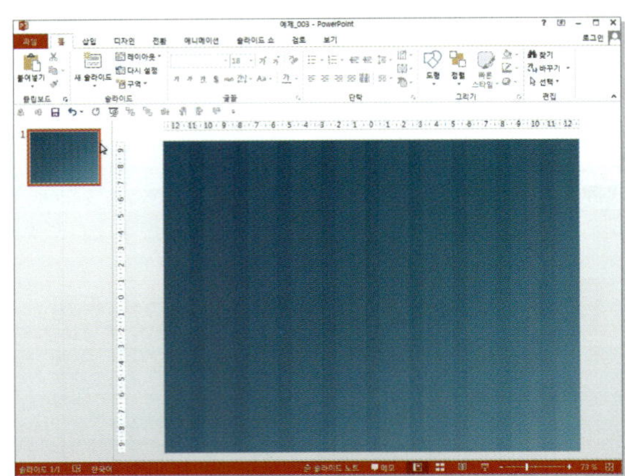

❹ 이미지 삽입하기

01 [삽입] 탭 – [그림]을 선택합니다. 예제의 'balloon_A.PNG', 'balloon_B.PNG' 파일을 불러옵니다.

▼ 경로 PART02\Chapter3\002\[01]

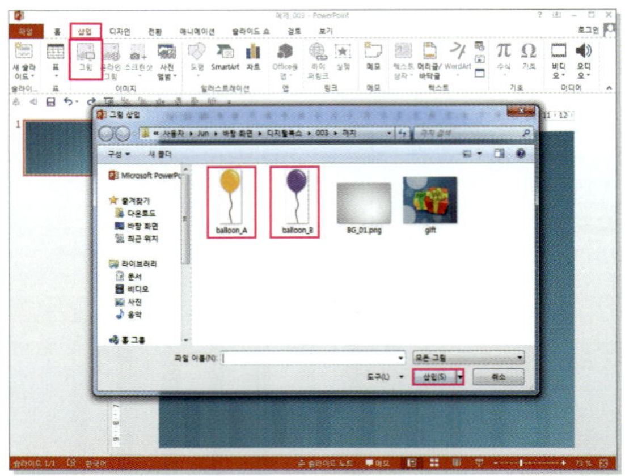

02 Balloon_A.PNG, Balloon_B.PNG가 삽입되었습니다. 비율이 유지되도록 Shift 키를 누르고 크기를 조절하고 위치를 적절히 배치합니다.

온라인 그림, 스크린 샷 이미지 삽입하기

파워포인트 2013의 새로운 기능입니다. office.com에서 바로 클립아트를 검색하고, 바로 삽입을 할 수 있습니다. 예를 들어 지금과 같은 상황에서 생일과 관련된 '풍선' 이미지가 필요하면 바로 office.com의 검색창에 풍선을 입력합니다. 그럼 풍선과 관련된 이미지들이 검색되고 여기서 바로 선택을 한 후 삽입을 선택하면 보기와 같이 이미지가 삽입됩니다.

office.com은 MS에서 제공하는 많은 클립아트 이미지를 제공하고 있습니다. 파워포인트 작업 시 유용한 이미지를 얻을 수 있는 곳입니다. 뿐만 아니라, Bing을 통해 이미지 검색 또한 가능합니다. 검색을 통한 이미지는 라이센스를 확인해야 합니다. '온라인 그림'은 프레지에도 있는 기능인데 프레지는 '구글'을, 파워포인트는 'Bing'을 사용하고 있습니다.

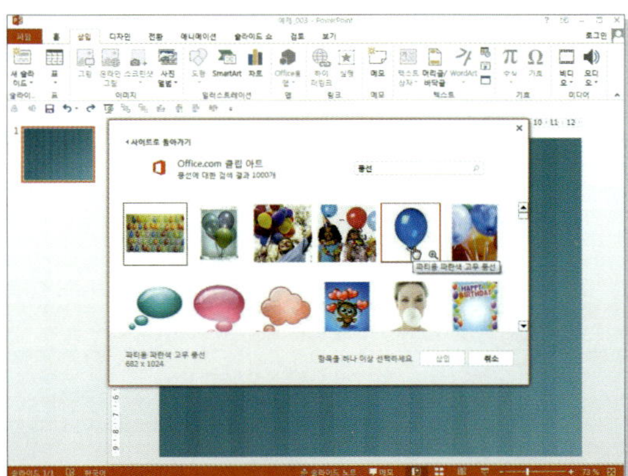
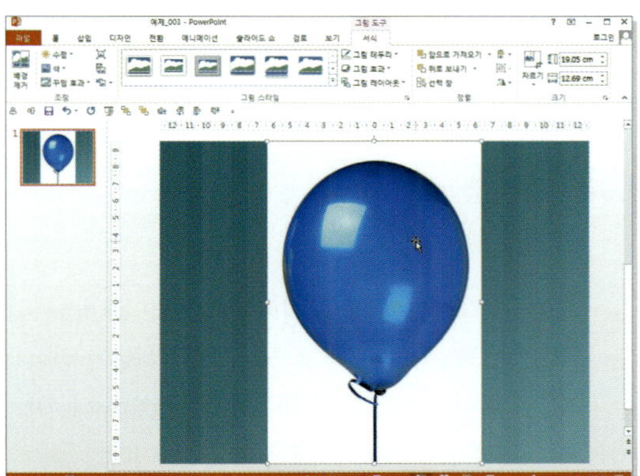

그리고 MS의 클라우드 서비스 Skydrive를 통해 자신의 PC로부터 공유된 이미지를 불러올 수 있습니다. Skydrive를 사용한다면 어디서든 Skydrive 계정 로그인을 통해서 공유된 이미지를 불러올 수 있습니다.

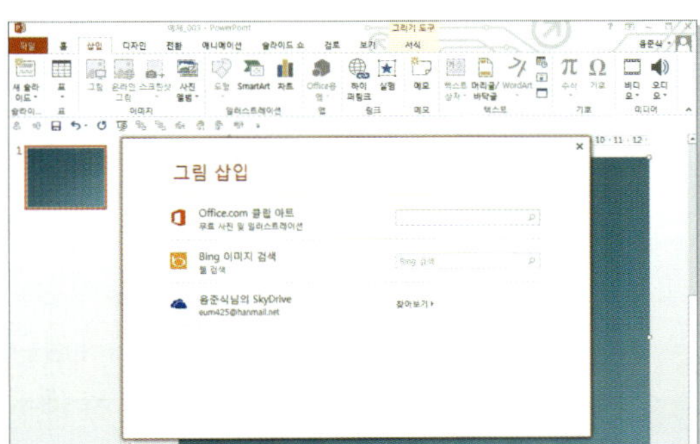
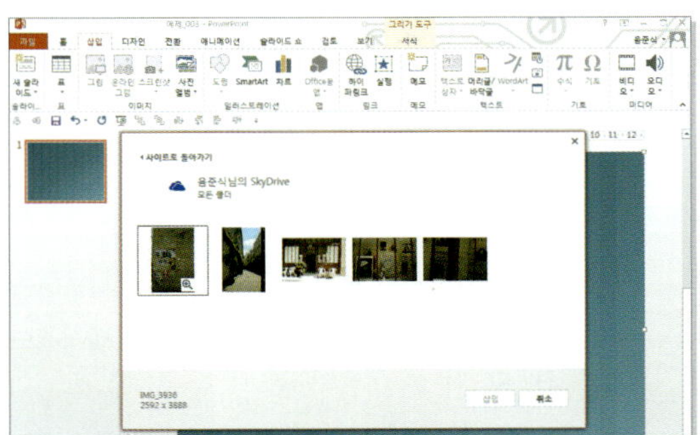

다음 기능은 [스크린샷] 이미지 삽입 기능입니다.
[삽입] 탭 – [스크린 샷]을 선택하면 현재 활성중인 창들이 보입니다. 활성중인 창을 선택하면 캡쳐된 화면이 바로 삽입되며, 웹브라우저의 경우 링크도 가능합니다.
기존의 이미지 삽입 방식은 이미지를 다운받거나, 캡쳐한 후, 다시 삽입 명령을 통해 이미지를 넣었던 과정을 상당히 단순화 시켰습니다.

Skydrive를 통한 클라우드 서비스, 온라인 그림 삽입, 스크린샷 링크의 기능은 매우
유용하게 생각됩니다.

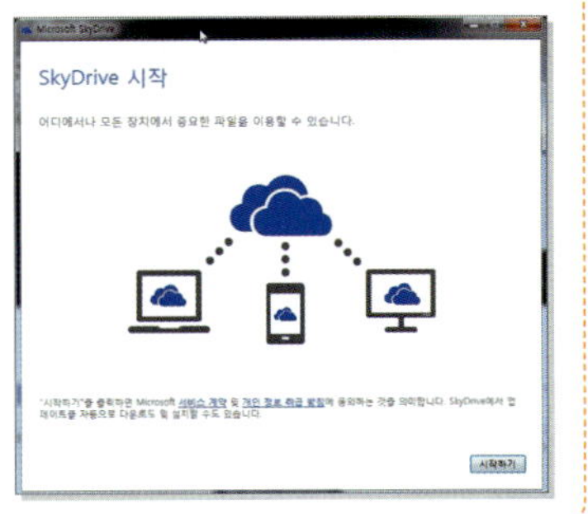

5 이미지 배경 제거하기

01 이제 생일에 적절한 선물 이미지를 한번 넣어봅시다.
꼭 선물 이미지가 아니더라도 주제에 적절한 이미지
라면 다른 이미지를 사용하여도 상관없습니다. 여기
서는 예제의 선물 이미지를 불러오겠습니다.
[삽입] 탭 – [그림]을 선택합니다. 예제의 gift.JPG 파
일을 불러옵니다.

▶ 경로 PART02\Chapter3\002\[01]

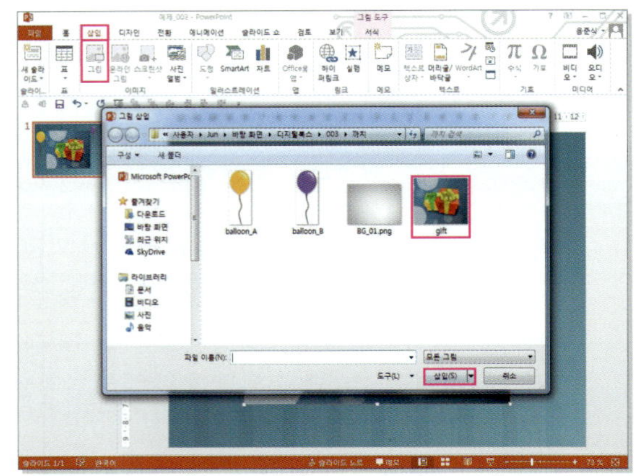

02 삽입된 선물 이미지를 보니 배경이 있어서 사용하는
데 있어 제한이 있습니다. 이번에는 배경을 제거해보
도록 하겠습니다.
삽입된 이미지를 선택한 후, [서식] 탭 – [배경제거]를
선택합니다.

03 배경제거를 선택하니 자주색으로 제거될 부분의 영역
이 표시되어 있습니다. 이미지 배경제거의 경우 채널
을 통해 제거되기 때문에 이미지 선택 시 대비가 강
한 이미지를 선택하는 것이 좋습니다.
[배경제거] 탭 – [변경내용 유지]를 선택합니다.

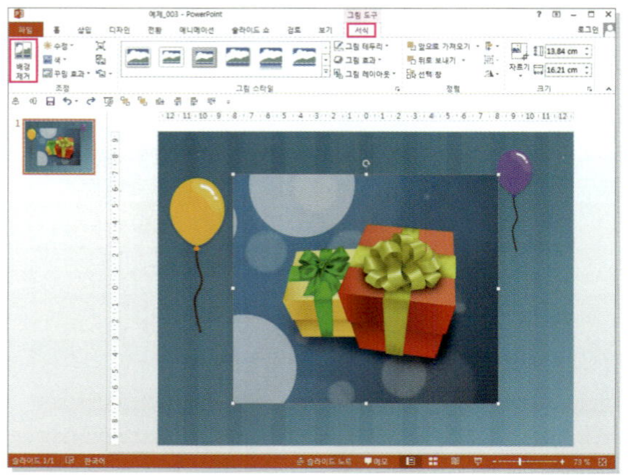

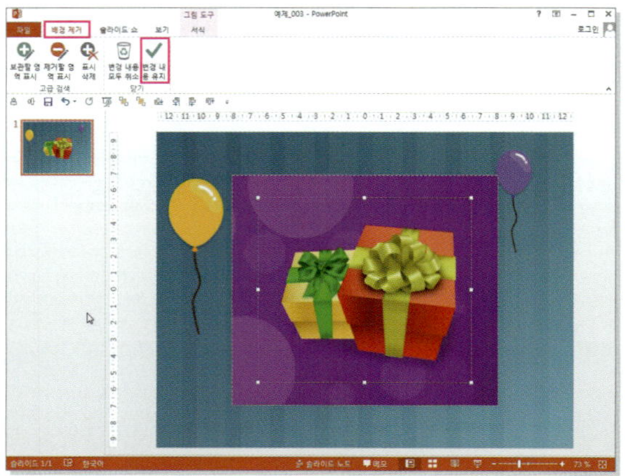

배경 제거 사용하기

파워포인트 2007 버전까지는 배경 제거의 기능이 많이 부족했습니다. 하지만 2013에서의 배경 제거 기능은 매우 훌륭합니다.

다음과 같은 이미지의 경우 하늘 배경을 제거하면, 다른 곳에서도 유용하게 사용할 수 있는 이미지입니다.

삽입된 이미지를 선택한 후, [서식] 탭 – [배경제거]를 선택합니다. 제거될 영역이 보이는데, 남아있어야 할 부분이 제거되도록 되어 있습니다.

[배경제거]를 누르면 상단의 탭이 바뀐 화면을 볼 수 있습니다. 보기와 같이 [보관할 영역 표시], [제거할 영역 표시], [표시삭제], [변경내용 모두취소], [변경내용 유지]가 있습니다.

① 보관할 영역 표시 : 보관할 영역 표시를 클릭하고, 남겨질 영역을 드래그하면 보라색으로 표시된 제거 영역이 원래대로 돌아오게 됩니다. 나중에 변경 내용 유지를 눌렀을 때 남은 영역을 선택하는 기능입니다.

② 제거할 영역 표시 : 제거할 영역 표시를 클릭하고, 제거할 영역을 드래그하면 보라색으로 제거할 영역이 표시됩니다. 나중에 변경 내용 유지를 눌렀을 때 제거될 영역을 선택하는 기능입니다.

③ 표시삭제 : 보관할 영역, 제거할 영역을 지정하고 나면 +, −로 표시가 남게 됩니다. 표시 삭제를 클릭한 후, +, − 표시를 클릭하면 사라지고 영역은 이전 상태로 돌아오게 됩니다.

④ 변경 내용 모두 취소 : 표시된 영역들을 모두 원상태로 복귀시킵니다.

⑤ 변경 내용 유지 : 보관할 영역, 제거할 영역으로 표시된 영역들이 적용되어 이미지가 유지됩니다.

제거할 영역을 모두 선택하고 [변경내용 유지]를 클릭합니다.

제거하고 싶은 하늘 이미지를 삭제하고 배경의 색상을 변경할
수 있게 되었습니다.

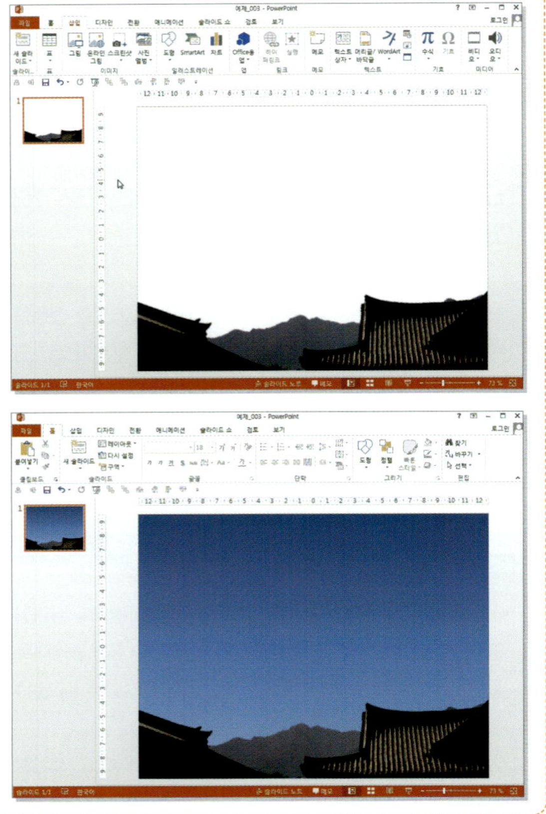

배경 제거의 기능을 사용할 때 채널을 이용해 영역이 선택되
어지기 때문에 색상의 대비가 강한 이미지가 좋습니다. 그리
고 색상의 대비가 강하지 않더라도 '파워포인트 2013'의 경
우 인공지능으로 제거될 영역을 지정하는 능력이 뛰어나기에
매우 유용하게 사용할 수 있는 기능입니다.

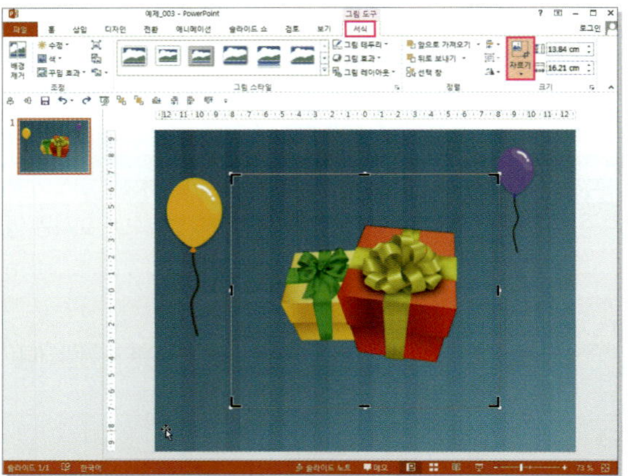

04 배경이 제거된 이미지를 보니 이미지의 크기에 비해
쓸데없이 개체 영역이 커져 있습니다.
[서식] 탭 – [자르기]를 선택합니다. 사방으로 개체 영
역의 크기가 표시된 검정색 표시선이 생겼습니다. 검
정색 영역을 줄여서 이미지의 크기에 맞도록 조정해
줍니다. 조정이 다되었다면 바탕을 한번 클릭해 줍니
다. 배경이 제거된 이미지를 Shift 키를 이용해 적당
히 크기를 조절하고, 위치도 조정합니다.

05 삽입된 이미지에 도형을 이용해 그림자 효과를 넣어 보겠습니다.
[삽입] 탭 – [도형] – [타원]을 선택합니다.

06 '타원' 형을 선택하고 '마우스 오른쪽 버튼 클릭' – [도형 서식] – [도형옵션] – [채우기] – [단색 채우기]를 선택하고, 색상은 '검정', 빨강(R) '0', 녹색(G) '0', 파랑(B) '0'을 지정합니다.

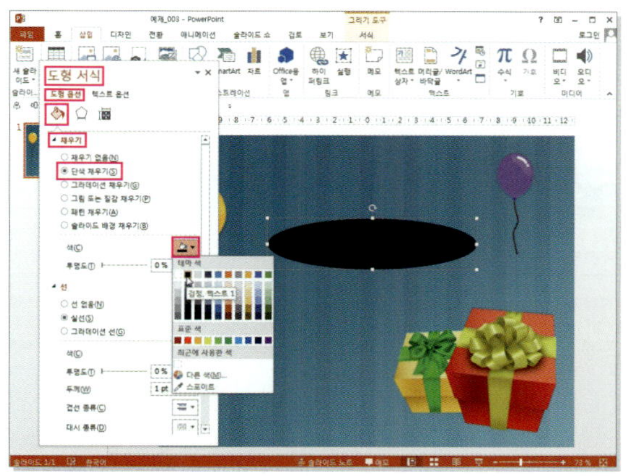

07 [도형옵션] – [효과] – [부드러운 가장자리]를 선택하고, 크기 '25pt'를 지정합니다.
그리고 다시 [도형옵션] – [채우기]로 돌아와 투명도 '50%'를 지정합니다.

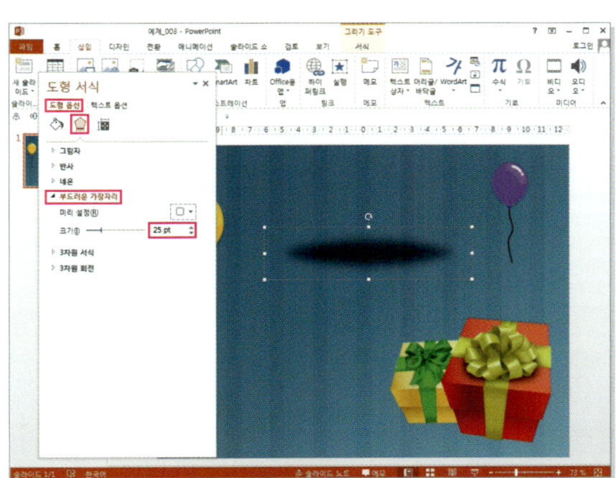

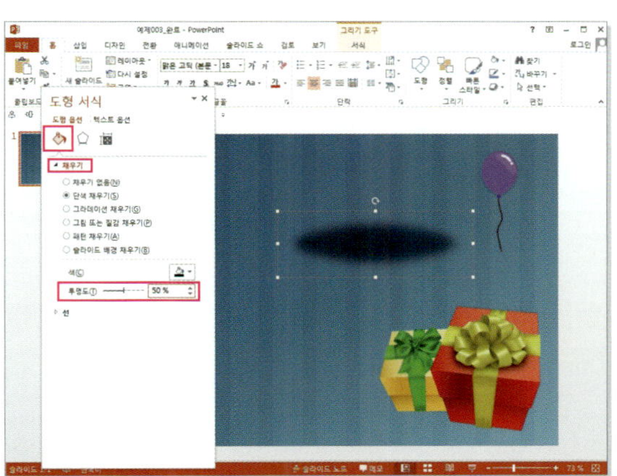

08 이제 선물상자 밑부분에 그림자가 자연스럽게 들어갈 수 있도록 크기를 조절합니다.
크기를 조절하고 만들어진 그림자를 Ctrl + C 키를 눌러서 복사한 후, Ctrl + V 키를 눌러 한 개 더 만들어 줍니다. 그리고 상자 아래 부분에 자연스럽게 배치해줍니다.

09 선물상자 밑 부분에 그림자가 위치하도록 [홈] 탭 – [정렬] – [맨 앞으로 가져오기]를 선택합니다.

10 이제 텍스트를 입력해보겠습니다.
[삽입] 탭 – [텍스트 상자]를 선택하고 드래그 해줍니다. 첫 번째 텍스트 상자에는 몇 번째인지 적어보도록 하겠습니다. 두 번째 텍스트 상자에는 '생일을 축하해!'를 입력합니다.

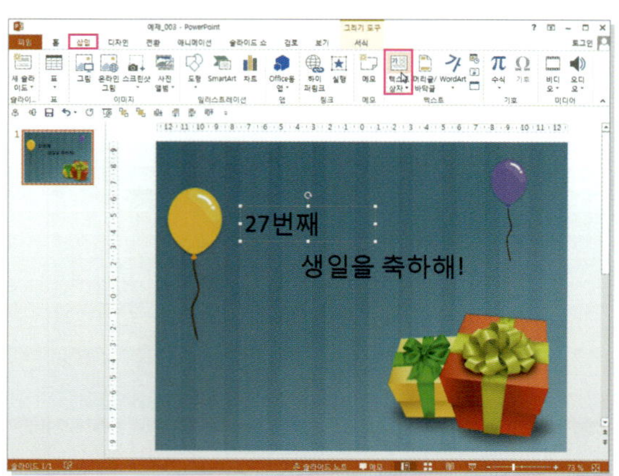

11 생일축하, 돌잔치, 결혼식과 같은 분위기의 슬라이드는 딱딱한 고딕체를 사용하기 보다는 손글씨와 비슷한 서체를 사용하는 것이 좋아 보입니다.
이번에는 '맑은 고딕'을 사용해보도록 하겠습니다.
'27번째' 텍스트 상자에서 '27' 부분의 서체 크기는 '115pt', '번째' 부분의 서체크기는 '60pt'를 지정합니다.
'생일을 축하해' 텍스트 상자를 선택하고, 크기는 '60pt'를 지정합니다.

12 '27번째' 텍스트 상자를 선택합니다. '마우스 오른쪽 버튼 클릭'으로 [도형 서식] – [텍스트 옵션] – [텍스트 채우기 및 윤곽선]을 선택한 후, [그라데이션 채우기]에서 [종류]는 '선형', [방향]은 '선형아래쪽'을 지정하고
중지점1 : 빨강(R) '248', 녹색(G) '251', 파랑(B) '143', 위치 '0%'
중지점2 : 빨강(R) '250', 녹색(G) '253', 파랑(B) '202', 위치 '100%'
을 지정해줍니다.

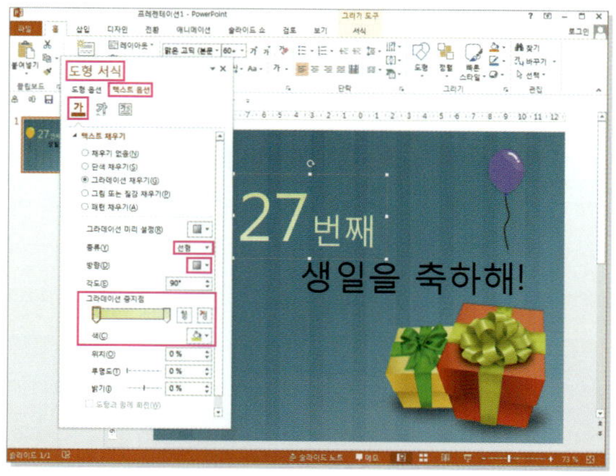

13 '생일을 축하해!' 텍스트 상자를 선택하고, [홈] 탭 – [글꼴] 그룹 – [텍스트 색상]에서 '흰색'을 선택합니다.

14 '27번째' 텍스트 상자와 '생일을 축하해!' 텍스트 상자를 선택합니다.
[도형 서식] 상자를 열고, [텍스트 옵션] – [텍스트 효과] – [그림자]에서 [투명도] '40%', [크기] '100%', [흐리게] '11pt', [각도] '0 ° ', [간격] '0pt'를 지정합니다.

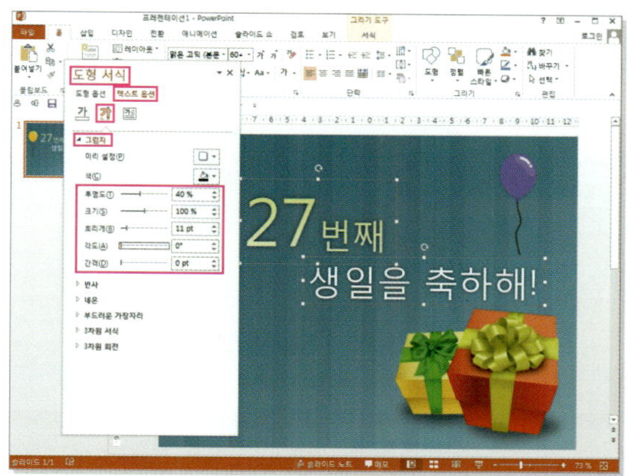

15 이제 거의 완성이 된 느낌입니다. 서체에 굵은 효과를 주기 위해 [홈] 탭 – [글꼴] 그룹 – [굵게]를 선택합니다. 이제 실제로 어두운 곳에서 빔프로젝터나 스마트 TV 같은 화면으로 보았을 때, 좀 더 주목성을 높아지도록 효과를 넣어 보겠습니다.

16 [삽입] 탭 – [그림]을 클릭한 후, 예제 BG_01.PNG 파일을 불러옵니다. BG_01.PNG 파일은 다른 프레젠테이션에도 유용하게 사용할 수 있습니다.

▲ 경로 PART02\Chapter3\002\[01]

BG_01.PNG 이미지를 [홈] 탭 – [정렬] – [맨 뒤로 보내기]를 클릭합니다. 그리고 106page 따라하기 06번에서 지정해놓았던 배경 그룹을 선택한 후, 다시 [홈] 탭 – [정렬] – [맨 뒤로 보내기]를 클릭합니다.

슬라이드가 완성되었습니다. 순서가 잘못된 곳은 없는지 확인해 봅니다.
이미지의 다양한 효과와 도형다루기를 통해 슬라이드가 완성되었습니다.

▲ BG_01.png 적용 전

▲ BG_01.png 적용 후

파워포인트의 메뉴를 둘러보다 보면, 우리가 자주 사용하는 리본 메뉴에 나타나있지 않지만 유용한 기능들이 많이 있습니다. 이번에는 일러스트레이터에서 'Pathfinder'와 같은 기능인 도형 병합을 이용하여 아이콘을 만들어 보겠습니다. 도형 병합을 이용하면 파워포인트에서 사용할 수 있는 다양한 도형들을 만들 수 있습니다.

■ 도형 병합 도구모음 불러오기

01 먼저 새로운 프레젠테이션을 만들고, 프레젠테이션 도형화 시킬 아이콘을 불러옵니다.
[삽입] 탭 − [그림]을 선택하고, 예제 이미지 ICON_01.JPG를 불러옵니다.

▼ 경로 PART02\Chapter3\002\[02]

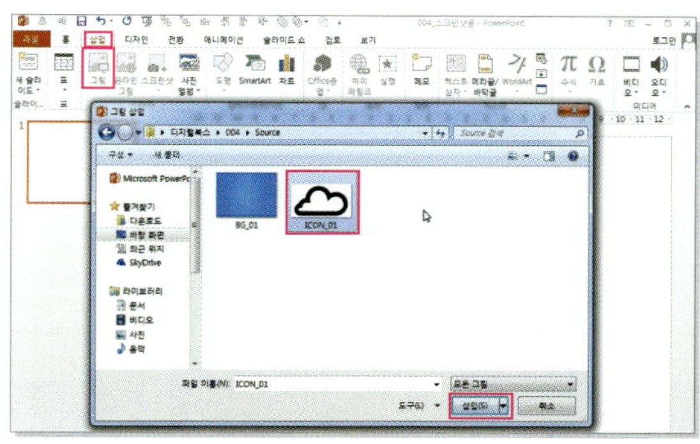

03 '빠른 실행 도구 모음'이 표시되면 '빠른 실행 도구 모음' 창 위에서 '마우스 오른쪽 버튼 클릭'을 누르고 [빠른 실행 도구 모음 사용자 지정]을 선택합니다.

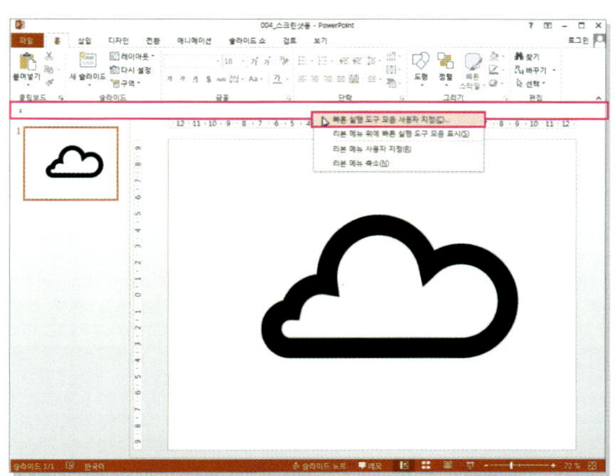

02 [도형 병합]의 도구모음을 불러오기 위해 리본 메뉴에서 '마우스 오른쪽 버튼 클릭'을 누르고 [리본 메뉴 아래에 빠른 실행 도구 모음 표시]를 누릅니다.
'빠른 실행 도구 모음'의 경우 상단에 표시되도록 기본적으로 설정되어 있지만, 사용하기 편리하도록 아래에 표시하도록 하겠습니다. 상단이 편리하면 상단에 두고 사용하여도 무방합니다.

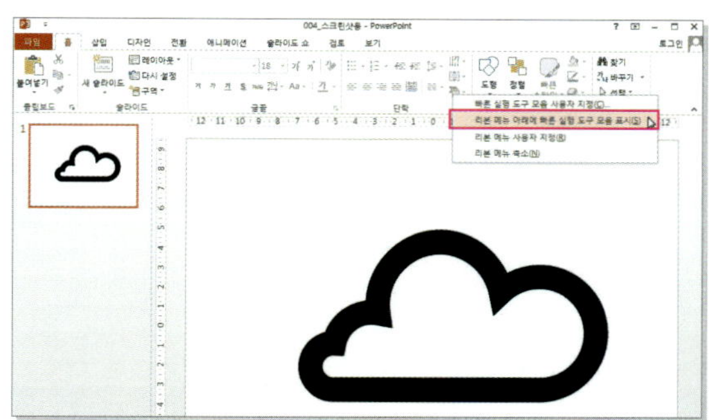

04 [옵션] 창이 뜨면 [명령 선택] 탭을 [모든 명령]으로 바꿔줍니다.

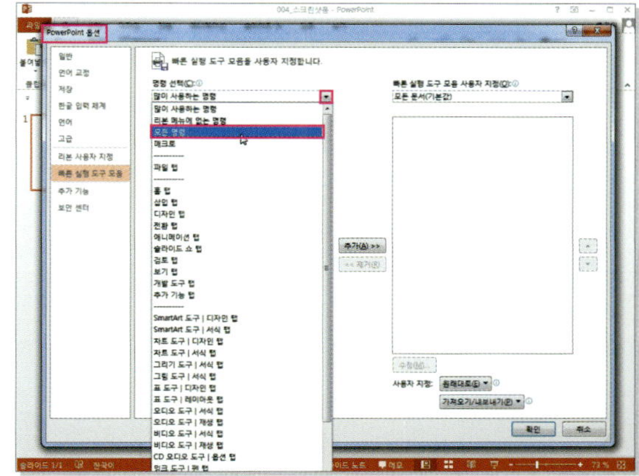

05 '모든 명령'을 선택하면 파워포인트 내에서 사용되는 모든 도구들을 볼 수 있습니다. 보통 리본 메뉴에 보여지는 기능들을 주로 사용하게 되는데 '모든 명령'을 자세히 보면 유용한 단축 도구들이 많이 있습니다. 우리에게 필요한 '도형 병합'을 찾아서 추가합니다. '도형 결합', '도형 교차', '조각 모양', '도형 빼기'의 각각의 도구와 이 모든 것들을 통합한 '도형 병합' 도구가 있습니다.

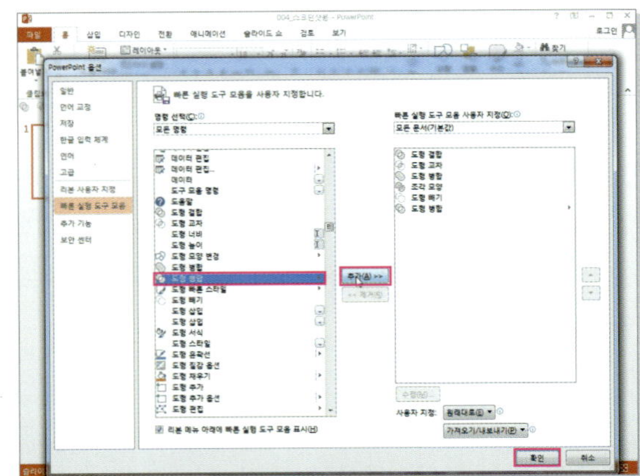

도형 병합 : 두 개 이상의 도형을 하나의 도형으로 합칩니다.

도형 결합 : 두 개 이상의 도형을 하나의 도형으로 합치고, 겹친 부분을 삭제합니다.

조각 모양 : 겹친 부분을 모두 분리합니다.

도형 교차 : 겹친 부분만 남기고 모두 삭제합니다.

도형 빼기 : 선택된 도형으로부터 겹친 부분과 다른 도형 부분을 삭제합니다. 두 개 이상의 도형을 선택하고 명령을 선택할 때 어떤 도형을 먼저 선택하느냐에 따라 남아있는 도형이 달라집니다.

❷ 도형 병합하기

01 아이콘을 분석 후, [삽입] 탭 – [도형] – [타원]과 [모서리가 둥근 직사각형]을 이용해 아이콘을 만들어 보겠습니다. 먼저 도형을 나중에 병합하게 될 과정을 고려하여 배치합니다.

02 기본 도형으로 지정된 도형에 색상이 채워져 있어 잘 보이지 않으므로, 라인만 살려서 작업하면 더 편리하게 도형을 배치할 수 있습니다. 정렬 기능을 이용하여 나중에 외곽라인이 정확하게 맞을 수 있도록 정리해 줍니다.

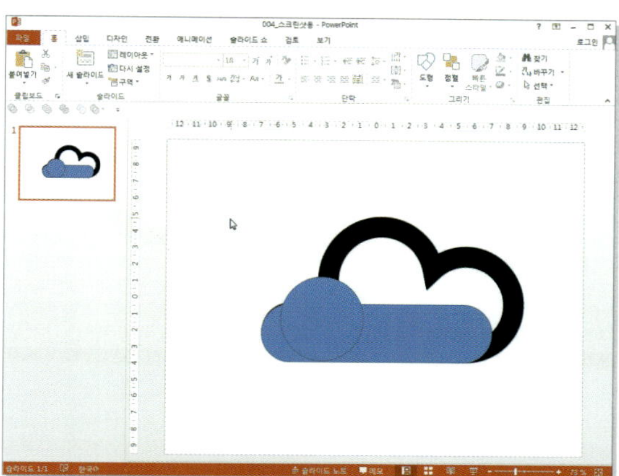

03 아이콘 모양에 맞게 배치된 도형을 모두 선택한 후, [빠른 실행 도구 모음]의 [도형 병합] – [병합]을 선택합니다.

04 도형이 병합되었습니다. 병합된 도형을 보니 안쪽까지 채워져 있습니다.
[도형 병합] – [빼기]를 통해 안쪽을 제거하도록 합니다. 먼저 빼낼 도형을 만들도록 하겠습니다.

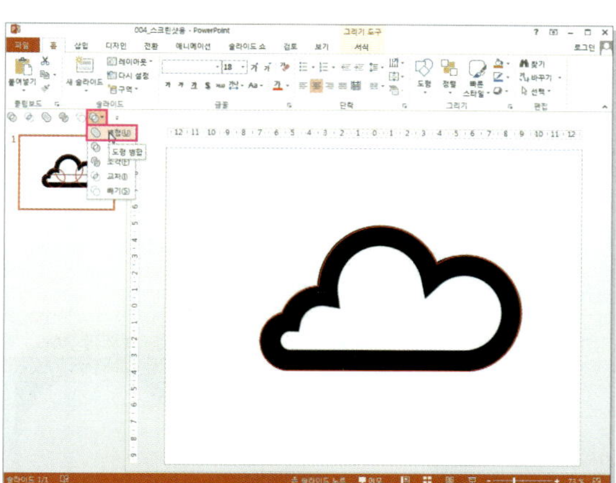

05 제거할 부분을 파악하여 도형으로 배치합니다. 도형을 배치하면서 안쪽에 채워지지 않은 부분이 있는지 확인하면서 배치합니다. 배치된 도형을 모두 선택한 후, [도형 병합] – [병합]을 눌러 안쪽에서 빼낼 부분의 도형을 병합합니다.

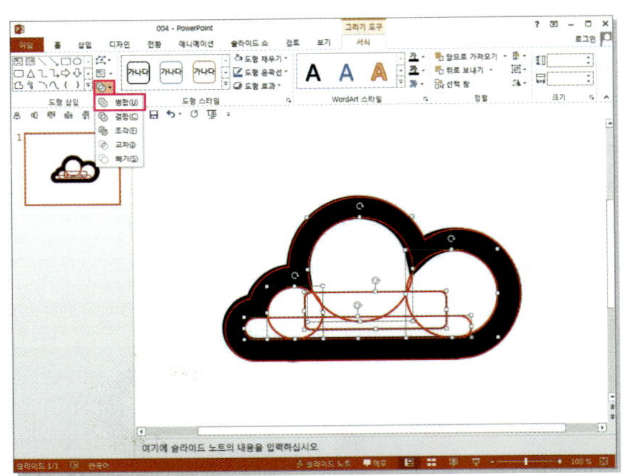

06 병합된 도형을 확인합니다. [도형 병합] – [병합]을 통해 완벽하게 병합되지 않은 부분이 있기 때문에 [서식] 탭 – [도형 편집] – [점 편집]을 선택합니다.

❸ 점 편집하기

01 [보기] 탭 – [확대/축소]를 선택합니다. [확대/축소] 상자에서 '200%'를 선택하여 도형을 더 자세하게 확인합니다. [서식] 탭 – [도형 편집] – [점 편집]을 선택하면 각각의 도형 지점에 점들이 표시되는 것을 볼 수 있습니다. [점 편집] 상태에서 점을 선택하면 조절점이 생기게 됩니다.

02 조절점을 드래그하여 자연스러운 곡선이 되도록 조절합니다. 곡선의 조절점은 일러스트레이터의 '펜툴'과 같은 기능인데 익숙하게 다루면 다양한 도형을 손쉽게 만들 수 있습니다.

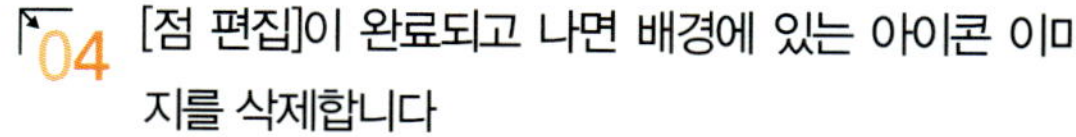

03 [점 편집]을 진행하며 필요 없는 점이 있는 부분은 '마우스 오른쪽 버튼 클릭' – [점 삭제]를 통해 점을 삭제합니다.

04 [점 편집]이 완료되고 나면 배경에 있는 아이콘 이미지를 삭제합니다

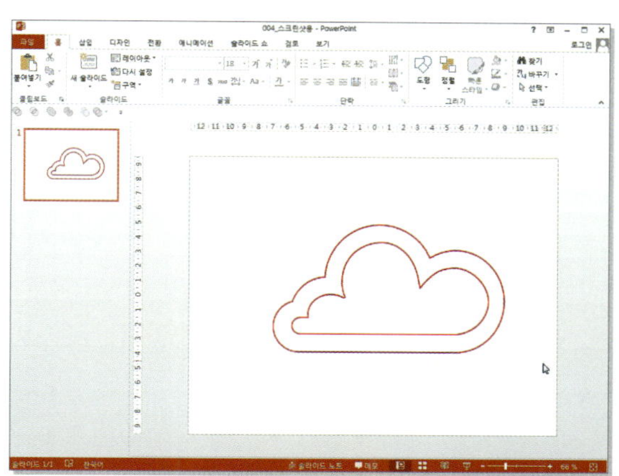

❹ 도형 빼기

01 두 도형을 모두 선택하고, [빠른 실행 도구 모음] – [도형 병합] – [빼기]를 선택합니다. 도형을 선택할 때 순서를 정해서 선택해야 합니다. '전체 영역의 도형'을 먼저 선택한 후, '빼기 명령을 해야 할 도형 영역'을 선택하고, [도형 병합] – [빼기] 명령을 실행합니다.

02 도형을 선택하고, '마우스 오른쪽 버튼 클릭'을 통해 [도형 서식] – [채우기] – [단색 채우기]에서 빨강(R) '0', 녹색(G) '0', 파랑(B) '0', [선] – [선 없음]을 지정합니다.

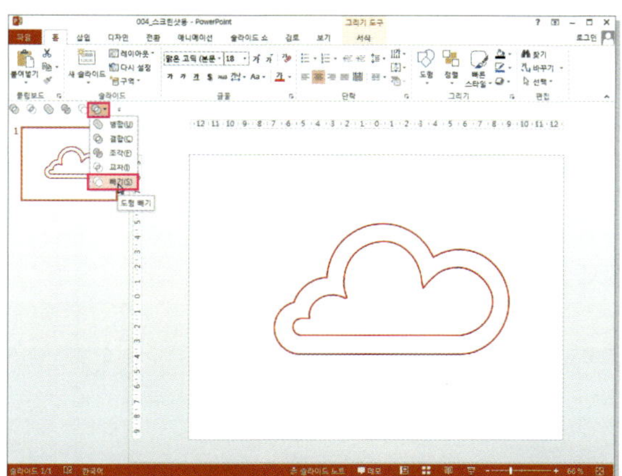

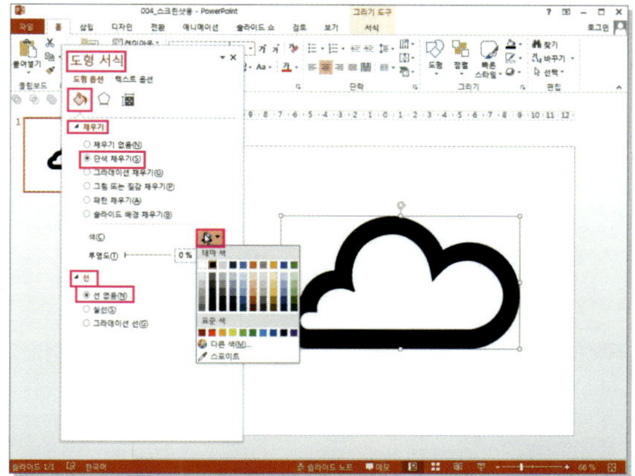

⑤ 배경 꾸미기

01 [삽입] 탭 – [그림]을 선택합니다. BG_01.JPG 파일을 불러옵니다. 이제 구름이 만들어졌으니 구름에 비가 오는 모양을 도형으로 표현해보겠습니다.

▶ 경로 PART02\Chapter3\002\[02]

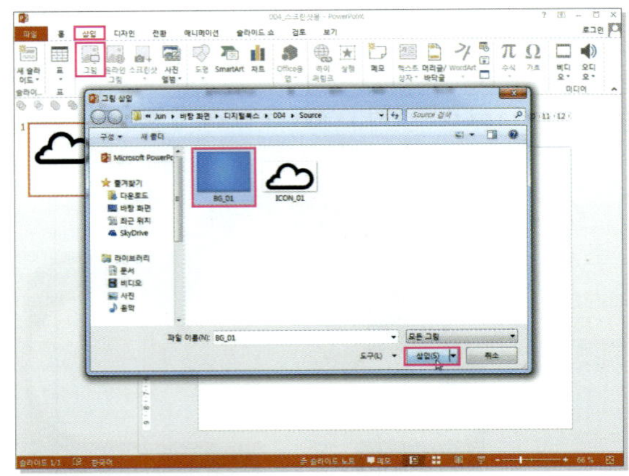

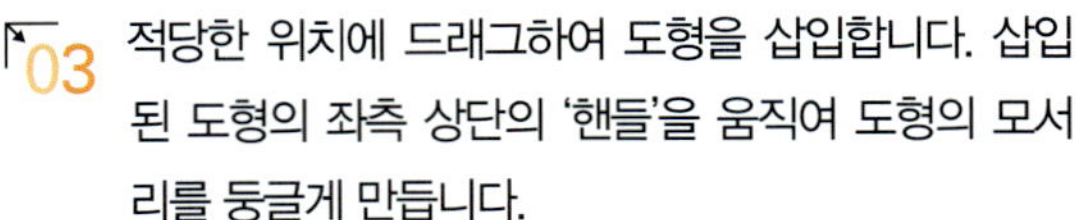

02 [홈] 탭 – [도형] – [모서리가 둥근 직사각형]을 선택합니다.

03 적당한 위치에 드래그하여 도형을 삽입합니다. 삽입된 도형의 좌측 상단의 '핸들'을 움직여 도형의 모서리를 둥글게 만듭니다.

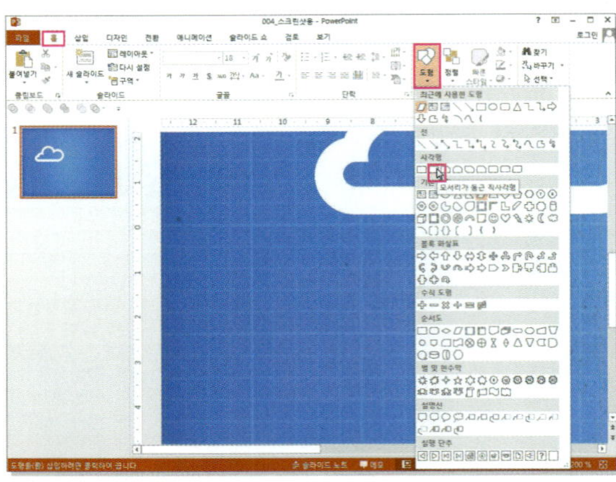

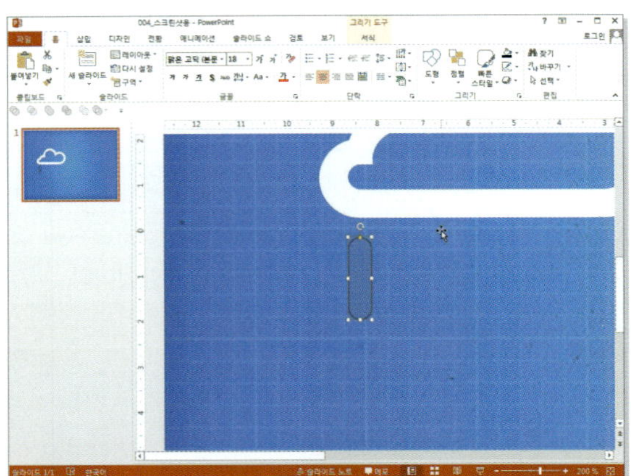

04 도형 상단의 고리 모양 ↻ 을 클릭하고, Shift 키를 이용해 도형을 '15°' 회전합니다. '마우스 오른쪽 버튼 클릭' – [도형옵션] – [크기] – [회전]에서 '15°'를 입력해도 됩니다.

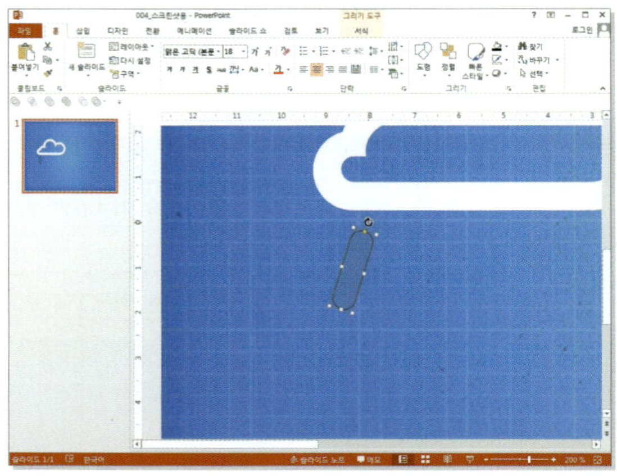

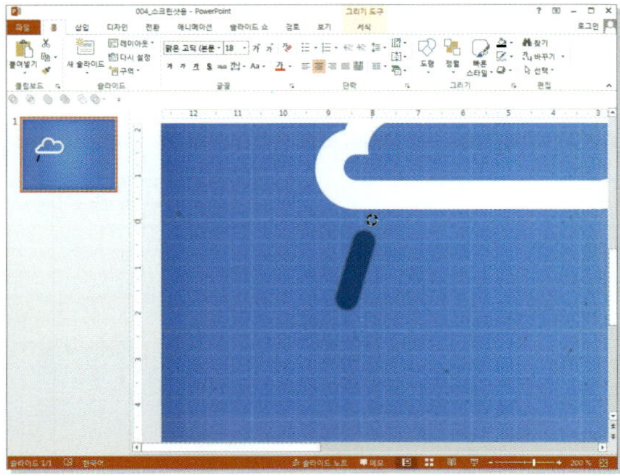

05 회전된 도형을 [Ctrl] 키, [Shift] 키를 누른 채로 드래 그 하여 같은 도형을 복사합니다.
위에 5개, 아래 4개의 도형을 배치하여 비가 내리는 모양을 만들어줍니다. 도형을 정렬하기 위해 5개의 도형을 선택하고, [홈] 탭 – [정렬] – [맞춤] – [가로 간격 동일하게]를 선택합니다.
아래의 4개 도형도 마찬가지로 동일하게 간격을 조정 합니다.

06 '마우스 오른쪽 버튼 클릭' – [도형 서식] – [도형옵 션] – [효과] – [그림자]에서 [투명도] '50%', [크기] '100%', [흐리게] '14pt', [각도] '0°', [간격] '0pt'를 지정합니다.

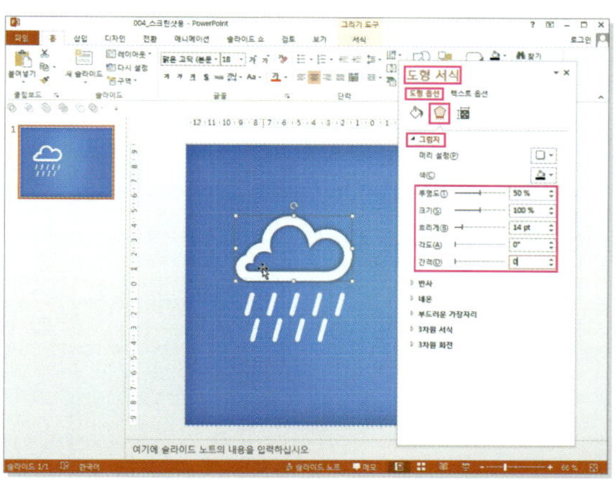

07 텍스트를 입력합니다. [삽입] – [텍스트 상자]를 삽입 한 후, '5'를 입력합니다.
그리고 "℃'특수 문자를 입력하기 위해 [ㄹ] 키를 누르 고 [한자] 키를 눌러 특수문자를 삽입합니다.

08 [삽입] – [텍스트 상자]를 삽입한 후, '약한 비'를 입력 합니다. 현재 상태에서는 대략적으로 크기를 배치합 니다.

09 아래 쪽에는 '풍향 동, 습도 80%', '풍속 3m/s', '강수 량 3.0mm'를 입력합니다.

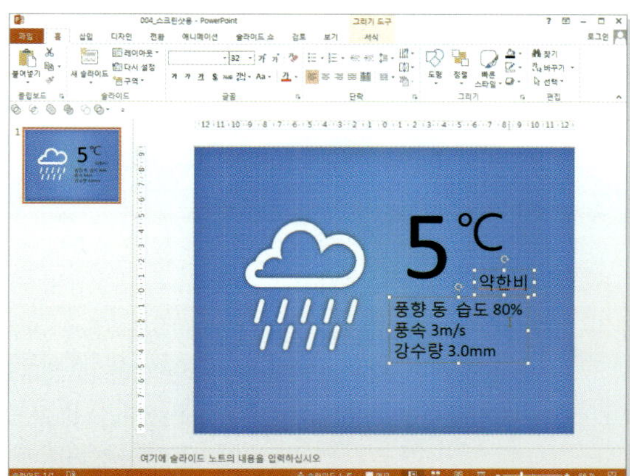

10 텍스트 상자 '5'를 선택한 후, '아리따 돋움_Bold', [크기]는 '185pt'를 지정합니다.

'마우스 오른쪽 버튼 클릭' – [도형 서식] – [도형 옵션] – [텍스트 채우기 및 윤곽선] – [단색 채우기]에서 빨강(R) '248', 녹색(G) '249', 파랑(B) '0'을 지정합니다.

11 '℃', '약한 비'의 텍스트 상자를 선택하고, [홈] 탭 – 글꼴색상 '흰색'을 지정합니다.

'℃'에는 '아리따 돋움_Bold', 크기는 '96pt'를 지정하고, '약한 비'텍스트 상자에는 '아리따 돋움_Medium', 크기는 '48pt'를 지정합니다.

12 '풍향 동, 습도 80%'이 있는 텍스트 상자를 선택합니다. '풍향', '습도', '풍속', '강수량'과 같이 분류를 나타내는 텍스트는 '아리따 돋움_Semibole', '35pt'를 지정하고, 수치를 나타내는 '동', '80%', '3m/s', '3.0mm'은 '아리따 돋움_Medium', '35pt'를 지정하여 구분하여 표현합니다.

13 텍스트 상자를 선택하여 각각의 균형이 맞는지 확인하고 위치를 조정합니다.

⑥ 텍스트 그림자 지정하기

01 전체적인 레이아웃이 정리되었으니, 이제 각각의 텍스트에 그림자 효과를 주도록 합니다. '5' 텍스트 상자를 선택한 후, '마우스 오른쪽 버튼 클릭' – [도형 서식] – [텍스트 옵션] – [효과] – [그림자]에서 [투명도] '50%', [크기] '100%', [흐리게] '10pt', [각도] '0 °', [간격] '0pt'를 지정합니다.

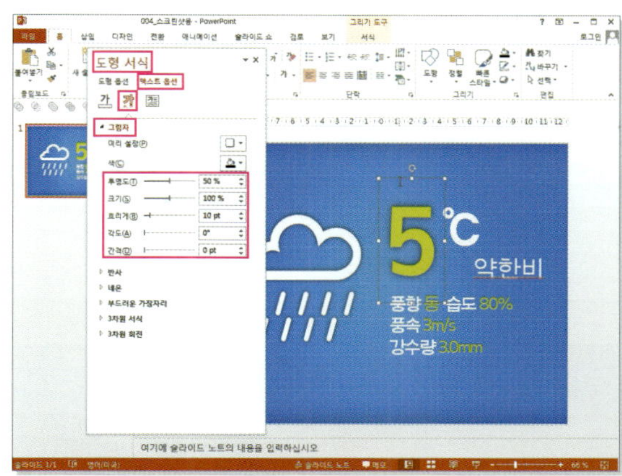

02 나머지 텍스트 상자도 모두 선택한 후, '마우스 오른쪽 버튼 클릭' – [도형 서식] – [도형 옵션] – [효과] – [그림자]에서 [투명도] '50%', [크기] '100%', [흐리게] '10pt', [각도] '0 °', [간격] '0pt'를 지정합니다.

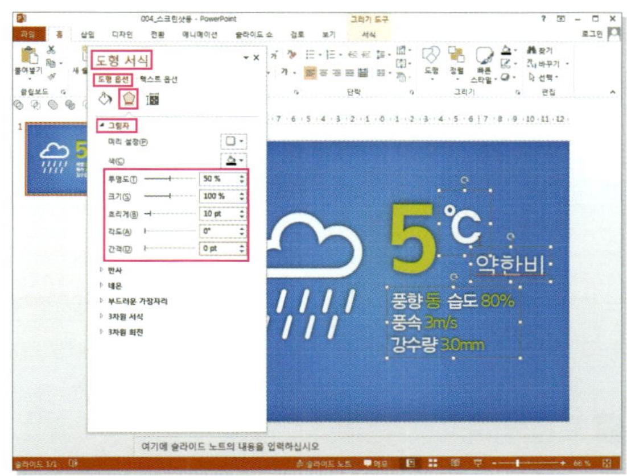

03 정렬이 잘 되었는지 전체적으로 확인해 봅니다. 슬라이드가 완성되었습니다. [도형 병합]의 기능은 별도의 그래픽 툴 없이도 다양한 도형을 직접 만들어 낼 수 있는 매우 유용한 기능입니다. 이렇게 [도형 병합]을 이용해서 만들어 낸 도형은 '서식복사'도 적용 가능하기에 다른 슬라이드에서도 매우 수월하게 사용할 수 있습니다.

003 차트 다루기

01 파워포인트 표 도구 사용하기

표 서식은 일반적인 텍스트를 나열하는 것보다 복잡한 데이터들을 정리하여 보여주는데 매우 유용합니다. 또한 차트는 복잡한 수치들을 시각적으로 보여주는 데 효율적입니다. 파워포인트 2013에서 제공되는 표와 차트를 만드는 다양한 방법에 대해 알아보겠습니다.

〈예제문〉

구분	20대 이하	20대 초반	20대 후반	30대 초반	30대 후반	40대	50대	60대 이상
2012	3%	9%	23%	25%	13%	15%	9%	3%
2013	4%	10%	21%	28%	12%	17%	6%	2%

▣ 표 삽입하기

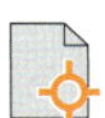**01** 예제 008. pptx 파일을 불러옵니다.

▼ 경로 PART02\Chapter3\003\[01]

02 예제문의 표를 슬라이드 안에서 표현하기 위해서 [삽입] 탭 – [표] 그룹 – [표]를 선택하고, 9 × 3을 선택하여 표를 삽입합니다.

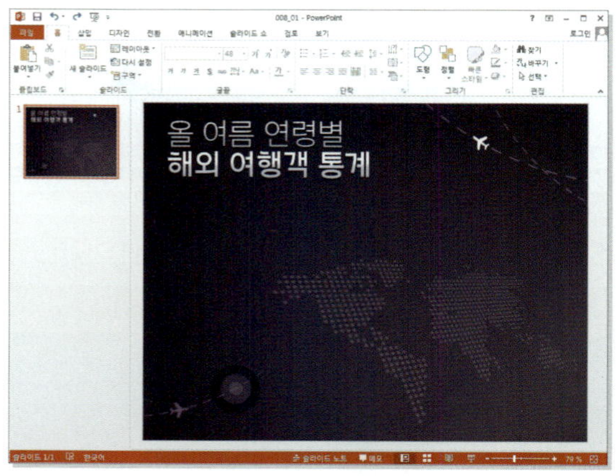

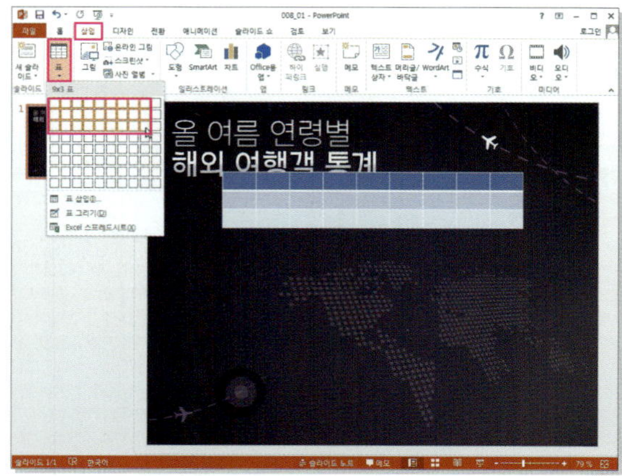

[삽입] 탭 – [표] 그룹 – [표] – [표 삽입]을 통해 열과 행을 입력하여 삽입도 가능합니다. 최대 75 × 75까지 가능합니다.

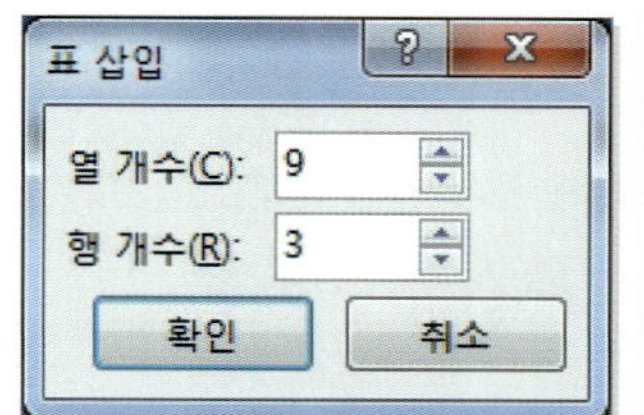

03 예제문의 데이터를 입력합니다.

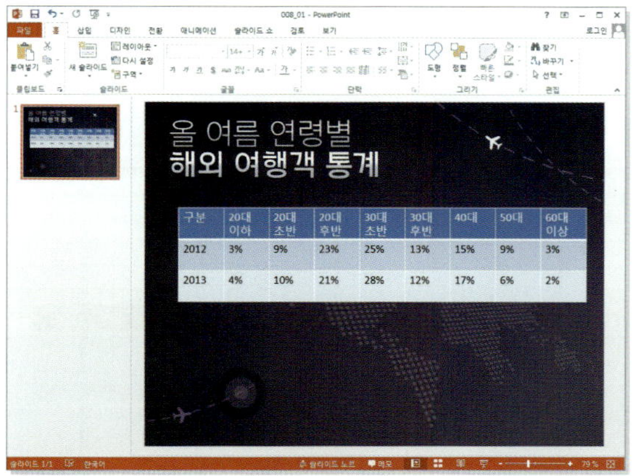

04 표 안의 텍스트들이 한쪽으로 치우쳐 있습니다. [홈] 탭 – [단락] 그룹 – [텍스트 맞춤] – [중간]을 선택하고, [단락] 그룹 – [가운데 맞춤] ≡ 을 클릭하여, 가운데로 정렬합니다.

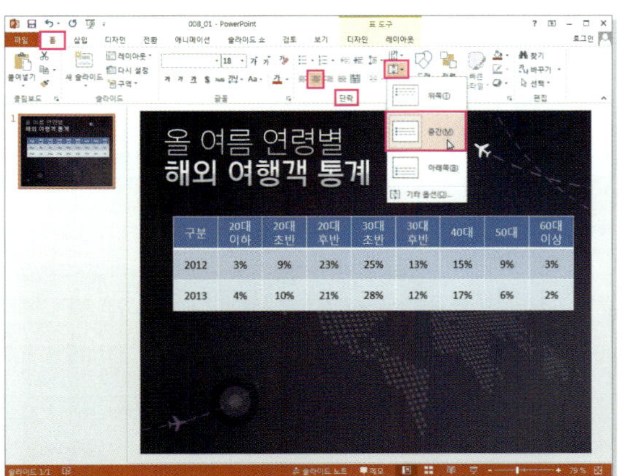

데이터를 입력하다보면 표를 삽입 할 때보다 부족하거나 많을 수 있습니다.

이럴 때 셀 병합, 셀 분할 등을 이용해 표를 변형할 수 있습니다.

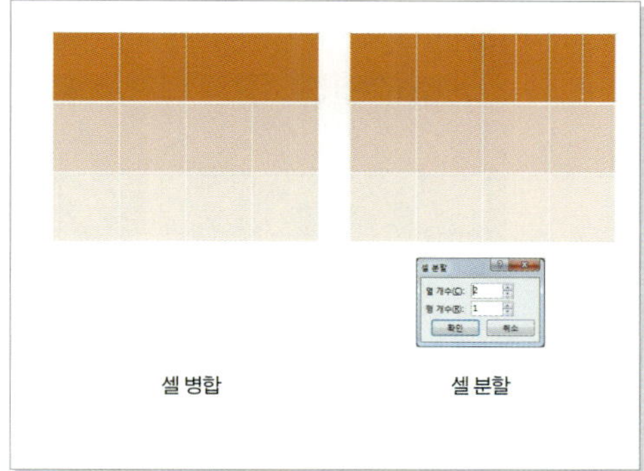

셀 병합 : 선택한 셀을 한 셀로 병합합니다.

셀 분할 : 현재 셀을 여러 셀로 분할합니다.

셀 추가하기 : 표의 마지막 셀에서 Tap 키를 누르면 셀을 한줄 더 추가할 수 있습니다.

셀 지우기 : 지울 셀을 선택하고 Backspace 키를 누르면 셀이 삭제됩니다. 일부분만 선택할 수는 없고 셀의 줄을 모두 선택해야만 삭제가 가능합니다.

❷ 표 배경색 테두리 지정하기

01 표 상단의 배경색을 바꾸기 위해, 표 상단을 드래그하여 셀을 블록 지정하고, [표 도구] – [디자인] 탭 – [표 스타일] 그룹 – [음영] – [다른 채우기 색]을 선택합니다. 색상에 빨강(R) '64', 녹색(G) '64', 파랑(B) '64'를 입력합니다.

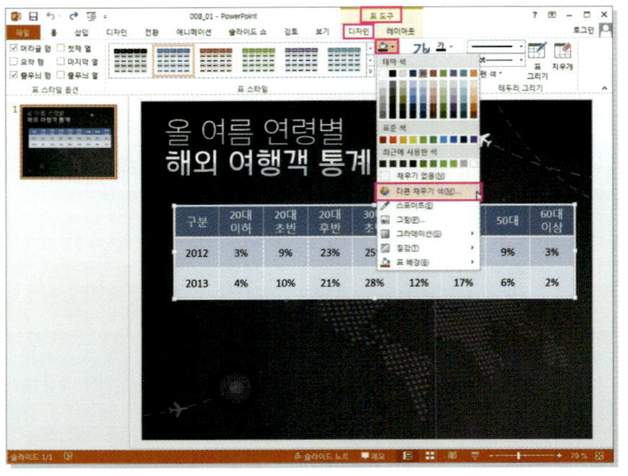

02 각각 셀을 선택하여 색상을 입력합니다.

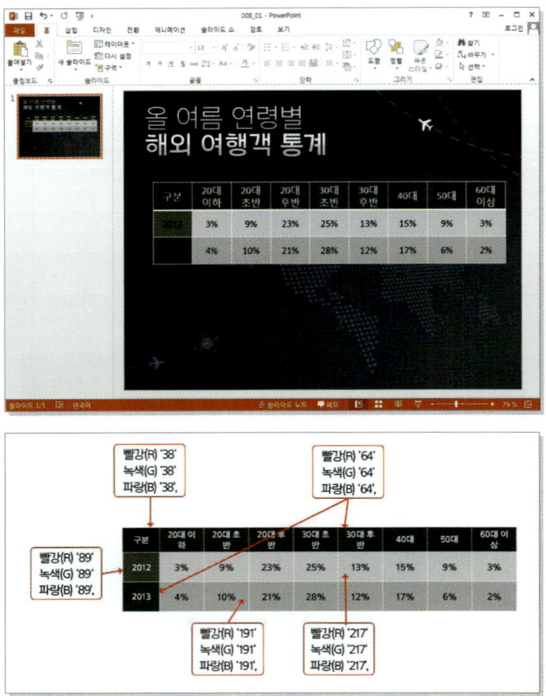

03 표 상단의 텍스트가 공간이 부족하여 줄이 바뀌는 것을 볼 수 있습니다. [문자 간격]을 조절해도 되지만 표 안의 여백을 조절하여 정리하도록 합니다.

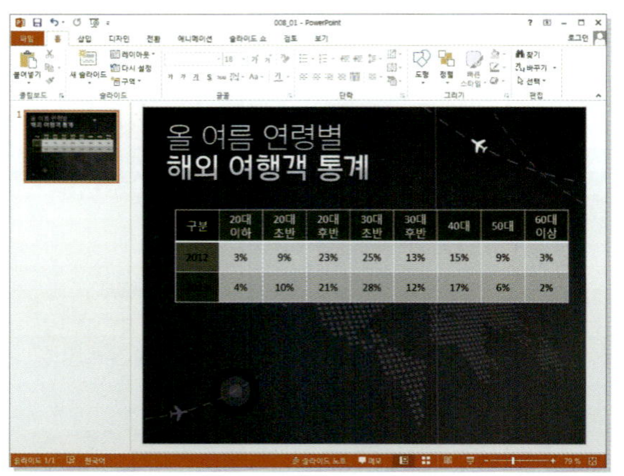

04 여백을 조정할 셀을 블록 지정하고, '마우스 오른쪽 버튼 클릭' – [도형 서식] – [텍스트 옵션] – [텍스트 상자]에서 [왼쪽 여백] 0.25㎝를 0.2㎝로, [오른쪽 여백] 0.25㎝를 0.2㎝로 조정합니다. 간혹 [문자 간격], [글꼴 크기]를 조절하는데 한계가 있을 때에는 이와 같이 [텍스트 상자]의 여백을 이용하면 표를 사용하는데 매우 유용합니다.

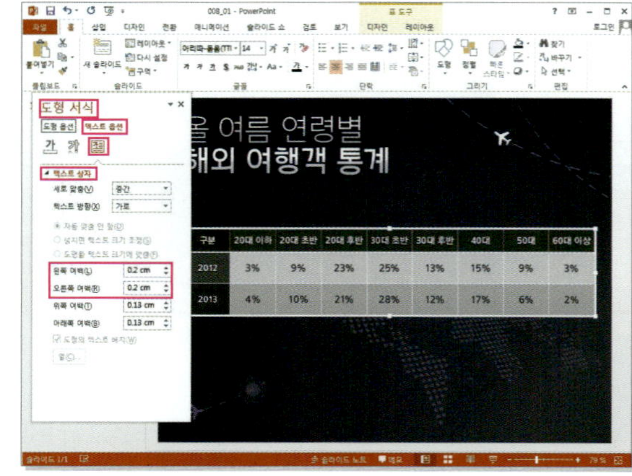

05 표 테두리를 그리기 위해 테두리를 그리려는 셀을 블록 지정하고, [표 도구] – [디자인] 탭 – [테두리 그리기] 그룹 – [펜 색]에서 '흰색'을 지정합니다.

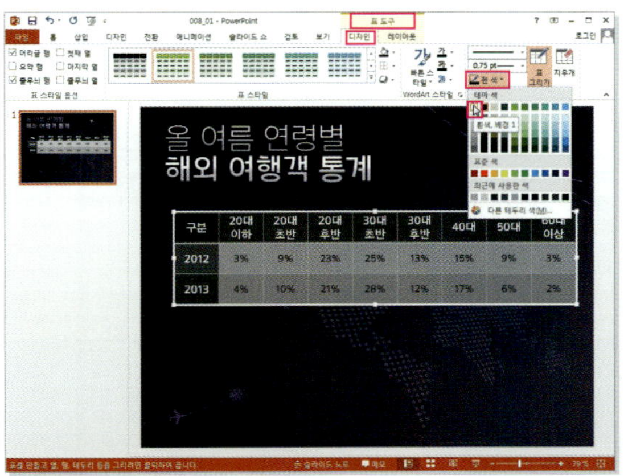

06 [표 도구] – [디자인] 탭 – [테두리 그리기] 그룹 – [펜 두께]에서 '0.75pt'를 선택하여 테두리 두께를 설정합니다.

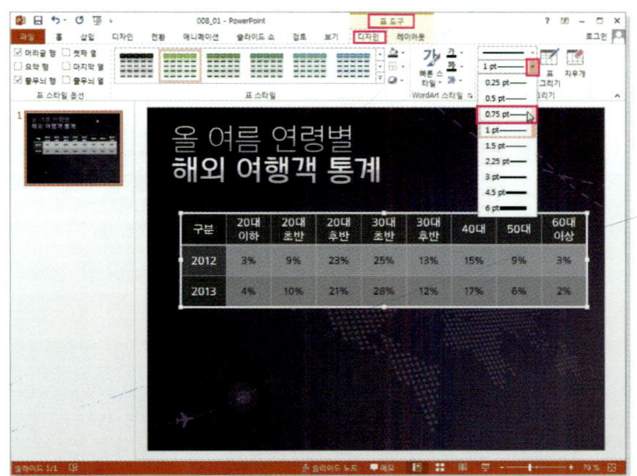

07 이제 테두리가 설정되었으니 적용을 시켜야 할 차례입니다. [표 도구] – [디자인] 탭 – [표 스타일] 그룹 – [안쪽 테두리]을 선택합니다.

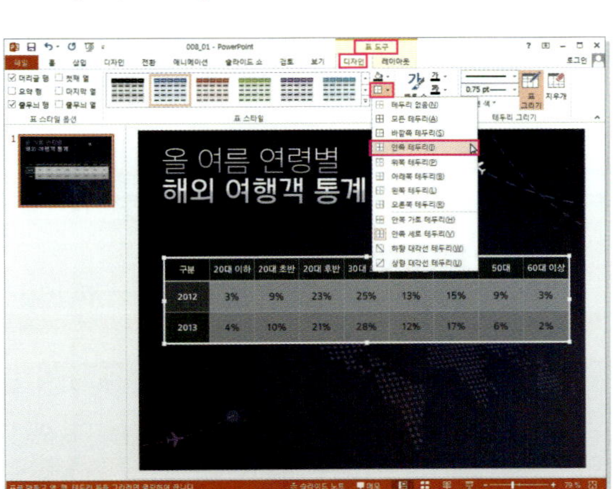

08 표 바깥쪽 테두리를 다시 지정하기 위해 [표 도구] – [디자인] 탭 – [테두리 그리기] 그룹 – [펜 스타일] – [테두리 없음]을 선택합니다.

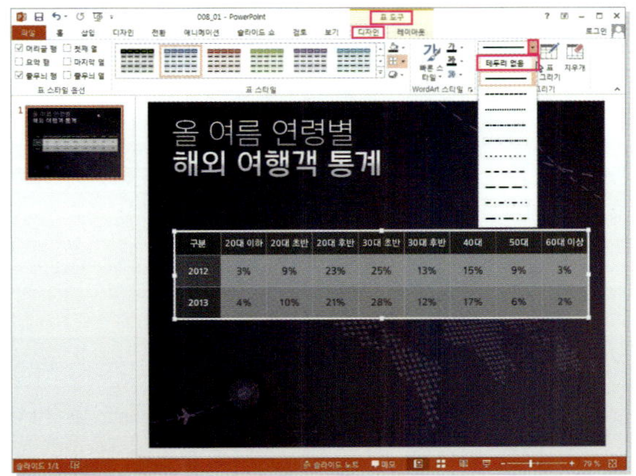

09 표의 바깥쪽 테두리는 없애기 위해서 [표 도구] – [디자인] 탭 – [표 스타일] 그룹 – [바깥쪽 테두리]를 적용합니다.

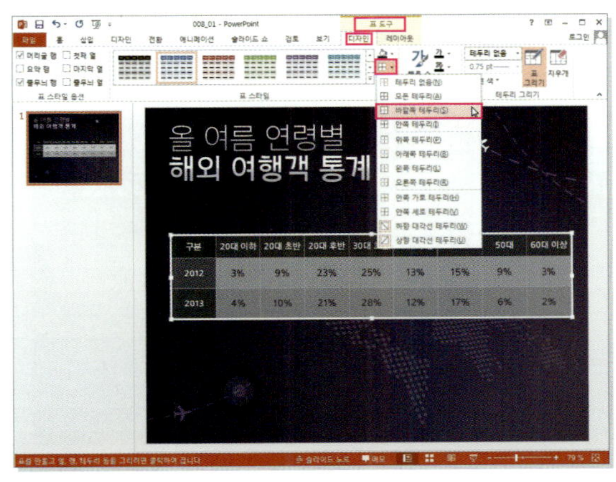

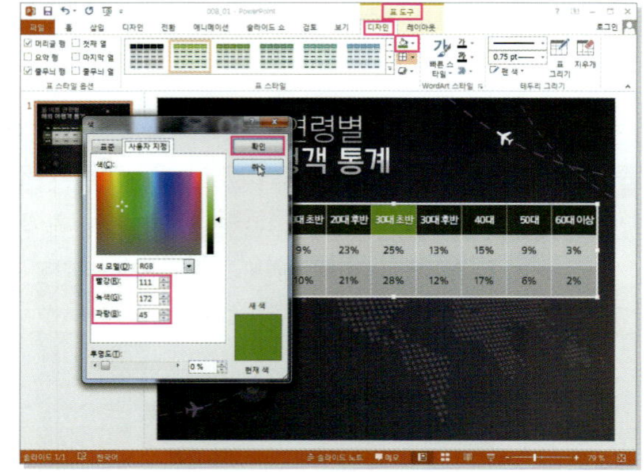

① [셀 크기] 그룹 : [셀 크기] 그룹에서는 선택한 셀의 높이, 너비를 조절과 '행 높이를 같게'와 '열 너비를 같게'를 통해 셀의 간격을 정렬할 수 있습니다. 매우 유용한 기능이니 꼭 기억해 두세요.
② [맞춤] 그룹 : 텍스트의 쓰기 방향과 정렬 기능, 셀 안의 여백을 지정할 수 있습니다.
③ [표 크기] 그룹 : [표 크기] 그룹은 표 전체의 크기를 정확하게 지정할 수 있습니다.

❸ 표에서 특정 부분 강조하기

01 표의 배경색과 텍스트의 크기 조절을 통해 '30대 후반'의 데이터를 강조해 보겠습니다.
색을 변경하려는 셀을 선택한 후, [표 도구] – [디자인] 탭 – [표 스타일] 그룹 – [음영] – [다른 채우기 색]을 선택합니다. 색상에 빨강(R) '111', 녹색(G) '172', 파랑(B) '45'를 입력합니다.

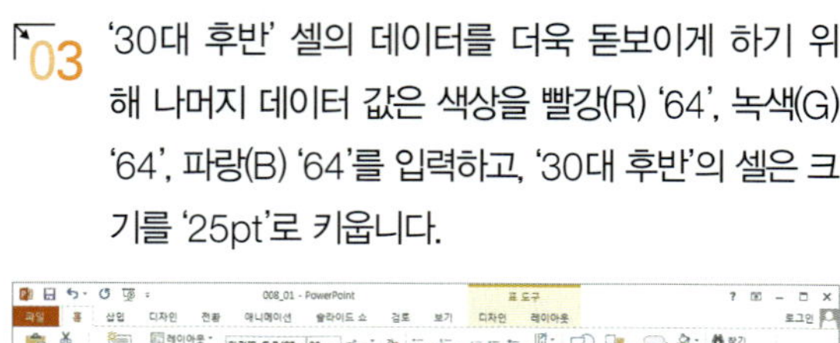

02 '25%'의 셀에는 빨강(R) '172', 녹색(G) '234', 파랑(B) '82'를 입력하고, 아래의 '28%' 셀에는 빨강(R) '149', 녹색(G) '210', 파랑(B) '82'를 입력합니다.

03 '30대 후반' 셀의 데이터를 더욱 돋보이게 하기 위해 나머지 데이터 값은 색상을 빨강(R) '64', 녹색(G) '64', 파랑(B) '64'를 입력하고, '30대 후반'의 셀은 크기를 '25pt'로 키웁니다.

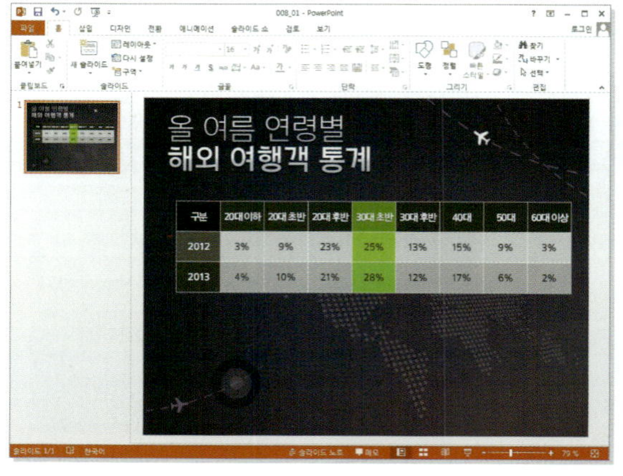

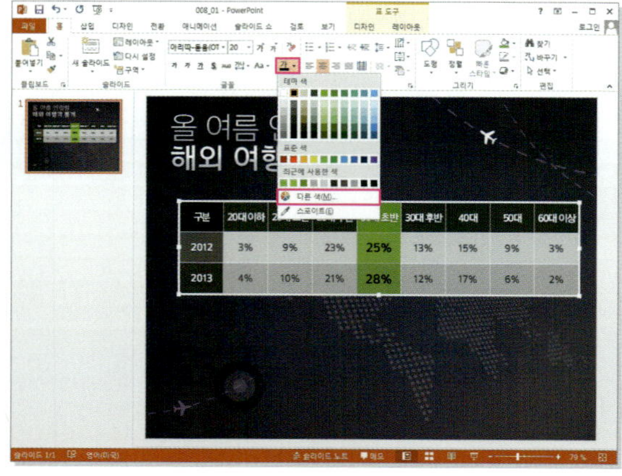

04 표 상단 분류 셀의 텍스트들이 더 돋보이도록 그림자 효과를 주도록 합니다.

05 강조할 셀을 선택하고 '마우스 오른쪽 버튼 클릭' – [도형 서식] – [텍스트 옵션] – [텍스트 효과] – [그림자]에서 [투명도] '0%', [크기] '100%', [흐리게] '12pt', [각도] '90°', [간격] '1pt'를 지정합니다.

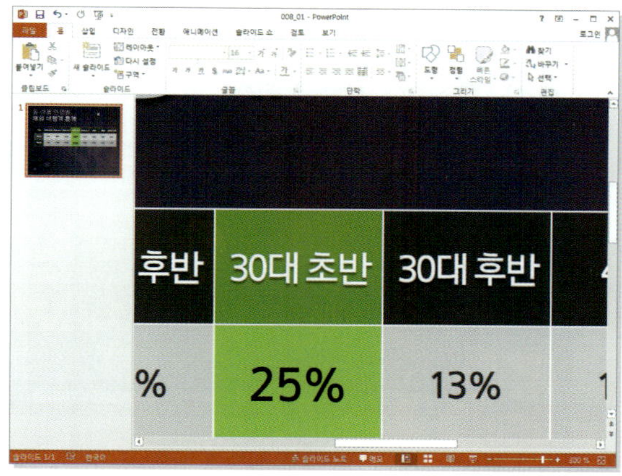

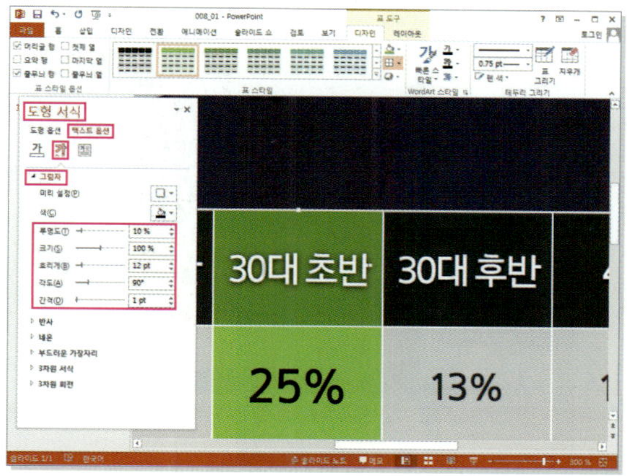

4 도형으로 표 꾸미기

01 [삽입] 탭 – [일러스트레이션] 그룹 – [도형] – [직사각형]을 선택합니다. 색상을 표 색상과 어울리는 색으로 바꿔줍니다. 예제에서는 '흰색, 배경 1, 35% 더 어둡게'를 선택하겠습니다.

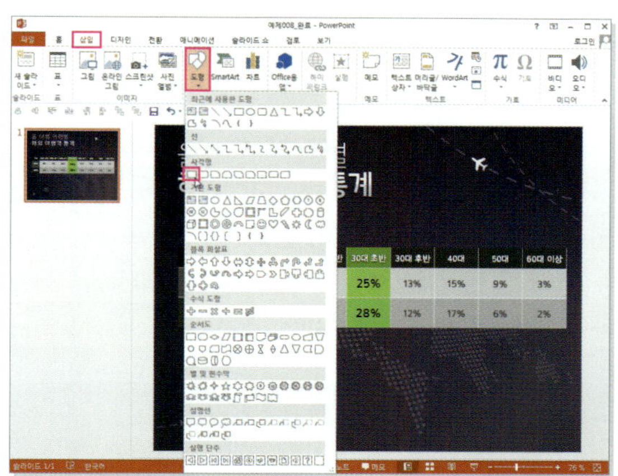

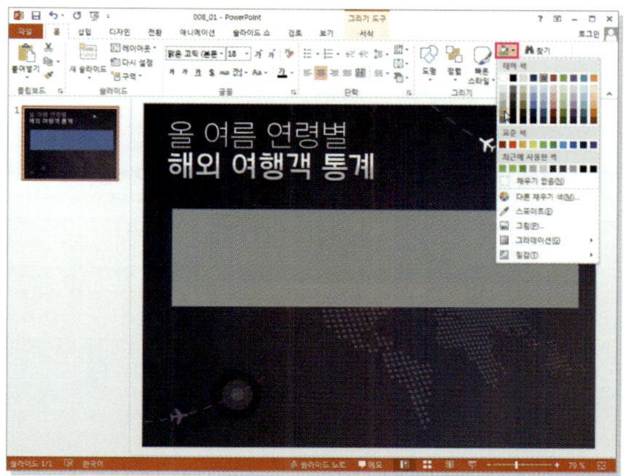

02 '마우스 오른쪽 버튼 클릭' – [도형 서식] – [도형옵션] – [효과] – [3차원 서식]에서 [위쪽 입체] '각지게', [너비] '3.5pt', [높이] '6pt'를 선택합니다.

03 [홈] 탭 – [그리기] 그룹 – [정렬] – [맨 뒤로 보내기]를 선택합니다.

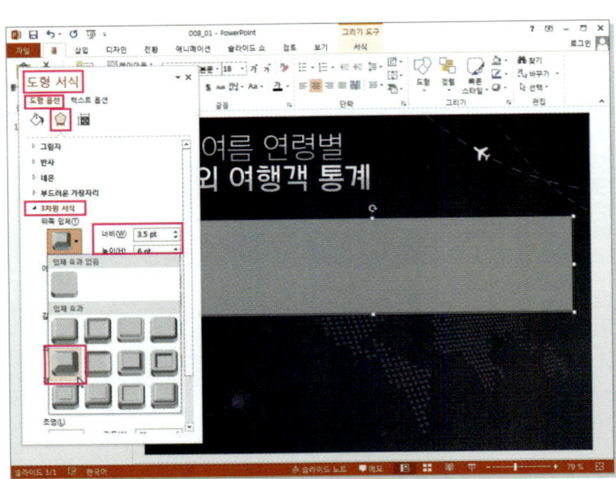

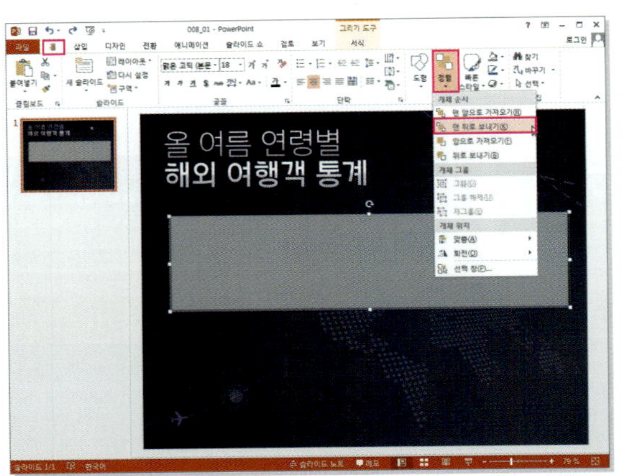

04 표의 크기와 맞도록 크기를 조절합니다.

05 마우스를 드래그하여 표와 도형을 선택합니다.

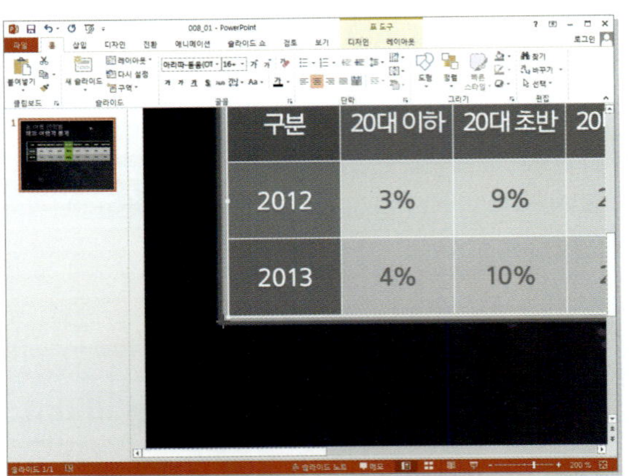

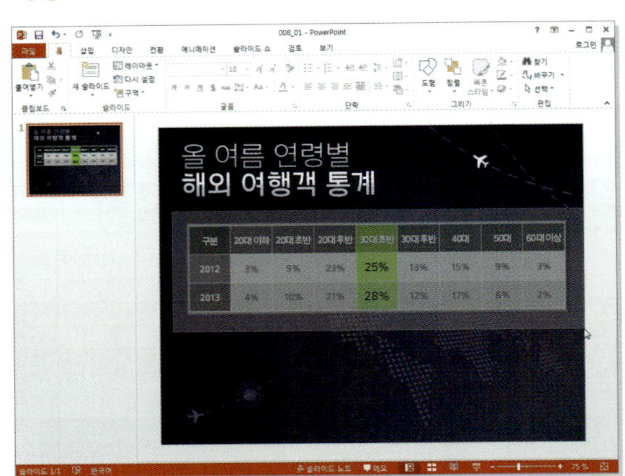

06 [홈] 탭 – [그리기] 그룹 – [정렬] – [맞춤] – [가운데 맞춤]을 선택하고, 다시 한 번 더 [중간 맞춤]을 선택하여 정가운데로 정렬합니다.

07 표 서식을 이용해 통계를 표현해 보았습니다. 표 서식은 문서에서 빠질 수 없는 요소이기 때문에 다루는 법을 익혀두도록 합니다.

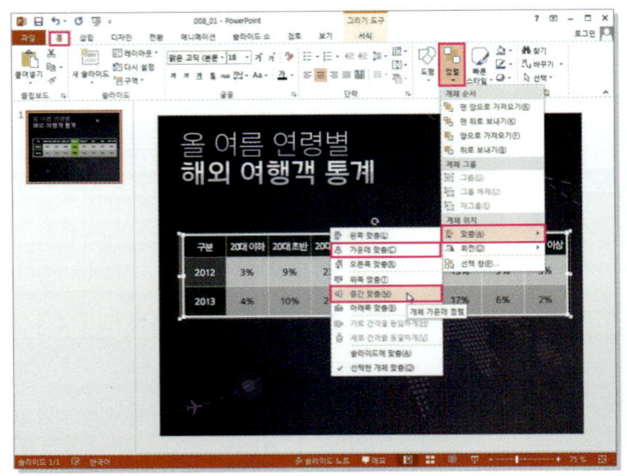

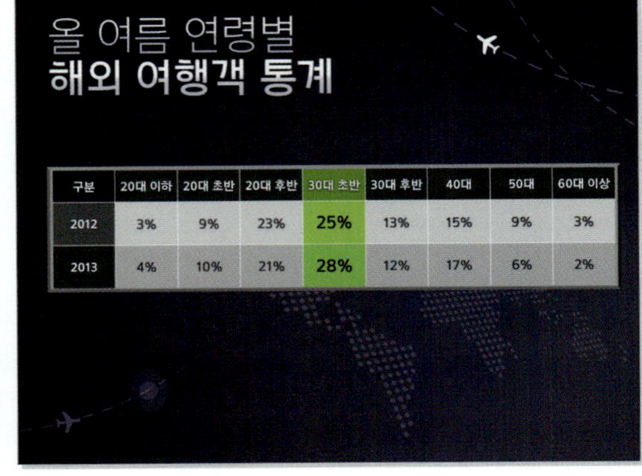

정보의 전달적인 측면에서 숫자는 정확한 데이터를 제공합니다. 하지만 숫자들만으로 표현된 슬라이드는 지루함을 안겨주는 동시에 데이터의 비교에 효율적이지 않습니다. 차트는 이러한 숫자들을 더욱 효율적으로 보여주는 방법입니다. 이번에는 막대형 차트를 이용해 한눈에 데이터가 보이는 슬라이드를 만들어 보겠습니다.

〈예제문〉

구분	20대 이하	20대 초반	20대 후반	30대 초반	30대 후반	40대	50대	60대 이상
2012	3%	9%	23%	25%	13%	15%	9%	3%

1 차트 삽입하기

01 [삽입] 탭 – [일러스트레이션] 그룹 – [차트]를 선택합니다.

02 [차트 삽입] 대화상자가 나타납니다. 각각 특성에 맞는 다양한 차트들이 있습니다. 여기서 [세로 막대형] – [묶은 세로 막대형]을 선택합니다.

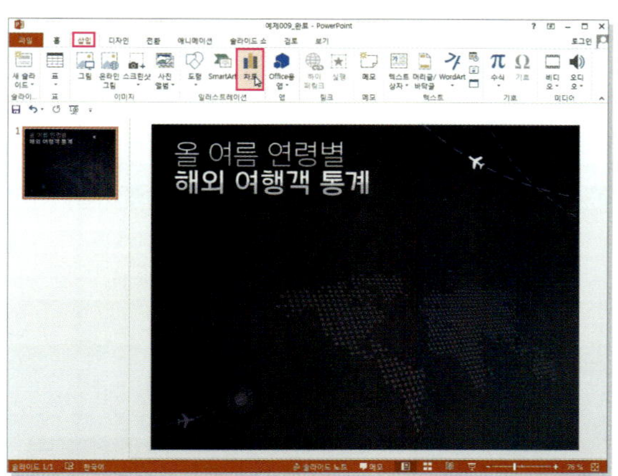

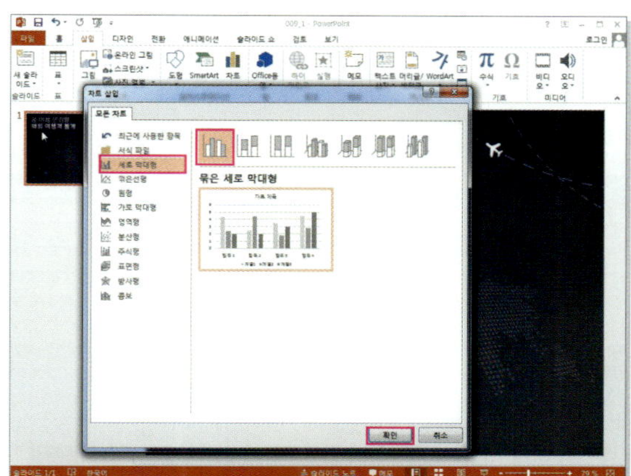

② 차트 데이터 입력하기

01 수치를 입력할 수 있는 엑셀 창이 나타납니다. Microsoft EXCEL 2013으로 편집도 가능하며, EXCEL의 Sheet도 불러올 수 있습니다. 클릭앤드 래그를 통해 데이터의 범위를 조정합니다.

02 예제문의 수치를 입력합니다.

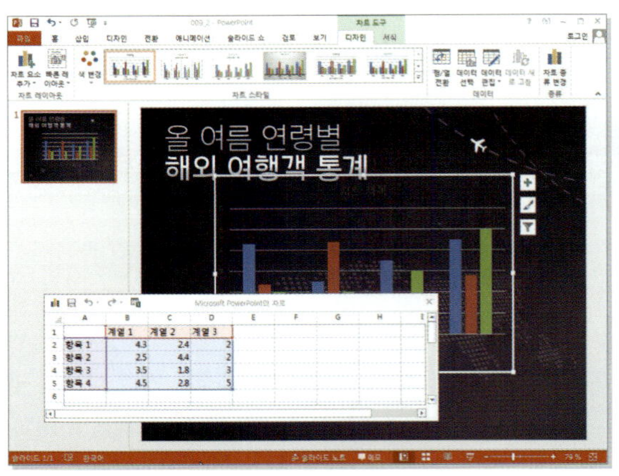

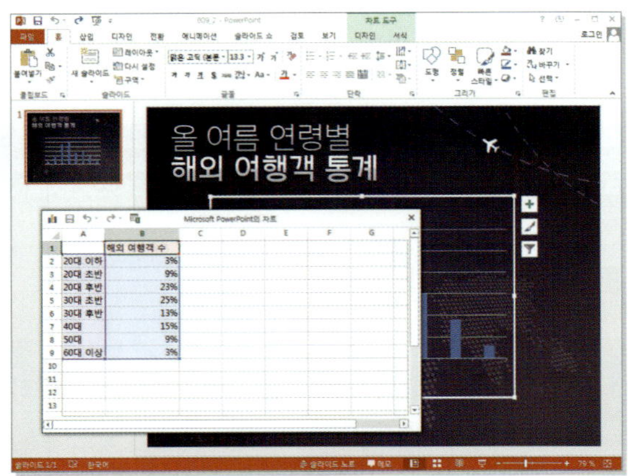

③ 차트 서식 변경하기

01 차트가 오른쪽 상단의 [차트 요소]를 선택합니다. 차트 요소를 통해 다양한 차트의 요소를 추가할 수 있습니다.

02 차트를 선택하고 [차트 요소] – [데이터 레이블] – [바깥쪽 끝에]를 선택합니다. 각 데이터의 수치들이 그래프의 바깥쪽 끝에 나타나게 됩니다.

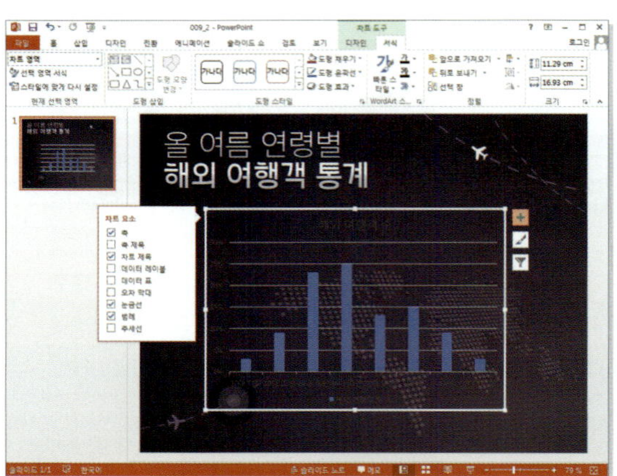

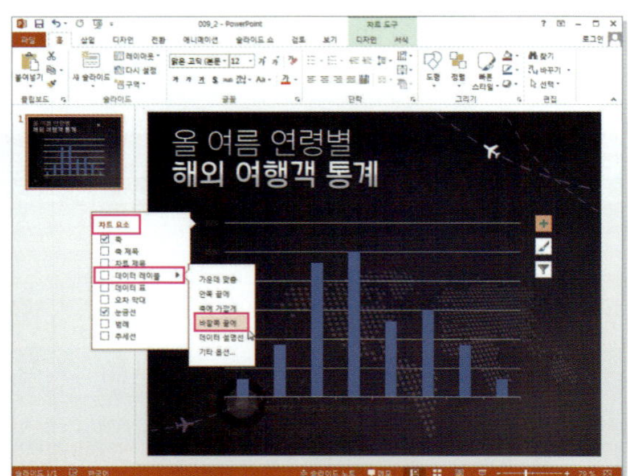

03 차트의 '세로 축'을 선택하고, '마우스 오른쪽 버튼 클릭' – [축 서식] – [축 옵션] – [채우기 및 선] – [선]에서 [실선]을 선택합니다. 선의 색상은 빨강(R) '166', 녹색(G) '166', 파랑(B) '166', 두께 '0.75pt'를 지정합니다.

04 '세로 축'을 선택하고, [홈] 탭 – [글꼴] 그룹에서 글꼴 색상에 R:217 G:217 B:217을 지정하고, 크기와 서체를 지정합니다. 나중에 차트에서 '그래프'와 '데이터 레이블'이 잘 보여야 하기 때문에 '세로 축'과 '가로 축'의 색상은 대비가 너무 강하지 않도록 합니다.

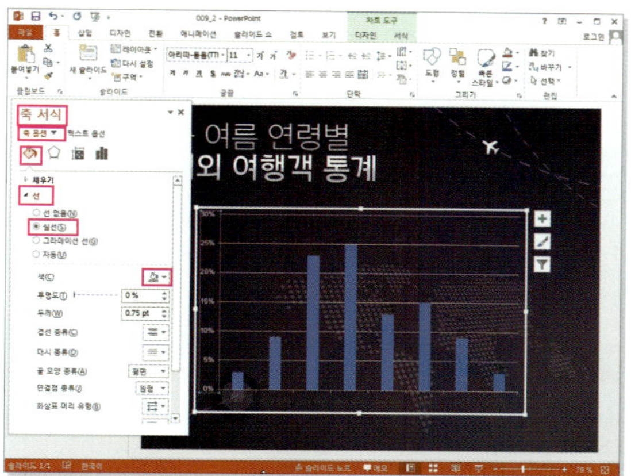

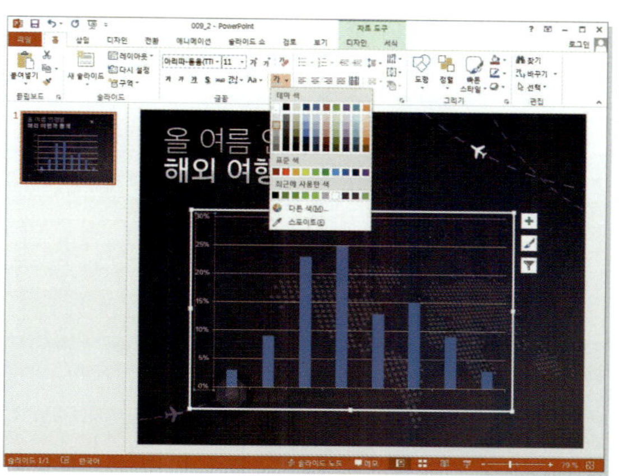

05 차트를 선택하고, 차트의 '눈금선'을 한 번 더 클릭하여 눈금선만을 선택합니다. '마우스 오른쪽 버튼 클릭' – [눈금선 서식]을 선택합니다.

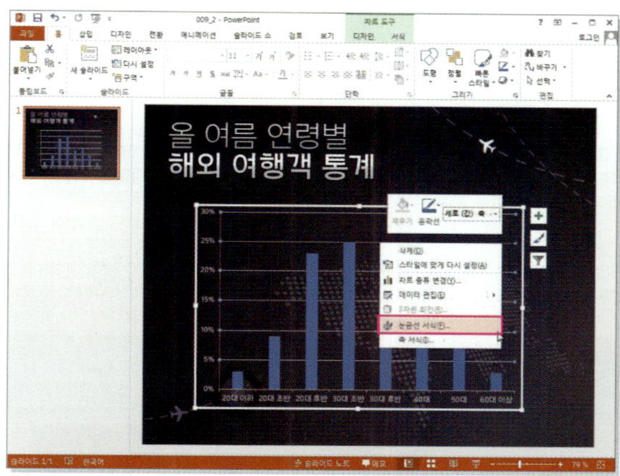

06 차트에서 가장 잘 보여야 하는 것은 '그래프'와 '데이터 레이블'이기 때문에 눈금선 또한 대비가 강하지 않은 색상을 선택합니다. [대시 종류] – [사각 점선]을 선택합니다.

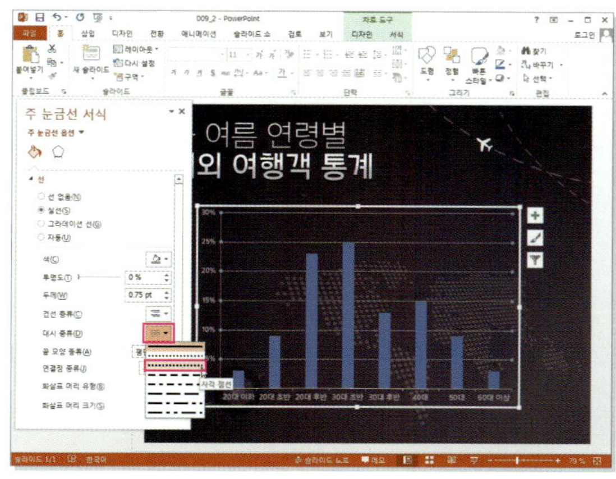

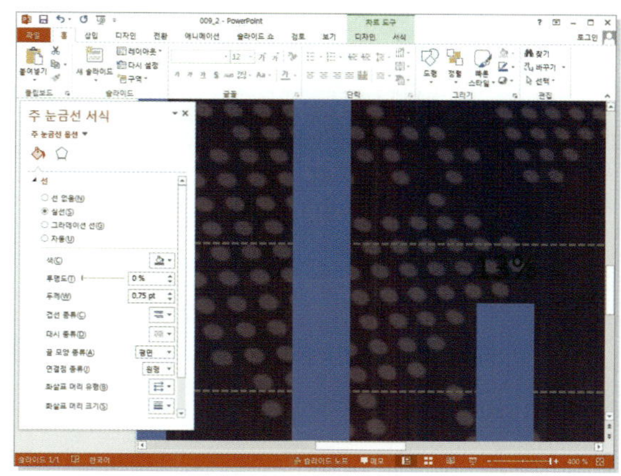

07 '데이터 레이블'이 기본 서식으로 적용되어 눈에 띄지 않습니다.

08 차트를 선택하고 '데이터 레이블'을 선택하여 서체를 변경합니다. 예제에서는 'HY견고딕', '14pt'를 적용하였습니다.

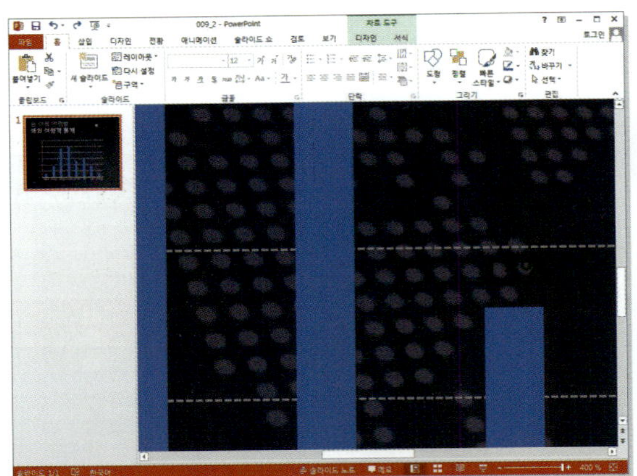
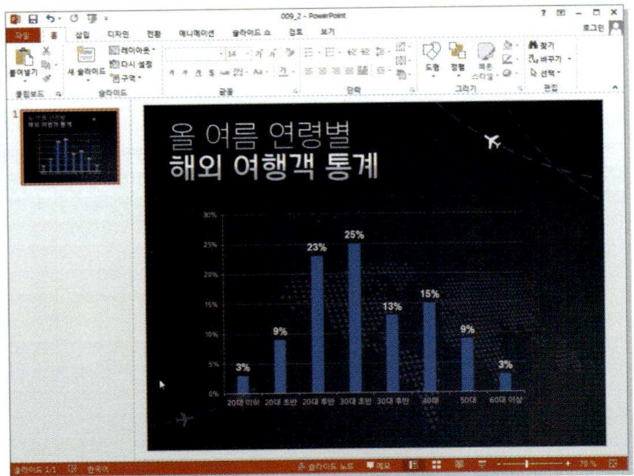

④ 그래프 서식 변경하기

01 차트를 클릭하고, 다시 한 번 그래프를 클릭하여 그래프만 선택합니다. '마우스 오른쪽 버튼 클릭' – [데이터 계열 서식] – [계열 옵션]에서 [계열 겹치기] '–27%', [간격너비] '150%'를 입력합니다. 간격너비를 조절하면 그래프의 두께를 조절할 수 있습니다.

02 [데이터 계열 서식] – [효과] – [3차원 서식] – [위쪽 입체] – [둥글게]를 선택합니다.

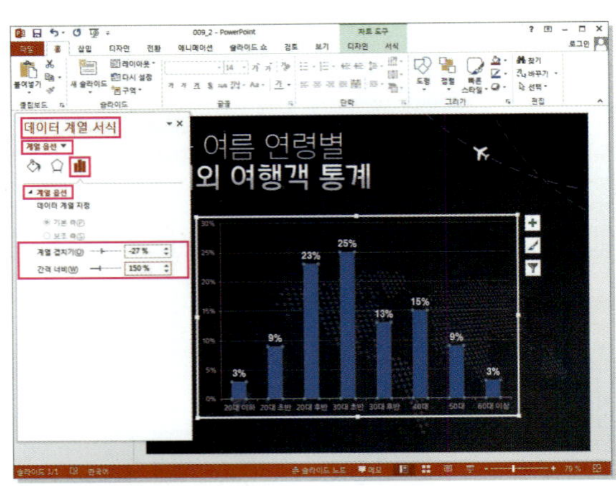
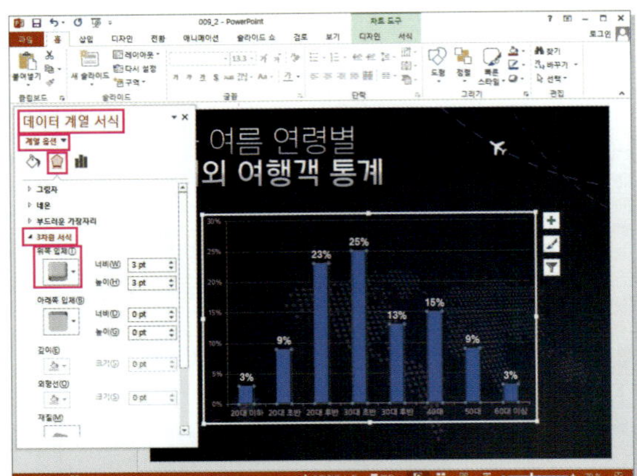

03 [데이터 계열 서식] – [채우기 및 선] – [채우기] – [그라데이션 채우기]를 선택합니다.

중지점1 : 빨강(R) '255', 녹색(G) '255', 파랑(B) '255', 위치 '0%'

중지점2 : 빨강(R) '102', 녹색(G) '102', 파랑(B) '102', 위치 '100%'를 입력합니다.

04 데이터 레이블에 그림자 효과를 주도록 하겠습니다. 데이터 수치를 선택하고, '마우스 오른쪽 버튼 클릭' – [데이터 레이블 서식]을 선택합니다.

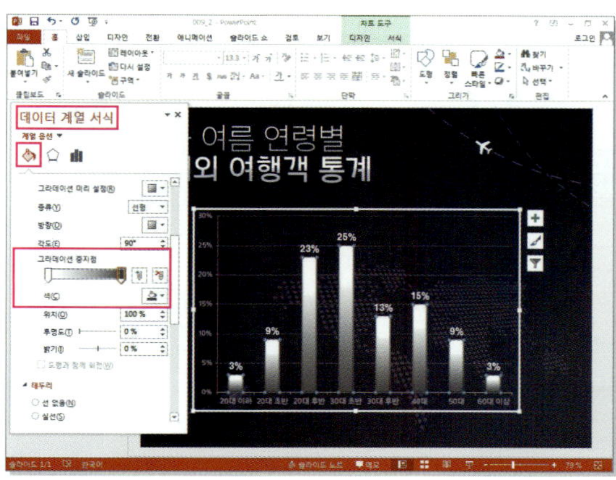

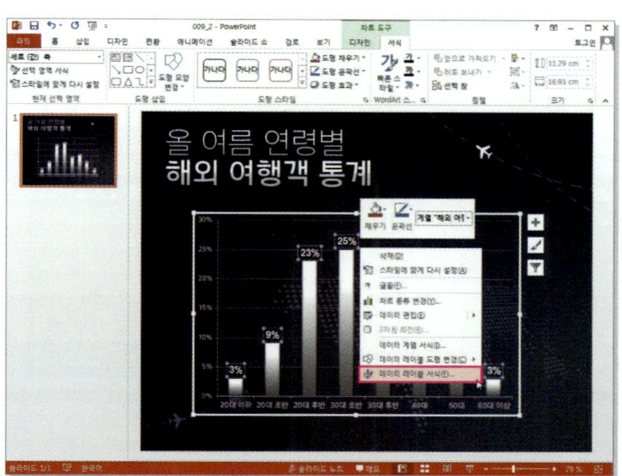

05 [텍스트 옵션] – [텍스트 효과] – [그림자]에서 [투명도] '30%', [크기] '100%', [흐리게] '14pt', [각도] '90°', [간격] '1pt'를 지정합니다.

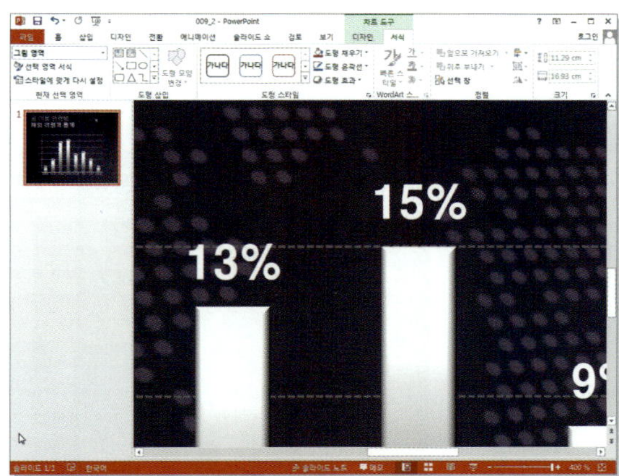

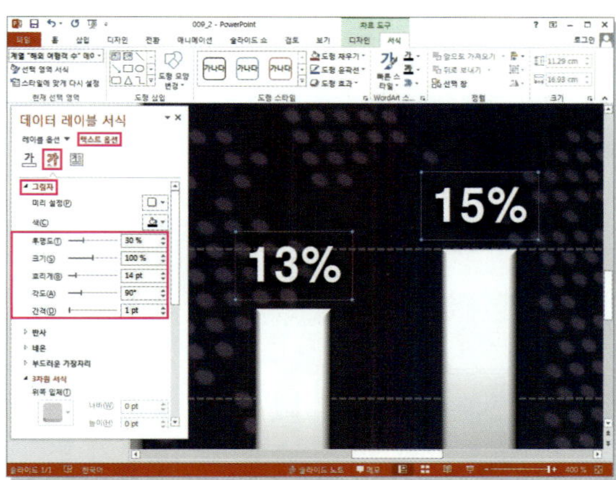

⑤ 그래프 강조하기

01 '30대 초반' 그래프를 강조해보도록 합니다.

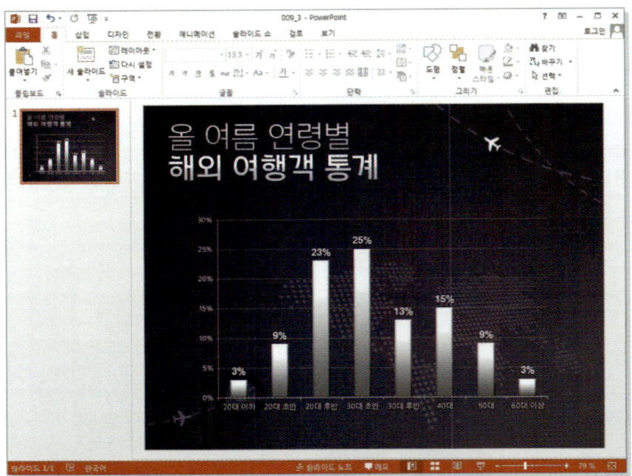

02 '25%' 데이터 레이블을 선택하여 서체를 '24pt'로 늘려줍니다.

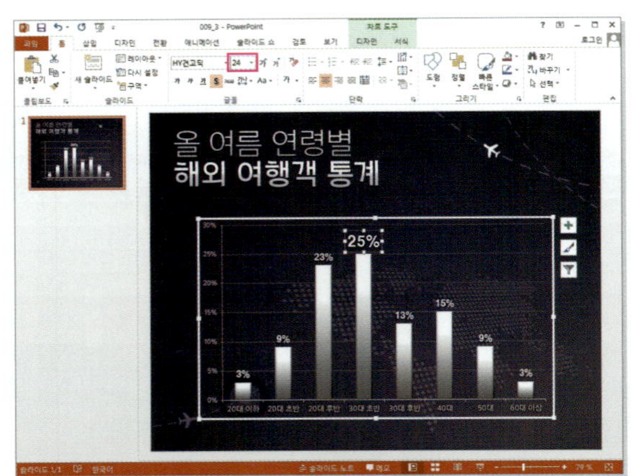

03 [홈] 탭 – [글꼴] 그룹 – [글꼴 색] – [다른 색]을 선택하여 [사용자 지정] 탭에서 빨강(R) '174', 녹색(G) '234', 파랑(B) '66'을 입력합니다.

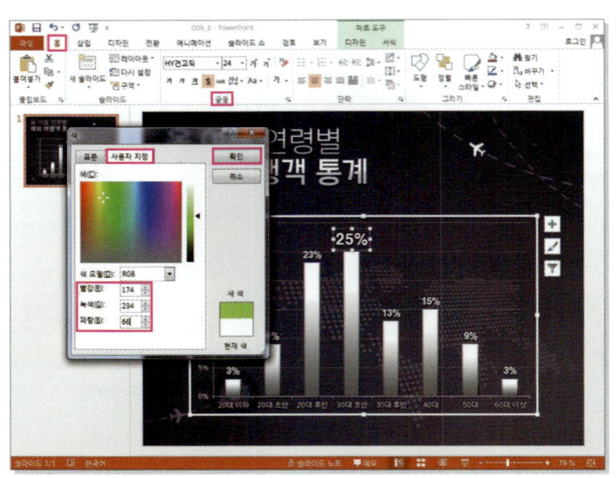

04 강조할 그래프를 선택하고, 마우스 오른쪽 버튼을 클릭하여 '데이터 요소 서식' 상자를 엽니다.
중지점1 : 빨강(R) '146', 녹색(G) '208', 파랑(B) '80', 위치 '0%'
중지점2 : 빨강(R) '102', 녹색(G) '153', 파랑(B) '0', 위치 '100%'을 입력합니다.

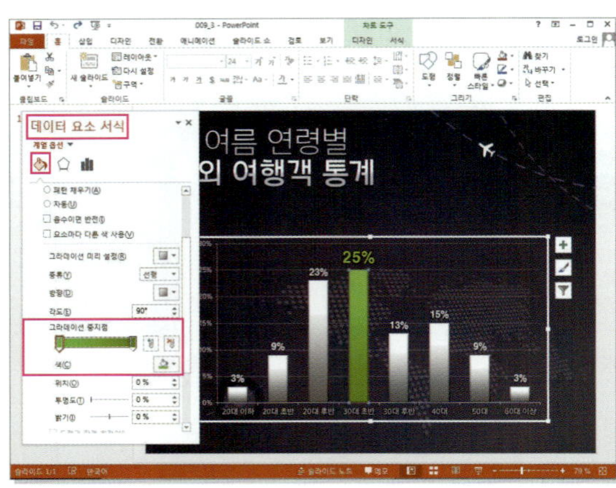

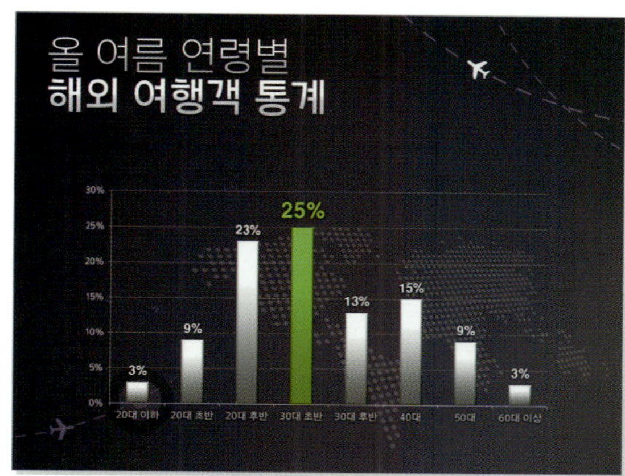

05 슬라이드가 완성되었습니다. 무채색의 차트 안에서 유채색을 이용해 강조하여 완성했습니다. 강조를 할 때는 너무 많은 색을 사용하면 산만해져서 강조를 하기 힘들어집니다. 강조를 하고 싶을 때에는 '중요한 부분만', '절제된 색상'으로 표현하는 것이 좋습니다.

03 꺾은 선형 차트 디자인하기

흔히 주식의 차트에서 꺾은 선형 차트를 볼 수 있습니다. 꺾은 선형 차트는 시간의 흐름에 따른 표시와 항목간의 크기 비교를 할 때 유용한 차트입니다. 막대형 차트와 비슷하지만 꺾은 선형 차트의 경우 선을 이용해 변화 추이를 보여주기에 좋습니다. 이와 같이 데이터의 성격을 파악한 후 그에 적합한 차트를 사용하는 것 또한 매우 중요합니다.

〈예제문〉

단위 : 만명

구분	20대 이하	20대 초반	20대 후반	30대 초반	30대 후반	40대	50대	60대 이상
2012	3	9	23	25	13	15	9	3
2013	4	15	13	30	7	20	6	5

■ 꺾은 선형 차트 삽입하기

01 [삽입] 탭 – [일러스트레이션] 그룹 – [차트]를 선택합니다.

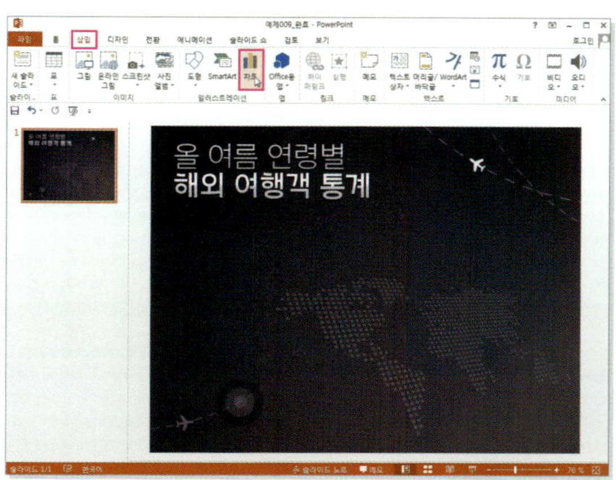

02 [차트 삽입] 대화상자가 나타납니다. [꺾은 선형] – [꺾은 선형]을 선택합니다.

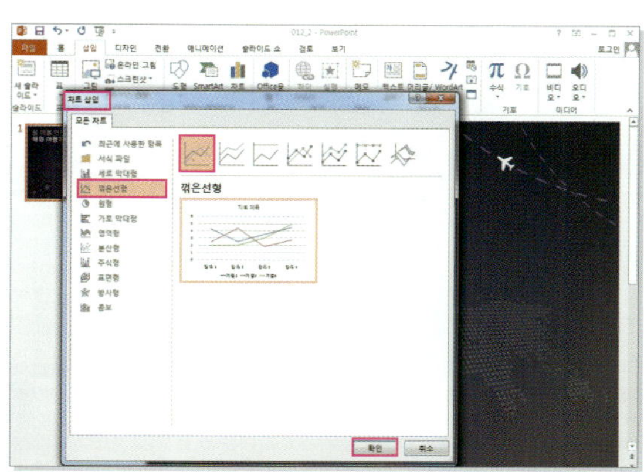

❷ 차트 데이터 입력하기

01 수치를 입력할 수 있는 엑셀 창이 나타납니다. 클릭앤 드래그를 통해 데이터의 범위를 조정합니다.

02 예제문의 수치를 입력합니다. 차트를 잘 만들어 놓으면 나중에 데이터만 교체함으로써 다른 곳에서도 사용할 수 있습니다.

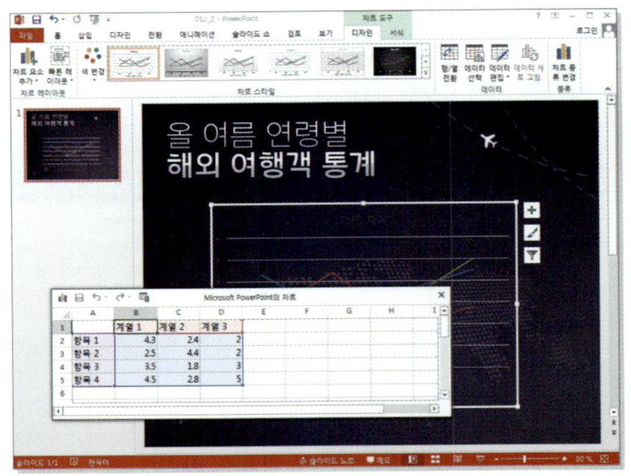

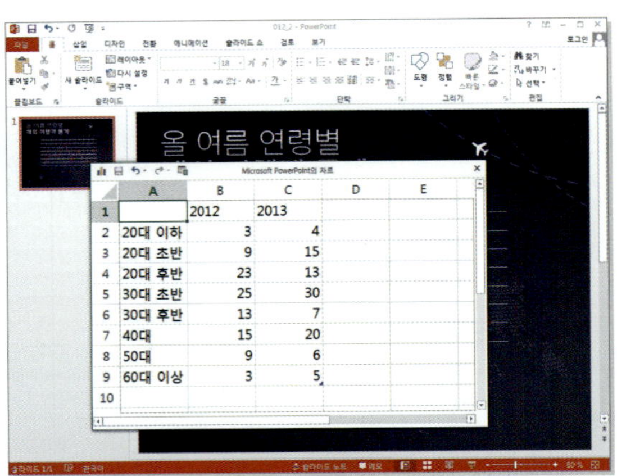

TIP 입력한 데이터 값을 다시 편집하려면 차트를 선택하고, [차트 도구] – [디자인] 탭 – [데이터] 그룹 – [데이터 편집]을 선택하면 다시 엑셀 창이 열리게 됩니다.

❸ 차트 서식 변경하기

03 차트를 선택하고, [차트 요소]를 선택합니다. 많은 요소들을 보여주는 것보다는 꼭 필요한 요소들만 표시하는 것이 좋습니다.

04 [축], [눈금선], [범례]만 표시합니다.
[범례] – [위쪽]을 선택하여 일단 위쪽에 배치합니다. 범례는 표시되어 있는 상태에서 드래그하여 맘대로 위치 조정이 가능합니다.

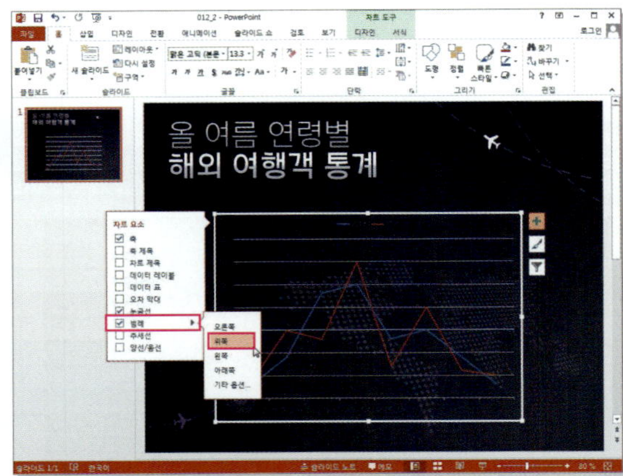

05 '세로 축'을 선택하고, [홈] 탭 – [글꼴] 그룹에서 글꼴 색상을 지정하고, 크기와 서체를 지정합니다.
예제에서는 '아리따 돋움–Medium', '10.5pt'의 글 꼴을 사용하였습니다. 색상은 빨강(R) '191', 녹색(G) '191', 파랑(B) '191'을 지정합니다.

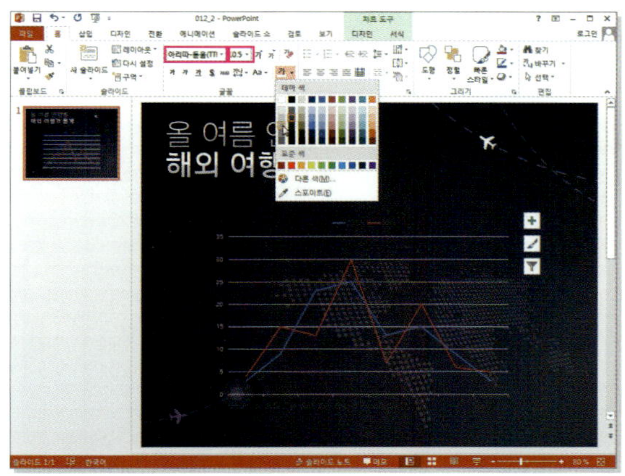

08 '가로 축'을 선택하고, [홈] 탭 – [글꼴] 그룹 – [글꼴 크기]에서 '12pt'를 지정합니다.

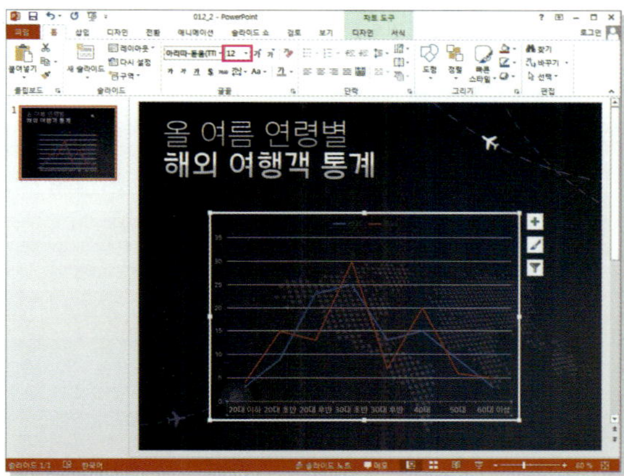

09 차트를 선택하고, 차트의 '눈금선'을 한 번 더 클릭하 여 눈금선만을 선택합니다. 그리고 '마우스 오른쪽 버 튼 클릭' – [눈금선 서식]을 선택합니다.

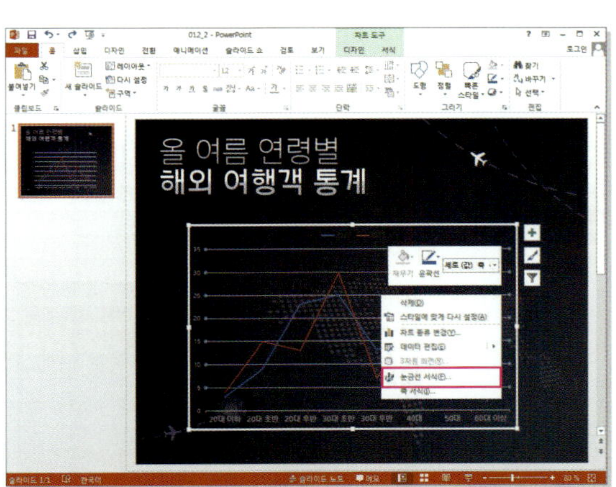

10 [주 눈금선 옵션] – [선] – [대시 종류] – [사각 점선] 을 선택합니다. 선 색상은 빨강(R) '127', 녹색(G) '127', 파랑(B) '127'을 지정합니다.

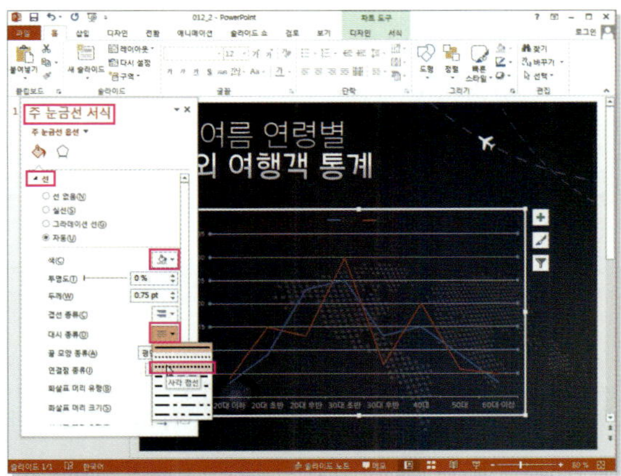

❹ 꺾은 선 서식 지정하기

01 차트를 선택하고, 꺾은 선 그래프를 한 번 더 선택하여 꺾은 선 그래프만 선택합니다.
마우스 오른쪽 버튼을 클릭하면 [데이터 계열 서식] 대화상자가 나타납니다. '2012년' 꺾은 선에는 '흰색'을 선택합니다.

02 [데이터 계열 서식] 대화상자가 열린 상태에서 '2013년' 꺾은 선을 선택합니다.
[계열 옵션] – [채우기 및 선] – [선]에서 색상을 빨강(R) '111', 녹색(G) '172', 파랑(B) '145'를 선택하고 [두께] '3.25pt'를 지정합니다.

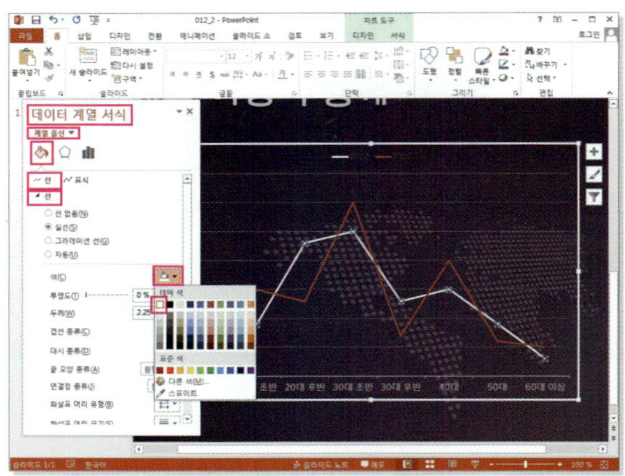

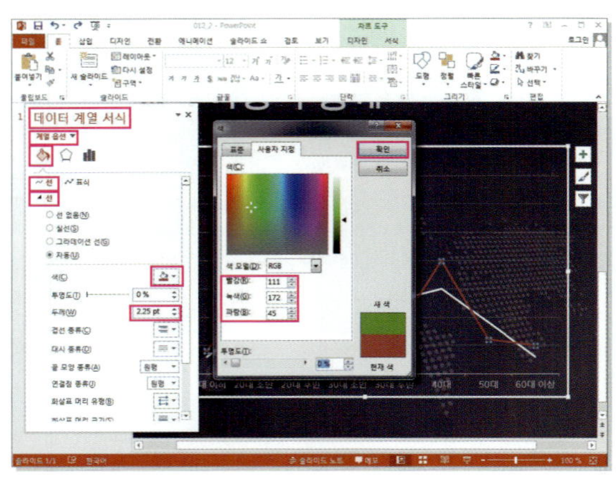

03 꺾은 선 위에 표식을 나타내기 위해 [데이터 계열 서식] – [계열 옵션] – [채우기 및 선] – [표식] – [표식 옵션] – [기본 제공] – [형식] – [●]을 선택하고, [표식 옵션] – [기본 제공] – [크기]를 선택하여 '10pt'을 지정합니다.

04 [계열 옵션] – [표식] – [채우기] – [단색 채우기]에서 '흰색'을 선택하고, [계열 옵션] – [표식] – [테두리] – [실선]을 선택합니다. 실선 색상에 '빨강(R) '111', 녹색(G) '172', 파랑(B) '45'를 선택합니다.

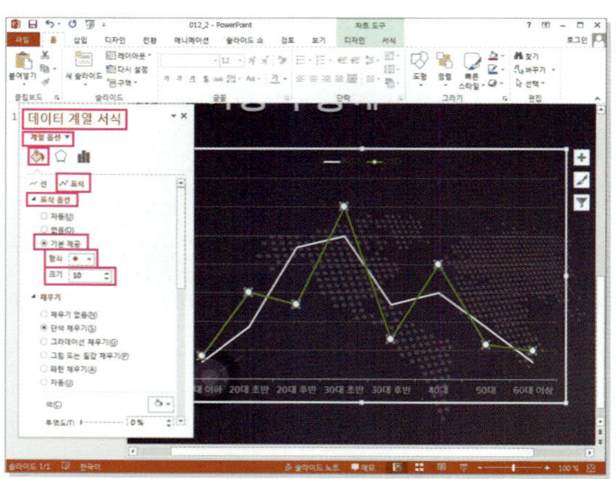

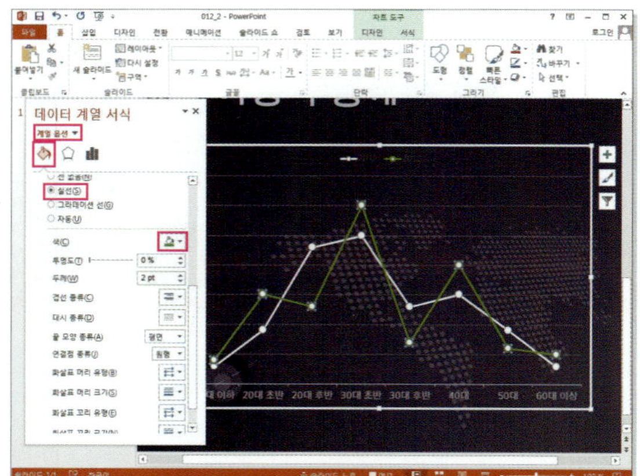

05 프레젠테이션 슬라이드에 크기가 맞도록 드래그하여 크기를 조정합니다.

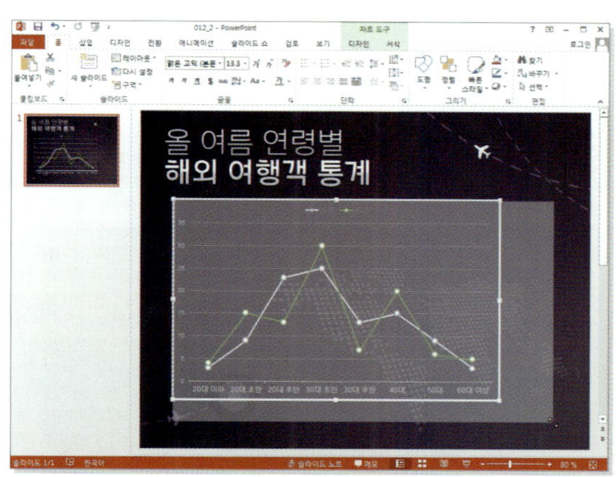

⑤ 데이터 계열 구분을 위해 차트 배경 만들기

01 [삽입] 탭 – [도형] – [직사각형]을 삽입하여 차트 계열의 크기에 맞게 드래그 합니다.

02 도형을 선택하고, 마우스 오른쪽 버튼을 클릭하여 [도형 서식] – [도형 옵션] – [채우기 및 선] – [채우기] – [그라데이션 채우기]를 선택합니다.
중지점1 : 빨강(R) '255', 녹색(G) '255', 파랑(B) '255', 위치 '0%', 투명도 '100%'
중지점2 : 빨강(R) '217', 녹색(G) '217', 파랑(B) '217', 위치 '100%'. 투명도 '80%'을 지정합니다.

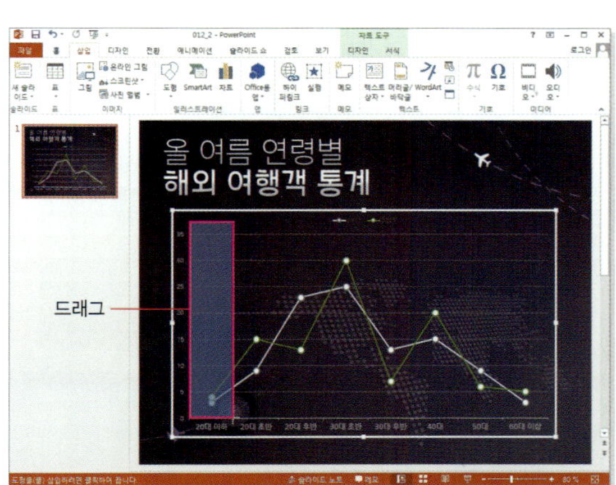

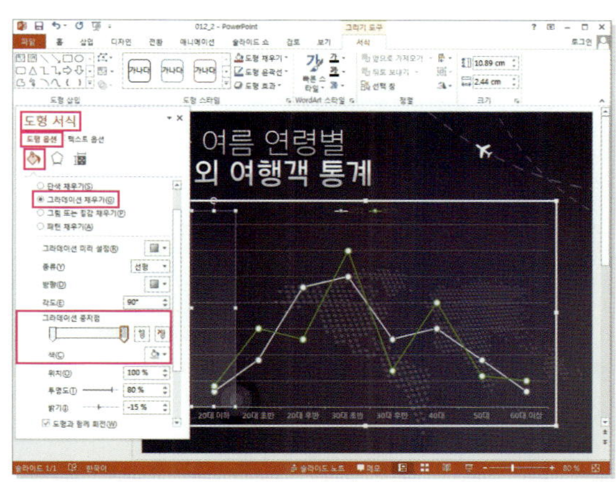

03 Ctrl + Shift 키를 누르고, 수평으로 드래그하여 계열을 한 단계씩 띄어서 위치시킵니다.

04 확대하여 위치를 정확하게 맞춰 줍니다.

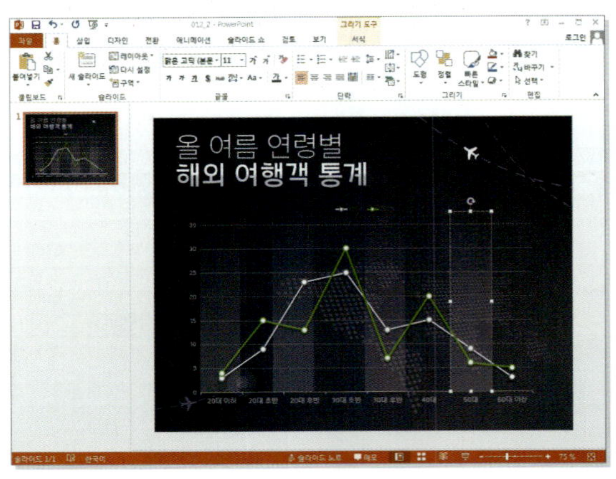

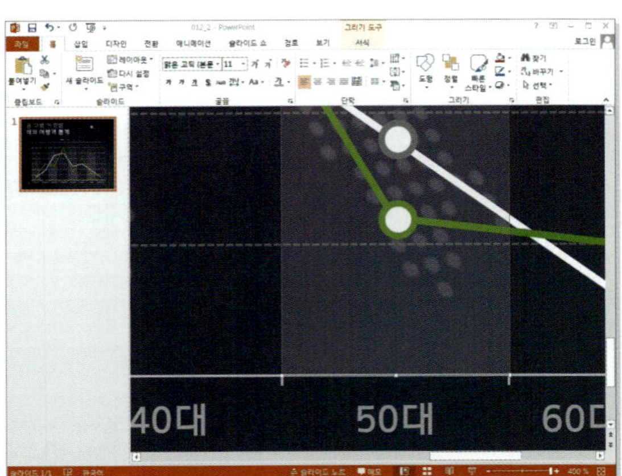

TIP 도형을 옮길 때 Ctrl 키를 누르고 화살표 키로 이동하면 미세한 이동이 가능합니다.

05 도형을 모두 선택하고, [홈] 탭 – [그리기] 그룹 – [정렬] – [맞춤] – [가로 간격을 동일하게]를 선택합니다.

06 도형을 모두 선택하고, [홈] 탭 – [그리기] 그룹 – [정렬] – [그룹]을 선택하여 각각의 도형을 하나의 그룹으로 만듭니다.

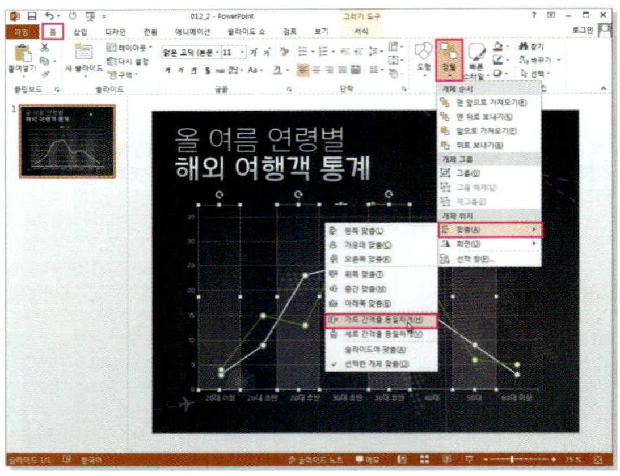

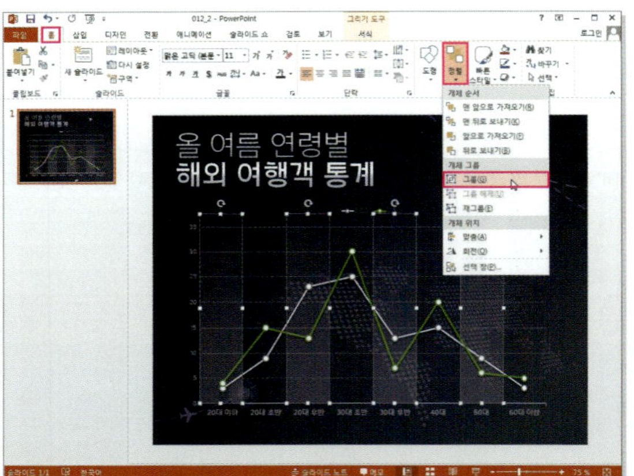

07 그룹으로 만들어진 도형을 선택하고, [홈] 탭 – [그리기] 그룹 – [정렬] – [맨 뒤로 보내기]를 선택합니다.

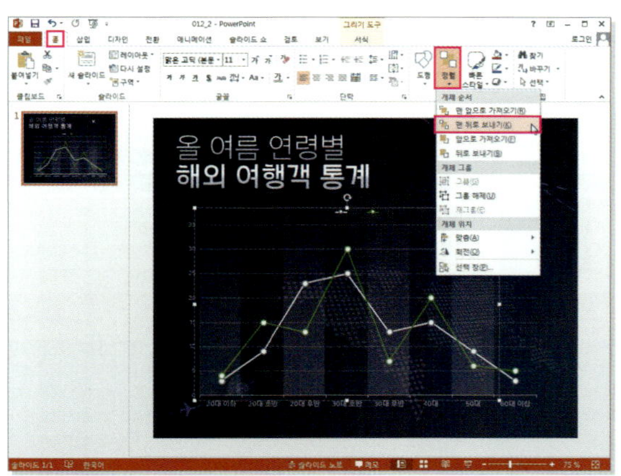

08 이제 위쪽의 '범례'를 선택하고, Shift 키를 누른 후, 마우스를 클릭한 채로 드래그하여 이동시킵니다.

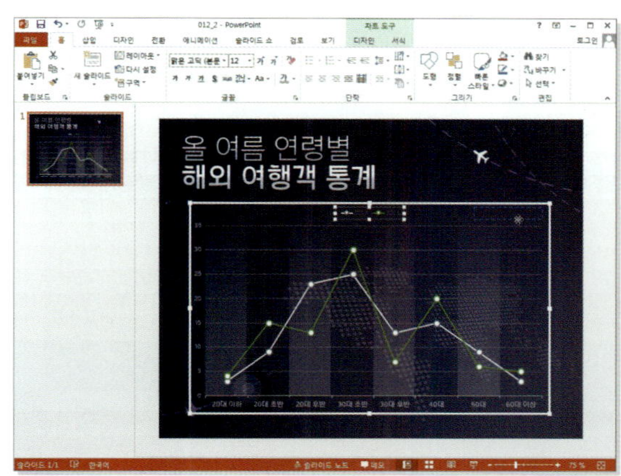

09 꺾은 선을 선택하고, [홈] 탭 – [그리기] 그룹 – [도형 효과] – [그림자] – [오프셋 아래쪽]을 선택합니다.

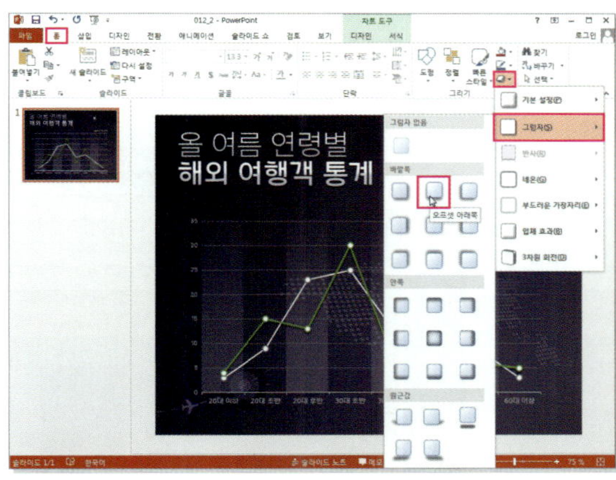

6 데이터 레이블 입력하기

01 '30대 초반'의 데이터만 강조하여 표시할 것이기 때문에 [차트 요소]의 서식을 사용하지 않고, [삽입] 탭 – [텍스트] 그룹 – [텍스트 상자] – [가로 텍스트 상자]를 선택합니다.

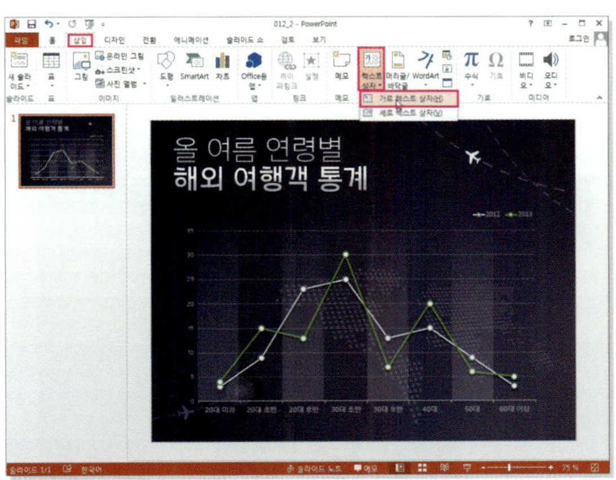

02 텍스트 상자에 '30'을 입력합니다.

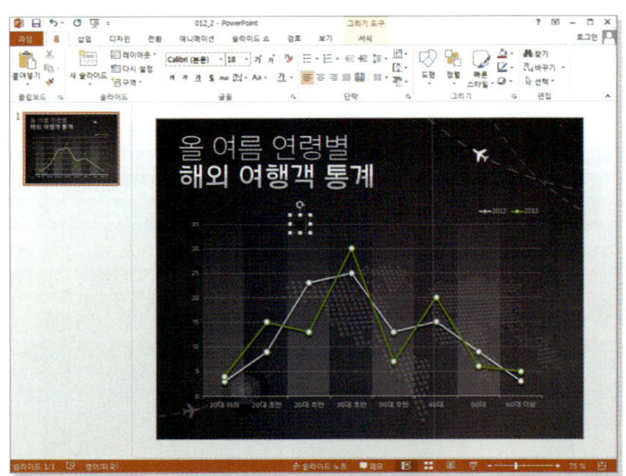

03 글꼴에 'HY견고딕', 크기 '28pt'을 지정합니다. 텍스트 상자를 선택합니다. [홈] 탭 – [글꼴] 그룹 – [글꼴 색] – [다른 색]을 선택하고, 색상에 빨강(R) '174', 녹색(G) '234', 파랑(B) '66'을 지정합니다.

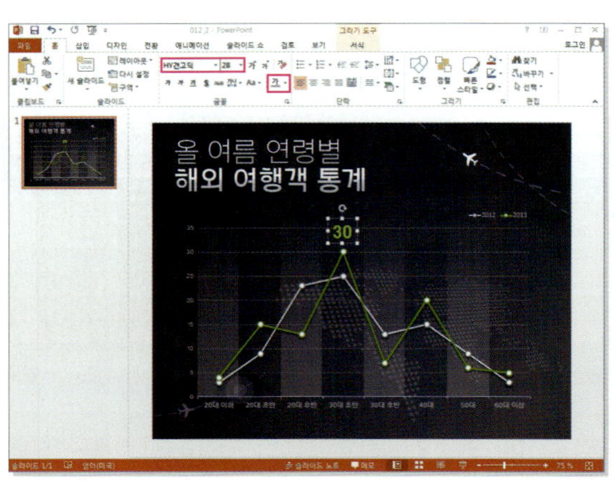

04 [홈] 탭 – [그리기] 그룹 – [도형 효과] – [그림자] – [오프셋 아래쪽]을 선택합니다.

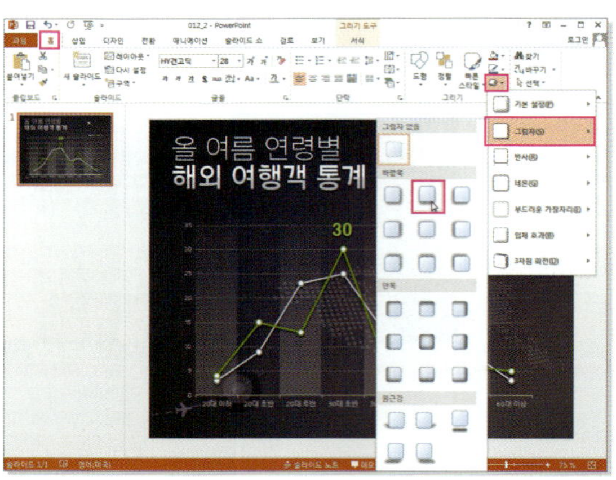

05 '2012년'의 꺾은 선에서도 '30대 초반'에 '25'를 입력하고, 크기 '20pt', '색상에 '흰색'을 지정합니다.

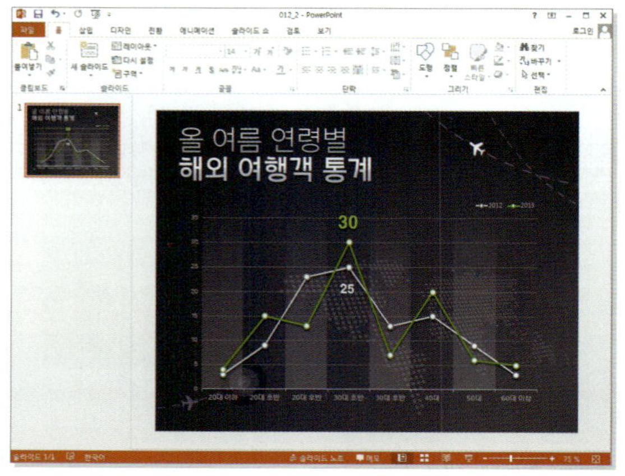

06 [삽입] 탭 – [텍스트] 그룹 – [텍스트 상자] – [가로 텍스트 상자]를 선택하고, '단위 : 만명'을 입력합니다.

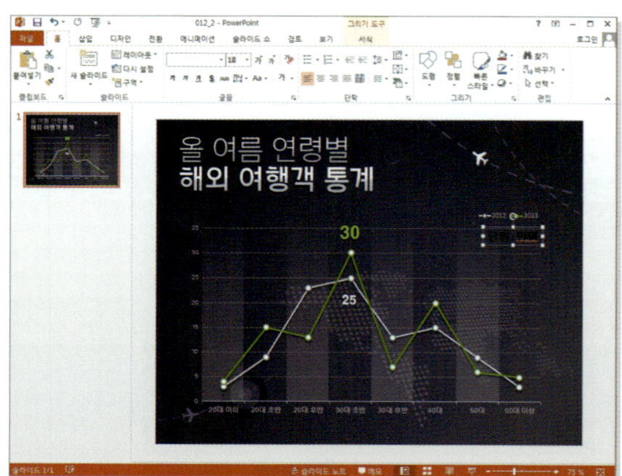

07 글꼴 'HY 견고딕', 크기 '14pt'를 선택합니다. 색상은 큰제목의 그라데이션 스타일을 적용합니다.
(Ctrl + Shift + C 을 눌러 서식을 복사한 후, 적용할 대상을 선택한 다음, Ctrl + Shift + V 를 눌러 서식을 적용합니다.)

08 꺾은 선 차트를 이용하여 계열의 비교가 쉬운 차트가 완성되었습니다.

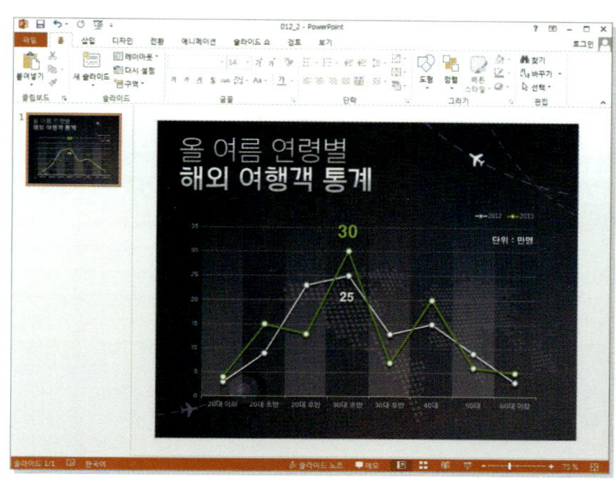

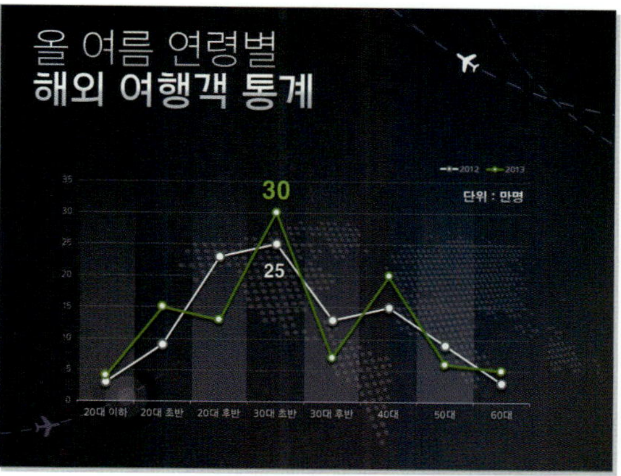

⊙ 04 입체 원형 차트 디자인하기

원형 차트는 전체에서 비율을 쉽게 알아볼 수 있는 차트입니다. 파워포인트의 차트 서식을 이용하면 쉽게 입체 원형 차트를 사용할 수 있습니다. 입체 원형 차트의 손쉬운 기능을 이용해 데이터를 강조한 슬라이드를 디자인 해봅시다.

〈예제문〉

구분	20대 이하	20대 초반	20대 후반	30대 초반	30대 후반	40대	50대	60대 이상
2012	3%	9%	23%	25%	13%	15%	9%	3%

❶ 원형 차트 삽입하기

01 [삽입] 탭 – [일러스트레이션] 그룹 – [차트]를 선택합니다.

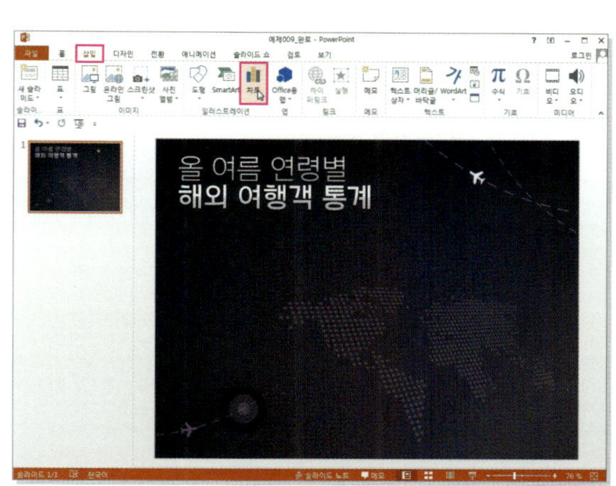

02 [차트 삽입] 대화상자가 나타납니다. 각각 특성에 맞는 다양한 차트들이 있습니다. 여기서 [원형] – [3차원 원형]을 선택합니다.

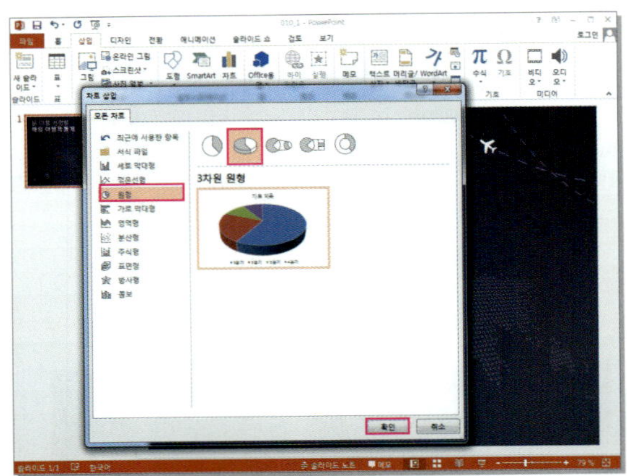

② 차트 데이터 입력하기

01 데이터를 입력할 수 있는 차트 서식 창이 나타납니다. 클릭앤드래그를 통해 범위를 조정합니다.

02 예제문의 서식을 입력합니다.

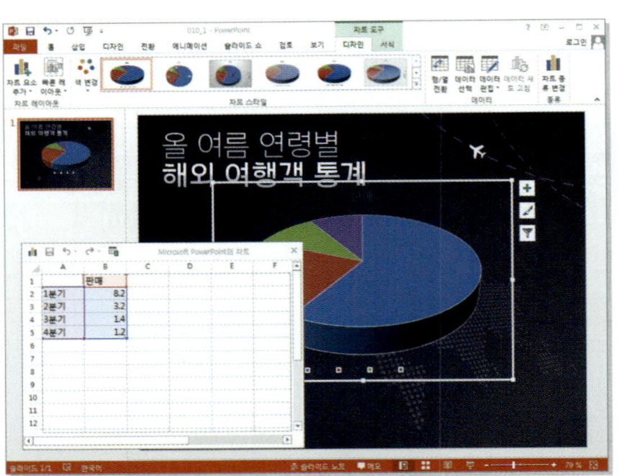

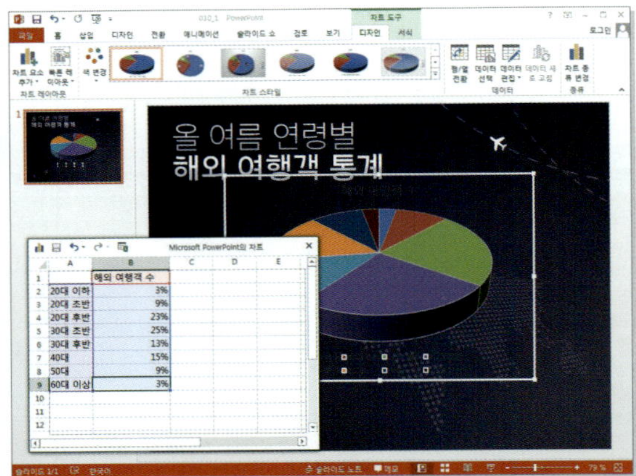

③ 차트 서식 변경하기

01 [차트 도구] – [디자인] 탭 – [차트 스타일] 그룹에서 스타일을 선택합니다.

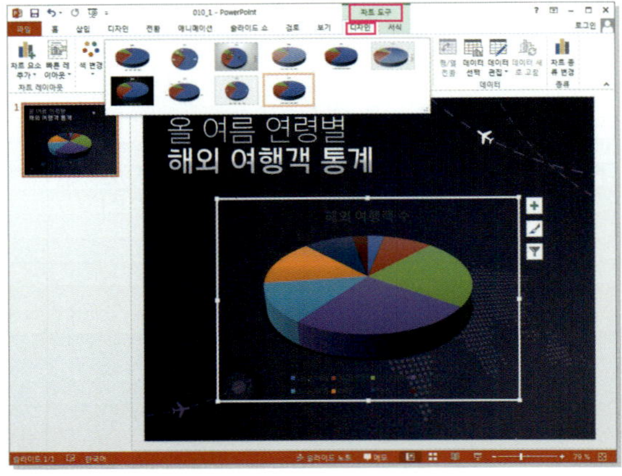

02 차트를 누른 상태에서 오른쪽 상단의 [차트 요소]를 선택합니다. 차트 제목과 범례를 체크 해제합니다. 범례를 따로 표기하는 것보다 차트에 직접 데이터 레이블을 달아놓는 것이 직관성을 높여줍니다.

03 차트를 선택하고, [차트 요소] – [데이터 레이블] – [안쪽 끝에]를 선택합니다.

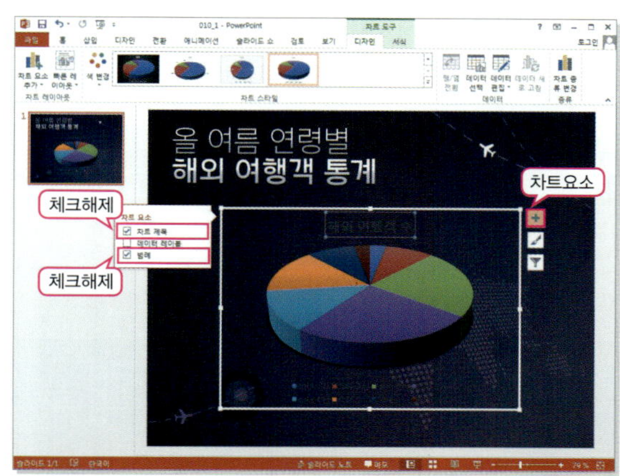

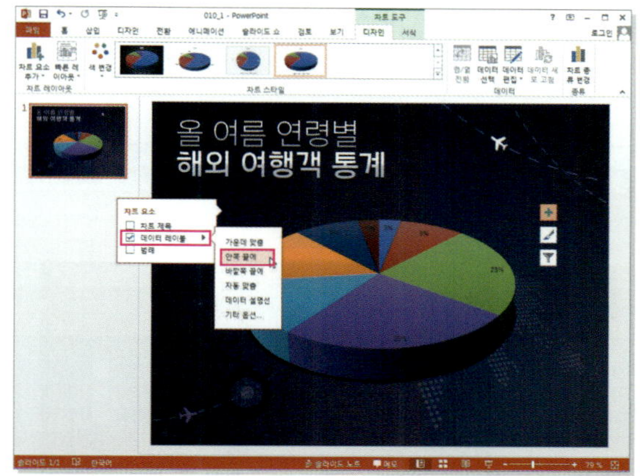

04 [차트 도구] – [디자인] 탭 – [색 변경] 그룹에서 색상을 쉽게 변경할 수 있습니다.
원하는 색상을 선택해 주세요. 예제에서는 무채색과 유채색의 대비를 이용해 강조할 것이기 때문에 회색조를 선택하도록 하겠습니다.

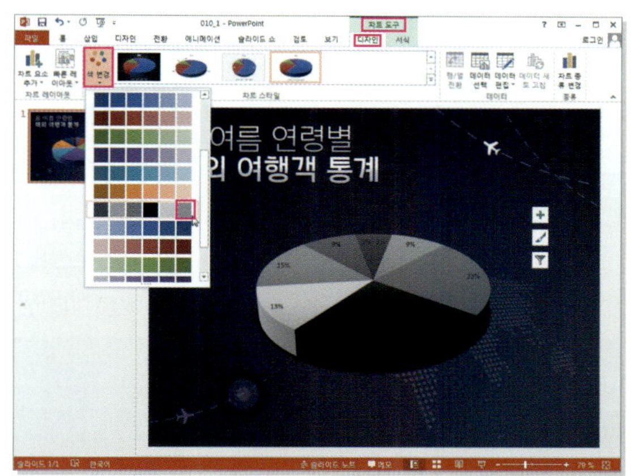

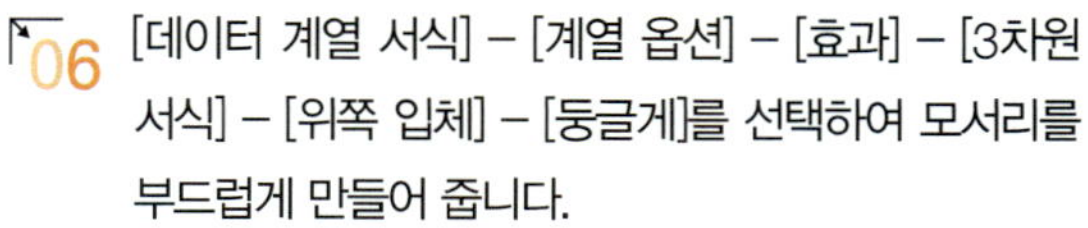

05 차트를 선택하고 마우스 오른쪽 버튼을 클릭하여 [데이터 계열 서식]을 선택합니다. 원형 차트를 선택해야 [데이터 계열 서식]을 선택할 수 있습니다.

06 [데이터 계열 서식] – [계열 옵션] – [효과] – [3차원 서식] – [위쪽 입체] – [둥글게]를 선택하여 모서리를 부드럽게 만들어 줍니다.

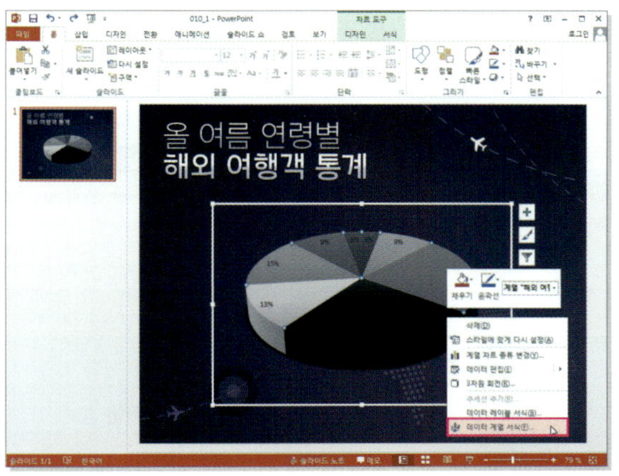

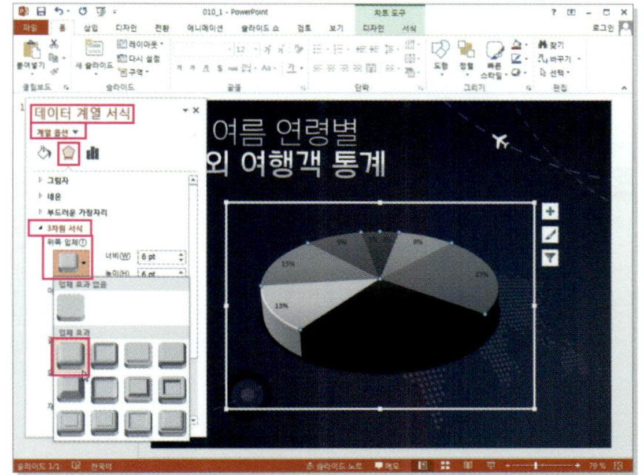

❹ 데이터 레이블 서식 변경하기

01 텍스트가 작아서 가독성이 떨어지는 데이터 레이블을 서식을 지정해 주도록 합니다.
'데이터 레이블'을 선택하고 '마우스 오른쪽 버튼 클릭' – [데이터 레이블 서식]을 선택합니다.

02 '%'만 표기되어 있는 데이터에 '항목 이름'을 같이 표기합니다. [데이터 레이블 서식] – [레이블 옵션] – [레이블 옵션]에서 '항목 이름', '값'을 체크합니다. 혹시 '지시선 표시'가 체크되어 있다면 체크 해제하도록 합니다.

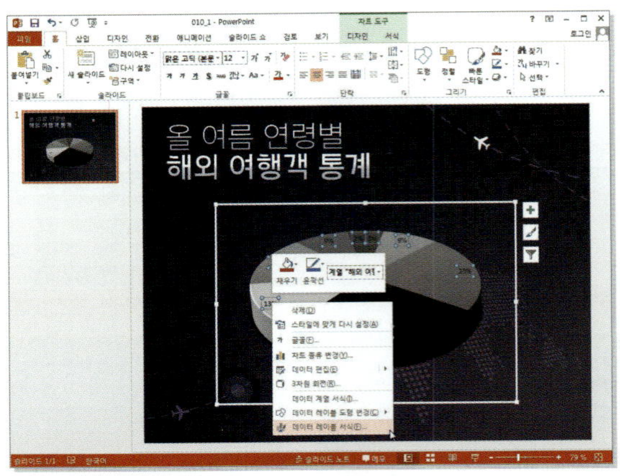

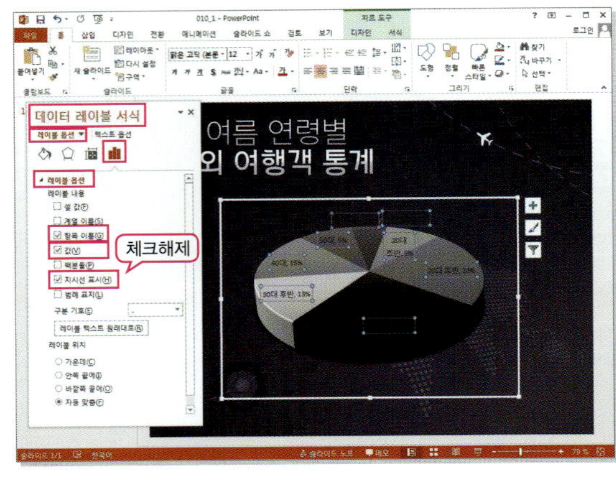

03 각 원형 조각의 '데이터 레이블'을 선택하고, [홈] 탭 – [글꼴] 그룹에서 텍스트의 색상과 글꼴을 지정합니다. 예제에서는 'HY견고딕', 색상은 '흰색'을 지정했습니다.

04 자동으로 '차트 스타일'과 '색 변경'을 선택하였기 때문에 자세히 보면 색상이 겹친 부분도 있을 수 있습니다. '20대 이하' 부분의 색상이 '60대 이상'과 색상이 똑같아 구분이 안 되고 있습니다.

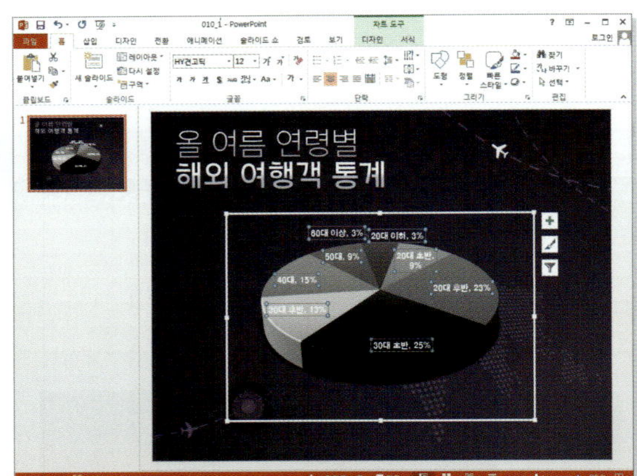

05 차트를 선택하고, '20대 이하' 부분의 원형 조각을 한 번 더 클릭하여 원형조각만 선택합니다. 마우스 오른쪽 버튼 클릭으로 '데이터 요소 서식'을 통해 색상을 바꿔줍니다.

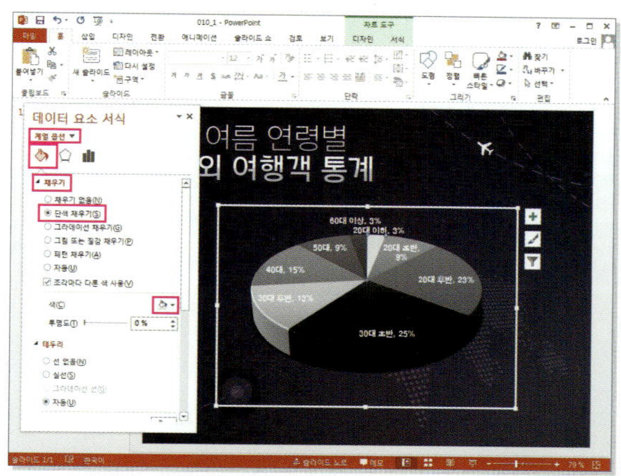

03 슬라이드에 공간에 맞춰 차트의 크기를 조절해 줍니다.

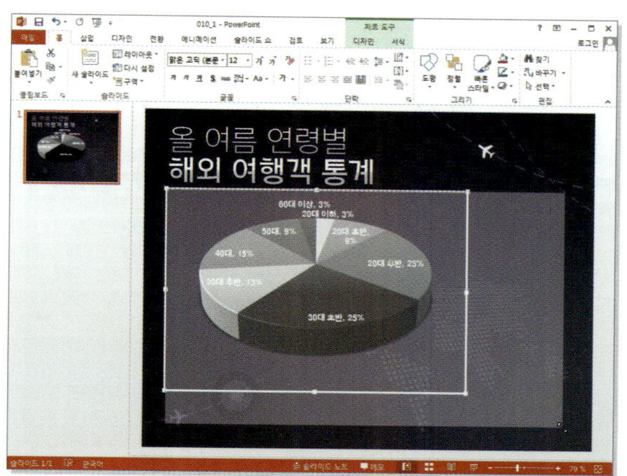

⑤ 원형 차트 조각 강조하기

01 예제문에서 강조 표시된 '30대 초반'을 강조하도록 합니다. '데이터 레이블'은 일반 텍스트 상자와 같이 이동이 가능하고 편집도 가능합니다.

02 각각의 텍스트 상자들을 선택하여 데이터 값에 맞춰 크기를 조절합니다.
강조를 위해 '30대 초반' 데이터 레이블은 크기를 크게 키워줍니다. 예제에서는 '30대 초반'은 '18pt', '25%'는 '36pt'를 지정했습니다.

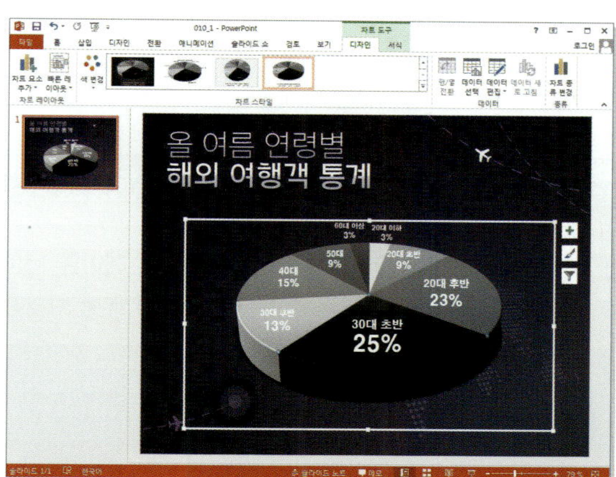

03 '데이터 레이블'을 선택하여 마우스 오른쪽 버튼 클릭으로 텍스트에 '그림자' 서식을 지정합니다.

[투명도] '30%', [크기] '100%', [흐리게] '14pt', [각도] '90 ° ', [간격] '1pt'를 지정합니다.

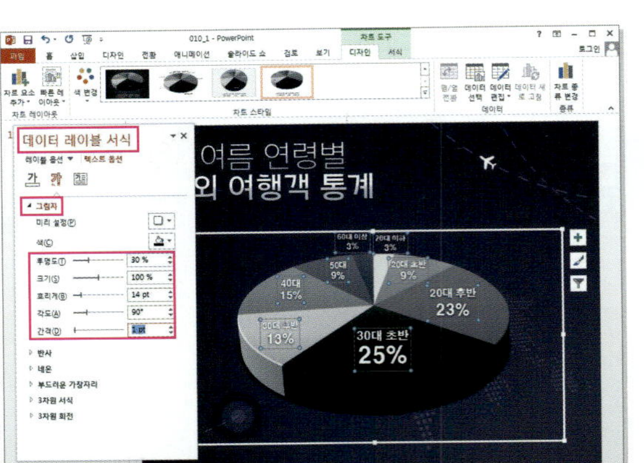

04 '30대 초반'의 원형 차트 조각만 선택하고, '마우스 오른쪽 버튼 클릭' – [데이터 요소 서식]을 선택합니다.

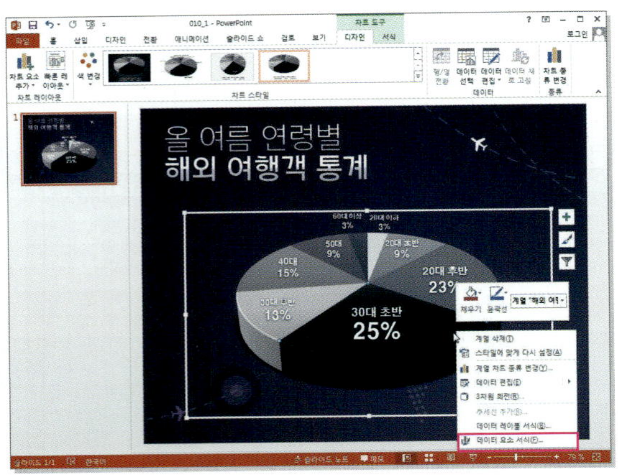

05 [데이터 요소 서식] – [계열 옵션] – [채우기 및 선] – [단색 채우기]를 선택하고, 빨강(R) '111', 녹색(G) '172', 파랑(B) '45'를 지정합니다.

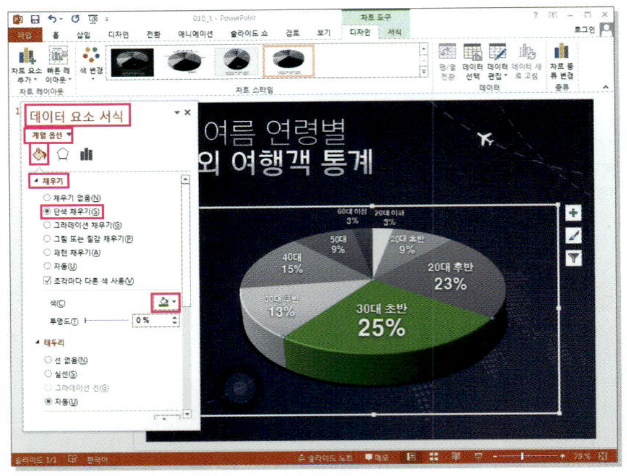

06 라임 색상에 흰색 텍스트가 있으니 다른 차트와 차별성이 떨어집니다.

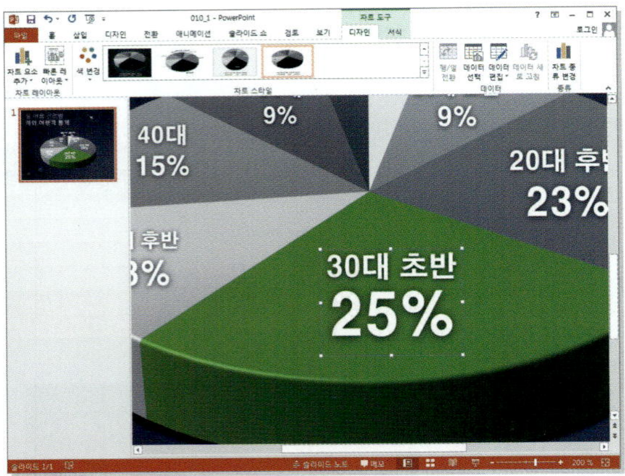

07 '30대 초반' 데이터 레이블을 선택하고, 레이블 서식에서 빨강(R) '0', 녹색(G) '51', 파랑(B) '0'를 지정합니다.

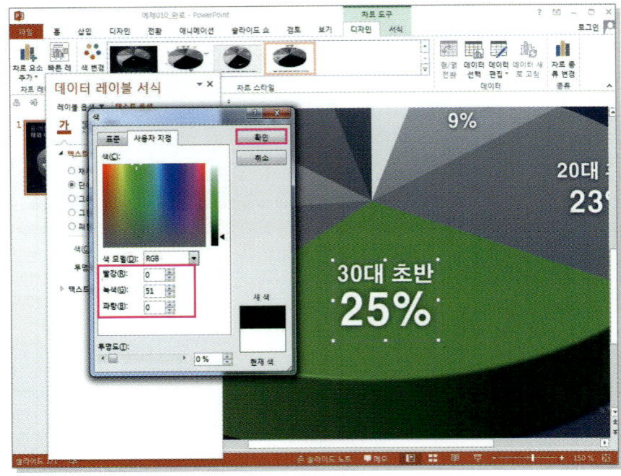

08 [텍스트 레이블 서식] – [텍스트 옵션] – [텍스트 효과] – [네온] 효과를 선택합니다.
세부 옵션에서 [색] '흰색', [크기] '8pt', [투명도] '60%'를 선택합니다.

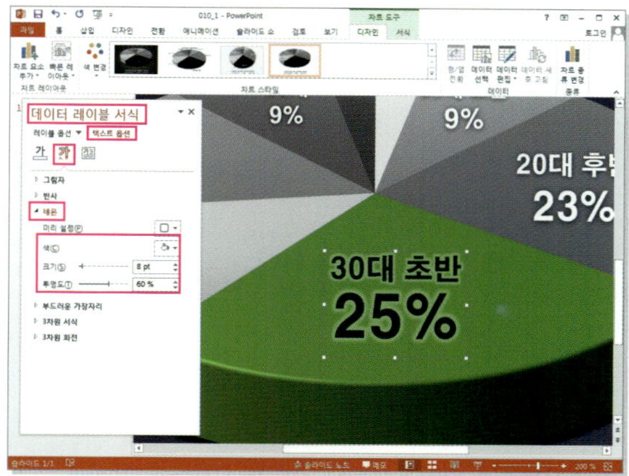

09 이제 원형 차트에서 강조된 조각만 분리하도록 하겠습니다. 라임 색상 원형 차트 조각만 선택한 후, 보기와 같이 드래그하면 지시선이 나타납니다. 원하는 곳만큼 드래그하여 조각을 분리해줍니다.

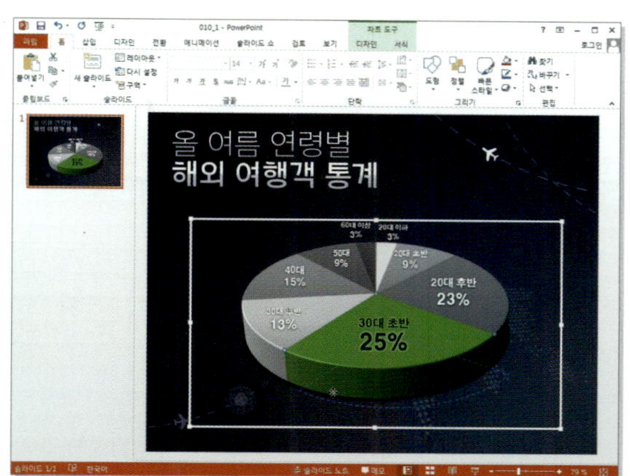

10 원형 차트 조각이 분리된 후, 흐트러진 '데이터 레이블'을 다시 공간에 맞도록 배치해주도록 합니다.

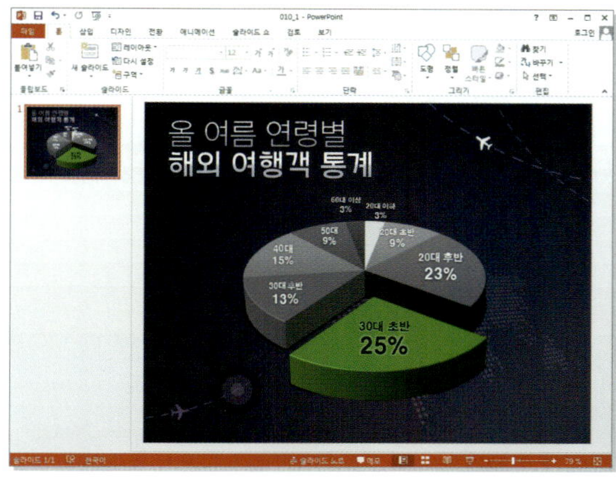

11 차트가 완성되었습니다. 파워포인트의 '차트' 서식을 이용하면 손쉽게 '입체 차트'를 사용할 수 있습니다. 기능적인 부분에서 아직 제약된 기능들이 있지만, 2013 버전에 와서 더욱더 강력한 기능들을 제공합니다.

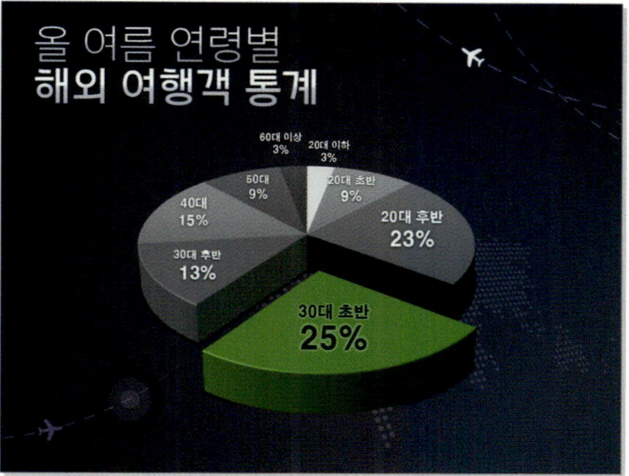

데이터는 수치로 표현되지만 그림으로 표현해주면 훨씬 이해하기 쉽습니다. 차트의 종류는 세로막대형, 가로막대형, 꺾은 선형, 원형, 분산형, 영역형, 도넛형, 방사형, 표면형, 거품형 등 많은 종류가 있습니다. 우리가 자주 사용하는 차트의 종류에 대해 알아봅시다.

	막대형 차트	꺾은 선형 차트	원형 차트
차트 종류			
용도	시간의 흐름에 따른 항목의 크기를 비교할 때 유용하게 사용됩니다. 막대 안에서 또 비율을 나누어 표현할 수 있어 가장 많이 쓰이는 유형의 차트입니다.	주로 주식과 같은 변동의 추이를 쉽게 알아볼 수 있는 차트입니다. 시기에 따른 변동 폭을 비교하기 편리합니다.	전체 비율 안에서 특정 항목이 차지하고 있는 비율을 보여주기에 좋습니다. 주로 백분율의 데이터를 보여주는데 많이 사용됩니다.

위의 3가지 차트 외에도 다양한 차트들을 혼합된 형태의 차트들도 많이 볼 수 있습니다. 정보의 시각화에 대한 관심이 많아지는 요즘은 더 다양한 차트들의 형태가 나타나고 있으며 복잡한 데이터를 단순화 시켜주는 것 또한 통계에서 중요한 요소입니다. 각각의 차트의 특성을 잘 이해하고 그에 맞는 차트를 사용하는 것도 매우 중요합니다. 요즘은 구글, 다음, 네이버 등과 같은 대형 포털 사이트에서 트랜드를 보여주는 데이터 시각화 서비스를 제공하고 있으니 참고하면 많은 도움이 될 수 있습니다.

챠트는 숫자로 구성된 정보를 효율적으로 보여주어 데이터간 통찰력을 제공합니다.

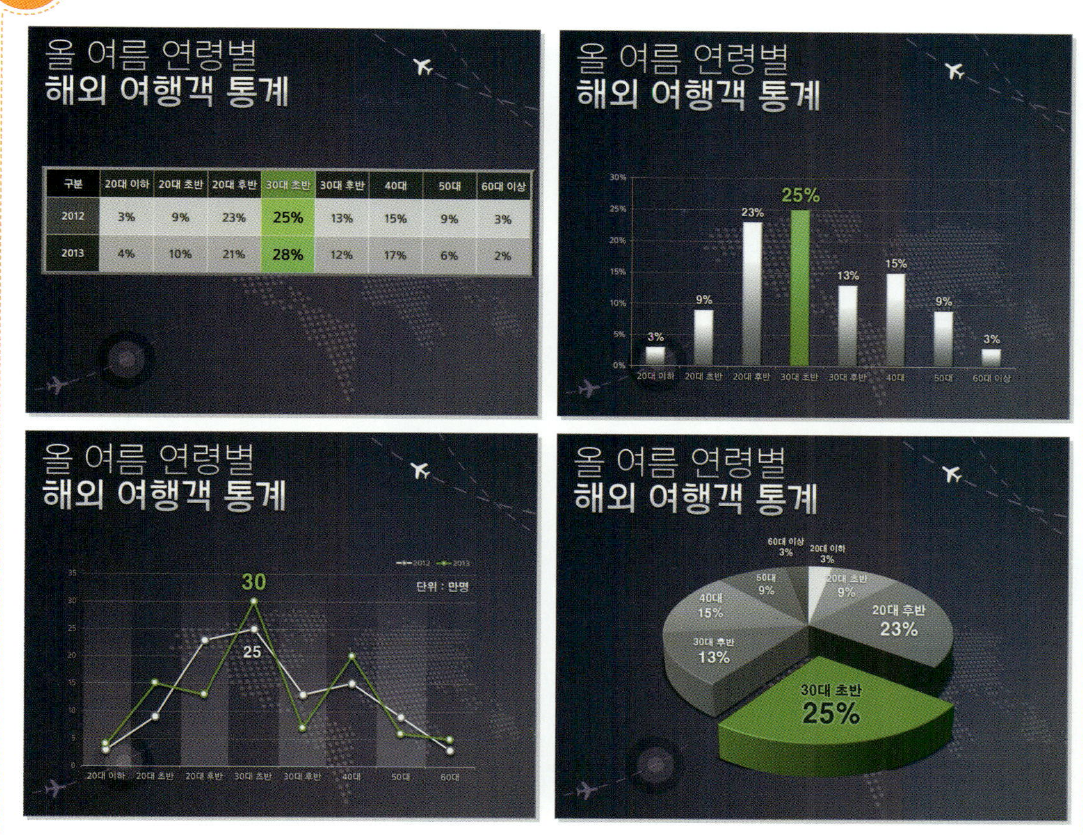

▲ 이 제작물은 아모레퍼시픽의 아리따 글꼴을 사용하여 디자인 되었습니다.

PART

PART 03
인포그래픽

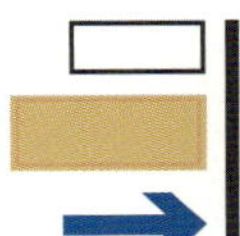

CHAPTER 01

인포그래픽

001 크기와 색을 이용하자!

사람은 시각을 통해 정보를 인식하고 사고를 통해 행동으로 옮깁니다. 문자 또한 학습을 통해 문자를 인식하기 전에는 아무 의미 없는 형상과 같습니다. 우리는 이러한 학습과 경험을 통해 색채에 대해서도 고정적인 인식을 가지고 있습니다. 가령 신호등을 예로 들면 '파란불'은 길을 건너도 좋다는 'Yes'의 의미를, '빨간불'은 멈춰야 한다는 'No'의 의미를 우리는 인식하고 있습니다. 그리고 이렇게 색채를 통한 정보 전달 요소는 우리의 주변에 알게 모르게 존재하고 있습니다.

또 한 가지 예로 왼쪽의 4가지 색상을 보면 어떤 이미지가 떠오르십니까? 구글의 '크롬'에 대해 알고 있는 사람이라면 바로 '크롬'을 떠올릴 것입니다.

이것이 바로 색채가 가지고 있는 상징적 기능입니다. 기업의 마케팅의 방법, 길을 안내하는 표지판, 핸드폰의 UI 등을 보면 바로 이러한 요소들을 많이 발견할 수 있습니다. 정보 디자인은 바로 사용자의 배려, 즉 청중에게 더 잘 전달하기 위한 배려로부터 시작하는 것입니다.

이번에는 색채와 크기를 이용한 정보 전달 방법에 대해 알아봅시다.

 01 데이터 분석하기

01 먼저 어떤 성격의 데이터인지 분석합니다. 우리가 사람의 성격 중 어떤 성격을 호감형으로, 혹은 비호감형으로 느끼는지에 대해 보여주고 있습니다.

어떤 성격이 호감? 비호감? 일까?

호감	비호감
낙천적이다 1위	자기중심적이다 1위
낭만적이다 2위	가식적이다 2위
도전적이다 3위	거만하다 3위
겸손하다 …	부정적이다 …
당당하다 …	악질같다 …
긍정적이다 …	옹졸하다 …
결단력이 있다 …	품생품사하는 성격이다 …
뒤끝이 없다 …	험악하다 …
타인을 먼저 생각한다	삭막하다 …
섬세하다 …	소심하다 …

02 각각의 속성에 따라 색상을 먼저 결정하겠습니다. 긍정적인 의미의 색상으로는 '호감'을, 부정적인 색상으로는 '비호감'을 표현하겠습니다.

예제에서는 가독성을 고려하여 꼭 색채심리학의 색상이 아닌 계열에 따른 색상을 선택했습니다. 마찬가지로 실제 작업을 할 때에도 전체적인 균형에 맞는 색상을 잘 선택해야 합니다.

호감 : 빨강(R) '29', 녹색(G) '83', 파랑(B) '205'
비호감 : 빨강(R) '190', 녹색(G) '1', 파랑(B) '115'

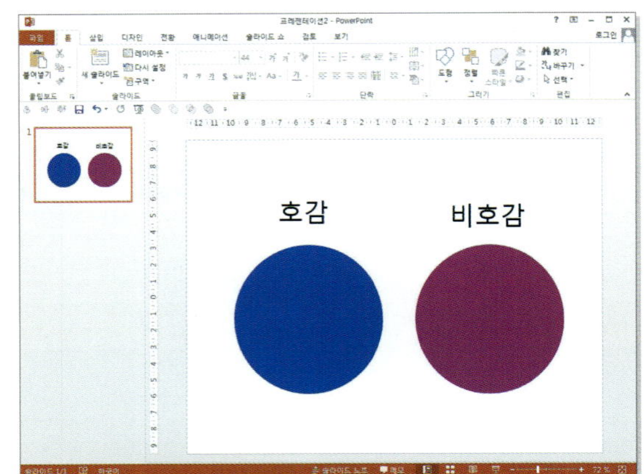

02 배경 서식 지정하기

01 먼저 데이터를 표현하기 전에 배경 서식을 지정합니다. 슬라이드 영역에서 마우스 오른쪽 버튼을 클릭하고, [배경 서식]을 선택합니다.

02 [배경 서식] – [채우기] – [그림 또는 질감 채우기]를 선택하고, 예제 이미지 BG01.jpg를 선택합니다.

▼ 경로 PART03\Chapter1\001

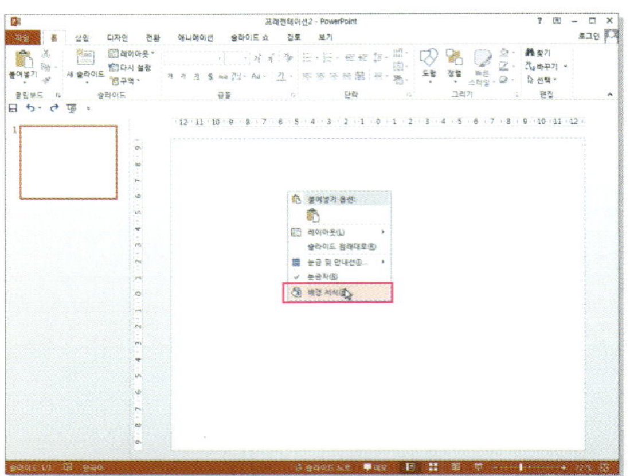

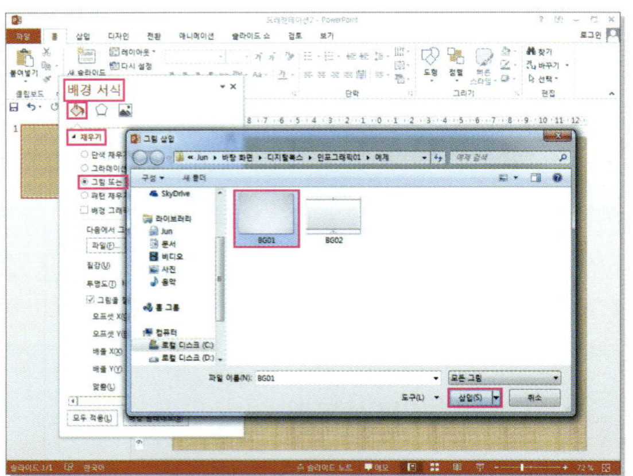

03 먼저 선택된 데이터를 표현할 주제 색상을 고려하여 배경 서식을 지정합니다.

배경 색상은 회색, 보라색과 같은 중간 색상을 선택하는 것이 강조색을 이용하기에 편리합니다.

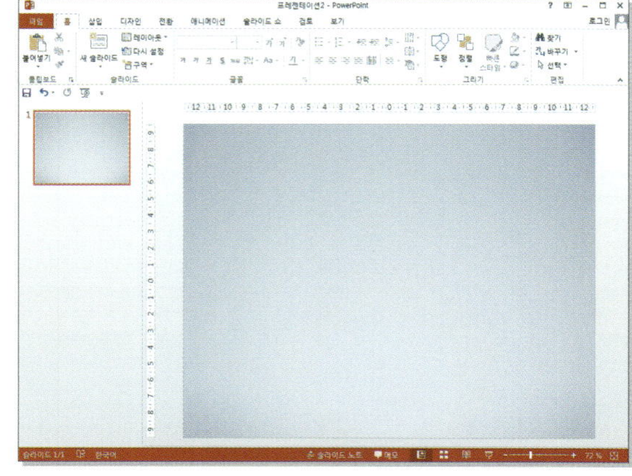

01 제목을 입력합니다. [삽입] 탭 – [텍스트] 그룹 – [텍스트 상자] – [가로 텍스트 상자]를 선택하고, '어떤 성격이 호감? 비호감? 일까?'를 입력합니다.

02 '어떤 성격이', '호감?비호감?', '일까?'로 [텍스트 상자]를 따로 따로 만들어 텍스트를 입력합니다.

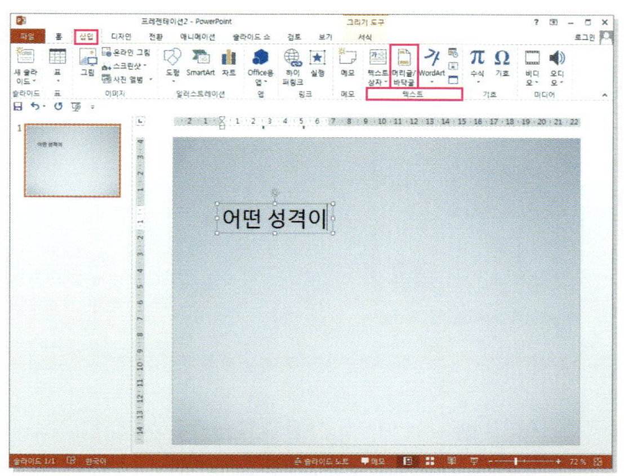

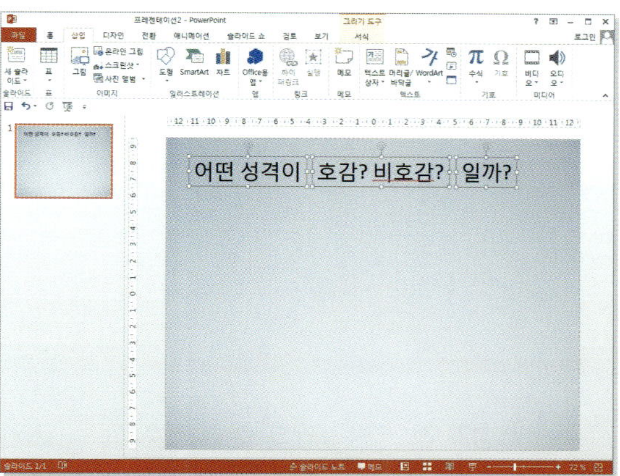

03 '어떤 성격이'. '일까?' 두 텍스트 상자를 선택하고, [홈] 탭 – [글꼴] 그룹 – [글꼴]에서 '뫼비우스 Regular', '36pt'를 지정합니다.

04 '호감? 비호감?'을 더 부각시키기 위해서 서체를 바꿔 봅시다. '호감? 비호감?' 텍스트 상자를 선택하여 '나눔 손글씨 펜', '72pt'를 지정합니다.

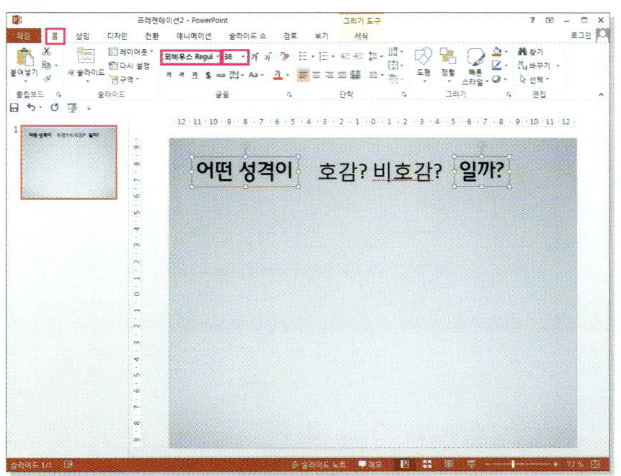

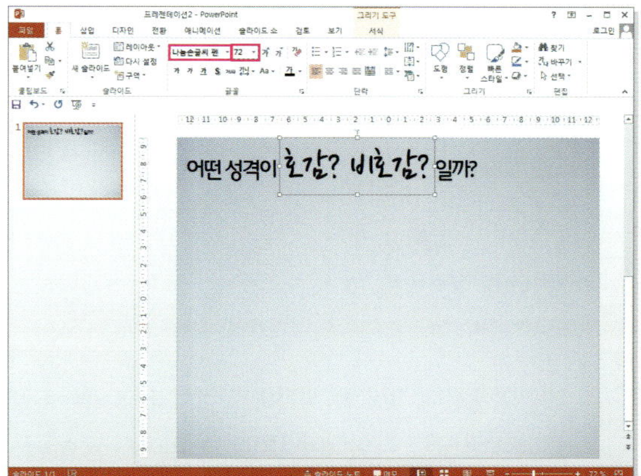

TIP '뫼비우스 Regular, 뫼비우스 Bold'의 서체는 http://www.tworld.co.kr에서 다운 받을 수 있습니다. 사용범위에 따라 저작권은 허가 받아야 합니다.

05 '어떤 성격이', '일까?' 텍스트 상자를 선택하고, [홈] 탭 – [글꼴] 그룹 – [글꼴 색]에서 테마색의 '두 번째 검정색'을 선택합니다.

06 '호감? 비호감?' 텍스트 상자를 선택하고, '호감?' 텍스트만 드래그 합니다. [홈] 탭 – [글꼴] 그룹 – [글꼴 색] – [다른 색]을 선택하고, 빨강(R) '29', 녹색(G) '83', 파랑(B) '205'을 입력합니다.

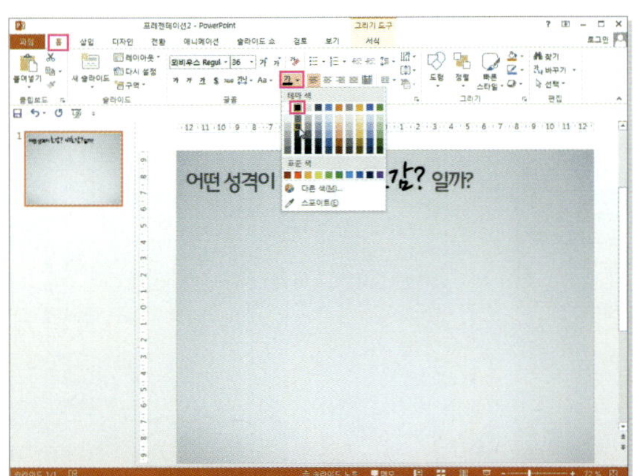

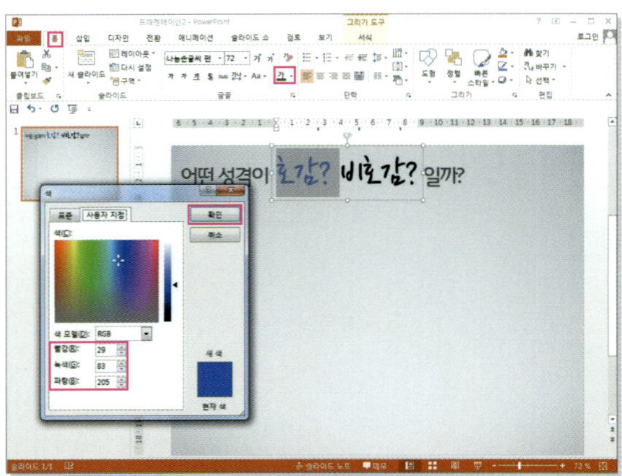

07 '비호감?' 텍스트만 드래그 합니다. [홈] 탭 – [글꼴] 그룹 – [글꼴 색] – [다른 색]을 선택하고, 빨강(R) '190', 녹색(G) '1', 파랑(B) '115'을 입력합니다.

08 [삽입] 탭 – [이미지] 그룹 – [그림]을 선택하고, 예제 소스 'BG02.png'를 선택합니다.

▼ 경로 PART03\Chapter1\001

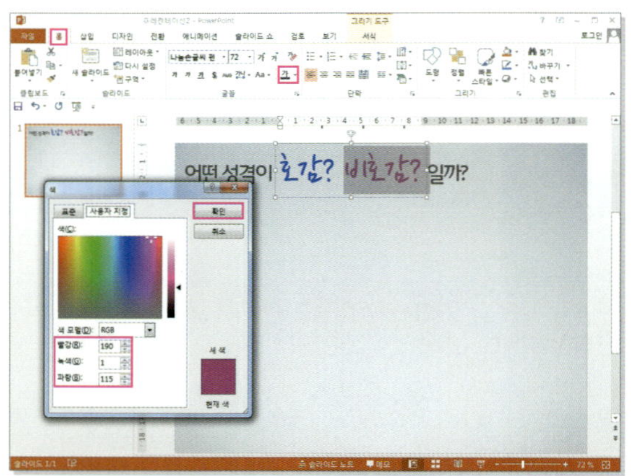

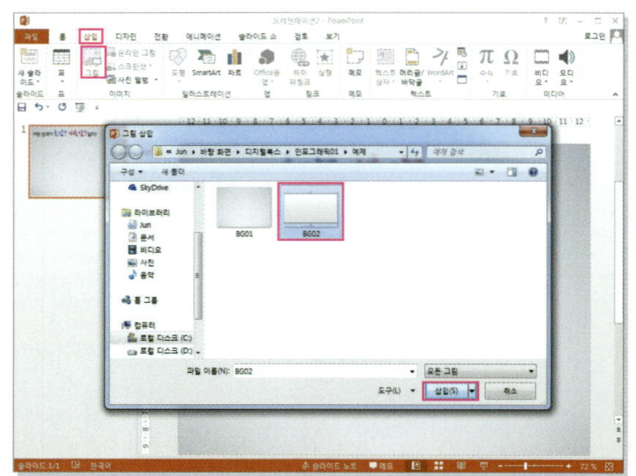

09 배경의 공간에 맞도록 적절하게 위치와 크기를 조절합니다. 밋밋한 데이터에 재미있는 이미지 요소들은 청중의 집중도를 더욱 집중시켜줍니다. 하지만 의미 없는 요소들은 가능하면 사용하지 않는 것이 좋습니다.

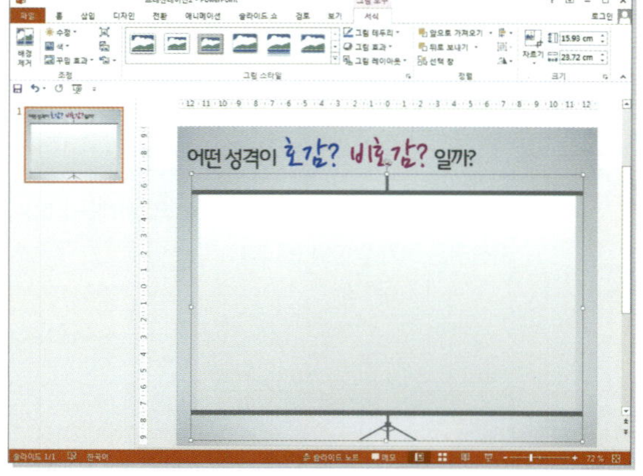

01 [삽입] 탭 – [일러스트레이션] – [도형] – [타원]을 삽입합니다.

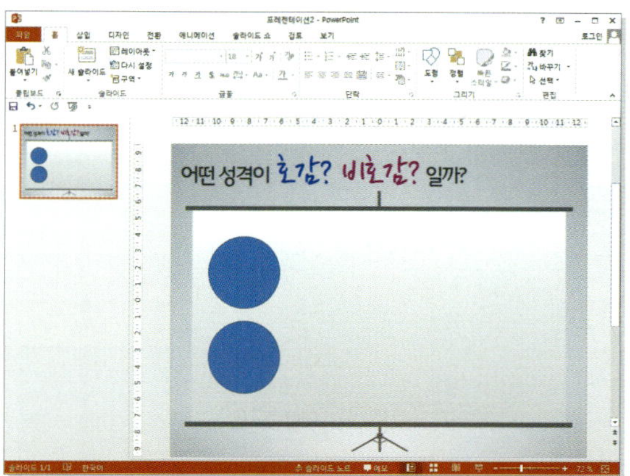

02 Ctrl 키를 누르고 도형을 드래그하여 복제합니다. 크기로 10단계를 표현할 것이기 때문에 가장 큰 타원과 가장 작은 타원을 배치합니다.

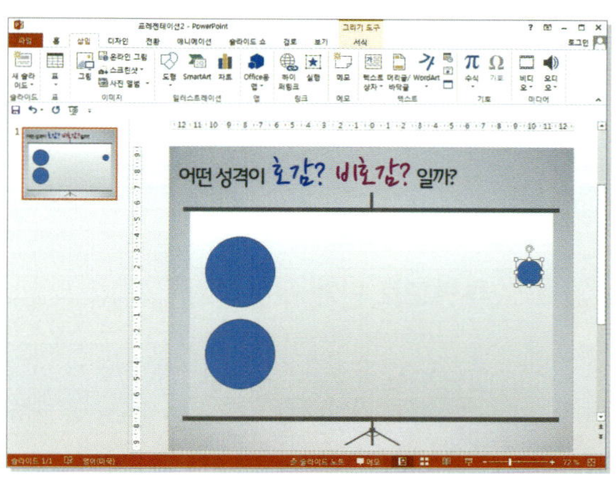

03 각각의 '타원'에 호감 : 빨강(R) '29', 녹색(G) '83', 파랑(B) '205' 비호감 : 빨강(R) '190', 녹색(G) '1', 파랑(B) '115'을 각각 입력합니다.

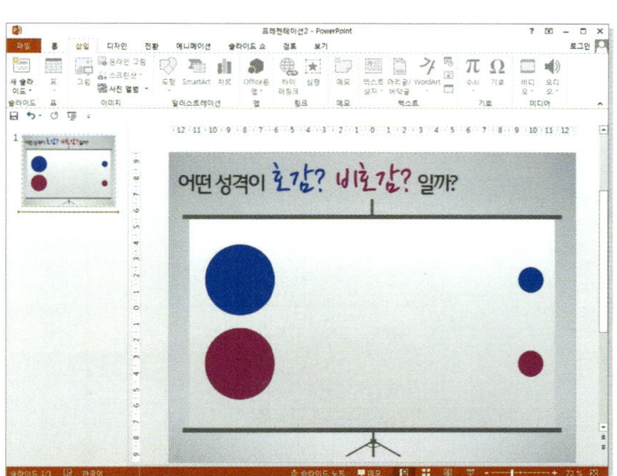

04 Ctrl 키를 누르고 '타원'을 드래그 하여 10개가 될 수 있도록 복사합니다.

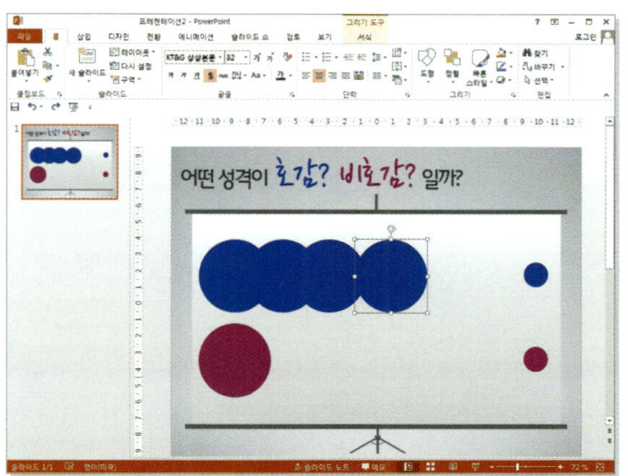

05 가장 큰 타원의 크기가 지름 '4.5cm', 가장 작은 타원은 지름 '1.5cm'입니다.

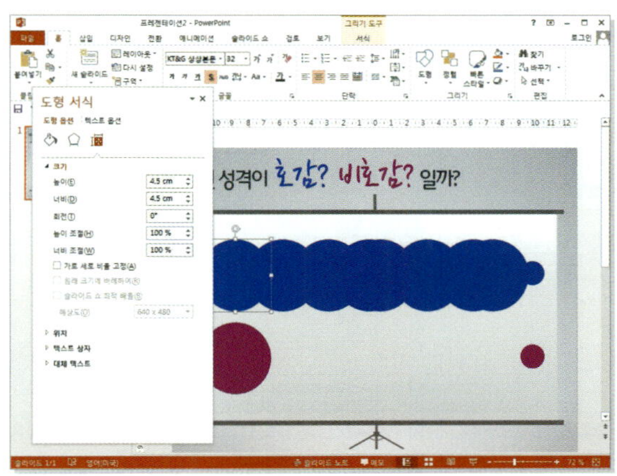

06 각각의 크기를 단계별로 '4.5cm', '4.3cmm', '3.9cm', '3.6cm', '3.0cm', '2.7cm', '2.4cm', '2.1cm', '1.8cm', '1.5cm'으로 단계별로 크기를 조정합니다.

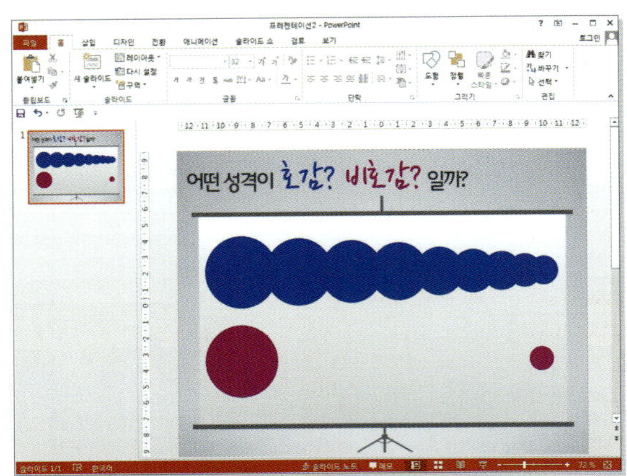

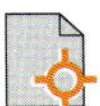 05 투명도로 단계 구분하기

01 색상으로 구별해주어도 좋지만 좀 더 편리하게 투명도만으로 단계를 구분해보도록 하겠습니다.

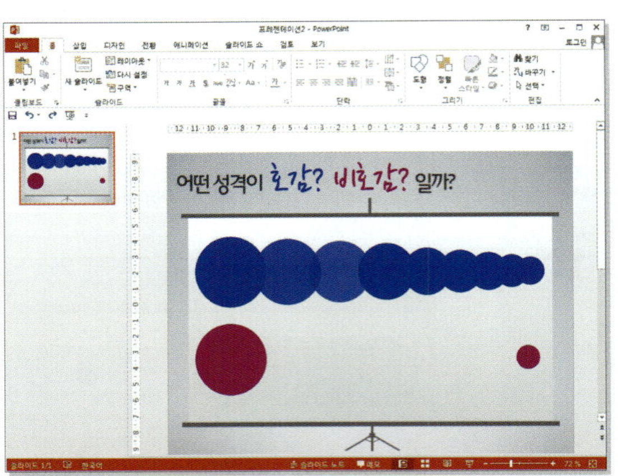

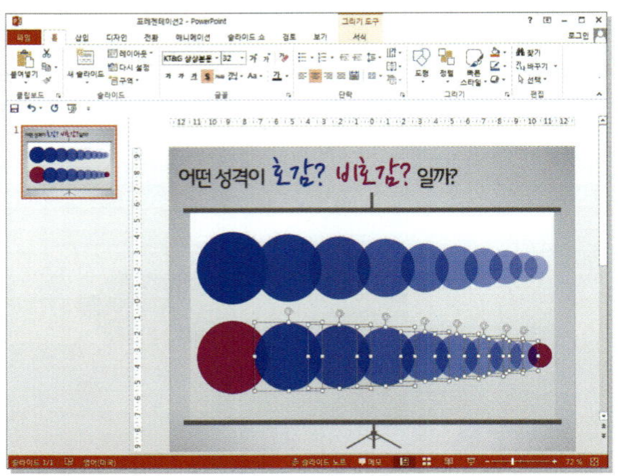

02 도형을 선택하고, 마우스 오른쪽 버튼을 클릭하여 [도형 서식]을 선택합니다.
[채우기 및 선] – [채우기] – [투명도]에서 투명 단계별로 적용합니다.
단계별로 0%', 10%', 20%', 30%', 40%', 50%', 55%', 60%', 65%', 70%를 지정합니다.

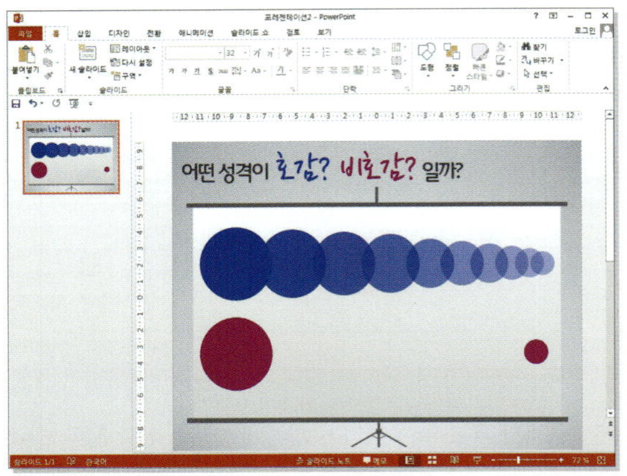

03 가장 큰 타원과 가장 작은 타원을 제외한 나머지 타원을 선택한 후, Ctrl 키를 누르고 아래로 드래그하여 복사합니다.

04 '붉은색 타원'을 선택하고, [홈] 탭 – [클립보드] – [서식 복사]를 선택합니다.

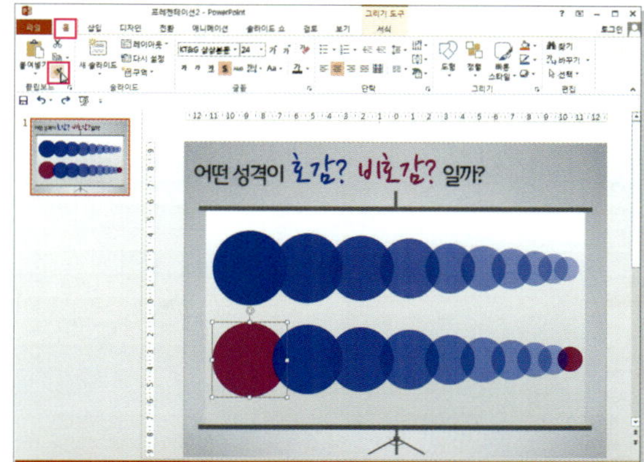

TIP 단축키 Ctrl + Shift + C 키를 눌러도 서식 복사가 가능합니다.

05 마우스 커서가 [서식 복사]가 가능하도록 바뀌었습니다. 도형을 선택하면 '붉은색 타원'에 적용된 채우기 색상이 '선택된 도형'에도 똑같이 적용됩니다.

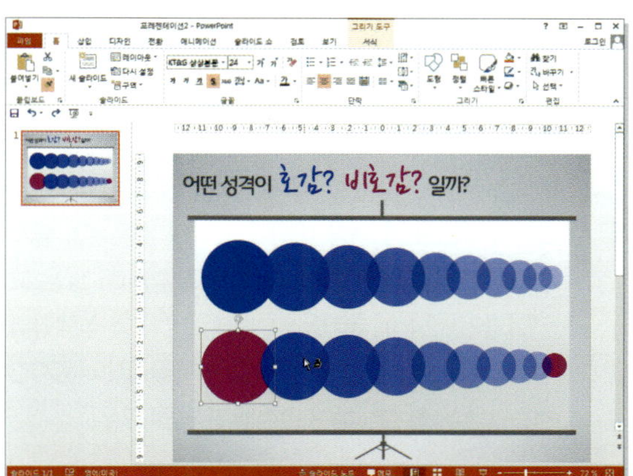

TIP [서식 복사]를 한 상태에서 단축키 Ctrl + Shift + V 키를 누르면 더욱 쉽게 적용할 수 있습니다. [서식 복사]는 도형 뿐 아니라, 텍스트에도 적용 가능하며, 개체에 적용된 모든 서식이 복사됩니다.

06 나머지 개체들에 대해서도 서식 복사를 적용합니다.

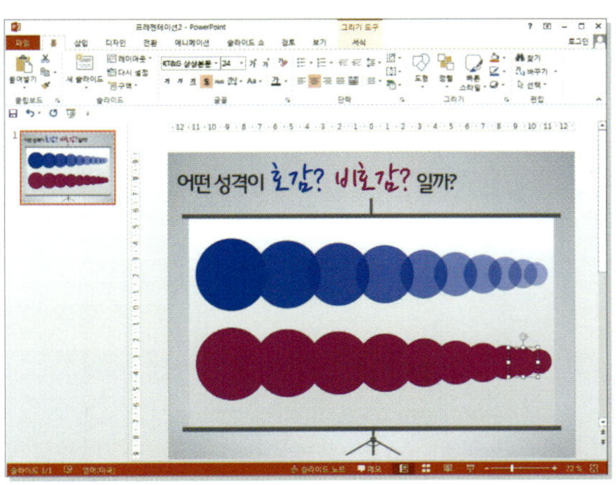

07 붉은색 타원 도형을 선택하고, 마우스 오른쪽 버튼을 클릭하여 [도형 서식]을 선택한 후, [채우기 및 선] – [채우기] – [투명도]에서 투명도를 단계별로 적용합니다.

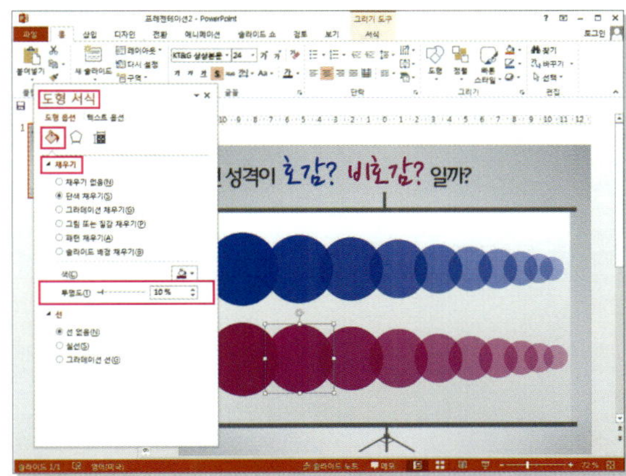

01 [삽입] 탭 – [텍스트] 그룹 – [텍스트 상자] – [가로 텍스트 상자]를 선택하고, '낙천적이다'를 입력합니다.

02 텍스트 상자를 선택하고, '도형' 위로 옮겨 가독성을 판단해 봅니다.

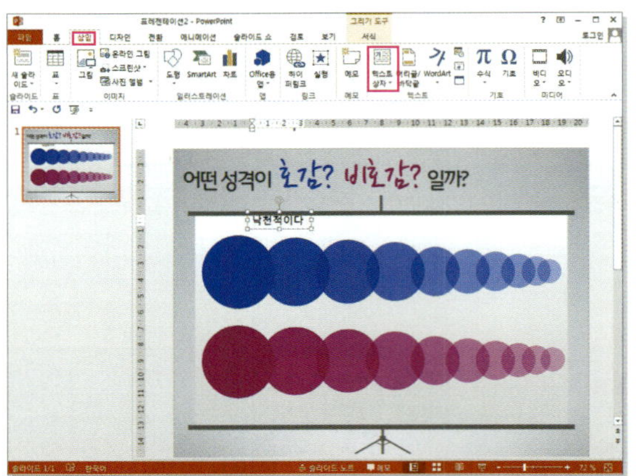

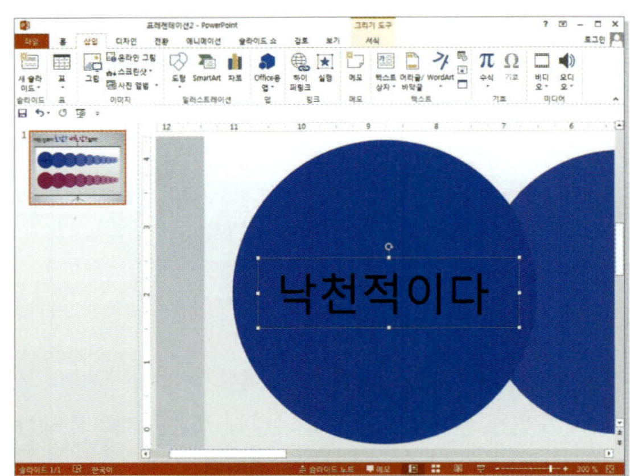

03 도형과 텍스트의 색상 대비가 약하여 가독성이 좋지 않습니다. [홈] 탭 – [글꼴] 그룹 – [글꼴]에서 '맑은 고딕', [크기] '24pt', [글꼴 색] '흰색', [굵게]를 선택합니다. 그리고 [홈] 탭 – [글꼴] 그룹 – [글꼴] – [문자간격] – [좁게]를 선택하여 간격을 줄여줍니다.

04 텍스트 상자를 선택하고, [그리기 도구] – [서식] 탭 – [WordArt 스타일] 그룹 – [텍스트 효과] – [그림자] – [바깥쪽] – [오프셋 가운데]를 선택합니다.

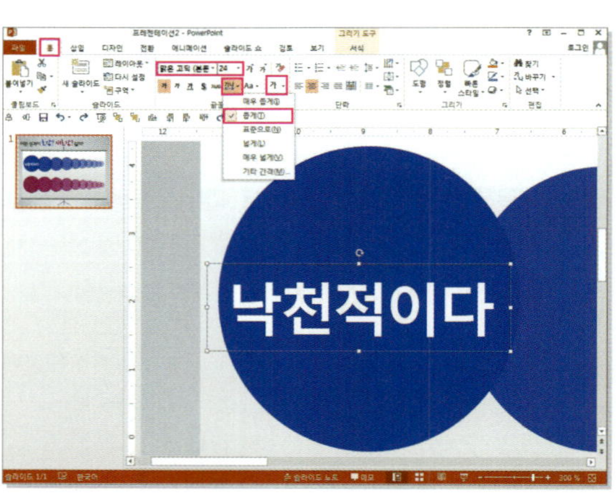

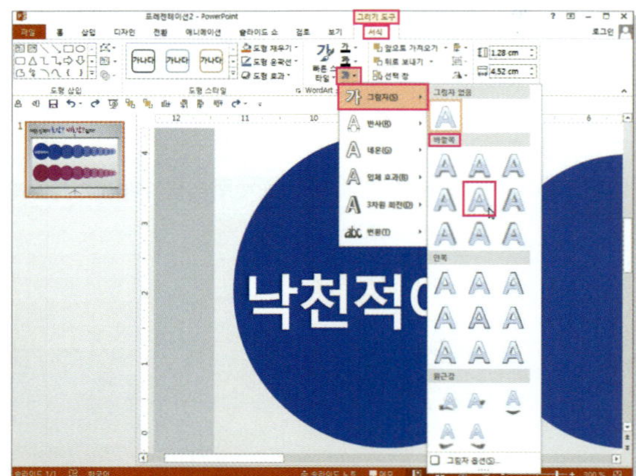

05 [텍스트 상자]와 '도형'을 선택하고, [홈] 탭 – [그리기] 그룹 – [정렬] – [맞춤] – [가운데 맞춤]을 선택한 후, 다시 한 번 [맞춤] – [중간 맞춤]을 선택하여 [텍스트 상자]를 '도형' 정가운데로 정렬합니다.

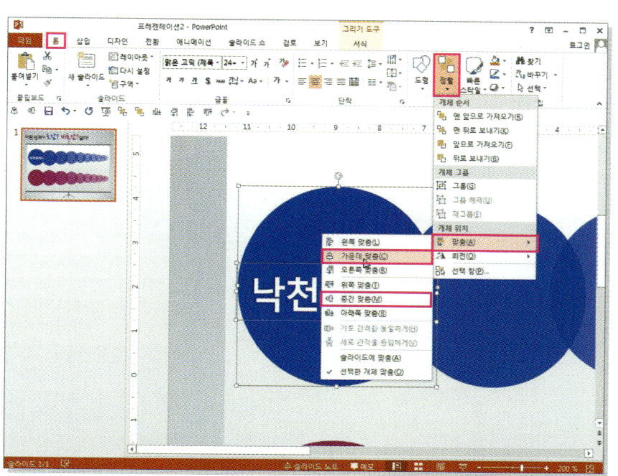

06 [텍스트 상자]와 '도형'을 선택하고, 마우스 오른쪽 버튼을 클릭하여 [그룹] – [그룹]을 선택합니다.

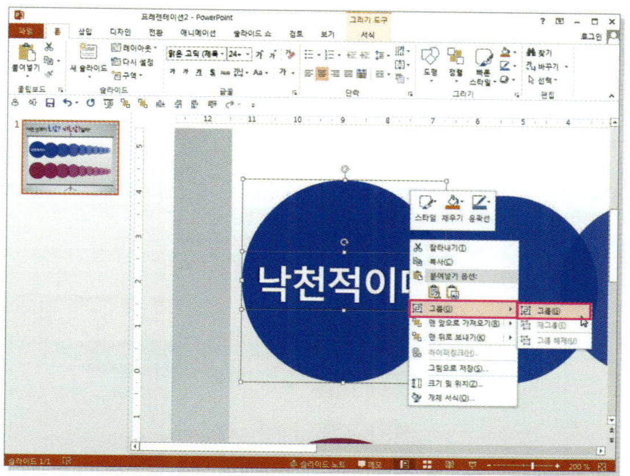

TIP 그룹 지을 개체를 선택하고, `Ctrl` + `G` 키의 단축키로도 그룹 짓기가 가능합니다.

07 각각의 나머지 도형들도 같은 방법으로 텍스트를 입력하고 그룹으로 지정합니다.
그룹으로 지정하면 편리하게 도형의 이동이 가능하고, 애니메이션 효과 적용에 편리합니다.
예제에서는 가장 큰 텍스트 [크기] '24pt', 가장 작은 텍스트 [크기] '12pt'를 지정하였습니다.

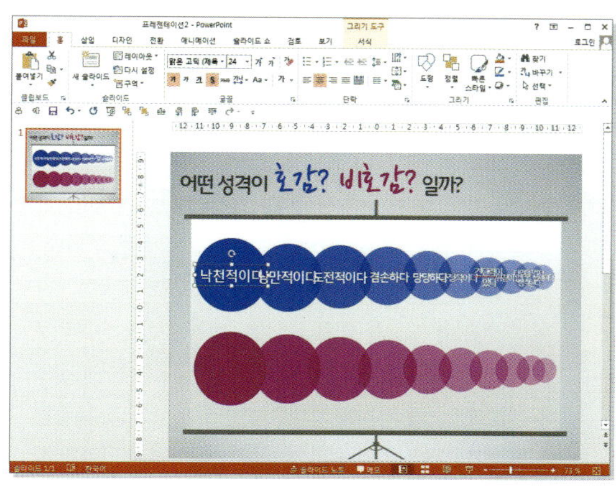

08 아래쪽의 도형도 같은 방법으로 텍스트를 입력하고 그룹으로 지정합니다.
텍스트가 커서 도형 안에 들어가기 힘들 때는 [홈] 탭 – [글꼴] 그룹 – [문자 간격] – [매우 좁게]를 선택하여 자간을 좁혀줍니다.

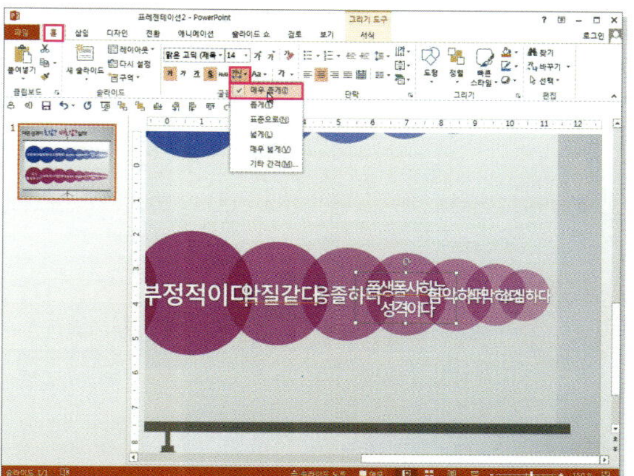

01 도형을 배치하기 전에 공간이 좁으니 슬라이드를 선택하고 마우스 오른쪽 버튼을 클릭하여 [새 슬라이드]를 선택합니다.

02 레이아웃이 적용된 [새 슬라이드]가 나타납니다. 필요 없는 레이아웃을 선택하여 삭제합니다.

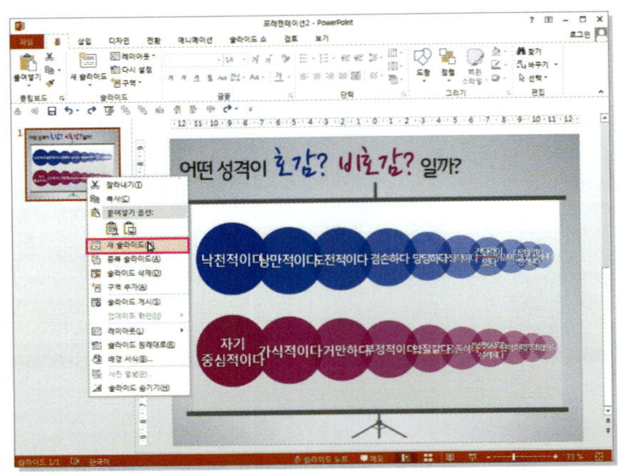

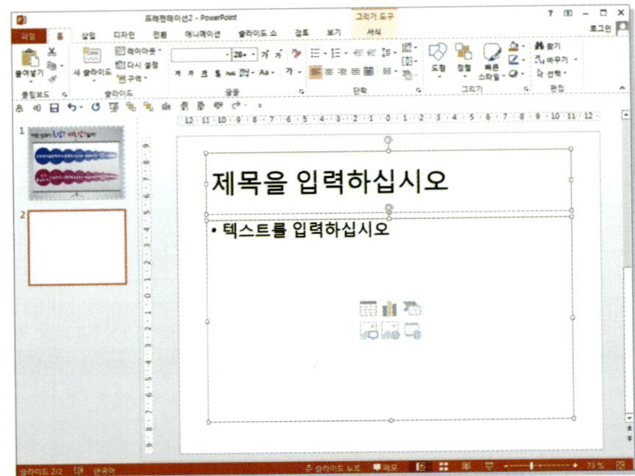

03 가장 큰 도형 두 개를 제외하고, 모두 선택한 후, 마우스 오른쪽 버튼을 클릭하여 [잘라내기]를 선택합니다.

04 새 슬라이드에 [홈] 탭 – [클립보드] 그룹 – [붙여넣기]를 선택합니다.

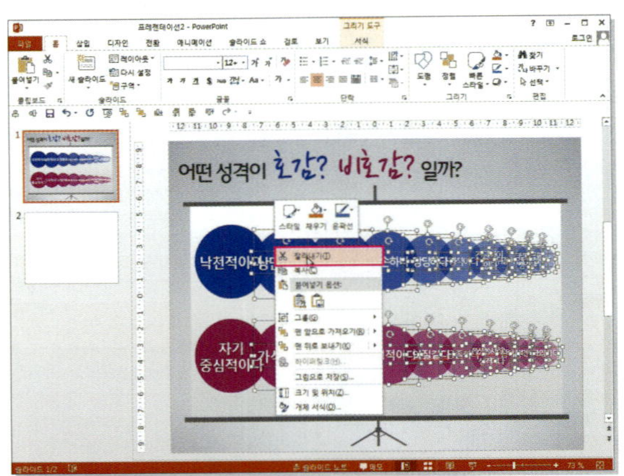

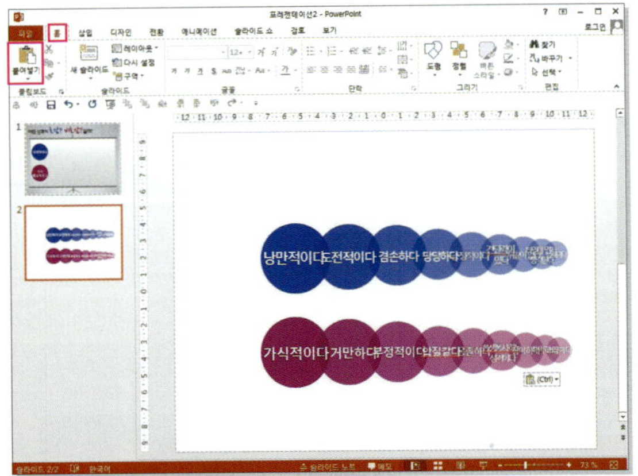

TIP `Ctrl` + `X` 키를 누르면 [잘라내기]를 단축키로 사용할 수 있습니다.

TIP `Ctrl` + `V` 키를 누르면 [붙여넣기]를 단축키로 사용할 수 있습니다. 그리고 붙여넣기를 하면 [잘라내기]를 했던 그 자리에 그대로 붙여지게 됩니다. 복잡한 슬라이드의 경우 위와 같은 방법을 사용하면 편리하게 작업할 수 있습니다.

05 이제 순차적으로 '큰 도형'부터 먼저 배치해나갑니다.

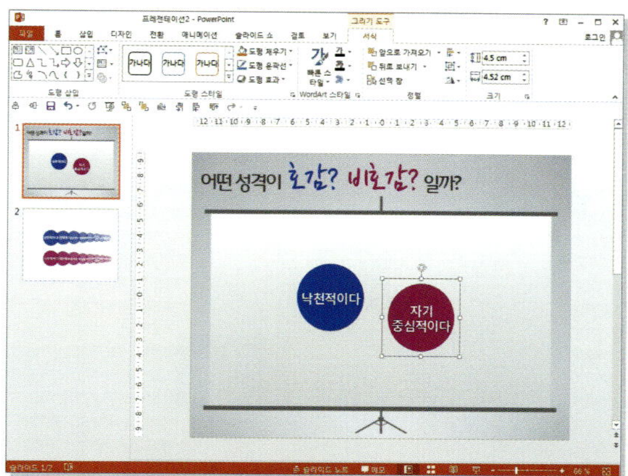

06 새로 만든 슬라이드에서 배치할 도형들만 [잘라내기]를 통해 가져오면 손쉽게 작업할 수 있습니다.

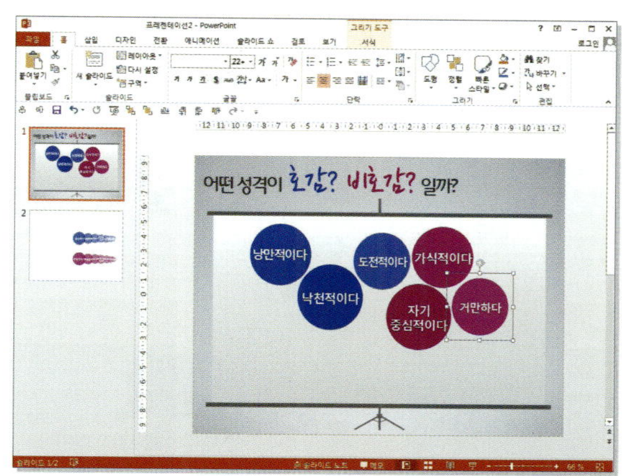

07 큰 도형부터 배치해나감으로써 보여주어야 할 부분부터 위치를 선정하는 것이 좋습니다.

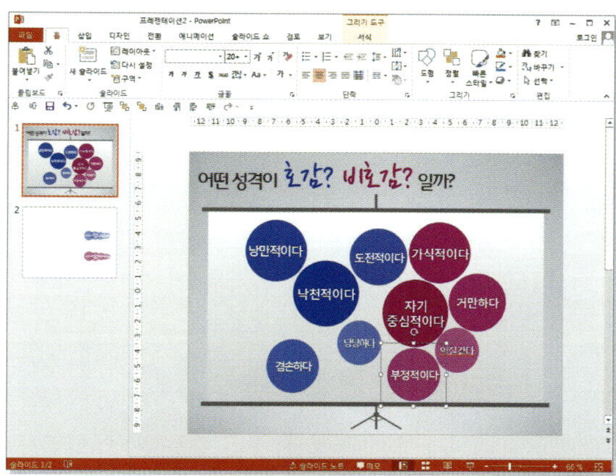

08 전체적으로 배치가 끝났습니다. 꽉 찬 느낌이 때문에 답답한 느낌이 있어 전체적인 크기를 좀 줄여야 할 것 같습니다.

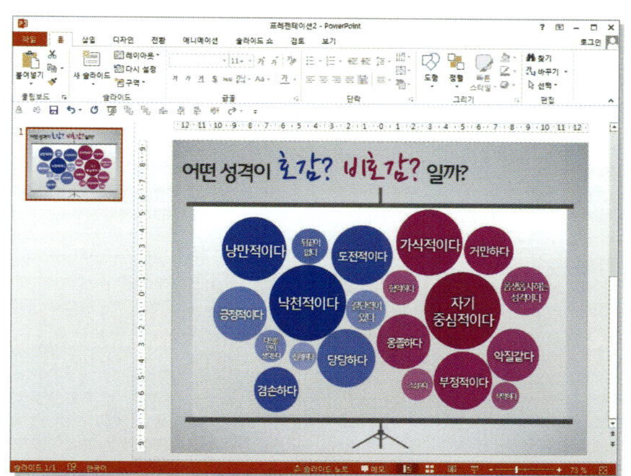

09 조절할 개체를 모두 선택한 후, 마우스 오른쪽 버튼을 클릭하여 [그룹] – [그룹]을 선택합니다.

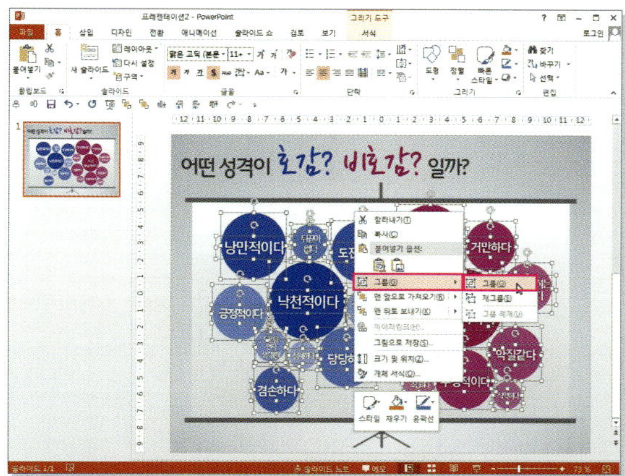

10 Shift 키를 누르고 드래그 하여 크기를 조절합니다.

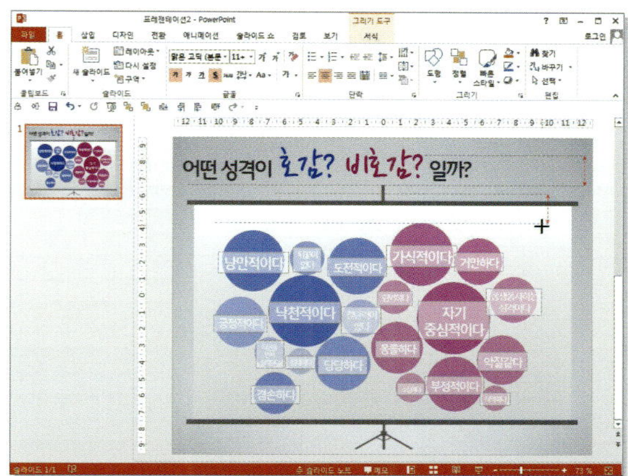

그룹으로 지정된 개체와 그룹 지정이 안 된 개체의 크기를 조절하면 어떤 차이가 있을까요?

그룹으로 지정된 개체는 그룹을 하나의 개체로 보고 크기가 조절됩니다.

그룹으로 지정이 안 된 개체의 경우는 각각의 개체들의 크기가 독립적으로 조절됩니다.

11 전체적인 배치가 완료된 후, 균형감을 생각하며 도형의 크기와 투명도, 텍스트의 크기를 적절히 조절합니다.

12 이제 범례를 표현하기 위해서 [삽입] 탭 – [텍스트] 그룹 – [텍스트 상자] – [가로 텍스트 상자]를 선택하여 '호감으로 느끼는 성격', '비호감으로 느끼는 성격'을 입력합니다.

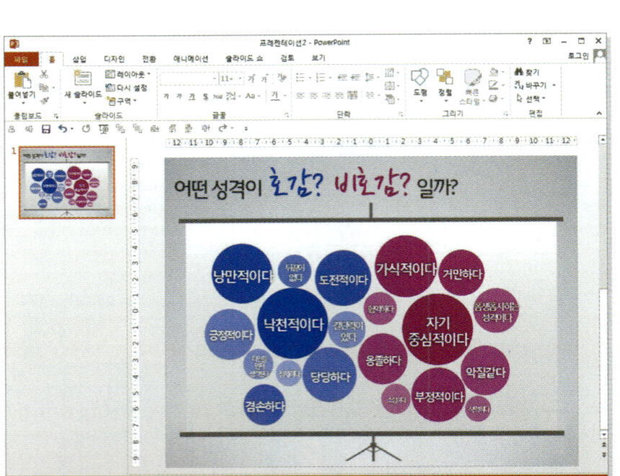

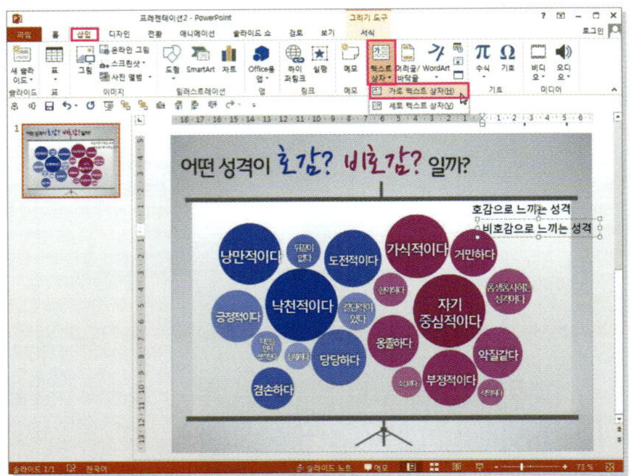

13 텍스트 상자를 선택하고, [홈] 탭 – [글꼴] 그룹 – [글꼴]에서 '맑은 고딕', '14pt' [글꼴 색]에서 테마 색 '검정, 텍스트 1, 50% 더 밝게'를 선택합니다.

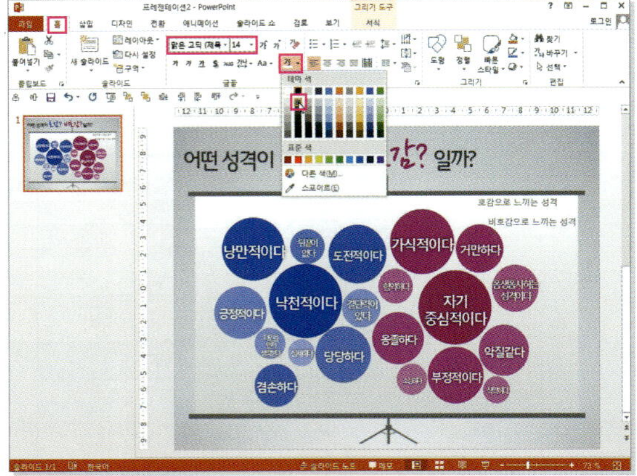

14 [삽입] 탭 – [일러스트레이션] 그룹 – [도형] – [타원]
을 선택하여 '타원'을 2개 삽입합니다.

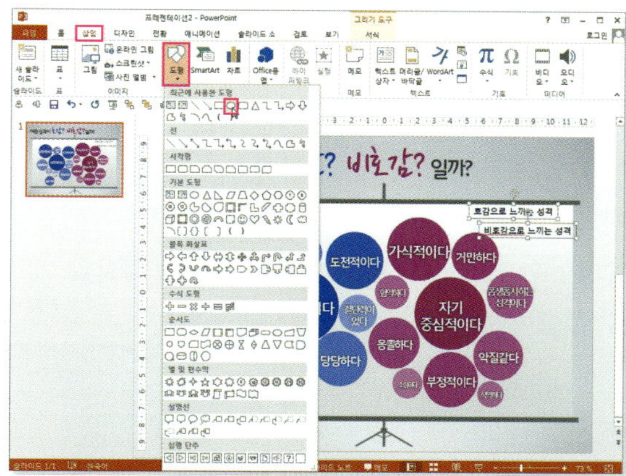

15 '호감으로 느끼는 성격'의 타원은 [홈] 탭 – [그리기]
그룹 – [도형 채우기] – [다른 채우기 색]을 선택하
여 빨강(R) '29', 녹색(G) '83', 파랑(B) '205'을 지정
합니다. '비호감으로 느끼는 성격'의 타원은 빨강(R)
'190', 녹색(G) '1', 파랑(B) '115'을 지정합니다.

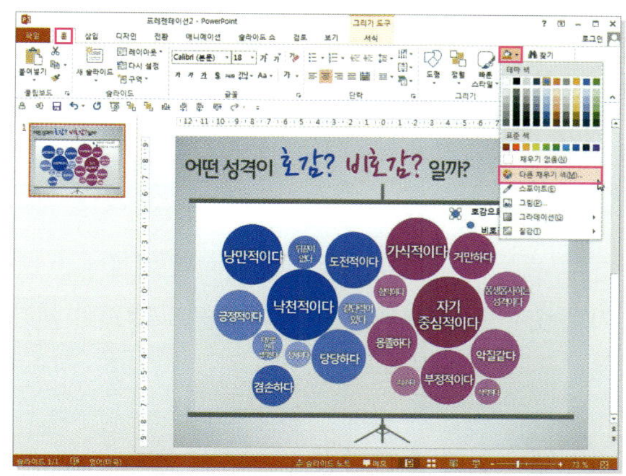

16 도형과 [텍스트 상자]를 적절한 위치에 정리하여 배치
합니다.

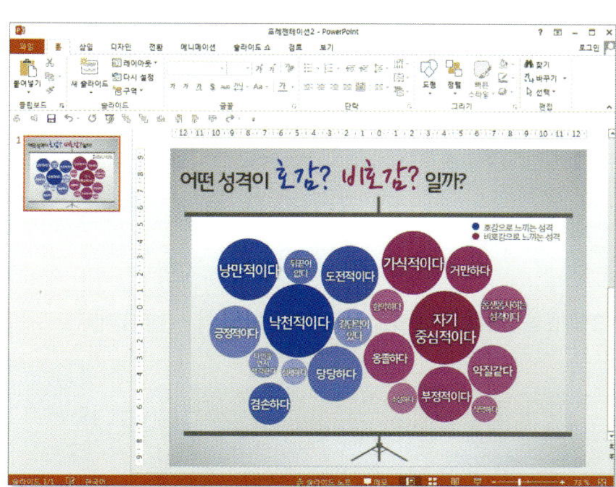

17 슬라이드가 완성되었습니다. 색상으로 정보를 구분하
면 쉽게 이해할 수 있습니다. 또한 색상을 통해 같은
계열의 색상은 같은 그룹으로 쉽게 이해될 수 있습니
다. 색상은 명도, 채도의 변화로 단계를 표현할 수 있
습니다.

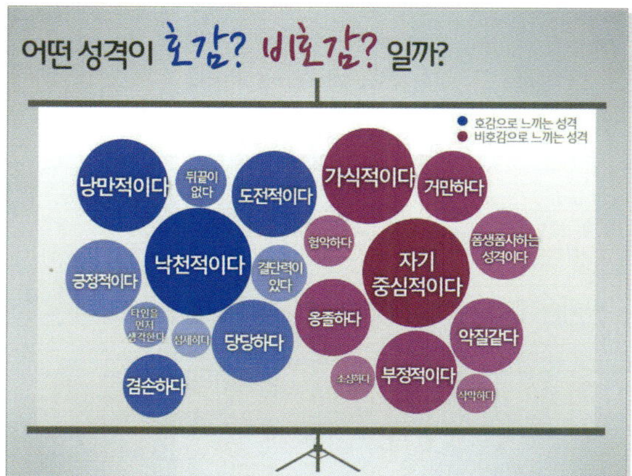

002 수치를 동등한 가치로 시각화하여 표현하자!

우리가 어떠한 수치를 보았을 때 숫자로만 보여지는 수치로는 정확히 어느 정도 인지 가늠을 할 수 없습니다. 우리는 비교를 통해 어떠한 가치에 대해서 손쉽게 이해할 수 있습니다. 바로 이러한 동등한 가치의 이미지로 숫자를 설명한다면 더욱더 손쉽게 청중이 체감할 수 있습니다.

01 정보 수집하기

01 이번에는 1초라는 시간의 가치에 대한 슬라이드를 만들어 보도록 하겠습니다. 1초라는 수치를 그 안에 일어나는 일들로 시각적으로 전달함으로써 그 가치에 대해 전달해보도록 하겠습니다.

02 슬라이드 만들기

01 인포그래픽02.pptx 파일을 불러옵니다.
배경의 이미지를 선택할 때에는 주제에 부합하는 이미지를 선택하는 것이 좋습니다.

▶ 경로 PART03\Chapter1\002

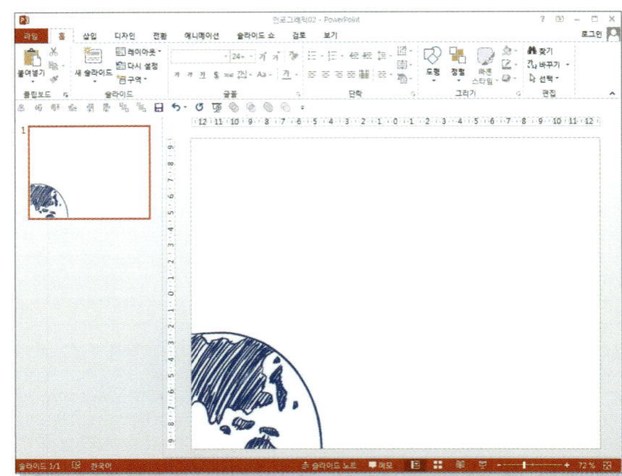

02 숫자를 나타내는 부분을 보기와 같은 방법으로 표현하기 위해 파워포인트에서 만들어 보도록 하겠습니다.

03 [삽입] 탭 – [일러스트레이션] 그룹 – [도형] – [모서리가 둥근 직사각형]을 선택합니다.

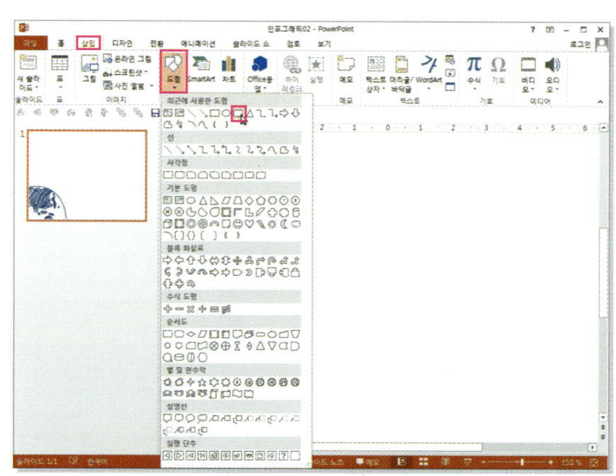

04 도형을 선택하고, [홈] 탭 – [그리기] 그룹 – [도형 채우기] – [다른 채우기 색]을 선택합니다.

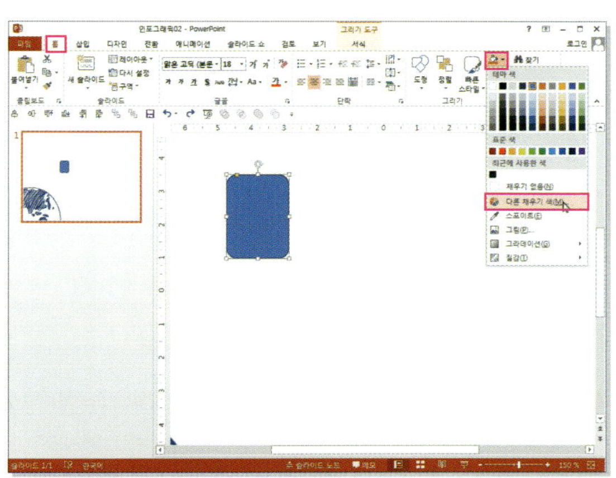

05 빨강(R) '42', 녹색(G) '42', 파랑(B) '42'을 입력합니다. [홈] 탭 – [그리기] 그룹 – [도형 윤곽선] – [윤곽선 없음]을 선택합니다.

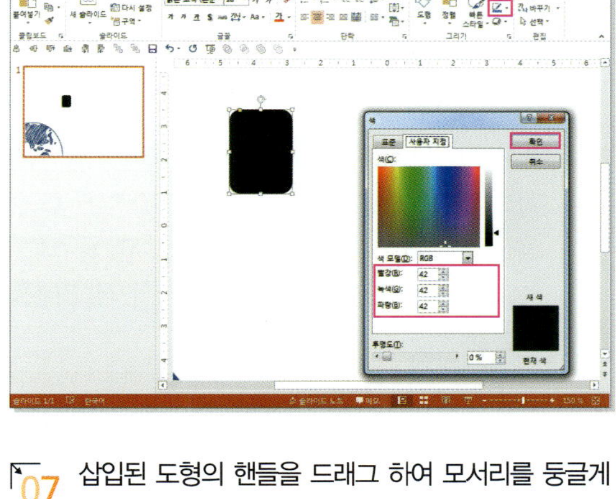

06 [삽입] 탭 – [일러스트레이션] 그룹 – [도형] – [모서리가 둥근 직사각형]을 선택합니다.

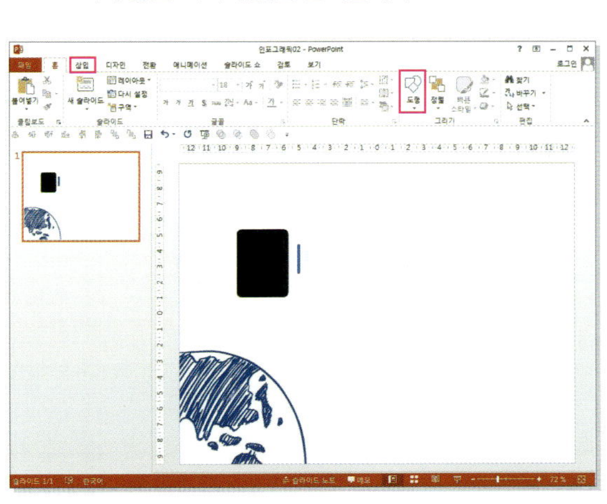

07 삽입된 도형의 핸들을 드래그 하여 모서리를 둥글게 만들어 줍니다.

08 도형에 그라데이션을 지정합니다.
중지점1 : 빨강(R) '255', 녹색(G) '255', 파랑(B) '255', 위치 '0%'
중지점2 : 빨강(R) '42', 녹색(G) '42', 파랑(B) '42', 위치 '26%'
중지점2 : 빨강(R) '64', 녹색(G) '64', 파랑(B) '64', 위치 '86%'
중지점3 : 빨강(R) '89', 녹색(G) '89', 파랑(B) '89', 위치 '100%'을 지정합니다.

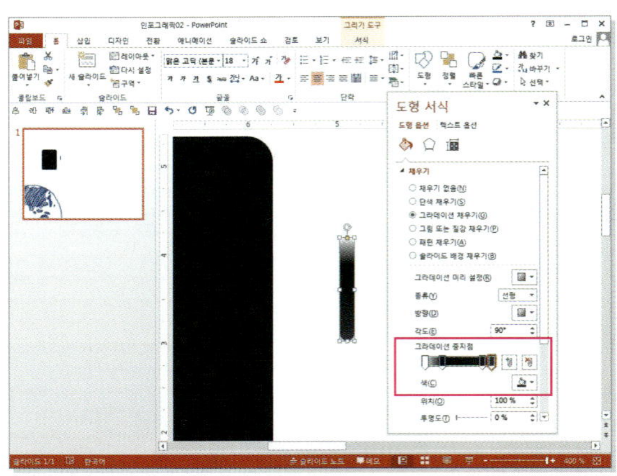

10 작은 '모서리가 둥근 직사각형'을 큰 개체 위에 배치하고, '마우스 오른쪽 버튼 클릭' – [도형서식] – [도형 옵션] – [효과] – [그림자]에서 [투명도] '60%', [크기] '100%', [흐리게] '4pt', [각도] '90 ° ', [간격] '3pt'를 지정합니다.

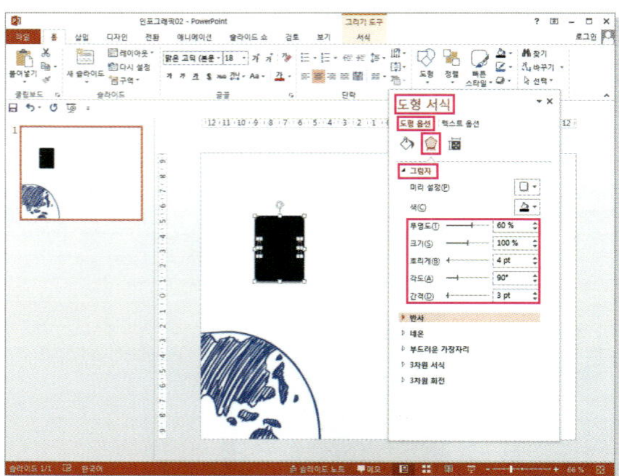

09 Ctrl 키를 누른 채 드래그 하여 복사해 줍니다.

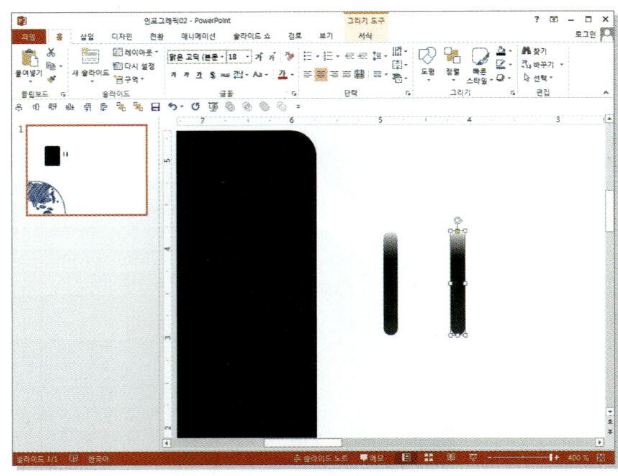

11 [삽입] 탭 – [텍스트] 그룹 – [텍스트 상자] – [가로 텍스트 상자]를 선택합니다.

12 '1'을 입력하고 글꼴에 'Arial', [크기] '115pt'를 선택합니다.

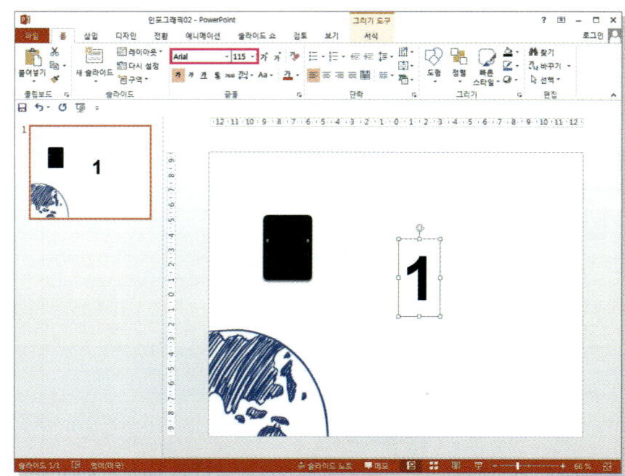

13 텍스트 상자를 선택하여 [홈] 탭 – [글꼴] 그룹 – [글꼴 색] – [흰색]을 선택하고, 도형 위에 배치합니다.

14 이제 입체감을 좀 더 만들어 보도록 하겠습니다.
[삽입] 탭 – [일러스트레이션] 그룹 – [도형] – [직사각형]을 삽입합니다.
너비를 아래의 도형과 같은 너비로 맞춰줍니다.

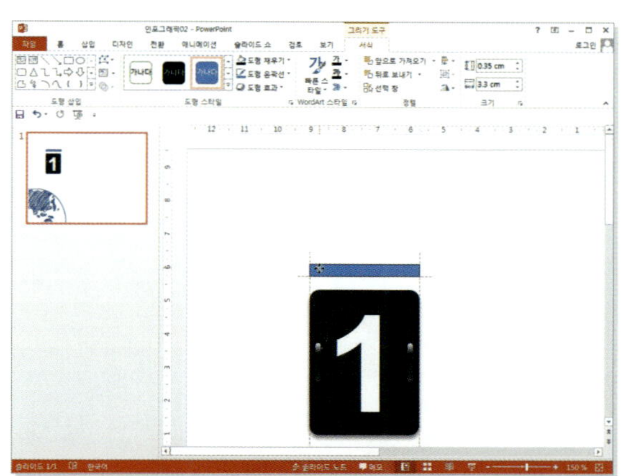

15 도형에 그라데이션을 지정합니다.
중지점1 : 빨강(R) '0', 녹색(G) '0', 파랑(B) '0', 투명도 '100%', 위치 '0%'
중지점2 : 빨강(R) '0', 녹색(G) '0', 파랑(B) '0', 투명도 '50%', 위치 '100%'을 지정합니다.

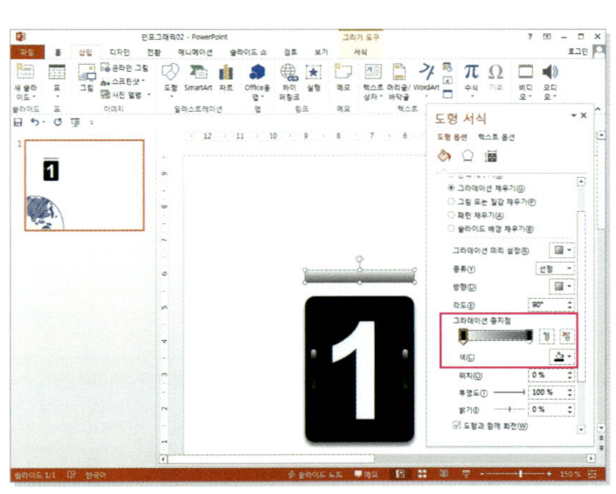

16 이제 만들어진 그라데이션 도형을 글자 위에 배치합니다.
스코어보드와 같은 효과의 도형이 완성되었습니다.

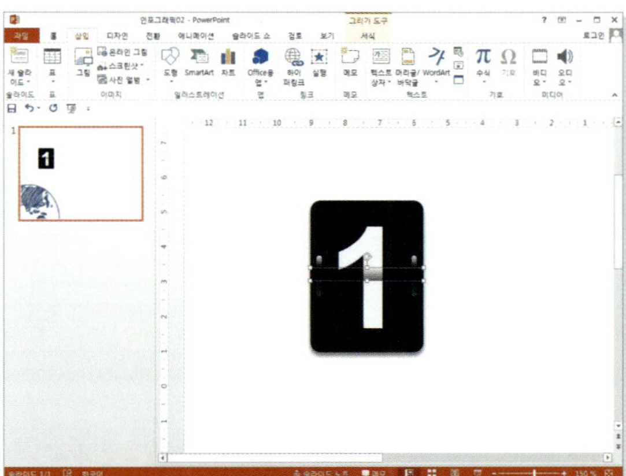

01 만들어진 도형을 전체 선택하고, '마우스 오른쪽 버튼'을 클릭하여 [그룹] – [그룹]을 선택합니다.

02 제목을 쓸 위치를 배치합니다. 그리고 [삽입] 탭 – [텍스트] 그룹 – [텍스트 상자] – [가로 텍스트 상자]를 선택하고, '초 동안 지구에서 생기는 일'을 입력합니다.

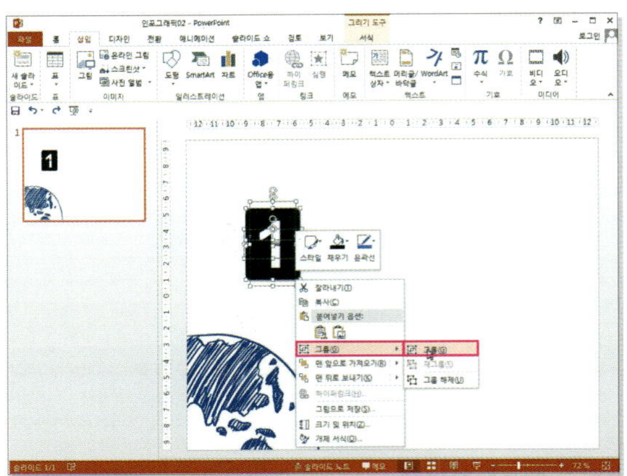

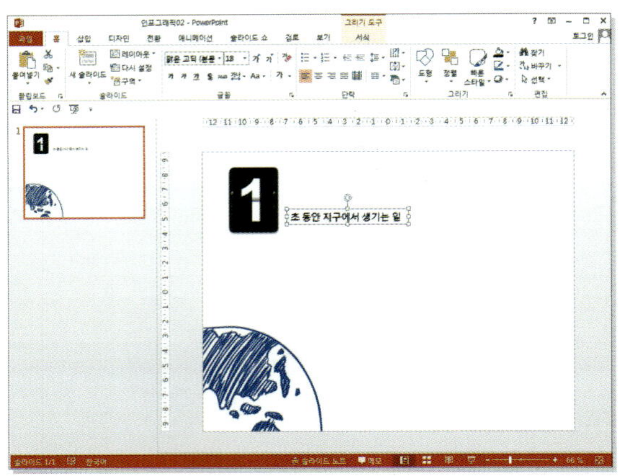

03 텍스트 상자를 선택하고, [글꼴] '맑은 고딕', [크기] '40pt', [홈] 탭 – [글꼴] 그룹 – [굵게]를 선택합니다.

04 '초'만 드래그 한 후, 크기를 '60pt'로 키워줍니다.

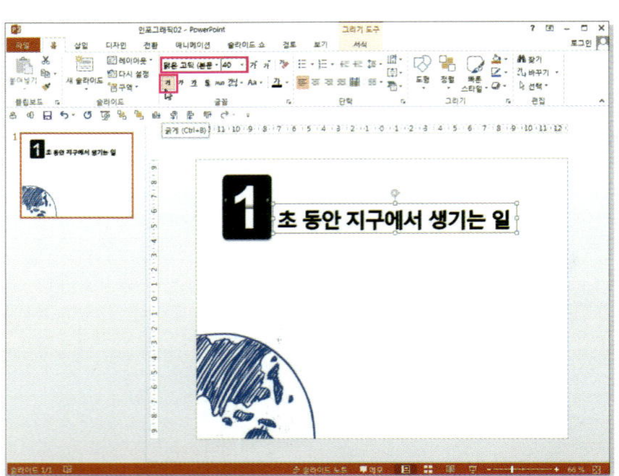

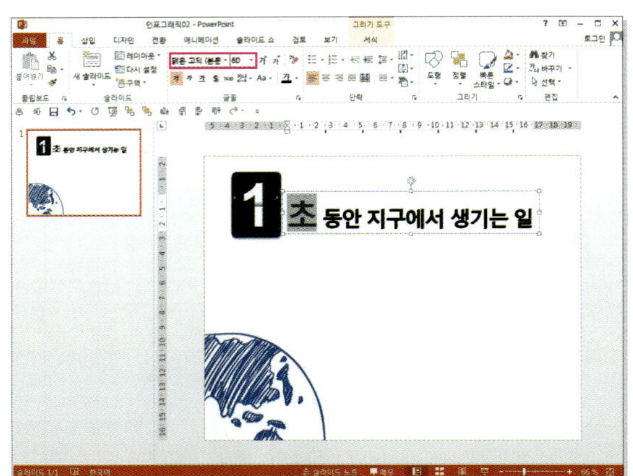

05 텍스트 상자를 선택하고, '마우스 오른쪽 버튼'을 클릭하여 [도형 서식] – [텍스트 옵션] – [텍스트 채우기 및 윤곽선] – [그라데이션 채우기]를 선택합니다.
중지점1 : 빨강(R) '51', 녹색(G) '47', 파랑(B) '147', 위치 '0%'
중지점2 : 빨강(R) '34', 녹색(G) '22', 파랑(B) '94', 위치 '100%'을 지정합니다.

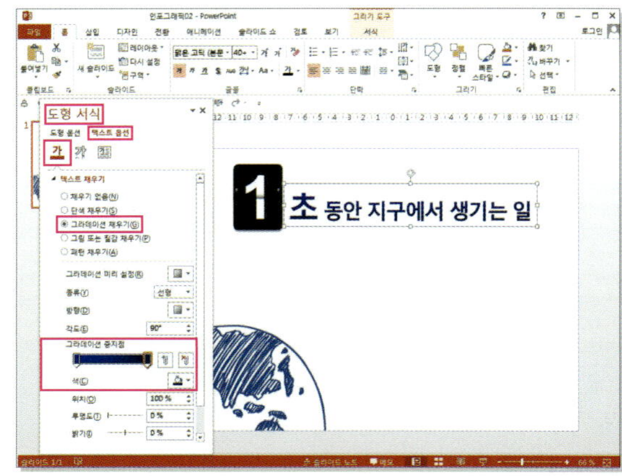

01 만들어진 스코어보드 도형 그룹을 Ctrl 키를 누르고 드래그 하여 복사합니다.

02 복사된 그룹을 드래그하여 크기를 줄여 줍니다. 들어갈 내용을 감안해서 적절한 크기로 줄여주세요.

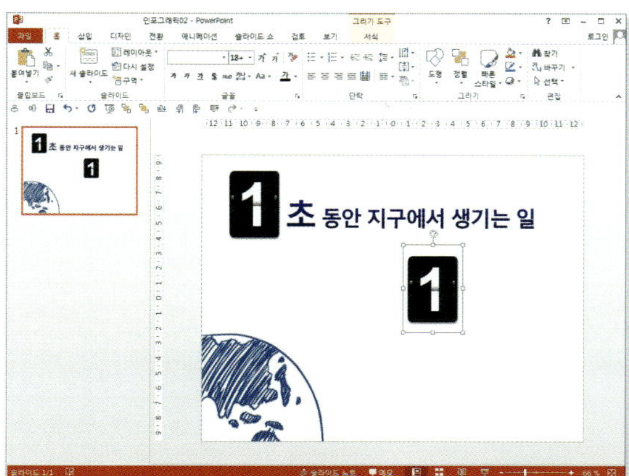

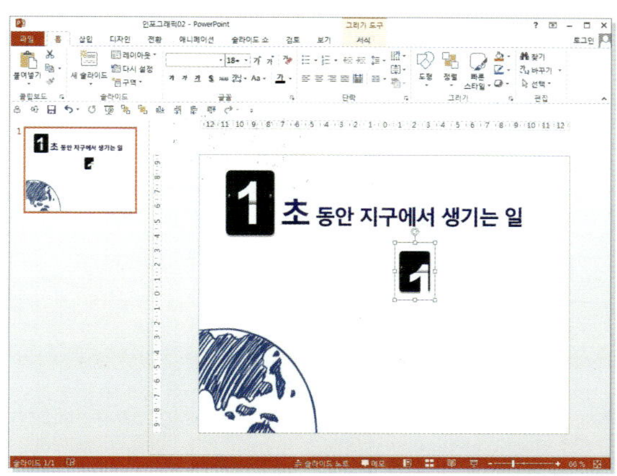

03 도형 그룹을 선택한 상태에서 텍스트를 한 번 더 클릭하여 텍스트만 선택하여 텍스트의 크기를 줄여줍니다. 예제에서는 '40pt'로 지정하였습니다.

04 '2.5'를 표현할 것이기 때문에 같은 그룹을 한 개 더 복사하여 줍니다. 그룹을 선택하여 텍스트를 '2'와 '5'를 입력합니다.

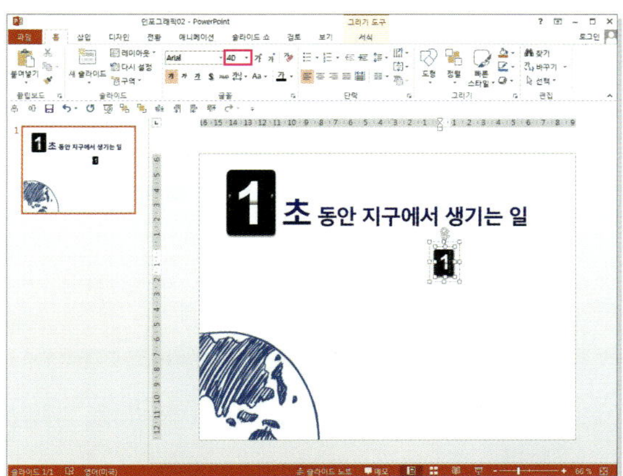

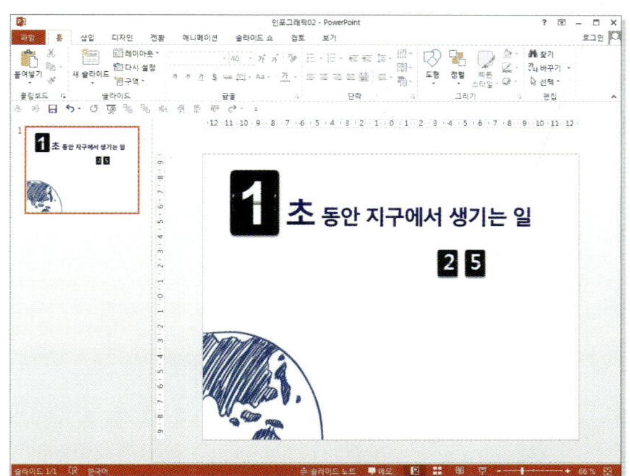

05 소수점을 표현하기 위해 [삽입] 탭 – [일러스트레이션] 그룹 – [도형] – [타원]을 선택합니다.

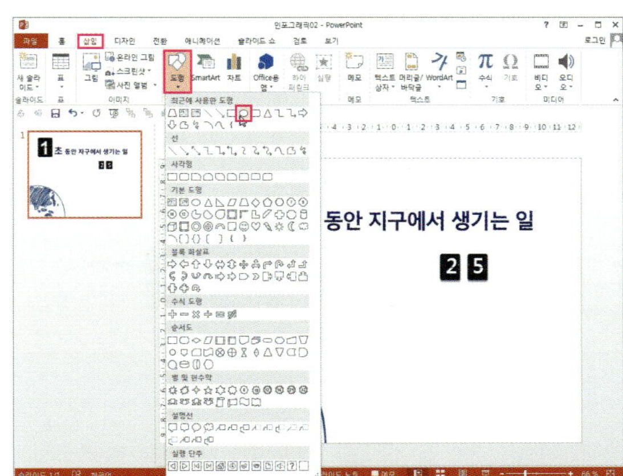

06 도형을 '2'와 '5' 사이에 배치하겠습니다. '타원 도형'을 선택하고, 색상에 빨강(R) '50', 녹색(G) '47', 파랑(B) '45'를 지정합니다.

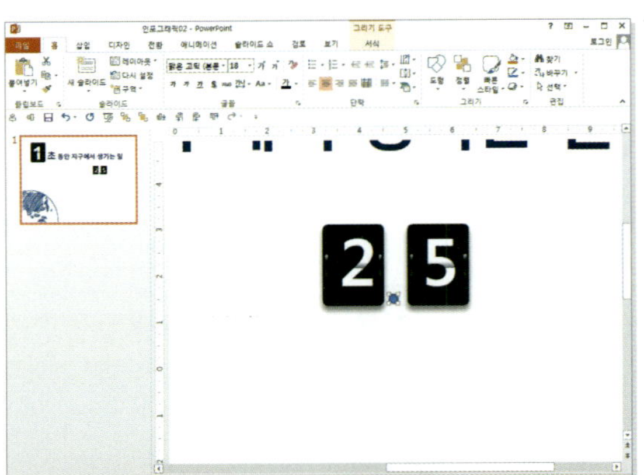

07 텍스트 상자를 삽입하여 '대의 자동차가 생산'을 입력합니다.

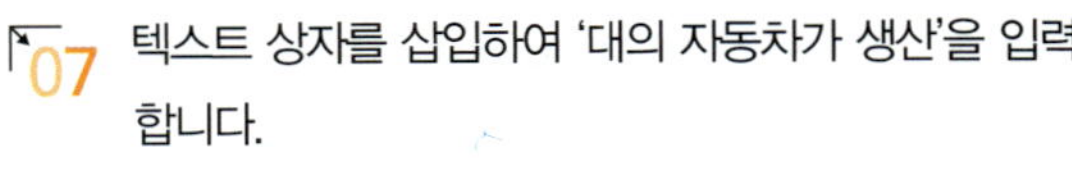
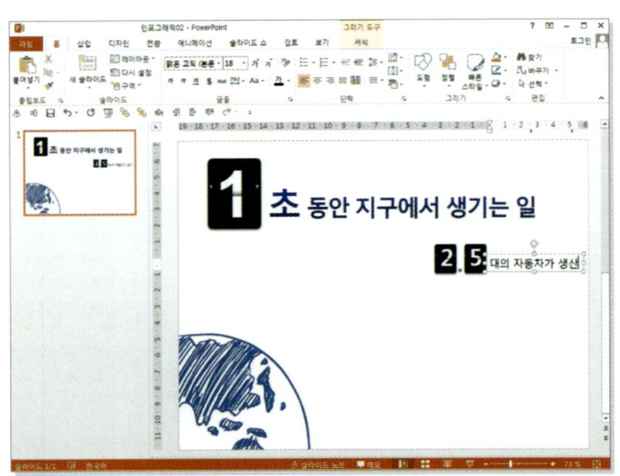

08 텍스트 상자를 선택하고, 글꼴 '맑은 고딕', [크기] '20pt', 색상에 빨강(R) '89', 녹색(G) '89', 파랑(B) '89'를 지정, [문자 간격] – [매우 좁게]를 선택합니다.

09 만들어진 '2.5 대의 자동차가 생산'을 드래그하여 복사합니다.

10 스코어보드 도형 그룹을 선택하고, 텍스트를 한 번 더 선택하여 '4.2대의TV가 만들어지고'를 입력합니다.

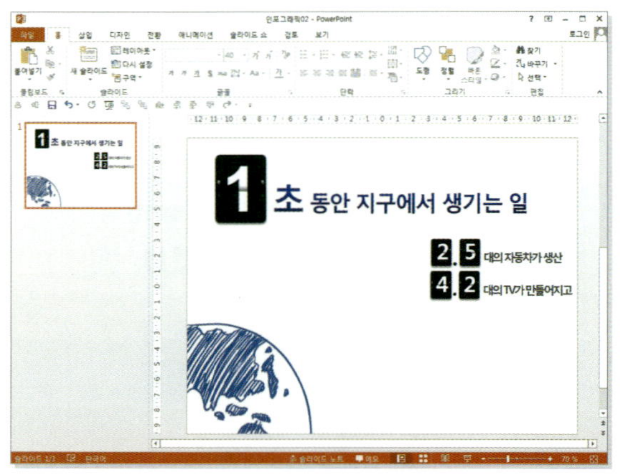

11 같은 방법으로 기획된 슬라이드의 데이터를 입력합니다.

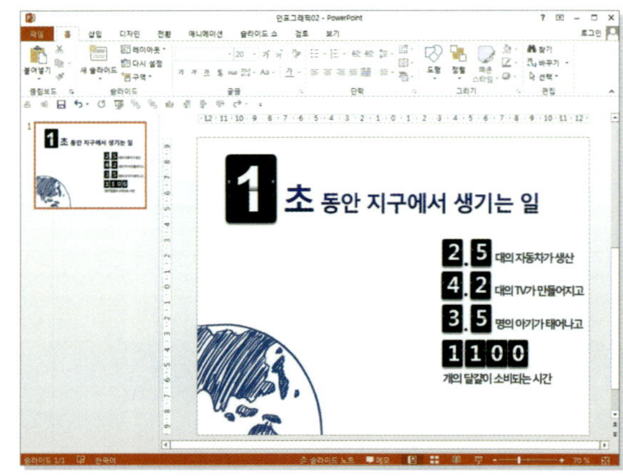

01 [삽입] 탭 – [이미지] 그룹 – [그림]을 선택합니다. 예제의 icon01.png를 불러옵니다.

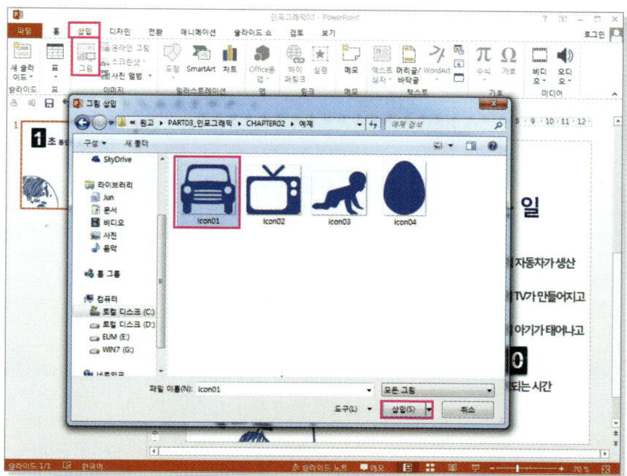

▲ 경로 PART03\Chapter1\002

02 '2.5'대를 표현하기 위해 같은 이미지를 2개 더 복사합니다.

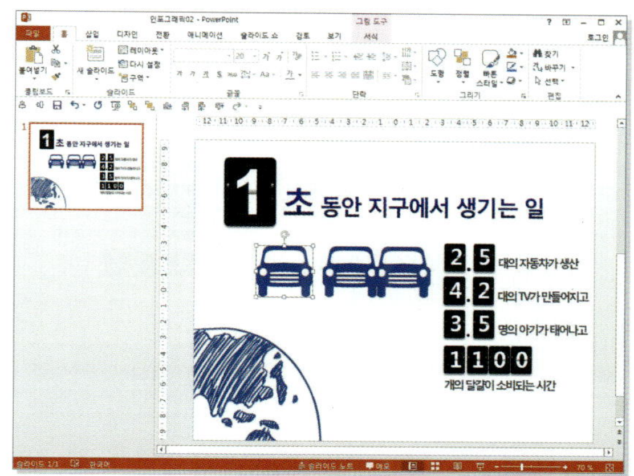

03 [홈] 탭 – [그리기] 그룹 – [정렬] – [맞춤] – [가로 간격을 동일하게]를 선택합니다.

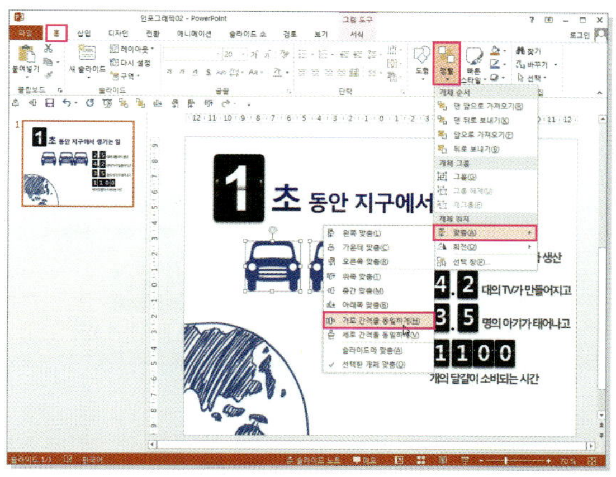

04 먼저 2대 반의 반을 표현하기 위해 아래쪽으로 이미지를 1개 복사합니다.

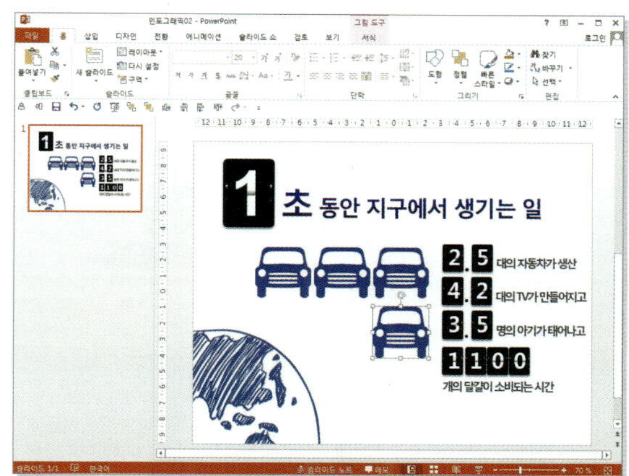

TIP Ctrl + Shift 키를 누르고 복사하면 수직 수평을 유지한 채로 복사됩니다.

 먼저 위쪽의 자동차 이미지를 선택하고, [그림 도구] – [서식] 탭 – [조정] 그룹 – [색]에서 [회색 −25%]를 선택합니다.

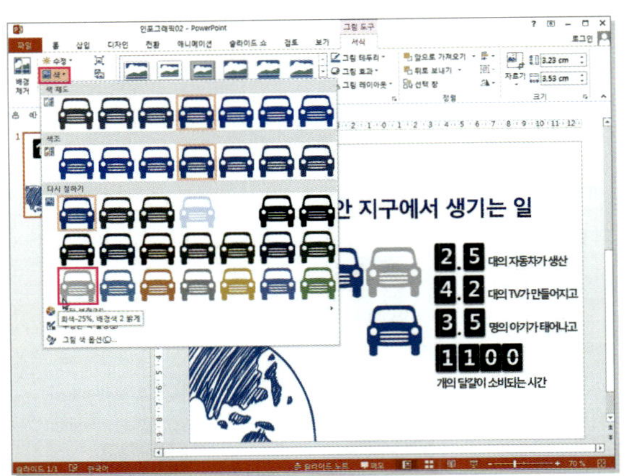

 아래쪽 자동차 이미지를 선택하고, [그림 도구] – [서식] 탭 – [크기] 그룹 – [자르기]를 선택합니다.

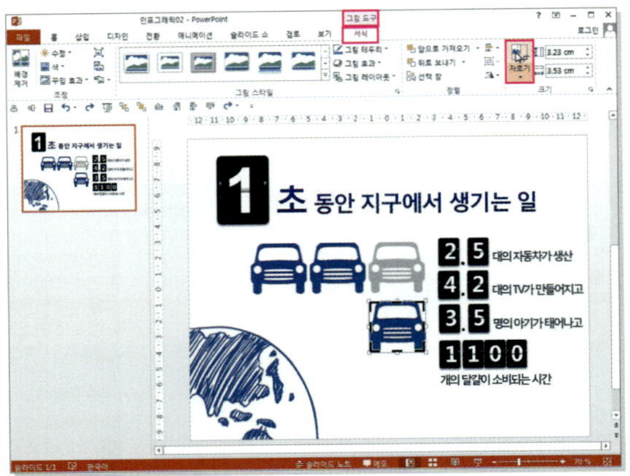

 [자르기]를 선택하면 사방으로 격자가 생기는데 오른쪽의 격자를 선택하여 자르고 싶은 만큼 드래그 하여 잘라냅니다.

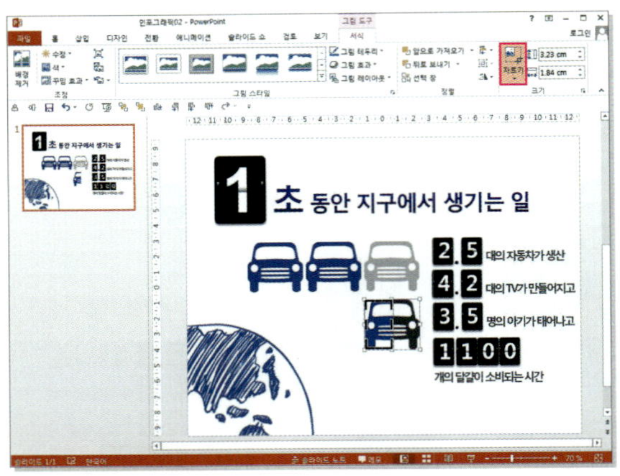

 회색톤으로 변형시킨 자동차 이미지와 잘라낸 자동차 이미지를 선택하고, [홈] 탭 – [그리기] 그룹 – [정렬] – [맞춤] – [위쪽 맞춤]을 선택합니다.

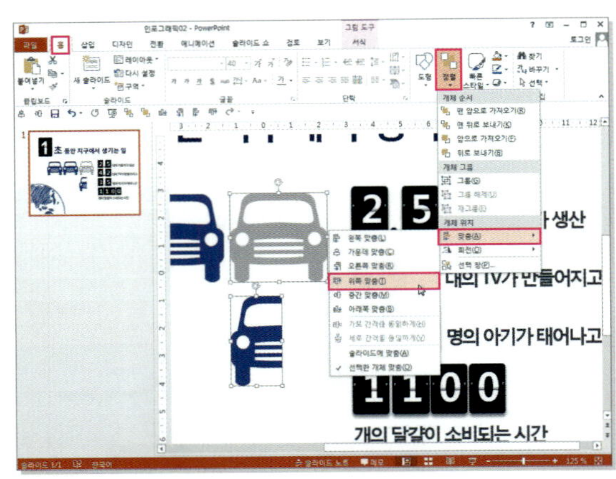

 이제 자동차 이미지를 모두 선택한 후, 그룹을 지정합니다.

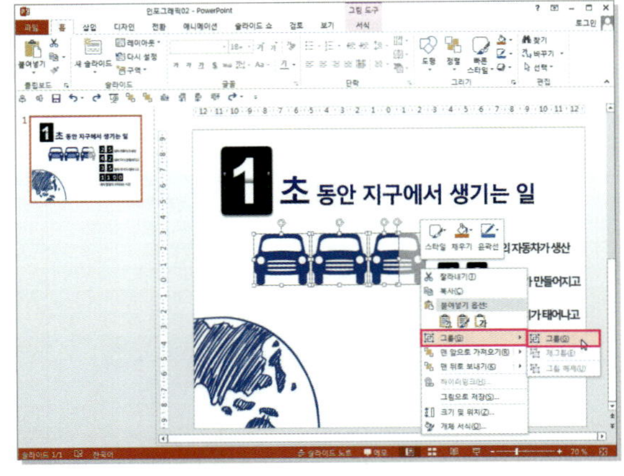

TIP 그룹을 지정하면 크기 조절을 할 때 더욱 편리합니다.

10 예제의 icon02.png를 불러옵니다.

▼ 경로 PART03\Chapter1\002

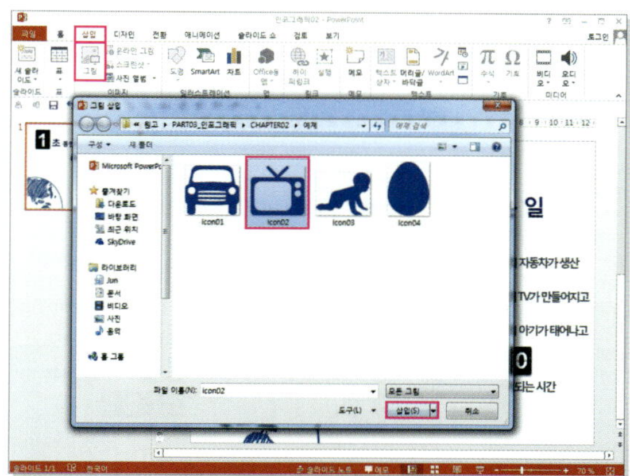

11 삽입된 이미지를 `Ctrl` 키를 누르고 복사합니다. 4.2 대를 나타내야 하기 때문에 4개 더 복사합니다.

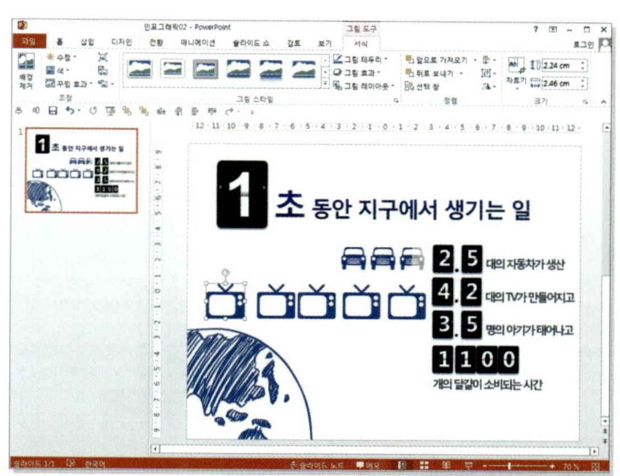

12 [홈] 탭 – [그리기] 그룹 – [정렬] – [맞춤] – [가로 간격을 동일하게]를 선택합니다.

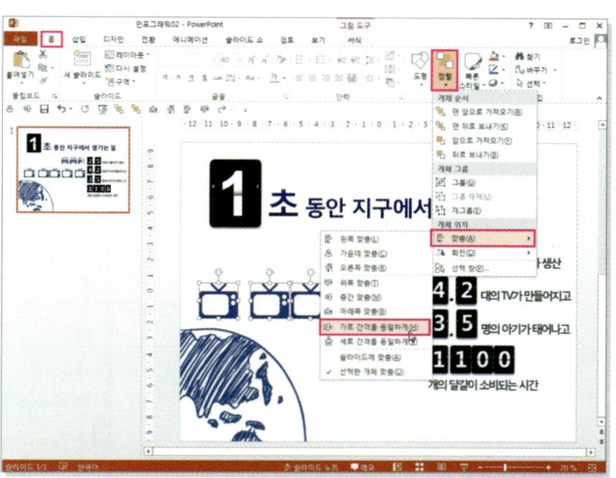

13 아래쪽으로 `Ctrl` + `Shift` 키를 누르고 드래그하여 이미지를 복사한 후, 위쪽 TV 이미지를 선택하고, [그림 도구] – [서식] 탭 – [조정] 그룹 – [색]에서 [회색 –25%]를 선택합니다.

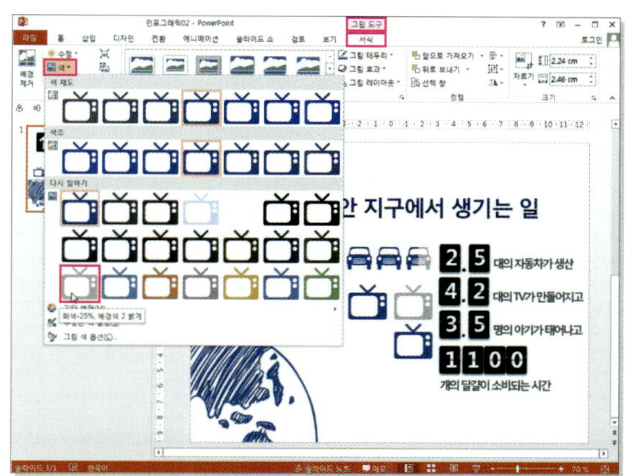

14 아래쪽 TV 이미지를 선택하고, [그림 도구] – [서식] 탭 – [크기] 그룹 – [자르기]를 선택합니다.

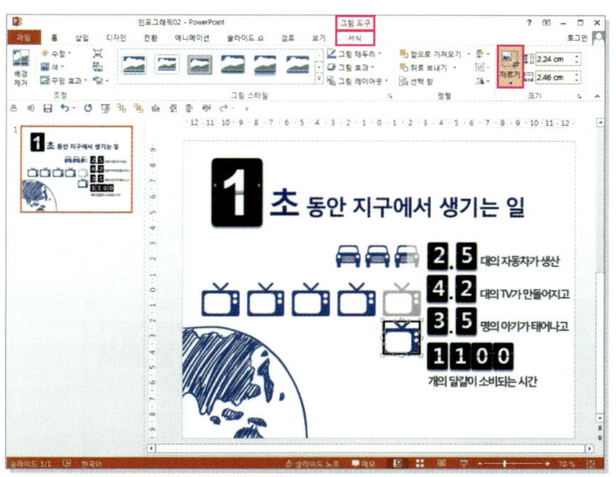

15 '0.2'를 표현하기 위해서 비율만큼 잘라내 줍니다.

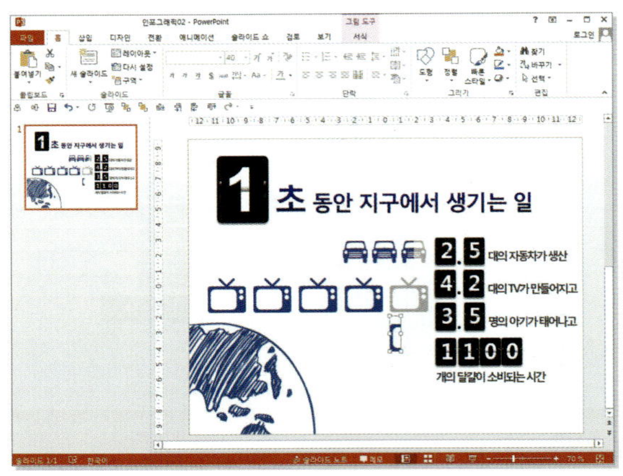

16 회색톤으로 변형시킨 TV 이미지와 잘라낸 TV 이미지를 선택하고, [홈] 탭 – [그리기] 그룹 – [정렬] – [맞춤] – [위쪽 맞춤]을 선택합니다.

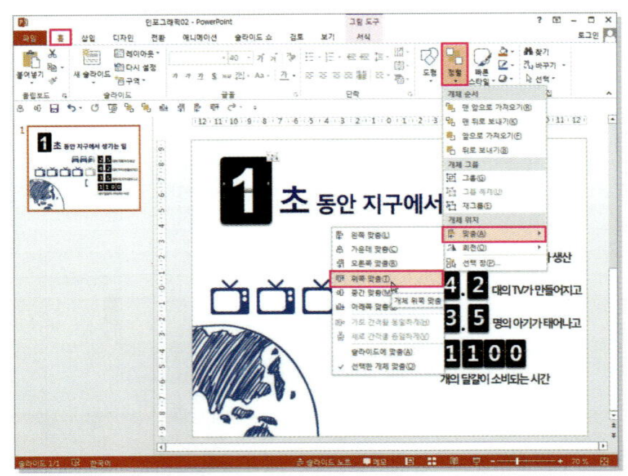

17 완성된 이미지를 크기를 조절하고, 위치를 조정하여 적절하게 배치합니다.

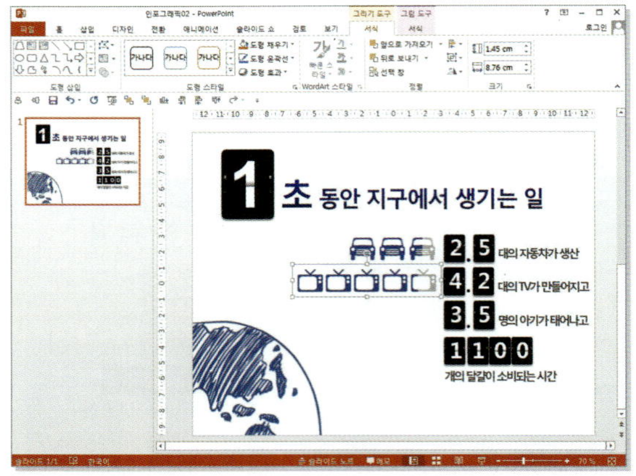

18 같은 방법으로 아기와 달걀을 만들어봅시다.

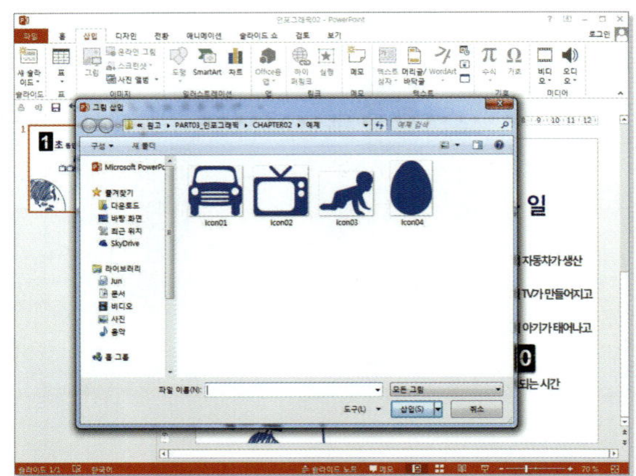

19 완성된 슬라이드입니다. 이번 Chapter에서는 단순히 숫자로 보여지는 수치를 동등한 가치의 이미지로 표현하여 보는 청중에게 직접적으로 와 닿는 전달 방법에 대해 알아보았습니다.

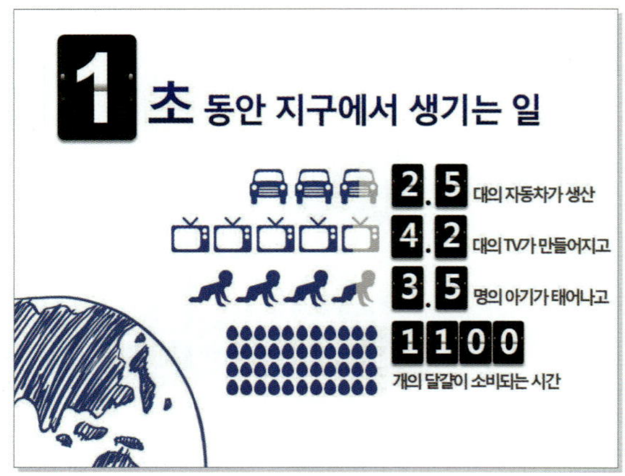

003 스토리가 담긴 타임라인 만들기!

시간의 흐름에 따른 정보 전달에는 여러 가지 방법이 있습니다. 흔히 시간의 흐름과 그에 따른 내용을 표시하는 방법을 많이 사용하는데 그 안에 비유를 통한 타임라인을 표현한다면 보는 이로 하여금 관심과 흥미를 유발할 수 있습니다. 이번에는 스토리가 담긴 타임라인을 만들어 보도록 하겠습니다.

 ## 01　정보 분석하기

01 라면을 맛있게 끓이는 방법에 대해 시간의 흐름에 대해 표현해보도록 하겠습니다. 여기서는 타임라인을 라면의 면발과 비슷한 느낌으로 표현해보도록 합니다. 비유의 방법에는 다양한 방법이 존재합니다. 딱딱한 표현이 적절한지, 재미를 유발할 수 있는 방법이 중요한지에 청중의 유형에 따른 기획을 진행합니다.

라면을 맛있게 끓이는 방법

1. 면과 물 500㎖를 준비합니다.
2. 물이 끓기 전에 스프를 먼저 넣습니다.
3. 물이 끓기 시작하면 면을 넣습니다.
4. 면을 젓가락으로 풀어줍니다.
5. 3분 30초 불을 끕니다.
6. 맛있는 라면이 완성되었습니다.

 ## 02　제목 입력하기

01 인포그래픽03.pptx을 불러옵니다.

▶ 경로 PART03\Chapter1\003

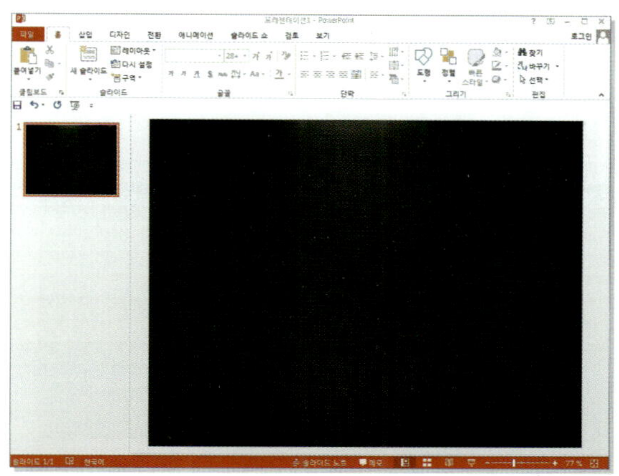

02 먼저 제목을 입력합니다. [삽입] 탭 – [텍스트] 그룹
– [텍스트 상자] – [가로 텍스트 상자]를 선택하고,
'라면을 맛있게 끓이는 방법'을 입력합니다.

03 텍스트 상자를 선택하고, 글꼴에 '서울 남산체 B', [크기] '40pt'를 지정합니다.

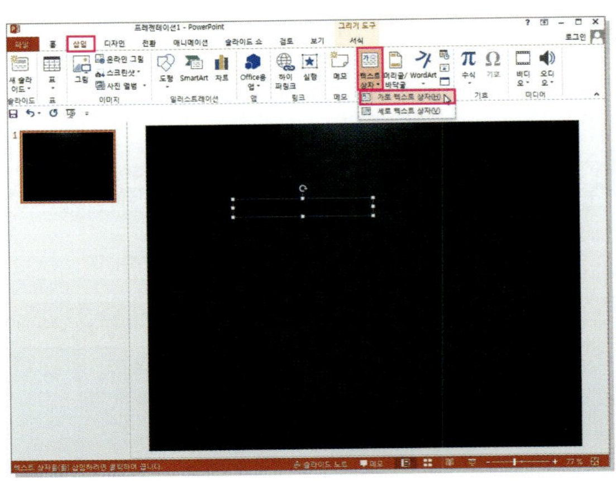

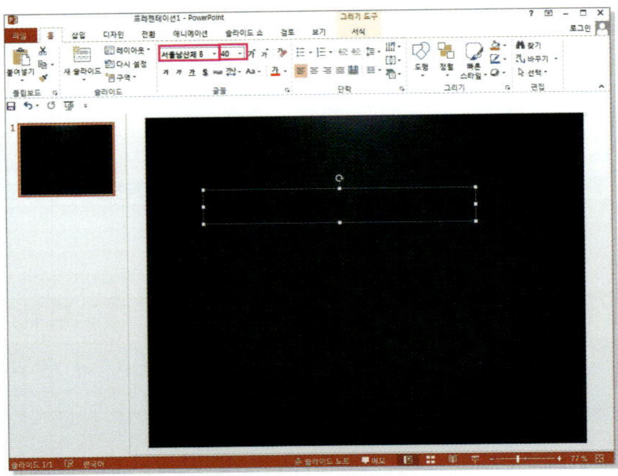

04 [홈] 탭 – [글꼴] 그룹 – [글꼴 색] – [다른 색]을 선택
한 후, 색상에 빨강(R) '255', 녹색(G) '227', 파랑(B)
'39'를 입력합니다.
[글꼴] 그룹 – [문자 간격] – [매우 좁게]를 선택합니
다.

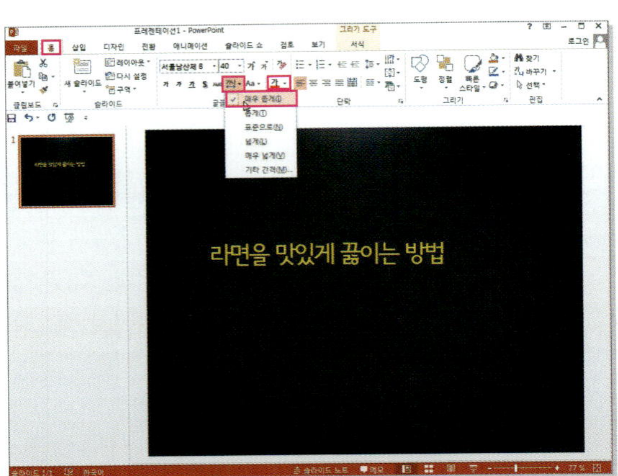

 ## 03 타임라인 만들기

01 제목 [텍스트 상자]를 적당한 위치에 배치합니다.

02 [삽입] 탭 – [일러스트레이션] 그룹 – [도형] – [선] –
[곡선]을 선택합니다.

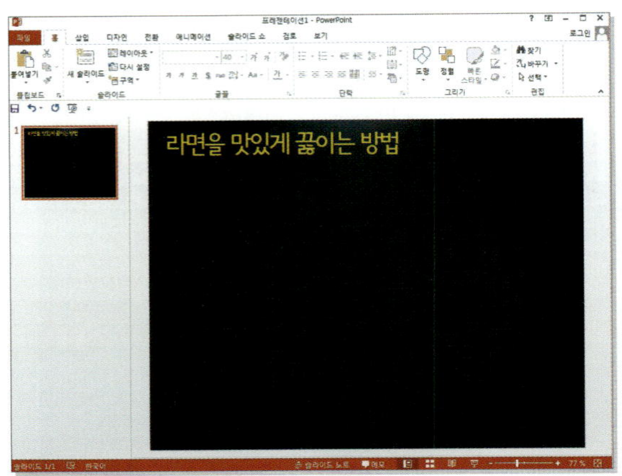

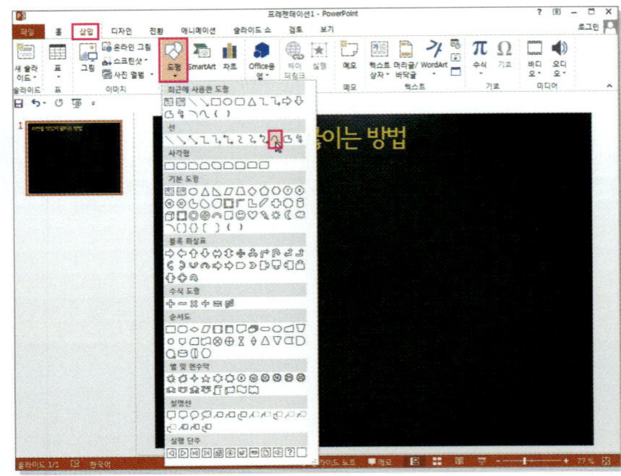

03 곡선을 시작하는 부분에서 포인트를 찍으면서 아래쪽으로 면발을 형상하여 그려봅시다.

곡선을 선택하면 자동으로 곡선이 만들어지기 때문에 손쉽게 곡선을 만들 수 있습니다.

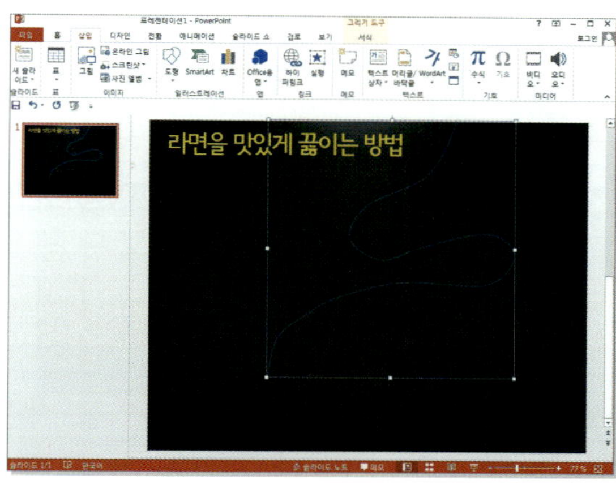

04 [그리기 도구] – [서식] 탭 – [도형 삽입] 그룹 – [도형 편집] – [점 편집]을 선택합니다.

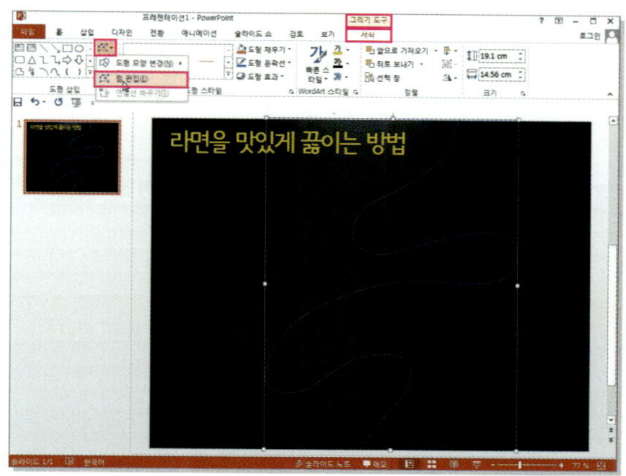

TIP 도형을 선택하고 마우스 오른쪽 버튼 클릭 – [점 편집]으로도 기능을 사용할 수 있습니다.

05 [점 편집] 메뉴를 통해 미세하게 자연스럽지 못한 부분을 조정해 줍니다.

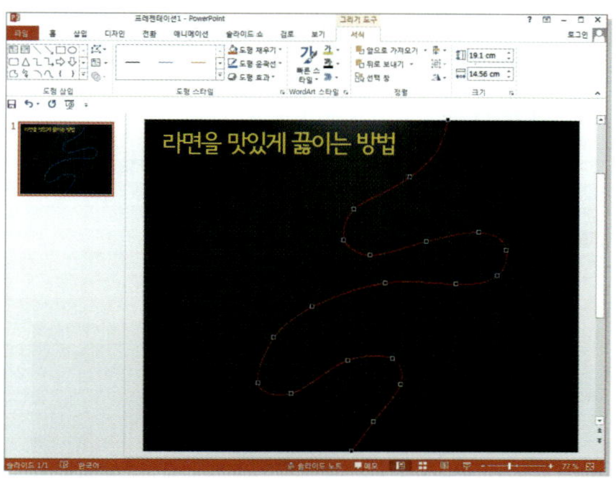

06 이제 만들어진 라인을 선택하고, 마우스 오른쪽 버튼을 클릭 – [도형 서식] – [도형 옵션] – [채우기 및 선] – [선] – [색] – [다른 색]에서 빨강(R) '255', 녹색(G) '227', 파랑(B) '39'를 입력합니다. 두께는 '3.25pt'를 지정합니다.

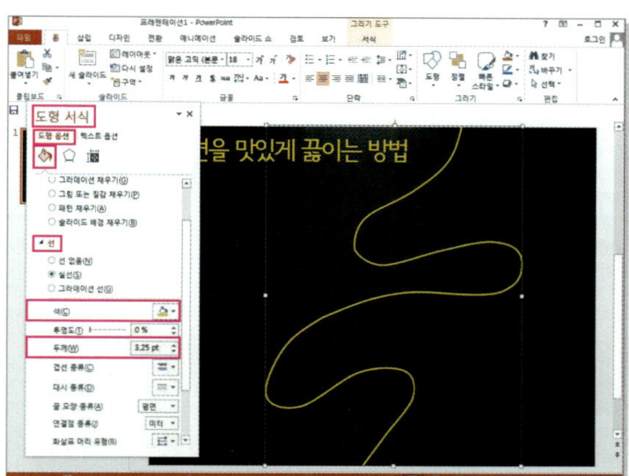

01 만들어진 타임라인에 지점을 표시하도록 하겠습니다. [삽입] – [일러스트레이션] 그룹 – [도형] – [타원]을 선택합니다.

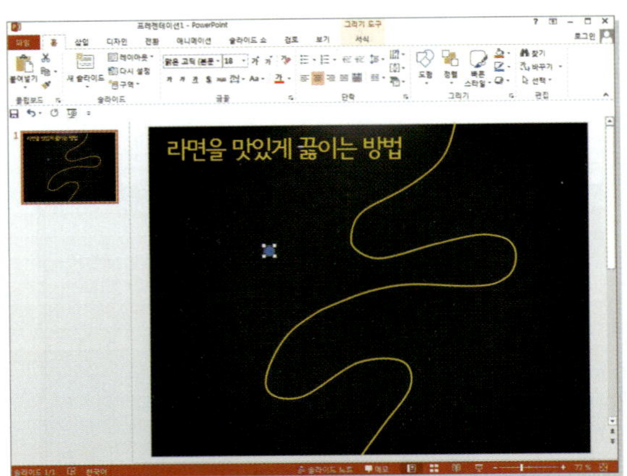

TIP Shift 키를 누르고 도형을 삽입하면 지름이 같은 등원을 만들 수 있습니다.

02 삽입된 도형을 선택하고, [그리기 도구] – [서식] – [도형 스타일] – [도형 채우기] – [흰색]을 선택합니다.

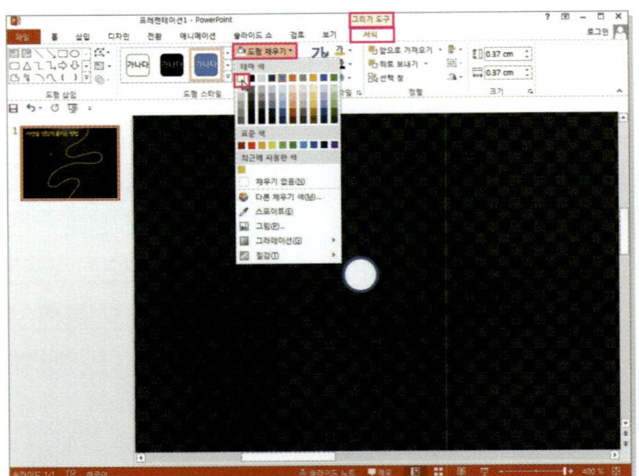

03 [그리기 도구] – [서식] – [도형 스타일] – [도형 윤곽선] – [최근에 사용한 색] – [노랑]을 선택하고, 두께에 '3pt'를 선택합니다.

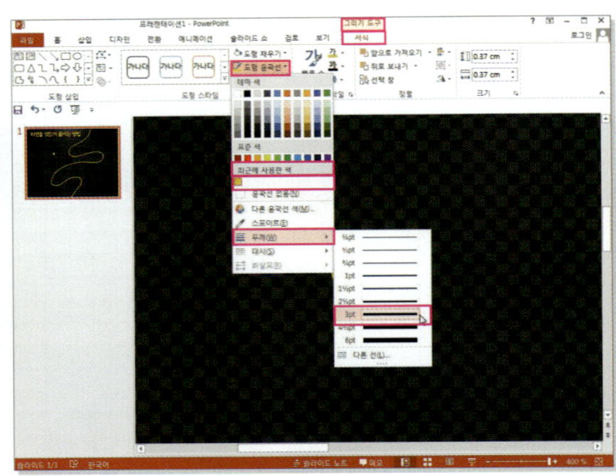

04 타임라인의 6개의 지점이 필요하기 때문에 서식이 지정된 도형을 선택하고, Ctrl 키를 누른 상태에서 드래그 하여 6개의 도형을 복사해 줍니다.

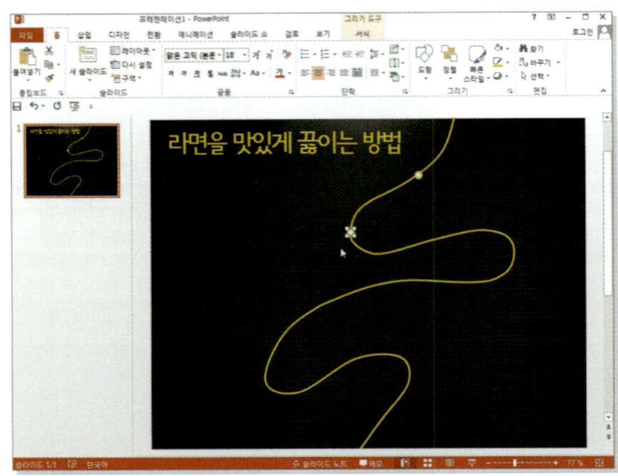

05 텍스트를 입력할 공간을 어느 정도 예상하여 위에서 아래로 시간의 흐름에 따른 지점을 표시합니다.

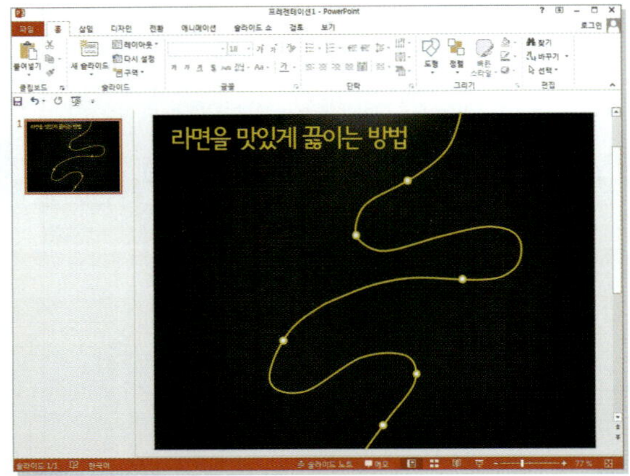

01 [삽입] 탭 – [이미지] 그룹 – [그림]을 선택합니다.

02 예제의 icon01.png, icon02.png, icon03.png, icon04.png, icon05.png, icon06.png를 삽입합니다.

▼ 경로 PART03\Chapter1\003

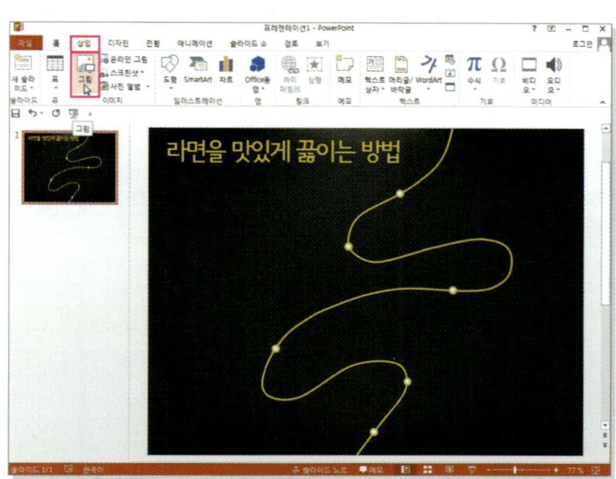

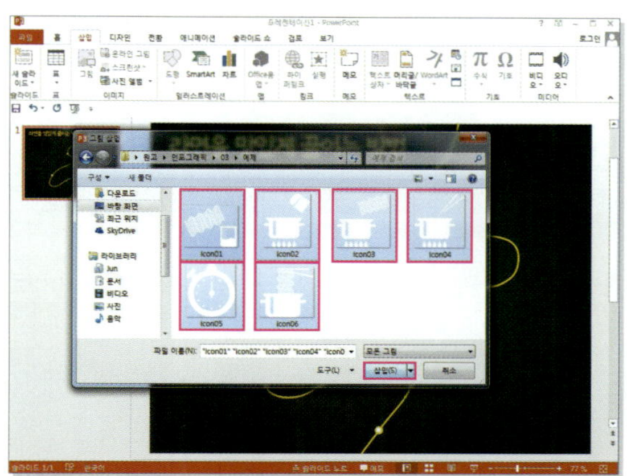

TIP 이미지를 얻는 방법에는 검색을 통해서 얻는 방법과 이미지 판매 사이트를 통해 얻는 방법이 있습니다. 상업적인 용도의 쓰여질 이미지의 경우 이미지 판매 사이트를 통해 저작권이 해결된 이미지를 사용하는 것이 좋습니다.

03 한꺼번에 삽입하여 어떤 이미지가 맞는지 찾기가 쉽지 않습니다.

04 각각의 흐름에 맞도록 대략적으로 이미지들을 배치합니다.

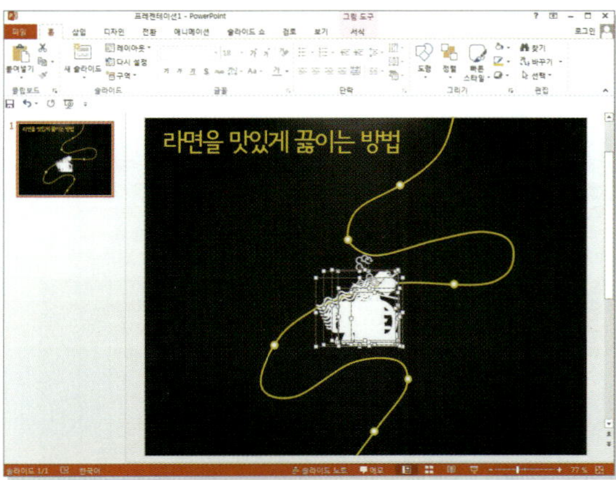

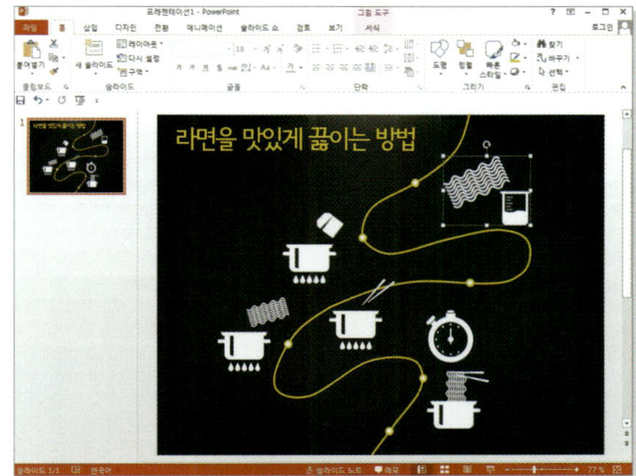

TIP 한꺼번에 삽입을 하고 크기를 조절하면 각각의 이미지를 따로따로 조절할 필요가 없이 같은 비율로 조정하기 편리합니다.

05 삽입된 이미지들을 모두 선택하고, [Shift] 키를 누른 상태에서 크기를 조절합니다.

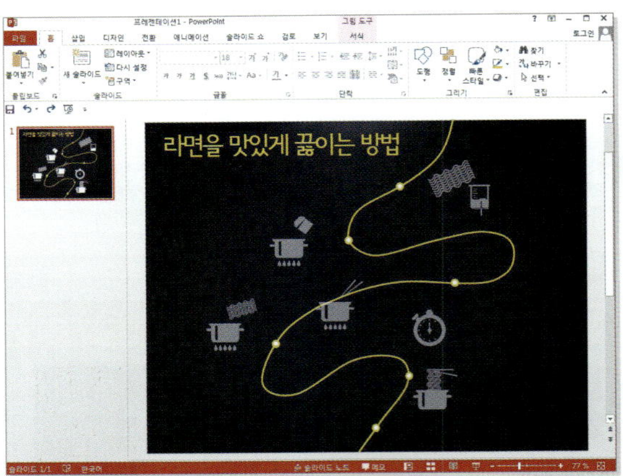

06 조절된 크기의 이미지들을 각각의 지점과 잘 배치되도록 위치를 조절해 줍니다.

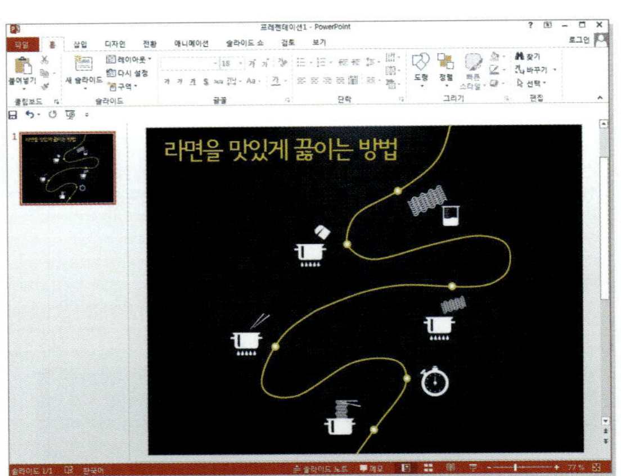

07 [삽입] 탭 – [텍스트] 그룹 – [텍스트 상자] – [가로 텍스트 상자]를 선택합니다.
내용에 '면과 물500ml를 준비합니다'를 입력합니다.

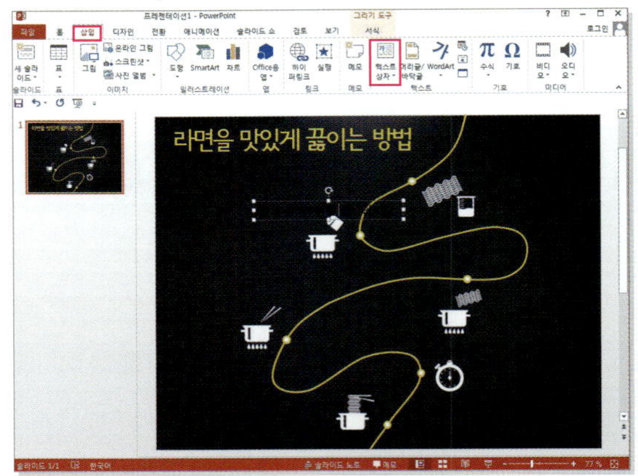

08 [글꼴] '맑은 고딕', [크기] '18pt'를 지정하고 [문자 간격] – [좁게]를 선택합니다. 글꼴 색상은 '흰색'을 선택합니다.

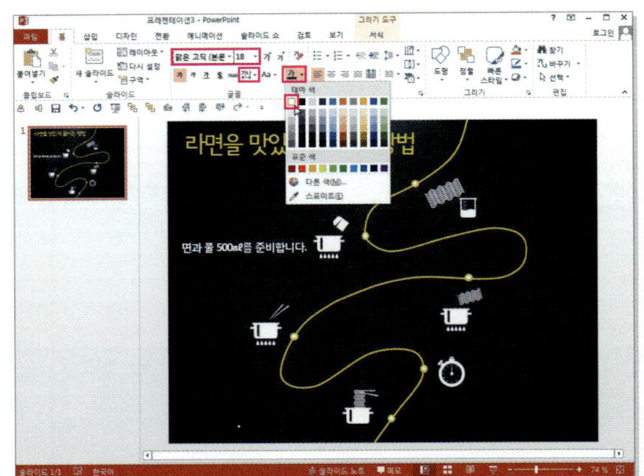

09 텍스트 상자를 선택하고, [Ctrl] 키를 누르고, 드래그하여 복사합니다.

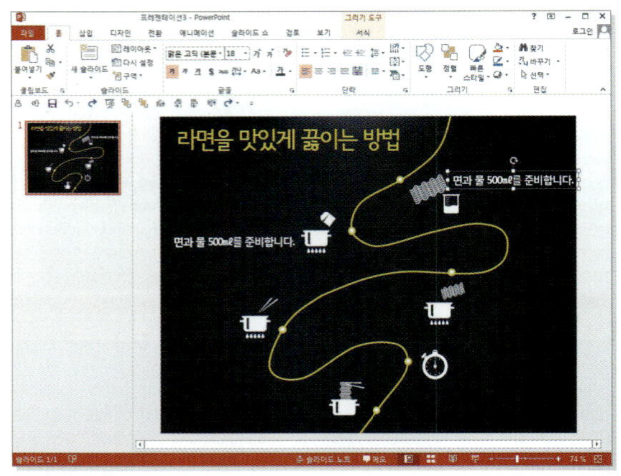

10 같은 방법으로 아래쪽의 타임라인에도 복사하여줍니다.

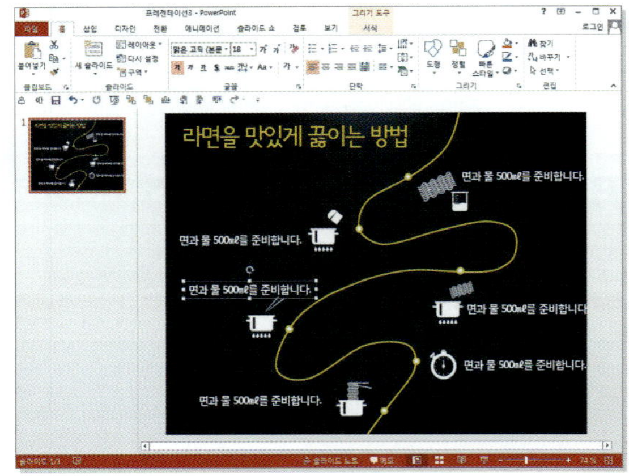

같은 서식의 도형, 텍스트를 사용할 때에는 Ctrl 키를 누르고 드래그 하여 복사하거나, Ctrl + C 키로 복사한 후, Ctrl + V 키를 눌러 복사하는 방법이 있습니다.

11 두 번째 텍스트 상자에 '물이 끓기 전에 스프를 먼저 넣습니다.'를 입력합니다.

12 '물이 끓기 전에'에서 Enter 키를 눌러 줄바꿈을 해준 후, [홈] 탭 – [단락] 그룹 – [오른쪽 맞춤]을 선택합니다.

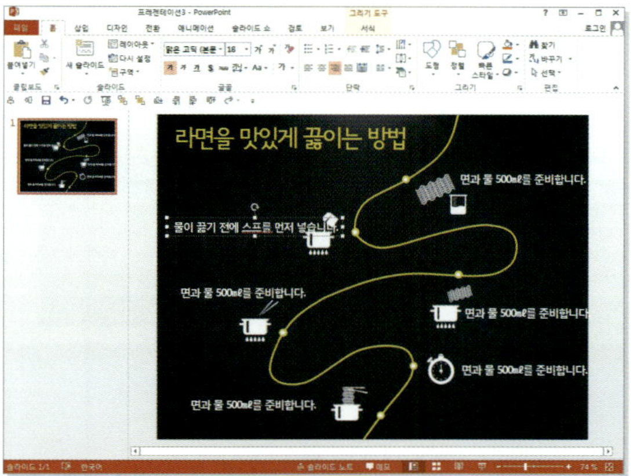

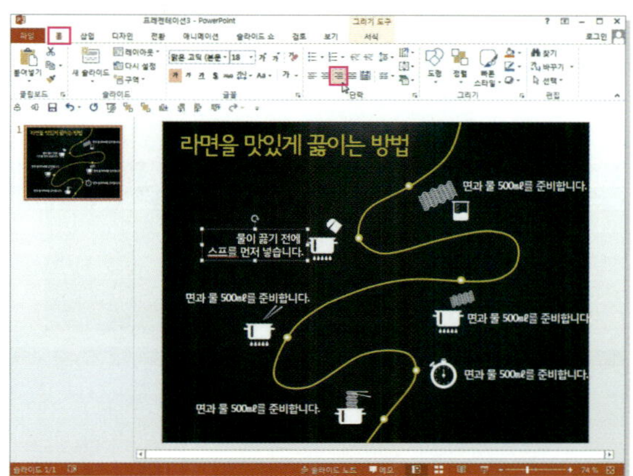

13 각각의 텍스트 상자에도 내용을 입력하여 줍니다.

14 '3분 30초 불을 끕니다' 텍스트 상자를 선택한 후, 숫자 '3'을 드래그하여 블록 지정한 다음, 크기에 '40pt'를 지정합니다.

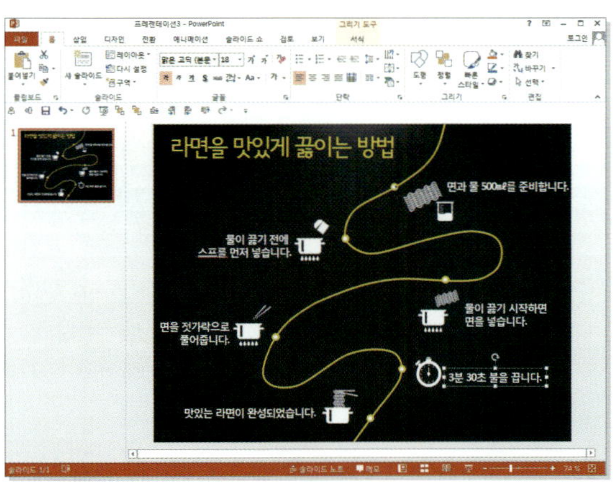

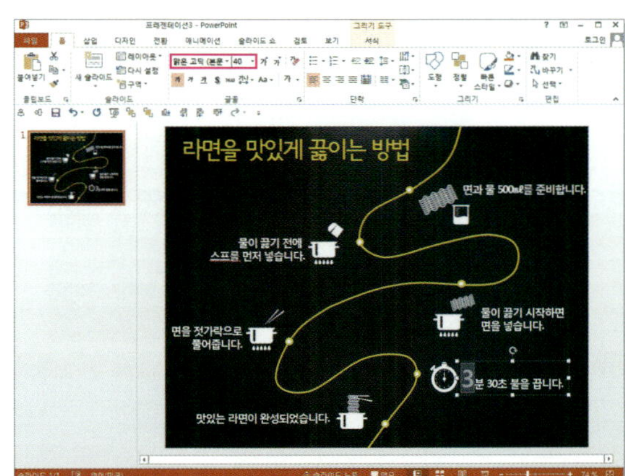

15 '30'의 숫자도 드래그하여 블록 지정한 다음, 크기에 '40pt'를 지정합니다.

16 이제 라면의 젓가락 같은 이미지를 만들어 보도록 하겠습니다.
[삽입] 탭 – [일러스트레이션] 그룹 – [도형] – [선] – [자유형]을 선택합니다.

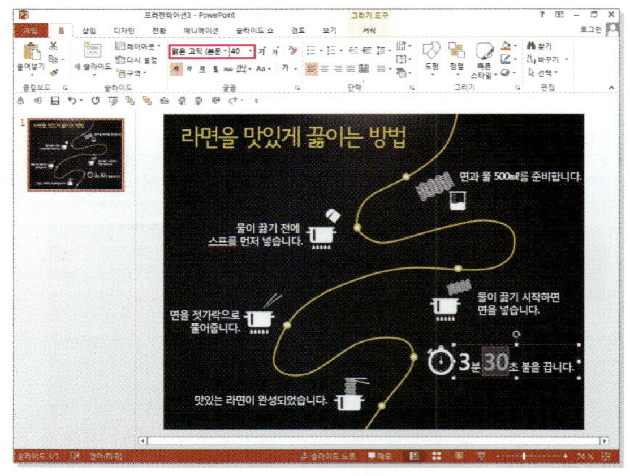

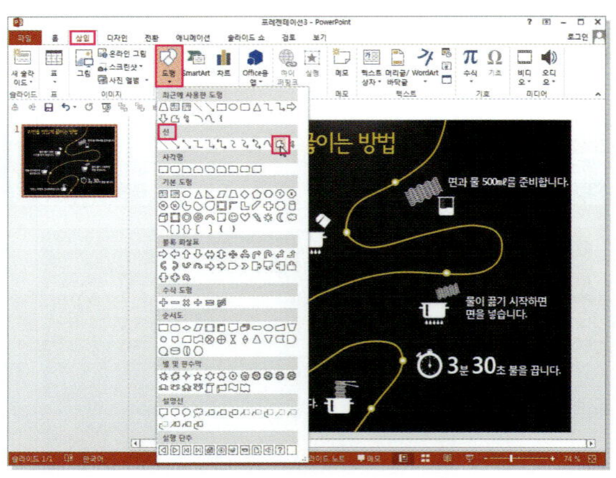

17 클릭을 하면 그곳에 점이 생기며 한 번 더 클릭하면 이어진 선이 생깁니다.
클릭을 통해 젓가락 모양의 도형을 만들어 줍니다.

18 만들어진 도형을 선택하고, Ctrl + Shift 키를 누르고, 아래로 드래그하여 한 개 더 복사하여 줍니다.

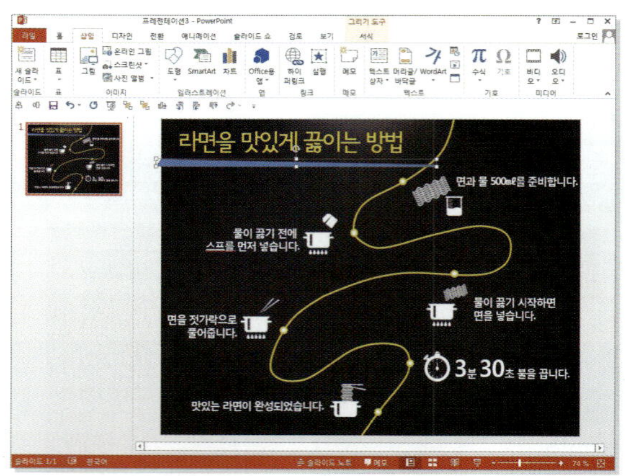

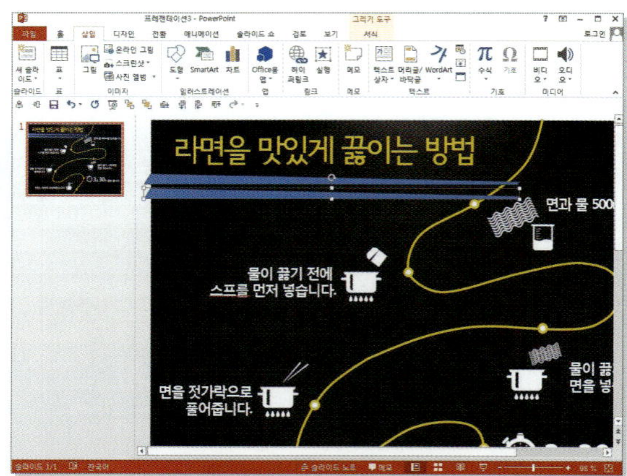

TIP Shift 키를 누르고 클릭을 하면 수직, 수평의 선을 그을 수 있습니다.

19 만들어진 도형을 선택하면 가운데 회전이 가능한 고리 모양의 핸들이 생깁니다.

핸들을 돌려 도형을 살짝 회전합니다.

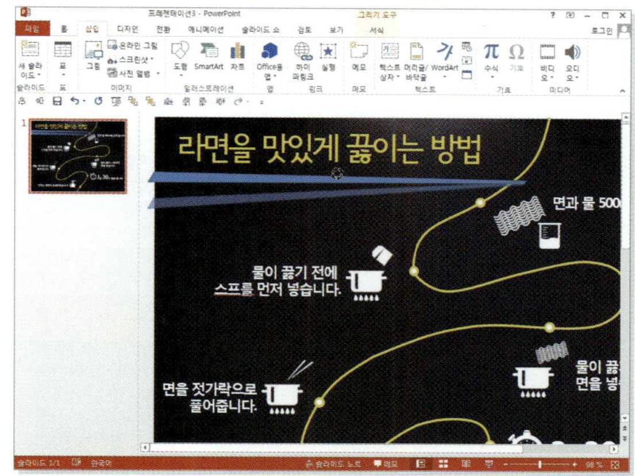

TIP [그리기 도구] – [서식] 탭 – [크기] 그룹 모서리의 화살표를 클릭하면 [도형 서식] – [도형 옵션] – [크기 및 속성] – [크기]에서 [회전]의 미세한 각도를 조절할 수 있습니다.

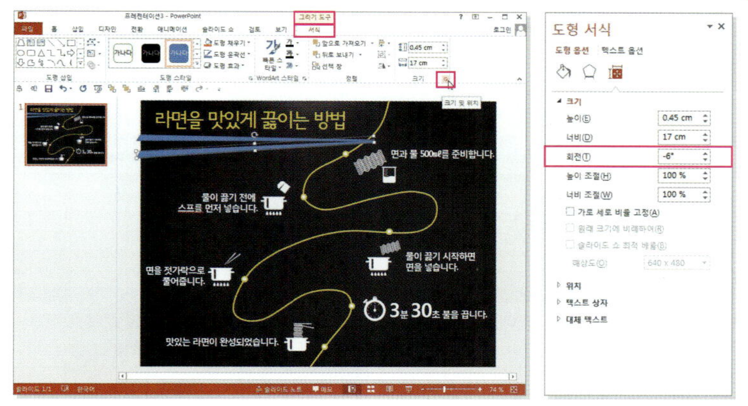

20 만들어진 도형을 선택한 후, [그리기 도구] – [서식] 탭 – [그리기] 그룹 – [도형 채우기] – [검정, 텍스트 1, 35% 더 밝게]를 선택합니다.

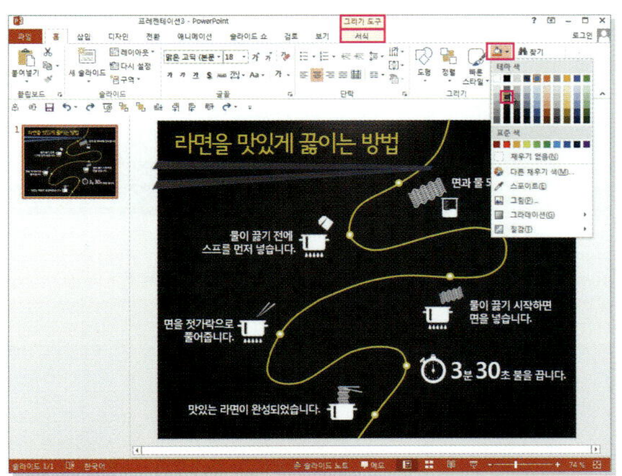

21 다시 도형을 선택한 후, [그리기 도구] – [서식] 탭 – [그리기] 그룹 – [도형 윤곽선] – [윤곽선 없음]을 적용합니다.

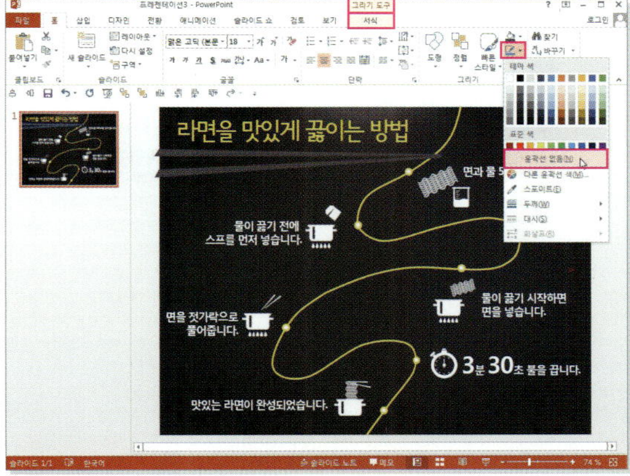

22 이제 젓가락이 선을 짚고 있는 느낌이 들 수 있도록 상단의 도형을 선택한 후, [홈] 탭 – [그리기] 그룹 – [정렬] – [맨 뒤로 보내기]를 선택합니다

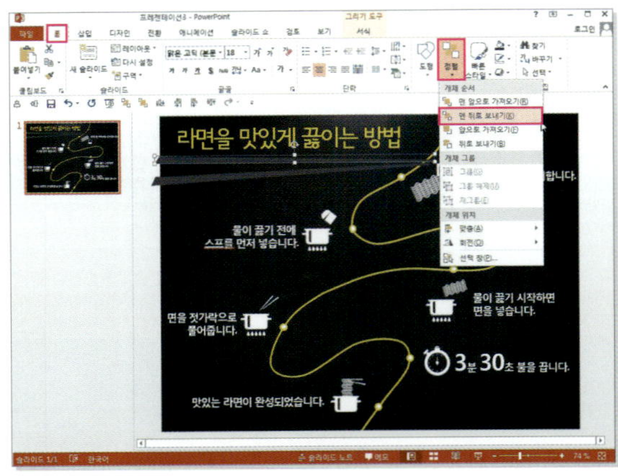

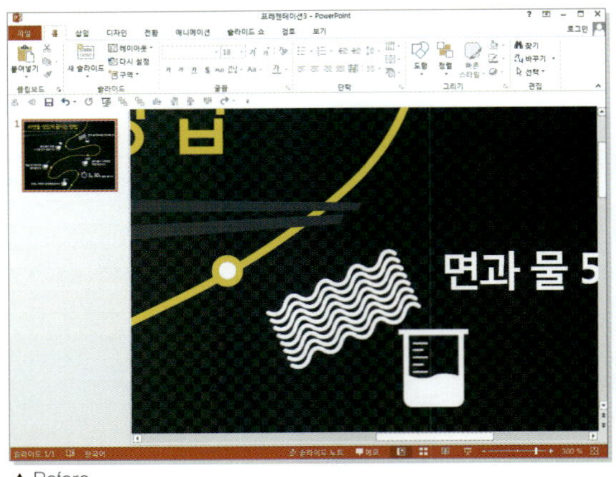

▲ Before

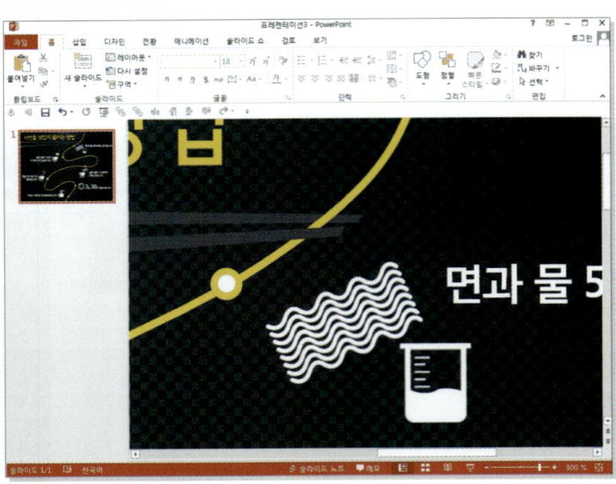

▲ After

23 타임라인 슬라이드가 완성되었습니다. 단순히 시간의 흐름에 따라 나열한 타임라인보다 청중의 관심과 흥미를 유발할 수 있는 슬라이드가 만들어졌습니다.
하지만 무조건적으로 재미를 우선적으로 할 필요는 없습니다. 전체적인 청중의 성격과 전체적인 슬라이드의 구성 내용에 따라 재미를 주어야 할 부분을 결정하고, 그것을 이용한다면 더욱 완성도 있는 프레젠테이션을 할 수 있게 될 것입니다.
간단한 정보 전달에도 청중에게 그림과 함께 설명이 된다면 청중의 이해를 돕고 더 오래 기억되도록 할 수 있습니다.

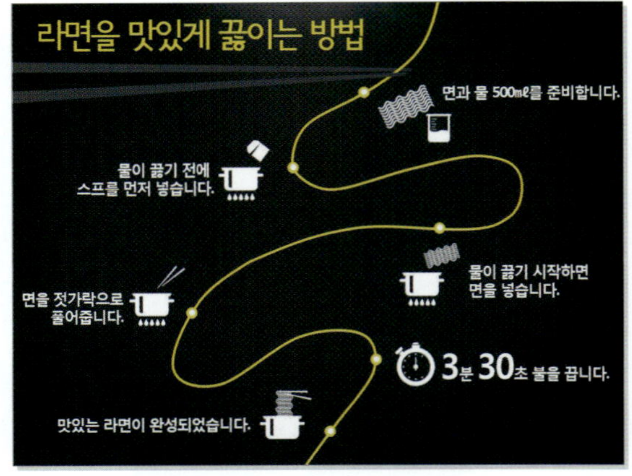

004 픽토그램을 이용하여 차트를 표현하자!

이번에는 패턴과 그라디언트 기능을 이용한 배경 디자인하기와 픽토그램을 이용하여 한눈에 들어오는 ck트를 만들어 보도록 하겠습니다. 픽토그램은 단순하지만 상징성을 가지고 있어 정보를 전달하는데 있어, 최적이라고 할 수 있습니다. 불필요함을 제거한 단순한 픽토그램을 이용해 차트를 만들어 봅시다.

 01 차트 분석하기

01 먼저 슬라이드 디자인을 하기 위한 원본 데이터를 불러옵니다.

원본 데이터를 훑어봅시다. 슬라이드에서 중요한 핵심 키워드를 먼저 추출하도록 합니다. 이 페이지에서 보여져야 할 핵심 키워드는 국내 총생산량 중 '원자력 발전의 비율 31%'가 강조되어야 하며 이를 한눈에 보이도록 디자인 해보도록 하겠습니다.

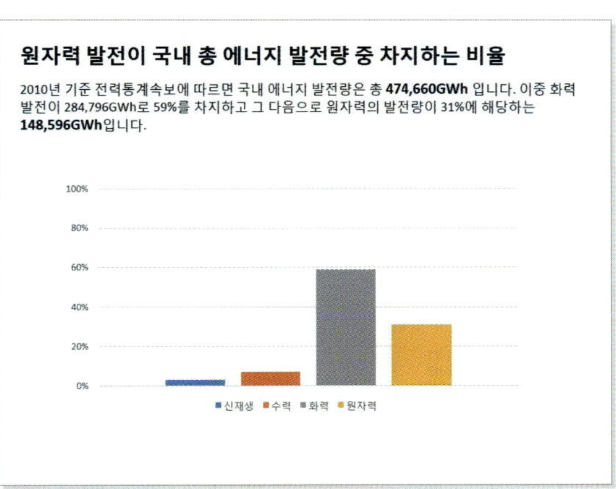

01 먼저 패턴과 그라디언트를 이용해 배경을 만들어보겠습니다. 슬라이드 배경에서 마우스 오른쪽 버튼을 클릭하여 [배경 서식]을 선택합니다.

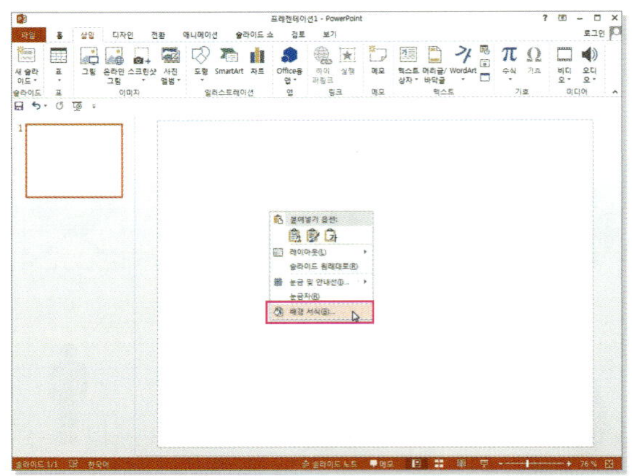

02 [배경 서식] – [채우기] – [패턴 채우기] – [패턴] – [어두운 상향 대각선]을 선택합니다.

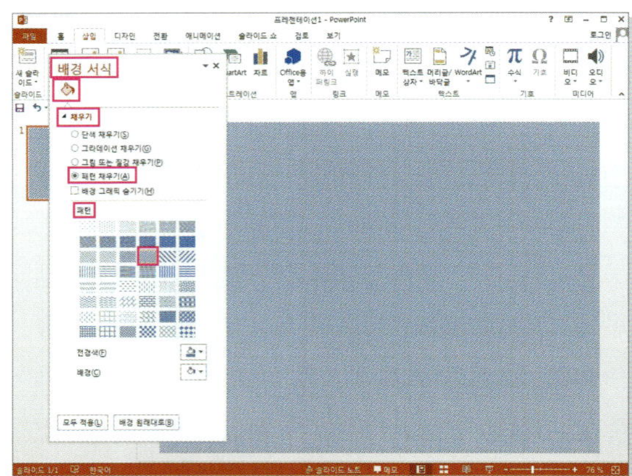

03 [배경 서식] – [채우기] – [패턴 채우기] – [전경색] – [다른 색]을 선택합니다.
전경색은 빨강(R) '91', 녹색(G) '155', 파랑(B) '213'을 입력합니다.
전경색 선택 시 배경에서 선이 강하게 나타나길 원한다면 배경과 전경색의 대비를 많이 주도록 합니다.

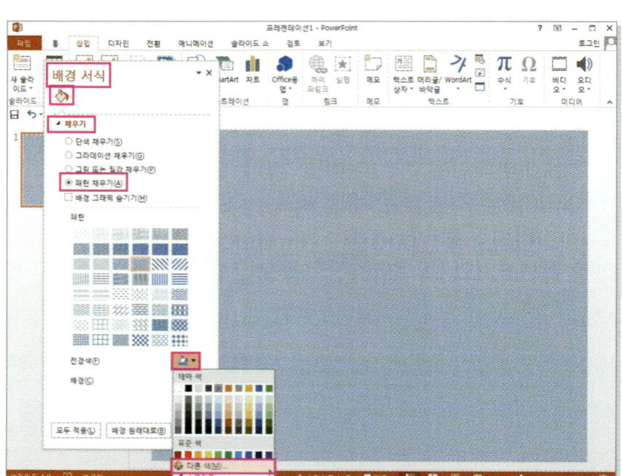

04 [삽입] 탭 – [일러스트레이션] 그룹 – [도형] – [직사각형]을 선택합니다.

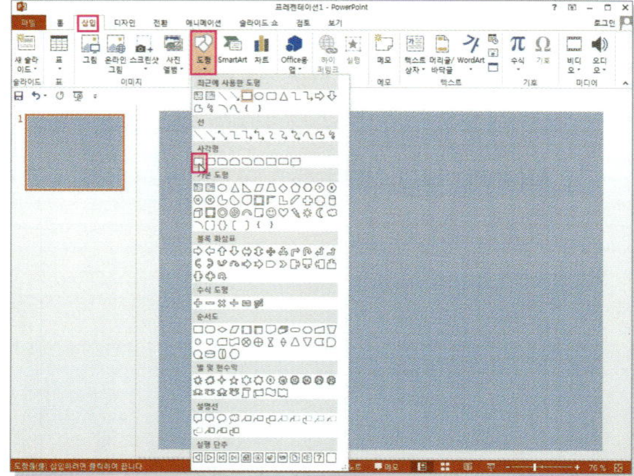

05 그라디언트 효과를 주기 위해 도형을 슬라이드에 딱 맞도록 드래그합니다.

06 도형을 선택하고, [그리기 도구] – [서식] 탭 – [도형 스타일] 그룹 – [도형 채우기] – [그라데이션] – [기타 그라데이션]을 선택합니다.

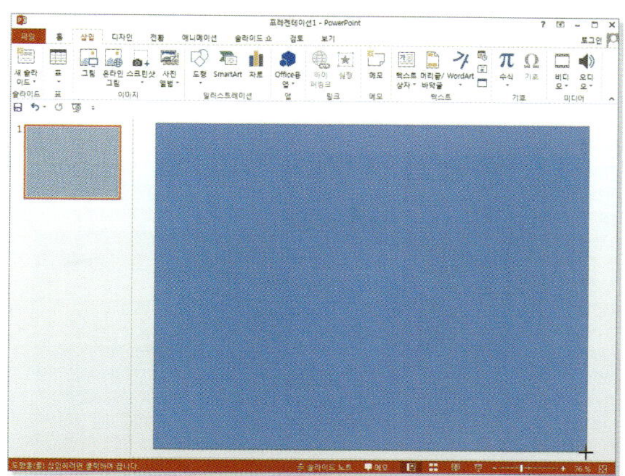

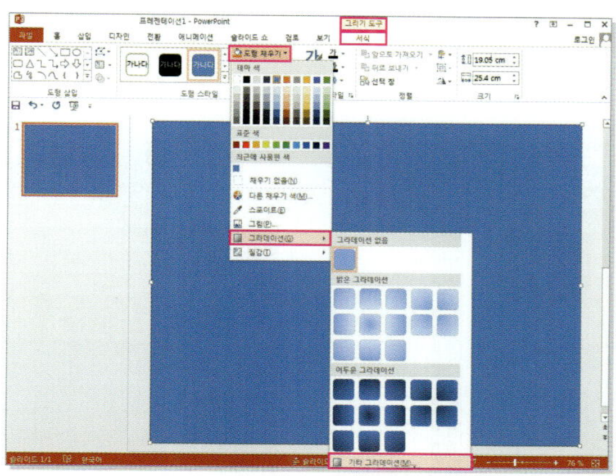

07 그라데이션 채우기에서 [종류] – [방사형], [방향] – [오른쪽 모서리 위에]를 선택합니다. 색상은
중지점1 : 빨강(R) '32', 녹색(G) '65', 파랑(B) '118', 위치 '0%', 투명도 '50%'
중지점2 : 빨강(R) '91', 녹색(G) '155', 파랑(B) '213', 위치 '100%', 투명도 '100%'를 지정합니다.

08 이제 배경이 완성되었습니다. 그라데이션의 중지점과 패턴을 이용하면 단조로운 도형에 다양한 효과를 줄 수 있습니다.

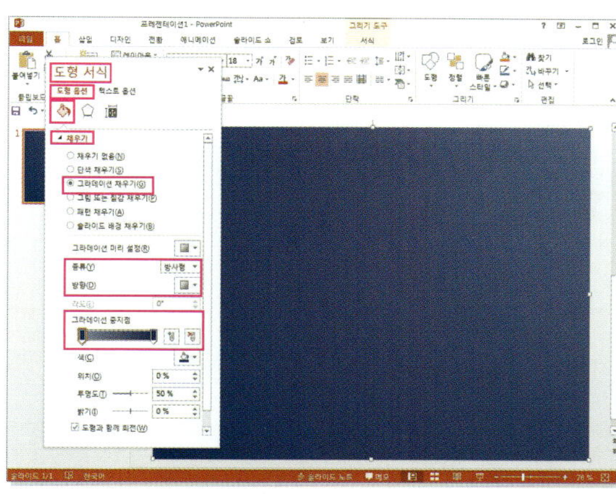

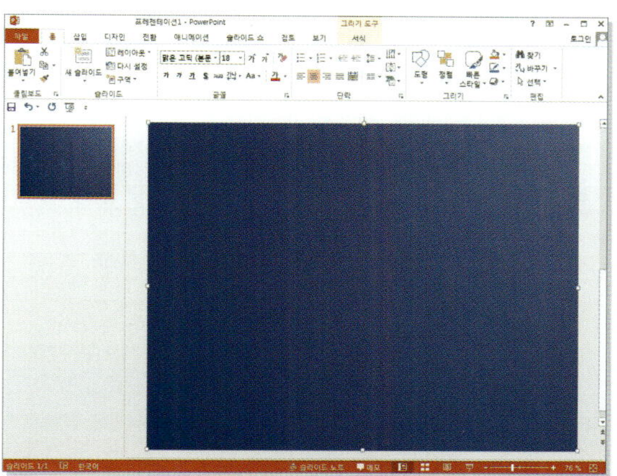

TIP 중지점 1에 투명도를 줌으로써 배경의 패턴이 보이도록 조절합니다.

01 [삽입] 탭 – [일러스트레이션] 그룹 – [도형] – [직사각형]을 선택합니다.

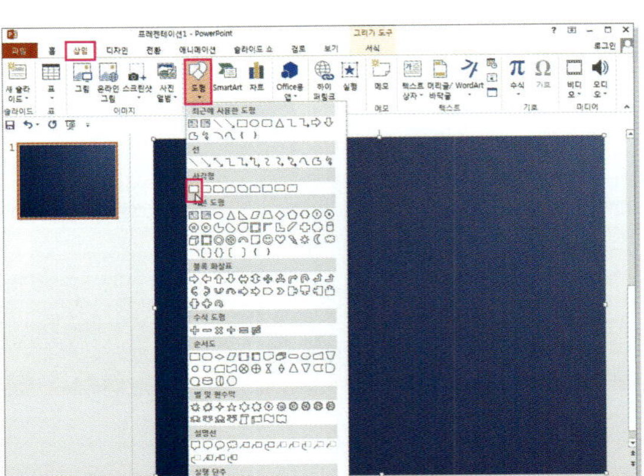

02 [도형 채우기] – [검정]을 선택합니다.

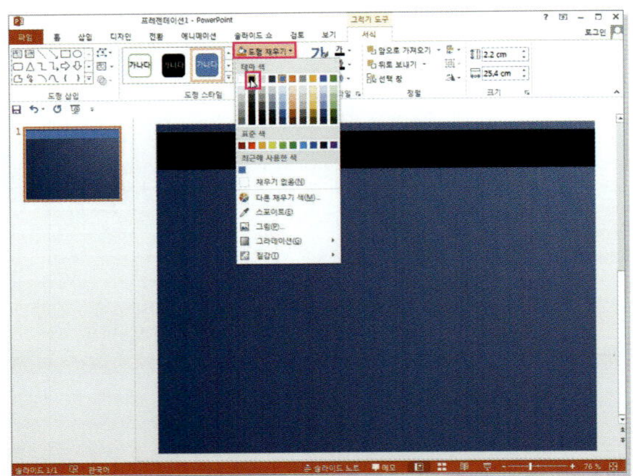

03 [도형 윤곽선] – [윤곽선 없음]을 선택하여 윤곽선을 제거합니다.
[도형 채우기] – [다른 채우기 색]을 선택하여 [색] 대화상자에서 투명도에 '40%'를 입력합니다.

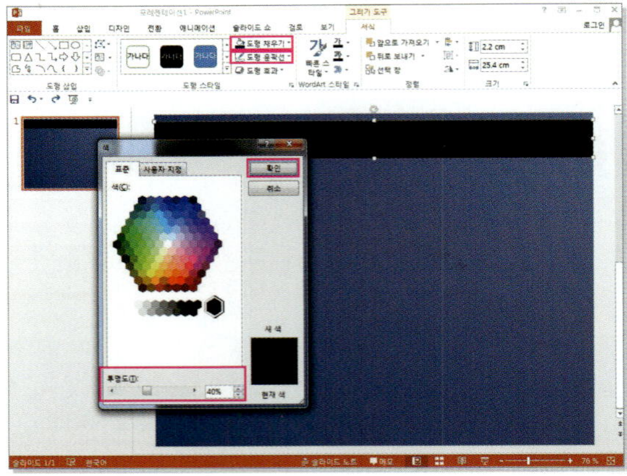

04 [삽입] 탭 – [텍스트] 그룹 – [텍스트 상자] – [가로 텍스트 상자]를 선택합니다.

05 제목 '원자력 발전이 국내 총 에너지 발전량 중 차지하는 비율'을 입력합니다. 텍스트 상자를 선택하고, [홈] 탭 – [글꼴] 그룹에서 [글꼴] '나눔고딕 Extrabold' [크기] '28pt'를 지정합니다.

06 [홈] 탭 – [글꼴] 그룹 – [글꼴 색] – [흰색]을 선택하고, [문자 간격] – [좁게]를 선택합니다.

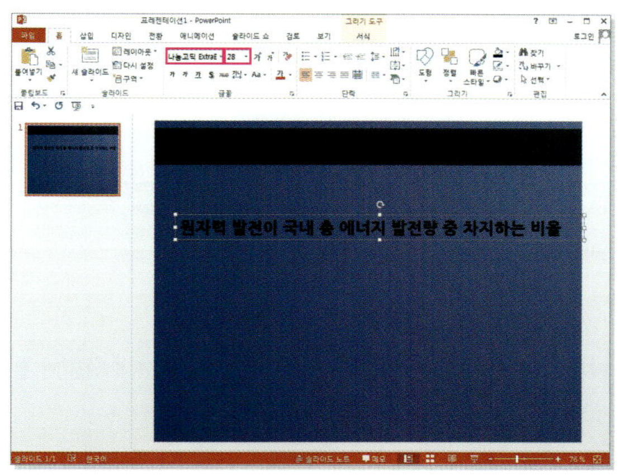
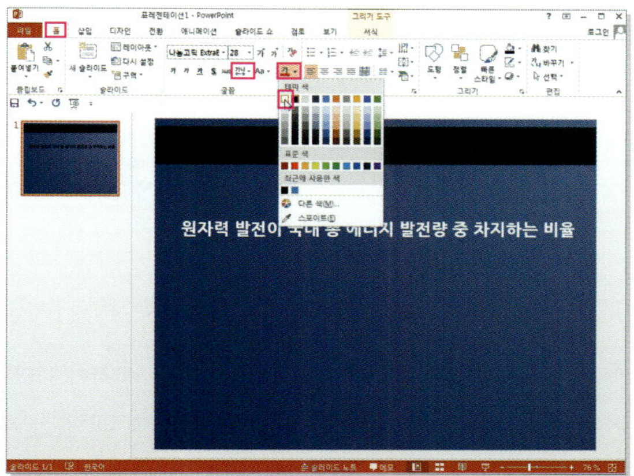

 ## 04 차트 만들기

01 원고의 차트(원본.pptx)를 복사하여 가져옵니다.

▼ 경로 PART03\Chapter1\004

02 [삽입] 탭 – [일러스트레이션] 그룹 – [도형] – [직사각형]을 삽입합니다.

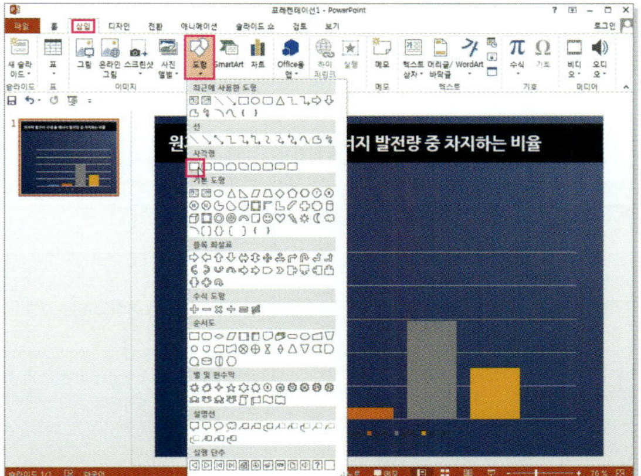

TIP **원고의 차트를 가져오는 이유**

이번에는 파워포인트 내에 포함된 자체 차트 기능을 사용하지 않고, 도형을 이용하여 차트를 그릴 것이기 때문에 비율을 참고하기 위해 기존 데이터를 가져옵니다.

03 각각의 높이를 기존 차트 비율에 맞춘 후, 좌우 폭도 3%', 7%', 59%', 31% 비율에 맞춰 늘려줍니다.

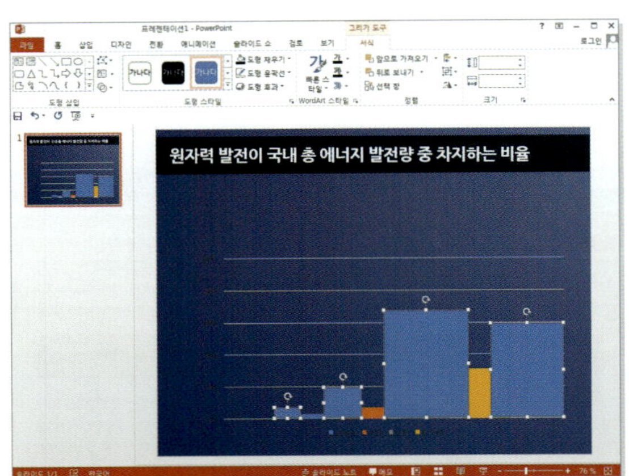

04 이번 차트에서는 원자력 부분만 강조할 것이기 때문에 나머지 도형들은 [흰색]을 지정하고, 원자력 부분의 도형은 빨강(R) '255', 녹색(G) '242', 파랑(B) '0'을 입력합니다.

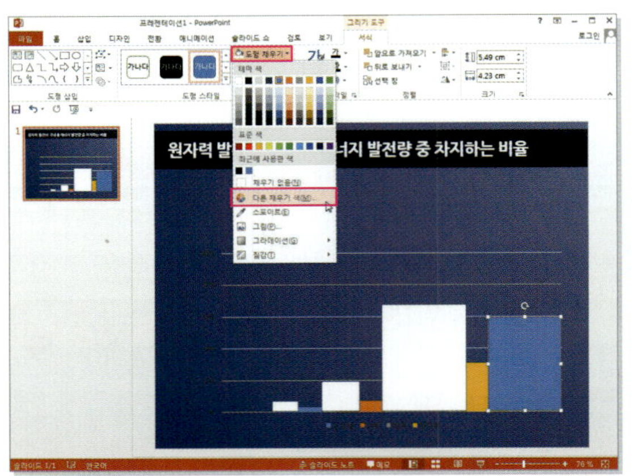

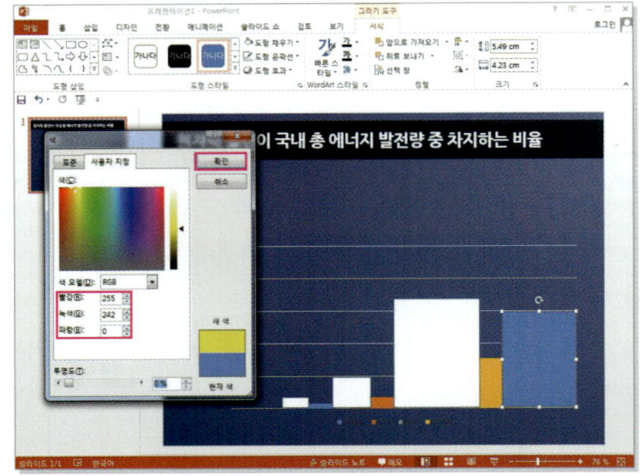

05 이제 밑에 있는 차트를 지워줍니다. 그리고 도형들을 선택하고, [그리기 도구] – [서식] 탭 – [도형 스타일] 그룹 – [도형 윤곽선] – [윤곽선 없음]을 선택합니다.

06 이제 도형에 광택 질감을 표현해보겠습니다. [삽입] 탭 – [일러스트레이션] 그룹 – [도형] – [순서도:수동 입력]을 선택합니다.

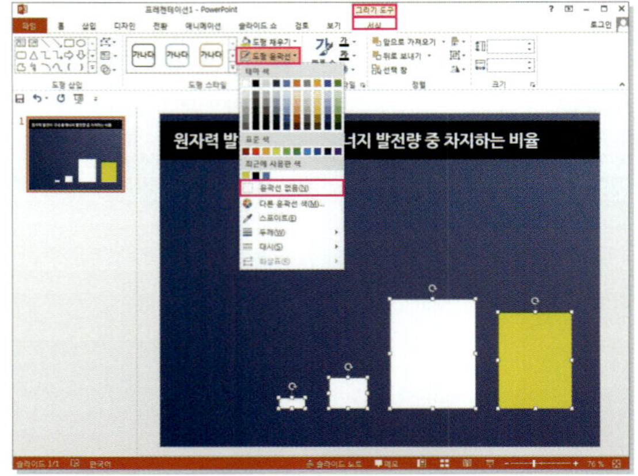

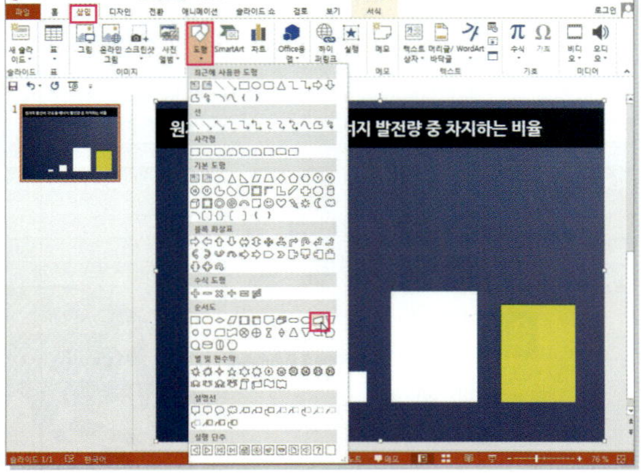

07 각각의 도형 너비에 맞춰 보기와 같이 [순서도:수동입력] 도형을 삽입합니다.

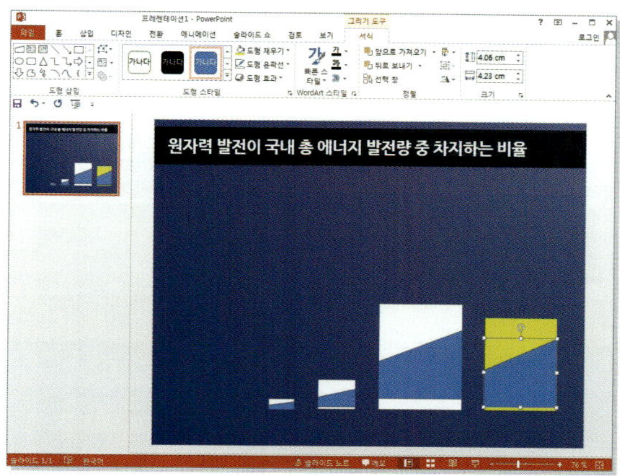

08 도형을 모두 선택하고, [그리기 도구] – [서식] 탭 – [도형 스타일] 그룹 – [도형 채우기] – [그라데이션] – [기타 그라데이션]을 선택합니다.

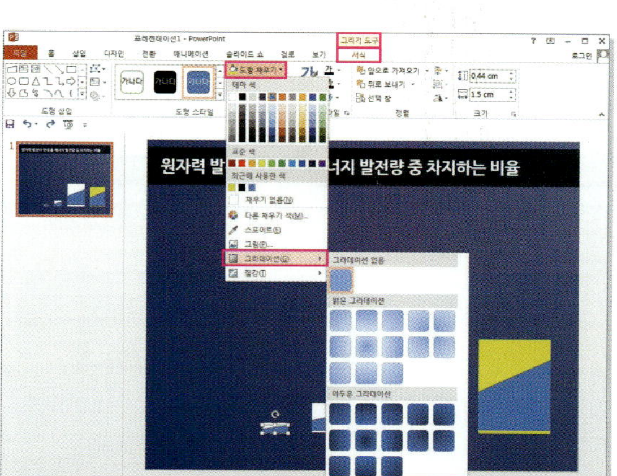

09 [방향] – [선형 아래쪽]을 선택하고,
중지점1 : 빨강(R) '0', 녹색(G) '0', 파랑(B) '0', 위치 '0%', 투명도 '90%'
중지점2 : 빨강(R) '0', 녹색(G) '0', 파랑(B) '0', 위치 '100%', 투명도 '100%'를 지정합니다.

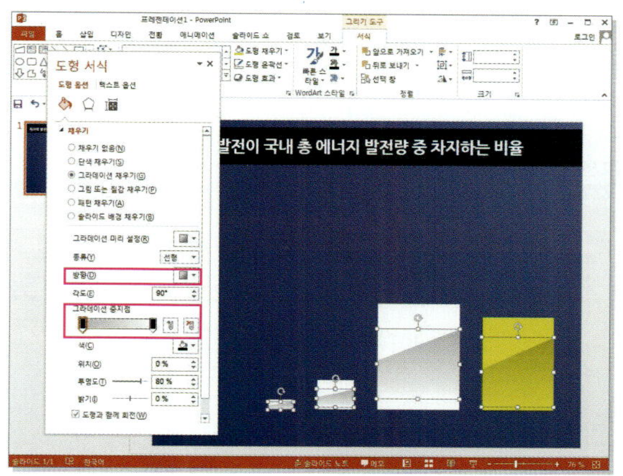

10 [삽입] 탭 – [이미지] 그룹 – [그림]을 선택하여 이제 픽토그램을 삽입합니다. 예제 이미지 파일, 001.png, 002.png, 003.png, 004.png를 불러옵니다.

▼ 경로 PART03\Chapter1\004

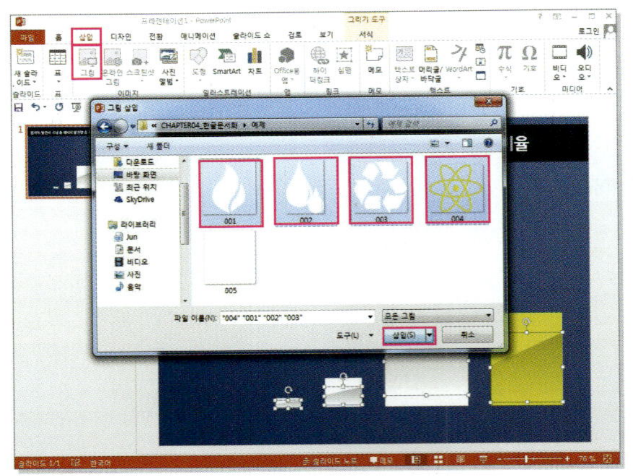

11 삽입된 이미지를 비율에 맞게 크기를 조절하여 배치합니다. 실제 데이터대로라면 너무 작게 보이는 재생에너지, 수력발전 부분의 이미지는 약간 과장하여 너무 작아지지 않도록 조절해 줍니다.

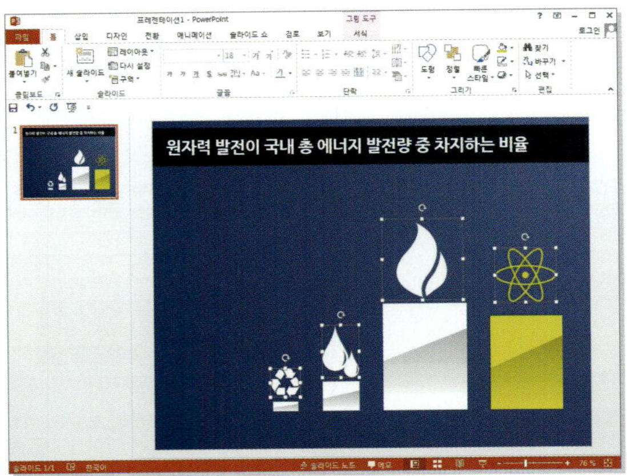

TIP thenounproject.com

프로젝트성 웹사이트로, 세계의 시각언어 발전을 위해 공유를 외치는 디자이너들이 세계 각국의 시각언어를 공유하기 위해 만든 공간입니다. 이 사이트에 있는 모든 아이콘들은 무료로 다운이 가능하며, 단순하고 의미 있는 심볼들이 지속적으로 업데이트 되어지는 곳입니다. 그리고 이 사이트는 한글로도 검색이 가능하여 매우 유용한 픽토그램을 얻을 수 있습니다. 사용하고자 할 경우에는 사용 범위에 따른 저작권 문의를 통해 저작권 침해가 발생하지 않도록 주의하도록 합니다.

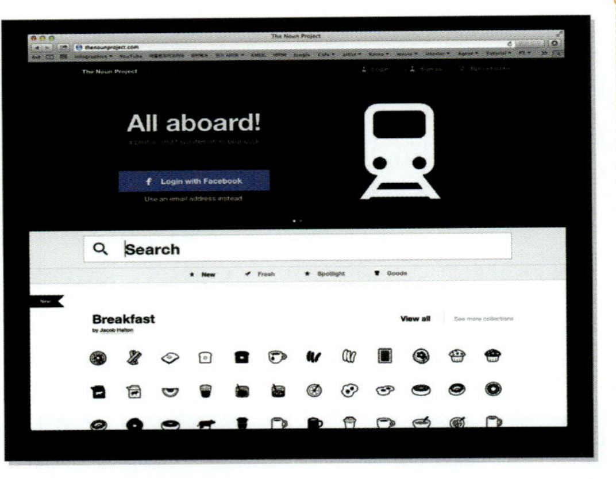

12 이제 차트와 픽토그램 이미지를 선택하고, [홈] 탭 – [그리기] 그룹 – [도형 효과] – [그림자] – [오프셋 가운데]를 선택하여 그림자 효과를 만듭니다.

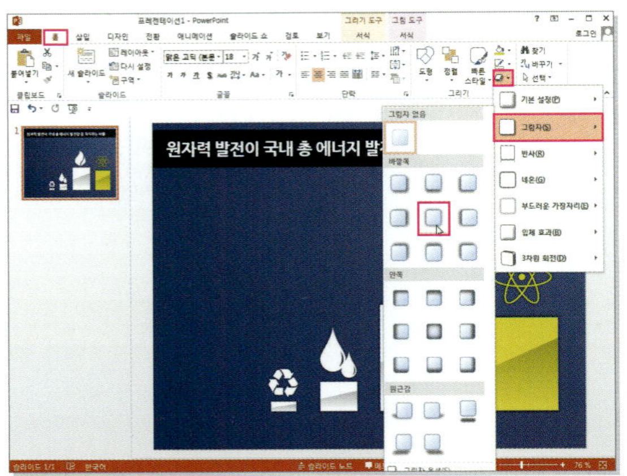

13 [홈] 탭 – [그리기] 그룹 – [도형 효과] – [그림자] – [그림자 옵션]을 선택하여 그림자를 미세하게 조정합니다. [투명도] '30%', [크기] '100%', [흐리게] '8pt', [각도] '0 °', [간격] '0pt'를 입력합니다.

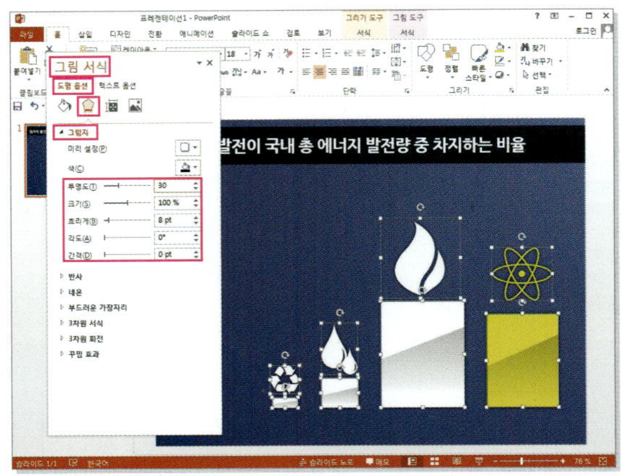

01 [삽입] 탭 – [텍스트] 그룹 – [텍스트 상자] – [가로 텍스트 상자]를 선택합니다.

02 '3%', '7%', '59%', '31%'를 각각 입력합니다.

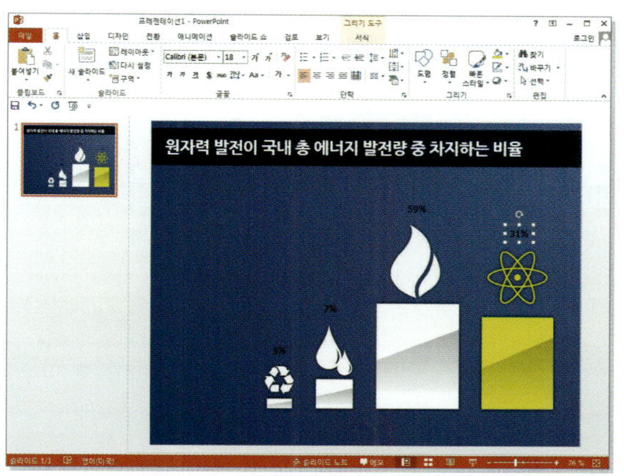

03 텍스트 상자를 모두 선택하고, [홈] 탭 – [글꼴] 그룹 – [글꼴] – [나눔고딕 Extrabold]를 선택합니다. 그리고 [글꼴] 그룹 – [글꼴 색] – [흰색]을 지정합니다.

04 크기에 비례하여 텍스트의 크기를 조절합니다.
3% : 20pt, 7% : 32pt, 59% : 54pt, 31% : 36pt

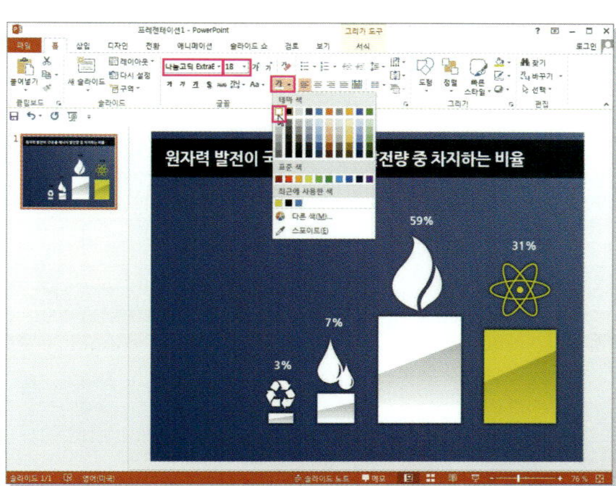

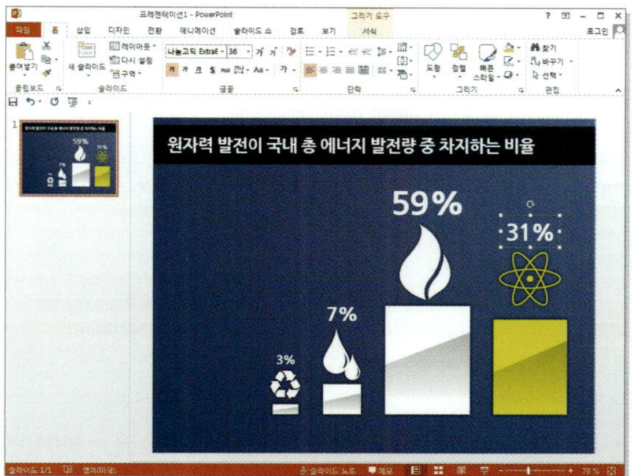

05 '31%' 텍스트 상자를 선택하고, [홈] 탭 – [글꼴] 그룹 – [글꼴 색] – [스포이트]를 선택합니다. 그리고 아래의 차트를 스포이트로 추출하여 색상을 적용합니다.

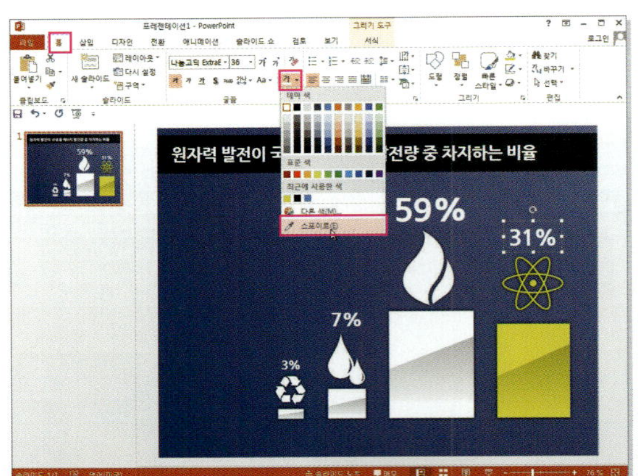

06 비율이 적힌 텍스트 상자를 모두 선택하여 [그리기 도구] – [서식] 탭 – [WordArt 스타일] 그룹 – [텍스트 효과] – [그림자] – [그림자 옵션]을 선택합니다.

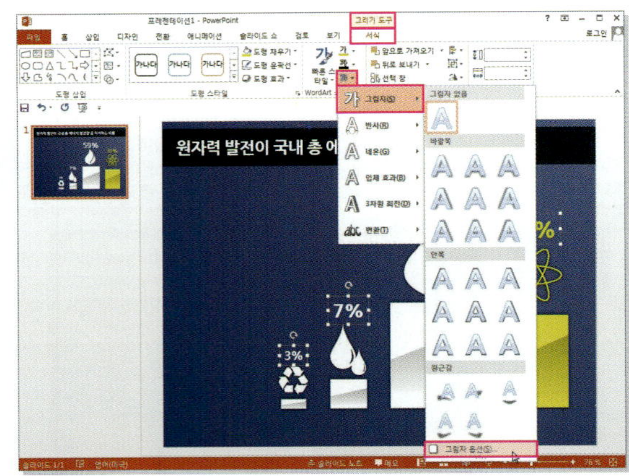

07 [투명도] '30%', [크기] '100%', 흐리게] '10pt', [각도] '0 °', [간격] '0pt'를 지정합니다.

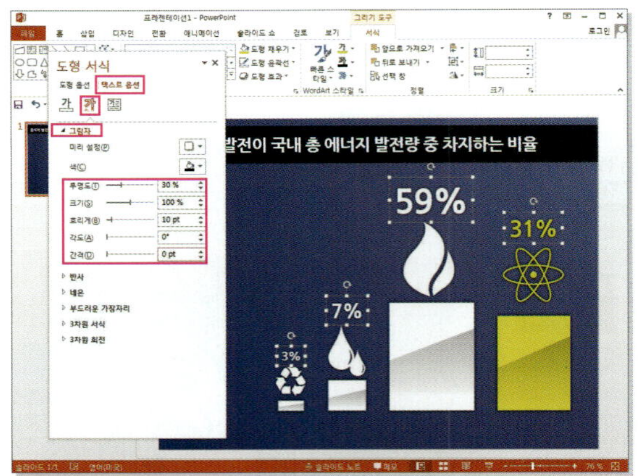

08 [삽입] 탭 – [일러스트레이션] 그룹 – [도형] – [선]을 삽입합니다.

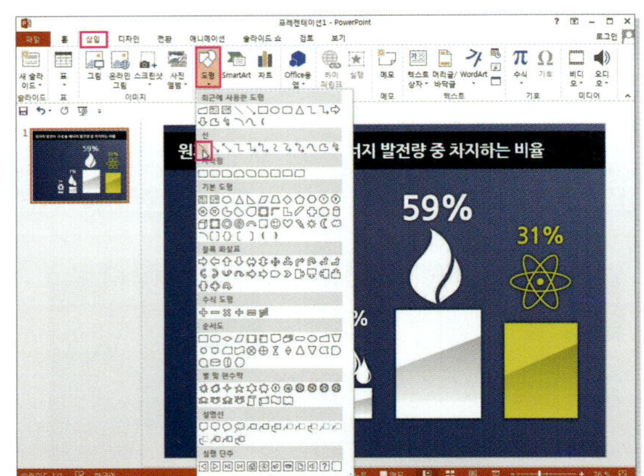

09 선을 차트의 하단 기준선 표시를 위해 드래그 하여 보기와 같이 그려줍니다.
선을 선택하고, [그리기 도구] – [서식] 탭 – [도형 스타일] 그룹 – [도형 윤곽선] – [흰색, 배경1, 35% 더 어둡게]를 선택합니다.

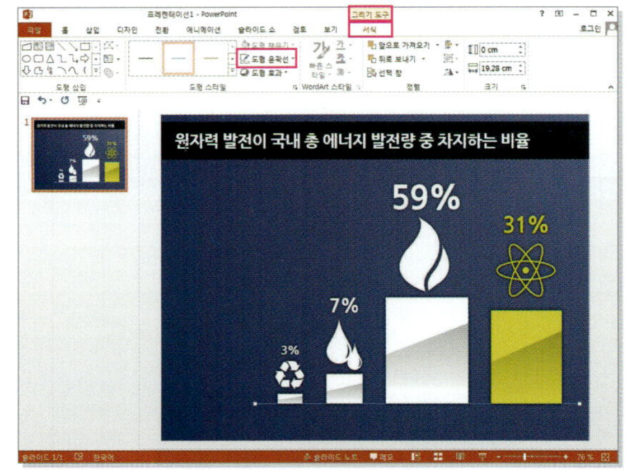

10 이미 만들어진 '3%' 텍스트 상자를 선택하고, `Ctrl` + `Shift` 키를 동시에 누르고 아래로 드래그 하여 복사합니다.

11 원본 차트의 내용인 '재생 에너지'를 입력하고, [글꼴] 그룹 – [문자 간격] – [좁게]를 선택합니다.

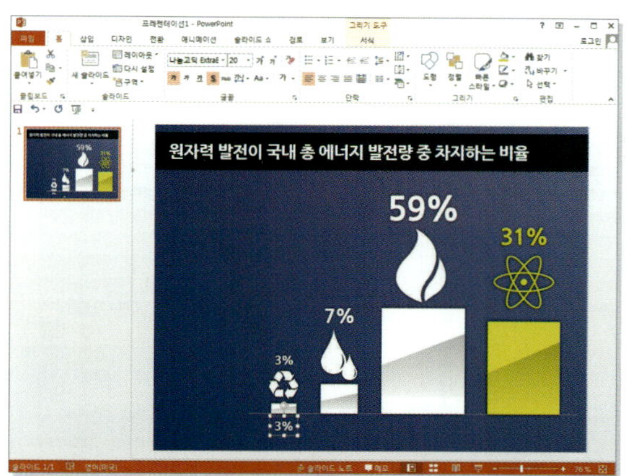

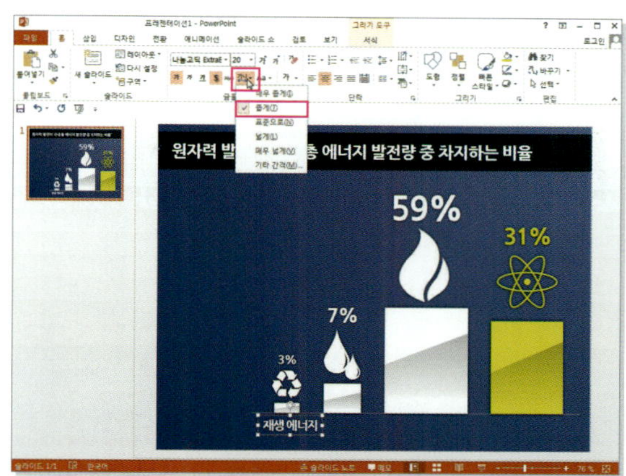

12 같은 방법으로 '수력발전', '화력발전', '원자력 발전'을 입력합니다.

13 '원자력 발전' 텍스트 상자를 선택하고, [홈] 탭 – [글꼴] 그룹 – [글꼴 색] – [스포이트]를 이용해 차트의 색상을 텍스트에 적용합니다. 그리고 텍스트의 크기에 '24pt'를 지정합니다.

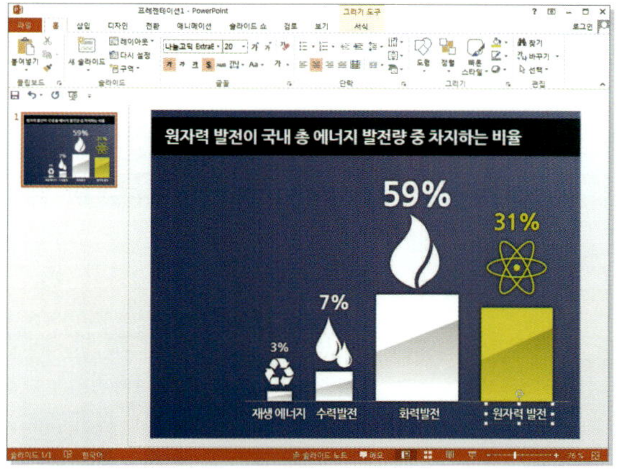

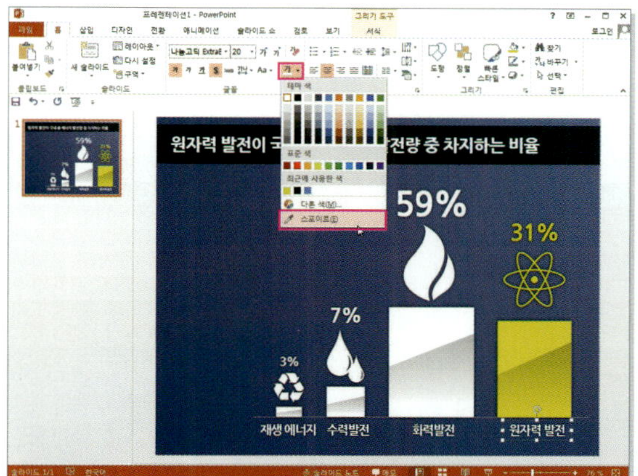

14 [삽입] 탭 – [이미지] 그룹 – [그림]을 선택합니다. 이제 배경의 지도 이미지로 '005.png'를 불러옵니다. 삽입된 이미지를 드래그 하여 크기를 줄여줍니다.

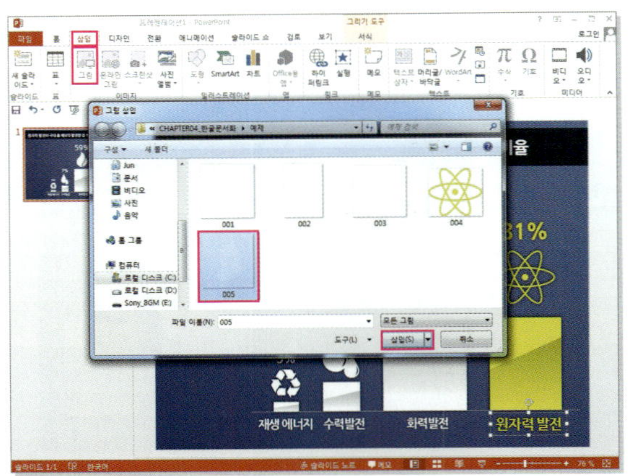

▲ 경로 PART03\Chapter1\004

15 [삽입] 탭 – [일러스트레이션] 그룹 – [도형] – [직사각형]을 삽입합니다.

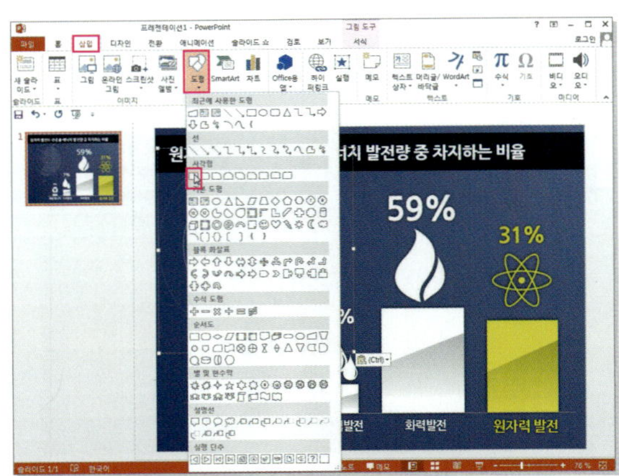

16 도형을 선택하고, [그리기 도구] – [서식] 탭 – [도형 스타일] 그룹 – [도형 채우기] – [그라데이션] – [기타 그라데이션]을 클릭합니다.

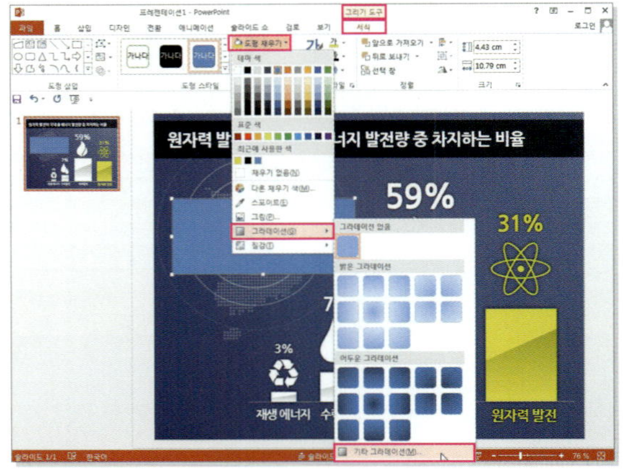

17 그라데이션 채우기에서 [종류] – [선형], [방향] – [선형 오른쪽]을 선택합니다.
중지점1 : 빨강(R) '0', 녹색(G) '0', 파랑(B) '0', 위치 '0%', 투명도 '100%'
중지점2 : 빨강(R) '0', 녹색(G) '0', 파랑(B) '0', 위치 '20%', 투명도 '30%'
중지점3 : 빨강(R) '0', 녹색(G) '0', 파랑(B) '0', 위치 '80%', 투명도 '30%'
중지점4 : 빨강(R) '0', 녹색(G) '0', 파랑(B) '0', 위치 '100%', 투명도 '100%'
을 지정합니다.

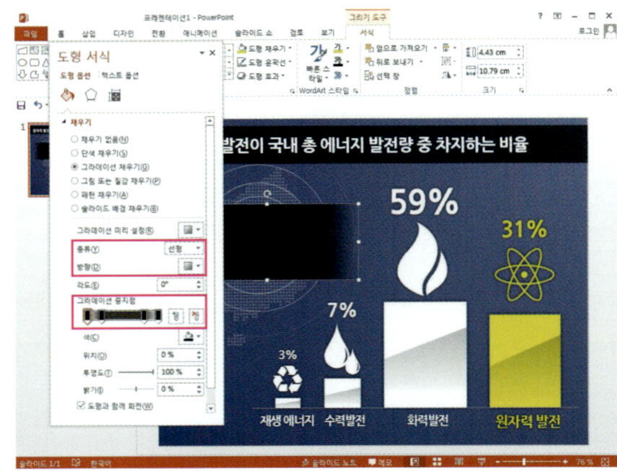

18 '재생 에너지' 텍스트 상자를 한 개 더 복사하여 도형 위에 복사합니다.

나머지 텍스트를 입력하고, '국내 총 에너지 발전량'을 블록 지정하여 '나눔고딕 Extrabold'를 선택하고, '474,660GWh'는 '나눔고딕'을 지정합니다.

19 [홈] 탭 – [단락] 그룹 – [왼쪽 맞춤]을 클릭합니다. 그리고 '국내 총 에너지 발전량'을 블록 지정하여 [크기] '14pt', '474,660GWh'는 '28pt'를 지정합니다.

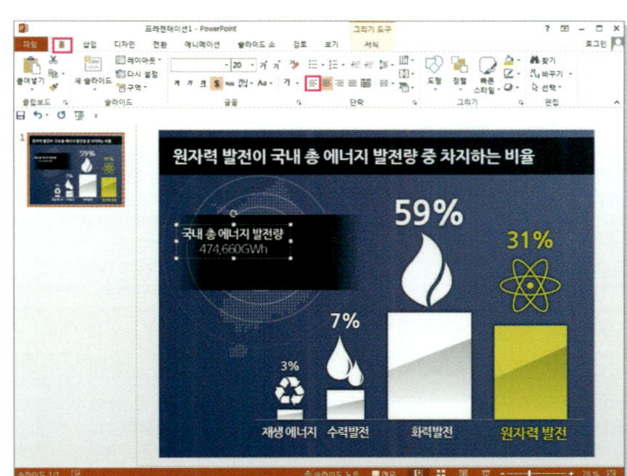

20 같은 방법으로 아래쪽에 '원자력 에너지 발전량 148,596GWh'를 입력합니다.

색상은 스포이트를 이용해 차트 색상을 반영해줍니다.

21 슬라이드가 완성되었습니다.

원본 슬라이드에서는 한눈에 구분이 가지 않았던 정보를 색상, 크기 조절을 통해 더욱 부각시키고, 텍스트를 통한 정보전달이 아닌 픽토그램을 이용한 슬라이드를 만들어 보았습니다.

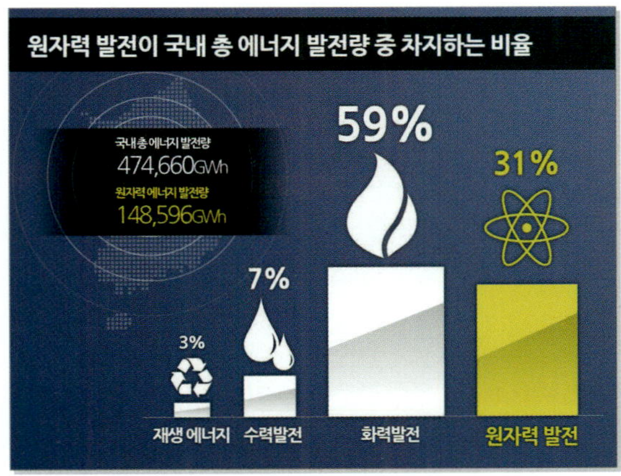

005 서체의 성격을 이해하고 표현하자!

흔히 명조계열의 서체로 전달된 텍스트는 우리에게 차분한 느낌을 전달하고 있습니다. 같은 글을 고딕 계열의 서체로 전달했다면 힘이 있고, 강한 느낌으로 다가왔을 것입니다.

이와 같이 서체는 각각의 서체에 따라 다른 느낌을 가지고 있으며, 서체의 굵기, 간격, 크기 등에 따라서 같은 내용일지라도 다른 느낌을 줄 수 있습니다.

요즘은 기업이나 단체에서 서체를 제작하고, 배포하고 있습니다. (물론 저작권은 범위에 따라 다르니 확인하고, 그에 따른 사용을 하셔야 합니다.) 개인적인 범위에서 사용가능한 서체들을 손쉽게 얻을 수 있으니, 이용하는 것도 좋은 방법입니다.

다음의 '안녕하세요. 잘 지내시나요?'와 같은 문장을 보면 각각의 문장에서 다가오는 느낌이 각각 다른 것을 느낄 수 있습니다. 흔히 딱딱하고 구체적인 수치, 정확한 정보의 전달은 고딕 계열의 딱딱한 느낌의 서체로, 서술형 문장이나 시와 같은 글은 명조체와 같은 비고딕 계열의 서체를 통해 전달한다면 더욱 그 느낌이 살아날 수 있습니다.

바로 이러한 서체의 성격을 잘 이해하고 사용한다면 정보의 전달적인 측면에서도 더욱 손쉽게 전달이 가능할 것입니다.

01 이번에는 디지털과 아날로그의 차이점을 서체를 통해 표현해보도록 하겠습니다.
먼저 각각의 느낌에 따른 서체를 선택해야 할 것 같습니다.
디지털을 떠올리면 먼저 연상되는 전자적인, 기계적인 느낌을 나타내는 서체로 고딕 계열의 서체를 사용하는 것이 좋을 것 같습니다. 아날로그는 손글씨와 같은 감성적인 느낌이 가지고 있다고 생각하기에 손글씨 느낌의 서체를 선택하도록 하겠습니다.

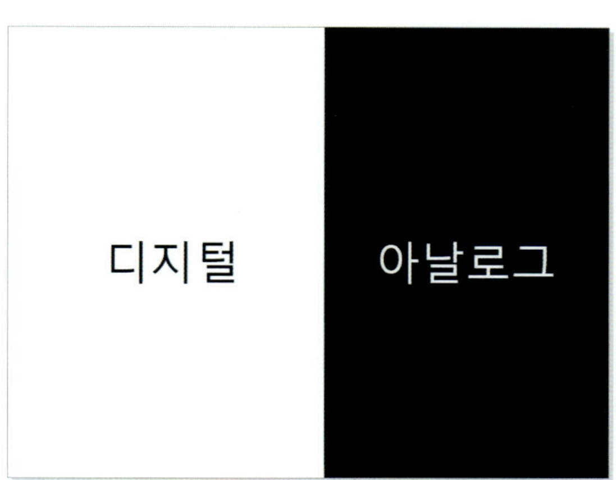

02 알맞은 서체를 찾던 중 네이버의 나눔 글꼴의 손글씨가 아날로그를 표현하는데 적합할 것 같습니다. 이번에는 네이버의 나눔글꼴을 사용하도록 하겠습니다. http://hangeul.naver.com/index.nhn 을 통해 나눔 글꼴을 다운 받을 수 있습니다

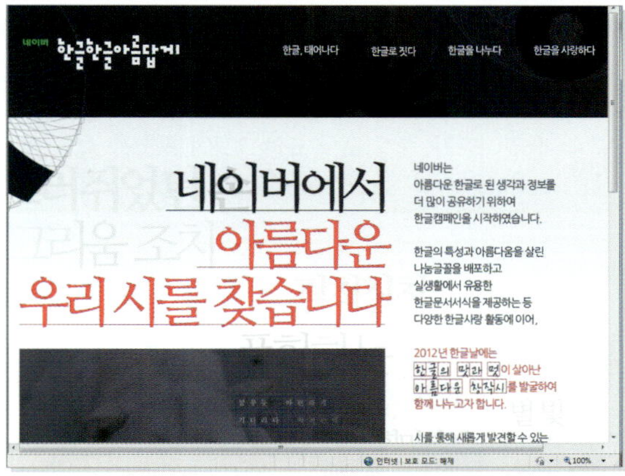

03 텍스트만으로 전달하기 조금 정보가 부족한 느낌이 있으니, 각각의 주제에 맞는 부가적인 이미지를 만들도록 하겠습니다. 디지털과 아날로그 두 단어의 차이를 더욱 잘 보여줄 수 있는 시계 이미지를 나타내기 위해 정보를 수집합니다.

01 새 프레젠테이션 문서를 만듭니다.

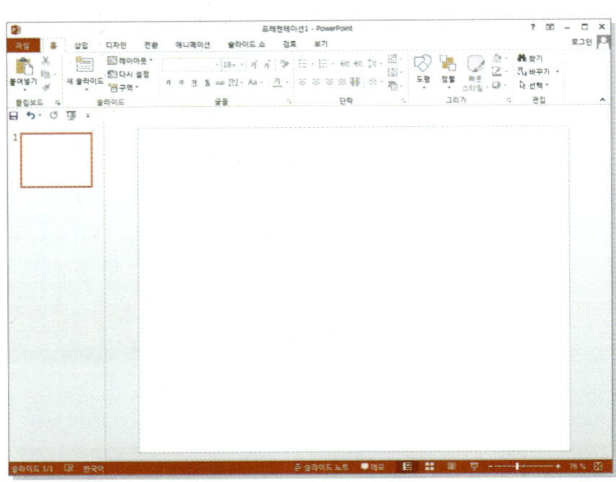

02 [삽입] 탭 – [일러스트레이션] 그룹 – [도형] – [직사각형]을 선택합니다.

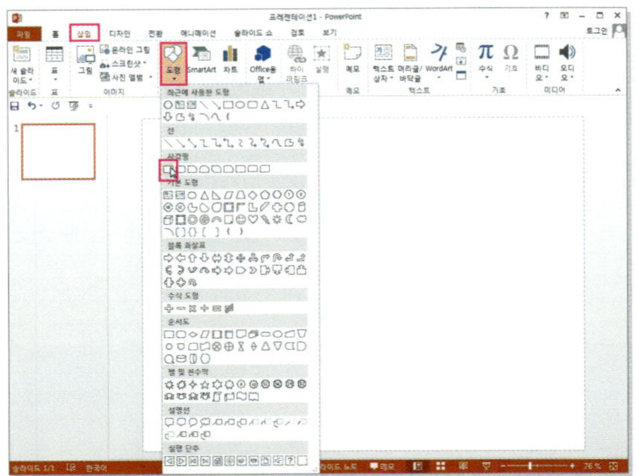

03 슬라이드가 꽉 차도록 드래그하여 도형을 삽입합니다.

04 [그리기 도구] – [서식] 탭 – [도형 스타일] – [도형 채우기] – [다른 채우기 색]을 선택합니다. 사용자 지정 색상에 빨강(R) '10', 녹색(G) '162', 파랑(B) '164'를 입력합니다.

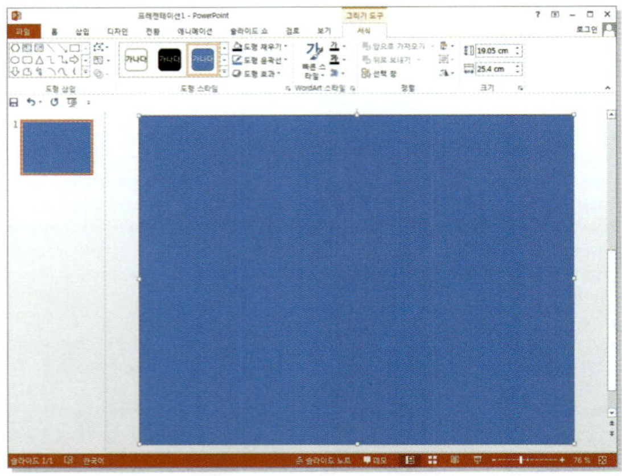

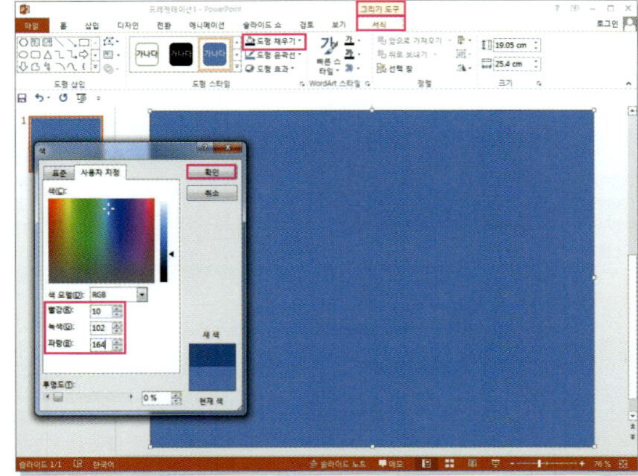

TIP 도형을 선택하고 [그리기 도구] – [서식] 탭 – [크기] 그룹에서 정확한 수치 입력으로 크기 조절이 가능합니다.

05 [그리기 도구] – [서식] 탭 – [도형 스타일] – [도형 윤곽선] – [윤곽선 없음]을 선택합니다.

06 [삽입] 탭 – [일러스트레이션] 그룹 – [도형] – [직사각형]을 선택합니다.

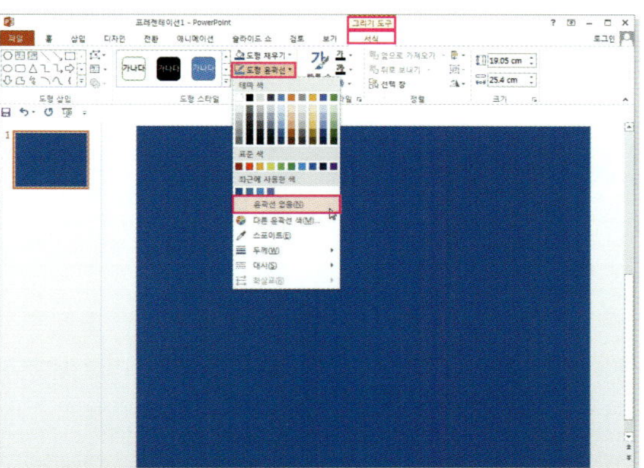

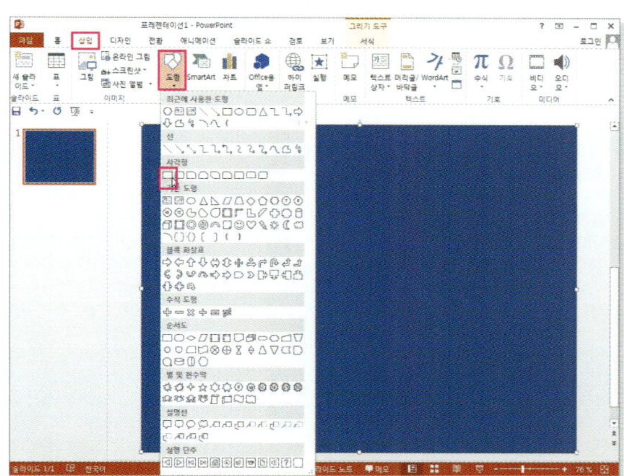

07 드래그 하여 전체 슬라이드의 절반 정도가 되도록 도형을 삽입합니다.

08 [그리기 도구] – [서식] 탭 – [크기] 그룹에서 이전에 삽입한 도형의 가로 폭의 절반인 '12.7cm'를 입력합니다

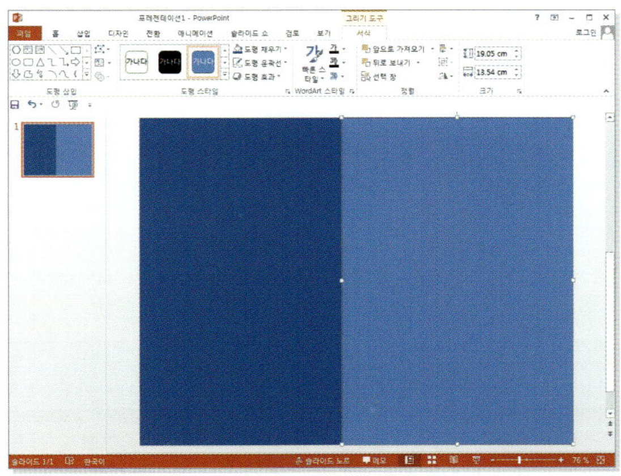

TIP [디자인 탭] – [사용자 지정] 그룹 – [사용자 지정 슬라이드 크기]를 선택하면 슬라이드의 크기를 알 수 있습니다

09 도형을 선택하고, [그리기 도구] – [서식] 탭 – [정렬] 그룹 – [개체 맞춤] – [오른쪽 맞춤]을 선택합니다.

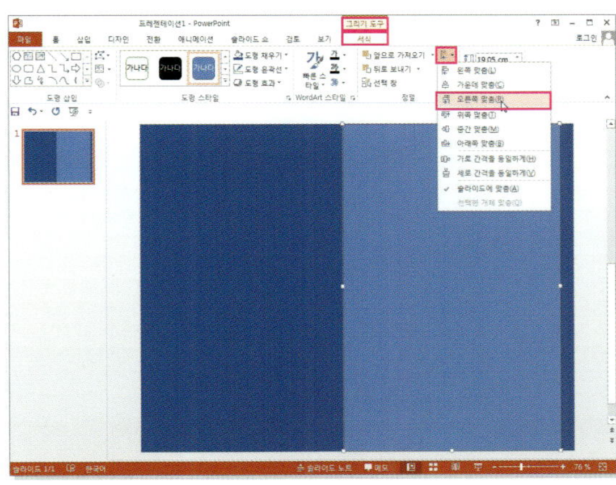

10 도형을 선택하고, [그리기 도구] – [서식] 탭 – [도형 스타일] 그룹 – [도형 채우기] – [흰색]을 선택합니다.

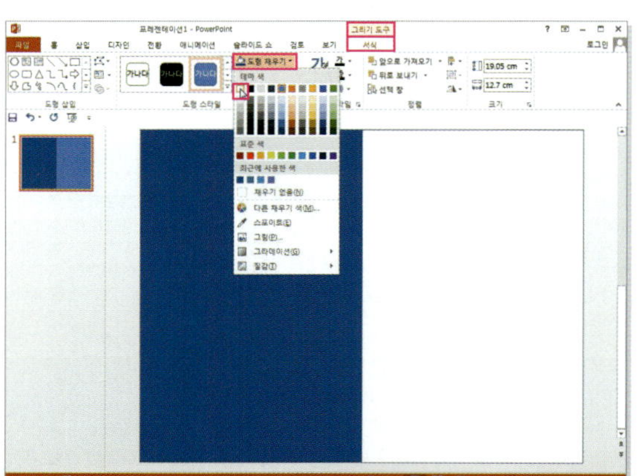

11 [그리기 도구] – [서식] 탭 – [도형 스타일] – [도형 윤곽선] – [윤곽선 없음]을 선택하여 윤곽선을 제거합니다.

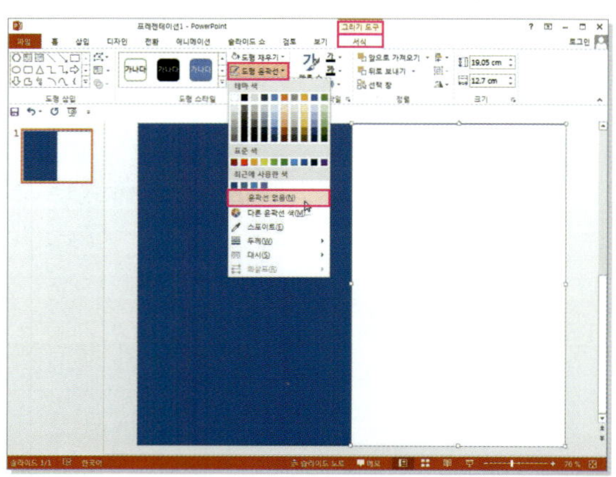

12 [삽입] 탭 – [일러스트레이션] 그룹 – [이등변 삼각형]을 선택합니다.

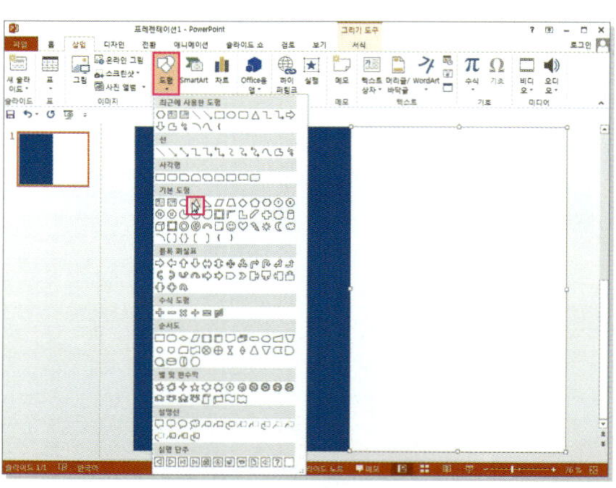

13 삽입된 이등변 삼각형 도형을 Ctrl 키를 누르고 드래그하여 한 개 더 복사합니다.

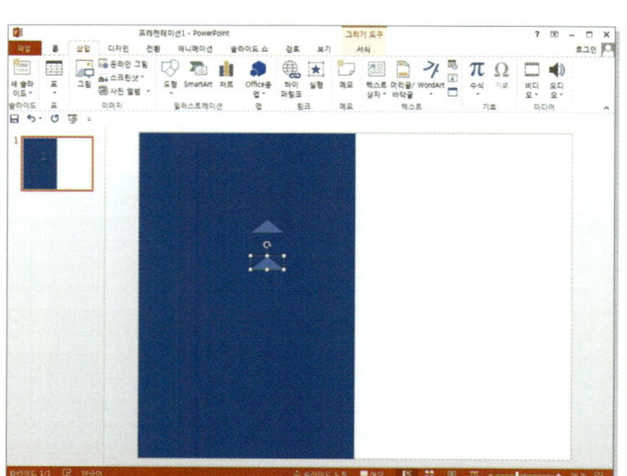

14 이등변 삼각형을 하나만 선택한 후, [그리기 도구] – [서식] 탭 – [정렬] 그룹 – [개채 회전] – [오른쪽으로 90도 회전]을 선택합니다.

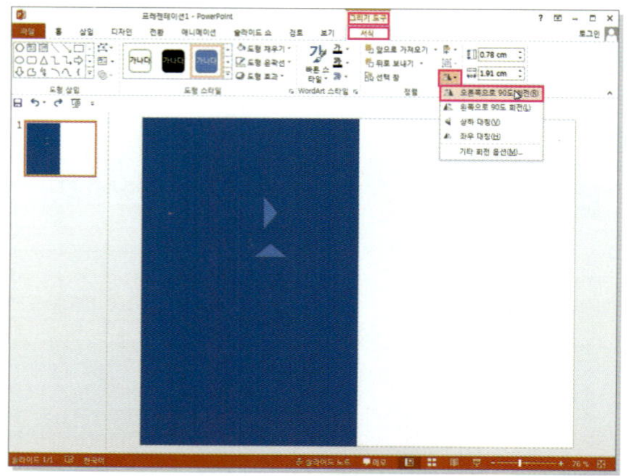

15 나머지 이등변 삼각형도 선택한 후, [그리기 도구] – [서식] 탭 – [정렬] – [개채 회전] – [왼쪽으로 90도 회전]을 선택합니다.

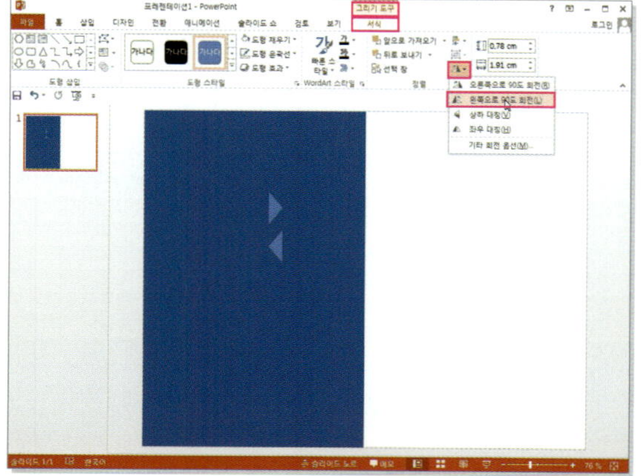

16 두 개의 이등변 삼각형 도형을 선택하고, [그리기 도구] – [서식] 탭 – [도형 스타일] 그룹 – [도형 채우기] – [흰색]을 선택, [도형 윤곽선] – [윤곽선 없음]을 선택합니다.

17 이제 흰색 직사각형과 두 개의 이등변 삼각형 도형을 선택하고, [그리기 도구] – [서식] 탭 – [도형삽입] 그룹 – [도형 병합] – [결합]을 선택합니다.

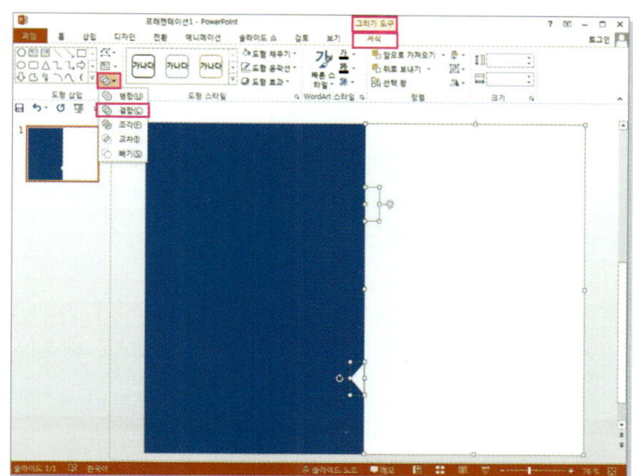

18 결합된 흰색 도형을 선택하고, '마우스 오른쪽 버튼 클릭' – [도형서식] – [도형옵션] – [효과] – [그림자]에서 [투명도] '77%', [크기] '100%', 흐리게 '17pt', [각도] '0°', [간격] '0pt'를 지정합니다.

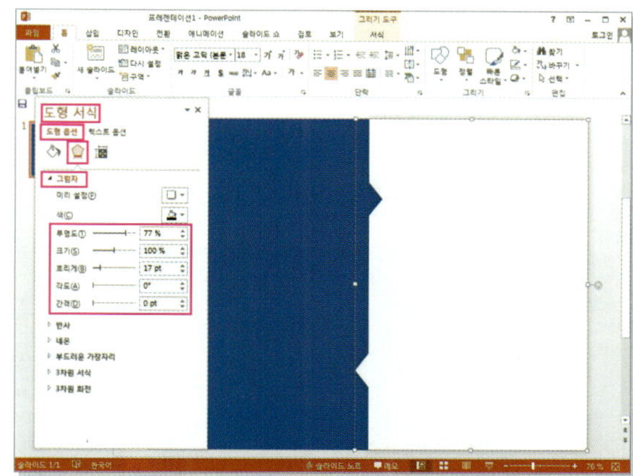

 ## 03 이미지 삽입하기

01 먼저 오른쪽 아날로그 부분에 시계 이미지를 삽입합니다. [삽입] 탭 – [이미지] 그룹 – [그림]을 선택하여 예제의 Clock01.png 파일을 삽입합니다.

▶ 경로 PART03\Chapter1\005

TIP 적절한 이미지를 http://thenounproject.com와 같은 픽토그램 공유 사이트에서도 손쉽게 구할 수 있습니다.

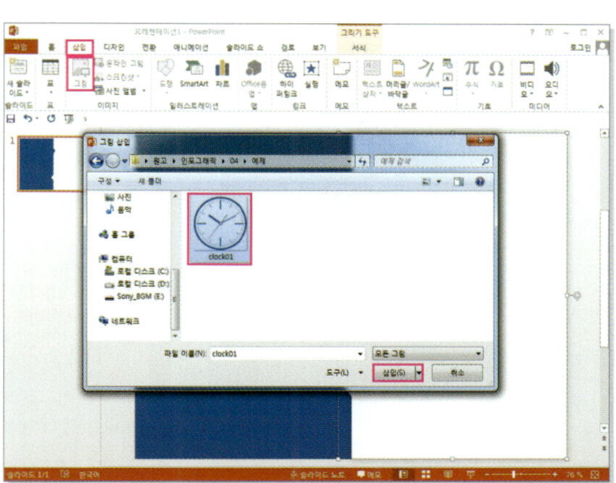

02 삽입된 이미지를 크기를 조절하여 적당히 배치합니다.

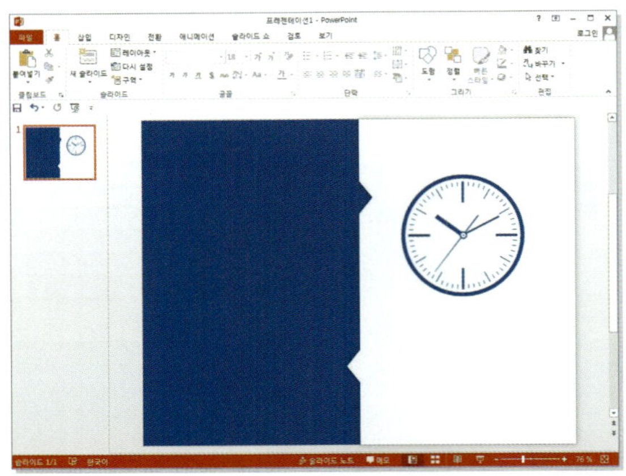

03 이제 아까 검색한 사진과 같은 느낌의 디지털 시계의 느낌을 표현해 보도록 하겠습니다. [삽입] 탭 – [일러스트레이션] 그룹 – [도형] – [육각형]을 선택합니다.

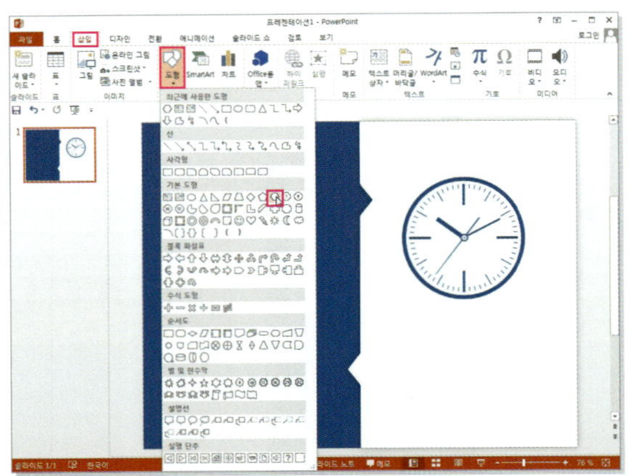

04 삽입된 도형의 좌측 상단의 핸들을 드래그 하여 적당히 모양을 조절해 줍니다.

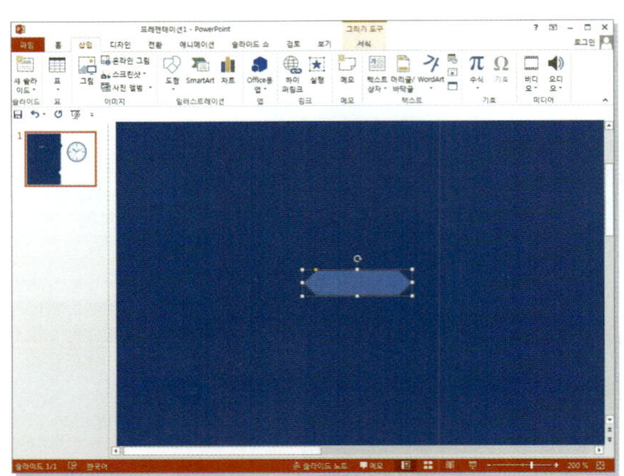

05 도형을 선택하고 [그리기 도구] – [서식] 탭 – [도형 스타일] 그룹 – [도형 채우기] – [흰색]을 선택하고, 윤곽선을 제거하여 줍니다.

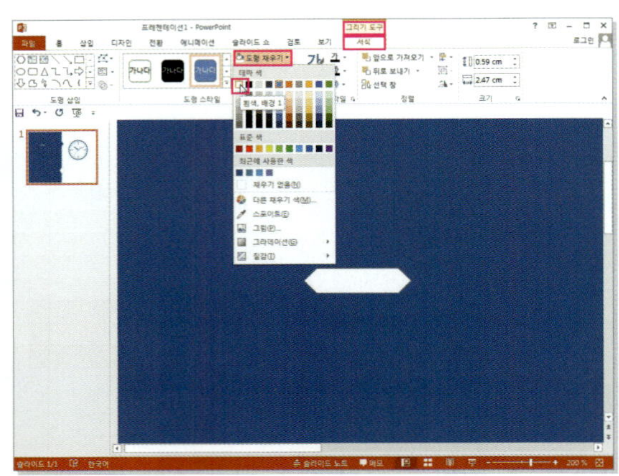

06 적당히 가로의 길이도 조절하고, Ctrl 키를 누른 채 드래그 하여 하나 더 개체를 복사합니다.

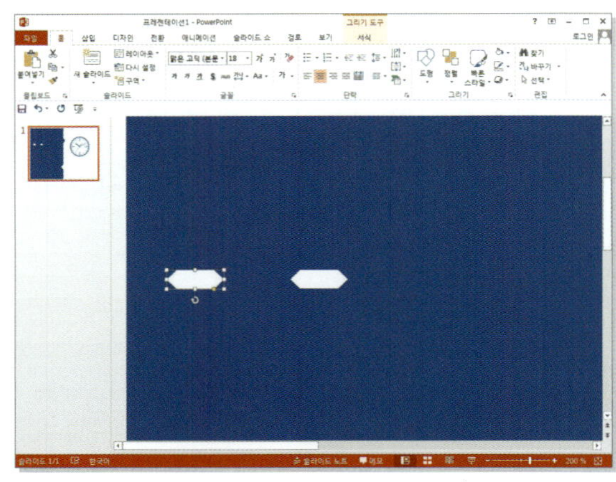

07 복사된 개체를 선택하고, [그리기 도구] – [서식] 탭 – [정렬] 그룹 – [개체 회전] – [오른쪽으로 90도 회전]을 선택합니다.

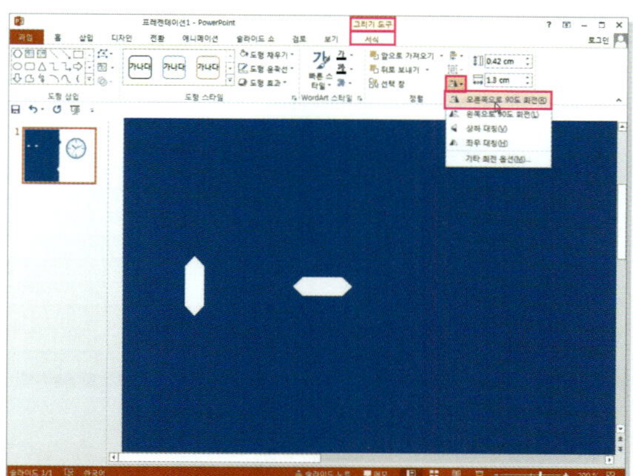

08 12:30분을 디지털 시계 느낌으로 두 개의 도형으로 표현해보겠습니다. 90도로 회전된 도형을 Ctrl + Shift 키를 누른 채 드래그 하여 아래쪽으로 복사합니다.

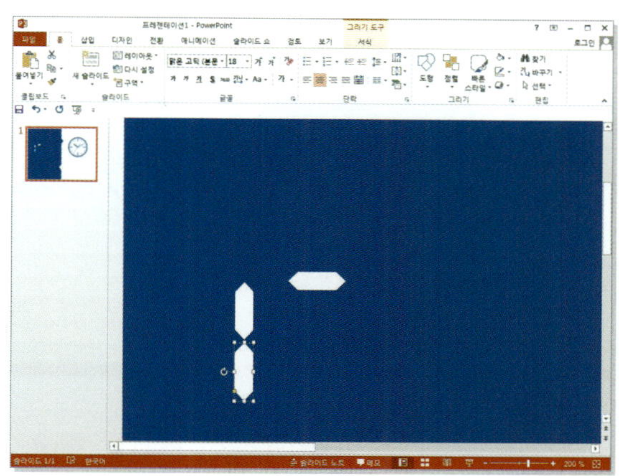

09 다시 위쪽의 도형을 선택한 후, Ctrl + Shift 키를 누르고 이번에는 오른쪽으로 드래그하여 복사합니다.

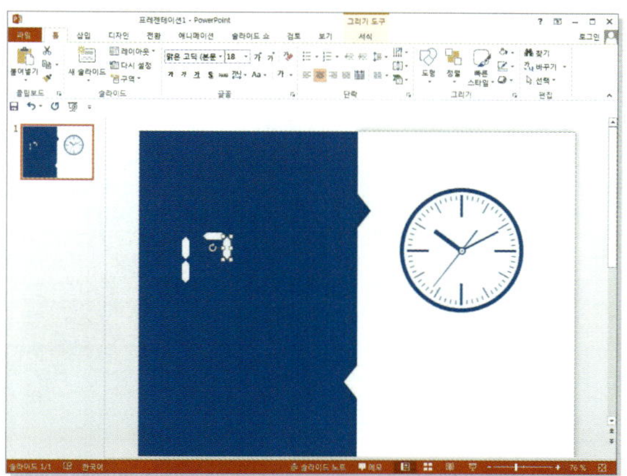

10 이번에는 가로로 길게 만들어진 육각형 도형을 선택하고, 아래로 드래그 하여 복사합니다. 시계를 잘 관찰하며 비슷한 느낌으로 복사해주면 됩니다.

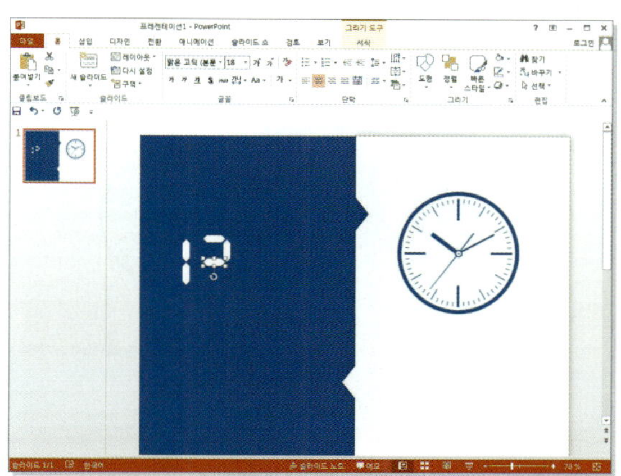

11 이번엔 '1'의 아래쪽 모양 도형을 선택하고 오른쪽 드래그 하여 복사합니다.

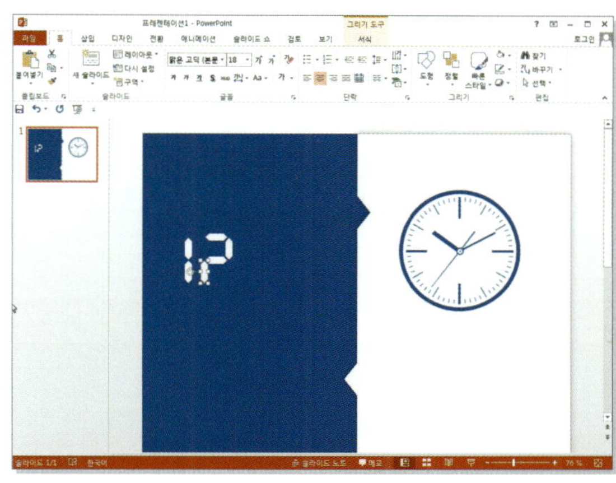

12 맨위의 가로형 도형을 선택하고 아래로 복사하여, 마저 '2'의 디지털 숫자를 완료합니다.

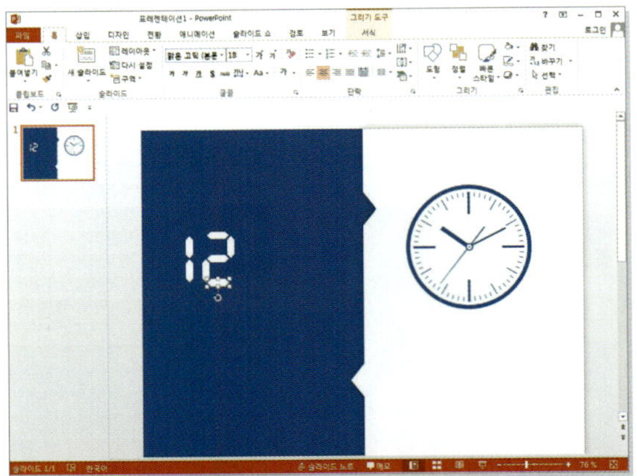

13 같은 방법으로 '30'을 보기와 같이 도형으로 표현하도록 합니다.

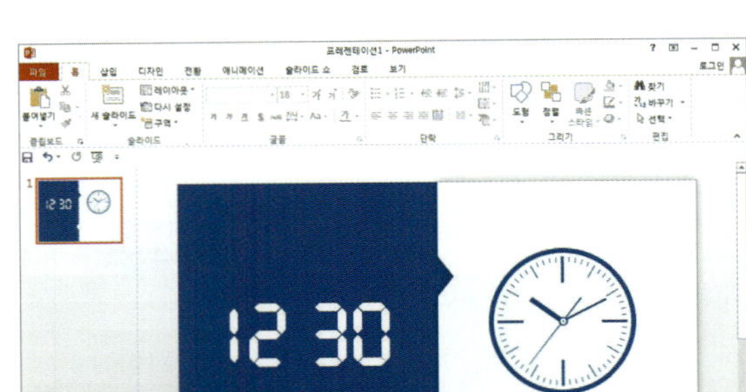

14 이제 가운데 ':'을 표현하기 위해 [삽입] 탭 – [일러스트레이션] 그룹 – [도형] – [직사각형]을 삽입합니다. 도형을 삽입하고, 한 개 더 복사하여 배치합니다.

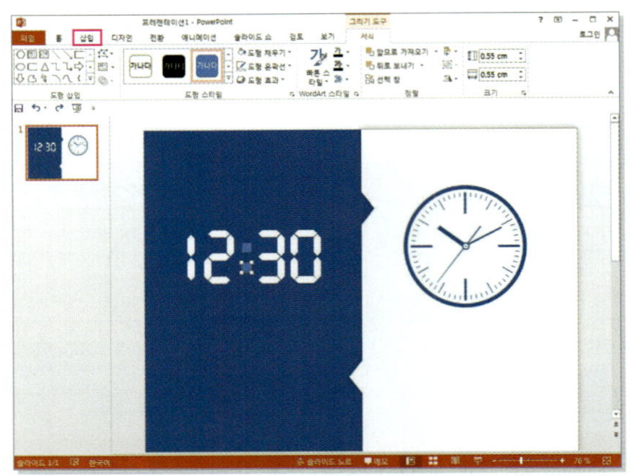

15 만들어진 숫자의 흰색 도형을 아무거나 선택하고, Ctrl + Shift + C 키를 누릅니다. 직접 도형을 선택하고, 흰색을 지정하여도 되지만 이번엔 서식복사 단축키를 이용해보도록 하겠습니다.

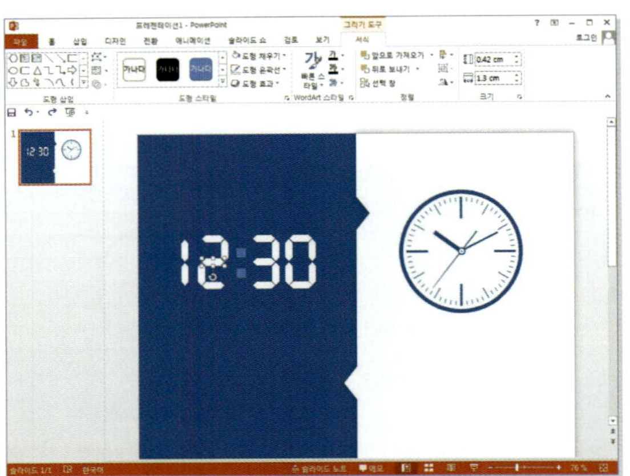

16 이제 서식을 적용할 직사각형 두 개를 선택하고, Ctrl + Shift + V 키를 누릅니다. 손쉽게 도형의 서식이 적용되는 것을 볼 수 있습니다. 자주 사용되는 기능이므로 알아두면 매우 유용합니다.

01 [그리기 도구] – [서식] 탭 – [텍스트] 그룹 – [텍스트 상자] – [가로 텍스트 상자]를 선택하여 텍스트를 삽입합니다.

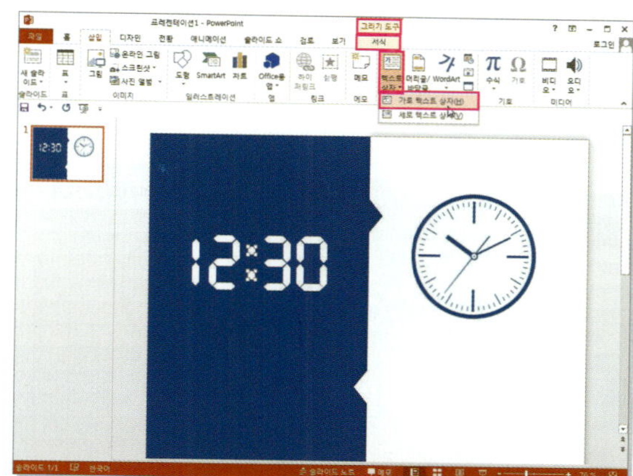

TIP 배경에 만든 도형을 선택하면 텍스트가 도형 안에 입력됩니다. 슬라이드 영역 바깥쪽으로 클릭하시면 [텍스트 상자]를 삽입할 수 있습니다.

02 텍스트 상자에 '디지털'을 입력합니다.

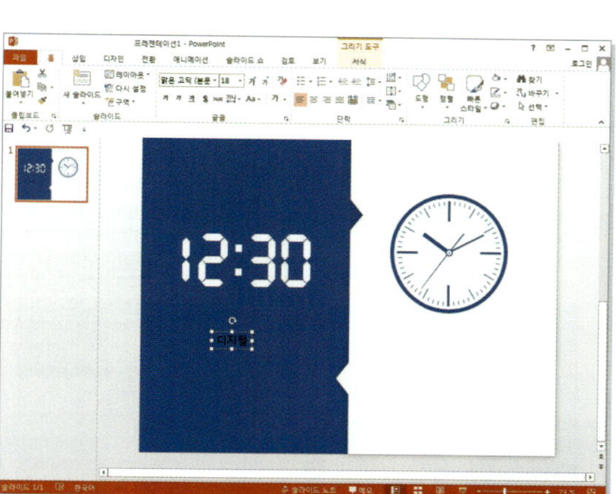

03 다시 [그리기 도구] – [서식] 탭 – [텍스트] 그룹 – [텍스트 상자] – [가로 텍스트 상자]를 선택하여 텍스트를 삽입한 후, '아날로그'를 입력합니다.

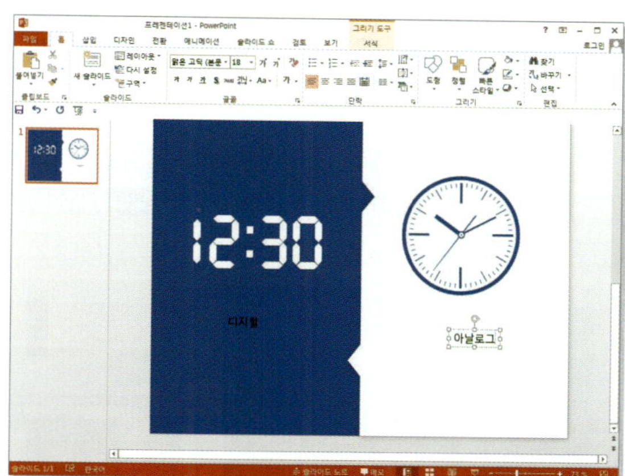

04 '디지털' 텍스트 상자를 선택하고 고딕계열의 '나눔고딕'을 선택하고 [굵게]를 지정합니다. 글꼴 크기는 '66pt', 색상은 '흰색'을 선택합니다.

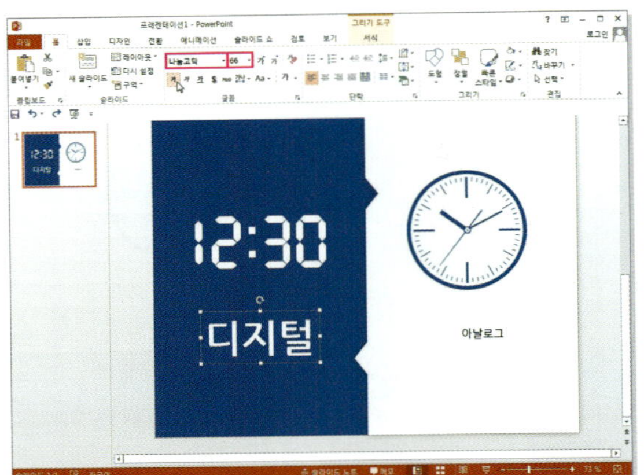

05 '아날로그' 서체를 선택하고, '나눔 손글씨 붓'을 선택합니다.

글꼴의 특성상 같은 크기의 고딕 계열 보다 좀 작아보이는 편이어서 '디지털'과 달리 '96pt'를 지정합니다.

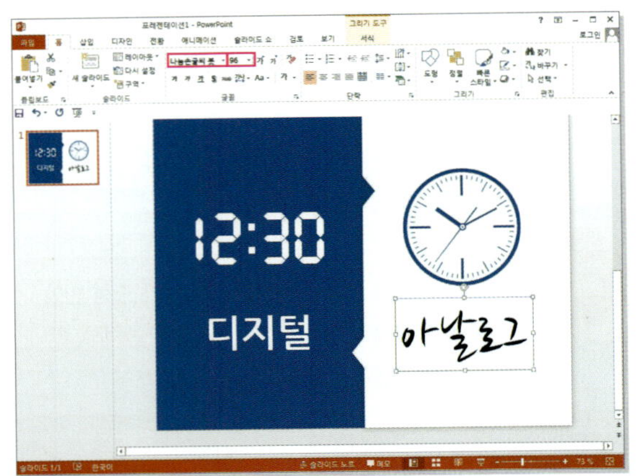

TIP Ctrl + B 단축키를 통해서도 [굵게]를 적용할 수 있습니다.

06 서체 특성상 작아보이고 가늘어 보이는 느낌이 있어 [글꼴] 그룹에서 [굵게]를 선택합니다. 그리고 서체 색상에 빨강(R) '10', 녹색(G) '162', 파랑(B) '164'를 입력합니다.

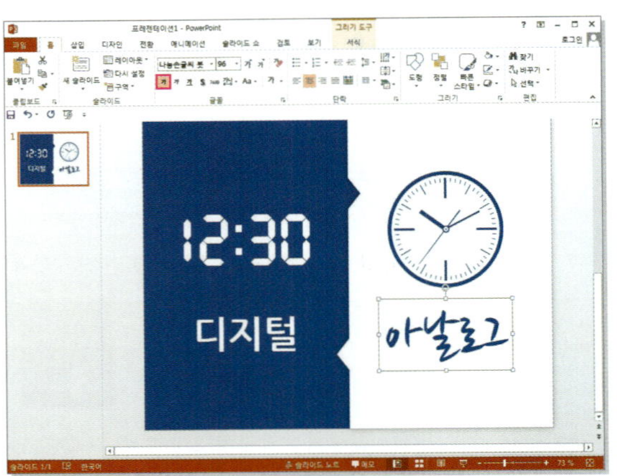

07 이제 슬라이드가 완성되었습니다.

전달하고자 하는 정보의 성격에 맞도록 서체를 사용함으로서 서체에서도 정보의 성격을 느낄 수 있습니다. 이와 같이 서체에도 정보와 그에 따른 성격이 있기 때문에 서체를 이해하고 사용하는 것은 매우 중요합니다.

006 실루엣을 통해 상징적인 이미지를 전달하자!

흔히 뉴스나 신문과 같은 매체에서 불특정 다수의 계층을 표현할 때, 실루엣을 이용하여 표현하는 것을 흔히 볼 수 있습니다. 왜 이와 같은 구체적인 이미지가 아닌 실루엣과 같은 중의적인 이미지의 실루엣을 사용할까요? 바로 이것이 실루엣의 장점입니다. 실루엣은 그 자체로써 보는 사람으로 하여금 선입관을 가지지 않은 채 중간적인 입장에서 바라볼 수 있는 역할을 하며, 이를 통해 보는 사람으로 하여금 중간적인 입장에서 판단을 가능하게 합니다. 이러한 실루엣의 기능을 이용하여 슬라이드를 만들어 봅시다.

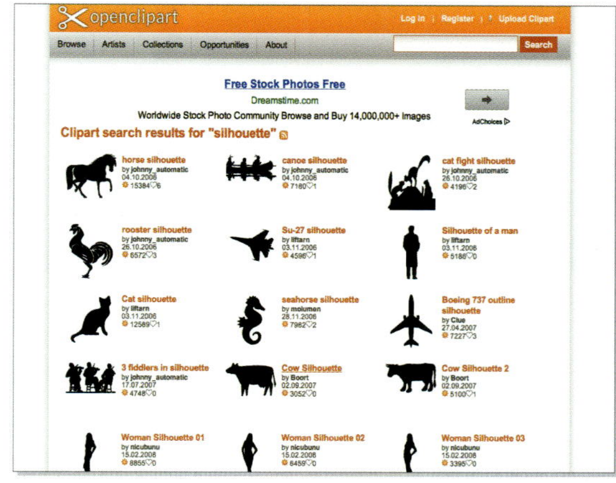

Openclipart.org를 통해서 실루엣 이미지를 손쉽게 얻을 수 있습니다. (오픈된 소스들이 많이 있지만 사용 범위에 따라 저작권은 협의가 필요합니다.)

01 정보 분석하기

01 이번에는 '시각적 이미지를 통해 정보를 전달했을 때 청중의 기억력'에 대한 슬라이드를 만들어 봅시다.

02 청중의 상태에 대해 나타내기 위해 어떤 방식으로 표현하는 것이 좋을까요? 여러 가지 방법이 있지만 여기서는 말풍선 느낌의 도형을 이용해 청중의 상태를 단계적으로 표현해보도록 합니다.

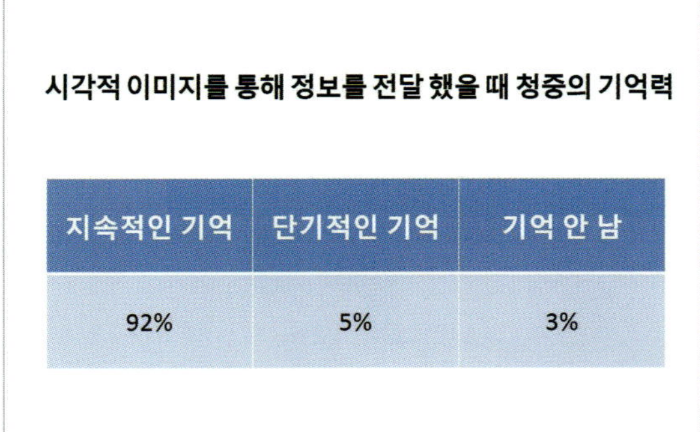

지속적인 기억	단기적인 기억	기억 안 남
92%	5%	3%

01 예제의 '인포그래픽05.pptx'를 불러옵니다.

▼ 경로 PART03\Chapter1\006

02 [삽입] 탭 – [일러스트레이션] 그룹 – [도형] – [직사각형]을 선택합니다.

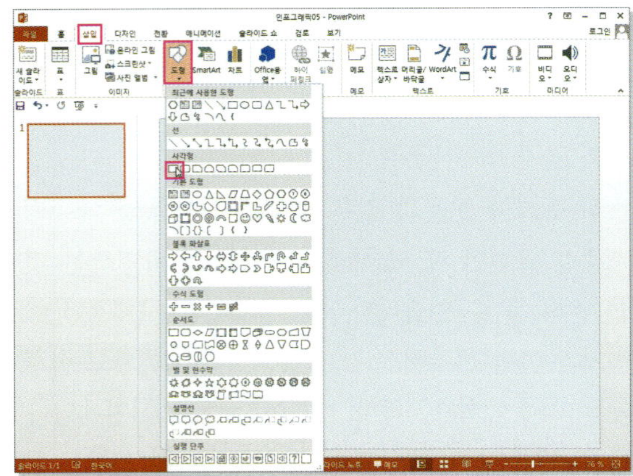

03 직사각형을 드래그하여 제목을 입력할 공간을 만듭니다.

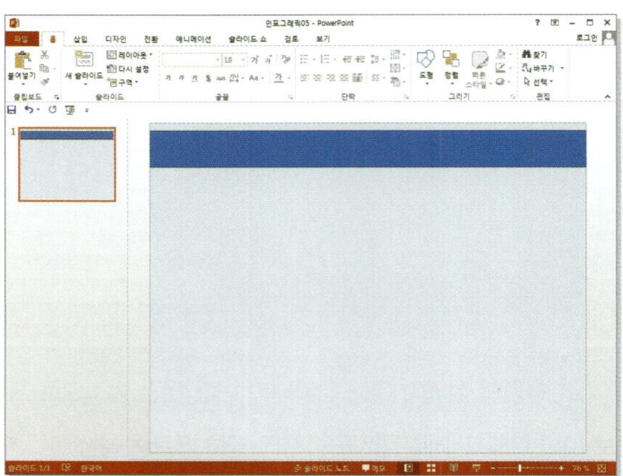

04 [그리기 도구] – [서식] 탭 – [도형 스타일] 그룹 – [도형 채우기] – [다른 채우기 색]을 선택합니다. 색상에 빨강(R) '35', 녹색(G) '31', 파랑(B) '32'을 입력합니다.

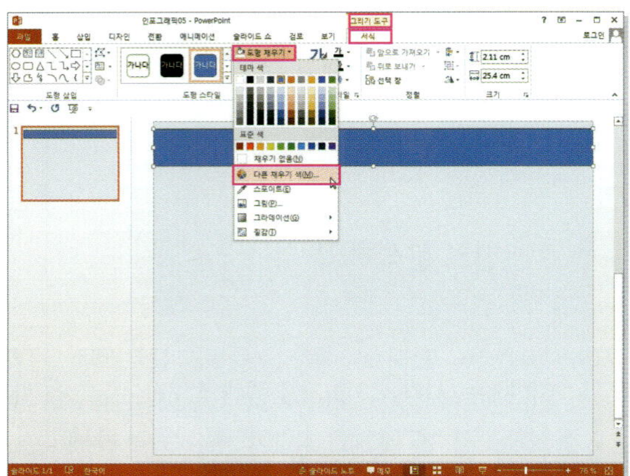

05 [그리기 도구] – [서식] 탭 – [도형 스타일] 그룹 – [도형 윤곽선] – [윤곽선 없음]을 선택합니다.

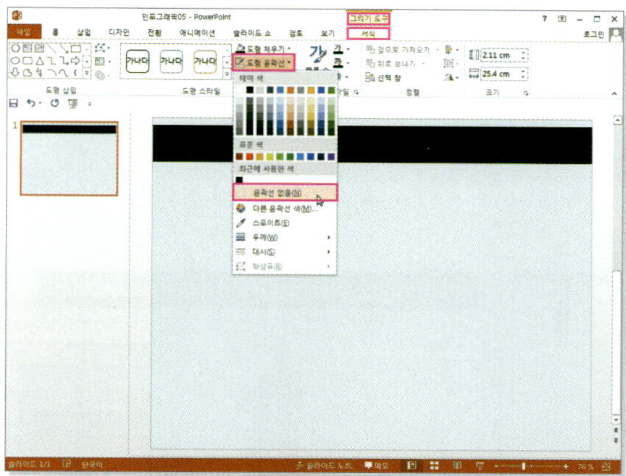

06 제목을 입력할 도형을 선택하고, 마우스 오른쪽 버튼을 클릭하여 [텍스트 편집]을 클릭합니다.

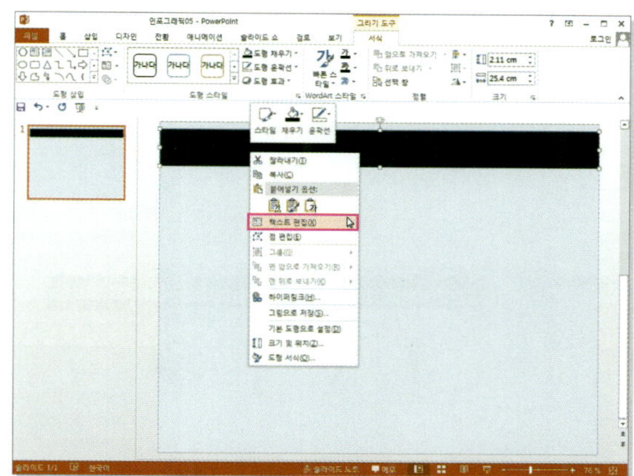

07 '시각적 이미지를 통해 정보를 전달했을 때 청중의 기억력'을 입력하고, 크기에 '28pt', [굵게]를 지정합니다.

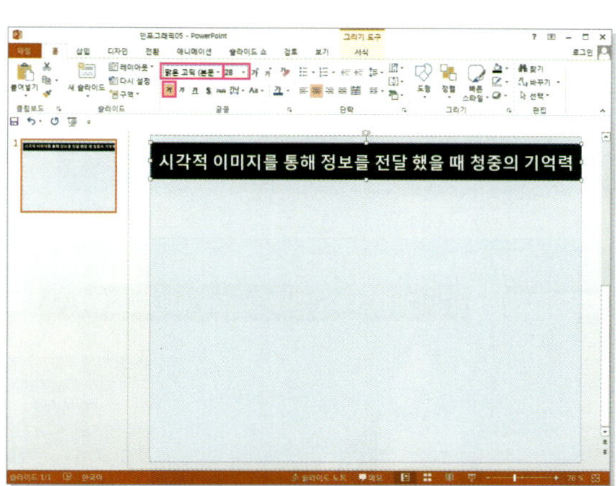

08 다시 텍스트 상자를 선택하고, [홈] 탭 – [글꼴] 그룹 – [문자 간격] – [좁게]를 선택합니다. 그리고 [홈] 탭 – [단락] 그룹 – [왼쪽 맞춤]을 클릭합니다.

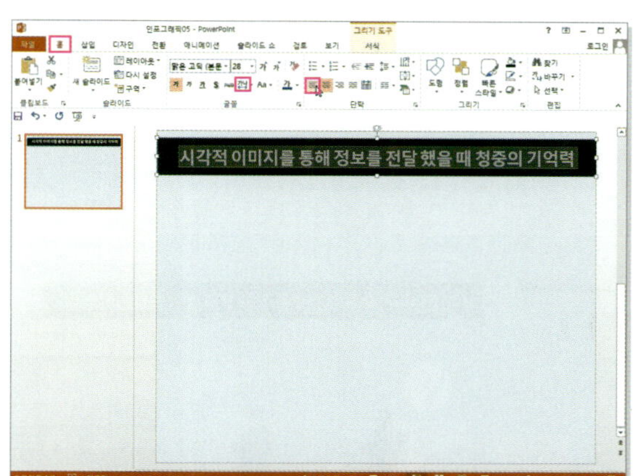

TIP

Ctrl + L 단축키로도 [왼쪽 맞춤]을 사용할 수 있습니다.

01 [삽입] 탭 – [이미지] 그룹 – [그림]을 클릭하여 Sil01. png 파일을 불러옵니다.

02 이미지를 선택하고 드래그하여 적정한 크기로 조절합니다.

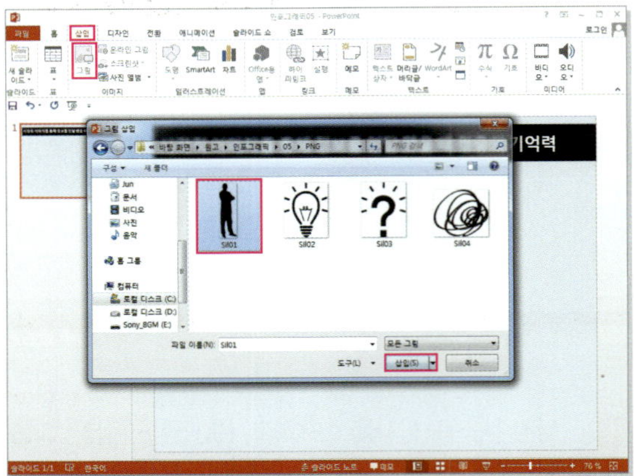

▲ 경로 PART03\Chapter1\006

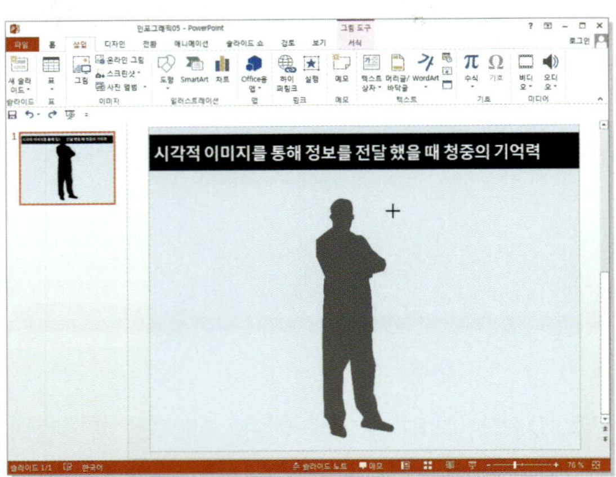

03 삽입된 이미지를 Ctrl 키를 누르고, 오른쪽으로 드래그 하여 두 개 더 복사합니다.

04 각각의 실루엣 이미지를 표현될 비율에 맞춰 크기를 조절합니다. 이미지의 오른쪽 모서리를 클릭하고, 크기를 조절하면 아래쪽 기준에 맞게 크기가 줄어듭니다.

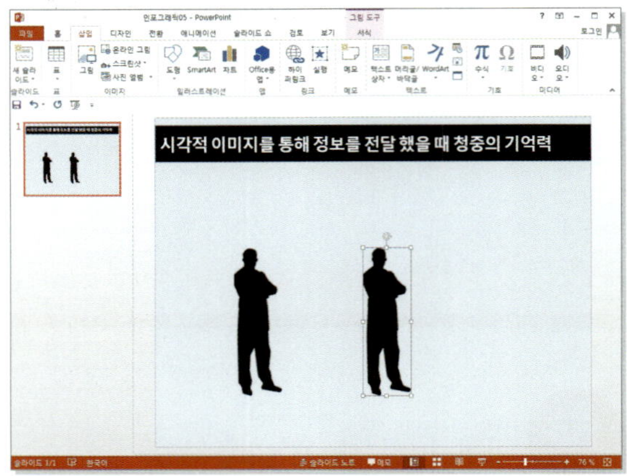

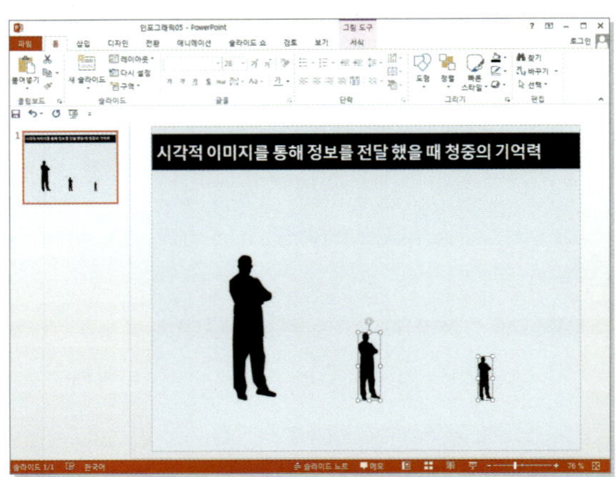

05 정확히 맞추기 위해 아래쪽의 기준선이 맞도록 [홈] 탭 – [그리기] 그룹 – [정렬] – [맞춤] – [아래쪽 맞춤] 을 선택합니다.

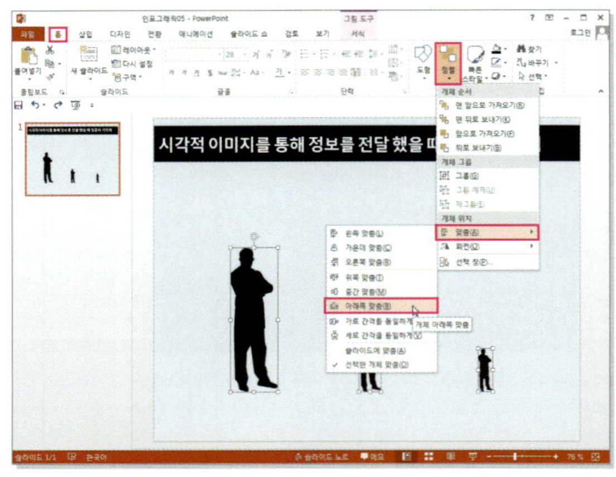

01 같은 청중의 실루엣 이미지이기 때문이 구분이 잘 가
지 않기 때문에 말풍선 모양의 도형에 청중의 상태를
표현함으로써 각각의 이미지를 구분해보도록 하겠습
니다.
[삽입] 탭 – [일러스트레이션] 그룹 – [도형] – [모서
리가 둥근 사각형 설명선]을 선택합니다.

02 Ctrl 키를 누르고 드래그 하여 실루엣 이미지 숫자
만큼 복사하여 줍니다.

03 삽입된 '모서리가 둥근 사각형 설명선' 도형을 선택
하고, [그리기 도구] – [서식] – [도형 스타일] – [도형
채우기] – [채우기 없음]을 선택합니다.

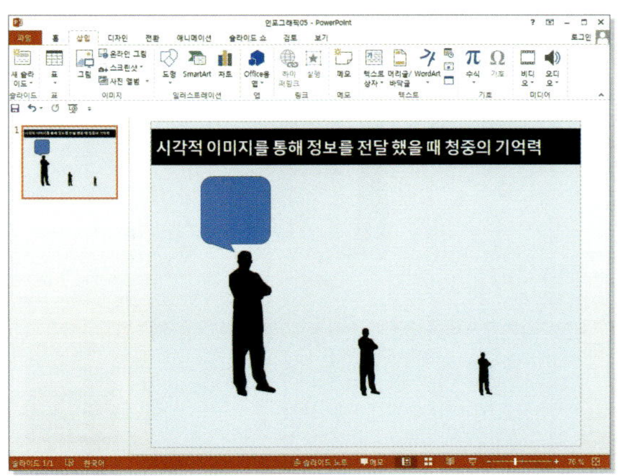

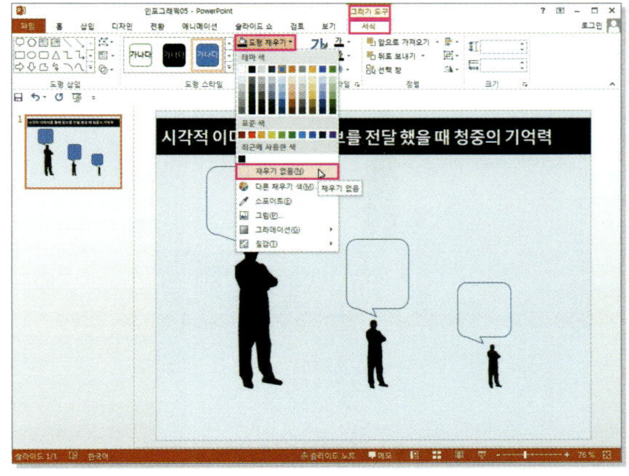

04 [그리기 도구] – [서식] – [도형 스타일] – [도형 윤곽
선] – [다른 윤곽선 색]을 선택하고, 빨강(R) '56', 녹
색(G) '95', 파랑(B) '165'를 입력합니다.

05 [삽입] 탭 – [이미지] 그룹 – [그림]을 선택하고,
Sil02.png, Sil03.png, Sil04.png를 삽입합니다.

▼ 경로 PART03\Chapter1\006

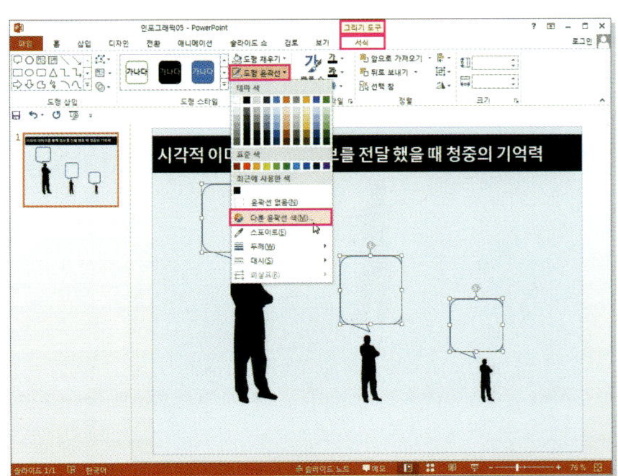

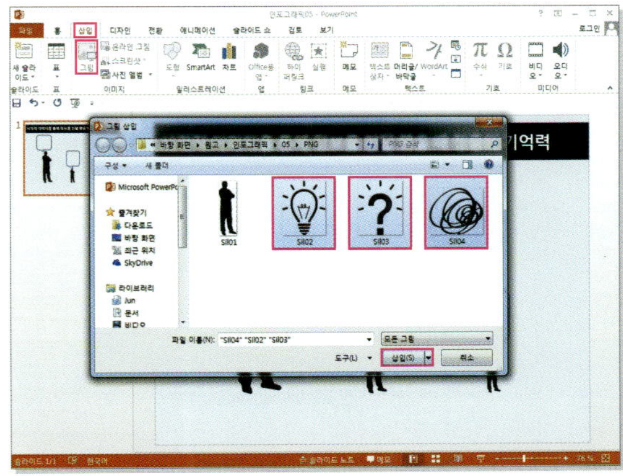

06 Sil02.png, Sil03.png, Sil04.png의 순서로 배치합니다.

말풍선 모양의 도형에 상징적인 이미지를 표시함으로써 각각의 실루엣이 상징성을 가지게 되었습니다. 같은 모양의 실루엣 이미지도 이와 같은 방법으로 다른 상징적 이미지로 변형이 가능합니다.

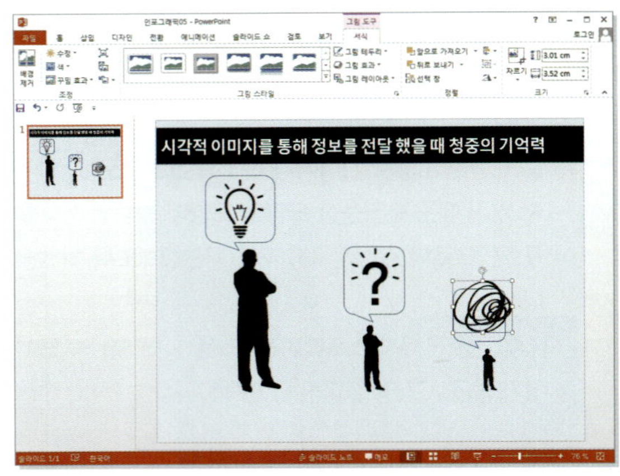

07 Sil02.png, Sil03.png, Sil04.png을 선택한 후 [그림 도구] – [서식] 탭 – [조정] 그룹 – [색] – [파랑, 밝은 강조색5]를 선택합니다.

08 색상이 조정된 이미지를 말풍선 도형 안에 크기가 알맞도록 조절합니다.

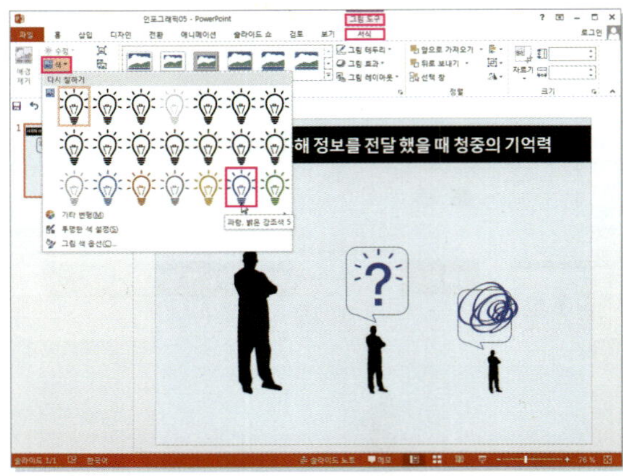

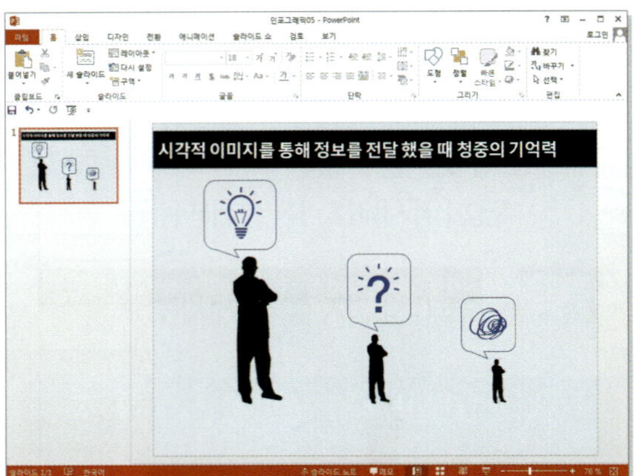

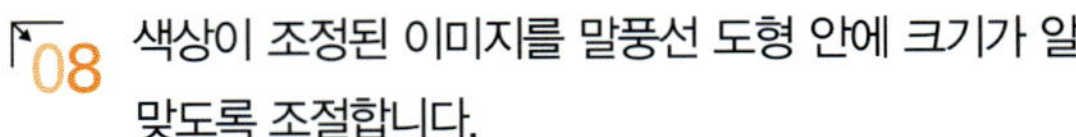 05 텍스트 입력하기

01 [삽입] 탭 – [텍스트] 그룹 – [텍스트 상자] – [가로 텍스트 상자]를 선택합니다.

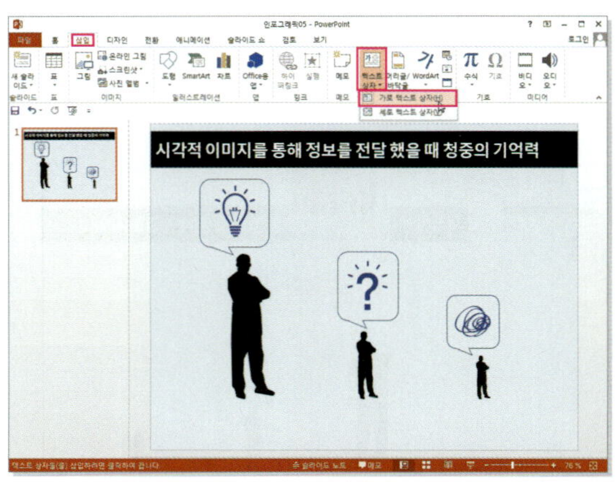

02 '지속적인 기억'을 입력하고 `Enter`, '92%'를 입력합니다.

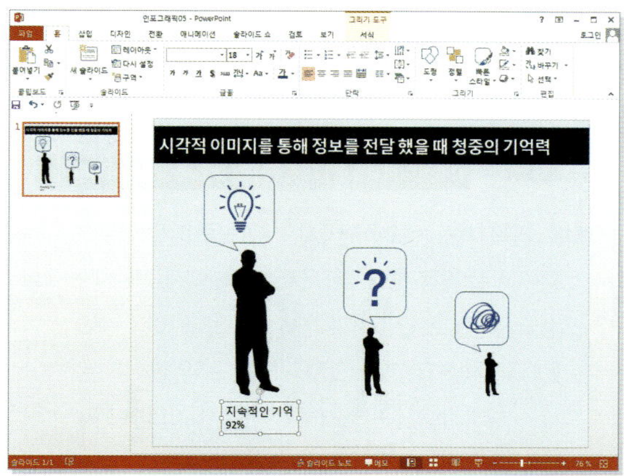

03 텍스트 상자를 선택하고, [홈] 탭 – [글꼴] 그룹 – [굵게]를 클릭합니다.

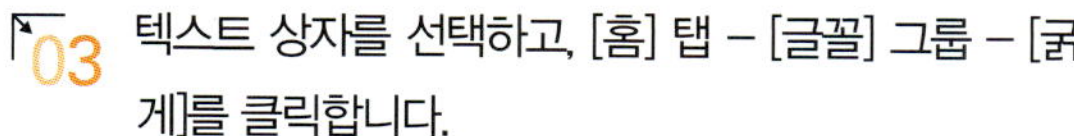
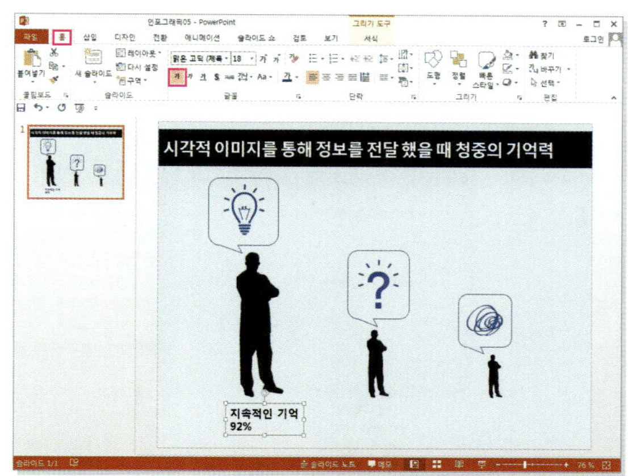

04 '92%'을 드래그 하여 블록을 지정한 후, 크기에 '52pt'를 입력합니다. [단락] 그룹에서 [가운데 맞춤]을 선택합니다.

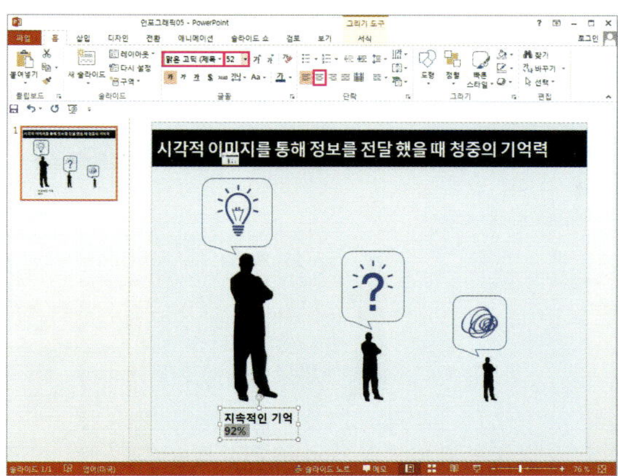

05 텍스트 상자를 선택하고, [홈] 탭 – [단락] 그룹 – [줄 간격] – [줄 간격 옵션]을 선택합니다.

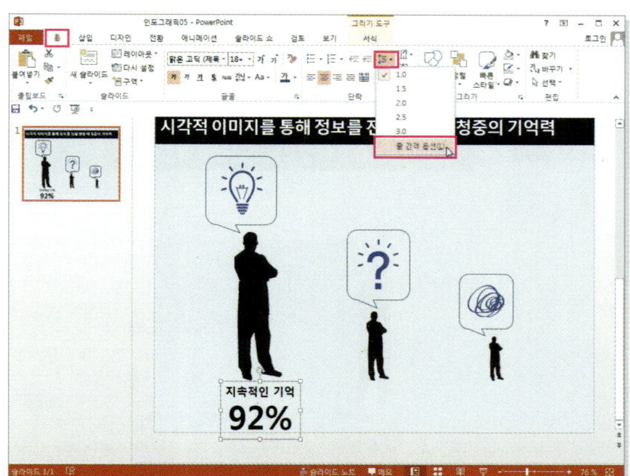

TIP

`Ctrl` + `E` 단축키로 [가운데 맞춤]을 사용할 수 있습니다.

06 [단락] 대화상자에서 줄 간격은 '배수', 값은 '0.9'를 입력합니다.

07 [홈] 탭 – [글꼴] 그룹 – [글꼴 색] – [다른 색]을 선택하고, 빨강(R) '56', 녹색(G) '95', 파랑(B) '165'를 입력합니다.

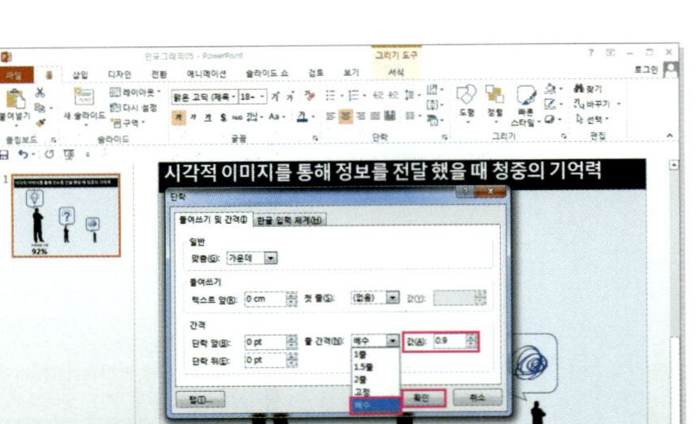

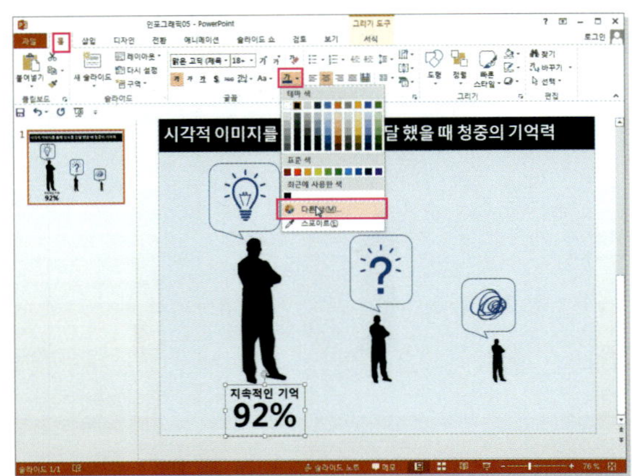

08 완성된 텍스트 상자를 Ctrl + Shift 키를 누르고 오른쪽으로 드래그하여 2개 더 만들어 줍니다.

09 '단기적으로 기억 5%'와 '기억 안 남 3%'를 각각 입력합니다.

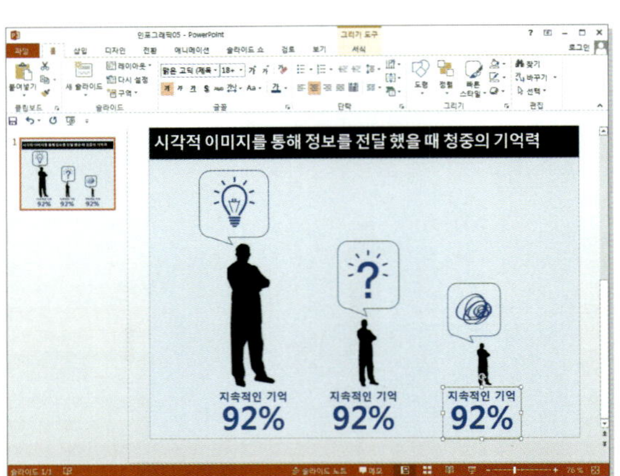

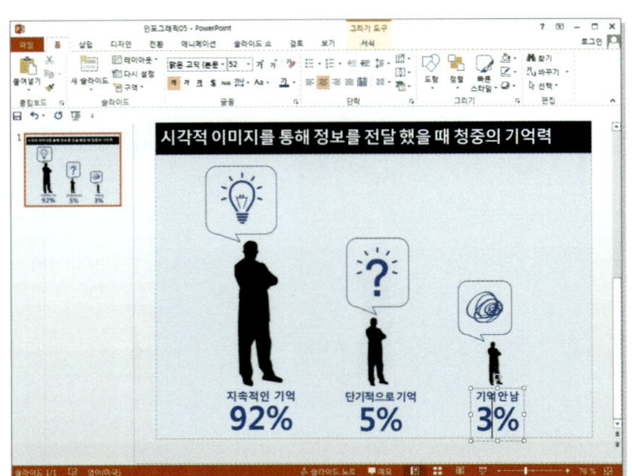

10 말풍선 모양의 도형 안에 청중들이 기억을 어떻게 하고 있는지 나타냄으로써 상징적인 실루엣 이미지를 만들어 보았습니다. 간략한 이미지를 통해 청중에게 재밌는 인상을 심어주면서 실루엣 이미지 하나로 다양한 이미지를 만들 수 있는 방법을 사용해 보았습니다.

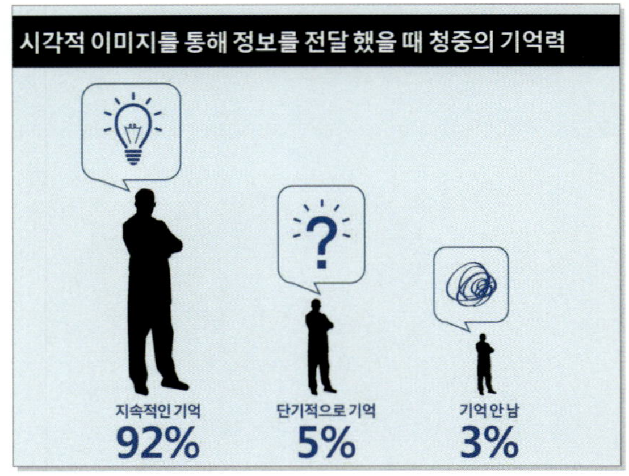

007. 이미지의 요소들을 활용하자!

정보를 시각화하는 과정에서 이미지는 빠질 수 없는 요소입니다. 이런 시각적 요소는 단순히 정보 전달의 기능 뿐 아니라 보는 사람으로 하여금 재미와 흥미를 유발하며, 보는 사람과의 소통의 역할을 하고 있습니다. 그리고 이러한 이미지 요소들의 구성은 바로 보는 사람을 배려하고 그 사람의 인지적인 경험을 고려하여 만들어지게 됩니다. 이런 이미지의 요소들을 활용한다면 청중에게 지속적인 기억과 흥미를 통한 집중을 가능하게 할 수 있습니다.

 01 정보 분석하기

01 독도에 관련된 정보를 전달하는 인포그래픽 슬라이드를 만들어 봅시다.

> 독도
>
> 주소 : 경상북도 울릉군 울릉읍 독도리 1~96
>
> 위치 : 울릉도 동남쪽 89,493km, 대한민국 최동단 섬
>
> 동도 : 높이 98.6m, 둘레 1.9km, 면적 67,179㎡
>
> 서도 : 높이 168.5m, 둘레 2.8km, 면적 95,008㎡

02 각각의 정보를 표현할 슬라이드를 먼저 구성해 보는 것이 좋습니다.
독도에 대한 이미지 검색을 통해 어떤 요소들을 표현할지 선택해봅니다.
먼저 여기서는 독도하면 떠오르는 독도의 모습, 그리고 바다의 갈매기, 그리고 바다의 파도를 표현하고 간단히 레이아웃을 잡아보았습니다.
간략히 레이아웃을 잡아보는 것은 나중에 직접적인 작업 진행 시 시행착오를 줄여 줄 수 있으니 간략히 잡아보면 큰 도움이 됩니다.

01 새 프레젠테이션 문서를 만듭니다.

02 [삽입] 탭 – [일러스트레이션] 그룹 – [도형] – [직사각형]을 선택합니다.

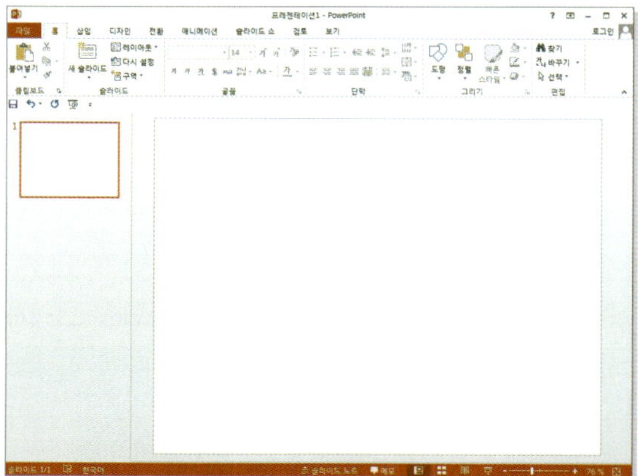

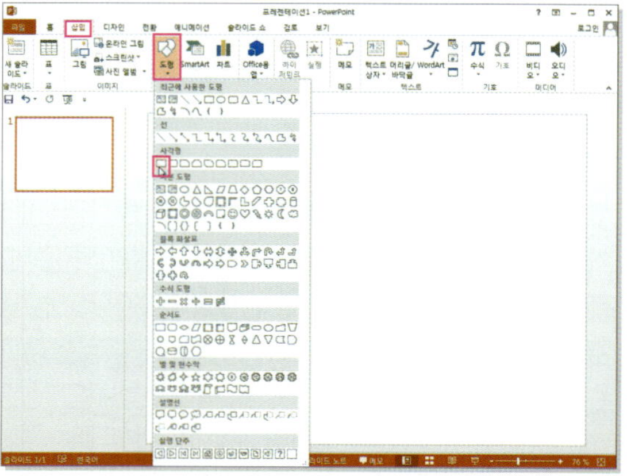

03 도형을 슬라이드 보다 약간 크게 그려 줍니다. 나중에 [도형 병합]을 통해 파도를 표현할 것입니다.

04 [삽입] 탭 – [일러스트레이션] 그룹 – [도형] – [타원]을 선택합니다.

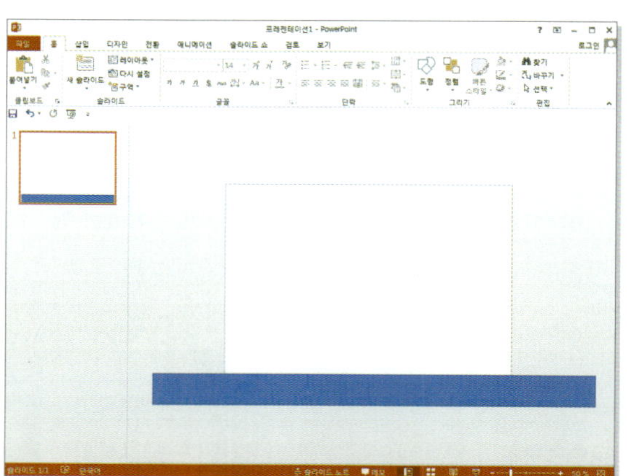

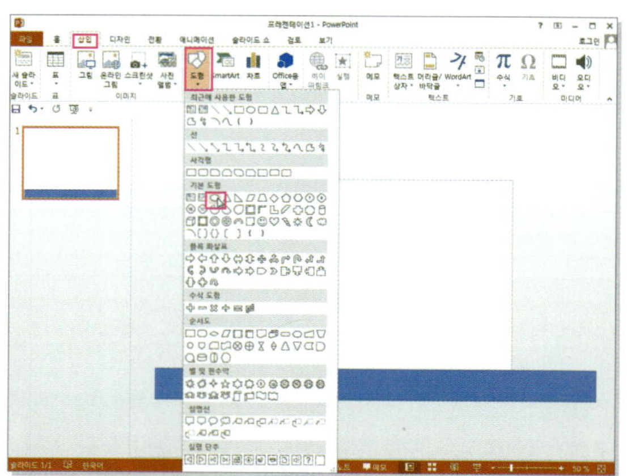

05 살짝 납작한 느낌의 타원을 그려줍니다.

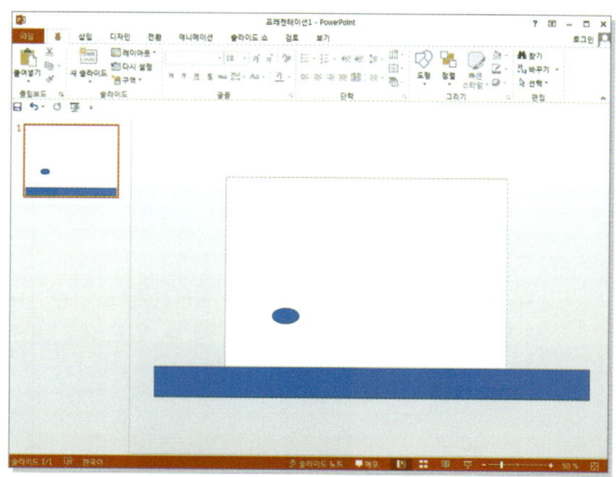

06 Ctrl + Shift 키를 누르고 오른쪽으로 드래그 하여 타원을 복사해줍니다. 간격을 생각하면서 복사할 필요는 없습니다.

07 삽입된 타원을 모두 선택하고, [홈] 탭 – [그리기] 그룹 – [정렬] – [맞춤] – [가로 간격을 동일하게]를 선택합니다.

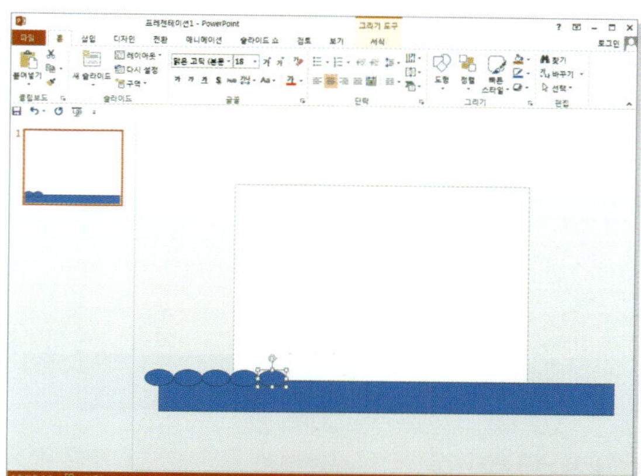

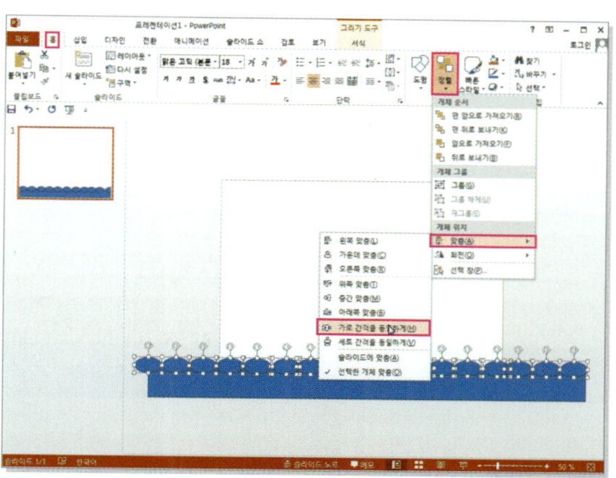

08 정렬된 타원을 모두 선택하고, [그리기 도구] – [서식] 탭 – [도형 삽입] 그룹 – [도형 병합] – [병합]을 선택합니다.

09 병합된 도형을 확대하여 하얀색 부분이 보이지 않도록 공간을 조절해 줍니다.

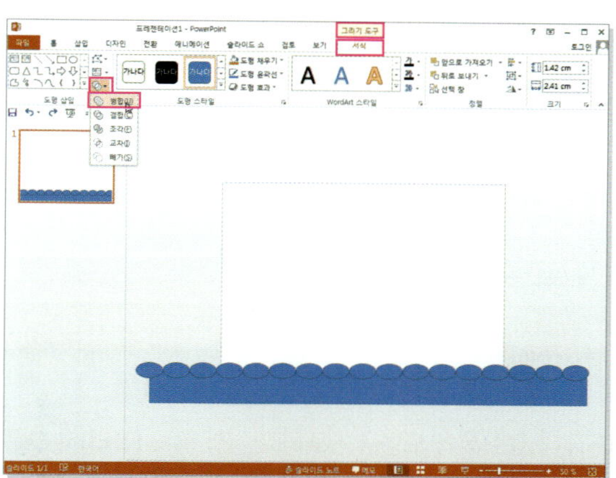

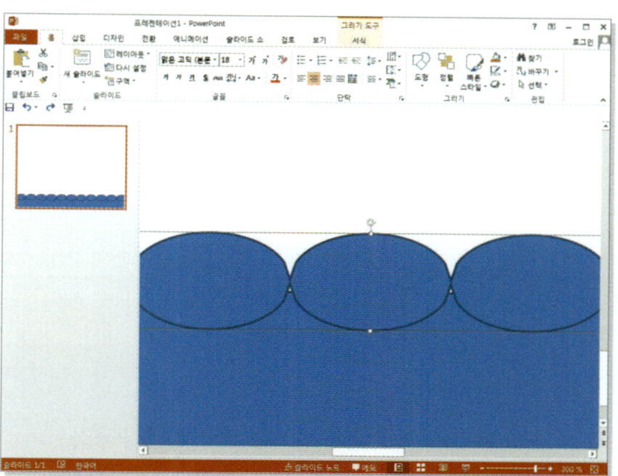

10 이제 직사각형 도형을 클릭하고, Shift 키를 누르고 병합된 도형을 선택하여 두 도형을 선택합니다. 그리고 [그리기 도구] – [서식] 탭 – [도형 삽입] 그룹 – [도형 병합] – [빼기]를 선택합니다.

11 병합으로 만들어진 도형을 선택하고, [그리기 도구] – [서식] 탭 – [도형 스타일] 그룹 – [도형 윤곽선] – [윤곽선 없음]을 선택하여 윤곽선을 제거합니다.

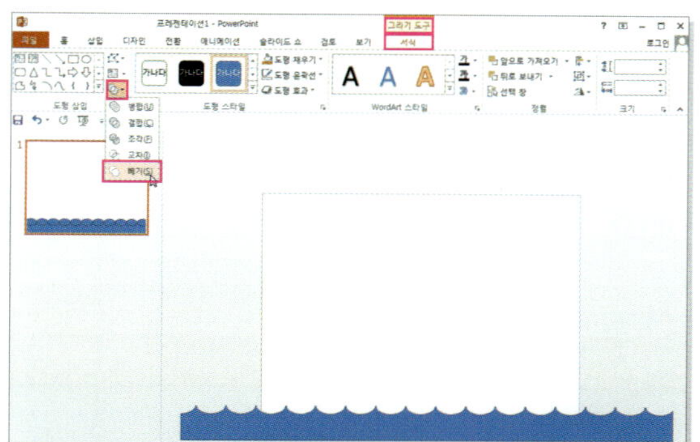

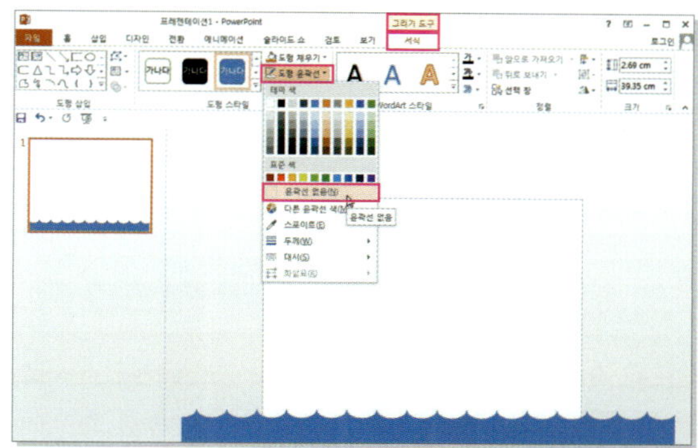

12 [그리기 도구] – [서식] 탭 – [도형 스타일] 그룹 – [도형 채우기] – [다른 채우기 색]을 선택하고, 빨강(R) '88', 녹색(G) '171', 파랑(B) '219'를 입력합니다.

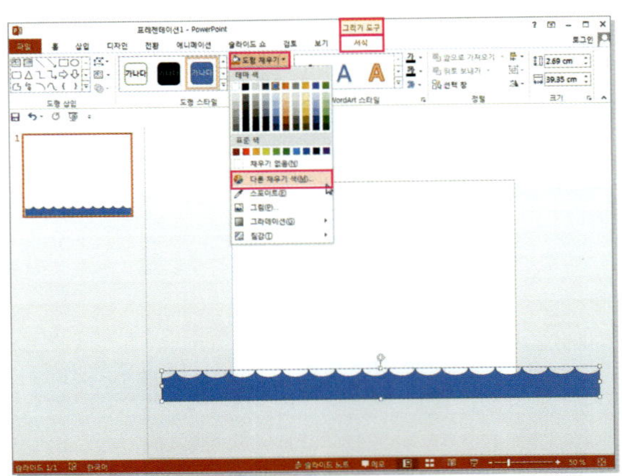

13 Ctrl + Shift 키를 동시에 누르고 위로 드래그 하여 한 개 더 복사합니다.

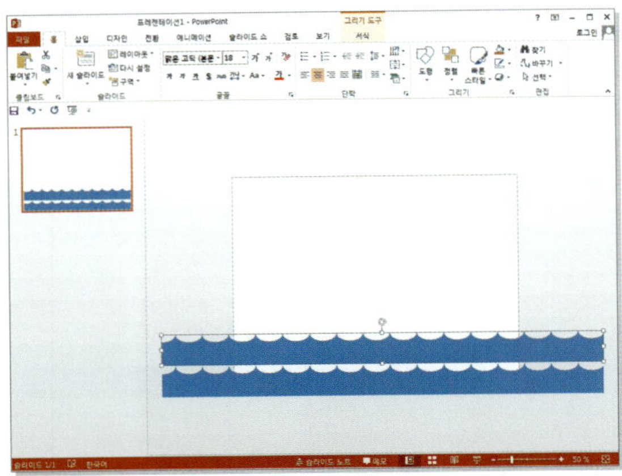

14 위쪽의 도형을 클릭하여 [그리기 도구] – [서식] 탭 – [도형 스타일] 그룹 – [도형 채우기] – [다른 채우기 색]을 선택하고, 빨강(R) '166', 녹색(G) '211', 파랑(B) '236'을 입력합니다.

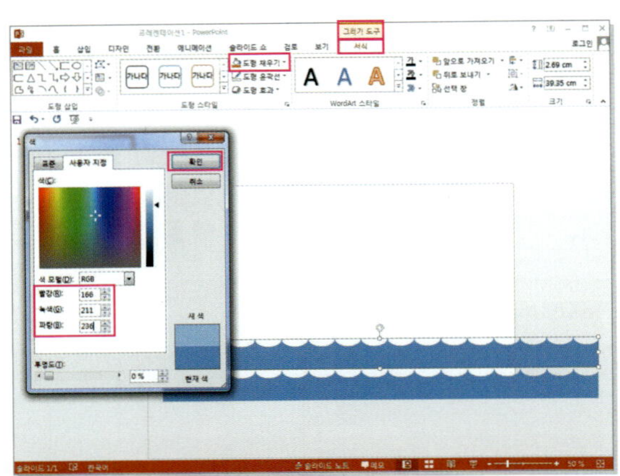

15 도형을 살짝 겹치게 아래쪽으로 이동시킵니다.

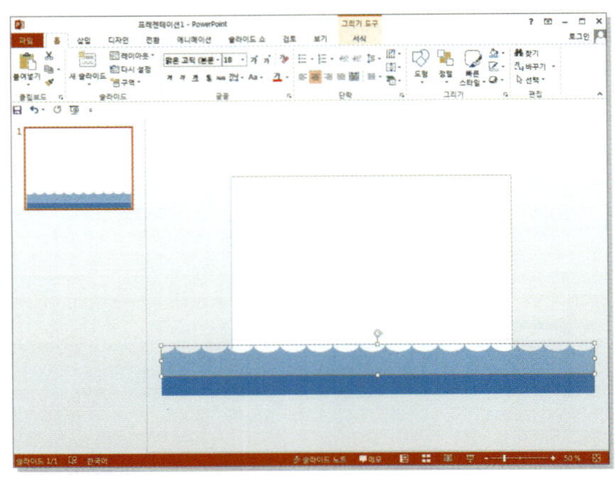

16 밝은 색의 도형을 선택하고, [홈] 탭 – [그리기] 그룹 – [정렬] – [맨 뒤로 보내기]를 클릭하여 맨 뒤로 보냅니다.

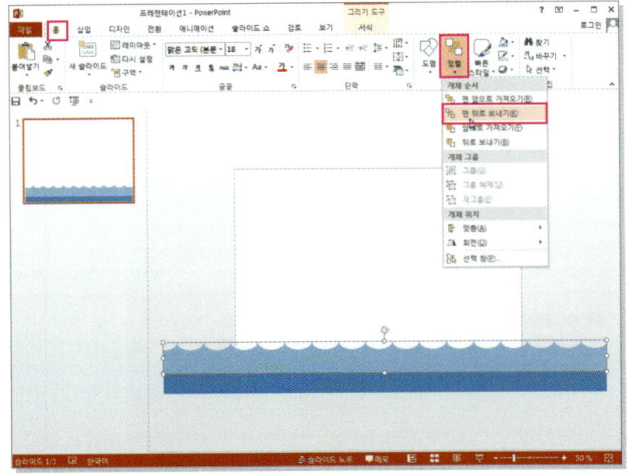

17 뒤로 보내진 도형을 살짝 왼쪽으로 이동시켜 물결무 늬가 살짝 엇갈리게 배치합니다.

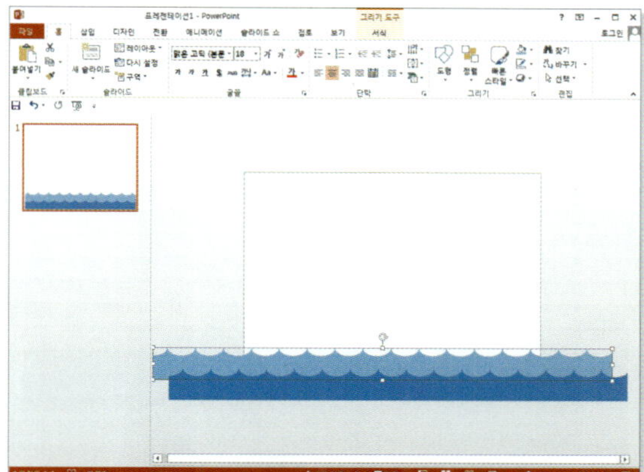

TIP `F5` 키를 눌러 슬라이드 쇼로 보면 완성된 느낌 을 볼 수 있습니다.

03 이미지 삽입하기

01 [삽입] 탭 – [이미지] 그룹 – [그림]을 선택하고, Dokdo02.png 이미지를 삽입합니다.

▼ 경로 PART03\Chapter1\007

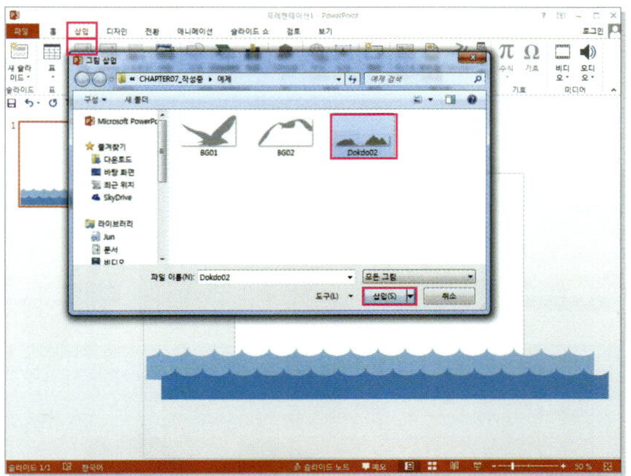

02 삽입된 Dokdo.png 이미지를 드래그하여 적절하게 위치와 크기를 조절합니다.

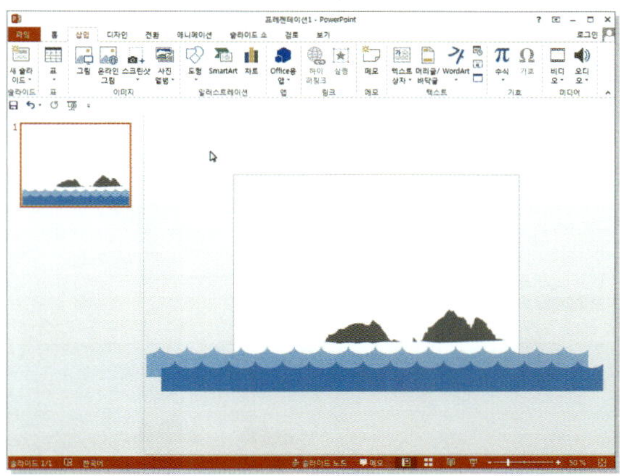

TIP [삽입] 탭 – [이미지] 그룹 – [온라인 그림]에서 Bing 을 통해 온라인 이미지를 검색하고 삽입할 수 있습 니다.

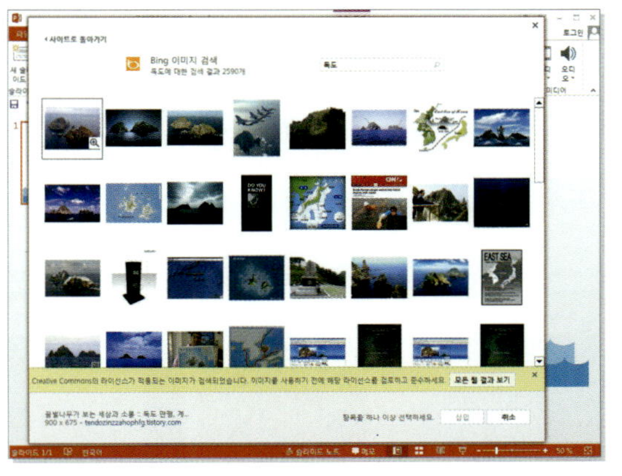

03 [삽입] 탭 – [이미지] 그룹 – [그림]을 선택하고, BG01.png, BG02.png 이미지를 삽입합니다.

04 이미지를 전체 슬라이드의 레이아웃 구성을 고려하여 크기와 위치를 조절합니다.

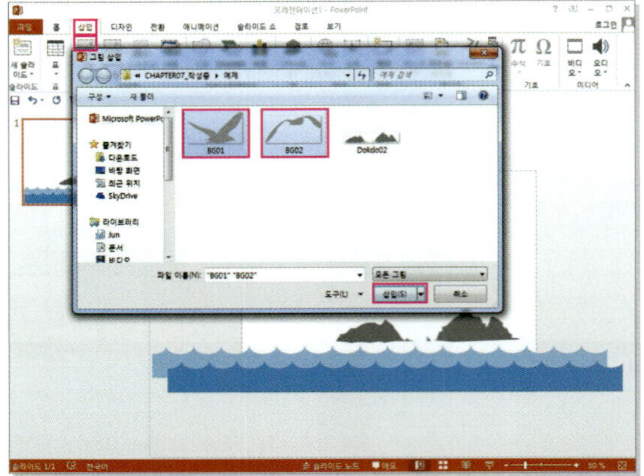
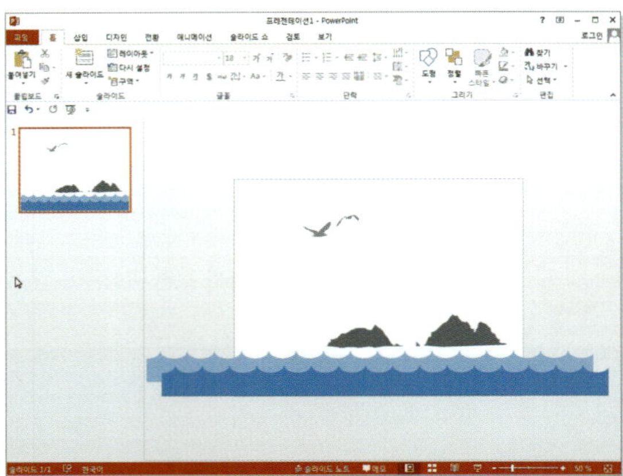

▲ 경로 PART03\Chapter1\007

 04 텍스트 입력하기

01 [삽입] 탭 – [텍스트] 그룹 – [텍스트 상자] – [가로 텍스트 상자]를 선택합니다.

02 먼저 큰 타이틀인 '독도'를 입력합니다.

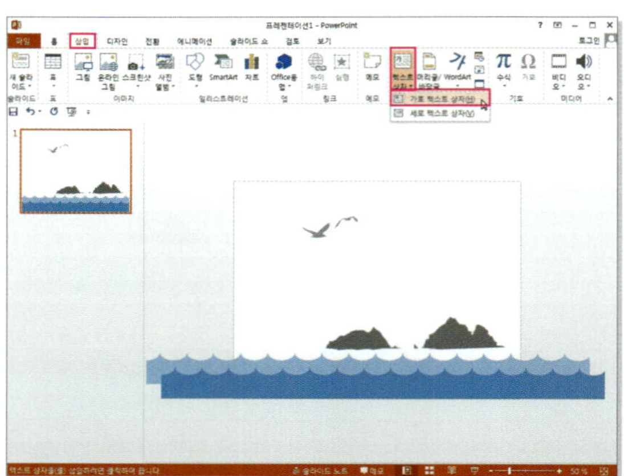
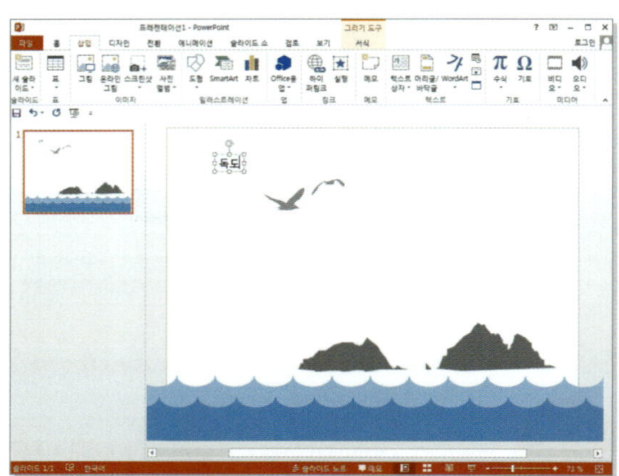

03 텍스트 상자를 선택한 후, [홈] 탭 – [글꼴] 그룹 – [글꼴]에서 '나눔명조', [크기] '88pt'를 지정합니다.

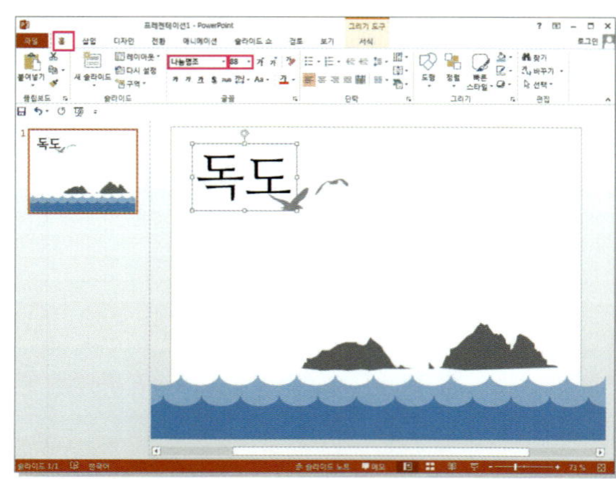

04 [홈] 탭 – [글꼴] 그룹 – [글꼴 색] – [검정, 텍스트 1, 35% 더 밝게]를 선택합니다.

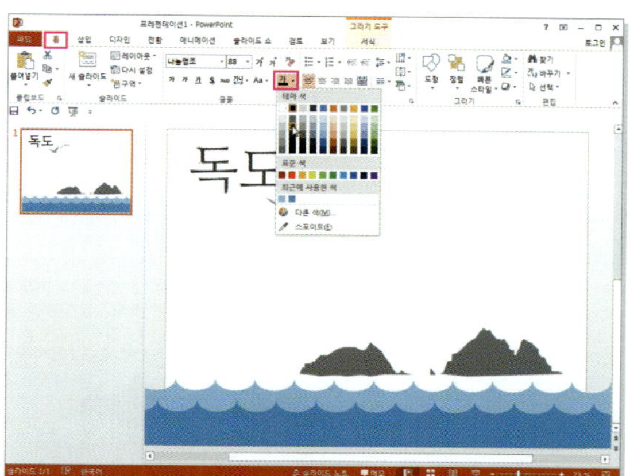

05 [삽입] 탭 – [텍스트] 그룹 – [텍스트 상자] – [가로 텍스트 상자]를 선택하고, '울릉도 동남쪽 89,493km, 대한민국 최동단 섬'을 입력합니다.

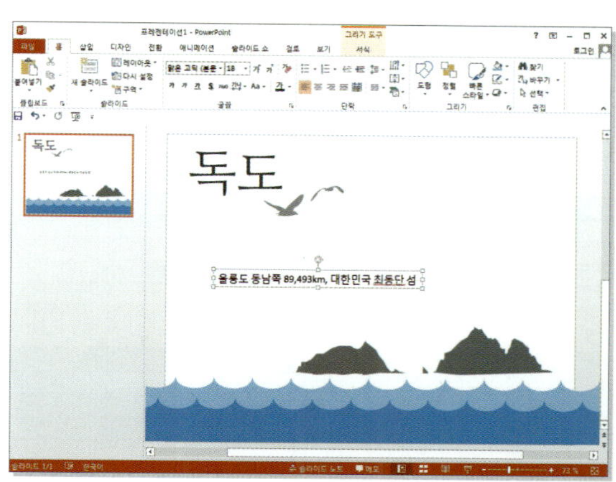

06 '울릉도 동남쪽'에서 줄바꿈, '89,493km'에서 줄바꿈, '대한민국 최동단 섬'으로 단락을 나눈 후, [단락] 그룹에서 [가운데 맞춤]으로 서식을 지정합니다.

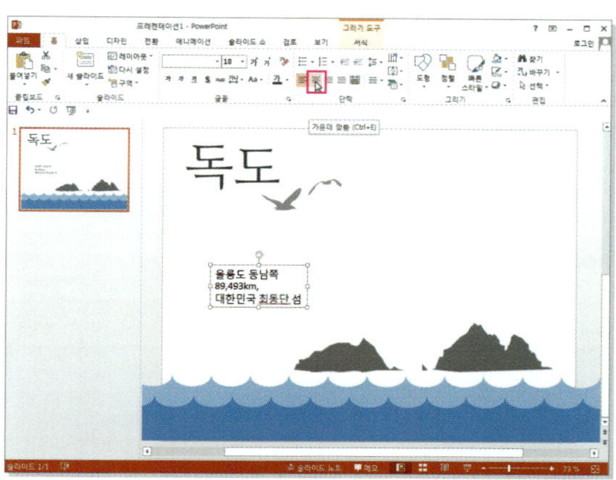

07 텍스트 상자를 선택하고, [홈] 탭 – [글꼴] 그룹 – [글꼴]에서 '나눔명조'를 선택합니다. '89,493km'만 드래그한 후 크기에 '40pt'를 지정합니다.

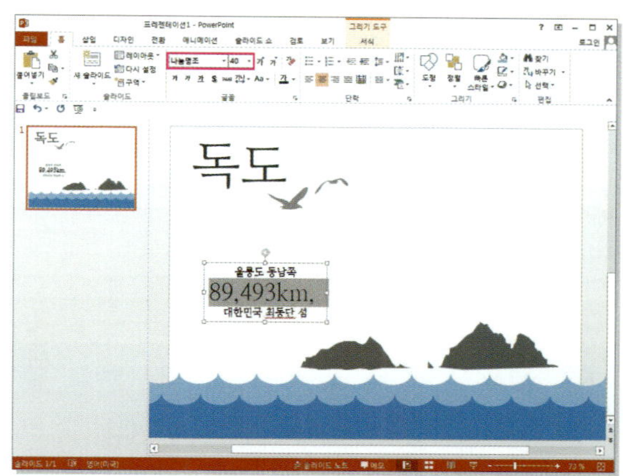

08 이제 색상을 지정합니다. '울릉도 동남쪽'과 '대한민국 최동단 섬'은 빨강(R) '88', 녹색(G) '171', 파랑(B) '219'를 입력하고, '89,493km'의 텍스트는 빨강(R) '166', 녹색(G) '211', 파랑(B) '236'을 입력합니다.

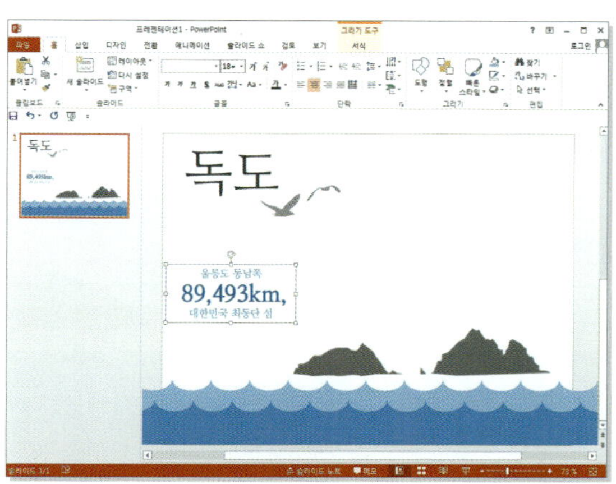

09 이제 같은 텍스트 상자를 3개 더 복사합니다.

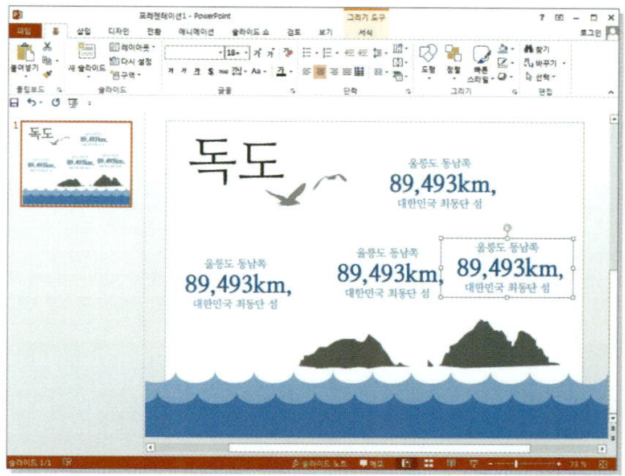

10 위쪽 텍스트 상자에 '경상북도 울릉군 울릉읍 독도리 1~96'을 입력하고, '독도리 1~96'을 줄바꿈 해줍니다.

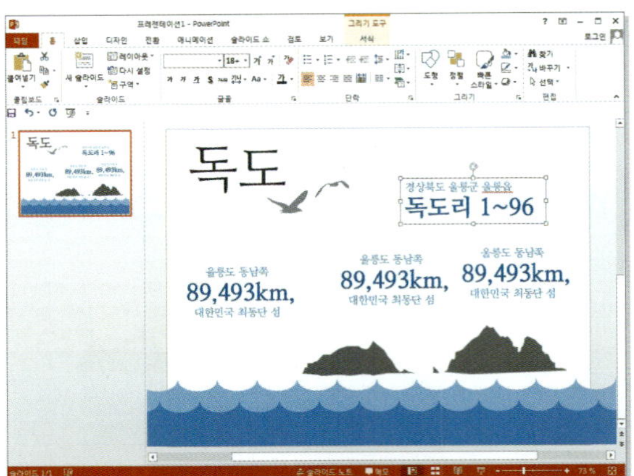

11 '동도, 높이 98.6m, 둘레 1.9km, 면적 67,179㎡', '서도는 높이 168,5m, 둘레 2.8km, 면적 95,008㎡'을 각각 입력합니다.

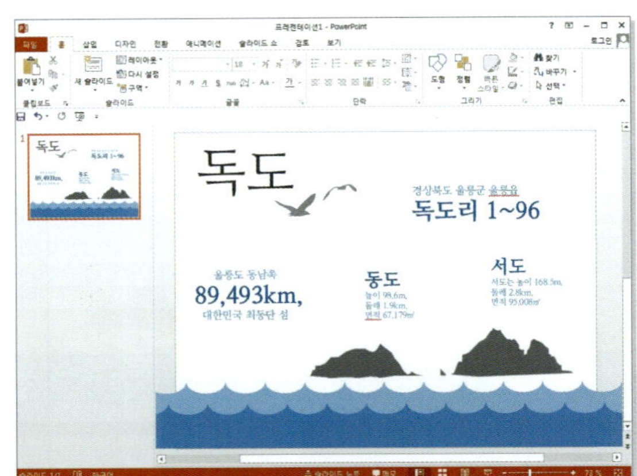

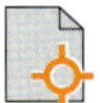

05 지시선 표시하기

01 이제 지시선을 표시하도록 합니다. [삽입] 탭 – [일러스트레이션] 그룹 – [도형] – [타원]을 선택합니다.

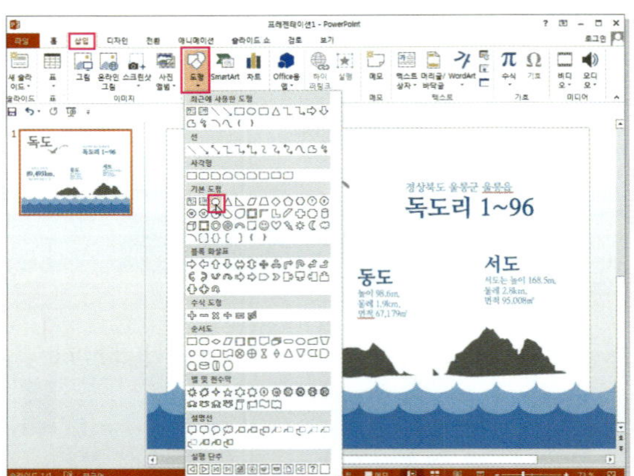

02 작은 크기의 등원을 삽입합니다.

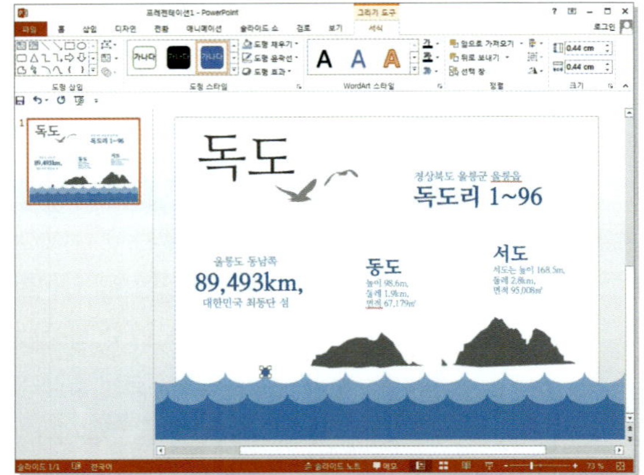

03 [그리기 도구] – [서식] 탭 – [도형 스타일] 그룹 – [도형 채우기]에서 [흰색]을 선택하고, [도형 윤곽선]에 빨강(R) '88', 녹색(G) '171', 파랑(B) '219'를 입력합니다. 두께는 '3.25pt'를 입력합니다.

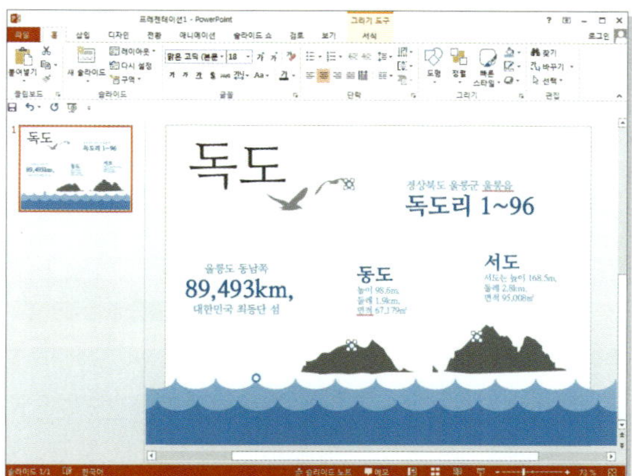

04 만들어진 도형을 각각의 이미지 요소에 표시합니다.

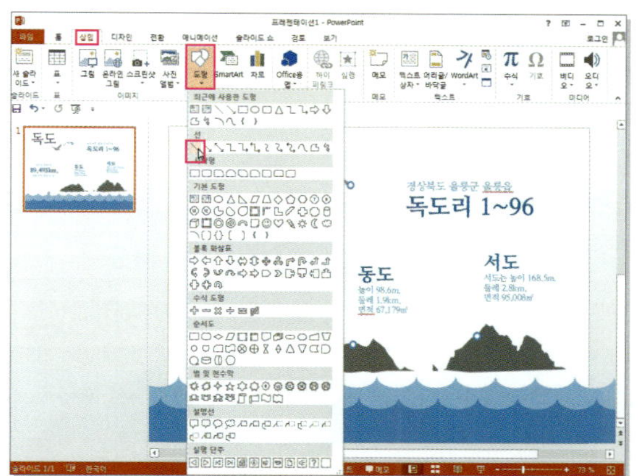

05 [삽입] 탭 – [일러스트레이션] 그룹 – [도형] – [선]을 삽입합니다.

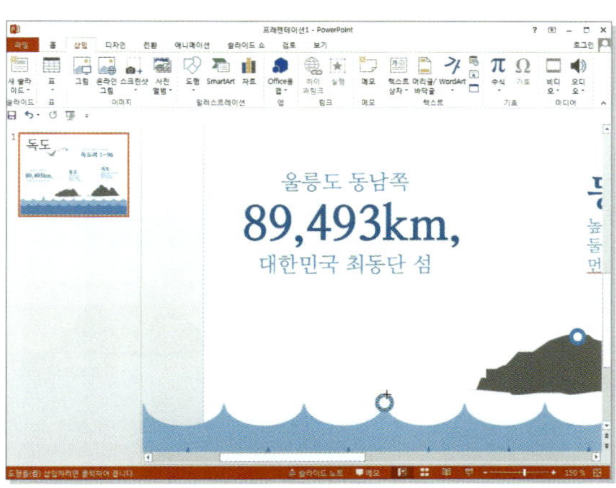

06 선을 근처에 가져가면 보기와 같이 점이 표시됩니다. 원의 가장 위쪽 점을 클릭하고, Shift 키를 누르고 위쪽으로 드래그합니다.

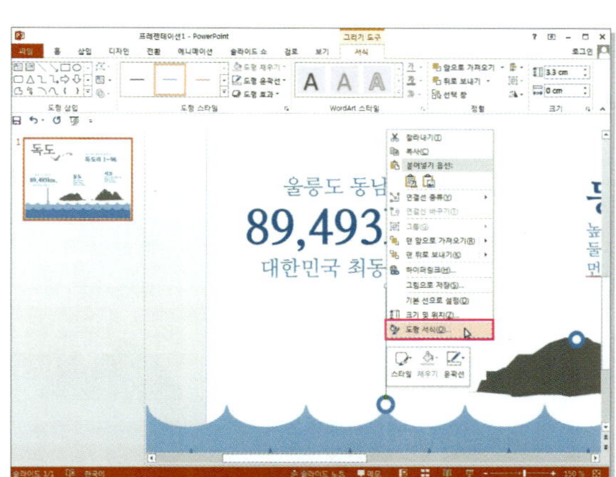

07 이제 선의 서식을 지정합니다. 선을 선택하고, 마우스 오른쪽 버튼을 클릭하여 도형 서식을 선택합니다.

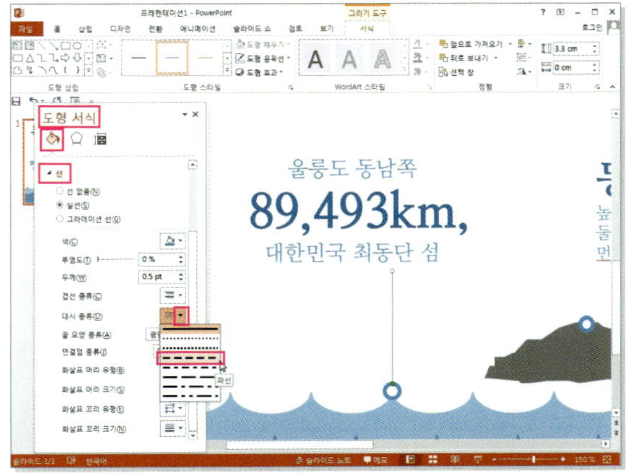

08 [도형 서식] – [채우기 및 선] – [선]에서 [대시 종류] – [파선]을 선택합니다.

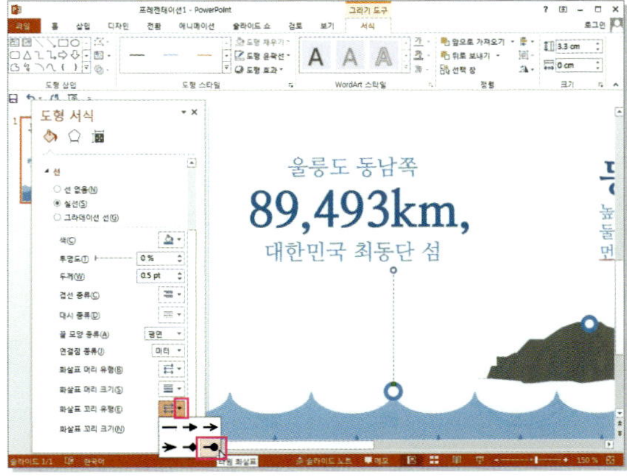

09 [화살표 꼬리 유형] – [타원 화살표]를 선택합니다.

10 나머지 부분에도 선을 삽입하여 지시선을 그어줍니다.

11 완성된 선을 선택하고, Ctrl + Shift + C 키를 누릅니다.

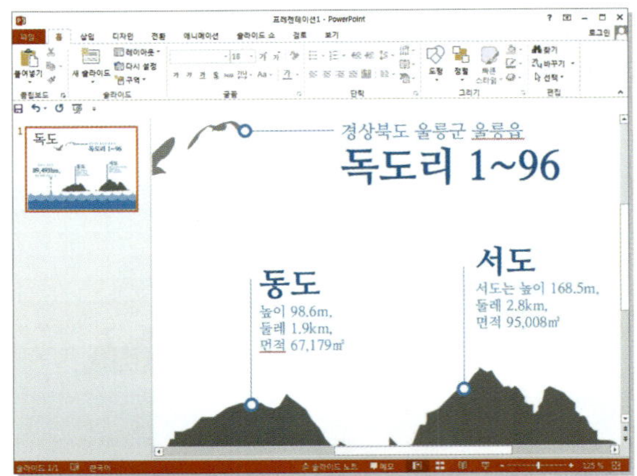

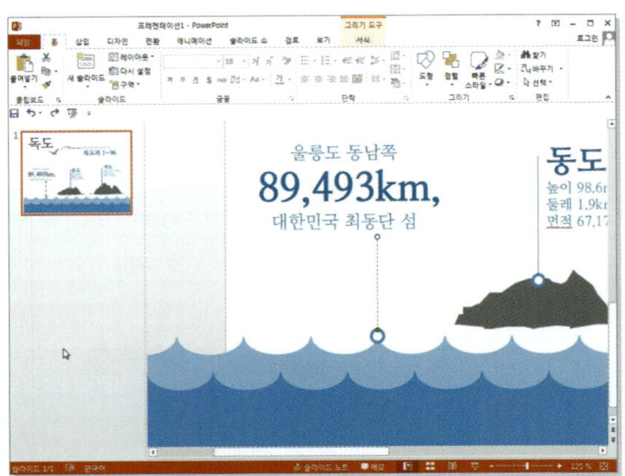

12 이제 선만 그어놓은 나머지 선들을 선택하고, Ctrl + Shift + V 키를 눌러 서식을 적용시켜 줍니다.

13 슬라이드가 완성되었습니다. 전체적인 간격이나 내용이 틀린 부분이 없는지 확인하도록 합니다.

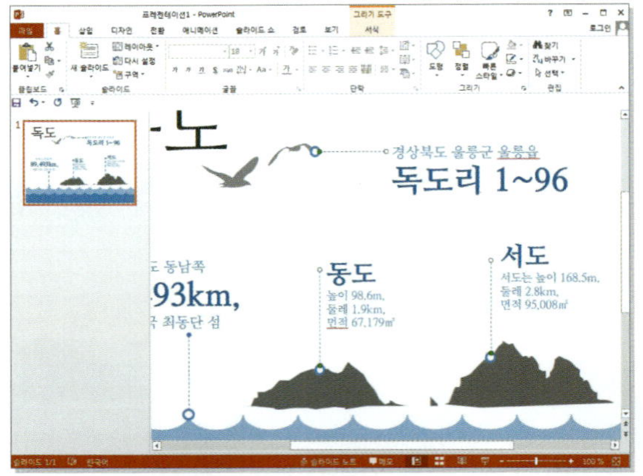

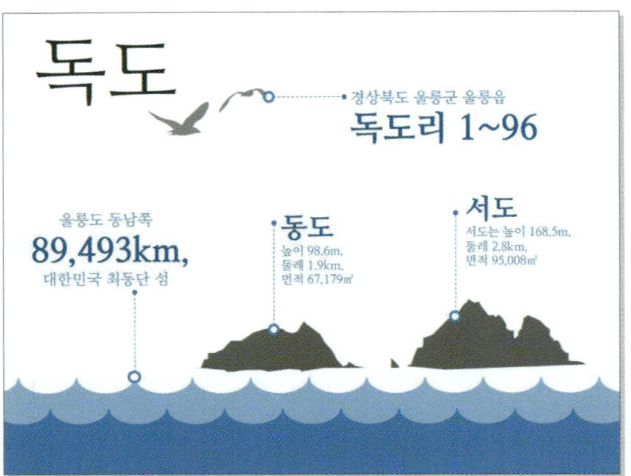

TIP 만약 [화살표 꼬리 유형]이 반대로 적용된다면 처음에 선을 그을 때 아래에서 위로 그었는지 체크해주세요.

008　지도 위에 상징성을 표현하자!

데이터를 시각화하다보면 지도 위에 정보를 표현하는 경우가 많이 생기게 됩니다. 지도는 구역별 그 지역의 상황과 현황을 보여주는데 매우 유용합니다. 이러한 지도의 특성을 잘 이해하고 상징성과 컨셉의 방향을 잘 잡고 표현한다면 청중에게 정보를 직관적으로 전달할 수 있습니다. 인포그래픽의 표현에 있어서 디자인을 화려하게 할 수 있는 능력보다, 개념의 연상과 상징화 하는 시각이 매우 중요합니다.

 01　정보 분석하기

01 이번에는 세계에서 가장 행복한 나라의 순위에 대한 정보를 표현해봅시다.

국가별 행복지수에 대해 나타낼 때 '행복'을 떠올렸을 때 연상되는 이미지를 생각해봅시다.

여기서는 1차적 연상 이미지인 스마일 아이콘을 이용해보도록 하겠습니다.

세계에서 가장 행복한 나라는?

1위 바누아투

2위 콜롬비아

3위 코스타리카

.....

31위 중국

....

102위 한국

108위 영국

02 새로 만들기 메뉴를 통해 새 문서를 만듭니다

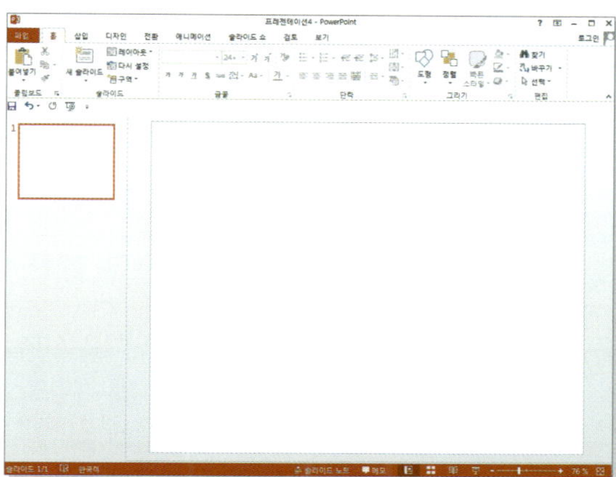

03 [삽입] 탭 – [일러스트레이션] 그룹 – [도형] – [직사각형]을 삽입합니다.

04 삽입된 도형을 슬라이드에 꽉 차게 크기를 조정합니다.

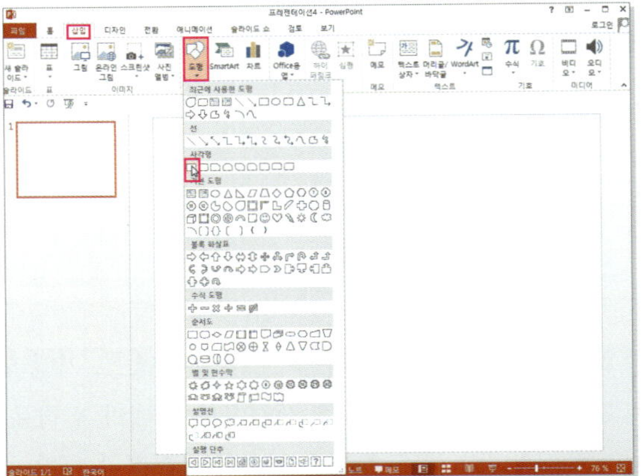

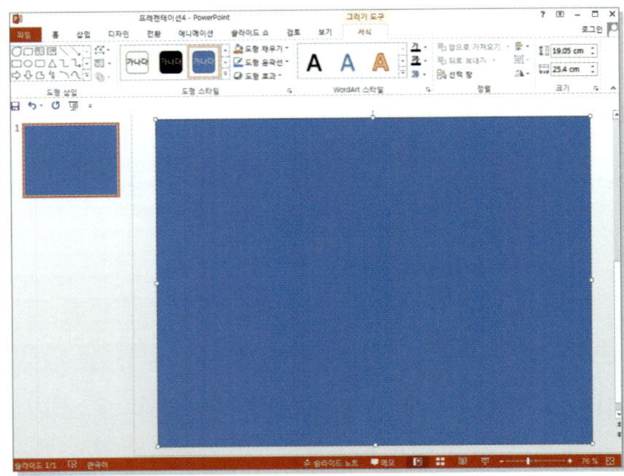

05 [그리기 도구] – [서식] 탭 – [도형 스타일] 그룹 – [도형 채우기] – [다른 채우기 색]을 선택하고, 색상에서 빨강(R) '48', 녹색(G) '51', 파랑(B) '53'을 지정합니다. [도형 윤곽선]에서 [윤곽선 없음]을 지정합니다.

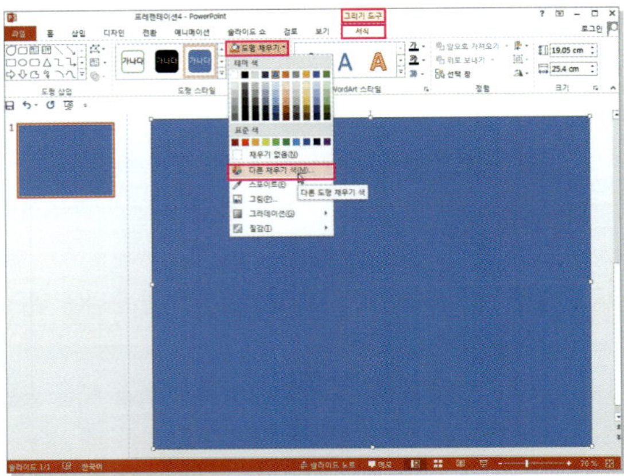

 02 **스마일 아이콘 만들기**

01 이제 스마일 아이콘을 만들어봅시다. 3단계로 스마일 아이콘을 만들도록 하겠습니다. [삽입] 탭 – [일러스트레이션] 그룹 – [도형] – [타원]을 삽입합니다.

02 삽입된 타원을 Ctrl 키를 누르고 오른쪽으로 드래그하여 2개 더 복사합니다.

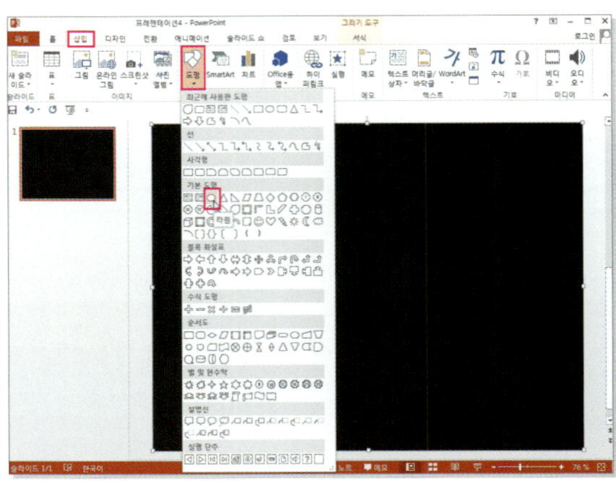

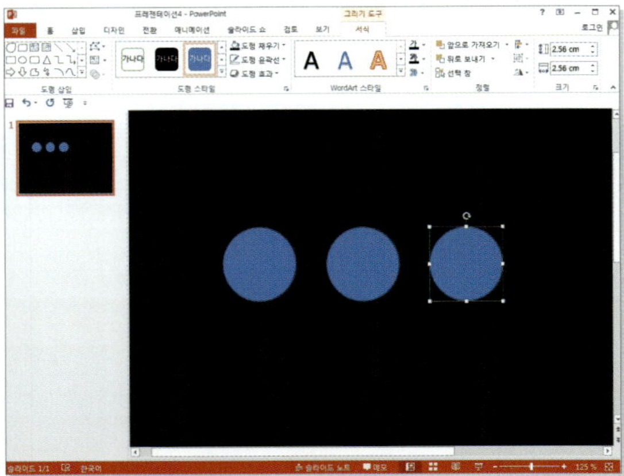

03 [그리기 도구] – [서식] 탭 – [도형 스타일] 그룹 – [도형 채우기] – [다른 채우기 색]을 선택하고 빨강(R) '255', 녹색(G) '255', 파랑(B) '83'을 지정합니다.

04 [그리기 도구] – [서식] 탭 – [도형 스타일] 그룹 – [도형 윤곽선] – [검정, 텍스트 1, 50% 더 밝게]를 선택합니다.

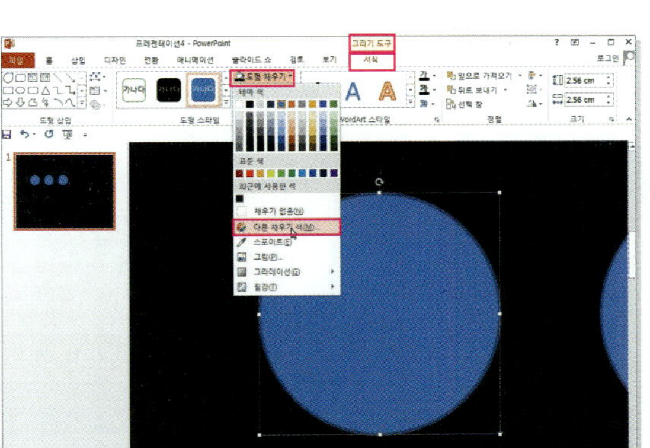

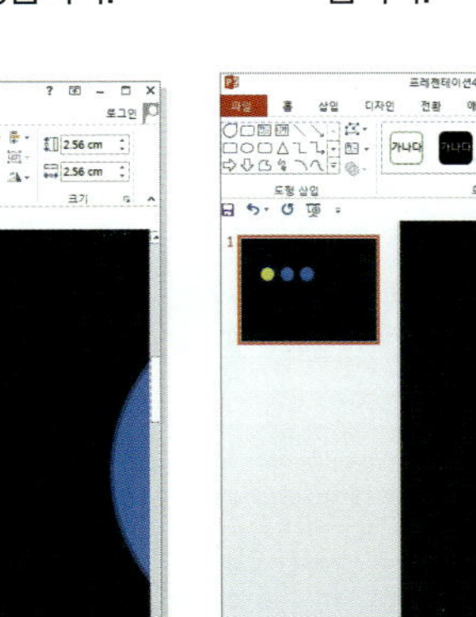

05 [그리기 도구] – [서식] 탭 – [도형 스타일] 그룹 – [도형 윤곽선] – [두께] – [다른 선]을 선택합니다. [도형 서식] 대화상자가 나타나면 두께에 '2.25pt'를 입력합니다.

06 [그리기 도구] – [서식] 탭 – [도형 스타일] 그룹 – [도형 효과] – [입체 효과] – [둥글게]를 선택합니다.

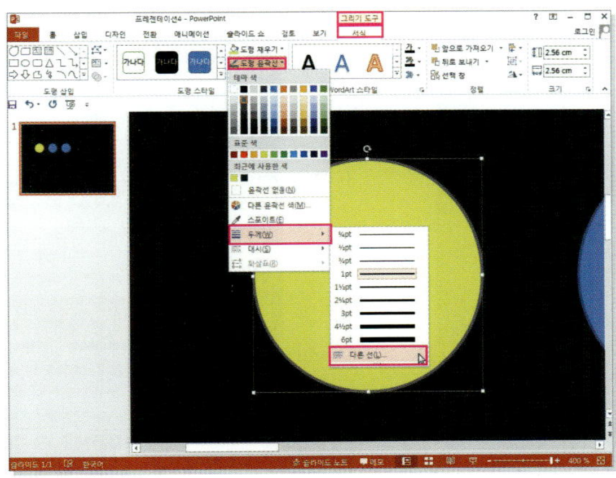

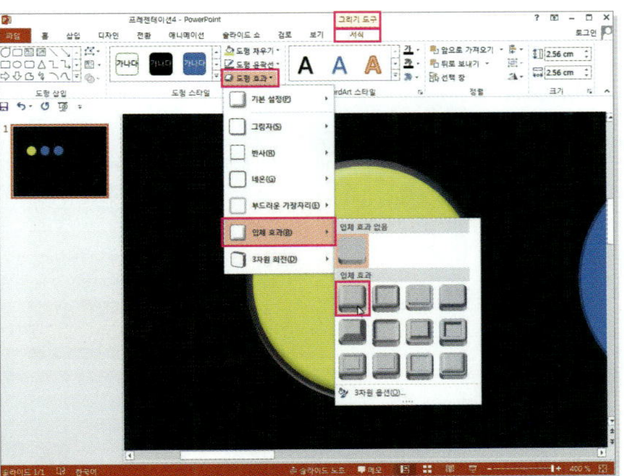

07 입체 효과가 적용된 도형을 선택하고, 마우스 오른쪽 버튼을 클릭하여 [도형 서식] – [효과] – [3차원 서식] – [위쪽 입체]에서 너비 '10pt', 높이 '6pt'를 지정합니다.

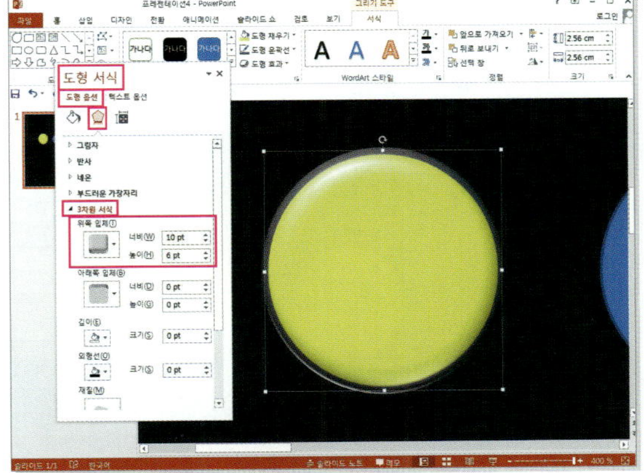

08 [도형 서식] 대화상자에서 아래쪽에 [재질] – [플라스틱]을 선택합니다.

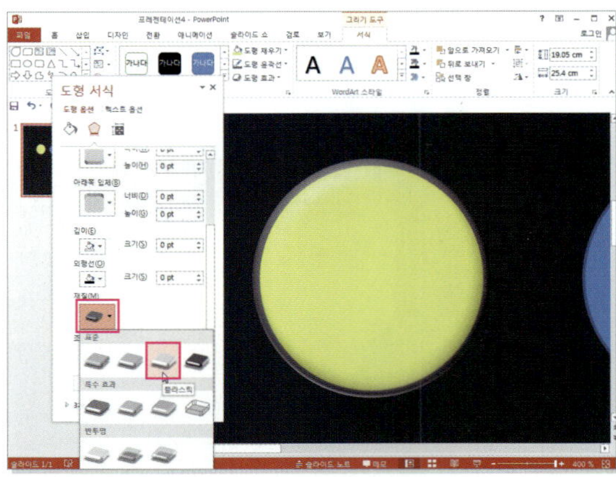

09 바로 아래에 있는 [조명]에서 [부드럽게]를 선택합니다.

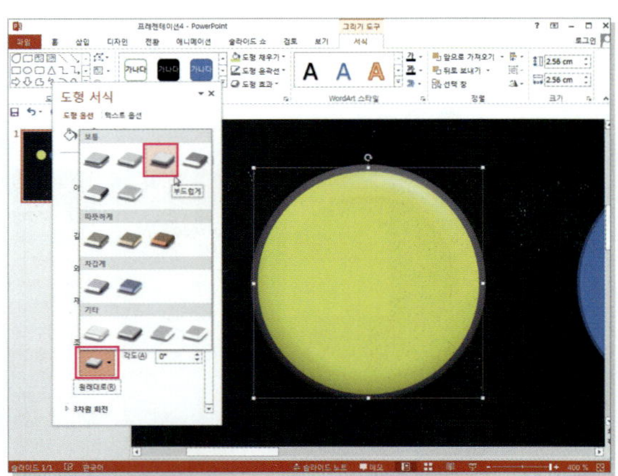

10 이제 완성된 도형을 선택하고, Ctrl + Shift + C 키를 통해 서식을 복사한 후, 나머지 도형을 선택하고 Ctrl + Shift + V 키를 눌러 서식을 적용합니다.

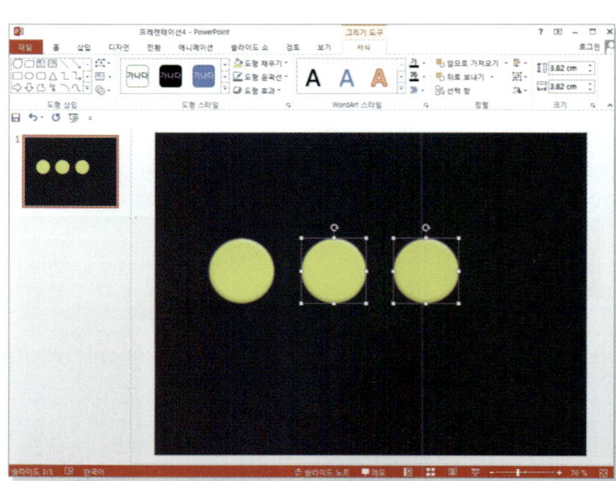

11 이제 도형 안에 스마일 모양을 만들기 위해 [삽입] 탭 – [일러스트레이션] 그룹 – [도형] – [타원]을 선택하여 삽입합니다.

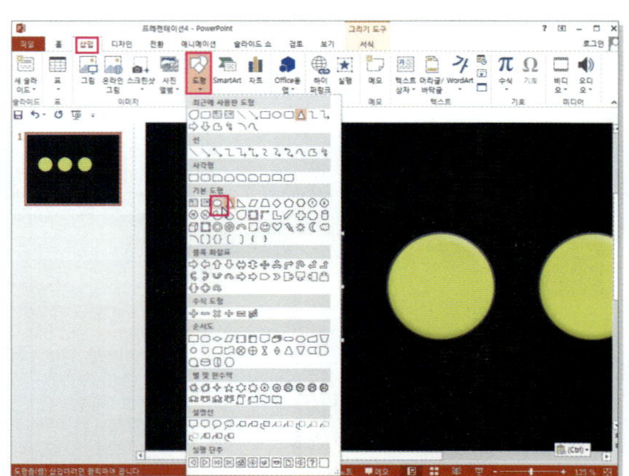

12 도형을 한 개 더 복사하여 보기와 같이 눈 모양을 만들어 줍니다.

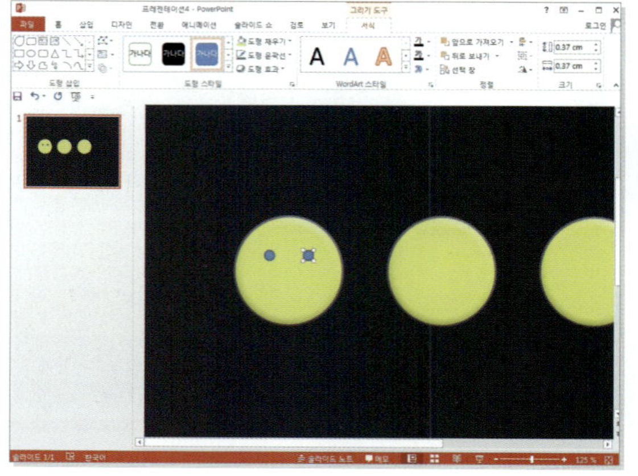

13 이제 입모양을 만들기 위해 [삽입] 탭 – [일러스트레이션] 그룹 – [도형] – [타원]을 선택하여 삽입합니다.

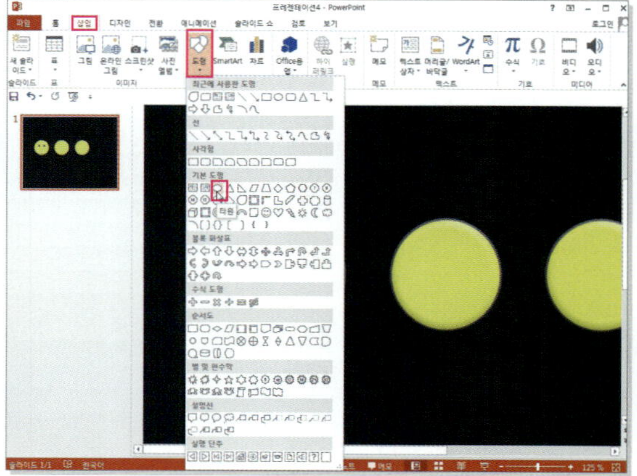

14 [도형 병합]을 이용하여 잘라낼 것이기 때문에, [삽입] 탭 – [일러스트레이션] 그룹 – [도형] – [직사각형]을 선택하여 삽입합니다.

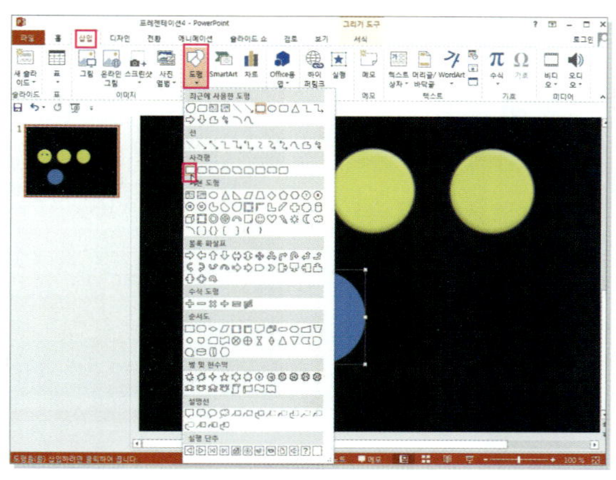

15 잘라낼 부분만큼 도형을 드래그 하여 삽입합니다.

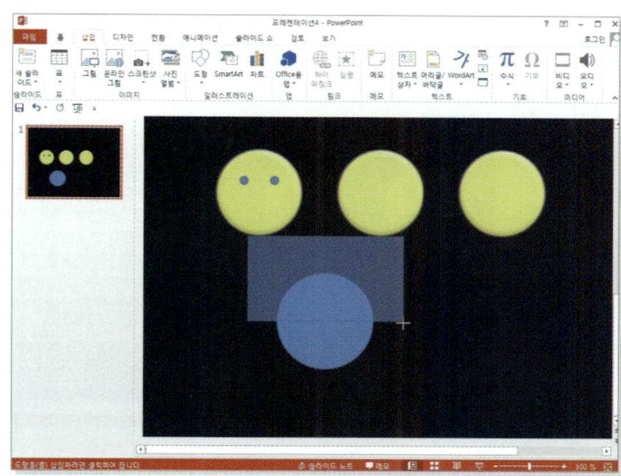

16 이제 두 도형을 선택하고, [그리기 도구] – [서식] 탭 – [도형 삽입] 그룹 – [도형 병합] – [빼기]를 선택합니다.

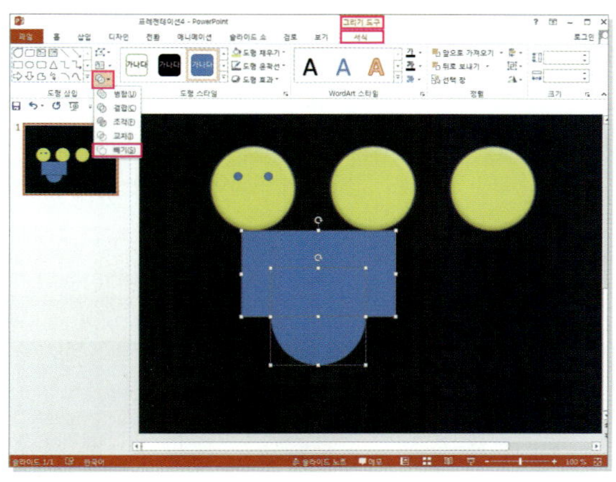

17 이제 만들어진 반원 어울리게 배치합니다.

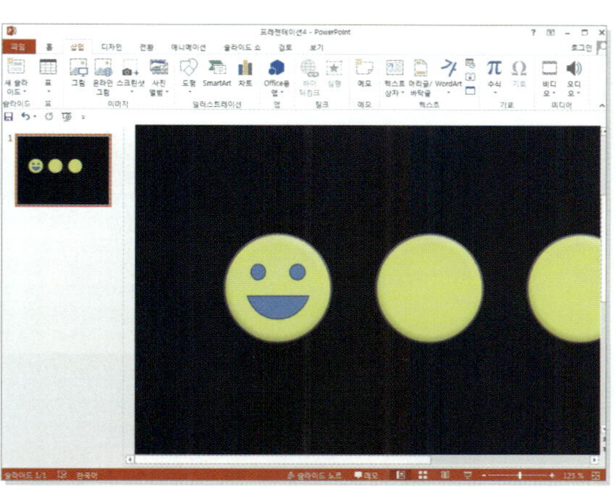

18 눈과 입모양의 도형을 선택하고, [그리기 도구] – [서식] 탭 – [도형 스타일] 그룹 – [도형 채우기] – [다른 채우기 색]을 선택하고 빨강(R) '64', 녹색(G) '64', 파랑(B) '64'를 입력합니다.

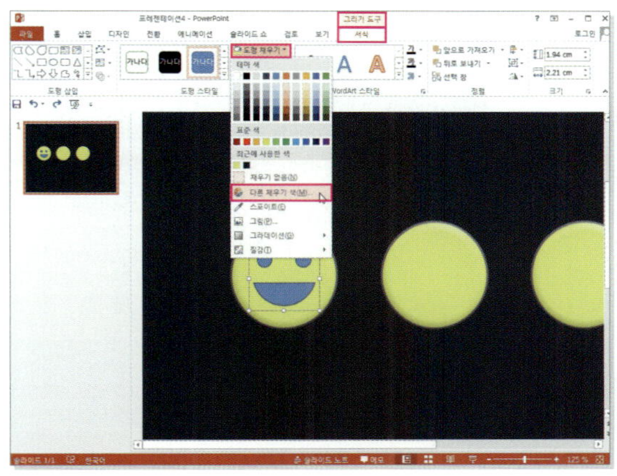

19 이제 눈 모양 도형을 선택하고 복사하여 나머지 도형에도 똑같이 배치합니다.

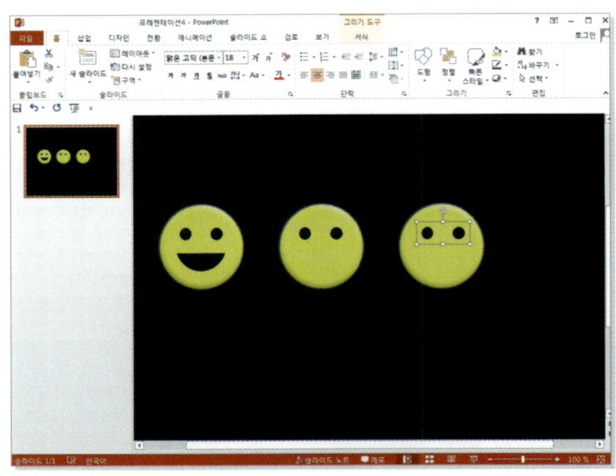

20 [삽입] 탭 – [일러스트레이션] 그룹 – [도형] – [모서리가 둥근 직사각형]을 삽입합니다.

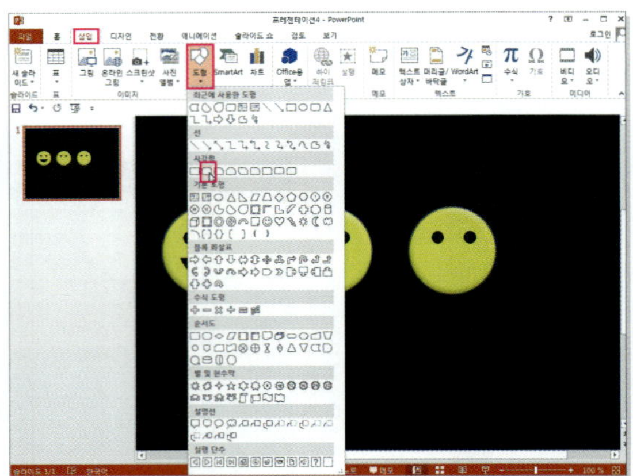

TIP 중앙에 도형을 배치하고 싶으면 두 개의 눈 도형을 그룹 짓고 [홈] 탭 – [그리기] 그룹 – [정렬] – [가운데 맞춤]을 선택하면 됩니다.

21 모서리의 핸들을 이용해 최대한 둥글게 만들어 주고 입모양에 맞도록 크기를 조절합니다.

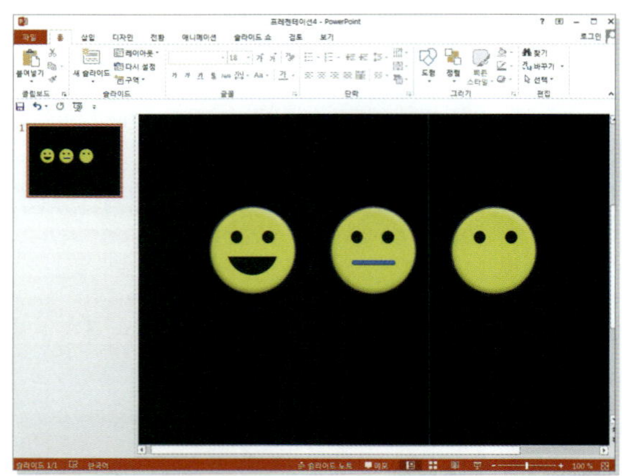

22 색상을 다른 도형과 똑같이 빨강(R) '64', 녹색(G) '64', 파랑(B) '64'를 입력합니다.
그리고 처음 만들었던 반원 도형을 한 개 더 복사하여 마지막 도형에도 입모양을 만들어 줍니다.

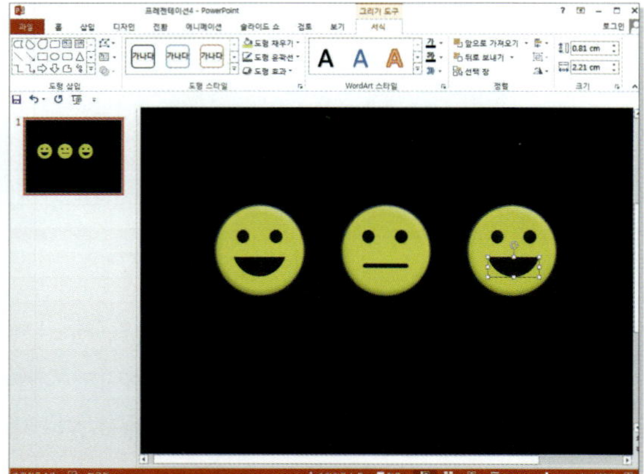

23 복사된 반원을 선택하고, [그리기 도구] – [서식] 탭 –
[정렬] 그룹 –[개체 회전] – [상하 대칭]을 선택합니다.

24 이제 만들어진 도형을 각각 하나로 그룹 짓도록 합
니다.

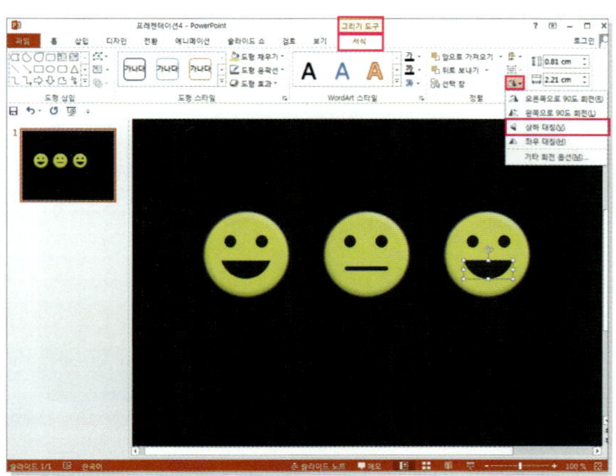

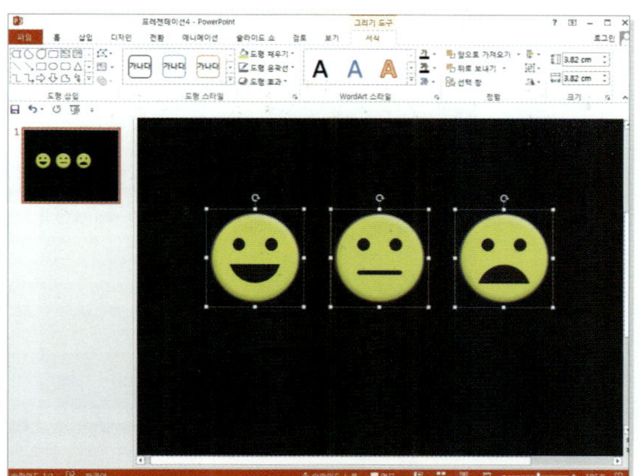

TIP 그룹 지을 도형을 선택하고, `Ctrl` + `G` 키를 눌러서 도형을 그룹 지정할 수 있습니다

03 배경 만들기

01 배경을 만들기 전에 지도의 지점을 나타내는 도형을
추가하도록 합니다.
[삽입] 탭 – [일러스트레이션] 그룹 – [도형] – [눈물
방울]을 선택합니다.

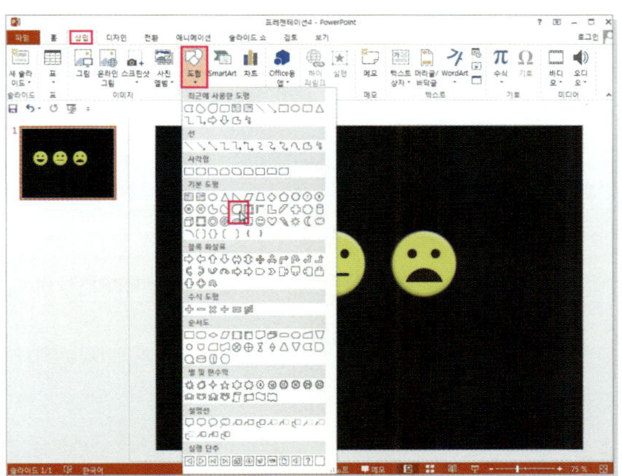

02 도형을 스마일 크기만큼 드래그하여 삽입한 다음 도형 핸들 고리를 회전시켜 보기와 같이 만들어 줍니다.

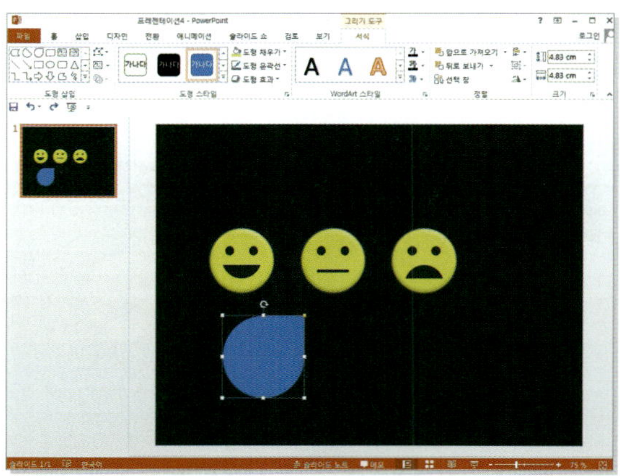 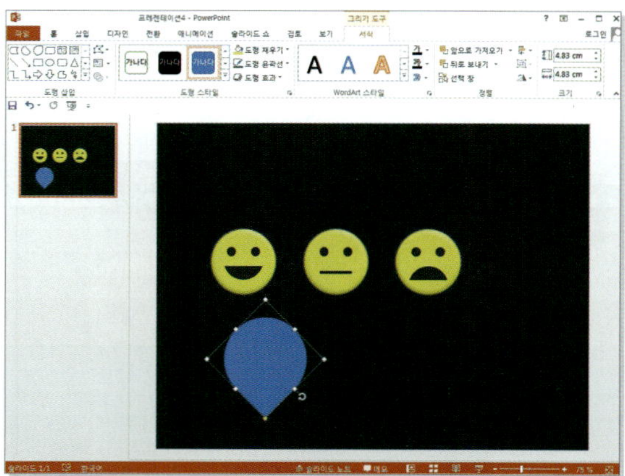

TIP Shift 키를 누르고 도형을 회전하면 일정한 각도로 회전합니다.

03 [그리기 도구] – [서식] 탭 – [도형 스타일] – [도형 채우기] – [다른 채우기 색]을 선택하고, 빨강(R) '0', 녹색(G) '243', 파랑(B) '128'을 입력합니다.

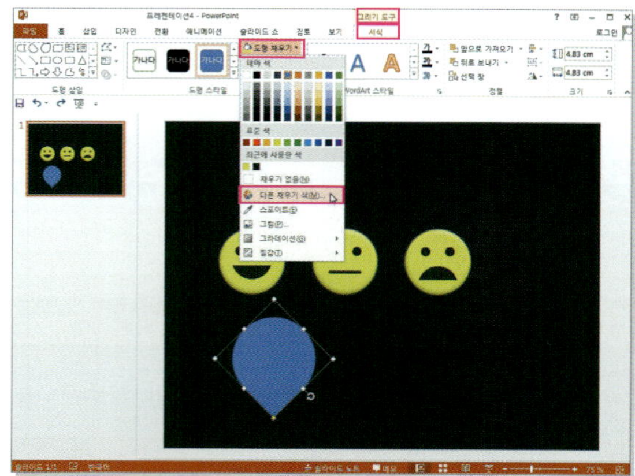

04 [삽입] 탭 – [이미지] 그룹 – [그림]을 선택하고, 예제의 map.png를 삽입합니다.

▼ 경로 PART03\Chapter1\008

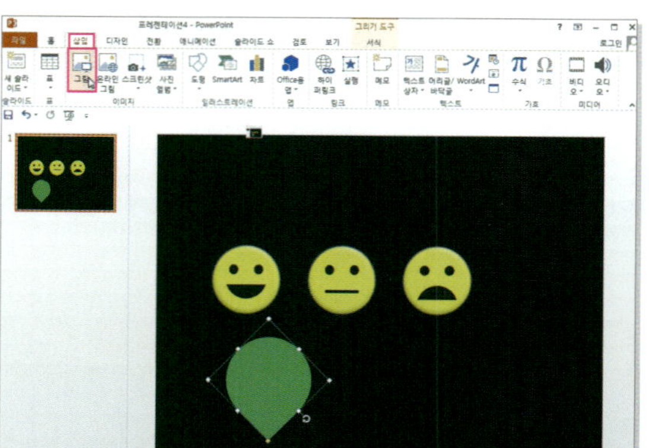

05 지도와 배경을 제외한 도형들을 선택하고, [홈] 탭 – [그리기 그룹] – [정렬] – [맨 앞으로 가져오기]를 선택합니다.

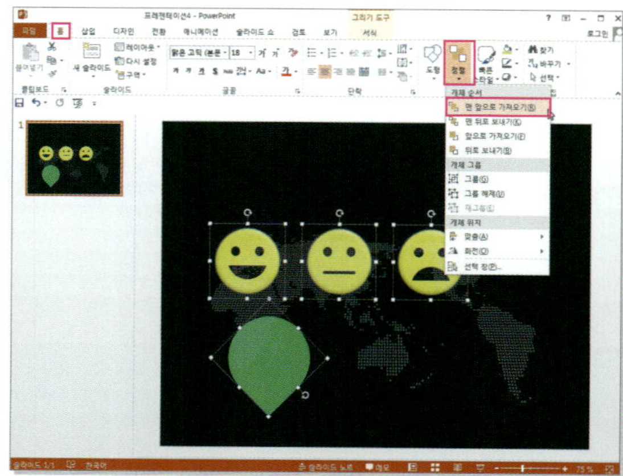

06 이제 만들어진 [눈물 방울] 도형 위에 만들어진 스마일 도형들을 배치합니다.

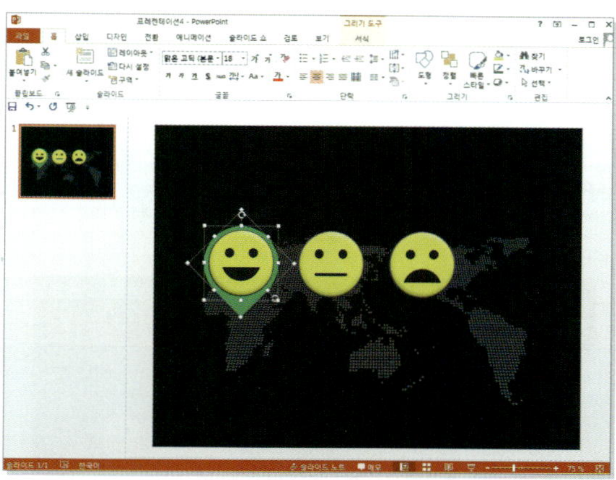

07 도형의 핸들 고리를 잡아당기면 길게 늘릴 수 있습니다. 핸들을 아래로 드래그하여 약간 늘려줍니다.

08 나머지 도형들도 첫 번째와 같이 만들어 줍시다.

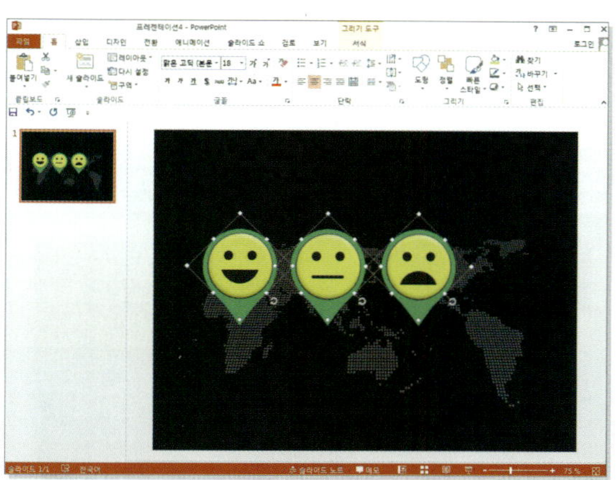

09 이제 [눈물 방울] 도형과 스마일 도형을 각각 그룹 지정(Ctrl + G)합니다.

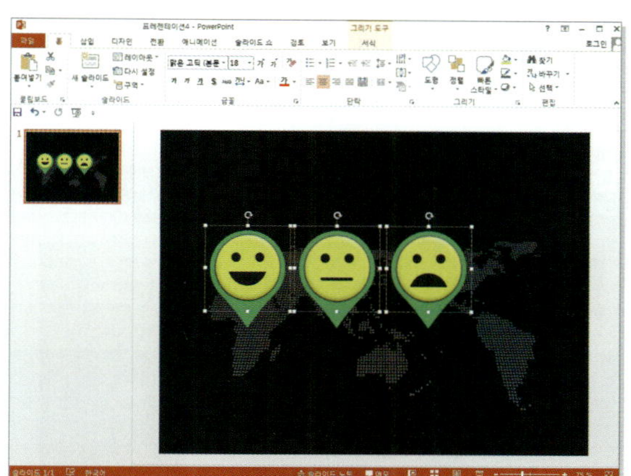

10 이제 그룹 지정된 도형들을 1위, 2위, 3위는 행복한 모습의 스마일 도형을, 31위 중국은 무표정의 도형을, 나머지 순위에는 불만족스러운 표정의 도형을 배치합니다. 각각의 순위에 맞게 크기도 조절하여 줍니다.

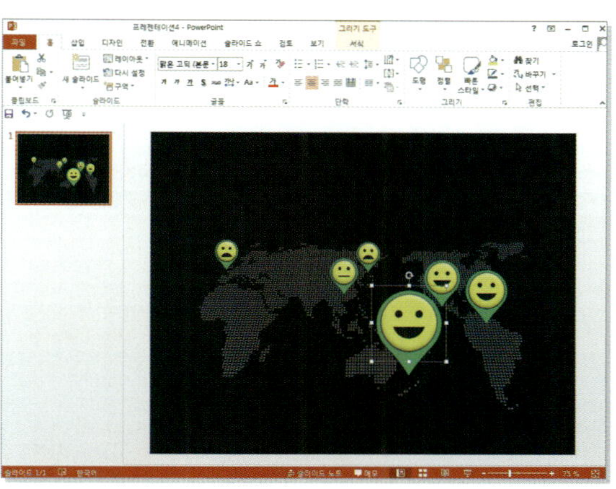

01 이제 제목을 입력하도록 합니다. [삽입] 탭 – [일러스트레이션] 그룹 – [도형] – [직사각형]을 삽입합니다.

02 도형을 선택하고, [그리기 도구] – [서식] 탭 – [도형 삽입] – [도형 편집] – [점 편집]을 선택합니다.

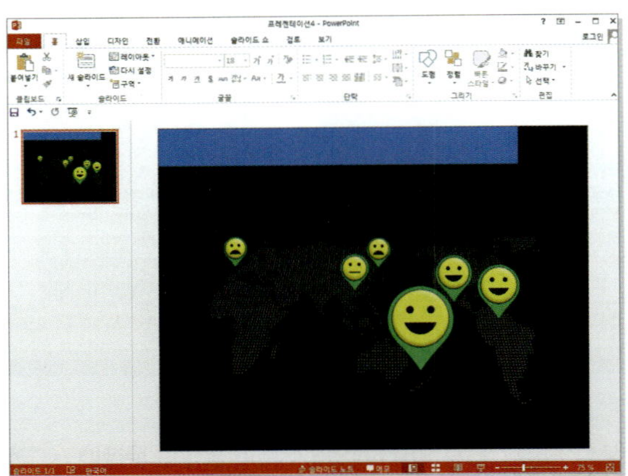

03 오른쪽 하단의 점을 클릭하고 왼쪽으로 드래그합니다.

04 [그리기 도구] – [서식] 탭 – [도형 스타일] 그룹 – [도형 채우기] – [다른 채우기 색]을 선택하고 빨강(R) '2, 녹색(G) '113', 파랑(B) '128'을 입력합니다.

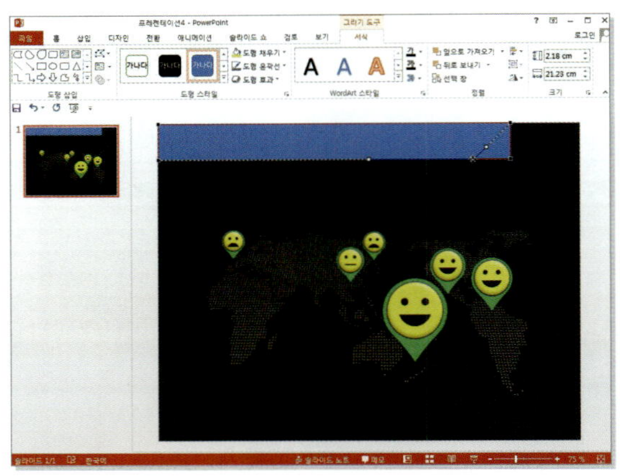

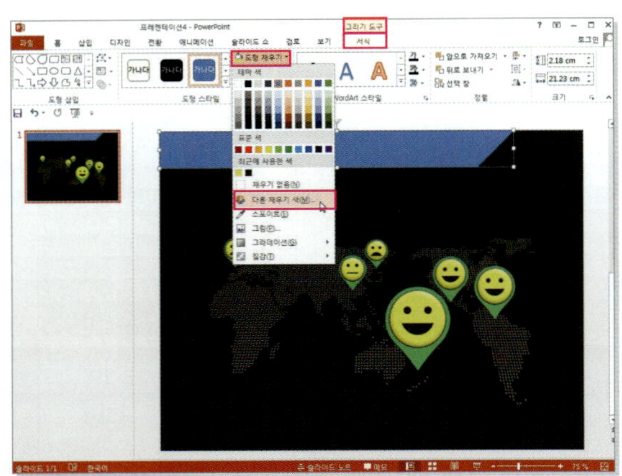

05 [그리기 도구] – [서식] 탭 – [도형 스타일] 그룹 – [도형 윤곽선] – [윤곽선 없음]을 선택합니다.

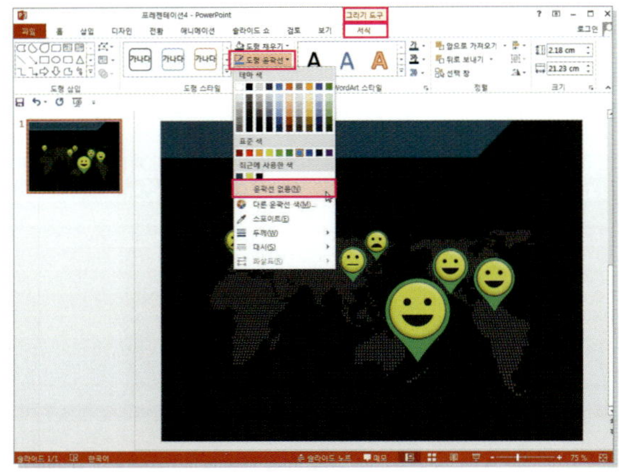

06 [삽입] 탭 – [텍스트] 그룹 – [텍스트 상자] – [가로 텍스트 상자]를 선택합니다.

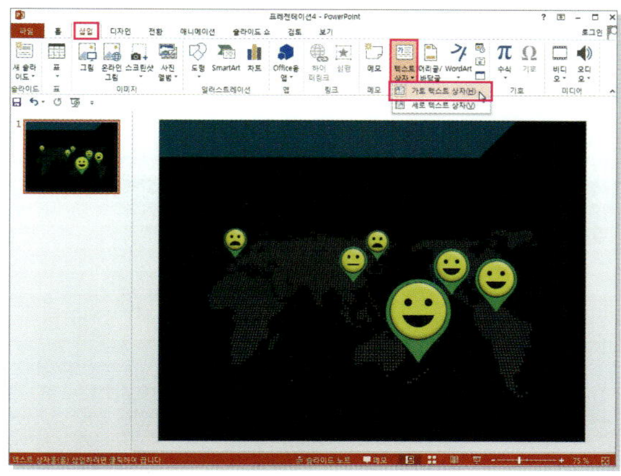

07 텍스트 상자에 '세계에서 가장 행복한 나라는?'의 제목을 입력합니다.
텍스트 상자를 선택한 후, 글꼴에 '맑은 고딕', 크기는 '36pt'를 지정합니다.

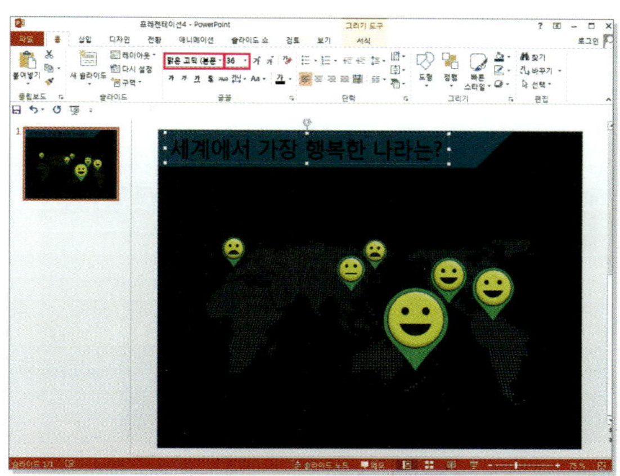

08 텍스트 색상에 '흰색', [글꼴] 그룹에서 [굵게]를 적용합니다. [문자 간격]은 [좁게]를 선택합니다.

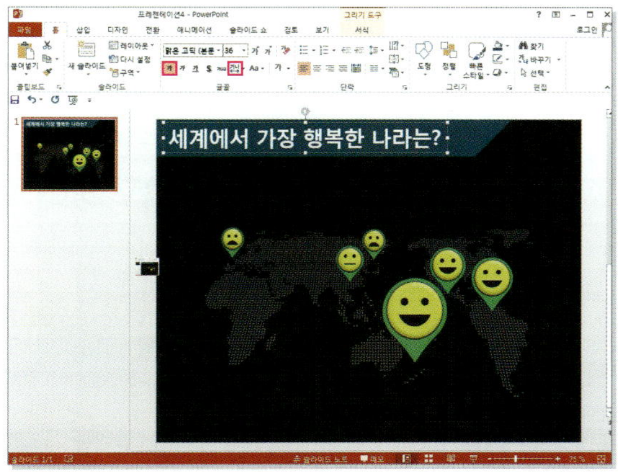

09 텍스트 상자를 선택하고, 마우스 오른쪽 버튼을 클릭하여 [도형서식] 상자를 엽니다. 그림자 서식에서 [투명도] '60%', [크기] '100%', [흐리게] '11pt', [각도] '0°', [간격] '0pt'를 지정합니다.

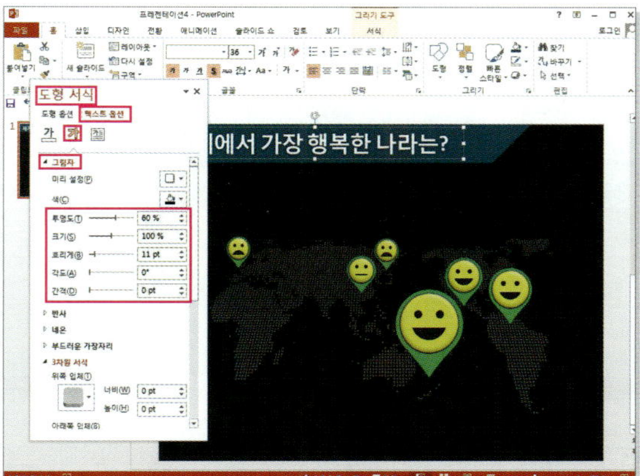

01 이제 텍스트를 입력합니다. [삽입] 탭 – [텍스트] 그룹 – [텍스트 상자] – [가로 텍스트 상자]를 선택합니다.

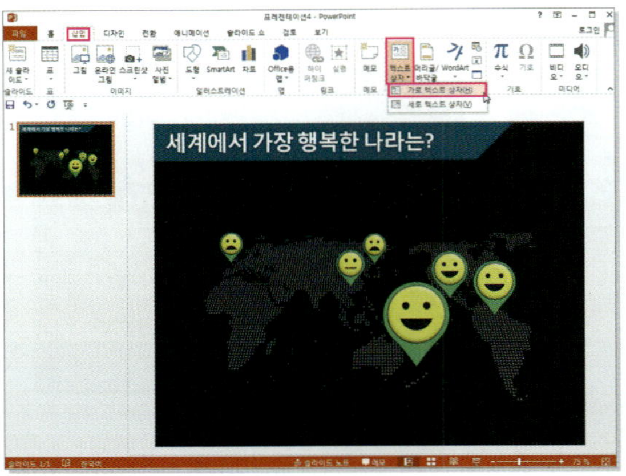

02 '1위 바누아투'를 입력합니다.

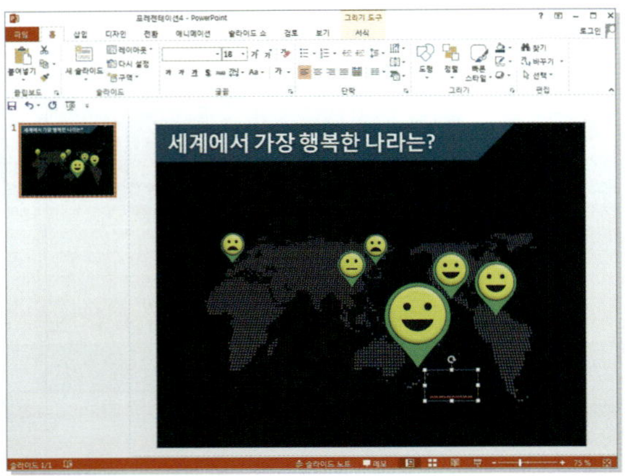

03 '1위'의 크기는 '40pt', '바누아투'는 '16pt'를 지정합니다. [글꼴]은 '맑은 고딕', 색상에 '흰색'을 지정합니다.

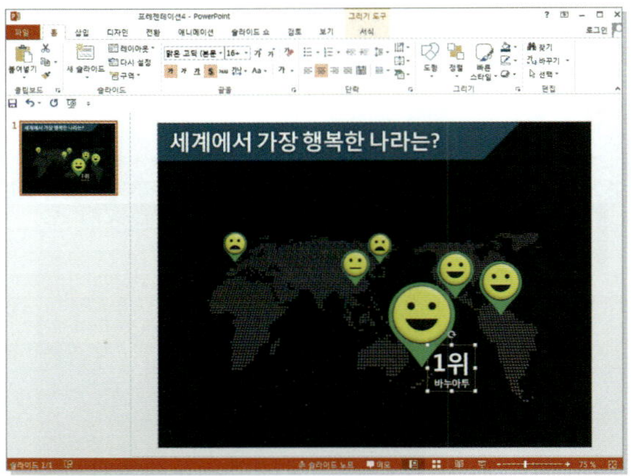

04 같은 방법으로 텍스트들을 복사하고 각각의 텍스트들을 입력하고 크기를 조절합니다.

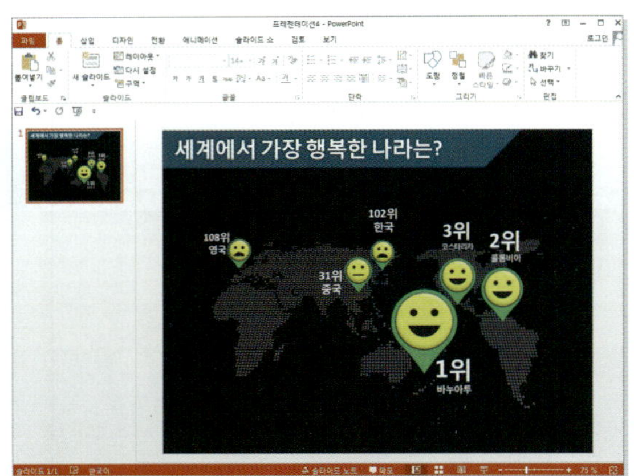

05 이제 슬라이드가 완성되었습니다.
크기와 내용들이 적당하게 배치되었는지 확인해보고 마무리 하도록 합니다. 같은 방법을 응용하면 다른 다양한 데이터에도 손쉽게 적용이 가능합니다. 간단히 생각하면 스마일 아이콘 대신 상징적인 픽토그램들을 사용한다면 다양한 곳에서도 응용이 가능합니다.

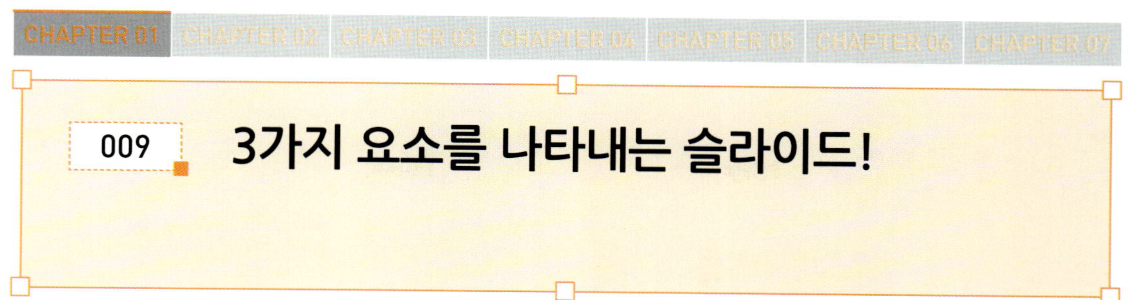

009. 3가지 요소를 나타내는 슬라이드!

흔히 요약을 하여 나타낼 때, 각각의 요소들을 모두 보여주면서 전체를 종합하는 슬라이드를 볼 수 있습니다. 컨셉을 나타내는 내용이나 요소들을 나타낼 때 분할된 페이지를 이용하면 손쉽게 표현해 낼 수 있습니다. 흔히 4분할, 2분할과 같은 페이지는 분할이 매우 간단합니다. 하지만 3분할, 5분할과 같은 페이지는 분할 방법이 조금은 어려울 수 있습니다. 이번에는 3분할된 슬라이드를 만들어 봅시다.

 01 슬라이드 분할하기

01 먼저 만들 슬라이드의 내용을 봅니다. 이번에 다룰 내용은 지루한 프레젠테이션의 3요소이므로 페이지를 3분할 해보도록 하겠습니다.

02 새로운 문서를 만듭니다. 그리고 먼저 안내선을 표시하도록 하겠습니다.

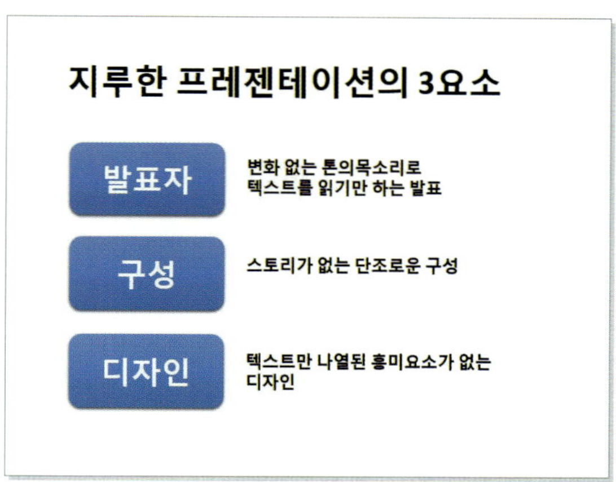

[삽입] 탭 – [일러스트레이션] 그룹 – [도형] – [선]을 선택한 후, 드래그 하여 대각선을 삽입합니다.

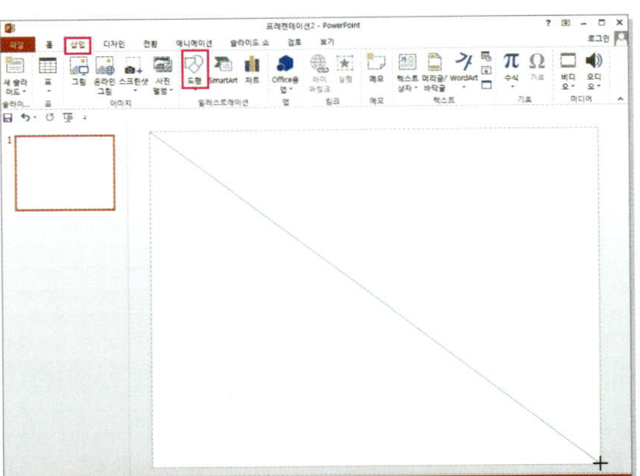

[삽입] 탭 – [일러스트레이션] 그룹 – [도형] – [선]을 삽입하여 반대로 대각선을 삽입합니다.

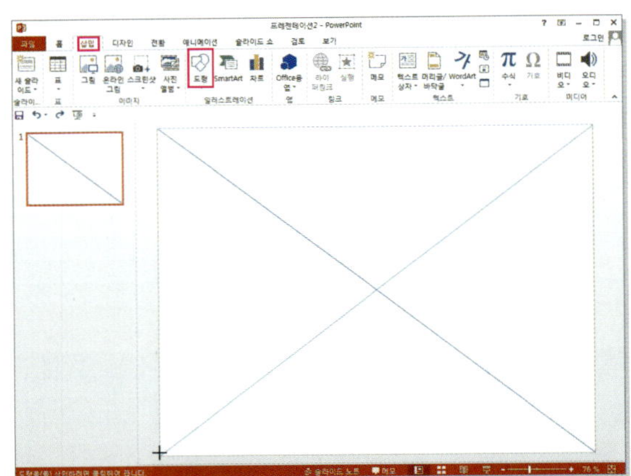

[삽입] 탭 – [일러스트레이션] 그룹 – [도형] – [선]을 삽입하여 가운데 세로로 선을 삽입합니다.

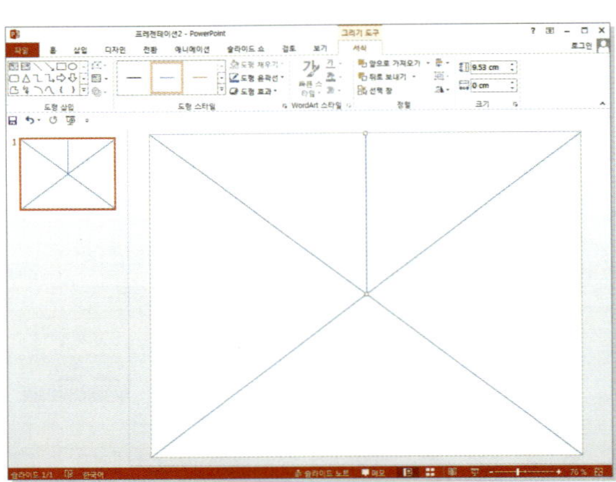

이제 안내선이 모두 표시되었습니다. [삽입] 탭 – [일러스트레이션] 그룹 – [도형] – [자유형]을 선택합니다.

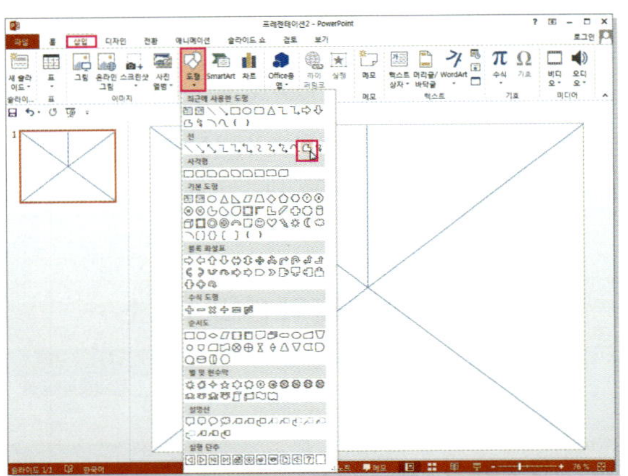

[자유형] 선을 클릭하여 도형을 만듭니다. 미리 표시해놓은 안내선을 이용하도록 합니다.

TIP

Shift 키를 누르고 이동하면 수직, 수평의 선을 긋기 쉽습니다.

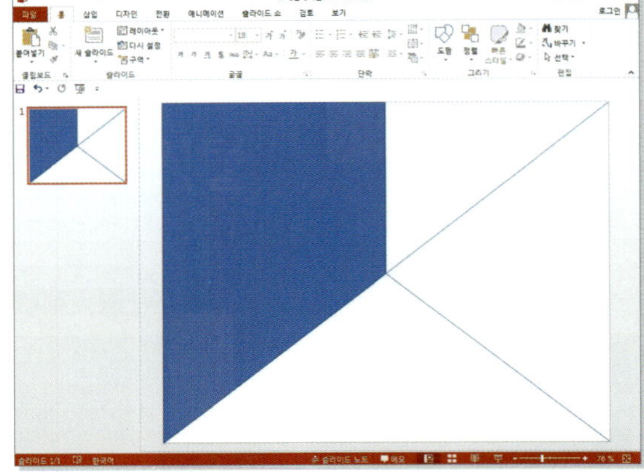

08 만들어진 도형을 Ctrl + Shift 키를 누르고 오른쪽으로 드래그하여 복사합니다.

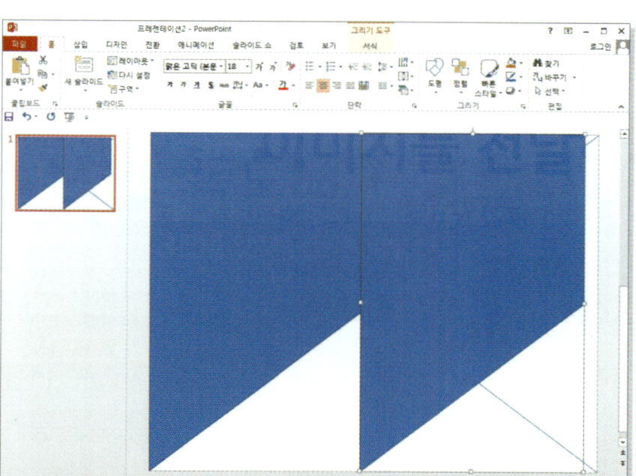

09 복사된 도형을 선택하고, [홈] 탭 – [그리기] 그룹 – [정렬] – [회전] – [좌우 대칭]을 선택합니다.

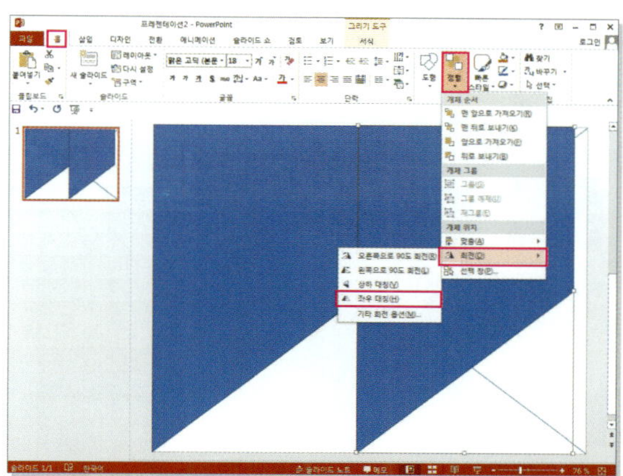

10 [삽입] 탭 – [일러스트레이션] 그룹 – [도형] – [이등변 삼각형]을 선택합니다.

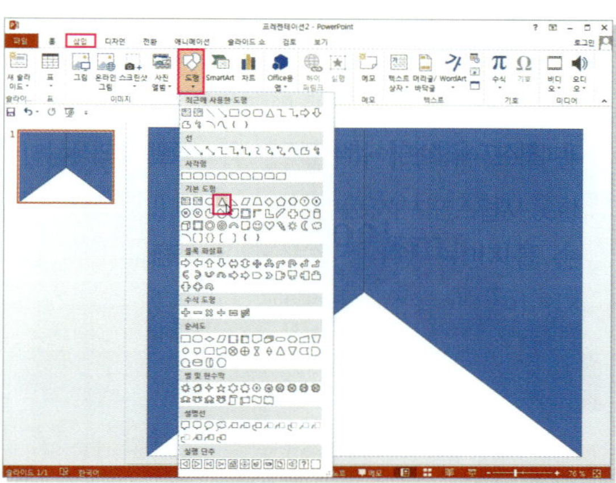

11 이제 분할이 되었습니다. 윤곽선을 제거하고 [점 편집]을 통해 이음새가 잘 맞도록 조절해 줍니다.

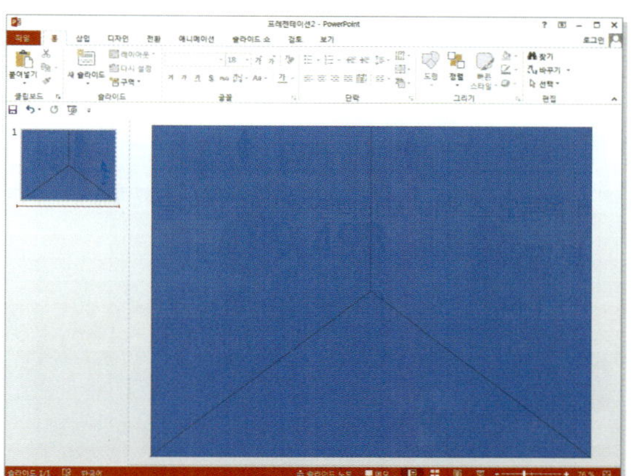

TIP 이음새 부분을 확인할 때에는 윤곽선을 제거하고 확인하도록 합니다. 윤곽선이 도형의 바깥으로 차지하는 영역이 있기 때문에 윤곽선에 의해 오차가 생길 수 있습니다.

12 이제 분할된 영역에 색상을 지정합니다. 왼쪽 도형을 선택하고, [그리기 도구] – [서식] 탭 – [도형 스타일] 그룹 – [도형 채우기] – [다른 채우기 색]을 선택합니다.

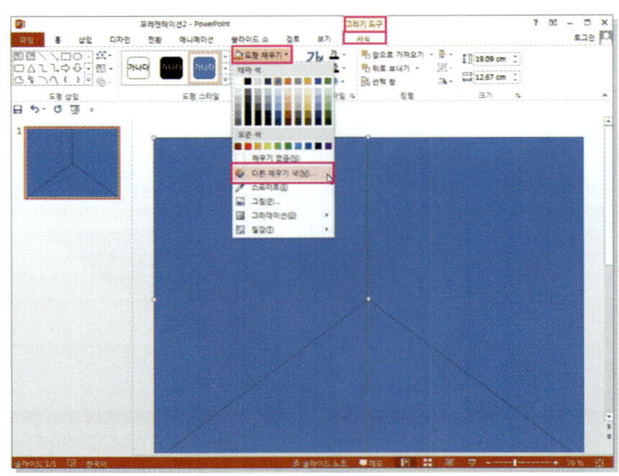

13 색상에 빨강(R) '98', 녹색(G) '183', 파랑(B) '179'를 입력합니다.

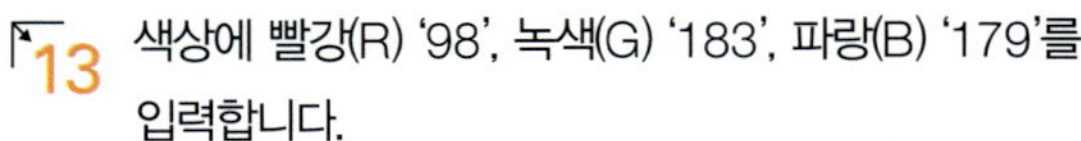

14 같은 방법으로 오른쪽 도형에는 빨강(R) '85', 녹색(G) '139', 파랑(B) '180'을 입력합니다.

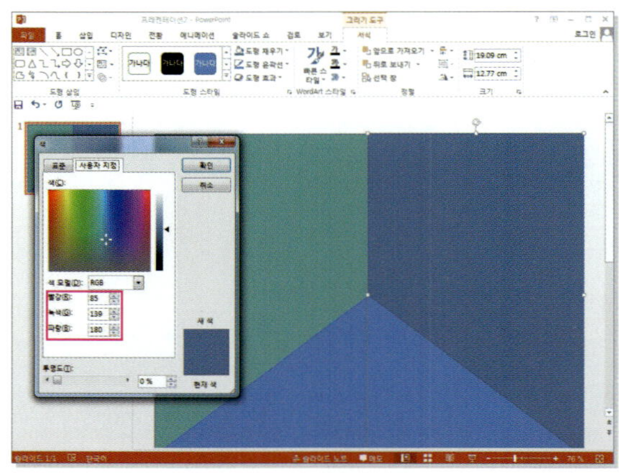

15 아래쪽의 삼각형 도형에는 빨강(R) '101', 녹색(G) '198', 파랑(B) '229'를 입력합니다.

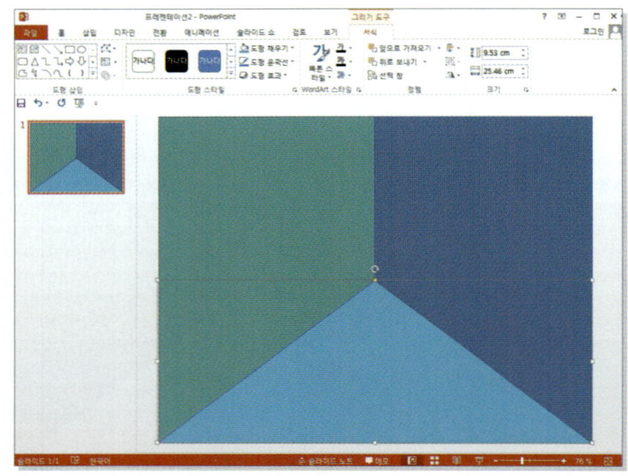

16 이제 모든 도형을 선택한 후, [그리기 도구] – [서식] 탭 – [도형 스타일] – [도형 윤곽선] – [윤곽선 없음] 을 선택합니다.

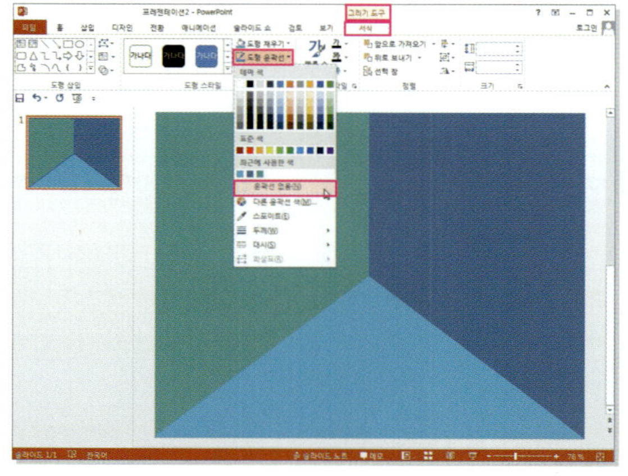

17 이제 가운데 큰 제목을 입력하도록 하겠습니다. [삽입] 탭 – [일러스트레이션] 그룹 – [도형] – [타원] 을 삽입합니다.

18 도형을 선택하고, [그리기 도구] – [서식] 탭 – [도형 스타일] 그룹 – [도형 채우기] – [검정]을 선택합니다.

19 [그리기 도구] – [서식] 탭 – [도형 스타일] 그룹 – [도형 윤곽선] – [윤곽선 없음]을 선택하여 윤곽선을 제거합니다.

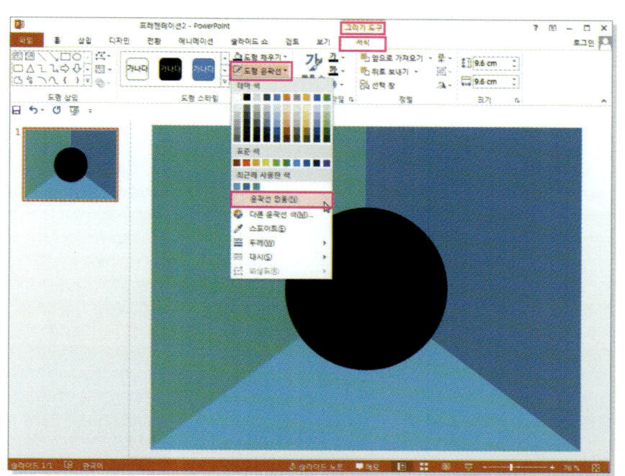

20 도형을 선택하고, [그리기 도구] – [서식] 탭 – [도형 스타일] 그룹 – [도형 채우기] – [다른 채우기 색]을 선택합니다. 대화상자의 아래쪽에 투명도에 '70%'를 입력합니다.

21 [삽입] 탭 – [일러스트레이션] 그룹 – [도형] – [타원]을 삽입합니다.

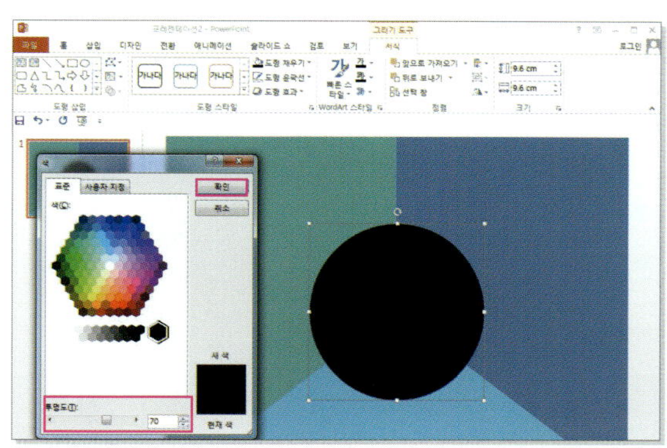

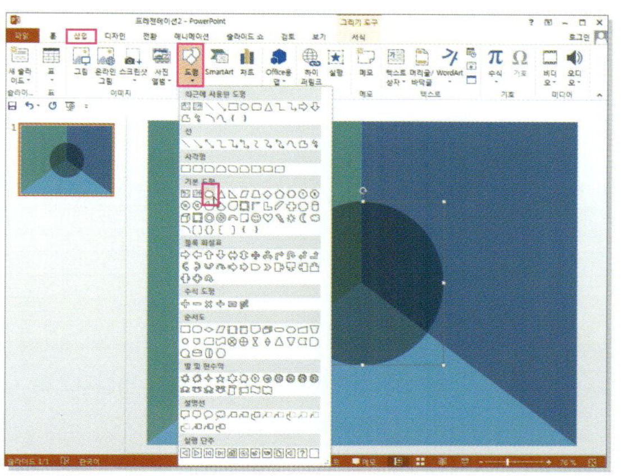

22 [그리기 도구] – [서식] 탭 – [도형 스타일] 그룹 – [도형 채우기] – [검정, 텍스트1, 25% 더 밝게]를 선택합니다.

23 도형을 선택하고, [그리기 도구] – [서식] 탭 – [도형 스타일] 그룹 – [도형 효과] – [그림자] – [안쪽 가운데]를 선택합니다.

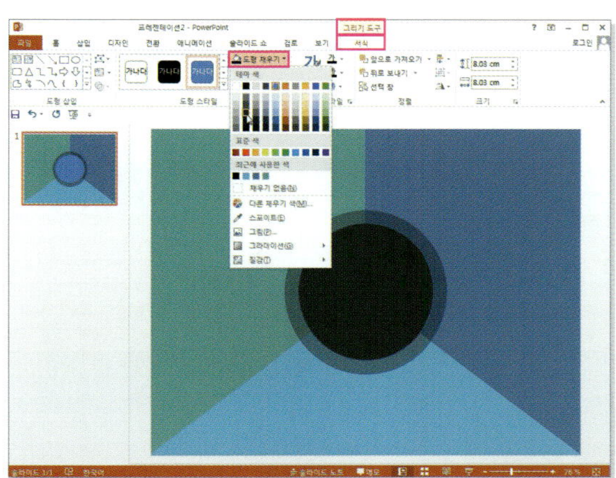

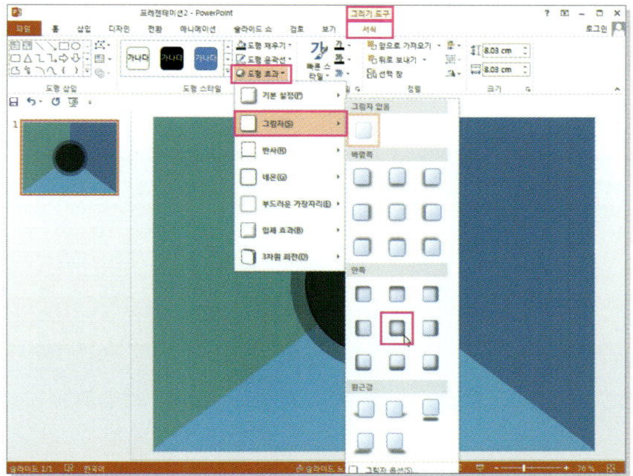

24 도형을 선택하고 [그리기 도구] – [서식] 탭 – [도형 스타일] 그룹 – [도형 효과] – [그림자] – [그림자 옵션]을 선택합니다.

25 [그림자 옵션]에서 [투명도] '33%', [흐리게] '63pt'를 입력합니다.

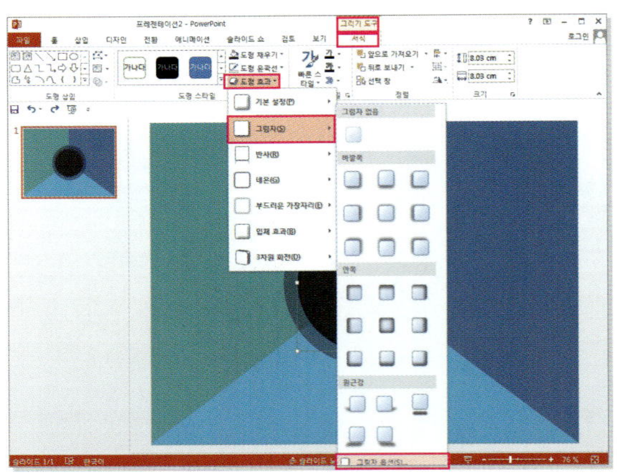

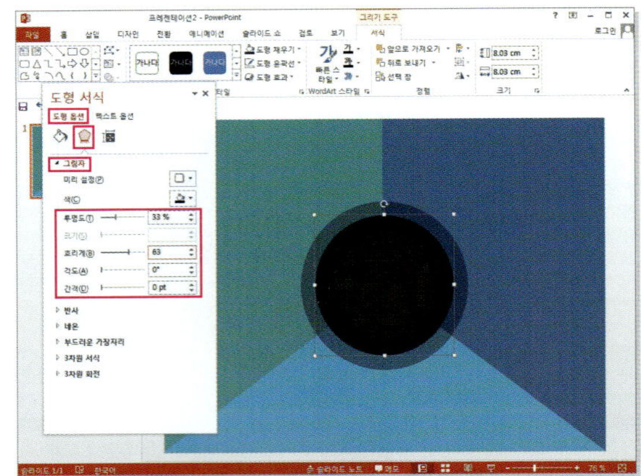

 ## 02 텍스트 입력하기

01 [삽입] 탭 – [텍스트] 그룹 – [텍스트 상자] – [가로 텍스트 상자]를 선택합니다.

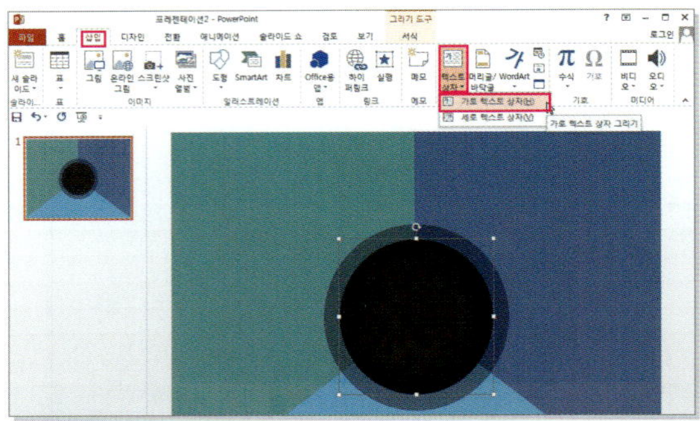

TIP 도형을 선택하면 도형 안의 텍스트가 편집되므로, 슬라이드 바깥쪽 여백을 클릭하세요.

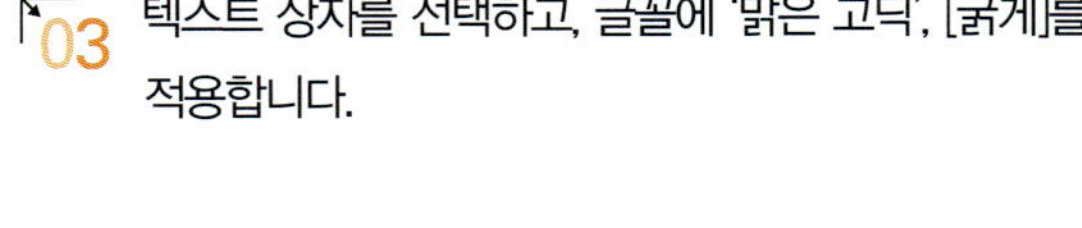

02 '지루한 프레젠테이션의 3요소'를 입력합니다. '지루한' 줄바꿈, '프레젠테이션의' 줄바꿈, '3요소'를 입력합니다.

03 텍스트 상자를 선택하고, 글꼴에 '맑은 고딕', [굵게]를 적용합니다.

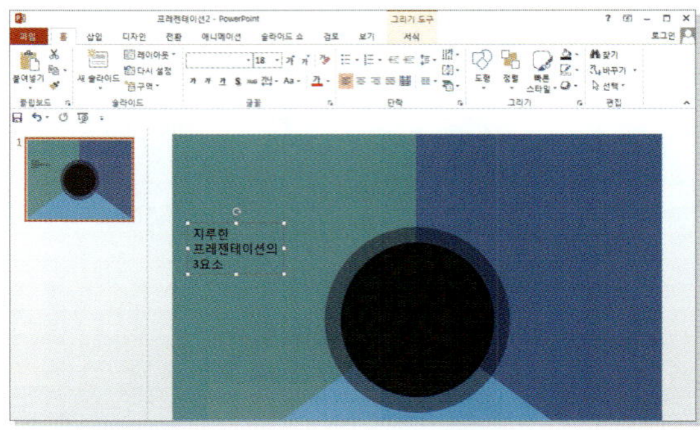

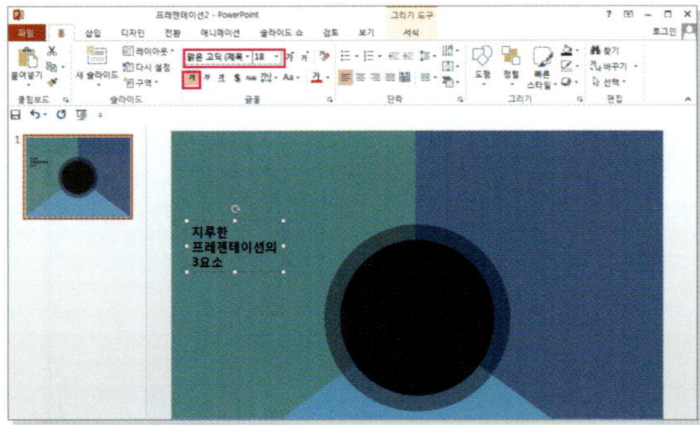

04 '지루한 프레젠테이션의'를 드래그 하여 블록 지정 후 크기에 '32pt'를 입력합니다.

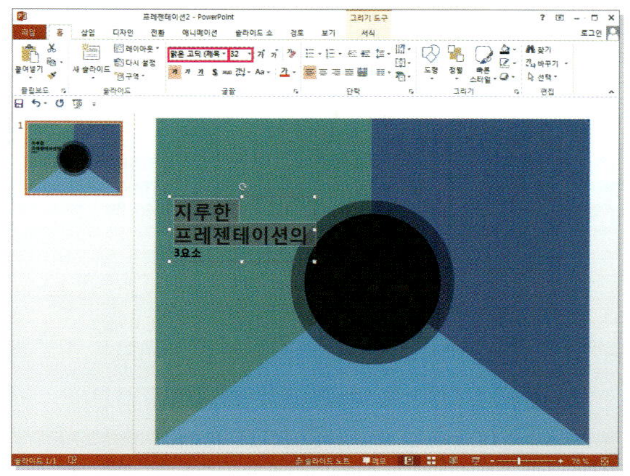

05 '3요소'를 드래그하여 블록 지정 후 크기에 '60pt'를 입력합니다. [홈] 탭 – [단락] 그룹 – [가운데 맞춤]을 클릭합니다.

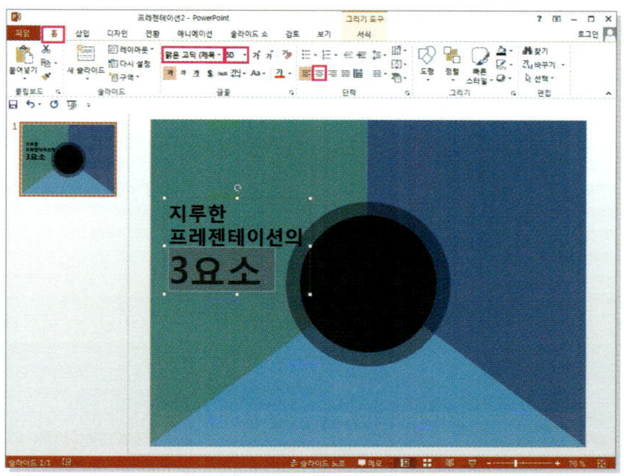

06 [홈] 탭 – [글꼴] 그룹 – [문자 간격] – [매우 좁게]를 선택합니다.

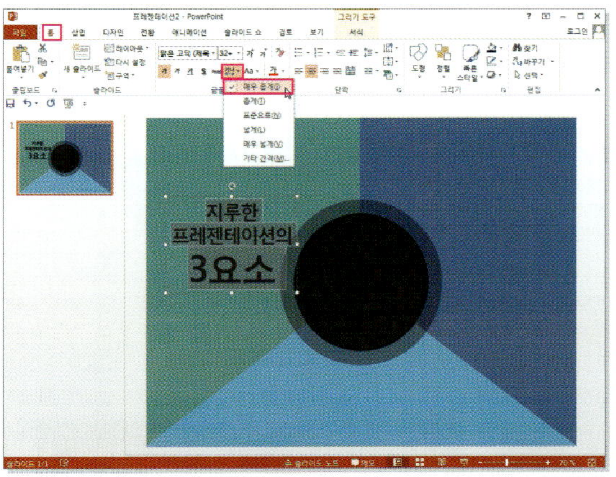

07 텍스트 상자를 선택하고, [홈] 탭 – [글꼴] 그룹 – [글꼴 색] – [흰색]을 선택합니다.

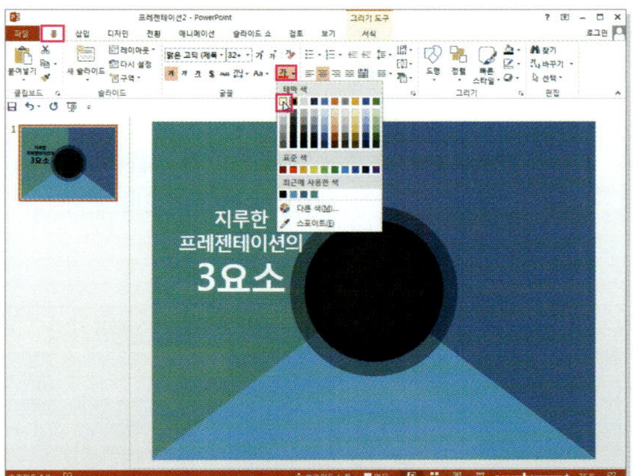

08 텍스트 상자를 선택하고, [홈] 탭 – [그리기] 그룹 – [정렬] – [맞춤] – [가운데 맞춤]을 선택합니다. 그리고 한 번 더 [맞춤] – [중간 맞춤]을 선택하여 슬라이드의 정가운데에 텍스트가 위치하도록 합니다.

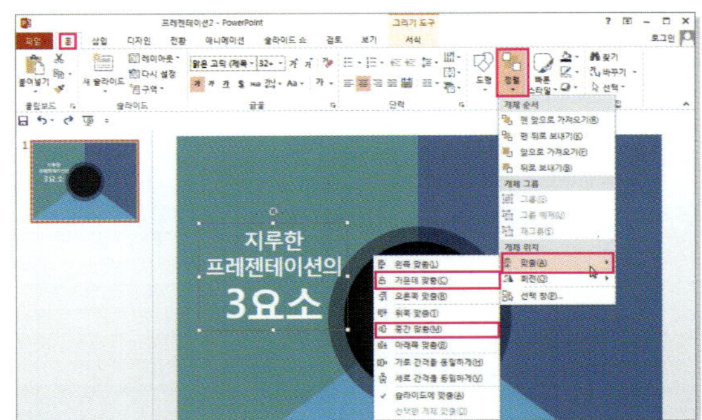

 03 이미지 삽입하기

01 [삽입] 탭 – [이미지] 그룹 – [그림]을 선택합니다.

02 예제의 BG01.png, BG02.png, BG03.png을 삽입합니다.

▼ 경로 PART03\Chapter1\009

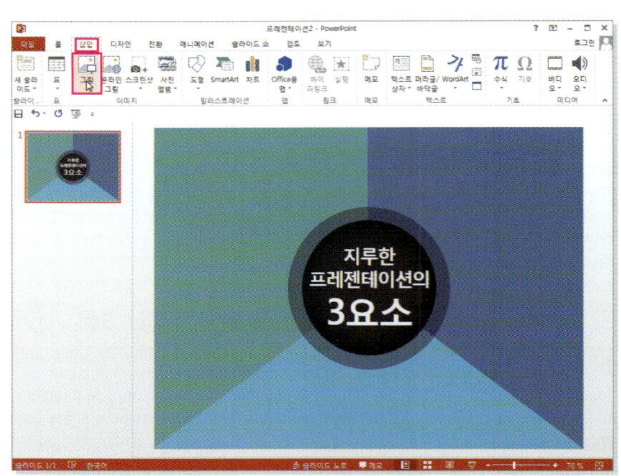

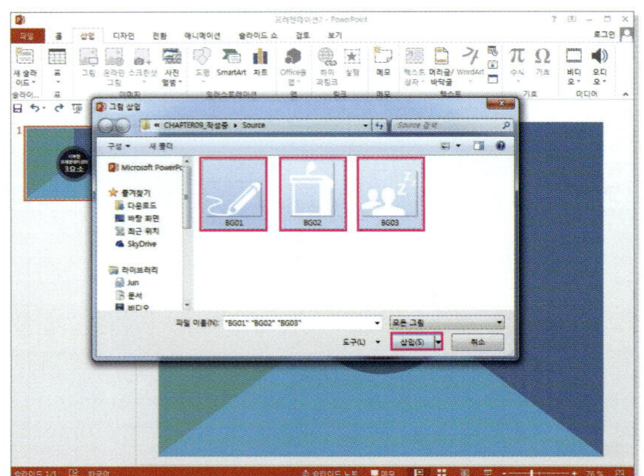

TIP 이미지는 현재 예제의 이미지를 꼭 사용해야 할 필요는 없습니다. 이미지는 그때그때 필요한 이미지를 직접 만들거나 주제에 부합하는 이미지를 찾아서 넣는 것이 좋습니다.

03 삽입된 이미지를 드래그 하여 크기를 조절합니다.

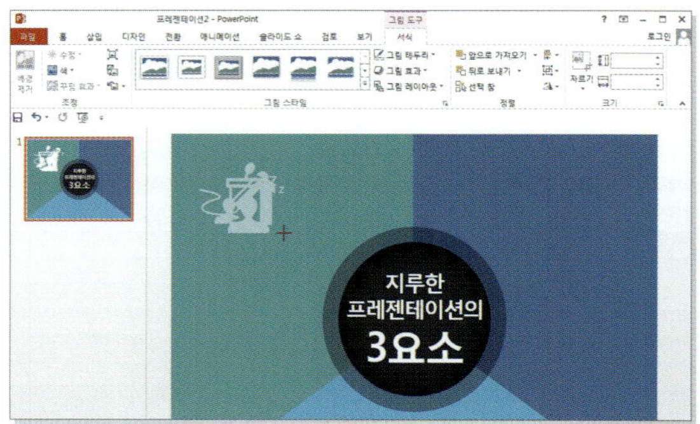

04 각각의 분할된 슬라이드에 위치를 배치합니다. 크기는 나중에 들어가는 텍스트에 따라 임의 조절이 가능하므로 크게 의미를 두지 않고 배치합니다.

05 [삽입] 탭 – [텍스트] 그룹 – [텍스트 상자] – [가로 텍스트 상자]를 선택하여 텍스트를 입력합니다.

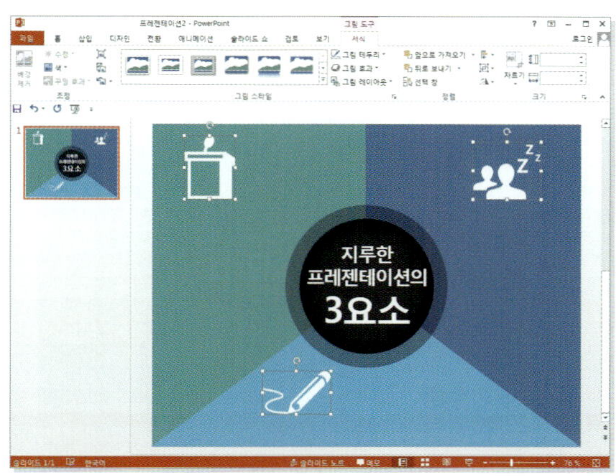

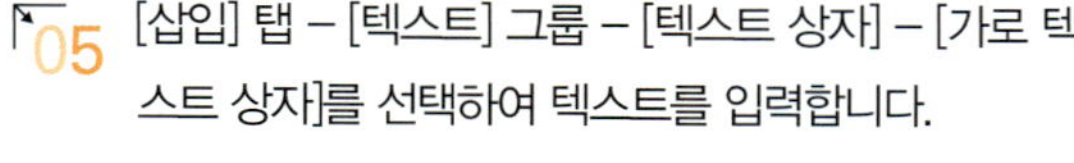

06 '발표자'를 입력하고 다시 한 번 [가로 텍스트 상자]를 삽입하여 '변화 없는 톤의 목소리로 텍스트를 읽기만 하는 발표'를 입력합니다.

07 [홈] 탭 – [글꼴] 그룹 – [글꼴 색]에서 '흰색'을 선택하고, [굵게]를 적용합니다.

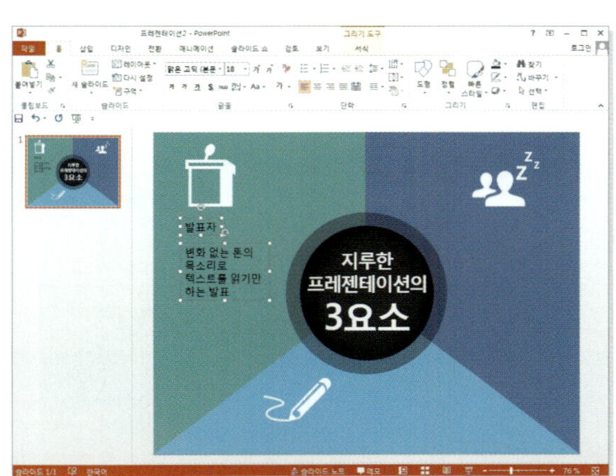

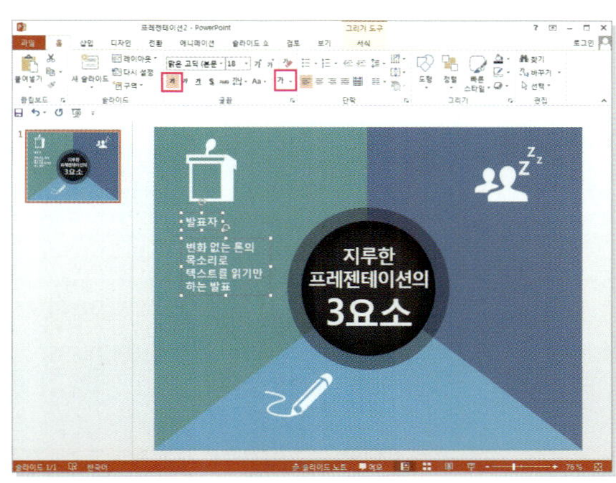

08 '발표자' 텍스트 상자를 선택하고, 크기에 '40pt'를 입력합니다.

09 '변화 없는 톤의 목소리로 텍스트를 읽기만 하는 발표' 텍스트 상자를 선택하고, 크기에 '20pt'를 입력합니다.

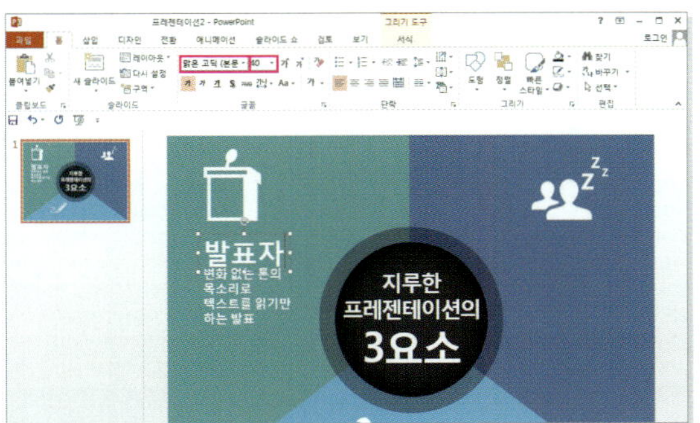

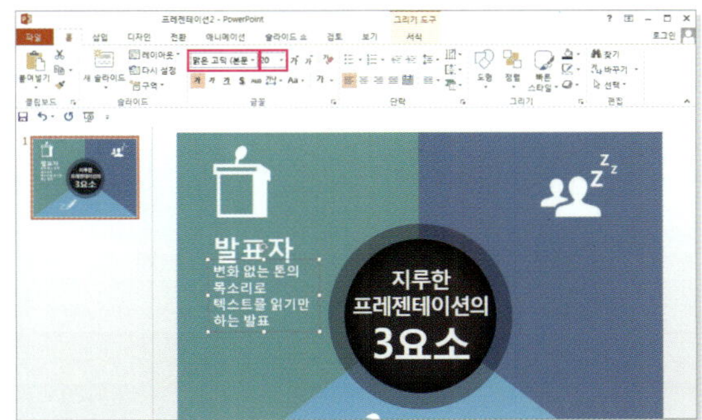

10 [그리기 도구] – [서식] 탭 – [WordArt 스타일] – [텍스트 효과] – [그림자] – [그림자 옵션]을 선택합니다.

11 [그림자 옵션]에서 [투명도] '40%', [크기] '100%', [흐리게] '14pt', [각도] '0°', [간격] '0pt'를 지정합니다.

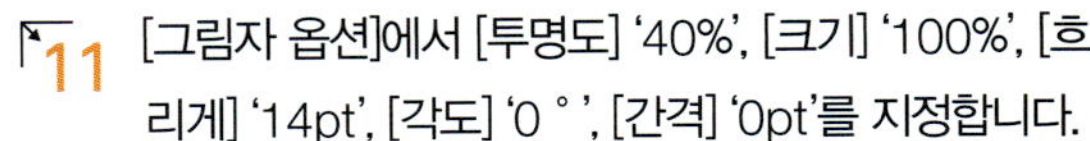
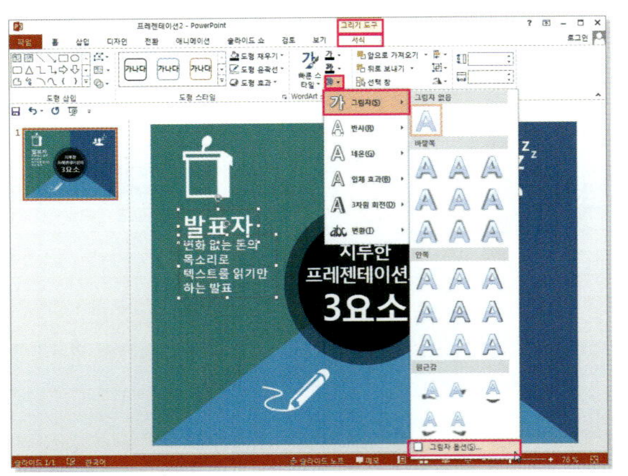
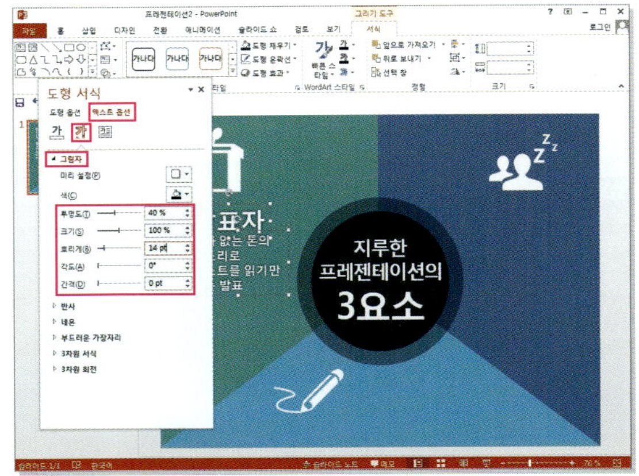

12 완성된 텍스트 상자를 선택하여 나머지 분할 영역에도 복사합니다.

13 오른쪽에 '디자인', 아래쪽에는 '구성'의 내용을 입력합니다.

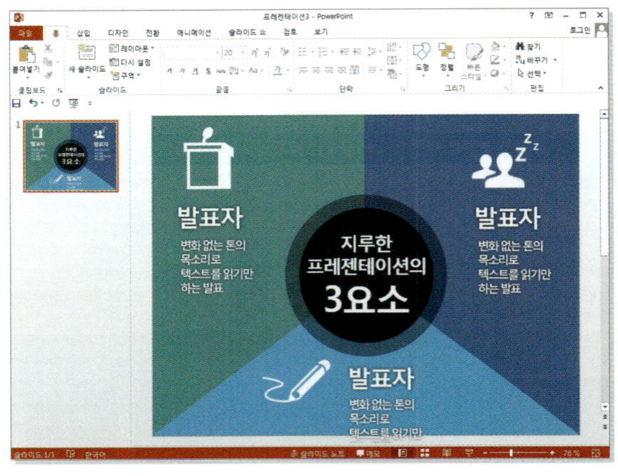
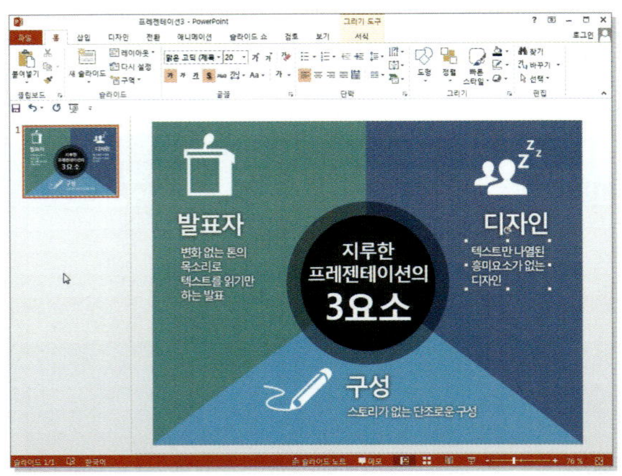

14 이제 슬라이드가 완성되었습니다.
분할하는 방법을 응용하면 5분할, 7분할 등 다양한 분할을 손쉽게 하여 컨셉을 나타내는 페이지나 구성 요소를 나타내는 슬라이드를 만들 수 있습니다.

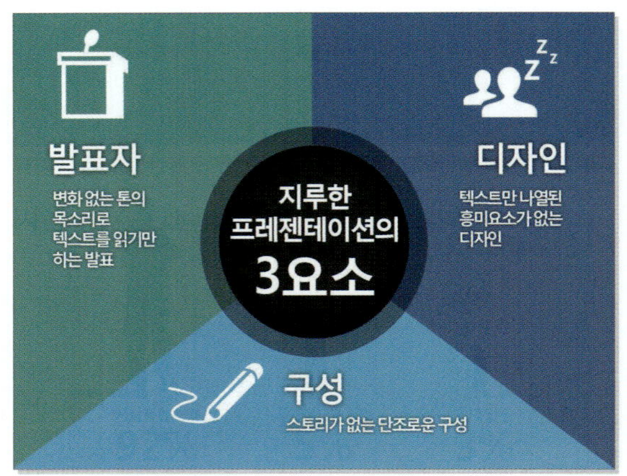

010　정보를 비교하여 정보의 무게를 나타내자!

서로 비슷한 정보가 있을 때에 우리는 어떤 정보가 더 가치가 있는지, 정보의 크기나 무게에 대해 인지할 수 없습니다. 이럴 때 수평 저울과 같은 저울을 이용하여 가치를 비교하여 보여준다면 보는 사람에게 그 무게에 대해 더 쉽게 보여줄 수 있습니다. 저울과 같이 우리가 이전에 관념적으로 알고 있던 무게에 대한 인지 경험을 이용해 표현하는 것입니다. 데이터를 동등한 가치로 표현하는 것 또한 쉬운 방법이며 두 개의 정보를 비교할 때 저울을 이용하여 비교하는 방법은 매우 유용합니다.

다음의 그림을 보면 더욱 쉽게 이해할 수 있습니다. 우리가 흔히 알고 있는 '큰 것이 무겁다'라는 개념을 반대로 이용하여, '작은 아이디어가 기술력보다 더 가치 있다'라는 메시지를 전달하고 있습니다. 이렇게 작지만 큰 개념을 표현할 때에도 저울을 이용한다면 손쉽게 표현할 수 있습니다.

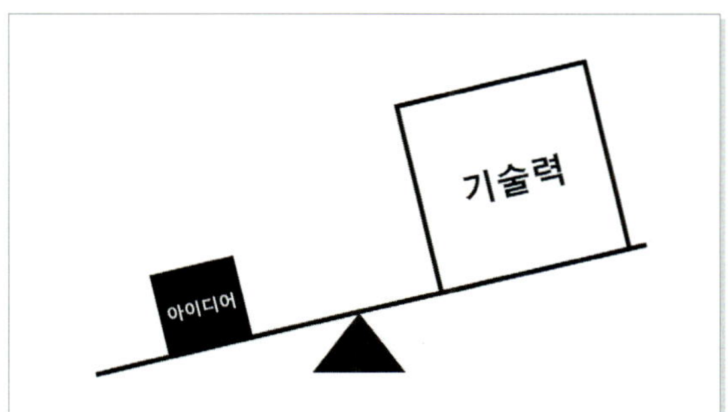

 ## 01 정보 분석하기

01 이번에는 남녀의 비율에 대해 비교해보도록 하겠습니다. 전체 쇼핑중독 중 남녀의 비율에 관한 슬라이드를 만들어보도록 하겠습니다. (예제의 수치는 임의의 수치입니다.) 전체의 비율에서 남성의 비율이 높은 것을 저울의 바늘을 이용해서 비율과 함께 표현해보겠습니다.

02 새로 만들기 메뉴를 통해 새 문서를 만듭니다.

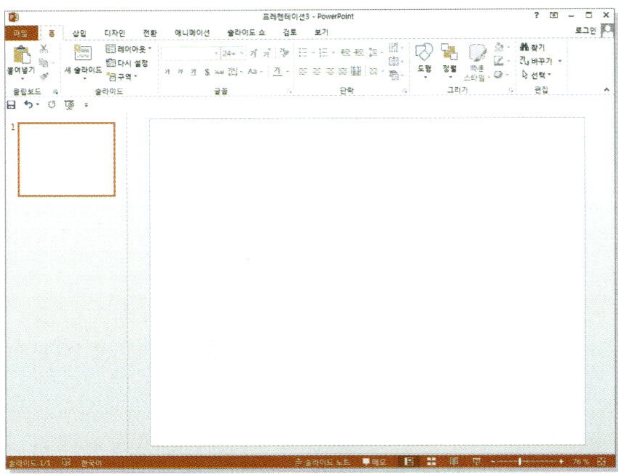

03 [보기] 탭 – [마스터 보기] 그룹 – [슬라이드 마스터]를 클릭합니다.

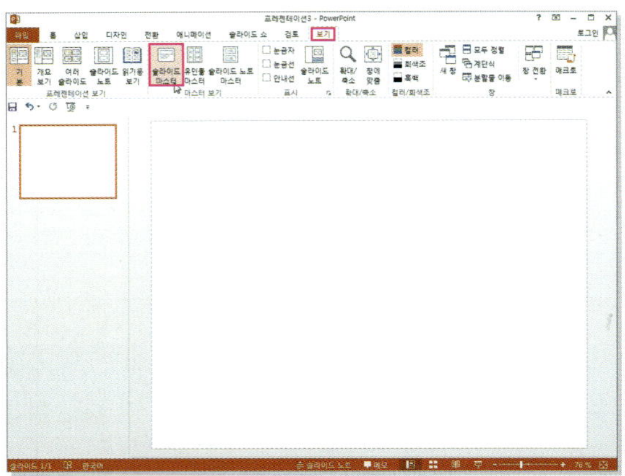

04 '슬라이드 마스터'를 선택하고, [삽입] 탭 – [이미지] 그룹 – [그림]을 선택합니다.

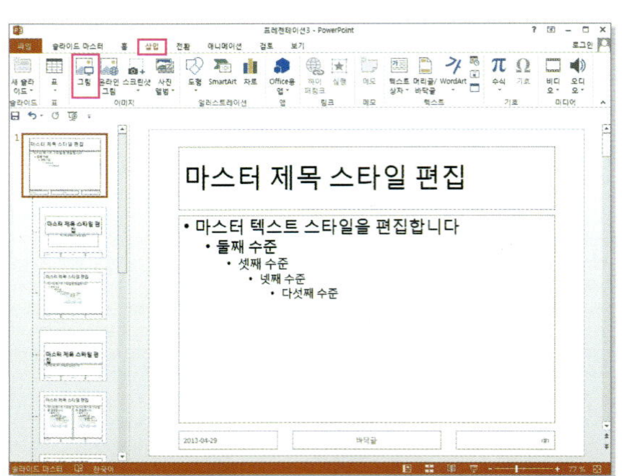

05 예제의 BG_01.jpg 파일을 삽입합니다.

▼ 경로 PART03\Chapter1\010

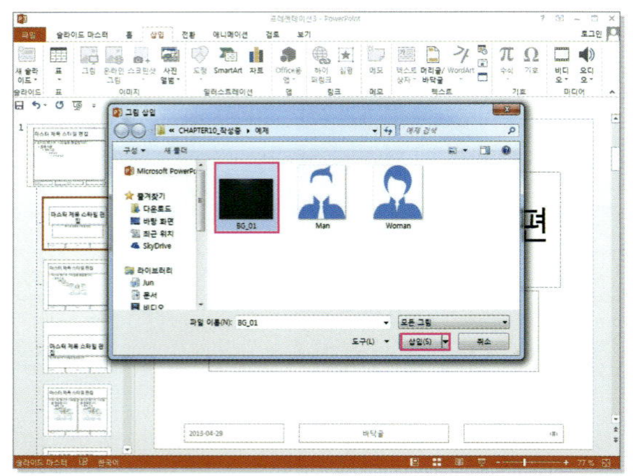

06 [슬라이드 마스터] 탭 – [닫기] 그룹 – [마스터 보기 닫기]를 선택합니다.

[슬라이드 마스터]에 배경 이미지를 삽입해 놓으면, 나중에 작업할 때 배경이 클릭되어 움직이는 불편함을 덜 수 있습니다.

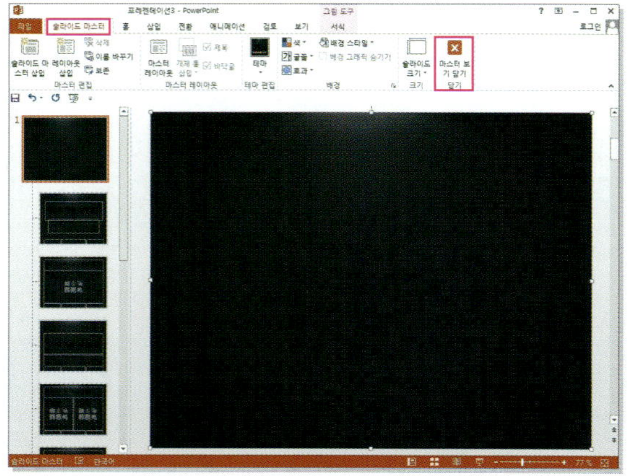

07 [삽입] 탭 – [일러스트레이션] 그룹 – [도형] – [막힌 원호]를 삽입합니다.

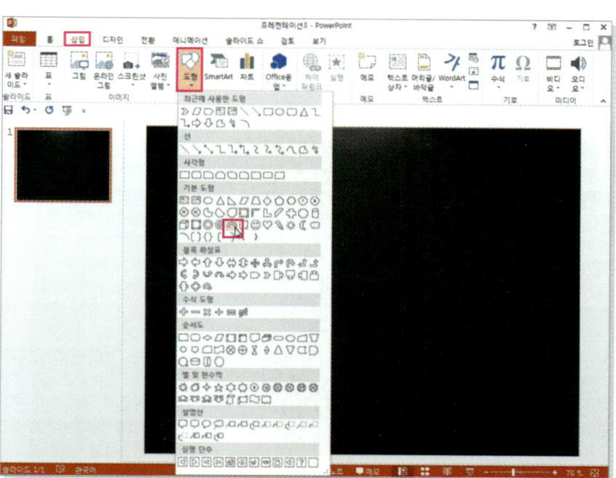

08 [그리기 도구] – [서식] 탭 – [도형 스타일] – [도형 채우기] – [그라데이션] – [기타 그라데이션]을 선택합니다.

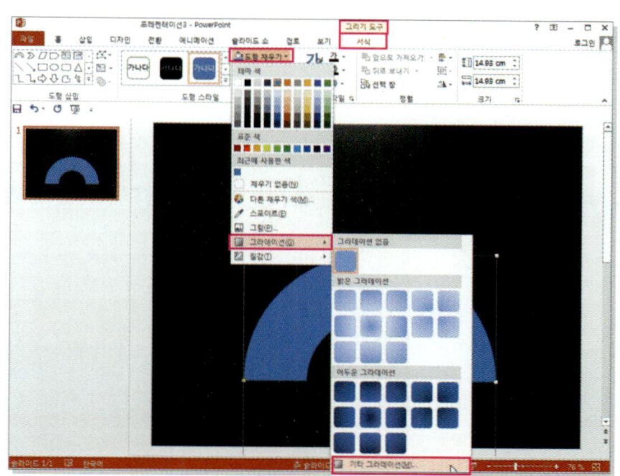

09 [도형 서식] – [채우기 및 선] – [그라데이션 채우기] – [방향] – [선형 아래쪽]을 선택하고,
중지점1 : 빨강(R) '87', 녹색(G) '154', 파랑(B) '230', 위치 '0%'
중지점2 : 빨강(R) '73', 녹색(G) '130', 파랑(B) '203', 위치 '100%'을 지정합니다.

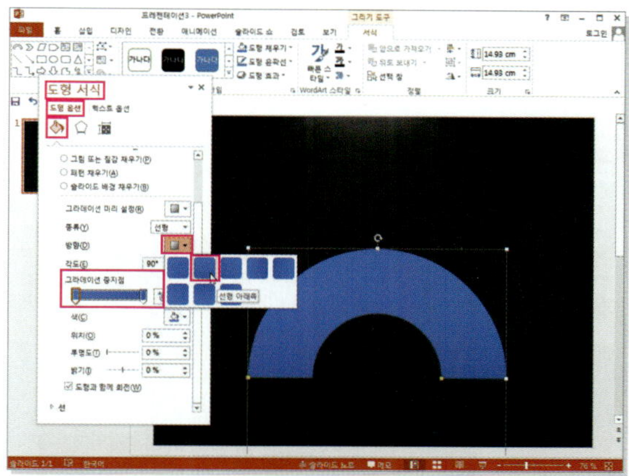

10 [그리기 도구] – [서식] 탭 – [도형 스타일] 그룹 – [도형 효과] – [입체 효과] – [3차원 옵션]을 선택합니다.

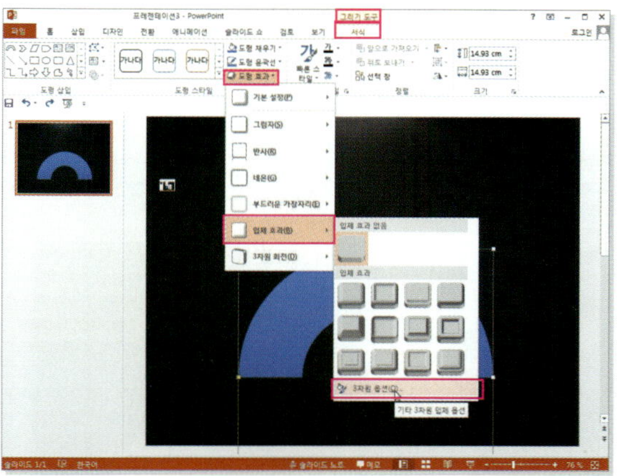

11 [3차원 서식] – [위쪽 입체] – [둥글게]를 선택하고 너비 '4pt', 높이 '6pt'를 입력합니다.

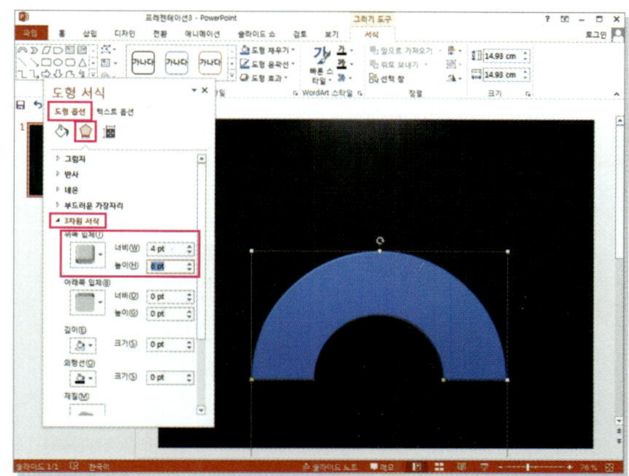

12 [3차원 서식] – [조명] – [부드럽게]를 선택합니다.

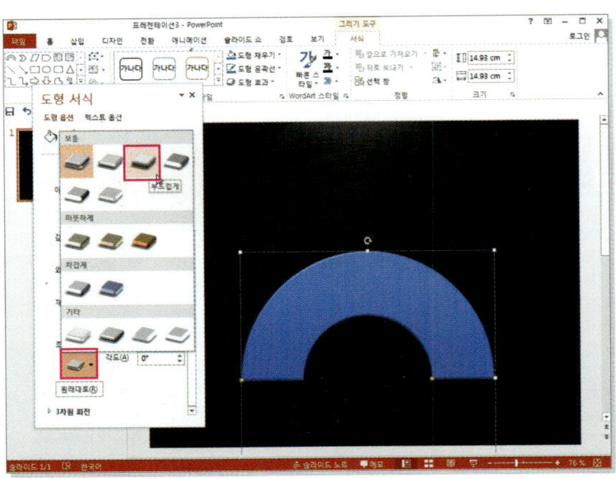

13 도형을 선택 한 채로 [그리기 도구] – [서식] 탭 – [도형 스타일] 그룹 – [도형 윤곽선] – [윤곽선 없음]을 선택하여 윤곽선을 제거합니다.

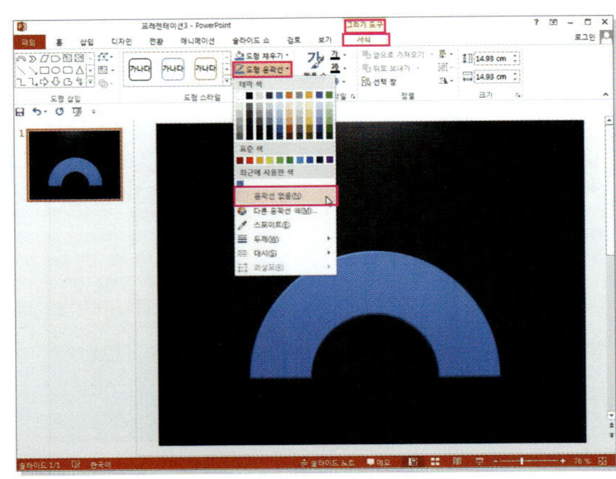

14 도형을 선택하고, `Ctrl` + `Shift` 키를 누르고 왼쪽으로 드래그하여 한 개 더 복사합니다.

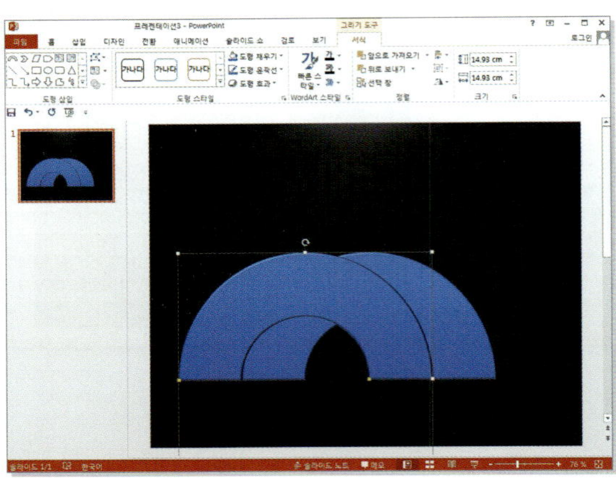

15 막힌 원호 도형을 두 개 다 선택한 후, [그리기 도구] – [서식] 탭 – [정렬] 그룹 – [개체 맞춤] – [오른쪽 맞춤]을 클릭합니다.

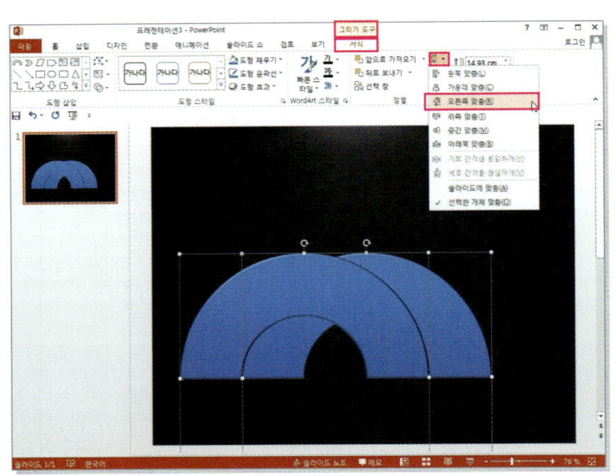

16 위쪽의 원호를 선택하고, [그리기 도구] – [서식] 탭 – [도형 스타일] – [도형 채우기] – [다른 채우기 색]을 선택합니다.

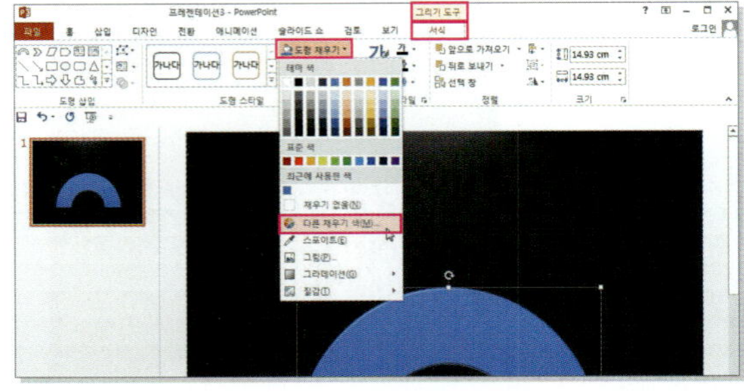

17 아래쪽의 무채색에서 위쪽에서 두 번째인 빨강(R) '221', 녹색(G) '221', 파랑(B) '221'을 선택합니다.

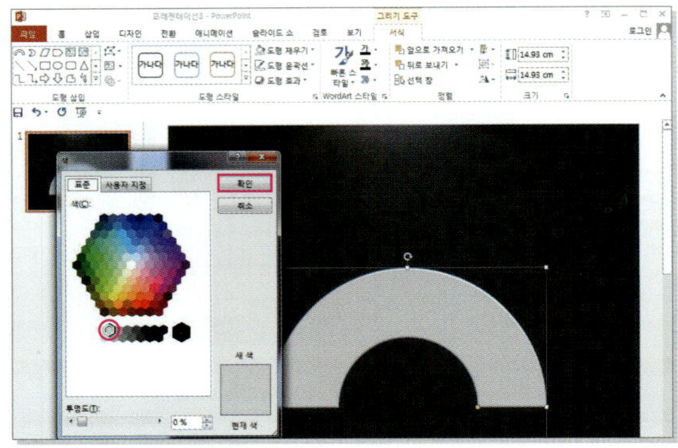

18 막힌 원호 도형의 왼쪽 하단에 보면 점을 조절하면 막힌 원호의 모양을 조절할 수 있습니다. 비율에 맞게 조정하도록 합니다.

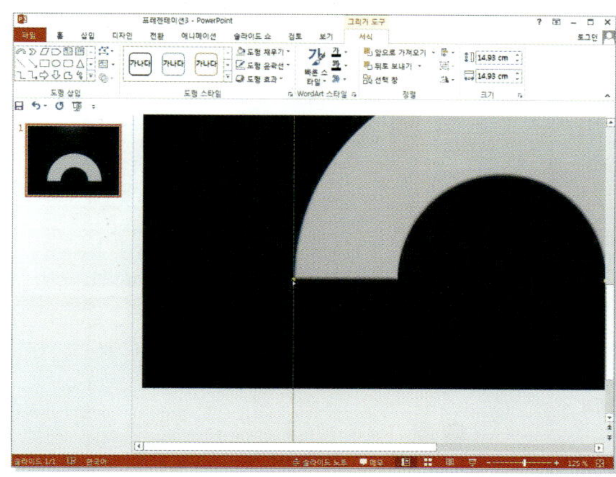

19 이제 바늘을 만들기 위해 [삽입] 탭 – [일러스트레이션] 그룹 – [도형] – [이등변 삼각형]을 삽입합니다.

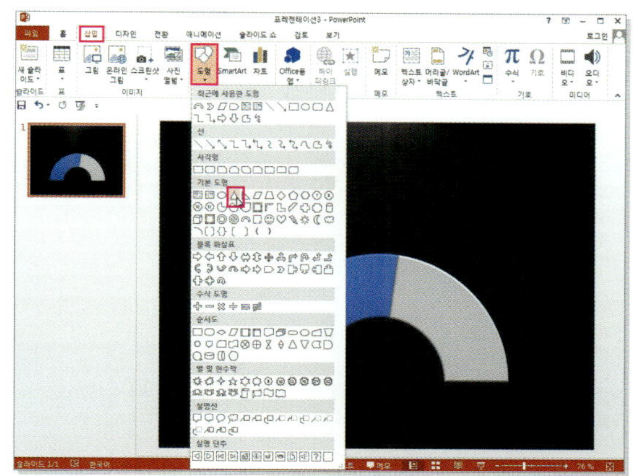

20 저울에서의 바늘 모양과 같이 세로로 긴 삼각형을 만들어 줍니다.

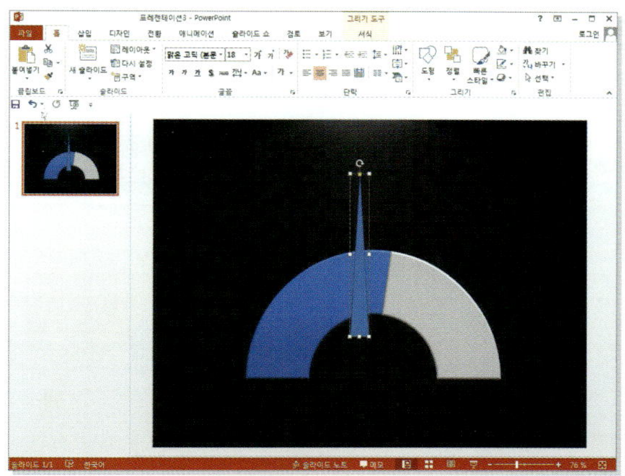

21 상단의 고리 모양을 클릭하고, 드래그 하여 도형을 회전시켜 경계지점을 가리키도록 조절합니다.

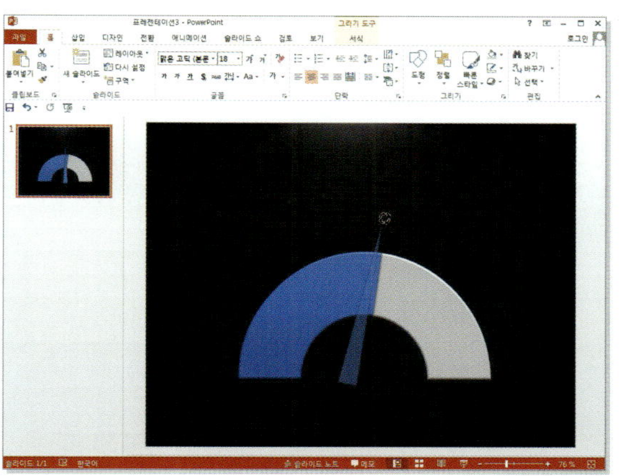

22 도형을 선택하고, [그리기 도구] – [서식] 탭 – [도형 스타일] – [도형 채우기] – [그라데이션] – [기타 그라데이션]을 선택합니다.

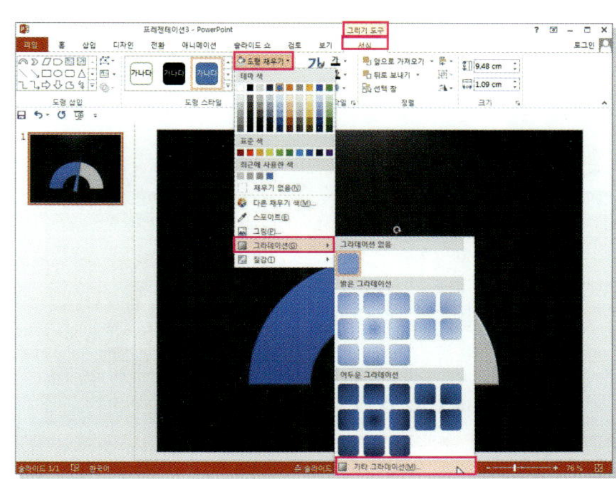

23 [도형 서식] – [채우기 및 선] – [채우기] – [그라데이션 채우기] – [방향] – [선형 아래쪽]을 선택하고,
중지점1 : 빨강(R) '91', 녹색(G) '101', 파랑(B) '122', 위치 '0%'
중지점2 : 빨강(R) '41', 녹색(G) '47', 파랑(B) '51', 위치 '100%'을 지정합니다.

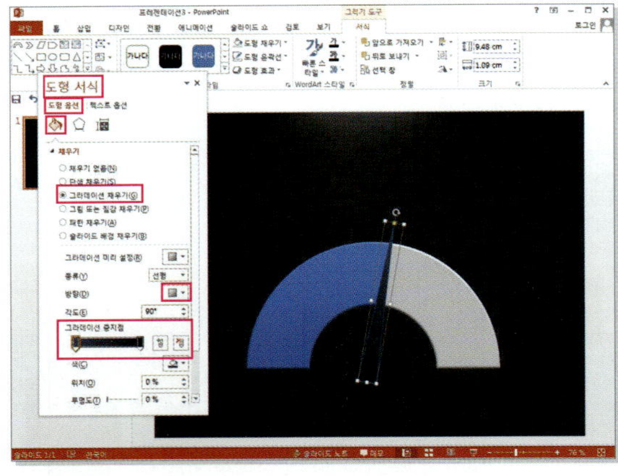

24 [도형 서식] – [채우기 및 선] – [선] – [선 없음]을 선택합니다.

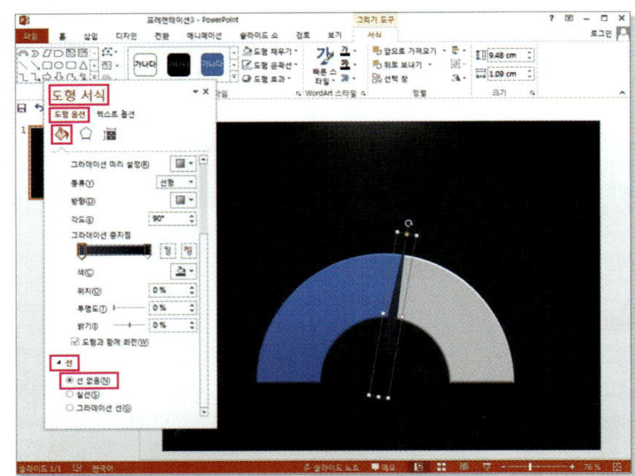

 ## 02 이미지 삽입하기

01 [삽입] 탭 – [이미지] 그룹 – [그림]을 선택합니다.

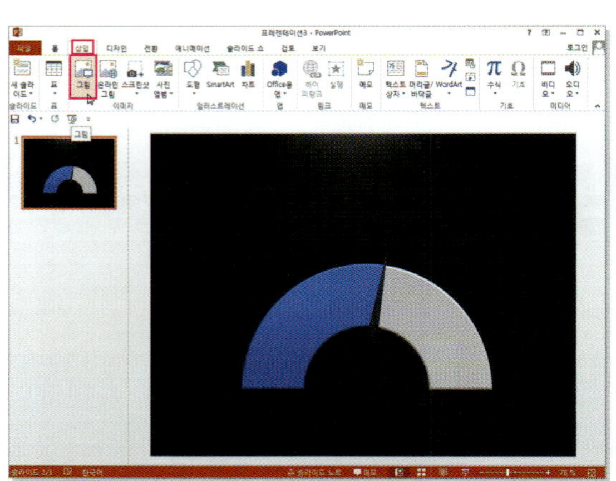

02 Man.png, Woman.png를 삽입합니다.
▼ 경로 PART03\Chapter1\010

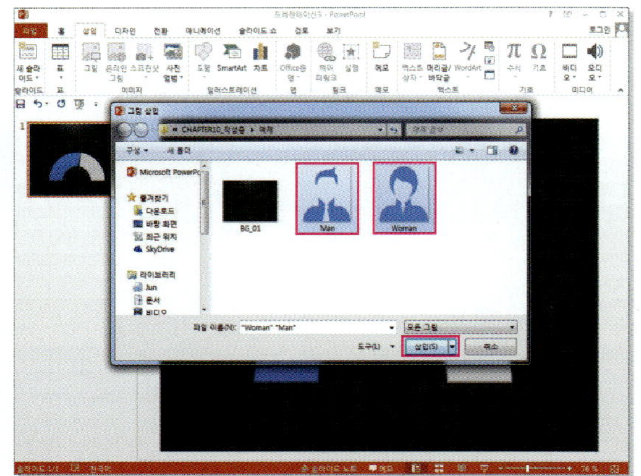

03 Woman.png를 선택하고, [그림 도구] – [서식] 탭
– [조정] 그룹 – [색] –[회색–25%, 배경색 2 밝게]를
선택합니다.

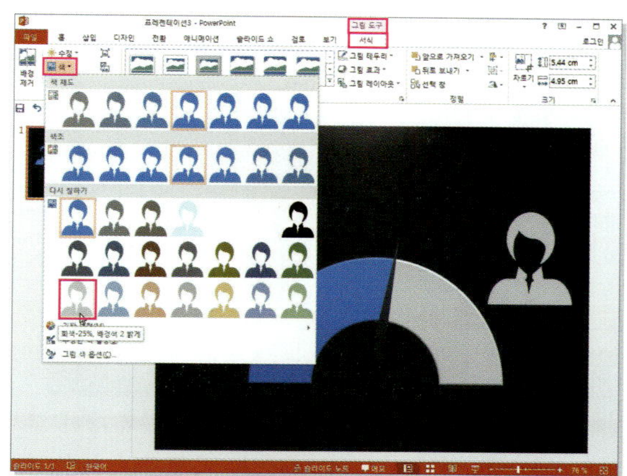

04 크기를 슬라이드 크기에 맞춰 조절합니다.

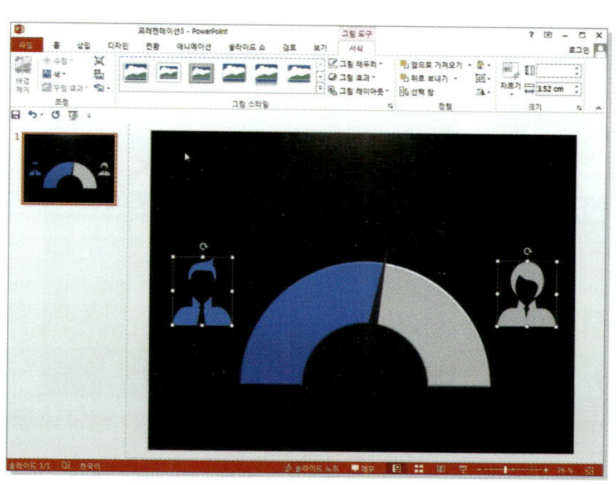

05 Man.png와 Woman.png를 선택하고, [그림 도구]
– [서식] 탭 – [그림 스타일] 그룹 – [그림 효과] – [반
사] – [반사 옵션]을 선택합니다.

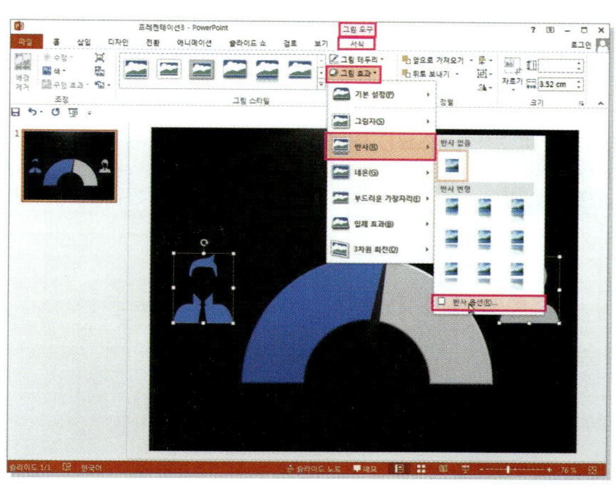

06 [그림 서식] – [효과] – [반사]에서 [투명도] '75%', [크
기] '35%', [흐리게] '3pt', [간격] '0pt'를 지정합니다.

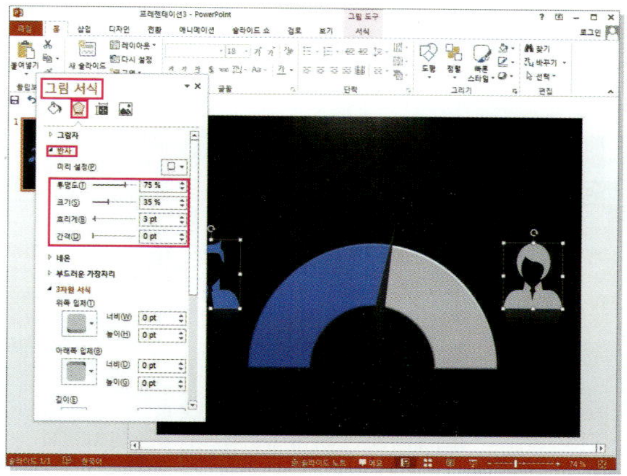

03 텍스트 입력하기

01 [그림 서식] 상자를 닫고, [삽입] 탭 – [텍스트] 그룹 –
[텍스트 상자] – [가로 텍스트 상자]를 선택합니다.

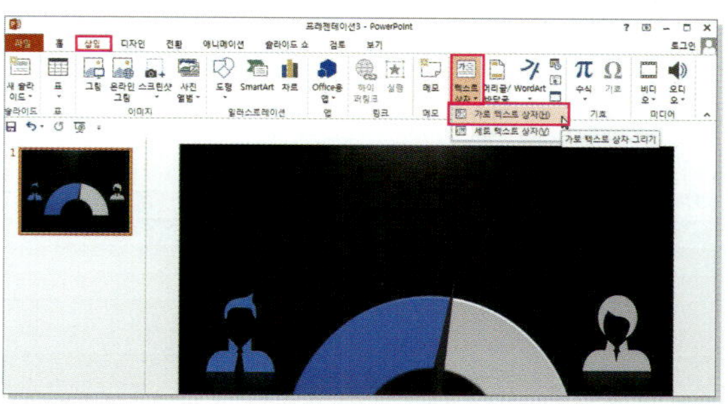

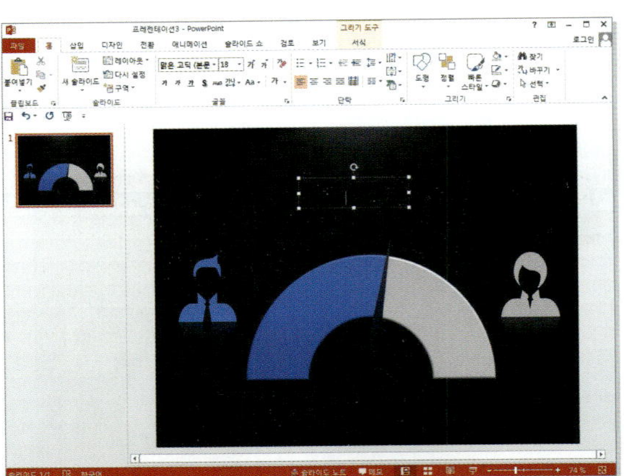

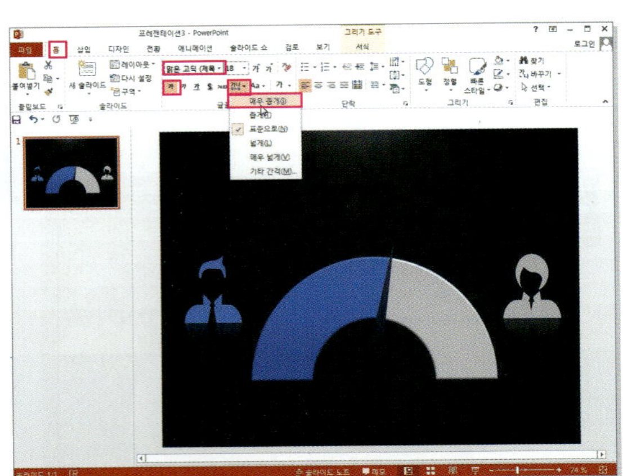

04 '전체 쇼핑중독비율 중'은 '36pt', '남녀비율'은 '60pt'를 지정합니다. 그리고 [단락] 그룹에서 [가운데 맞춤]을 클릭합니다.

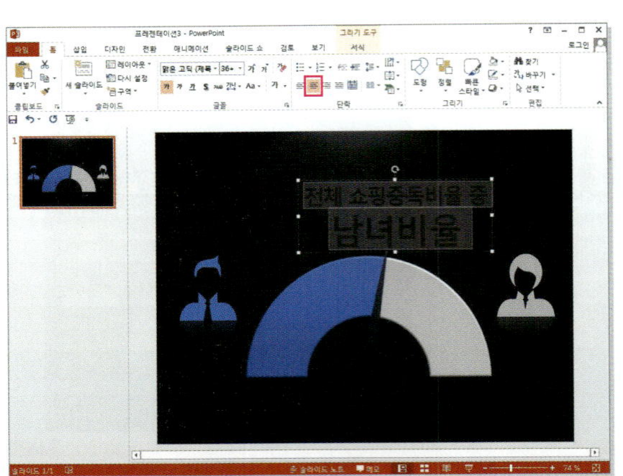

05 '전체 쇼핑중독비율 중'을 블록 지정 후, [글꼴] 그룹 – [글꼴 색] – [흰색, 배경1, 35% 더 어둡게]를 선택하고, '남녀비율'은 [흰색]을 선택합니다.

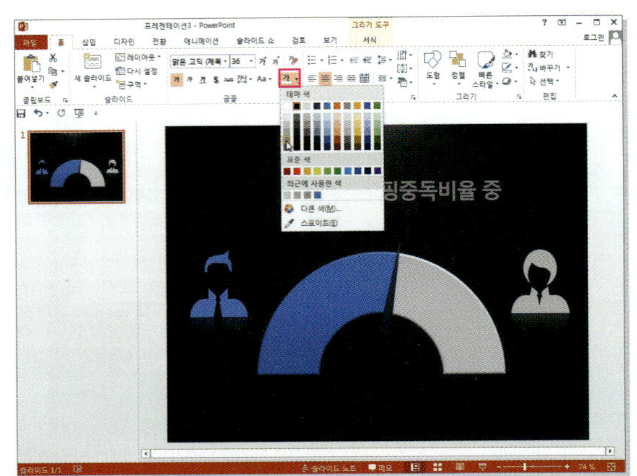

06 이제 비율을 입력해봅시다. [삽입] 탭 – [텍스트] 그룹 – [텍스트 상자] – [가로 텍스트 상자]를 선택합니다.

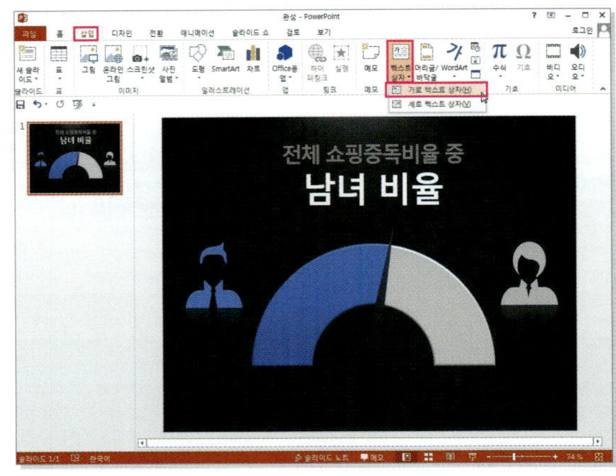

07 '56%'를 입력하고, 글꼴에 'Arial Black'을 지정합니다. 크기는 '40pt'를 지정합니다.

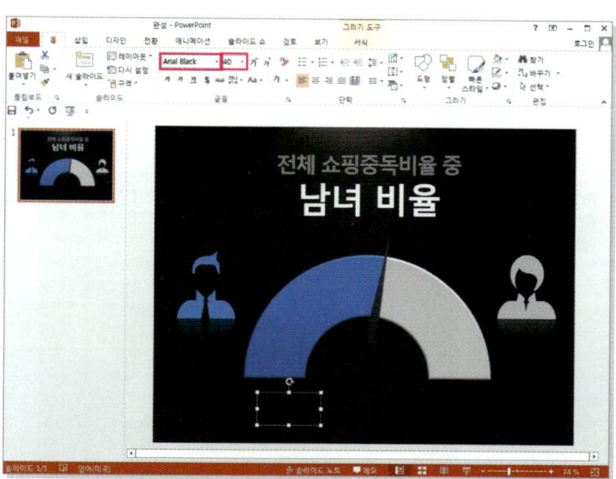

08 텍스트 상자를 선택하고, [홈] 탭 – [글꼴] 그룹 – [글꼴 색] – [스포이트]를 선택합니다.

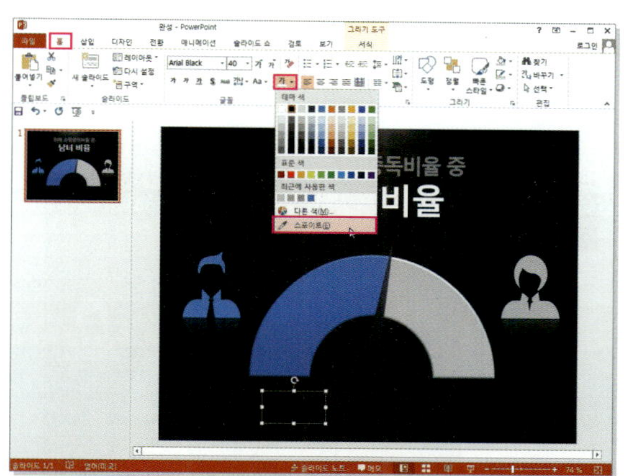

09 [스포이트]를 선택하면 커서가 바뀐 것을 확인할 수 있습니다. 바뀐 커서를 남성의 색상을 선택하여 추출된 색을 적용합니다.

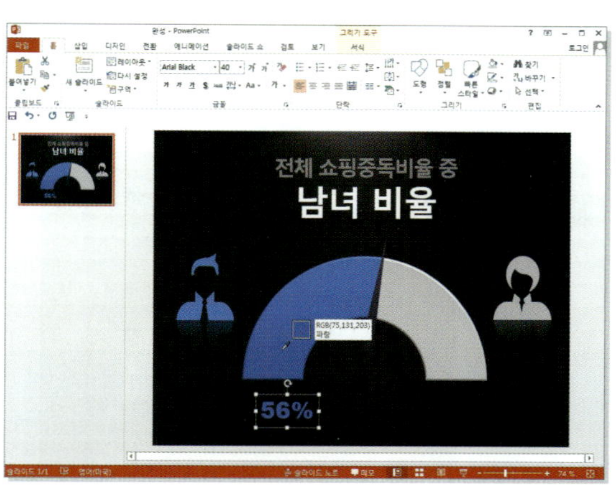

10 [그리기 도구] – [서식] 탭 – [WordArt 스타일] 그룹 – [텍스트 효과] – [그림자] – [바깥쪽] – [오프셋 가운데]를 선택하여 그림자를 적용합니다.

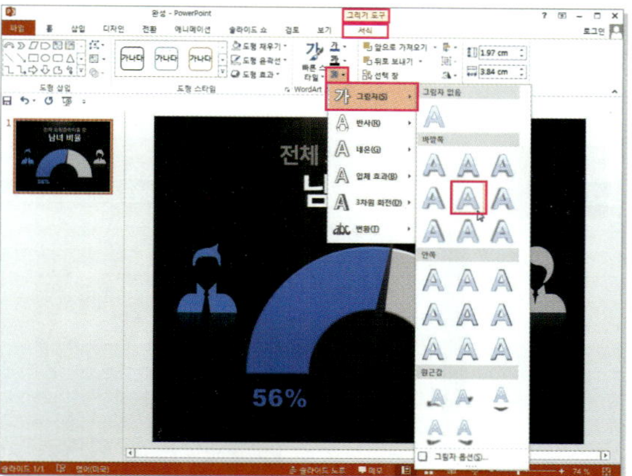

11 텍스트 상자를 하나 더 복사합니다.

12 [그리기 도구] – [서식] 탭 – [WordArt 스타일] 그룹
– [텍스트 채우기] – [흰색, 배경1, 5% 더 어둡게]를
선택하고, 크기에 '28pt'를 입력합니다.

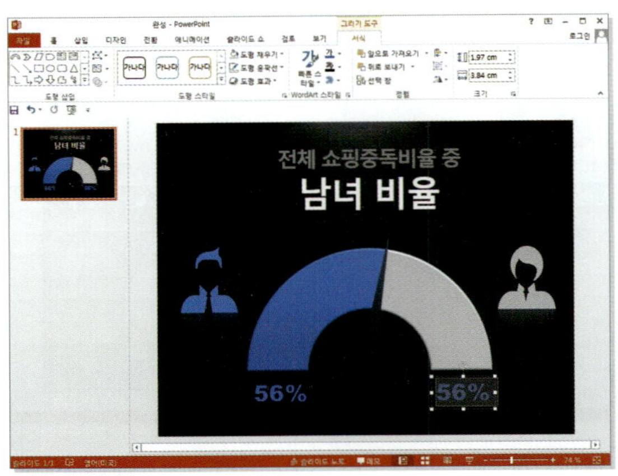

13 마지막으로 [삽입] 탭 – [일러스트레이션] 그룹 – [도
형] – [타원]을 삽입합니다.

14 삽입된 도형을 선택하고, [그리기 도구] – [서식] 탭 –
[도형 스타일] – [도형 채우기] – [흰색, 배경1, 15%
더 어둡게]를 선택하고 윤곽선을 제거합니다.

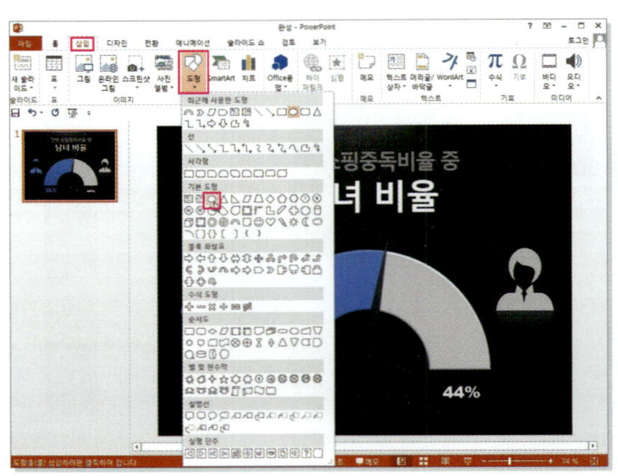

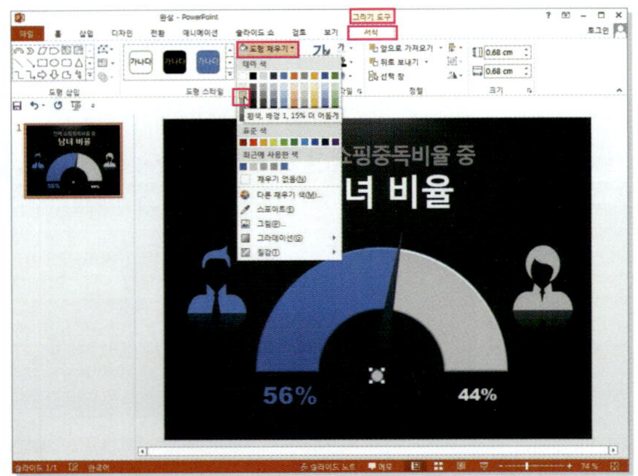

15 이제 슬라이드가 완성 되었습니다.
보는 사람에게 정확한 정답을 제공하는 것보다 보는
사람에게 연상을 통해 정답을 유도하게하면 더욱 깊
게 기억할 수 있도록 할 수 있습니다. 저울과 같이 가
치의 무게를 나타내면 연상을 유도하여 효과적으로
전달할 수 있습니다.
그리고 프레젠테이션의 인포그래픽은 한 페이지에 너
무 많은 내용을 담는 것은 좋지 않을 수도 있습니다.
슬라이드는 크기가 한정되어 있으므로 가능하면 한
페이지에는 한 가지의 강조 내용을 담는 것이 좋습
니다.

011　색상의 변화를 통해 시간의 흐름을 나타내자!

그래픽의 표현요소에는 질감, 크기, 위치, 방향 등 다양한 요소가 있습니다. 이러한 표현 방법 중, 명도와 채도의 변화는 시간의 흐름을 나타내기에 적합합니다. 과거에서 현재를 나타내거나, 시작과 끝과 같이 결과가 명확해지는 것들에 대해서 명도와 채도의 변화를 통해 구분하여 나타낼 수 있습니다.

 01 정보 분석하기

01 먼저 표현해야할 정보에 대해 분석해봅니다. 1G ➡ 4G까지의 흐름과 전체적인 내용에 대해 시간의 흐름순으로 나타내보도록 합니다.

〈세대별 이동통신 차이〉

1G	2G	3G	4G
10kbps이하	64kbps	100Mbps	600Mbps
아날로그 방식	디지털방식, CDMA	WCDMA, 스마트폰 등장	LTE, Wibro
음성만 지원	음성, 문자	음성, 문자, MMS 인터넷	멀티미디어

01 인포그래픽11.pptx 파일을 불러옵니다.
▼ 경로 PART03\Chapter1\011

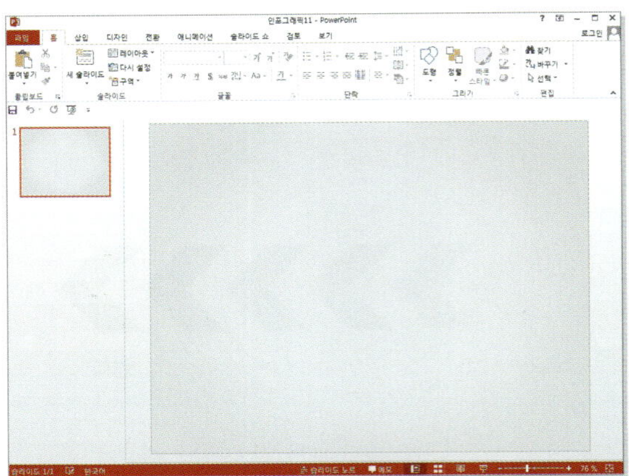

02 [삽입] 탭 – [일러스트레이션] 그룹 – [도형] – [양쪽 모서리가 둥근 사각형]을 선택합니다.

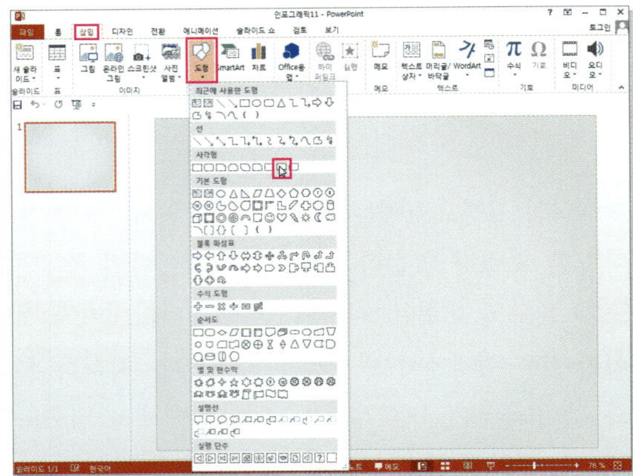

03 삽입된 도형을 선택하고, [그리기 도구] – [서식] 탭 – [정렬] 그룹 – [개체 회전] – [상하 대칭]을 선택합니다.

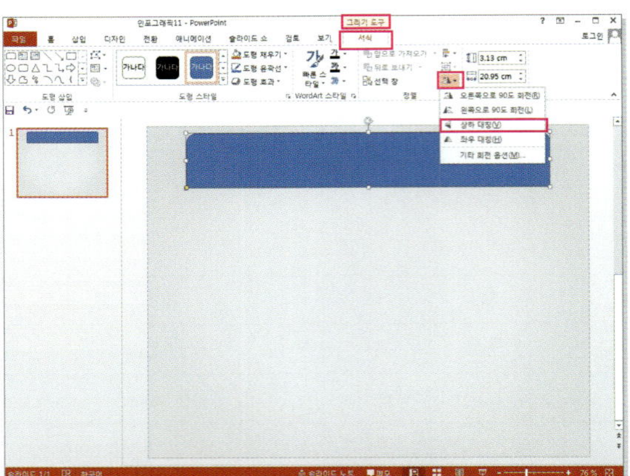

04 [그리기 도구] – [서식] 탭 – [도형 스타일] 그룹 – [도형 채우기] – [다른 채우기 색]을 선택합니다.

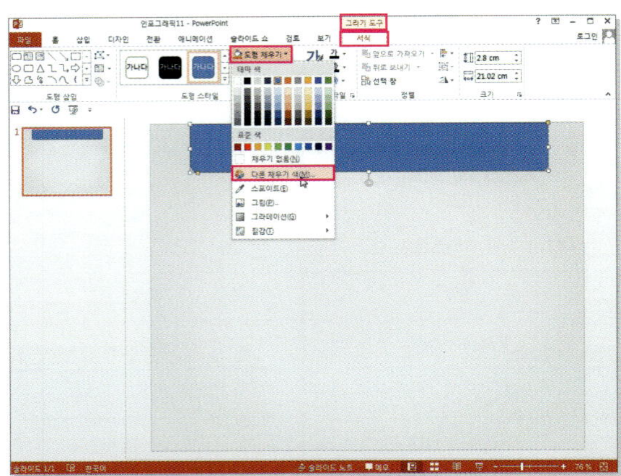

05 [색] 대화상자 – [사용자 지정]에서 빨강(R) '81', 녹색(G) '139', 파랑(B) '151'을 입력합니다.

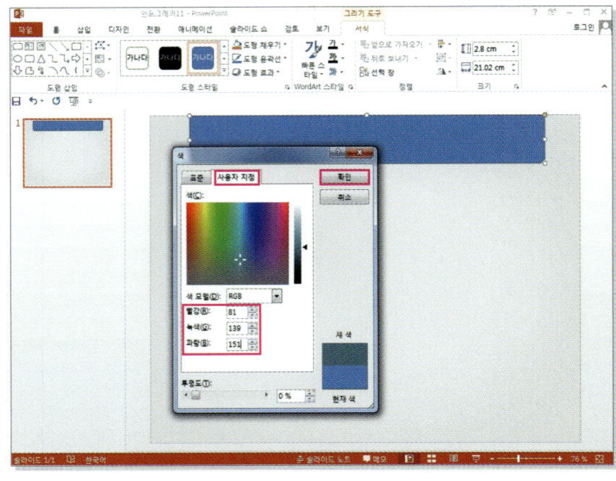

06 [그리기 도구] – [서식] 탭 – [도형 스타일] 그룹 – [도형 윤곽선] – [윤곽선 없음]을 선택하여 윤곽선을 제거합니다.

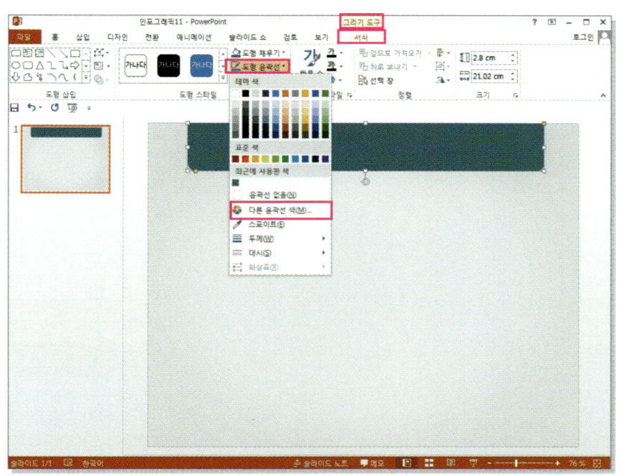

07 [삽입] 탭 – [텍스트] 그룹 – [텍스트 상자] – [가로 텍스트 상자]를 선택합니다.

08 텍스트 상자에 '세대별 이동통신 차이'를 입력하고, 크기에 '36pt'를 지정합니다.

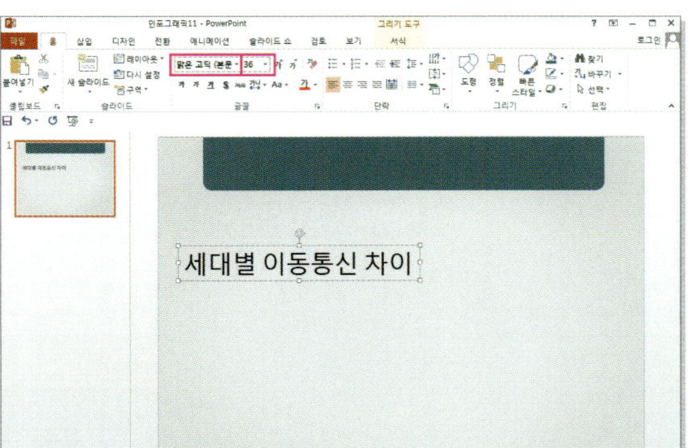

09 텍스트 상자를 선택하고, [홈] 탭 – [글꼴] 그룹 – [굵게]를 선택하고 [문자 간격] – [매우 좁게]를 선택합니다.

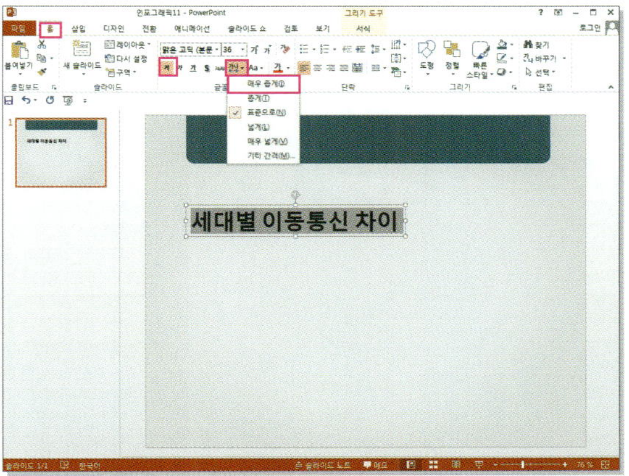

10 [삽입] 탭 – [이미지] 그룹 – [그림]을 선택하고, 예제에서 WIFI_01.png를 삽입합니다.

▶ 경로 PART03\Chapter1\011

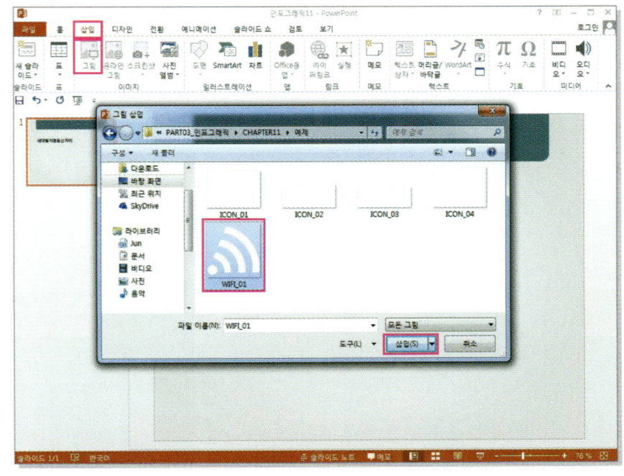

11 삽입된 이미지의 크기를 조절하고, 제목상자에 배치합니다. 그리고 텍스트 상자를 선택하여 색상을 '흰색'을 지정합니다.

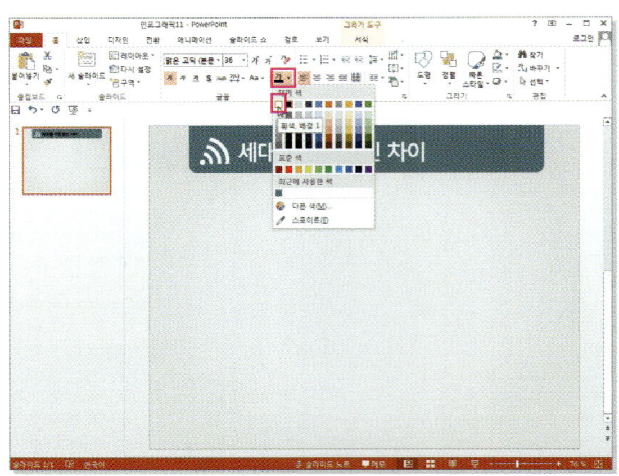

12 WIFI_01.png 이미지를 선택하고, [그림 도구] – [서식] 탭 – [그림 스타일] 그룹 – [그림 효과] – [그림자] – [오프셋 가운데]를 선택합니다.

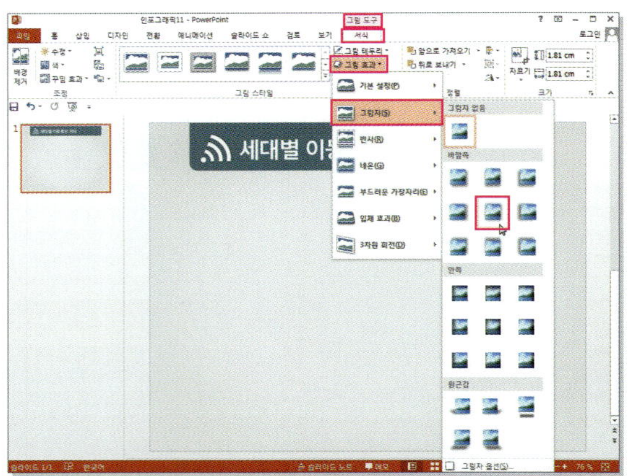

13 이제 텍스트 상자를 선택하고, [그리기 도구] – [서식] 탭 – [WordArt 스타일] 그룹 – [텍스트 효과] – [그림자] – [그림자 옵션]을 선택합니다.

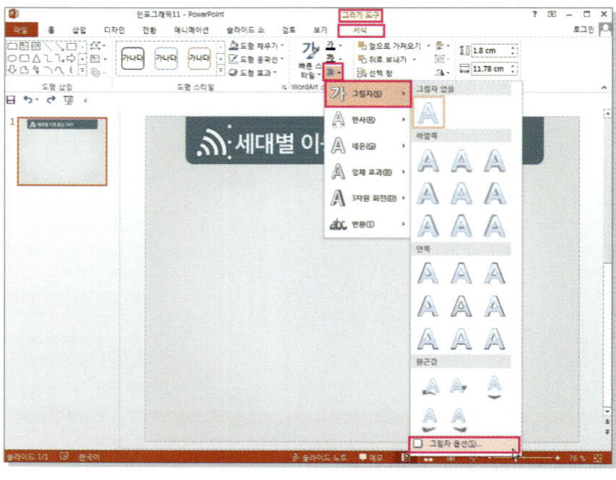

14 그림자 서식에 [투명도] '40%', [크기] '100%', [흐리게] '12pt', [각도] '0 °', [간격] '0pt'를 지정합니다.

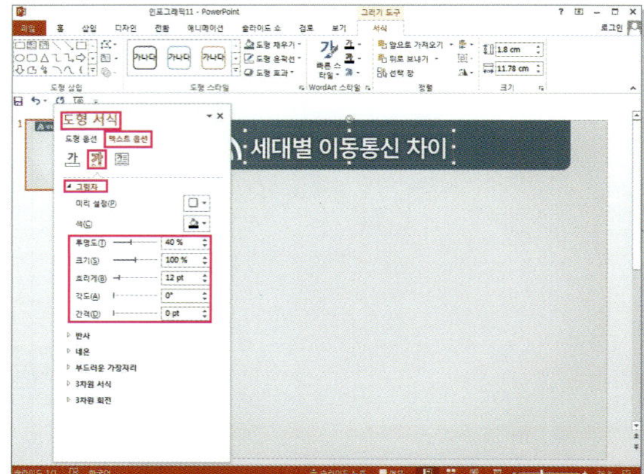

01 [삽입] 탭 – [일러스트레이션] 그룹 – [도형] – [모서리가 둥근 직사각형]을 선택합니다.

02 도형을 길게 삽입한 후, 왼쪽 상단의 핸들을 드래그하여 모서리를 가장 둥글게 만들어줍니다.

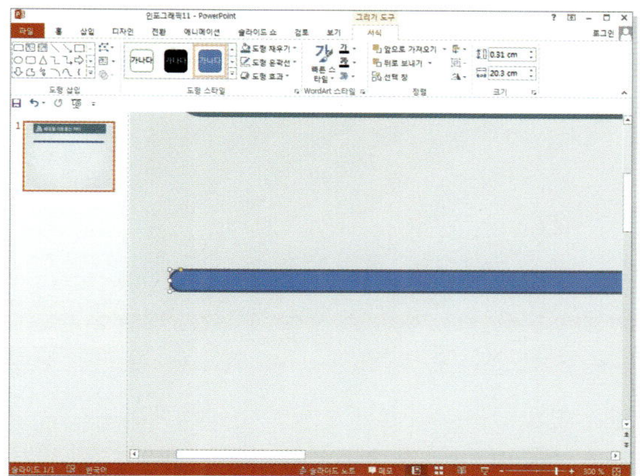

03 [삽입] 탭 – [일러스트레이션] 그룹 – [도형] – [타원]을 삽입하고, 이미 만들어진 도형 위에 배치합니다.

04 Ctrl + Shift 키를 누르고 타원을 드래그 하여 3개 더 복사합니다.

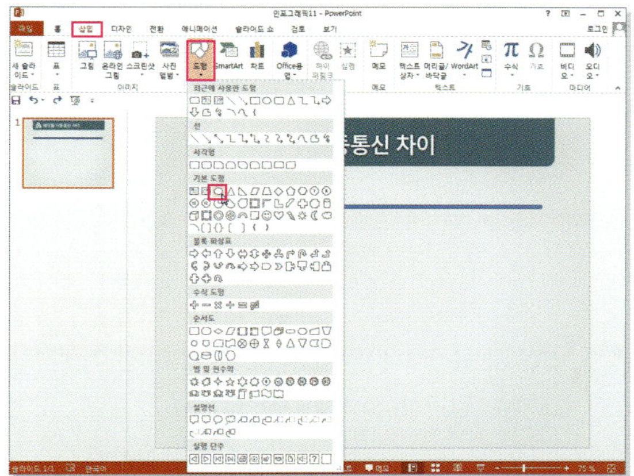

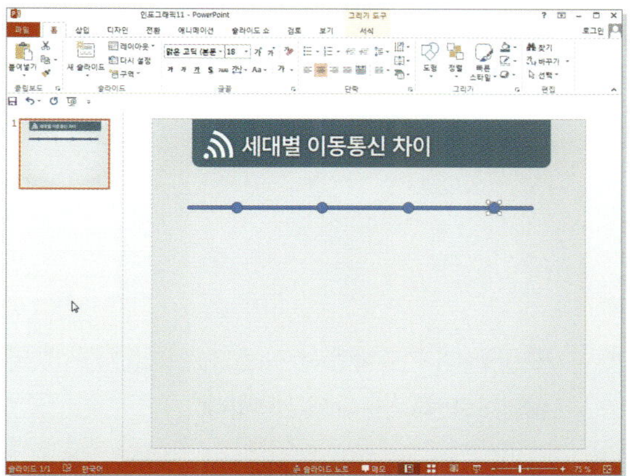

TIP 간격을 정확하게 맞추려면 정렬할 도형을 선택한 후, [홈] 탭 – [그리기] 그룹 – [정렬] – [맞춤] – [가로 간격 동일하게]를 선택합니다.

05 이제 도형을 모두 선택하고, [그리기 도구] – [서식] 탭 – [도형 삽입] – [도형 병합] – [병합]을 선택합니다.

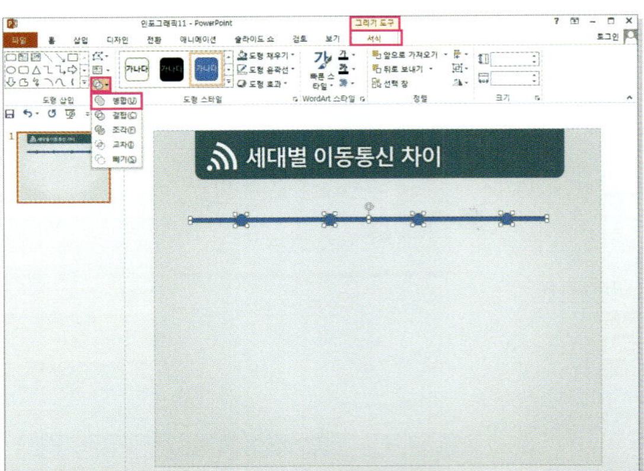

06 도형의 색상에 [흰색]을 선택하고, [윤곽선 없음]을 선택하여 윤곽선을 제거합니다.

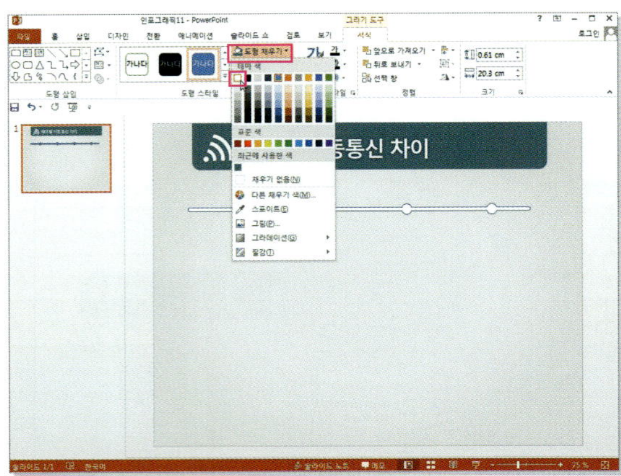

07 도형의 그림자를 적용하기 위해 [그리기 도구] – [서식] 탭 – [도형 스타일] 그룹 – [도형 효과] – [그림자] – [그림자 옵션]을 선택합니다.

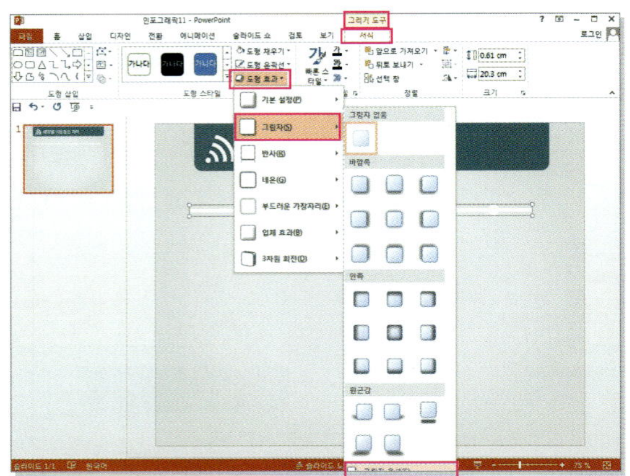

08 [도형 서식] – [도형 옵션] – [효과] – [그림자] – [미리 설정] – [안쪽 가운데]를 선택합니다.

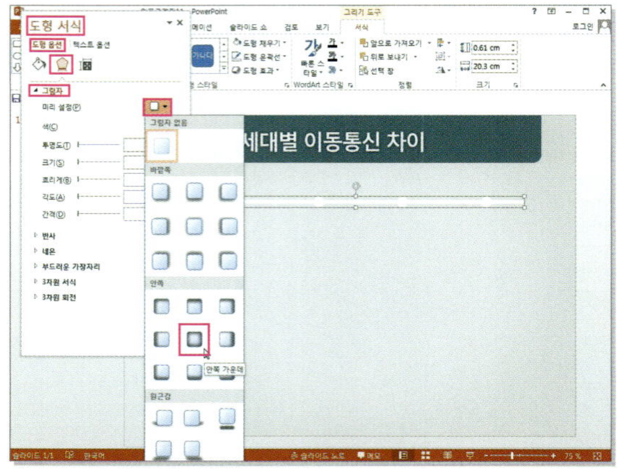

09 그림자 옵션에서 [투명도] '60%', [흐리게] '7pt', [각도] '0 °', [간격] '0pt'를 지정합니다.

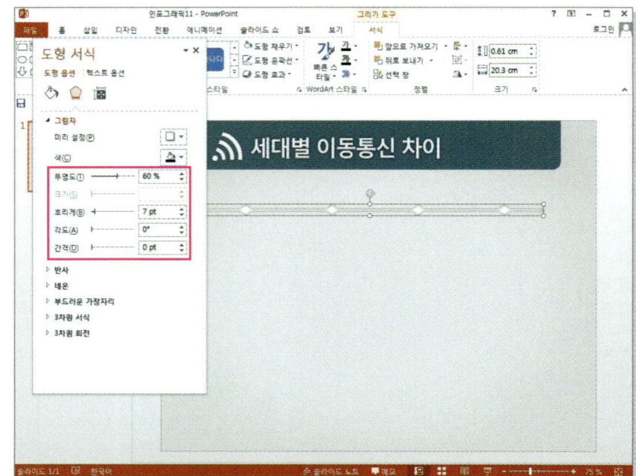

10 [도형 서식] 대화상자를 닫고, [삽입] 탭 – [일러스트 레이션] 그룹 – [도형] – [타원]을 삽입합니다.

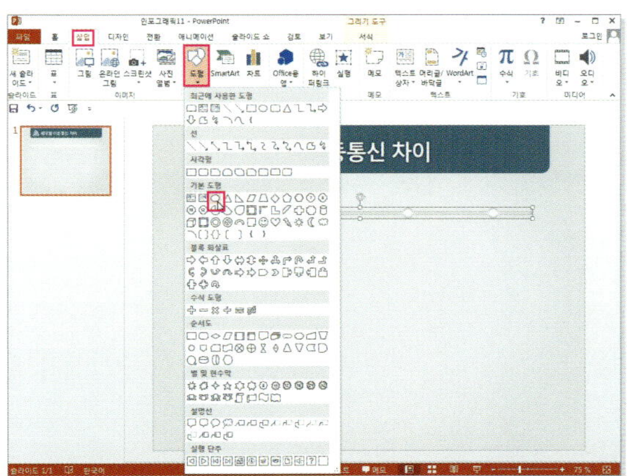

11 도형을 만들어진 타임라인위에 배치하고 [도형 채우기]에서 [흰색, 배경1, 15% 더 어둡게]를 선택합니다.

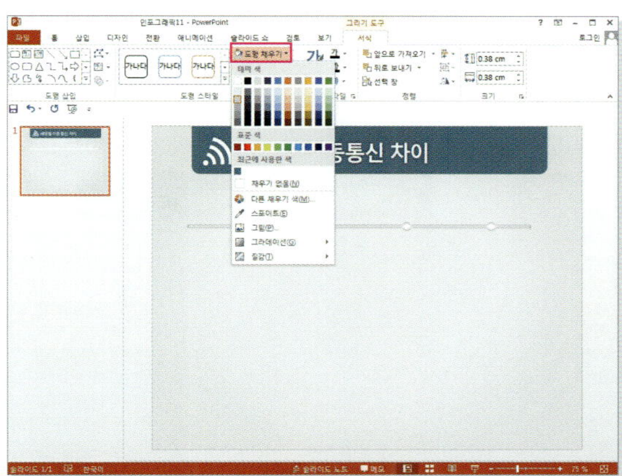

12 도형을 2개 더 복사하여 남은 빈 곳에 배치합니다. 색상은 한 단계씩 더 어둡도록 [흰색, 배경1, 25% 더 어둡게], [흰색, 배경1, 35% 더 어둡게]를 선택합니다.

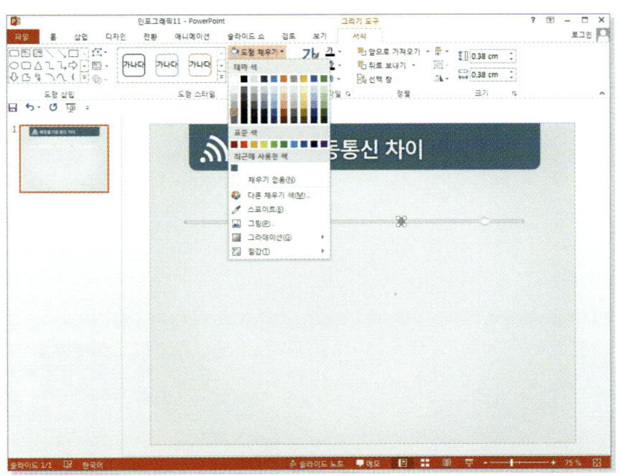

13 마지막 도형은 좀 더 크기를 키우고, [홈] 탭 – [그리기] 그룹 – [도형채우기] – [다른 채우기 색]을 선택하여 색상에 빨강(R) '66', 녹색(G) '120', 파랑(B) '133'을 입력합니다.

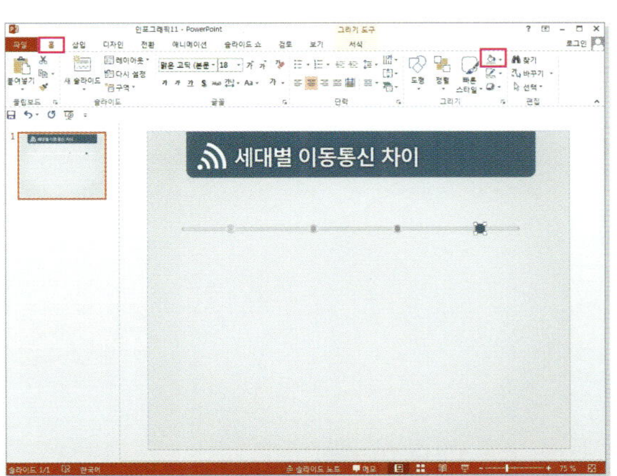

14 [삽입] 탭 – [텍스트] 그룹 – [텍스트 상자] – [가로 텍스트 상자]를 선택합니다.

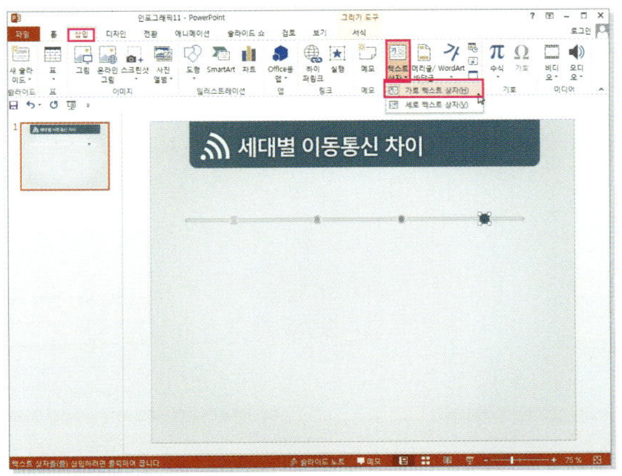

15 [텍스트 상자]에 '1G'를 입력합니다.

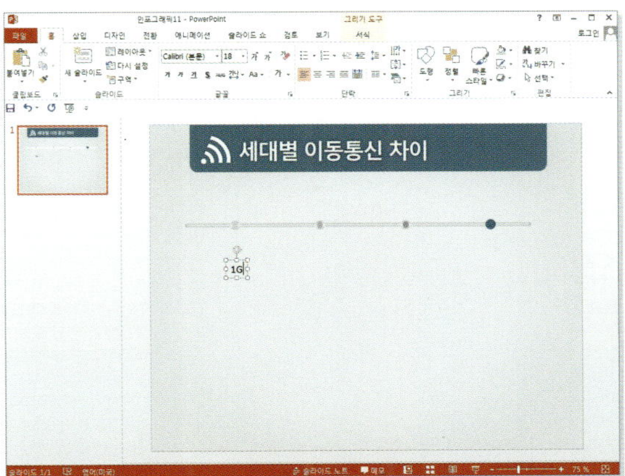

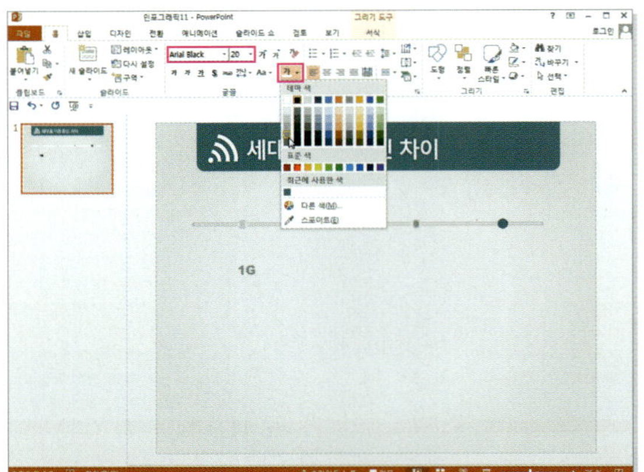

16 [글꼴] 그룹 – [글꼴]에서 'Arial Black', '20pt'를 지정하고, 색상에 [흰색, 배경1, 35% 더 어둡게]를 선택합니다.

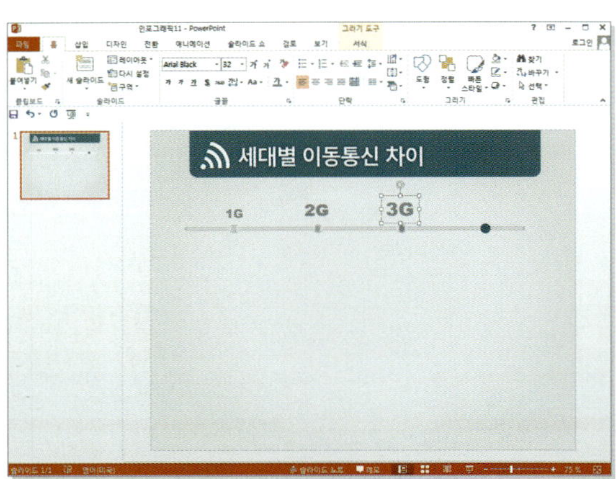

17 텍스트를 배치하고, Ctrl 키를 누르고 텍스트를 두 개 더 복사합니다. '2G', '3G'를 입력하고, 크기에 각각 '28pt', '32pt'를 지정합니다.

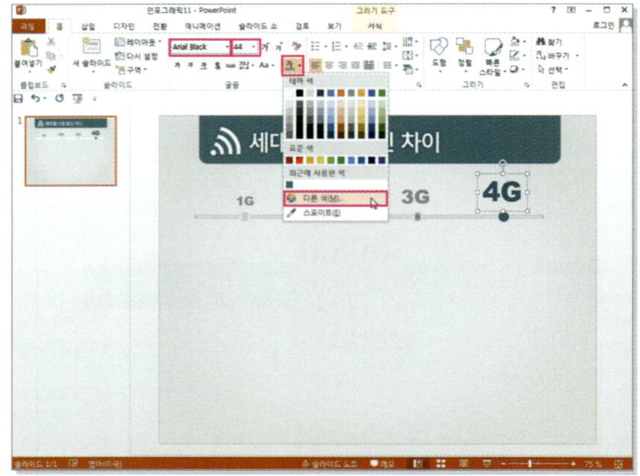

18 '3G' 텍스트 상자를 선택하고, Ctrl + Shift 키를 누르고 오른쪽으로 드래그하여 한 개 더 텍스트를 복사합니다. 크기에 '44pt'를 지정하고, 도형과 같은 색상인 빨강(R) '66', 녹색(G) '120', 파랑(B) '133'을 입력합니다.

 04 내용 입력하기

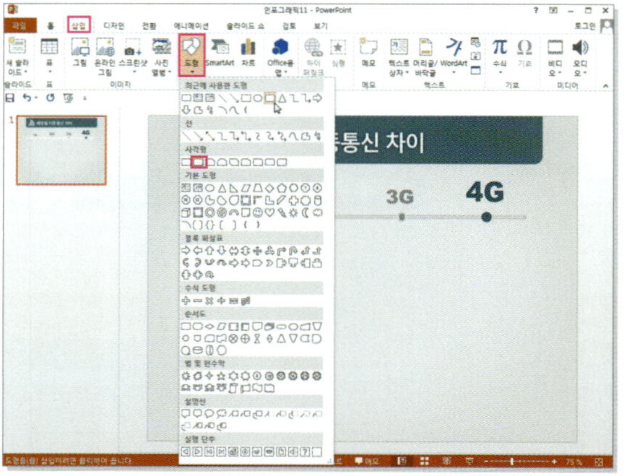

01 [삽입] 탭 – [일러스트레이션] 그룹 – [도형] – [모서리가 둥근 직사각형]을 삽입합니다.

02 같은 도형을 2개 더 복사합니다.

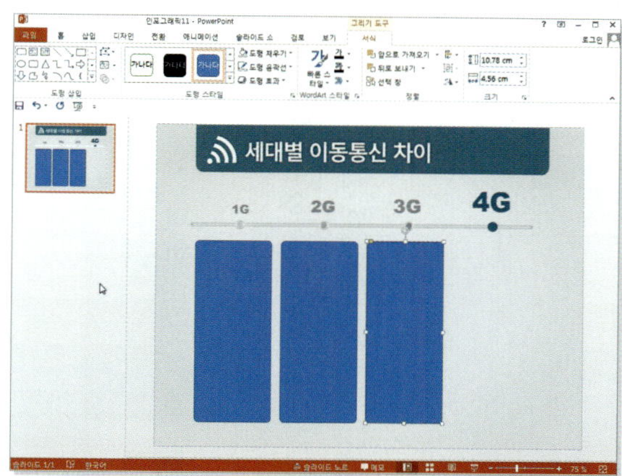

03 마지막 '4G'에 해당하는 도형을 한 개 더 복사하고 너비를 좀 더 크게 그려줍니다.

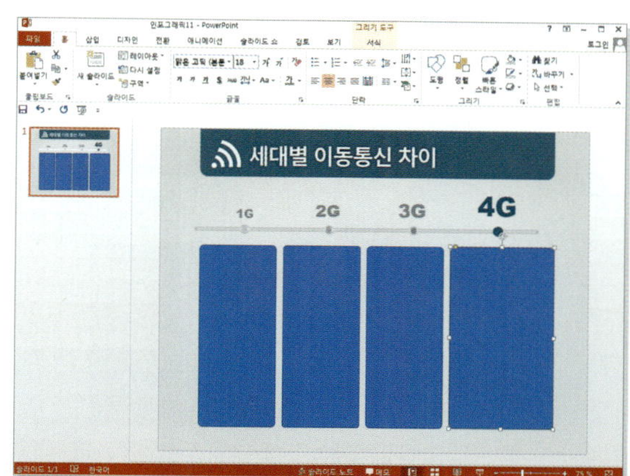

04 이제 배치된 도형을 선택하여 정렬합니다. [홈] 탭 – [그리기] 그룹 – [정렬] – [맞춤] – [가로 간격 동일하게]를 선택합니다.

05 첫 번째 도형을 선택하고, [그리기 도구] – [서식] 탭 – [도형 스타일] 그룹 – [도형 채우기] – [다른 채우기 색]을 선택합니다. 빨강(R) '110녹색(G) '175', 파랑(B) '187'을 입력합니다.

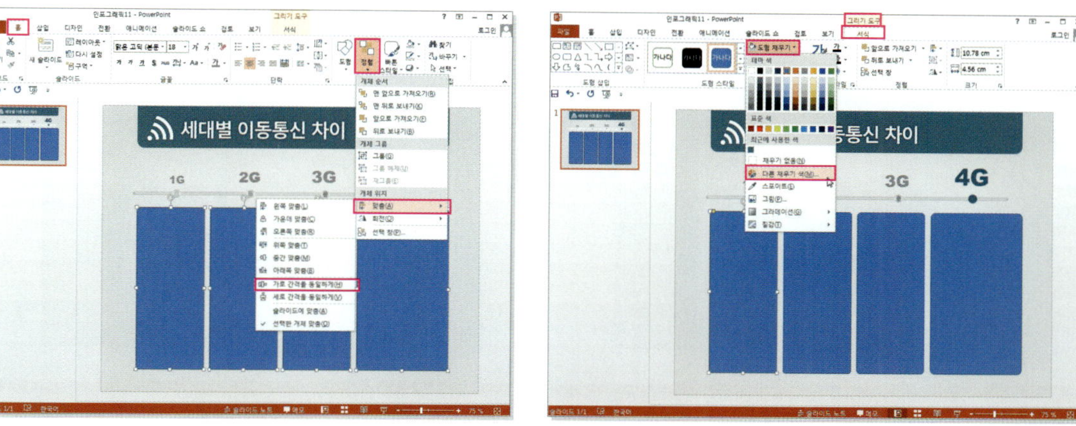

06 두 번째 도형에 빨강(R) '95', 녹색(G) '158', 파랑(B) '170',
세 번째 도형에 빨강(R) '81', 녹색(G) '139', 파랑(B) '151',
네 번재 도형에 빨강(R) '66', 녹색(G) '120', 파랑(B) '133'을 입력합니다.

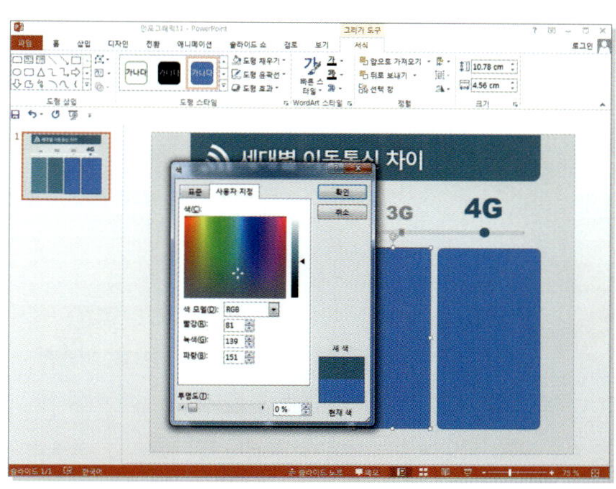

07 [삽입] 탭 – [일러스트레이션] 그룹 – [도형] – [이등변 삼각형]을 삽입합니다.

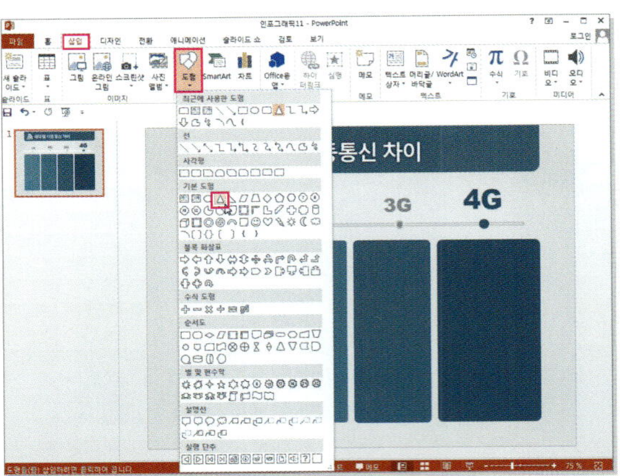

08 크기를 조절하여 상자가 각각의 타임라인에 위치하도록 배치합니다.

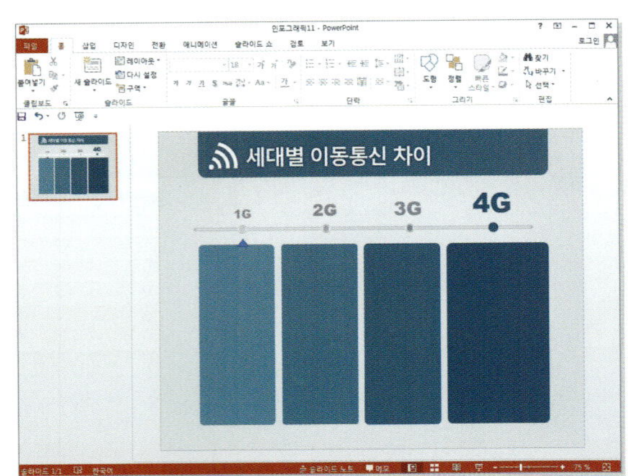

09 Ctrl + Shift 키를 누르고 오른쪽으로 드래그하여 3개 더 도형을 복사합니다.

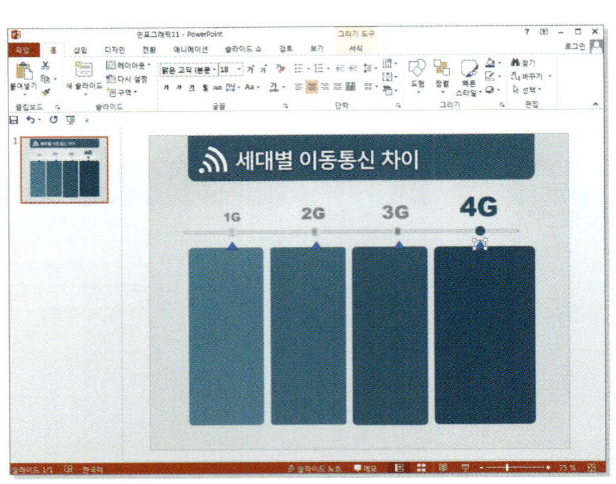

10 첫 번째 삼각형 도형을 선택하고, [그리기 도구] – [서식] 탭 – [도형 스타일] 그룹 – [도형 채우기] – [스포이트]를 선택합니다.

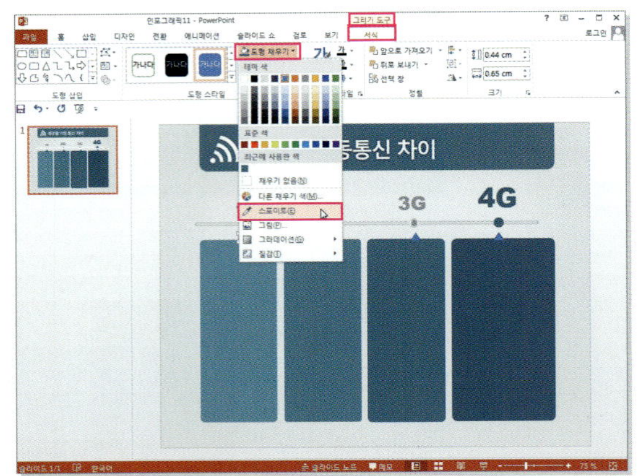

11 이등변 삼각형과 접하고 있는 도형의 색상을 추출하여 적용시킵니다.

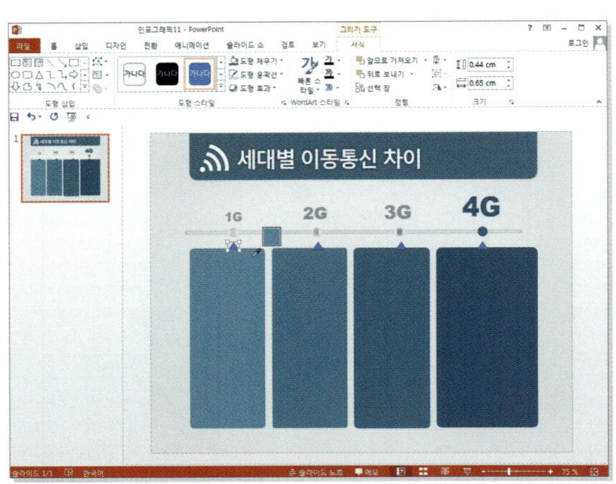

> **TIP**
> 모서리가 둥근 직사각형을 선택하고, Ctrl + Shift + C 키를 통해 서식복사 한 후, 이등변 삼각형 도형을 선택하여 Ctrl + Shift + V 키를 통해 붙여 넣어 서식복사를 하는 방법도 있습니다.

12 같은 방법으로 나머지 이등변 삼각형 도형에도 모두 색상을 적용시킵니다.

13 이제 이미지를 삽입합니다. [삽입] 탭 – [이미지] 그룹 – [그림]을 선택합니다.

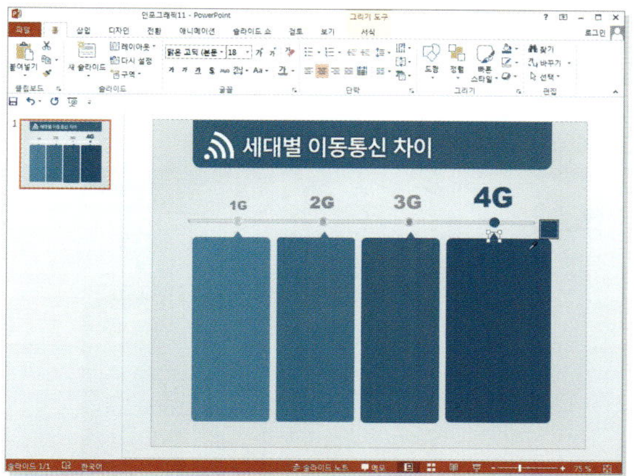

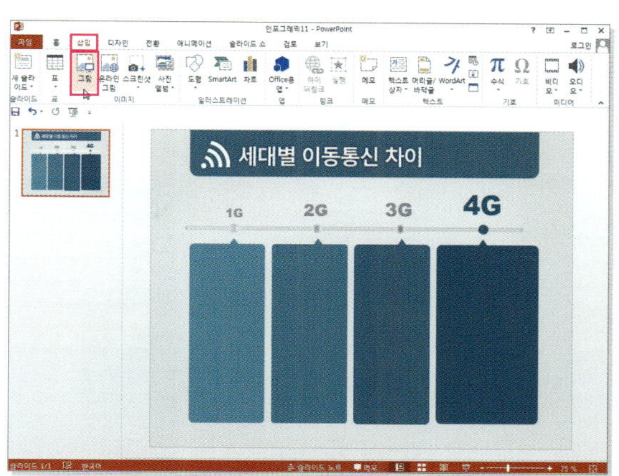

14 CON_01.png, ICON_02.png, ICON_03.png, ICON_04.png을 모두 삽입합니다.

15 삽입된 이미지의 크기를 조절하고, 알맞은 곳에 위치 시킵니다.

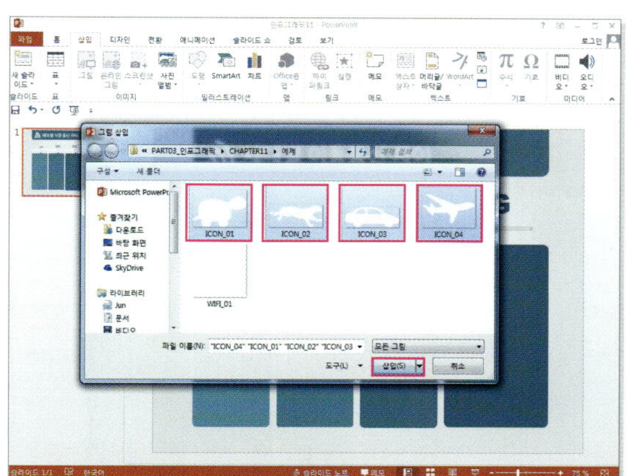

▲ 경로 PART03\Chapter1\011

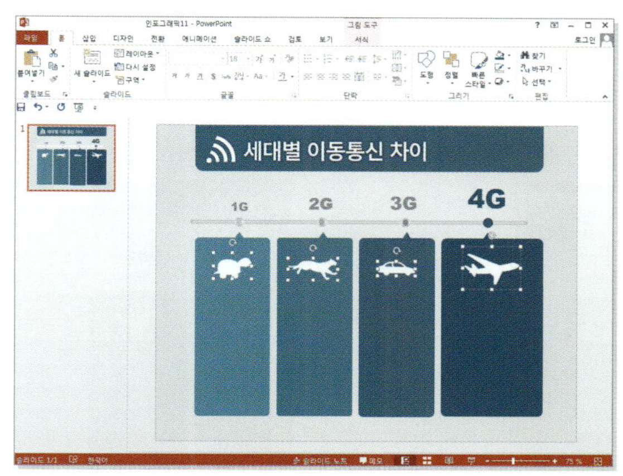

16 이미지를 모두 선택하고, [홈] 탭 – [그리기] 그룹 – [도형 효과] – [그림자] – [오프셋 가운데]를 선택합니다.

17 제목의 '세대별 이동통신 차이' 텍스트 상자를 Ctrl + C , Ctrl + V 키를 눌러 한 개 더 복사합니다.

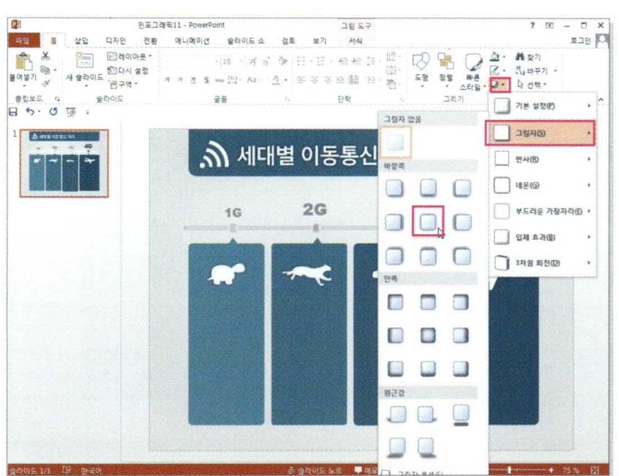

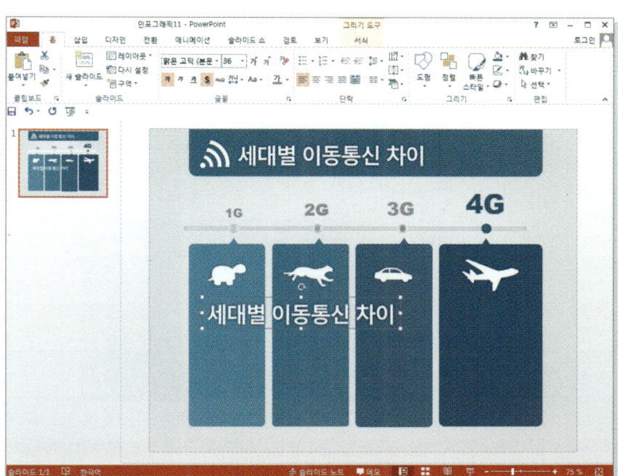

18 '10kbps 이하'를 입력하고, 텍스트의 크기를 '18pt'를 지정합니다. [문자 간격] – [표준으로]를 선택합니다.

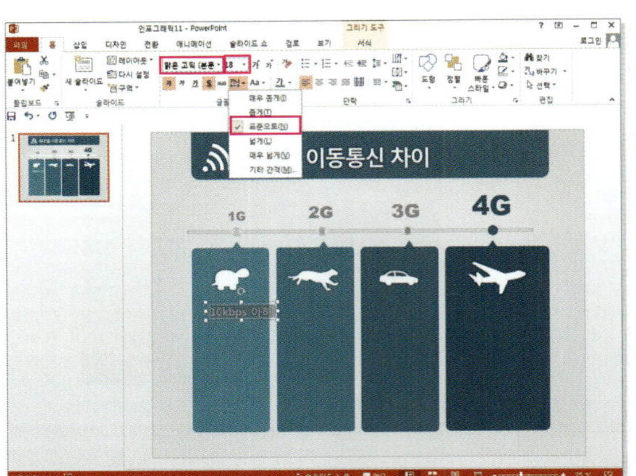

19 텍스트 상자를 복사하여 아래쪽에 '아날로그 방식'과 '음성만 지원'을 입력합니다.
'아날로그 방식'만 텍스트 크기를 '16pt'로 지정합니다.

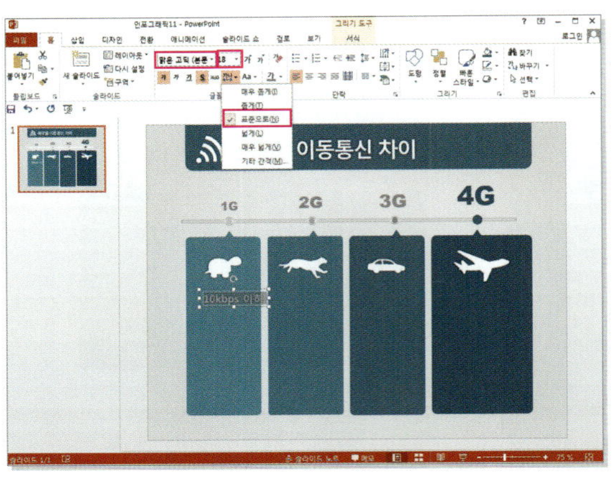

20 [삽입] 탭 – [일러스트레이션] 그룹 – [도형] – [선]을 선택하고, [Shift] 키를 누르고 오른쪽으로 드래그하여 선을 삽입합니다.

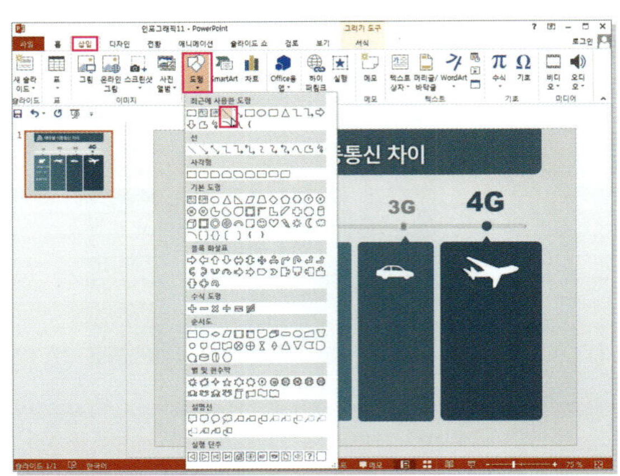

21 선을 선택하고 마우스 오른쪽 버튼을 클릭하여 [도형 서식]을 클릭합니다.

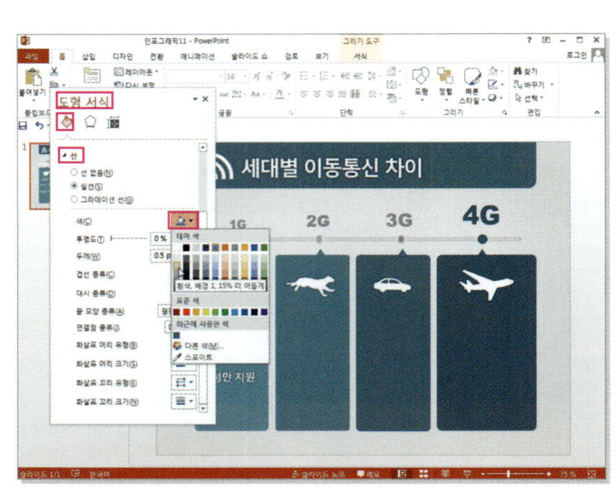

22 [도형 서식]에서 색상에 [흰색, 배경1, 15% 더 어둡게]를 선택합니다.

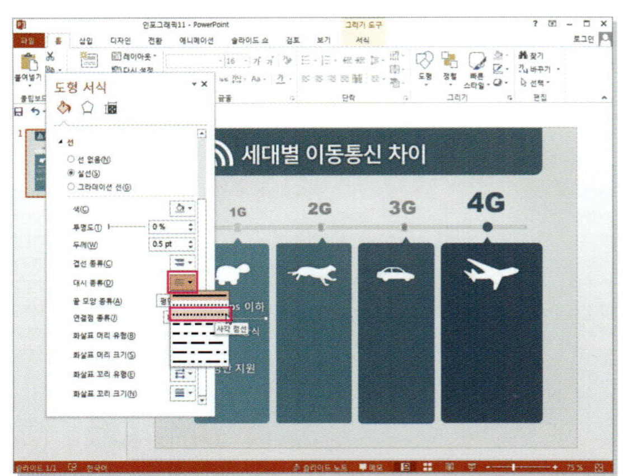

23 [대시 종류] – [사각 점선]을 선택합니다.

24 완성된 선을 [Ctrl] + [Shift] 키를 누르고 아래로 드래 그하여 한 개 더 복사합니다.

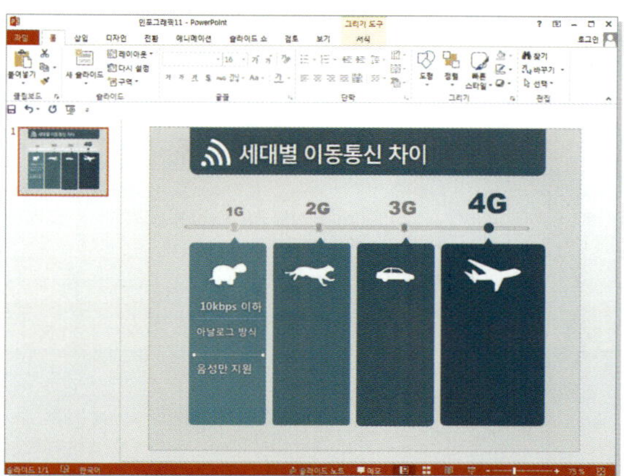

25 이제 텍스트와 선을 모두 선택하고 나머지 상자 안에 도 텍스트를 배치시킵니다.

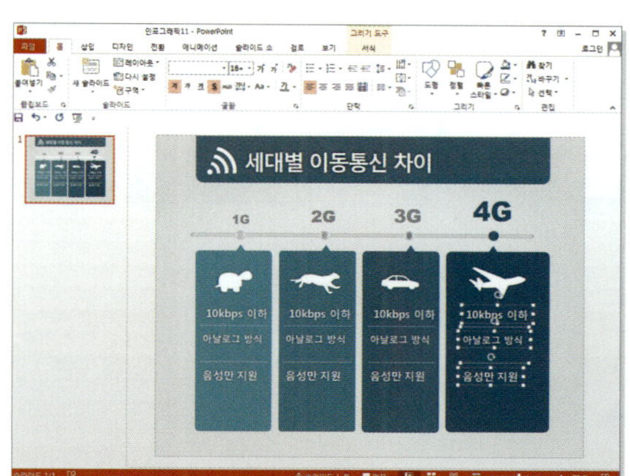

26 이제 나머지 텍스트들을 입력합니다. 그리고 속도 부분의 '64kbps'는 '20pt', '100Mbps'는 '24pt', '600Mbps'는 '28pt'로 크기를 지정합니다.

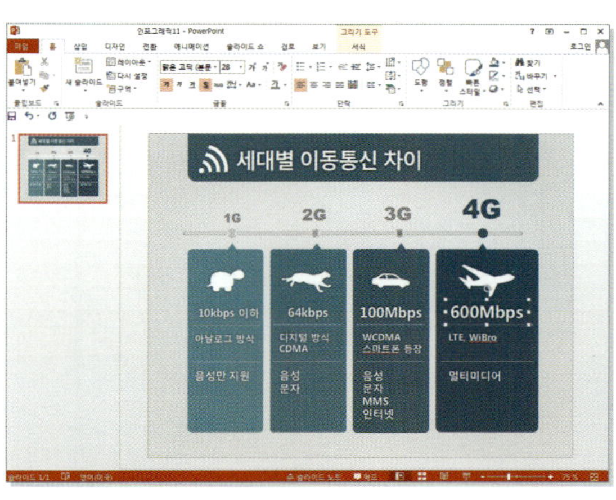

27 슬라이드가 완성되었습니다. 각 개체들의 간격과 여백을 확인하여 정리하도록 합 니다. 색상의 변화에 따라 시간과 단계의 구분이 가능 하도록 만들어 보았습니다. 이와 같은 방법을 응용하 면 타임라인 뿐 아니라, 단계별 진행상황이나 흐름도 를 손쉽게 표현 할 수 있습니다.

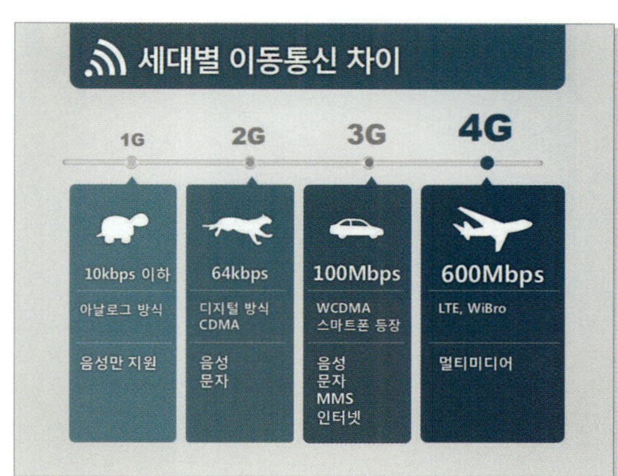

PART

PART 04

파워포인트 애니메이션

애니메이션으로 만든
재미있는 게임 컨텐츠 만들기

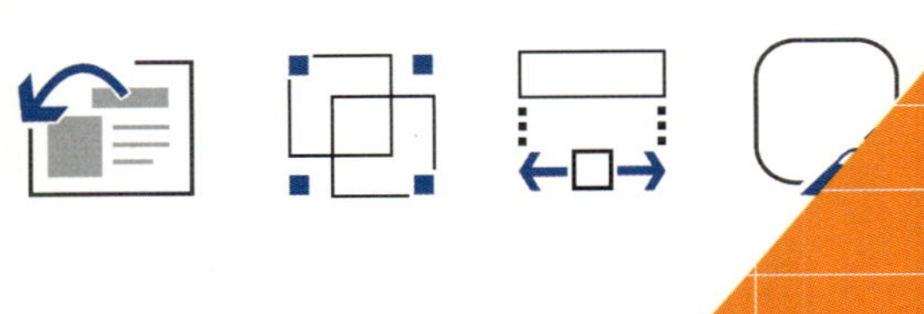
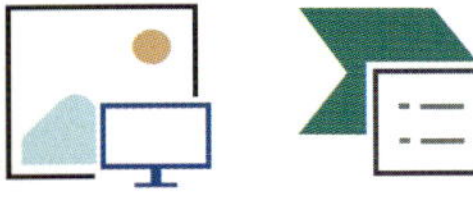
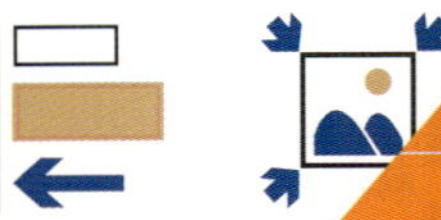

자동차 바퀴
전진, 후진하기

자동차의 바퀴가 앞으로 돌아가면서 전진합니다. 자동차의 바퀴가 뒤로 돌아가면서 후진합니다. '자동차' 클립아트에 '회전' 애니메이션만 적용하면 가능합니다. 무료로 사용 가능한 클립아트의 무한 변신의 기본이 되는 기능을 학습할 수 있습니다.

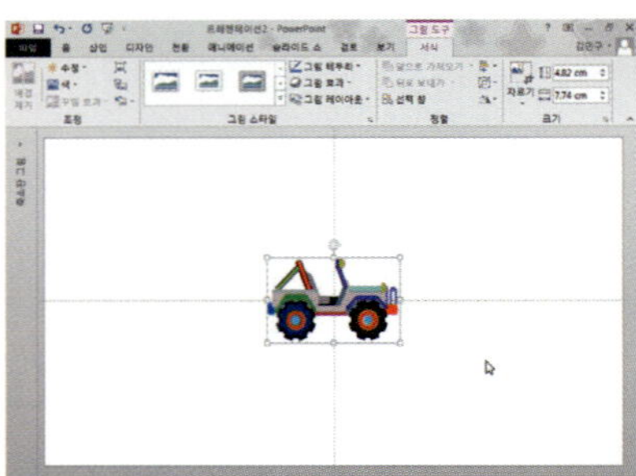

샘플 파일 _ part3-1.자동차바퀴 전진 후진하기(샘플)   **완성 파일** _ part3-1.자동차바퀴 전진 후진하기(완성)

001 자동차 클립아트 삽입하고, 그룹해체하기

002 '회전'애니메이션 적용하기

001 자동차 클립아트 삽입하고, 그룹해체하기

01 새 프레젠테이션 파일을 엽니다.

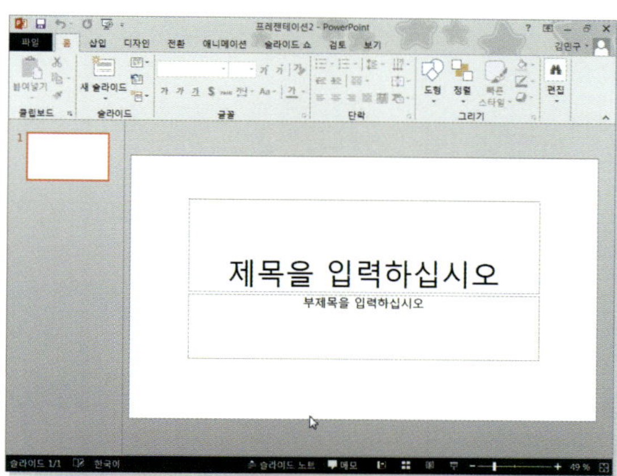

02 제목, 부제목 입력 상자를 마우스로 선택한 후, 삭제합니다.

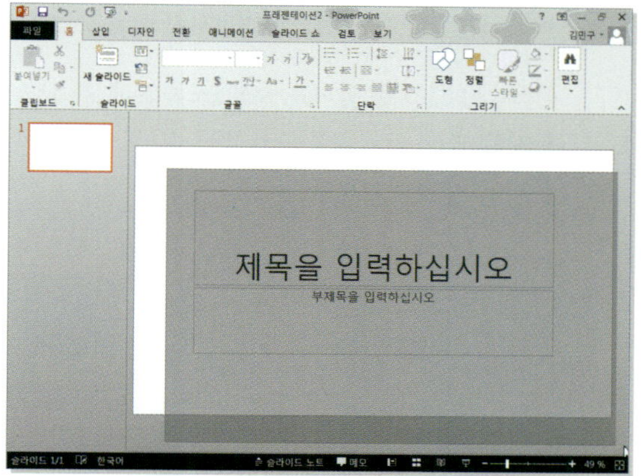

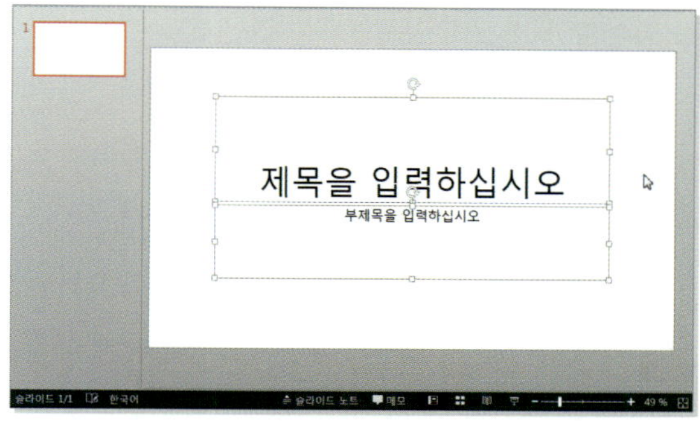

 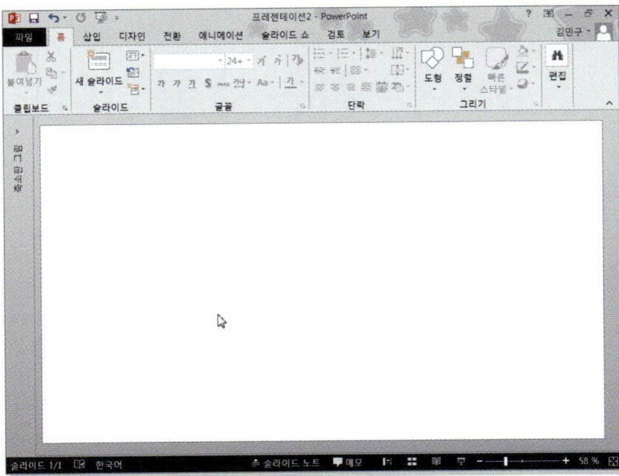

03 슬라이드를 넓게 사용하기 위해 좌측의 [축소판 그림] 창을 닫습니다.

04 Alt + F9 키를 동시에 눌러 슬라이드에 안내선을 표시합니다.

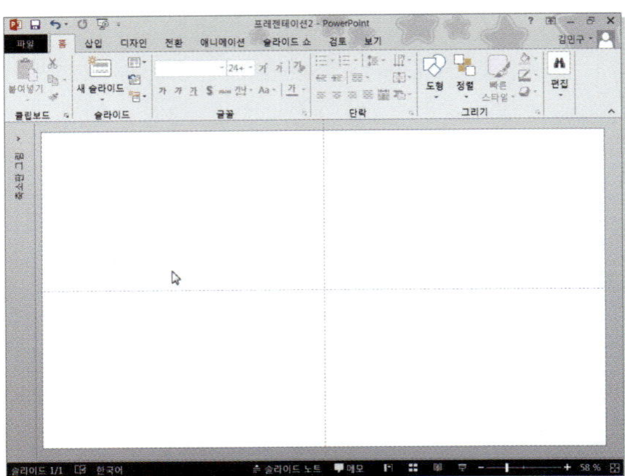

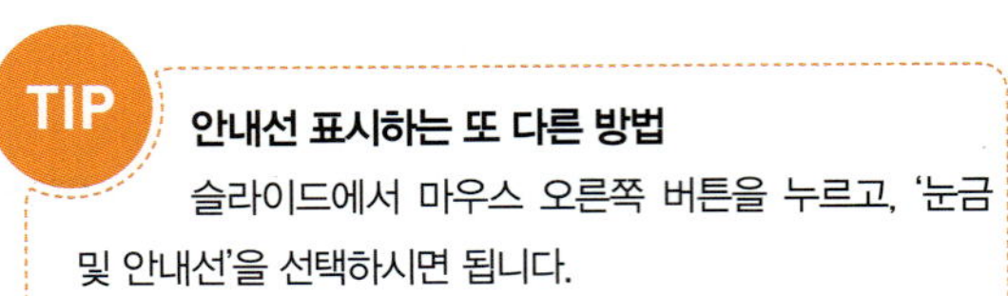

TIP **안내선 표시하는 또 다른 방법**
슬라이드에서 마우스 오른쪽 버튼을 누르고, '눈금 및 안내선'을 선택하시면 됩니다.

05 메뉴에서 [삽입] 〉 [온라인 그림]을 클릭합니다.

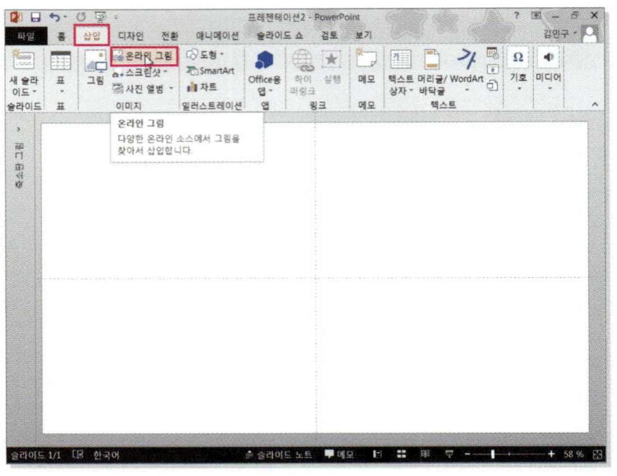

06 [그림 삽입] 대화상자 〉 [클립아트] 검색란에 "사륜구 동"을 입력합니다.

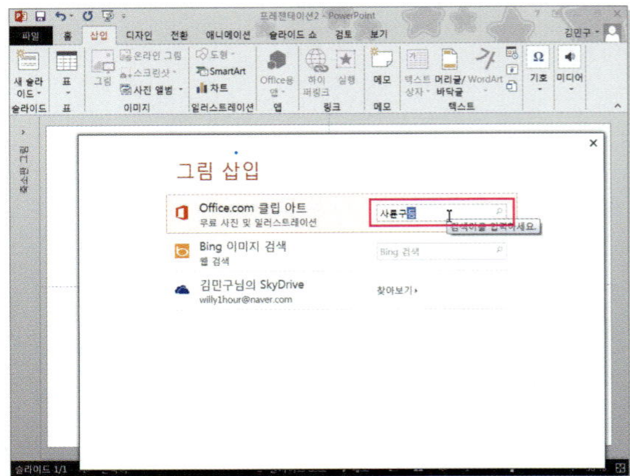

07 두 번째 클립아트를 선택한 후, [삽입]을 클릭합니다.

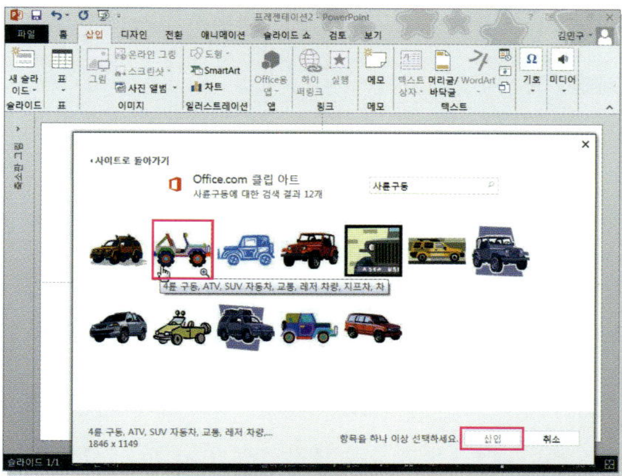

08 삽입된 클립아트의 모서리에 마우스를 가져다 대고 Ctrl + Alt + Shift 키를 동시에 눌러 삽입된 '사륜구동(자동차)' 클립아트의 크기를 크게 키웁니다.

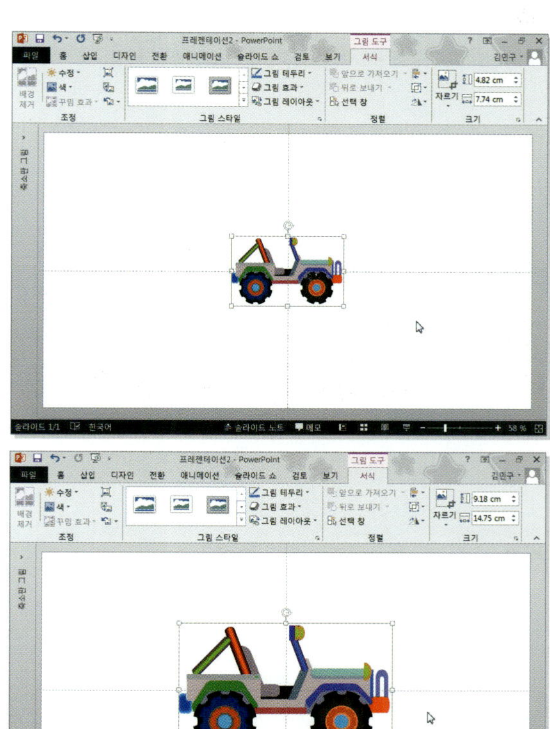

09 클립아트를 클릭한 상태에서 마우스 오른쪽 버튼을 클릭하여 [그룹] > [그룹 해제]를 선택합니다.

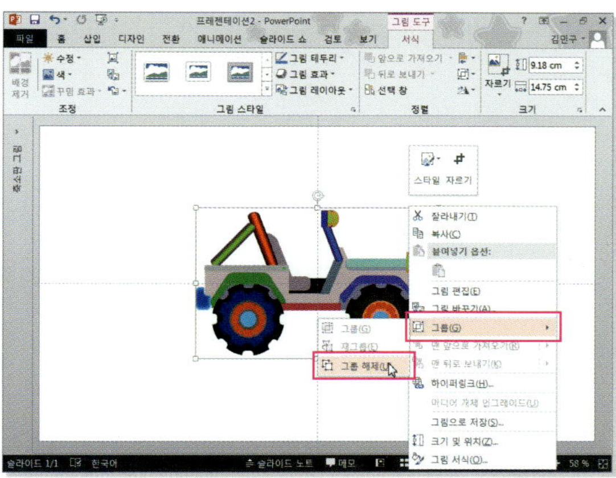

10 [Microsoft PowerPoint] 대화상자가 나타나면 [예]를 클릭합니다.

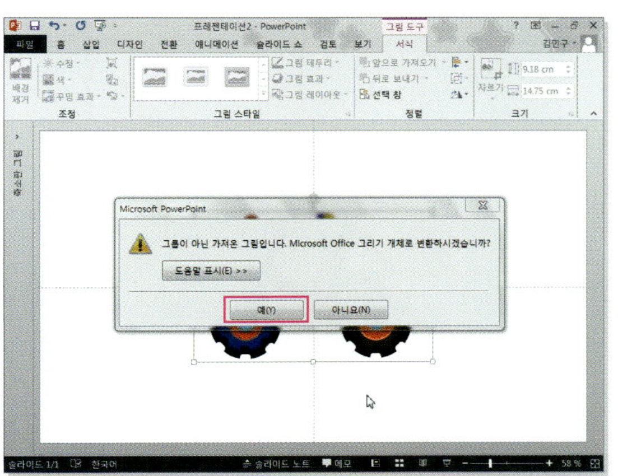

TIP

Ctrl + Alt + Shift 키를 동시에 누르면 해당 개체의 무게중심을 가운데로 잡고, 가로 및 세로 길이를 일정하게 유지하면서 크기를 키우거나 줄일 수 있습니다.

Alt + Shift 키를 동시에 누르면 가로 및 세로 길이만 일정하게 유지하면서 크기를 키우거나 줄일 수 있습니다.

11 아무런 변화가 없는 것처럼 보이지만, 한 번 더 그룹을 해제하면 클립아트 전체가 해제됩니다.

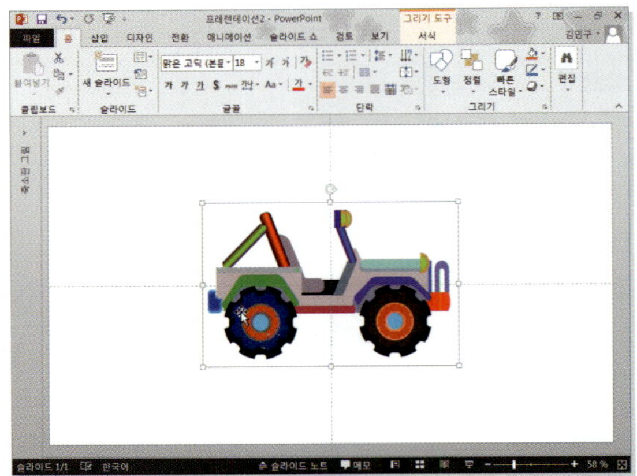

12 클립아트를 다시 한 번 클릭하고, 마우스 오른쪽 버튼을 클릭하여 [그룹] 〉 [그룹 해제]를 선택합니다.

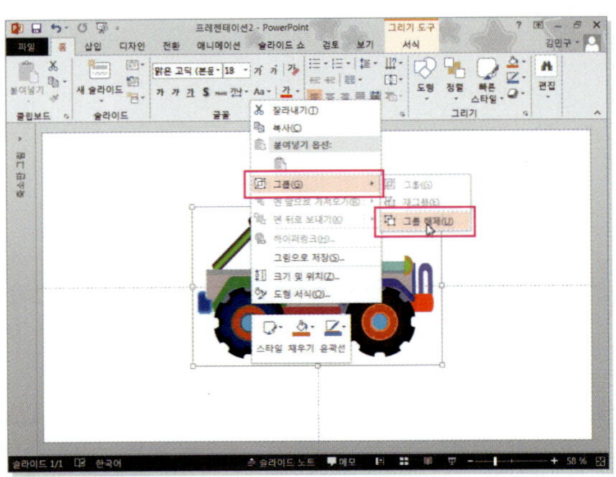

13 클립아트 전체가 해제되었습니다.

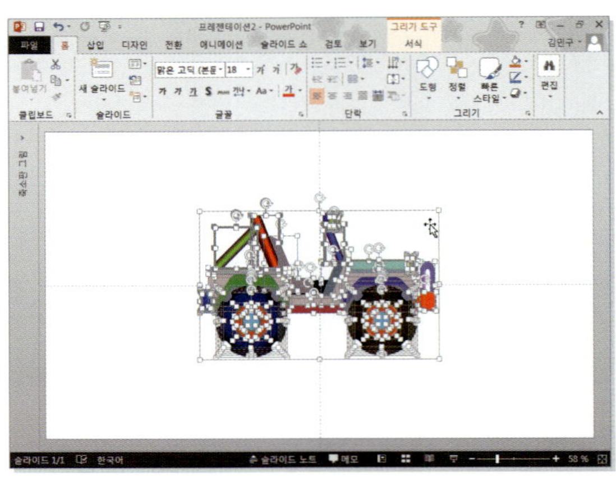

14 자동차 본체와 바퀴 두 개를 각각 그룹화 합니다. 먼저, 마우스로 자동차 본체를 선택합니다.

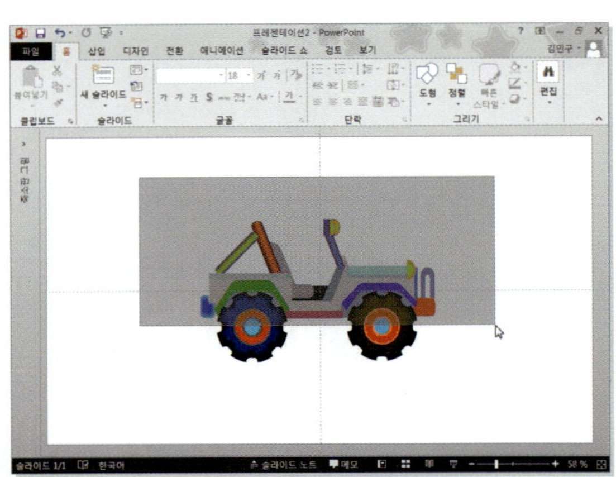

15 자동차 본체가 선택되면 해당 개체 위에 마우스를 놓고, 오른쪽 버튼을 클릭하여 [그룹] 〉 [그룹]을 선택합니다.

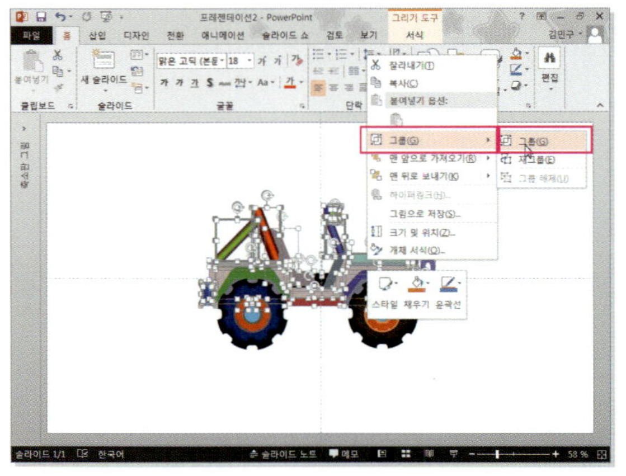

16 그룹과 동시에 맨 앞으로 나온 자동차 본체를 맨 뒤로 보냅니다. 마우스 오른쪽 버튼을 누르고, [맨 뒤로 보내기] 〉 [맨 뒤로 보내기]를 선택합니다.

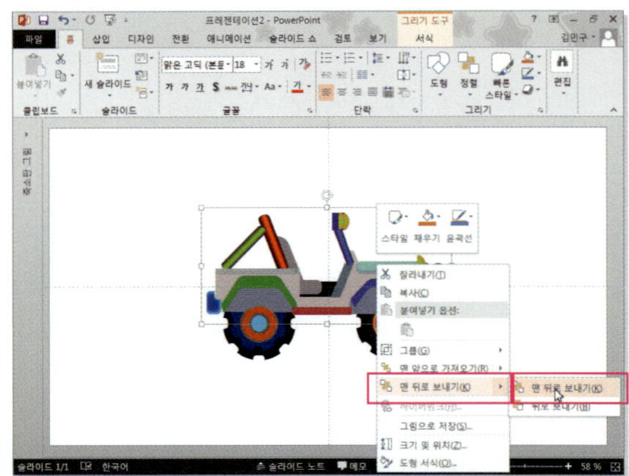

17 다음은 각각의 바퀴를 그룹화 합니다. 먼저, 앞바퀴를 마우스로 선택합니다.

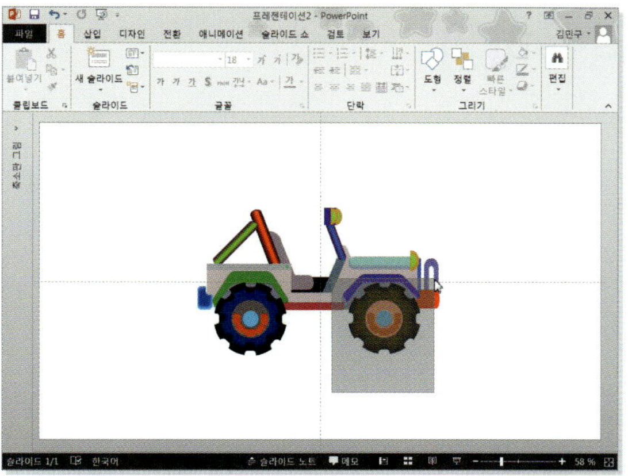

18 앞바퀴가 선택되면 마우스 오른쪽 버튼을 누르고, [그룹] 〉 [그룹]을 선택합니다.

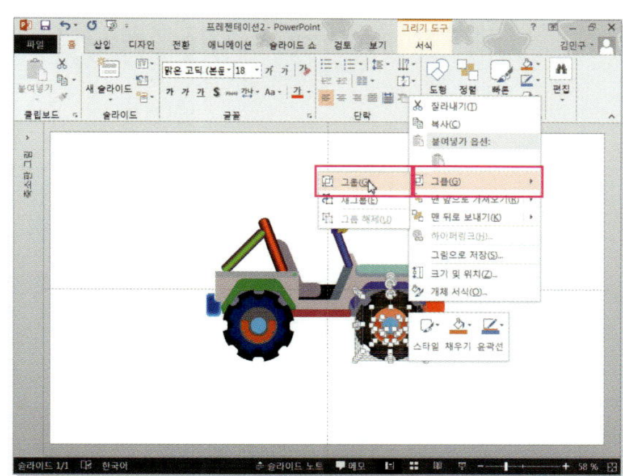

19 다음은 뒷바퀴를 선택합니다.

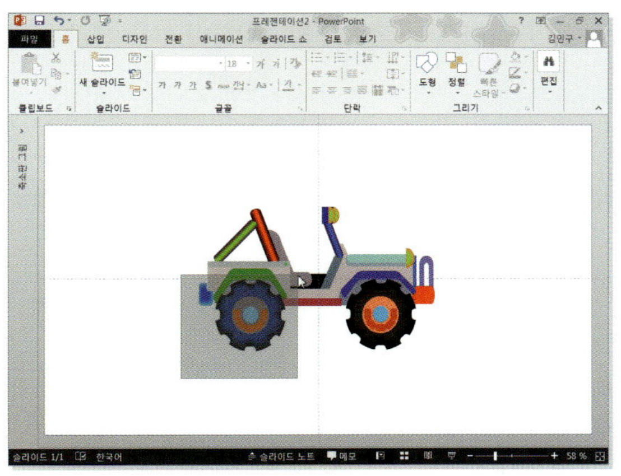

20 뒷바퀴가 선택되면 마우스 오른쪽 버튼을 누르고, [그룹] 〉 [그룹]을 선택합니다.

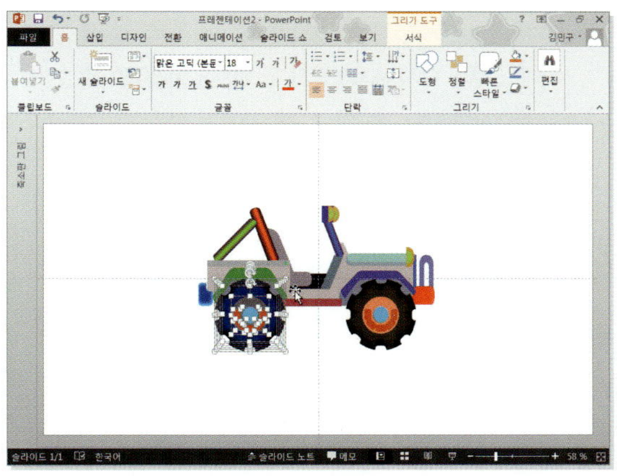

21 뒷바퀴까지 그룹화 되었습니다.

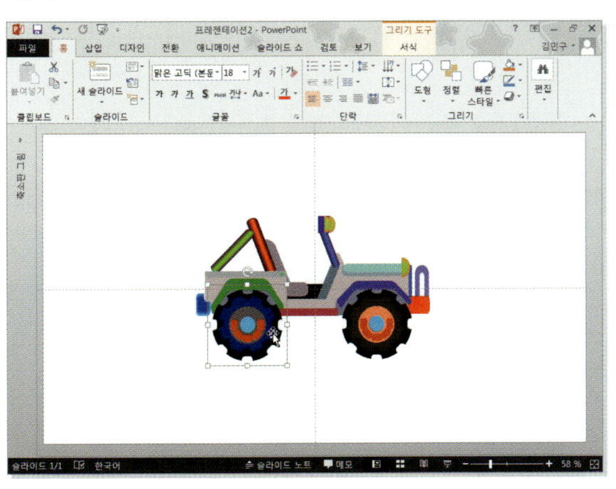

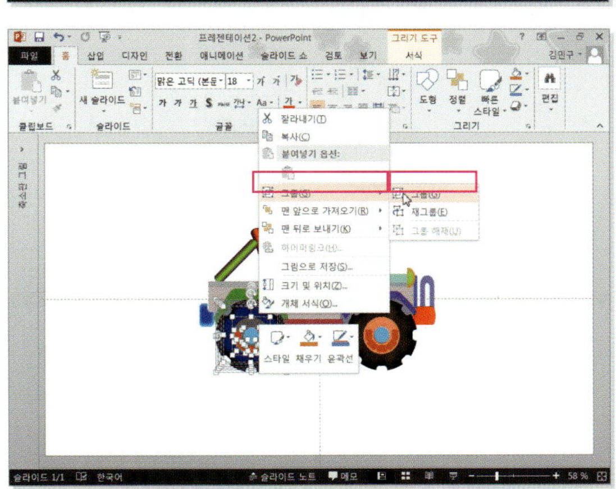

002 '회전' 애니메이션 적용하기

22 두 개 바퀴를 전진하기 위해 애니메이션 효과를 적용합니다. 먼저, 두 개 바퀴를 동시에 선택합니다. (Shift 키를 누르고, 두 개 바퀴를 각각 클릭합니다.)

TIP 여러 개체를 동시에 선택하고자 할 때는 Shift 키나 Ctrl 키를 누르고 마우스로 해당 개체를 클릭하면 됩니다.
이때, 선택을 다시 해제하고자 할 때는 같은 방법으로 한 번 더 클릭하면 됩니다.

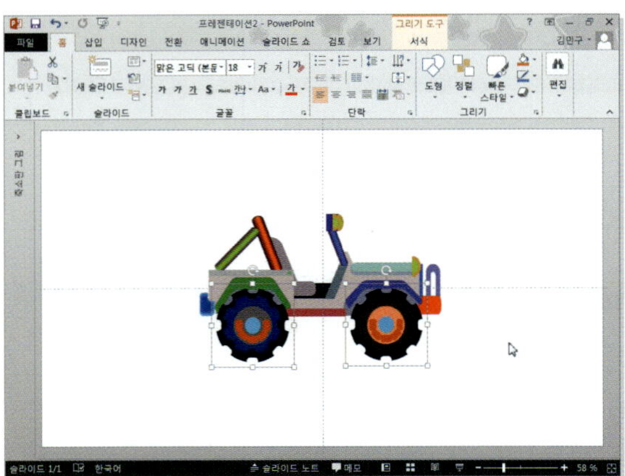

23 메뉴에서 [애니메이션] 〉 [애니메이션 창]을 클릭합니다.

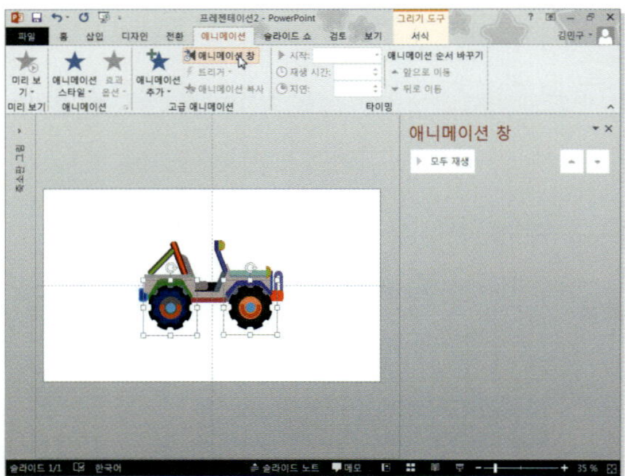

⌐24 [애니메이션] 〉 [애니메이션 추가] 〉 [강조] 〉 [회전]을
클릭합니다.

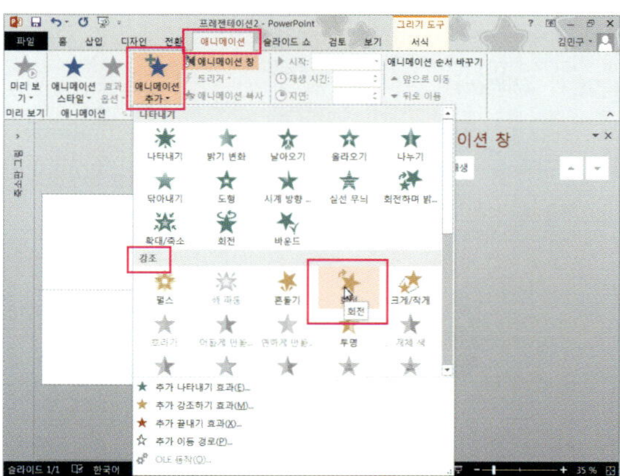

⌐25 우측 애니메이션 창에 두 개의 리스트가 생성되었습
니다.

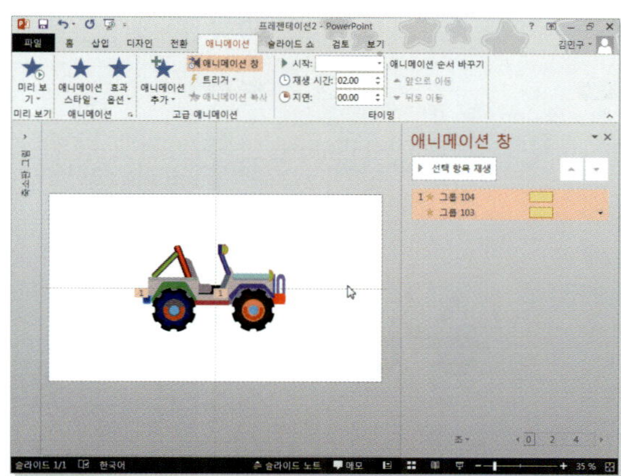

⌐26 두 개의 애니메이션 리스트를 동시에 선택한 후, 내림
단추를 누르고, [효과 옵션]을 선택합니다.

TIP

애니메이션 리스트 동시 선택하기
여러 애니메이션 리스트를 동시에 선택하고자 할 때
는 Shift 키를 누르고, 처음과 마지막 리스트만 클릭하면
됩니다. 반면, 원하는 몇 개의 리스트만 선택하고자 할 때는
Ctrl 키를 누르고, 원하고 리스트만 클릭하면 됩니다.

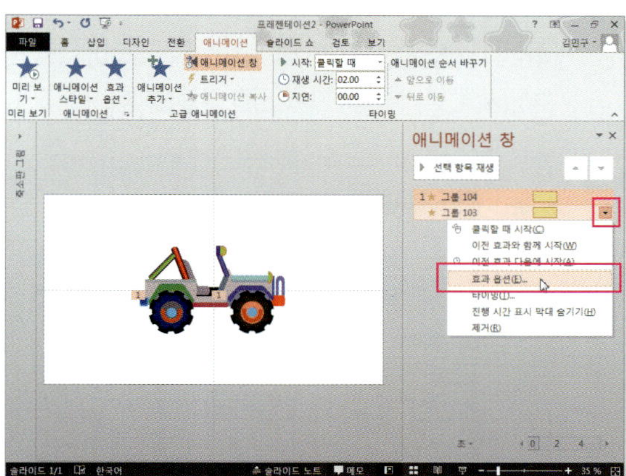

⌐27 [회전] 대화상자에서는 회전의 각도나 효과음을 설정
할 수 있습니다. [타이밍] 탭을 클릭합니다.

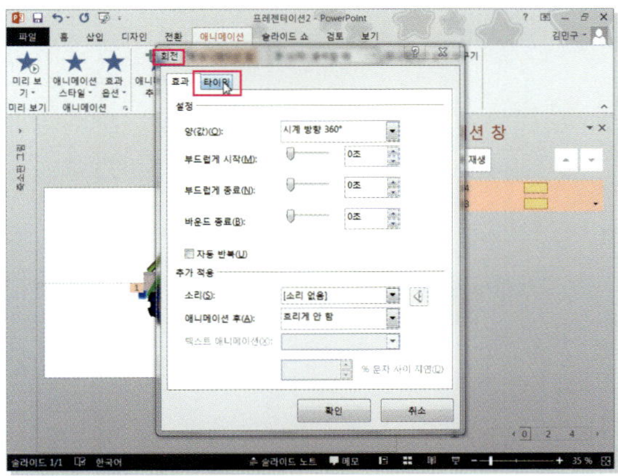

⌐28 [타이밍] 탭에서 [반복] 〉 [슬라이드가 끝날 때까지] 〉
[확인]을 클릭합니다.

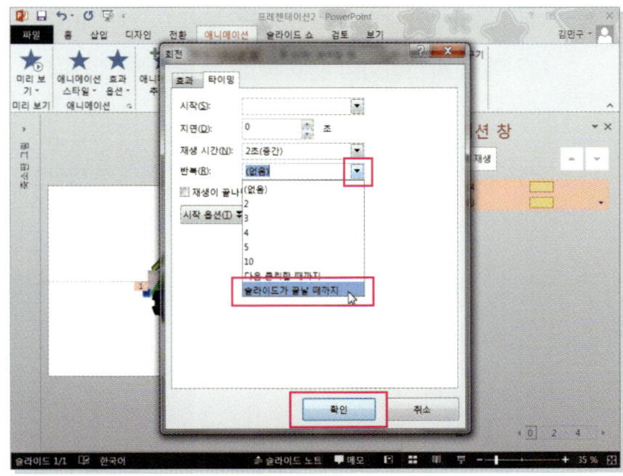

29 애니메이션 효과를 설정한 후, 미리보기가 가능합니다.

30 다음은 두 개 바퀴를 후진하기 위해 효과를 적용합니다. 두 개의 애니메이션 리스트를 선택한 후, 내림단추를 누르고 [효과 옵션]을 클릭합니다.

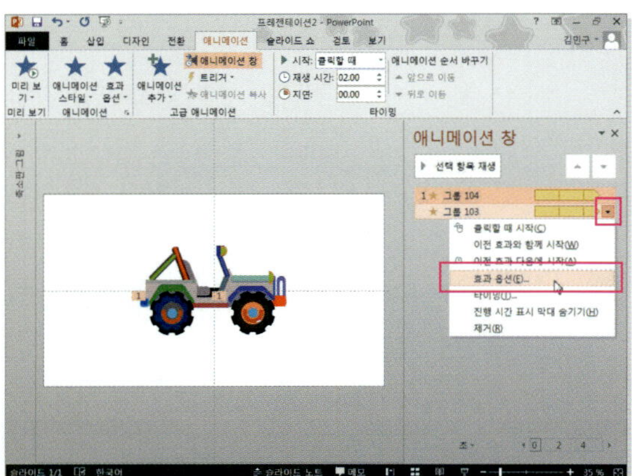

31 [회전] 대화상자 > [효과] 탭 > [설정] > [양(값)] 내림단추 > [시계 반대 방향] > [확인]을 클릭합니다.

32 미리보기로 효과를 확인합니다.

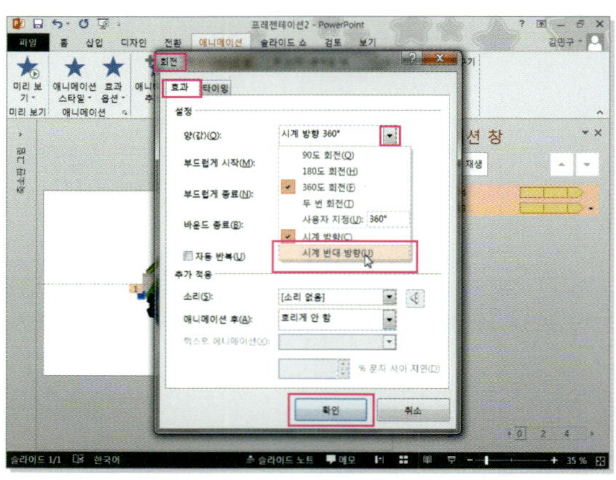

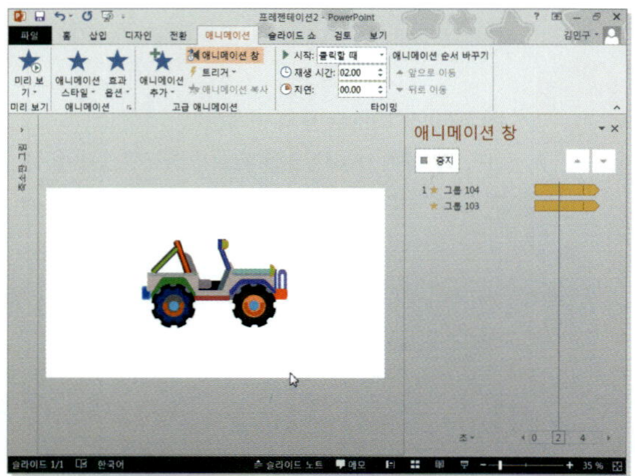

33 모든 애니메이션효과가 적용되었습니다. 슬라이드 쇼 보기에서 확인합니다. [슬라이드 쇼]를 클릭합니다.

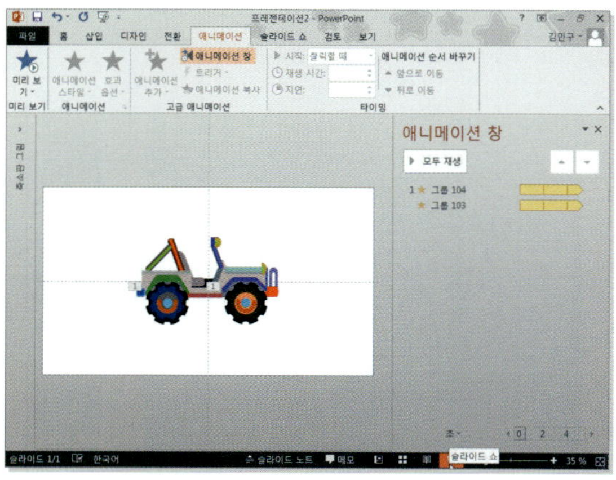

34 자동차가 전진하고, 후진하는 애니메이션 효과를 완성하였습니다.

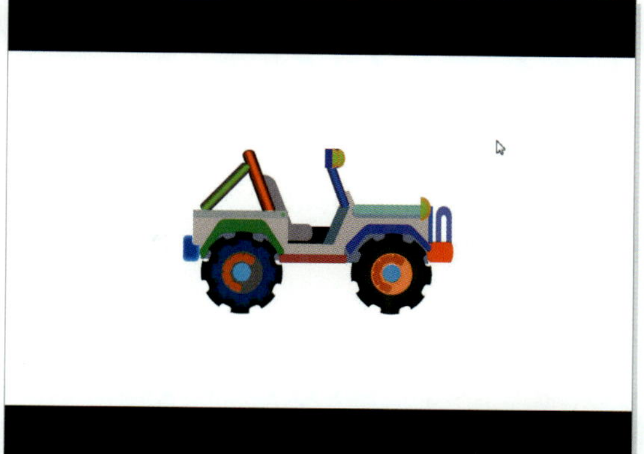

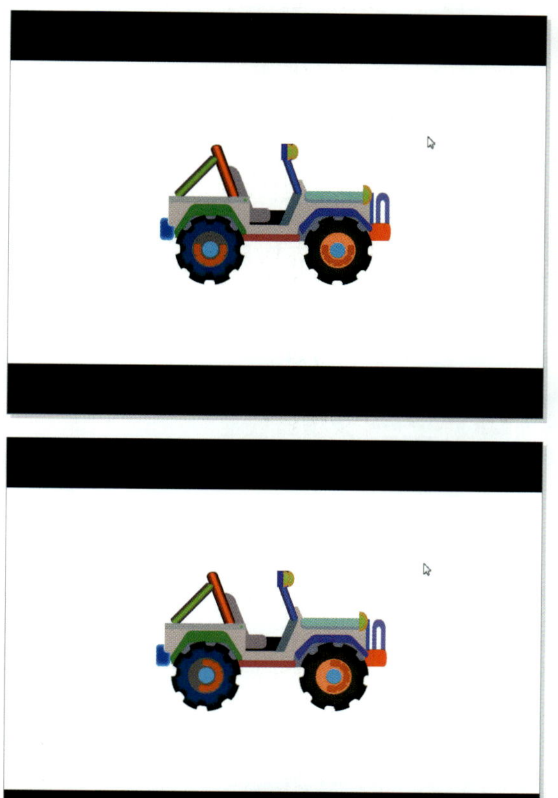

CHAPTER 02

시계타이머 만들기

교육생과 함께 하거나 동료들과 분위기 전환을 위해 파워포인트로 게임을 만들게 되면 아주 유용하게 활용되는 '시계 타이머'입니다. 타이머가 끝나면 알람과 같은 효과음까지 연출할 수 있습니다.

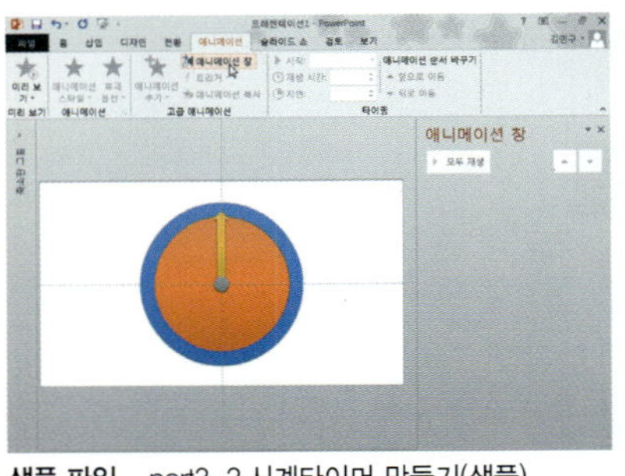

샘플 파일 _ part3-2.시계타이머 만들기(샘플)

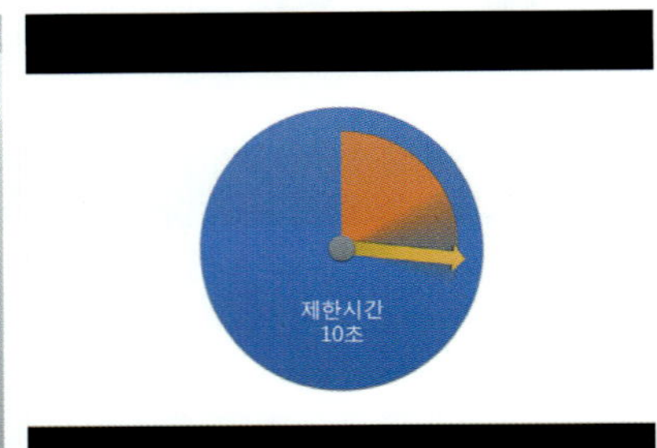

완성 파일 _ part3-2.시계타이머 만들기(완성)

001 필요한 개체 만들기

002 애니메이션 적용하기

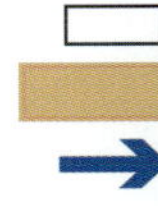

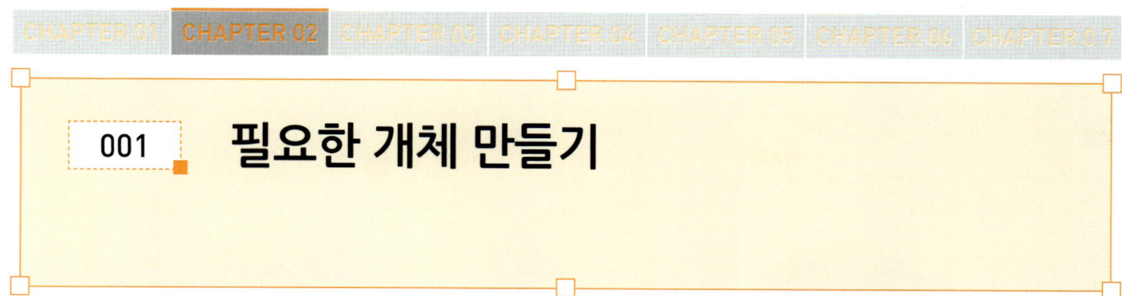

001 필요한 개체 만들기

01 새 프레젠테이션 파일을 엽니다.

02 제목, 부제목 입력 상자를 마우스로 선택한 후, 삭제합니다. 그런 다음, 슬라이드를 넓게 사용하기 위해 좌측의 [축소판 그림] 창을 닫습니다.

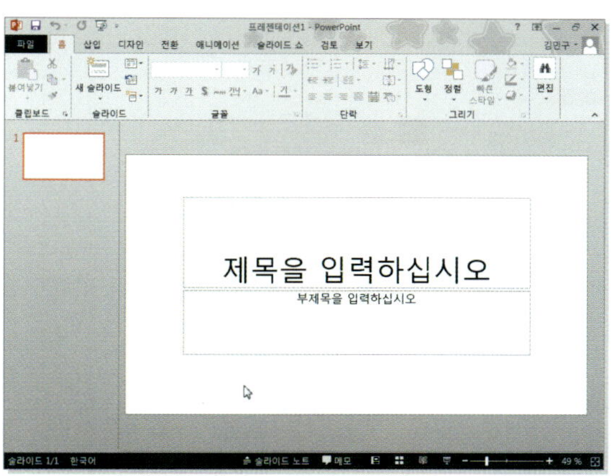

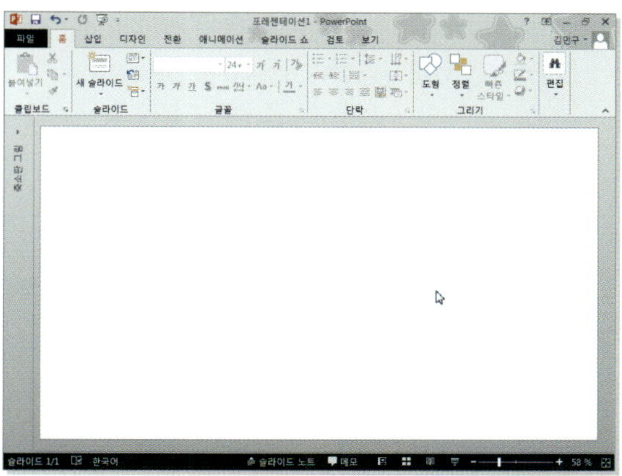

03 Alt + F9 키를 동시에 눌러 슬라이드에 안내선을 표시합니다.

04 [홈] 〉 [그리기] 〉 [도형] 〉 [타원]을 클릭합니다.

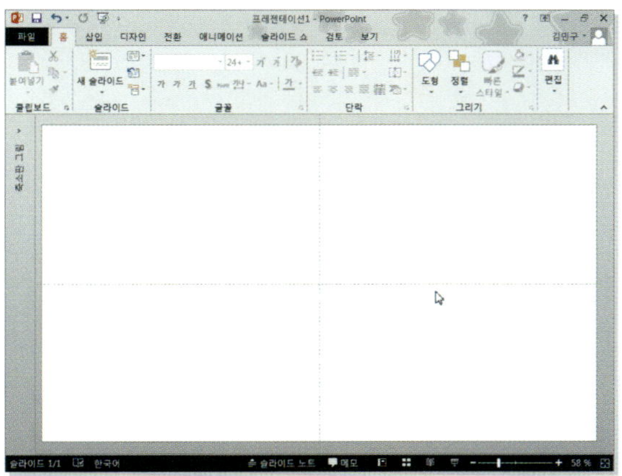

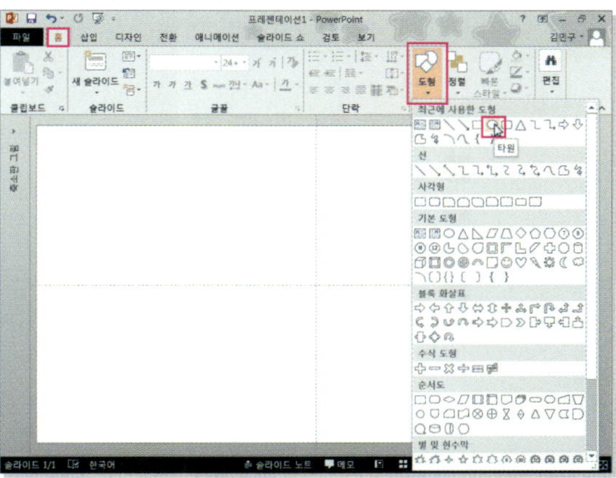

05 슬라이드에 도형을 삽입합니다.

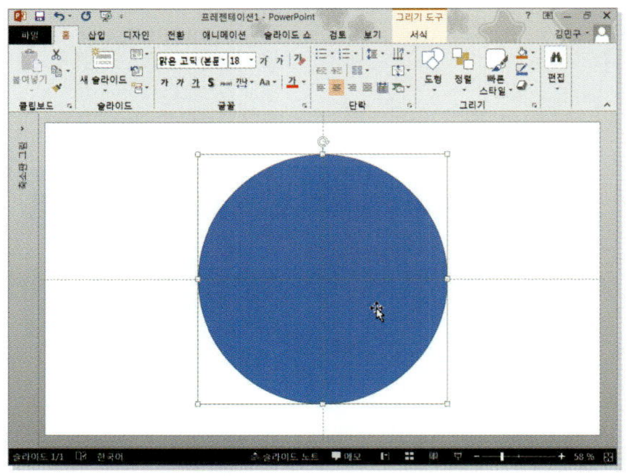

06 삽입된 도형의 스타일을 바꾸기 위해 도형을 더블클릭합니다.

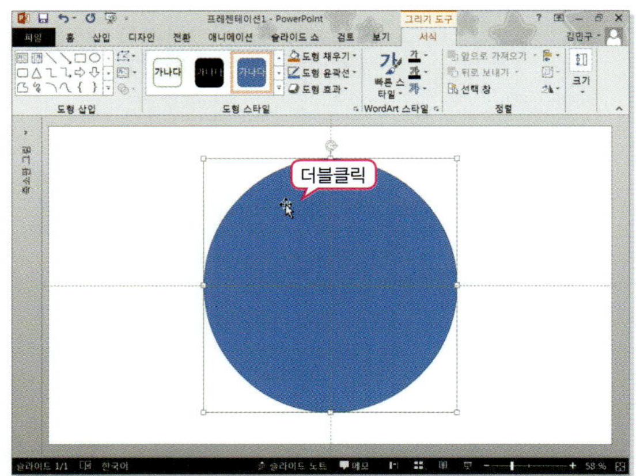

07 [서식] > [도형 스타일] > [자세히]를 클릭합니다.

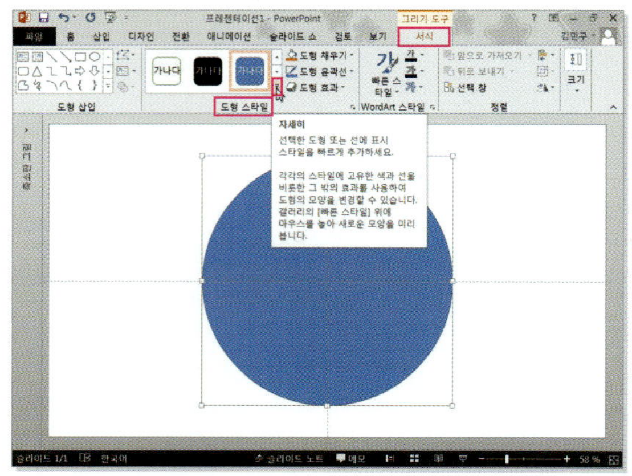

08 [강한 효과-파랑, 강조1]을 클릭합니다.

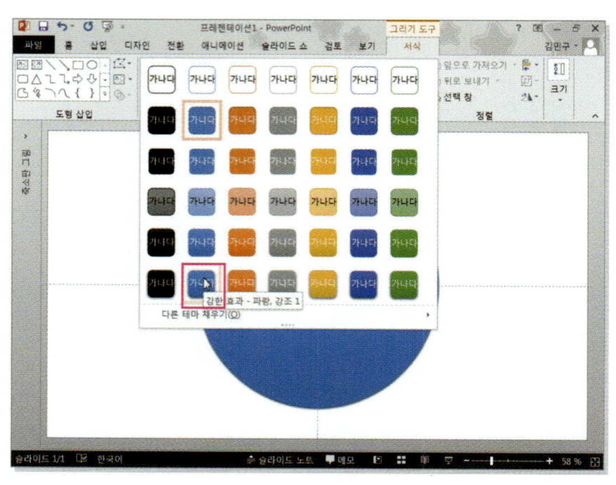

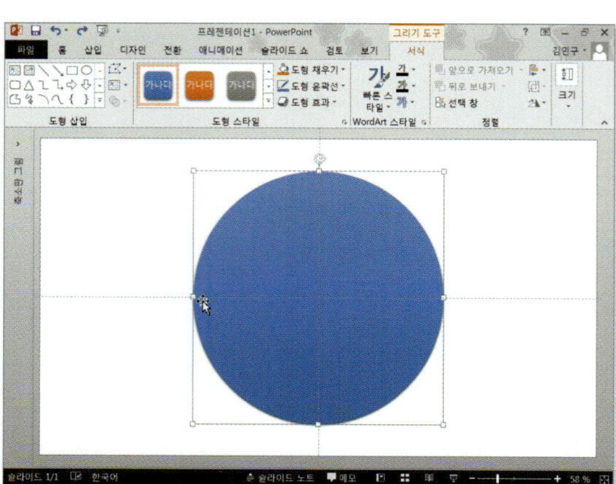

09 `Ctrl` + `Shift` 키를 동시에 누르고, 마우스로 도형을 클릭한 후, 우측으로 끌어 복제합니다.

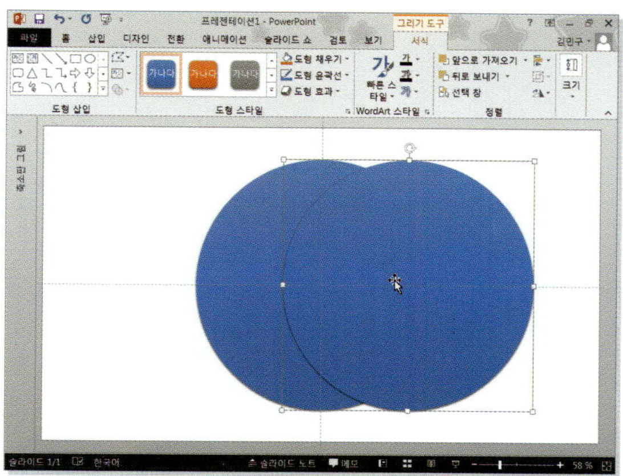

10 [서식] 〉 [도형 스타일] 〉 [강한 효과-주황, 강조2]를 클릭합니다.

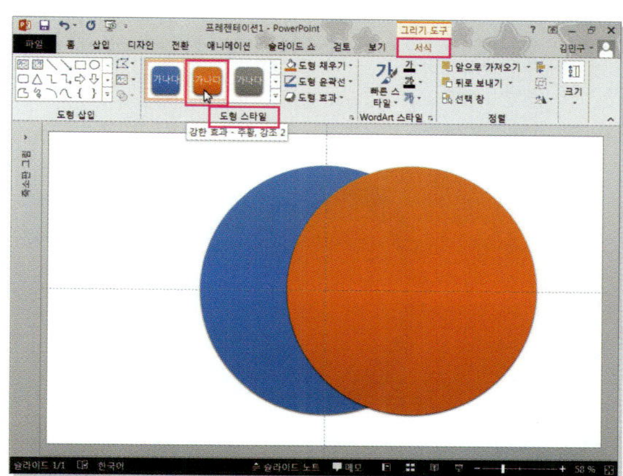

11 주황색 도형을 파란색 도형 위로 겹칩니다.

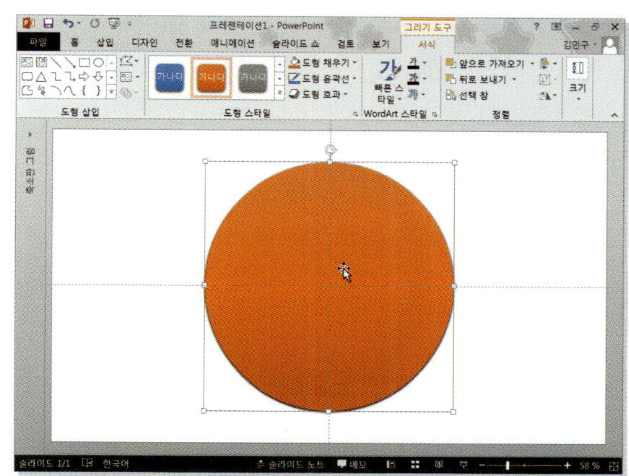

12 `Ctrl` + `Alt` + `Shift` 키를 동시에 누르고, 도형 모서리에서 마우스 클릭한 후, 안쪽으로 밀면서 크기를 줄입니다.

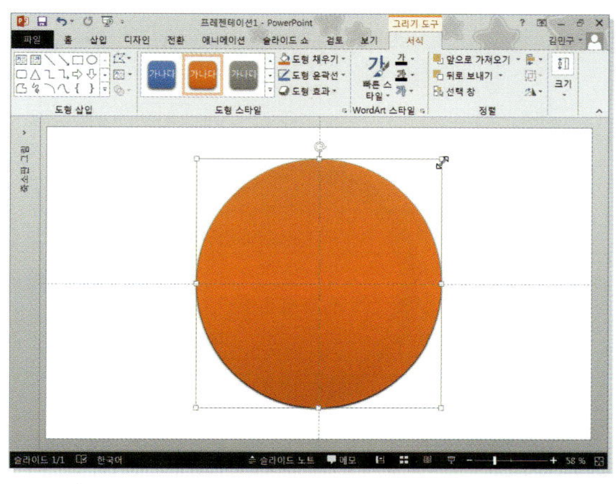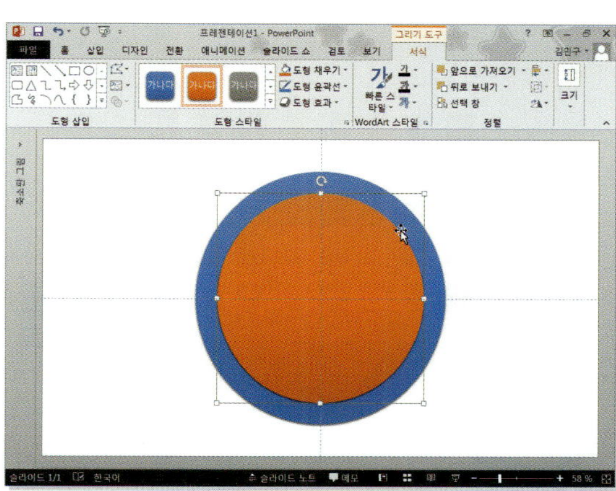

13 다음은 시계 바늘이 될 화살표 도형을 삽입합니다. [홈]〉[그리기]〉[도형]〉[위쪽 화살표]를 클릭합니다.

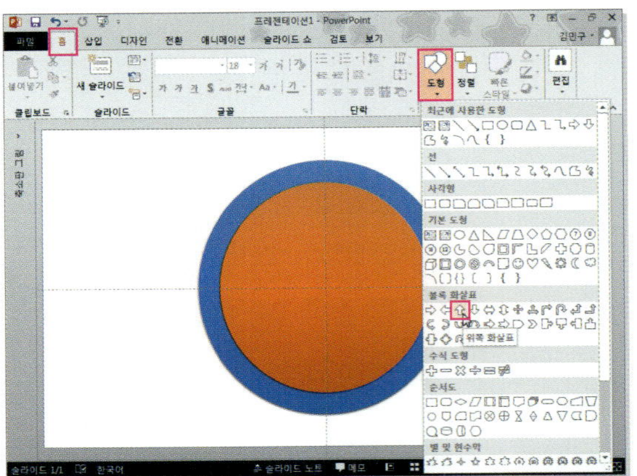

14 가로, 세로 안내선을 기준으로 화살표 도형을 삽입합니다.

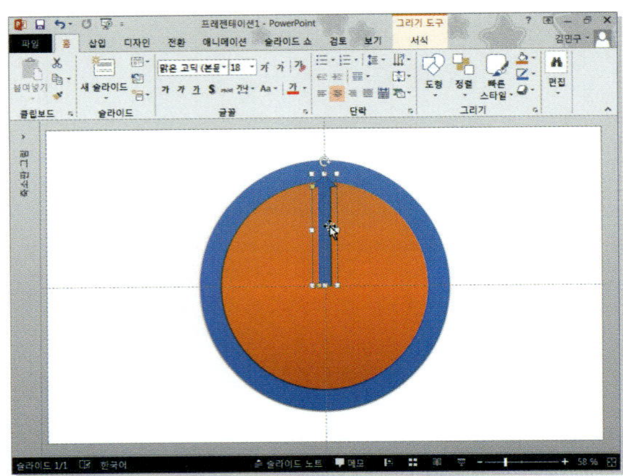

15 삽입된 화살표 도형을 더블클릭합니다.

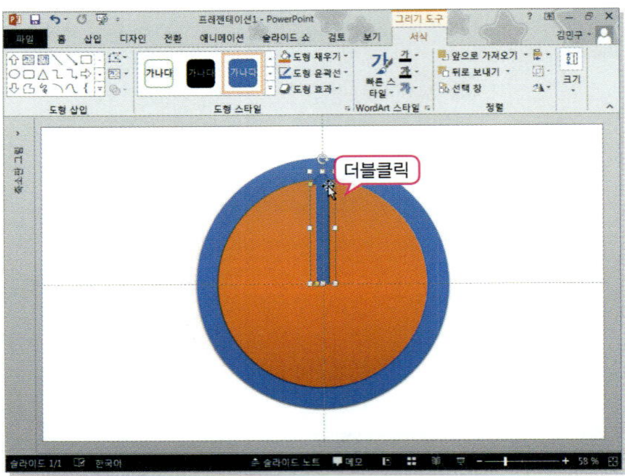

16 [서식]〉[도형 스타일]〉[자세히]를 클릭합니다.

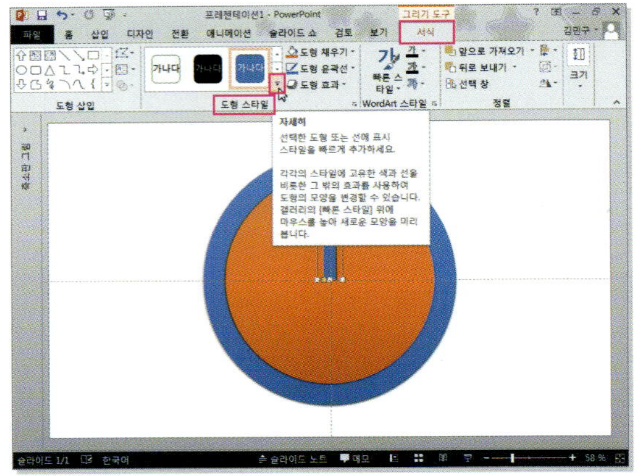

17 [강한 효과–황금색, 강조4]를 클릭합니다.

18 황금색 효과가 적용된 화살표 도형을 클릭한 후, Ctrl + Shift 키를 동시에 누르고, 아래로 끌어내리면서 복제합니다.

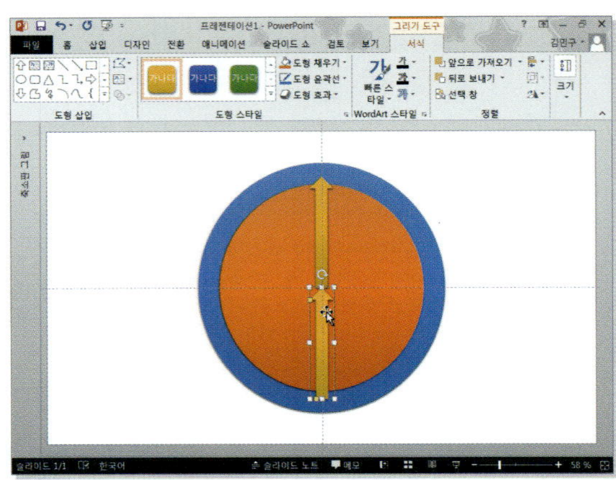

19 복제된 도형을 선택한 후, [서식] > [정렬] > [개체 회전] > [상하 대칭]을 클릭합니다.

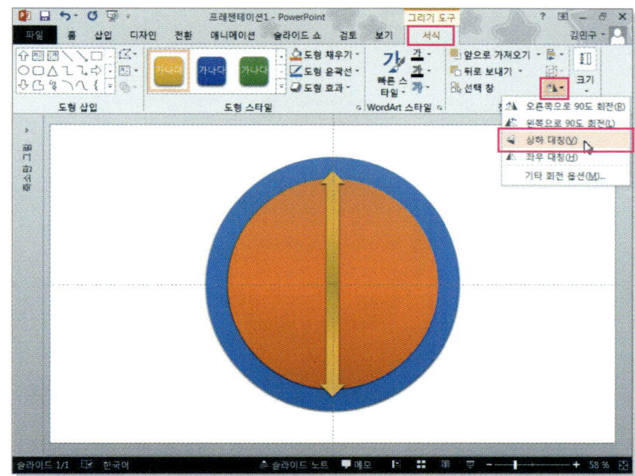 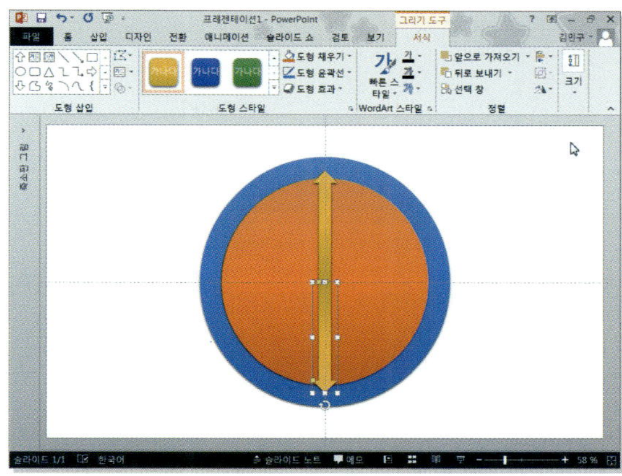

20 시계 바늘처럼 돌아가기 위해 두 개의 화살표 도형을 그룹화해야 합니다. 먼저, Shift 키를 누르고, 두 개 화살표 도형을 동시에 클릭합니다.

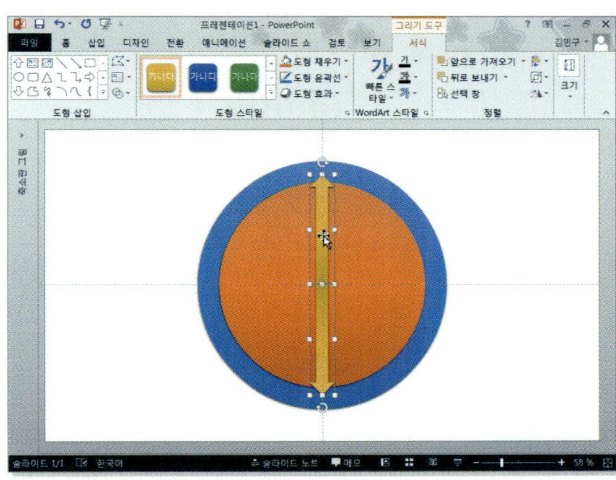

21 도형 위에서 마우스 오른쪽 버튼을 누르고, [그룹] > [그룹] 클릭합니다.

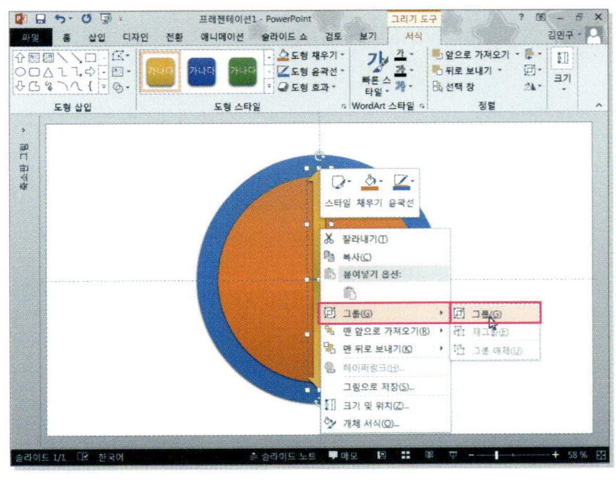 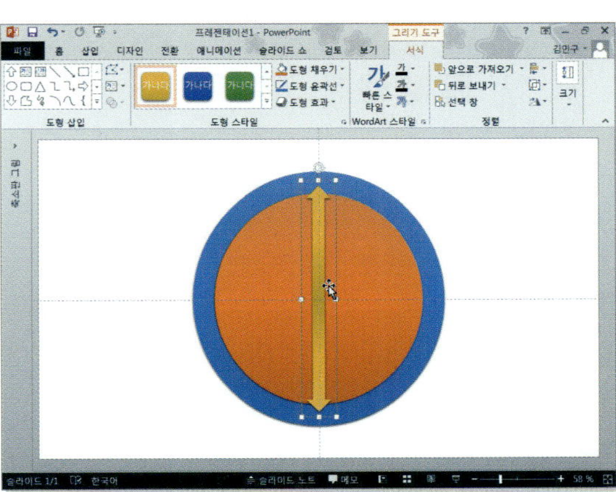

22 아래쪽 방향 화살표의 색을 없애고, 시계 바늘을 만듭니다. 먼저, 아래쪽 방향 화살표 도형을 클릭합니다.

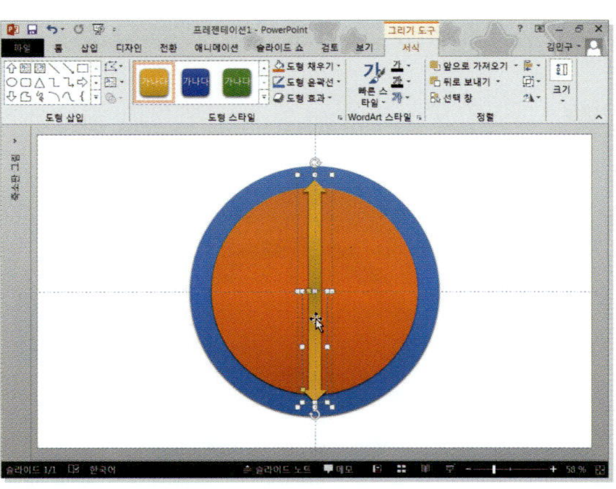

23 [서식] 〉 [도형 스타일] 〉 [도형 채우기] 〉 [채우기 없음]을 클릭합니다.

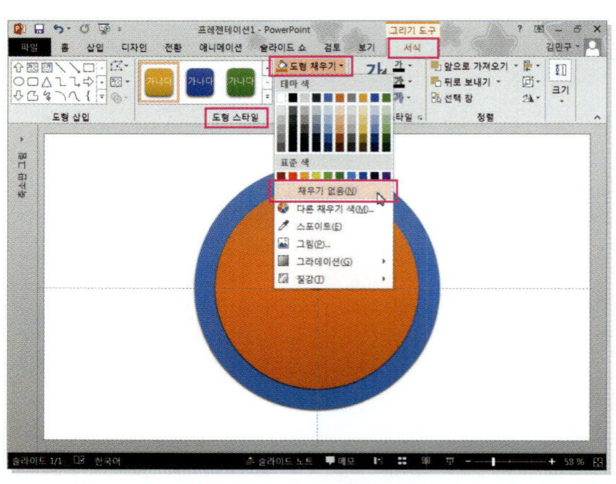

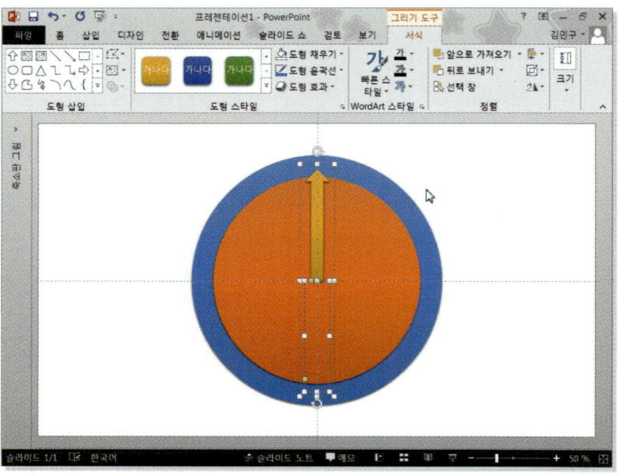

24 시계 가운데에 중심 추를 만듭니다. Ctrl + Shift 키를 동시에 누르고, 주황색 도형을 클릭한 후, 우측으로 끌어 복제합니다.

25 [서식] 〉 [도형 스타일] 〉 [강한 효과–회색–50%, 강조 3]을 클릭합니다.

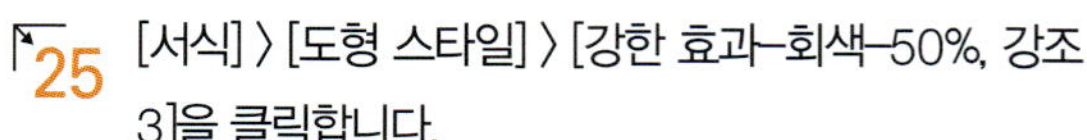

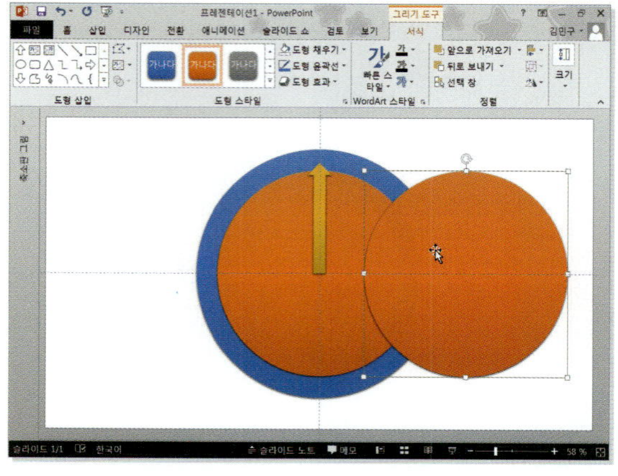

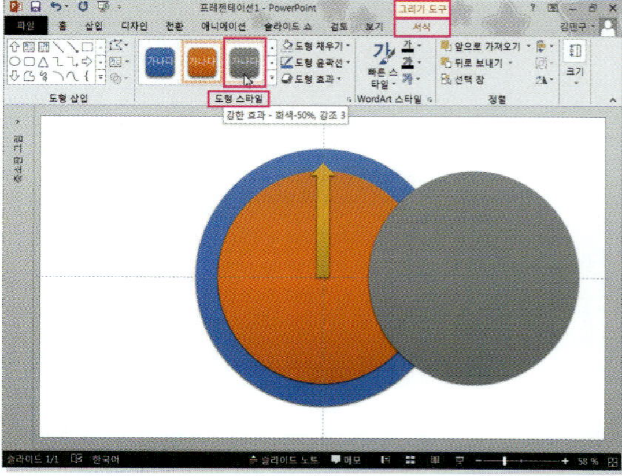

26 안내선 중앙으로 도형이 겹치도록 이동합니다.

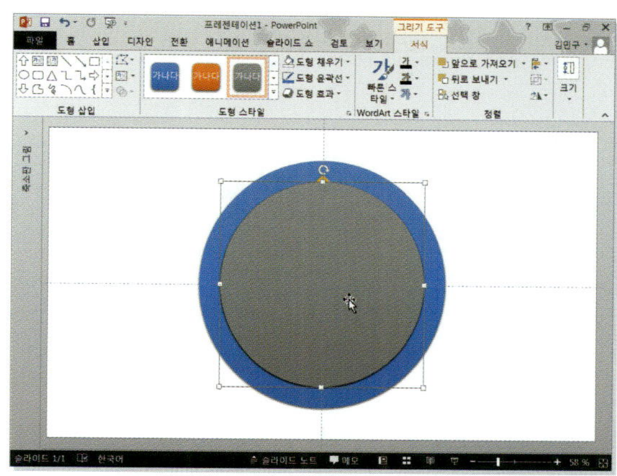

27 Ctrl + Alt + Shift 키를 동시에 누르고, 도형의 모서리에서 클릭한 후, 안쪽으로 밀면서 크기를 줄입니다.

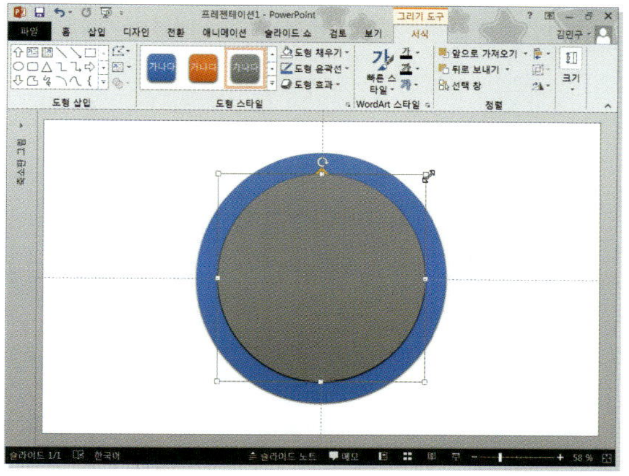

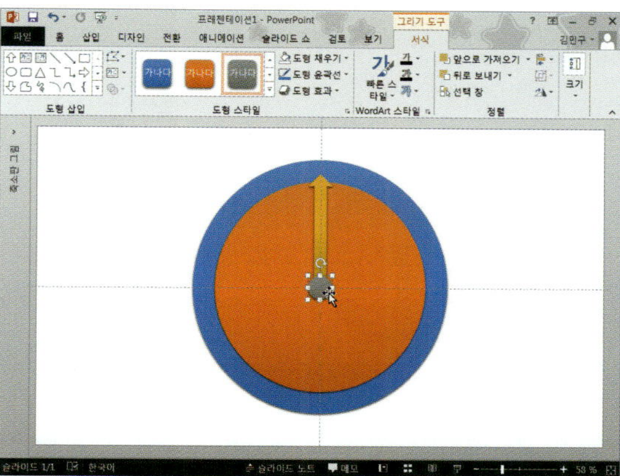

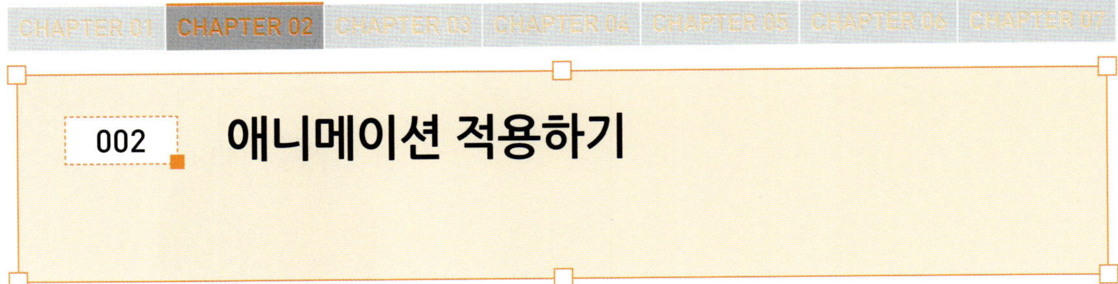

002 애니메이션 적용하기

28 시계 타이머에 필요한 모든 개체가 만들어졌습니다. [애니메이션] 〉 [애니메이션 창]을 클릭합니다.

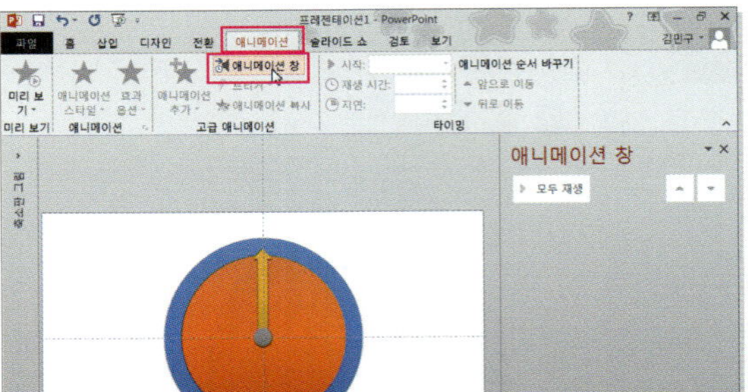

29 주황색 도형을 먼저 클릭합니다.

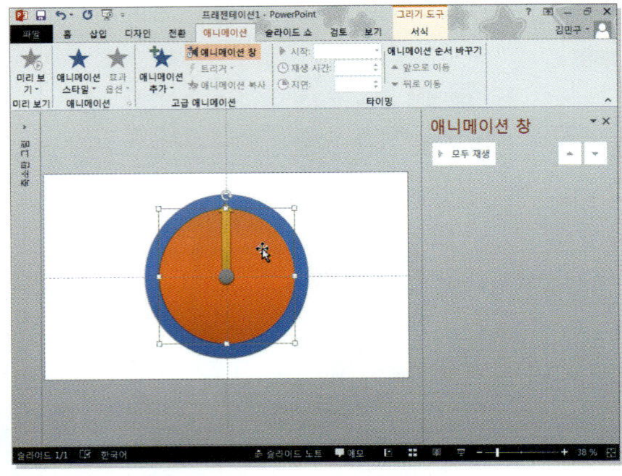

30 [애니메이션] 〉 [애니메이션 추가] 〉 [추가 나타내기 효과]를 클릭합니다.

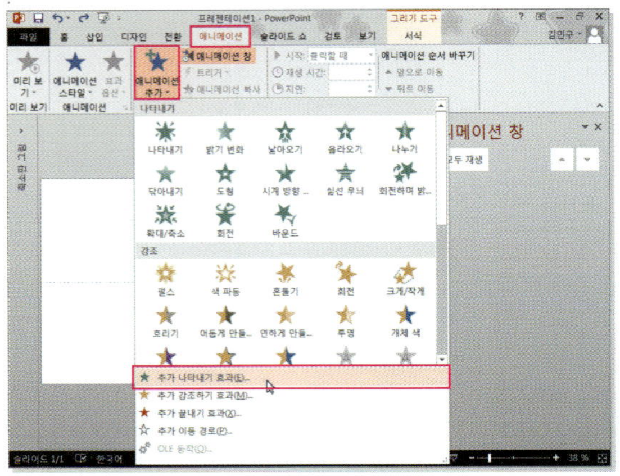

31 [나타내기 효과 추가] 대화상자 〉 [시계 방향 회전] 〉 [확인]을 클릭합니다.

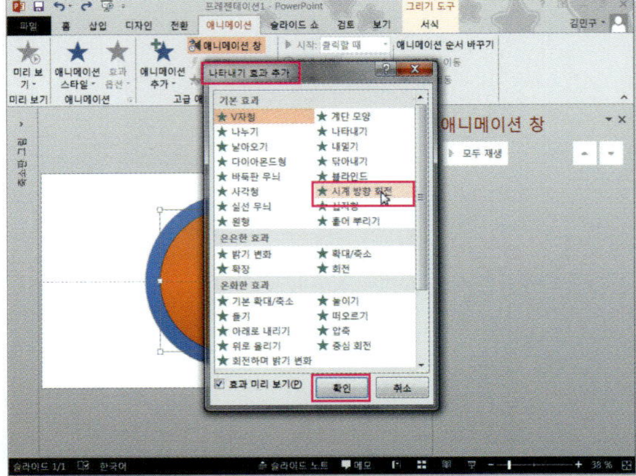

32 애니메이션 창에 리스트가 생성되었습니다.

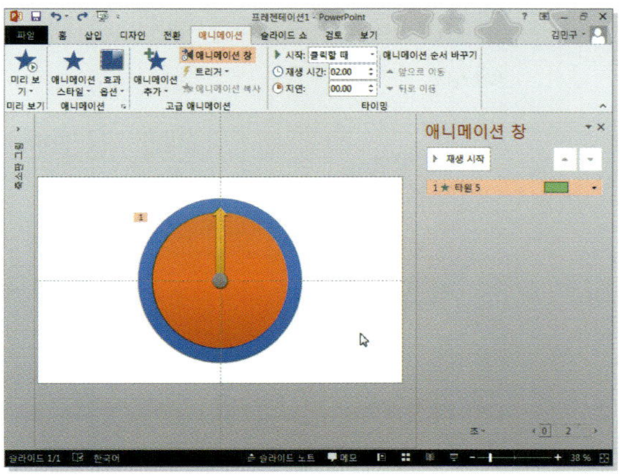

33 재생 시간 조절을 위해 생성된 애니메이션 리스트를 클릭합니다.

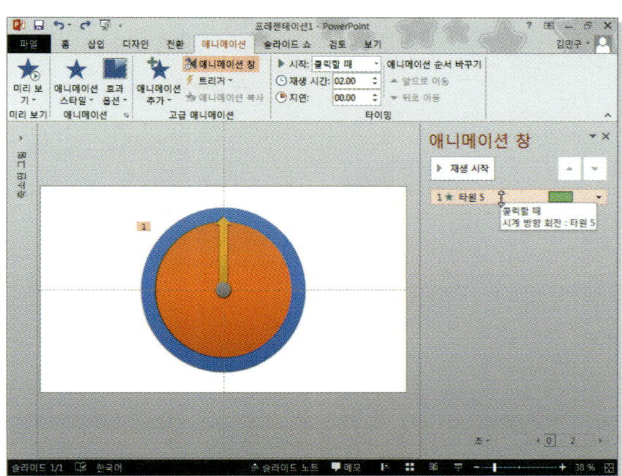

34 [애니메이션] 〉 [타이밍] 〉 [재생 시간:10초]를 조절합니다.

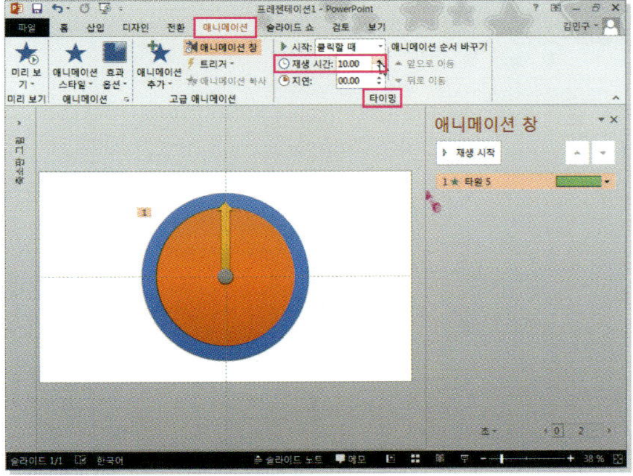

35 시계 바늘에 애니메이션을 적용합니다. 먼저, 해당 도형을 클릭합니다.

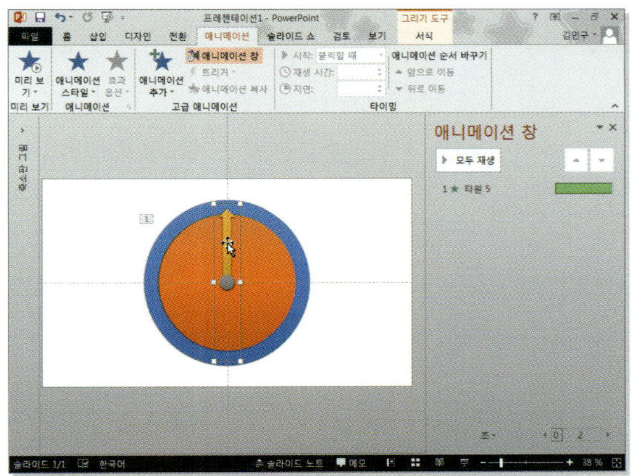

36 [애니메이션] 〉 [애니메이션 추가] 〉 [강조] 〉 [회전]을 클릭합니다.

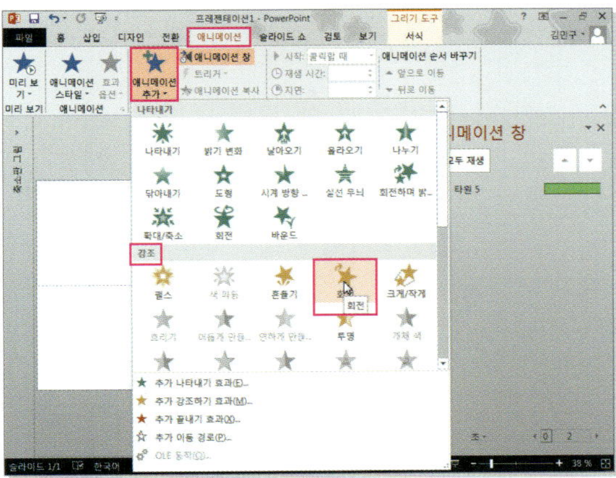

37 [회전] 애니메이션 리스트가 생성되었습니다.

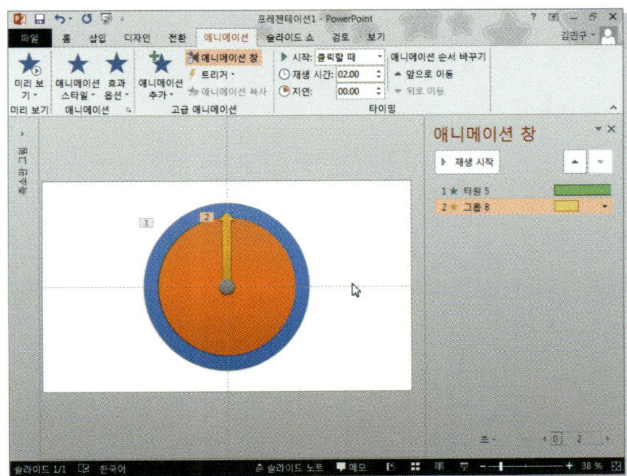

38 [애니메이션] 〉 [타이밍] 〉 [시작] 내림단추 〉 [이전 효과와 함께]를 클릭합니다.

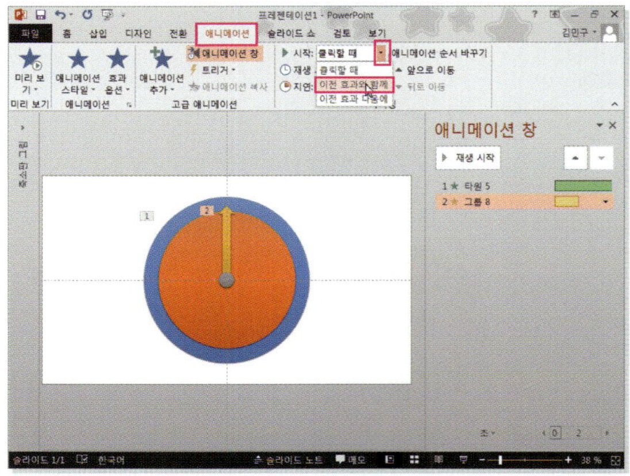

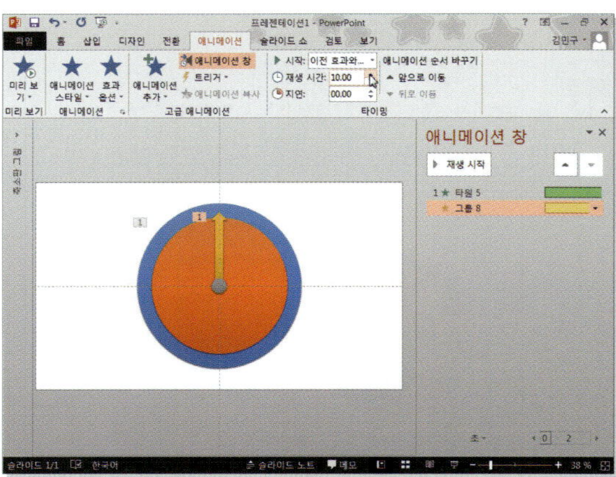

39 타이머가 완료되었음을 알리는 애니메이션 효과를 적용합니다. 주황색 도형을 클릭합니다.

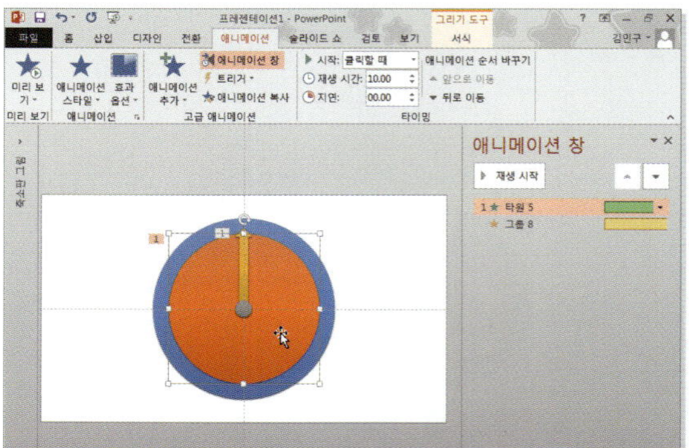

40 [애니메이션] 〉 [애니메이션 추가]를 클릭합니다.

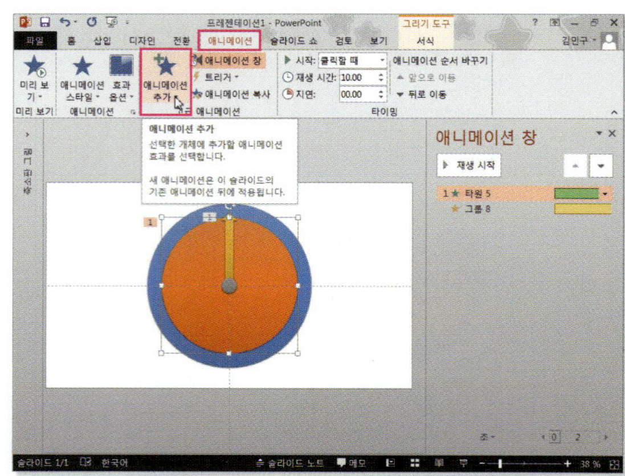

41 [강조] 〉 [펄스]를 클릭합니다.

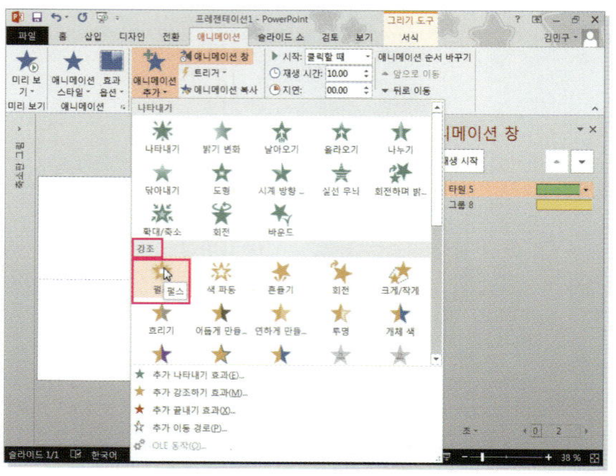

42 [펄스] 애니메이션 리스트가 생성되었습니다.

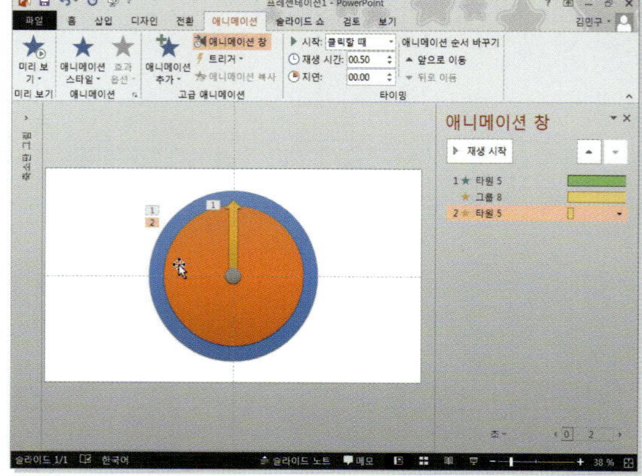

43 [애니메이션] 〉 [타이밍] 〉 [시작] 내림단추 〉 [이전 효과 다음에]를 클릭합니다.

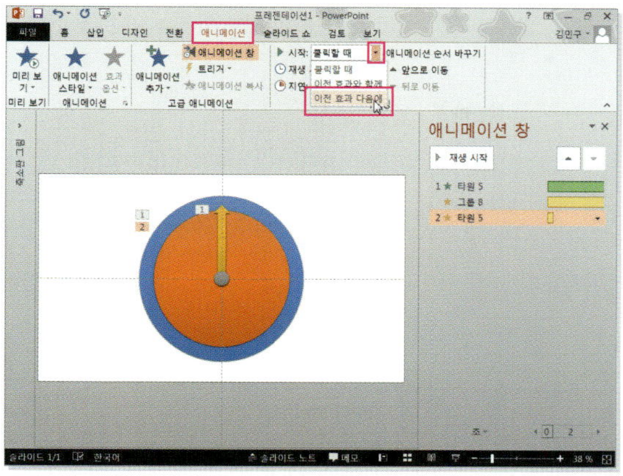

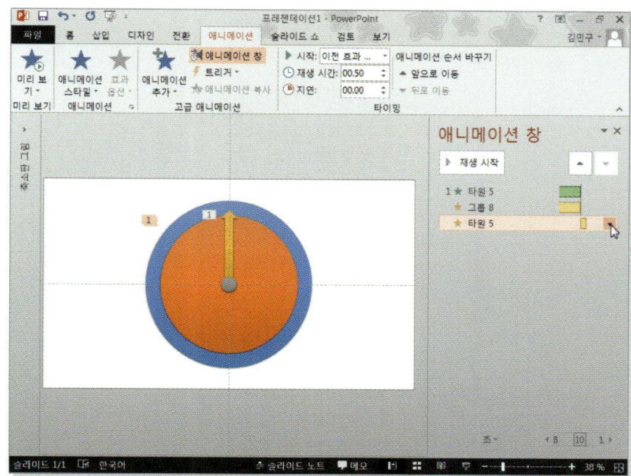

44 세 번째 애니메이션 리스트의 내림단추를 누르고, [효과 옵션]을 클릭합니다.

45 [펄스] 대화상자 〉 [효과] 탭 〉 [소리]의 내림단추를 클릭합니다.

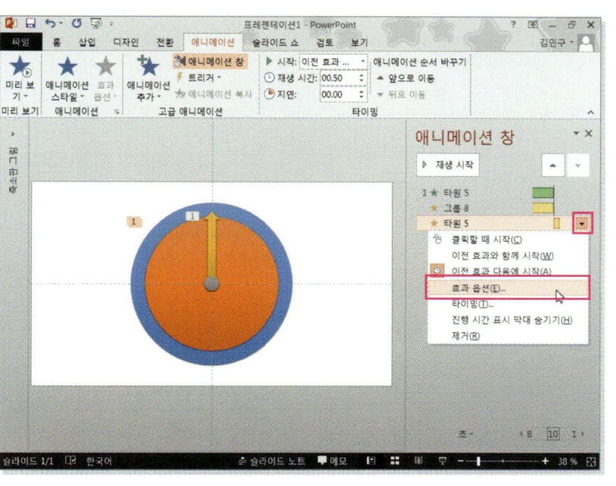

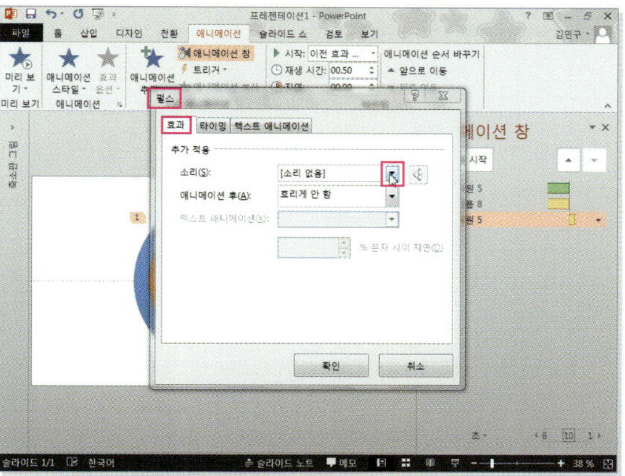

46 [북소리]를 선택합니다.

47 [타이밍] 탭을 클릭합니다.

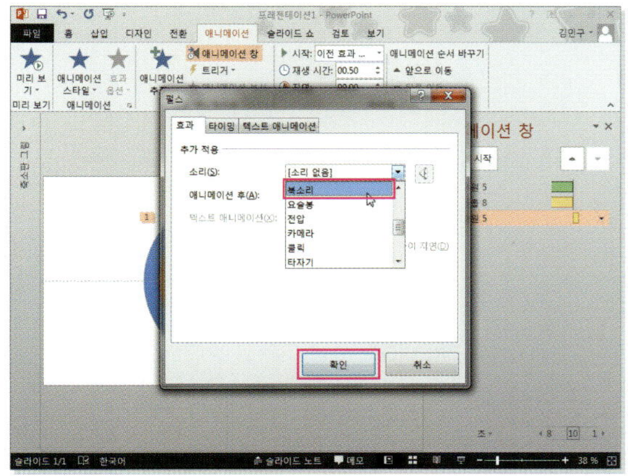

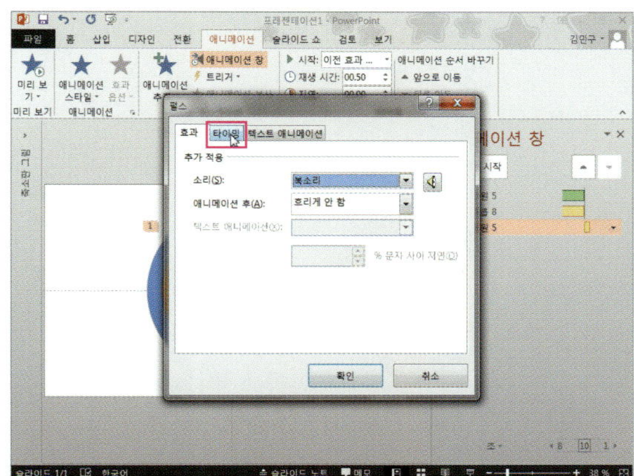

48 [재생 시간]에 '0.2초'라고 직접 입력합니다.

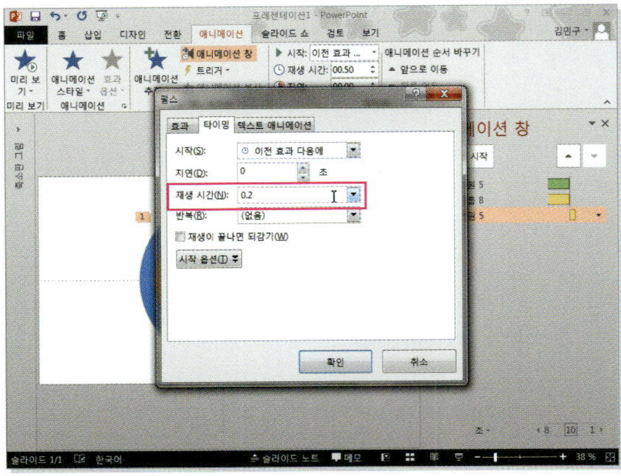

49 [반복]에 '5'를 클릭합니다.

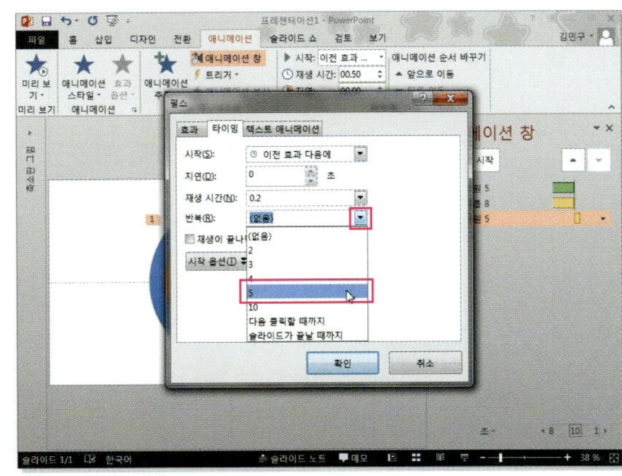

50 [확인]을 클릭합니다.

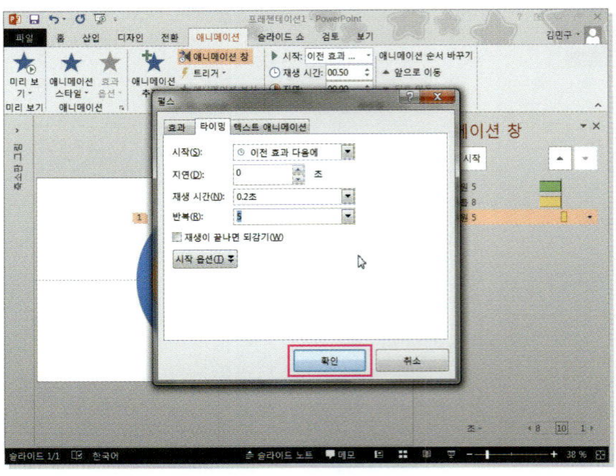

51 파란색 도형에 제한시간을 알리는 텍스트를 입력합니다. 먼저, 파란색 도형을 더블클릭합니다.

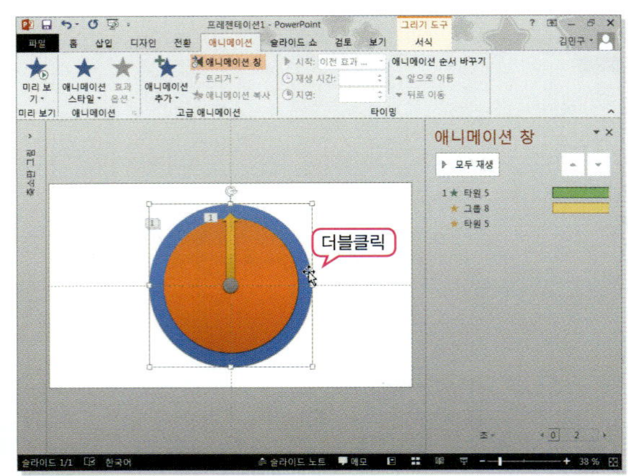

52 [서식] 〉 [정렬] 〉 [앞으로 가져오기] 내림단추를 클릭합니다.

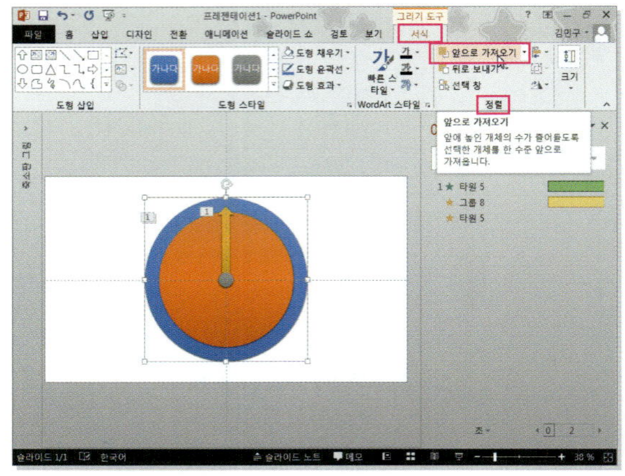

53 [맨 앞으로 가져오기]를 클릭합니다.

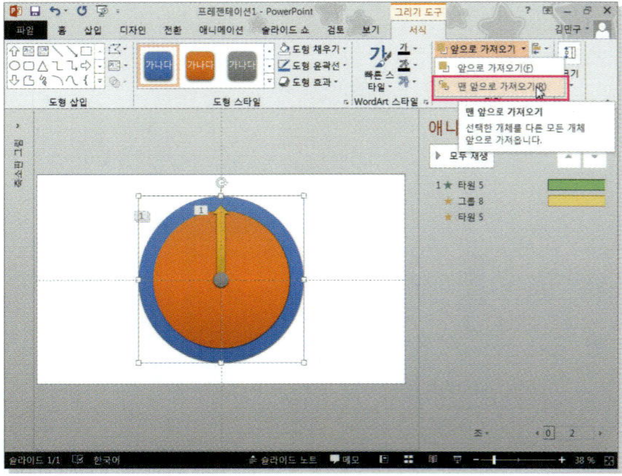

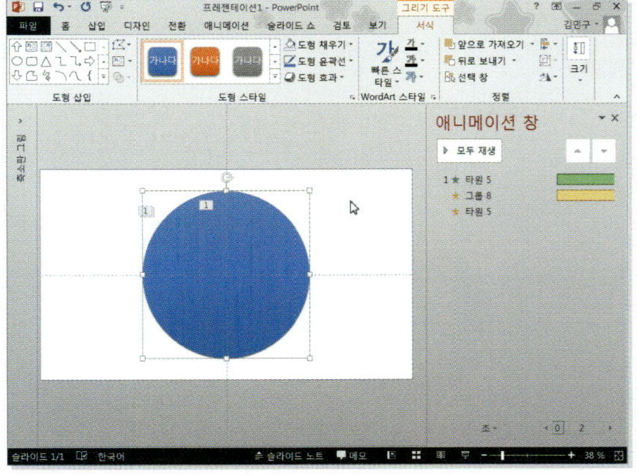

54 도형에 "제한시간 10초"를 입력합니다.

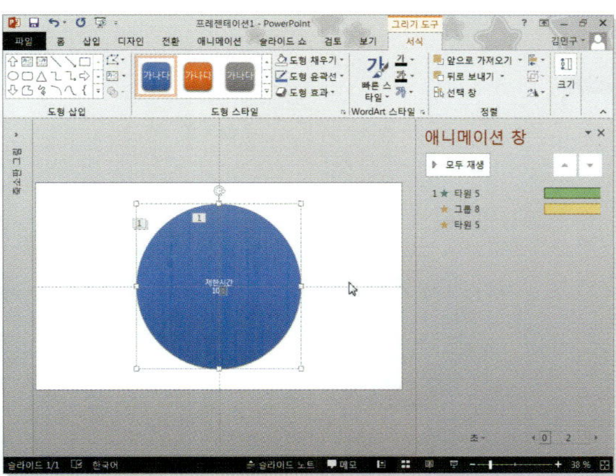

55 입력된 텍스트의 크기를 "32p"로 조절합니다.

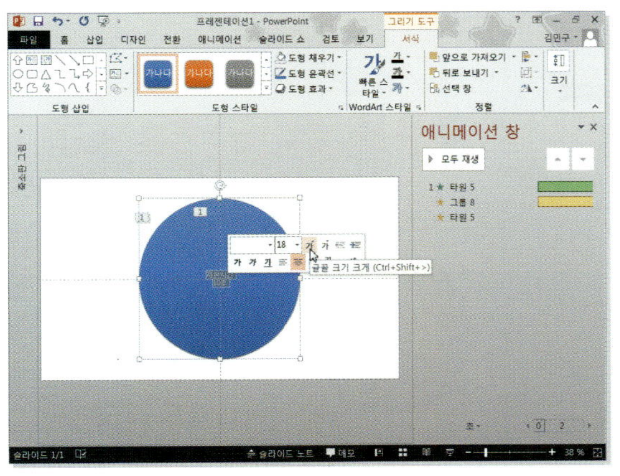

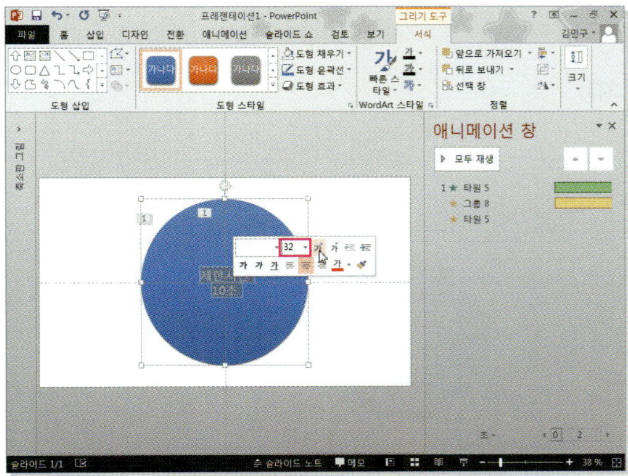

56 [홈] 〉 [단락] 〉 [텍스트 맞춤]를 클릭합니다.

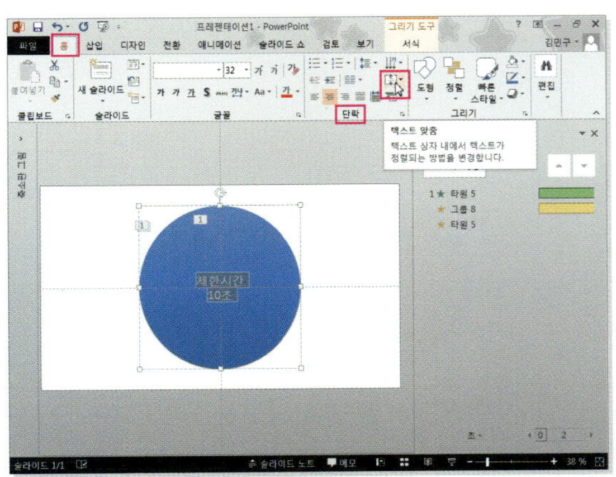

57 [아래쪽]을 클릭합니다.

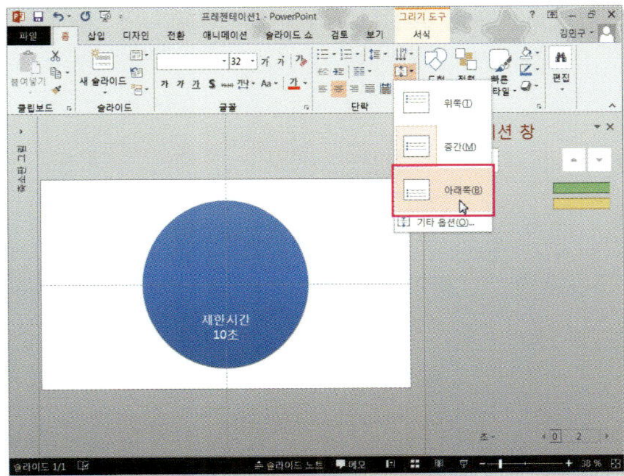

텍스트가 아래쪽으로 이동했습니다.

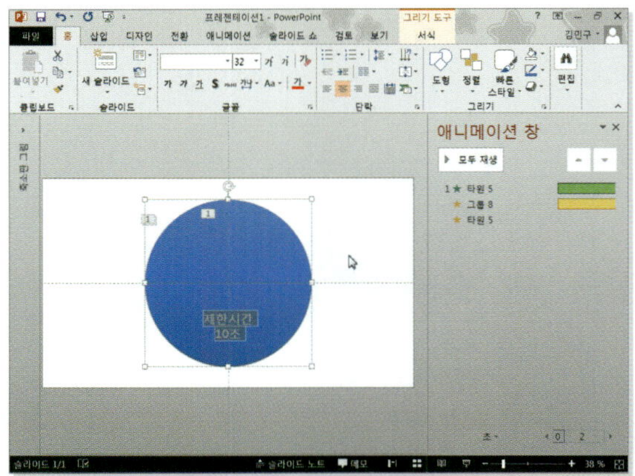

텍스트가 입력된 도형을 다시 맨 뒤로 보내기 위해 해당 도형을 클릭합니다.

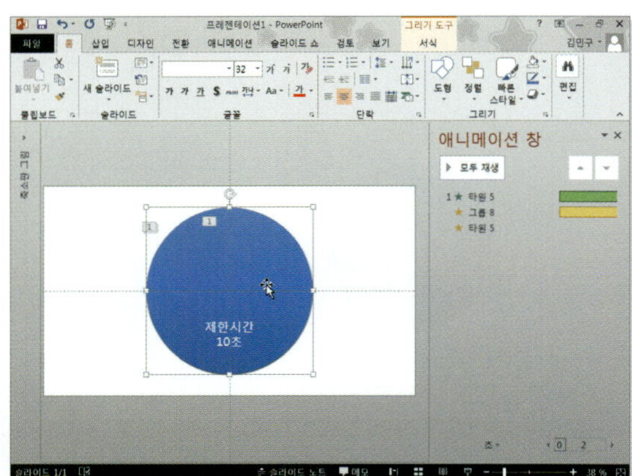

[서식] 〉 [정렬] 〉 [뒤로 보내기] 내림단추 〉 [맨 뒤로 보내기]를 클릭합니다.

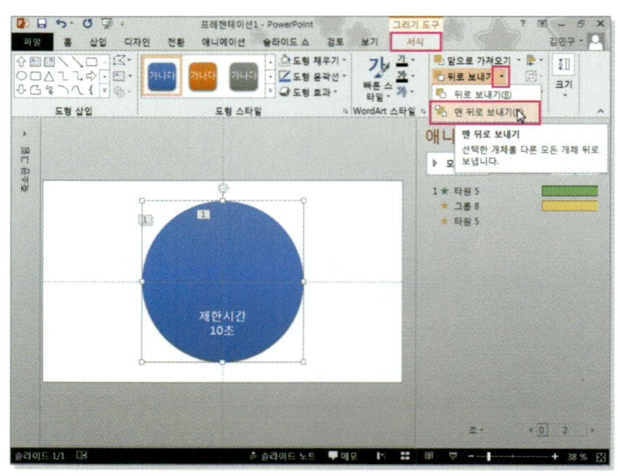

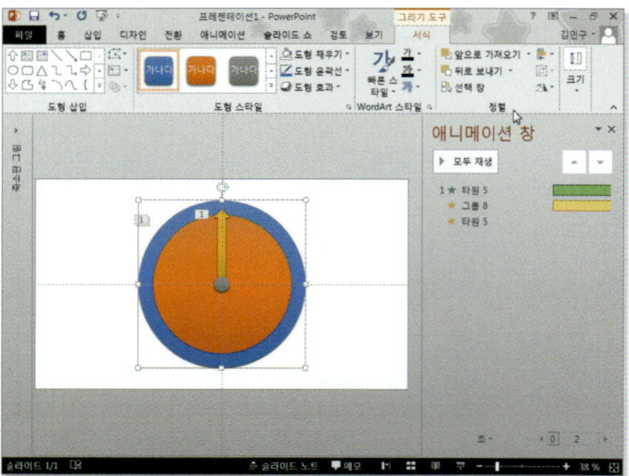

모든 애니메이션 효과가 적용되었습니다. 슬라이드 쇼 보기에서 확인합니다. [슬라이드 쇼] 클릭합니다.

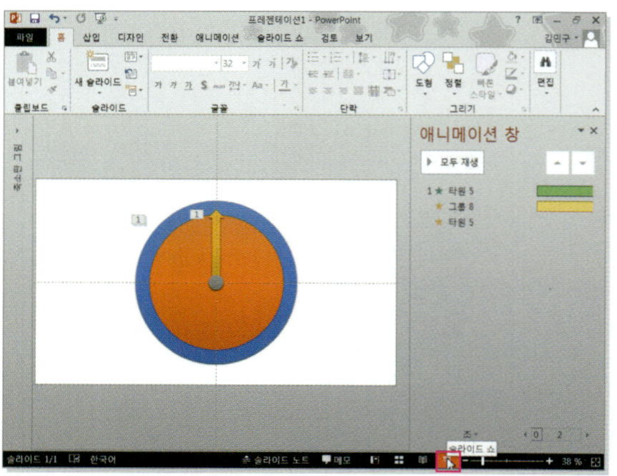

 시계 타이머가 제대로 작동합니다.

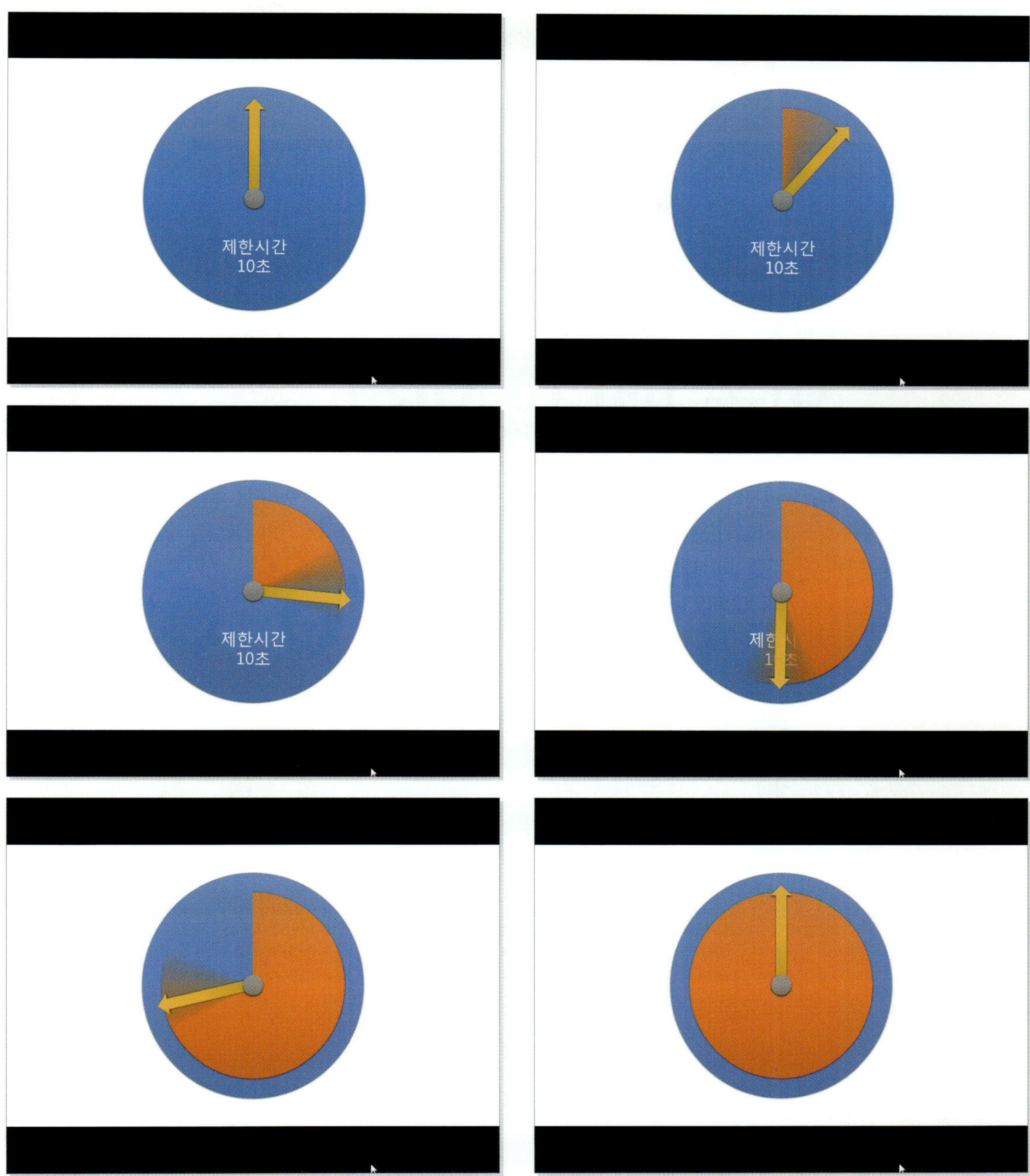

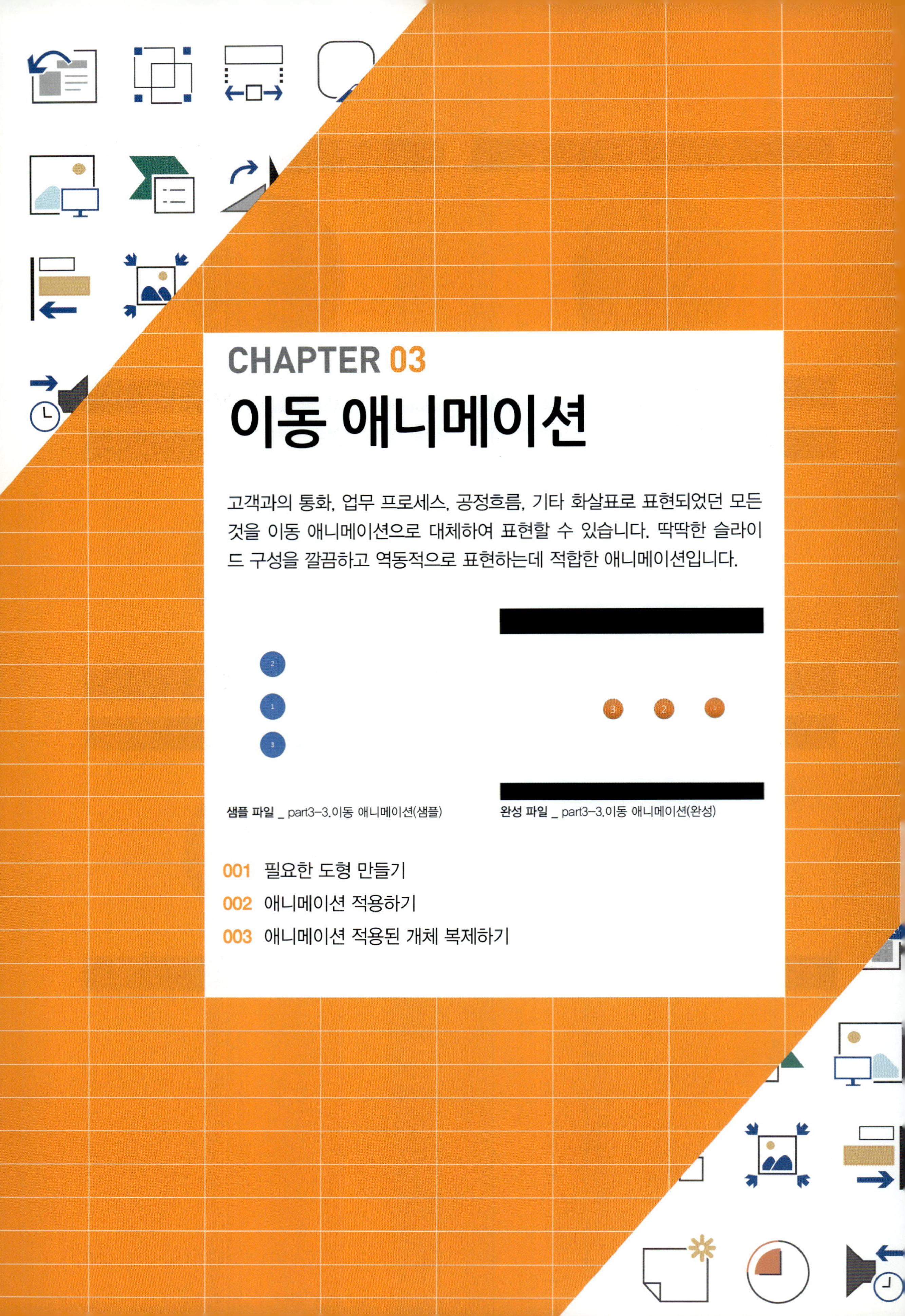

이동 애니메이션

고객과의 통화, 업무 프로세스, 공정흐름, 기타 화살표로 표현되었던 모든 것을 이동 애니메이션으로 대체하여 표현할 수 있습니다. 딱딱한 슬라이드 구성을 깔끔하고 역동적으로 표현하는데 적합한 애니메이션입니다.

샘플 파일 _ part3-3.이동 애니메이션(샘플)　　　**완성 파일 _** part3-3.이동 애니메이션(완성)

001 필요한 도형 만들기

002 애니메이션 적용하기

003 애니메이션 적용된 개체 복제하기

001 필요한 도형 만들기

01 새 프레젠테이션 파일을 열고, 제목, 부제목 입력 상자를 모두 삭제한 다음, 슬라이드를 넓게 사용하기 위해 좌측의 [축소판 그림] 창을 닫습니다.

02 Alt + F9 키를 동시에 눌러 슬라이드에 안내선을 표시합니다.

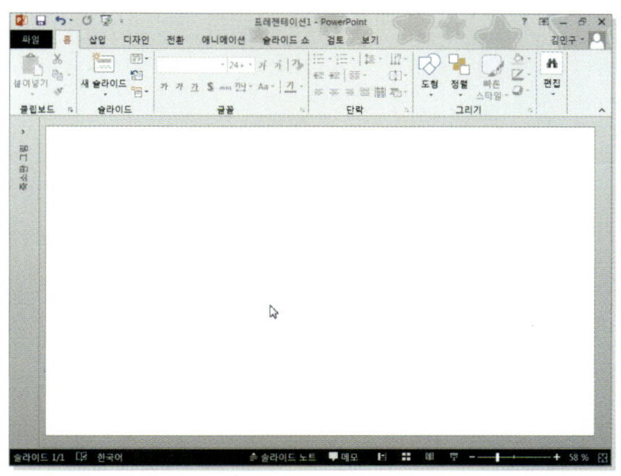

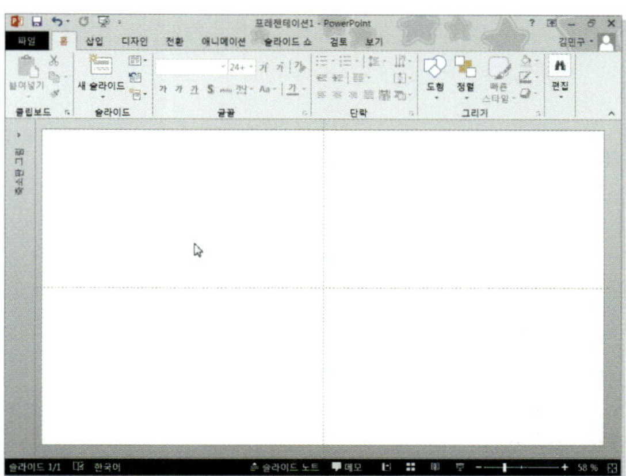

03 마우스로 안내선을 클릭하면 수치를 확인할 수 있습니다.

04 Ctrl 키를 누르고, 마우스로 세로 안내선을 클릭한 다음, 좌측으로 끌면 안내선이 복제됩니다. 좌측 [13.00] 위치에 복제합니다.

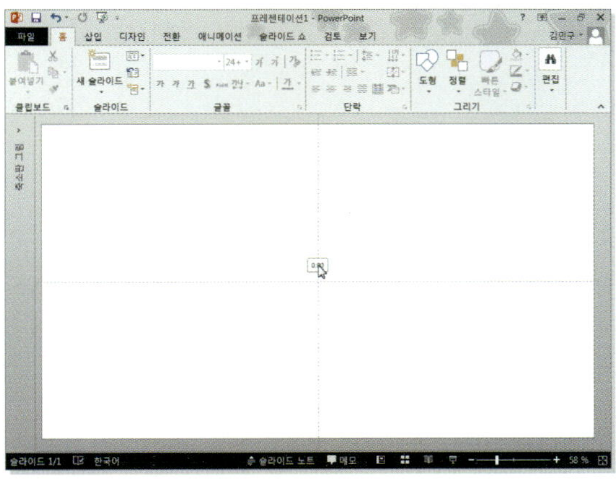

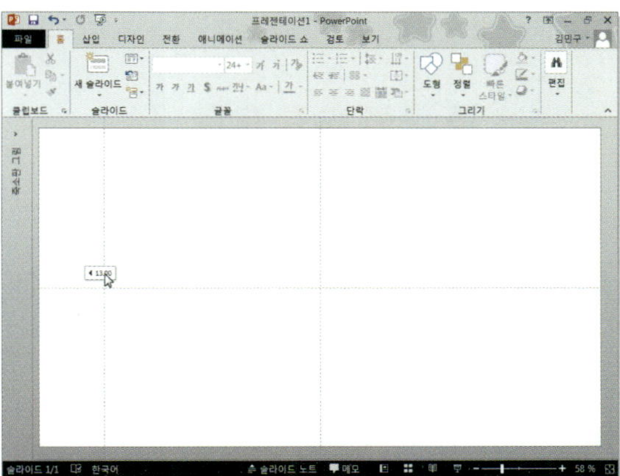

05 같은 방법으로 우측 [13.00] 위치에 안내선을 복제합
니다.

06 [홈] 〉 [그리기] 〉 [도형] 〉 [타원]을 클릭합니다.

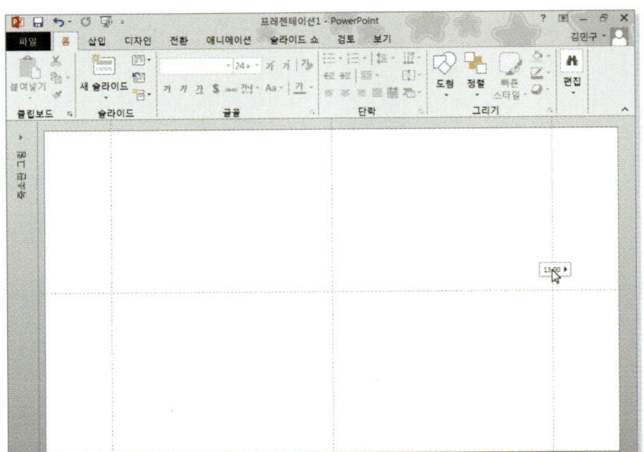

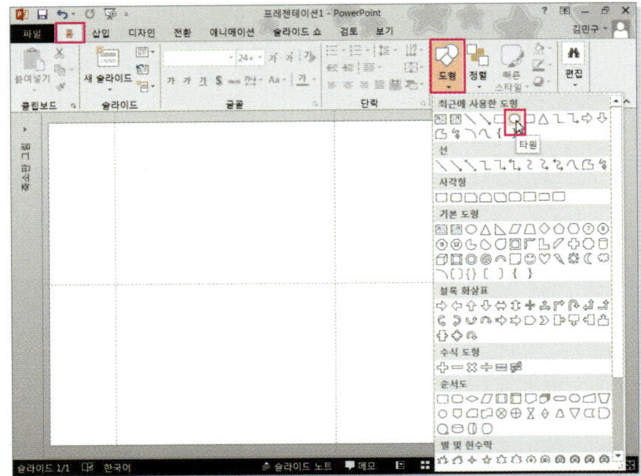

07 슬라이드 좌측 가로, 세로 안내선 중앙에 타원을 삽입
합니다.

08 [서식] 〉 [도형스타일] 〉 [자세히]를 클릭합니다.

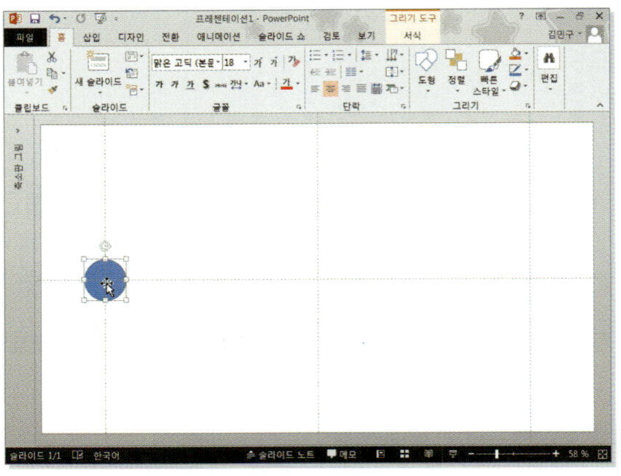

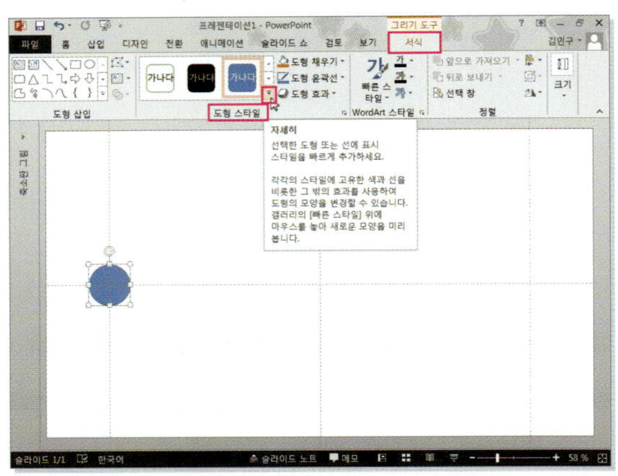

09 [강한 효과-주황, 강조2]를 선택합니다.

10 타원에 숫자 "1"을 입력합니다.

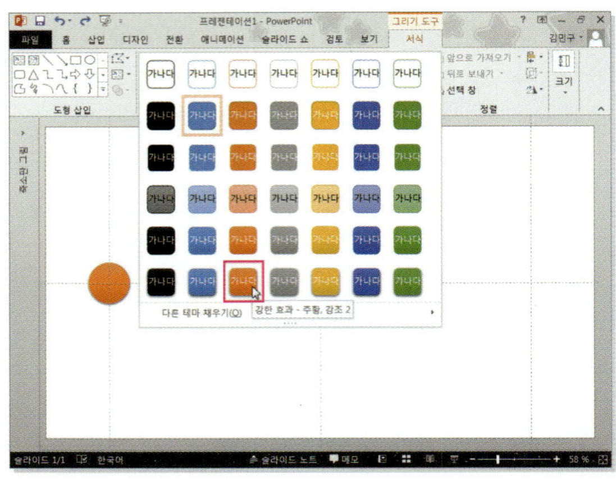

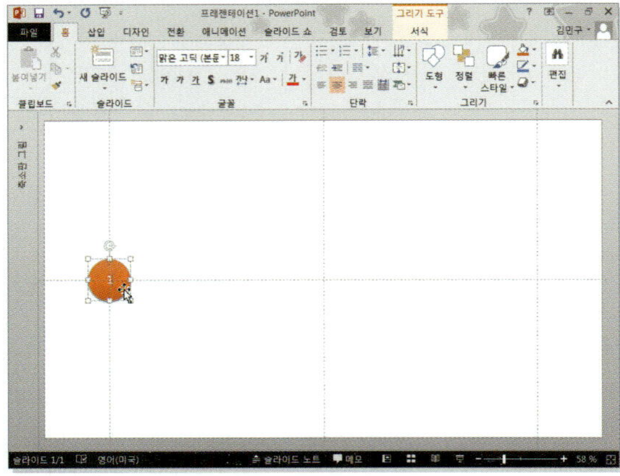

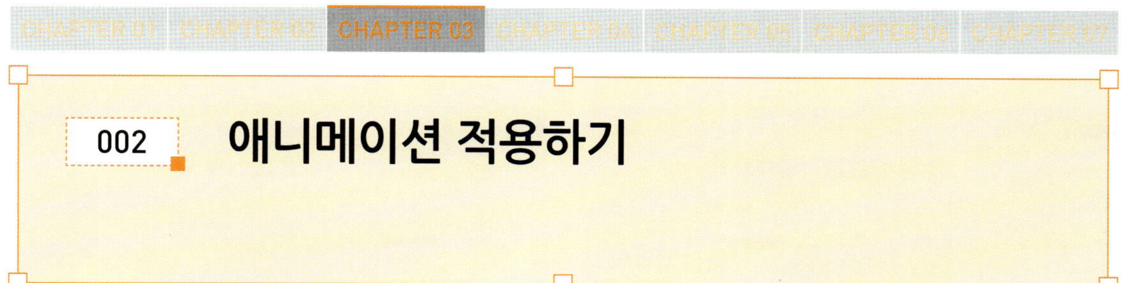

002 애니메이션 적용하기

11 [애니메이션] 〉 [애니메이션 창]을 클릭합니다.

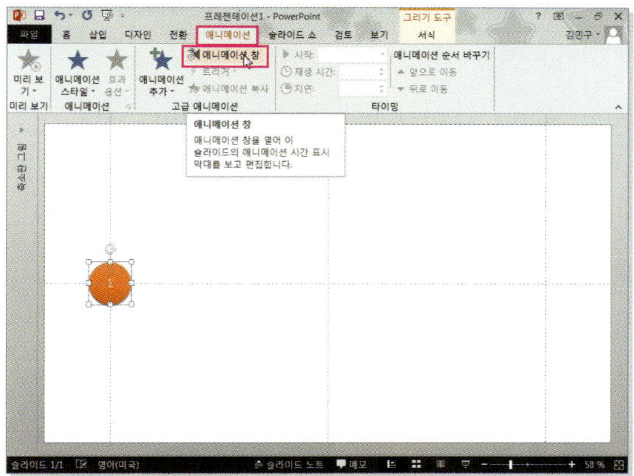

12 우측에 [애니메이션 창]이 열립니다.

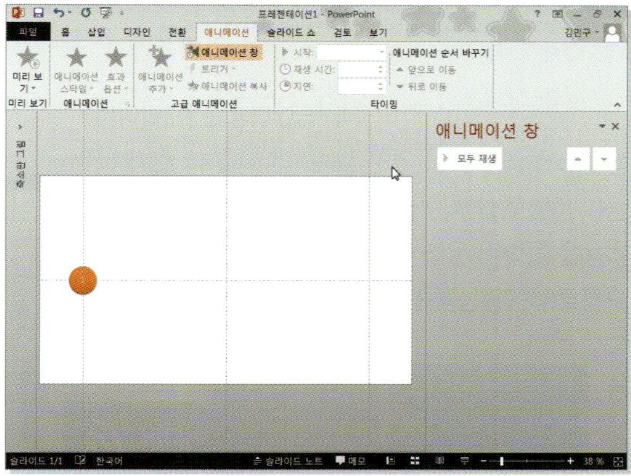

13 삽입된 타원을 선택하고, [애니메이션] 〉 [애니메이션 추가] 〉 [추가 이동 경로]를 클릭합니다.

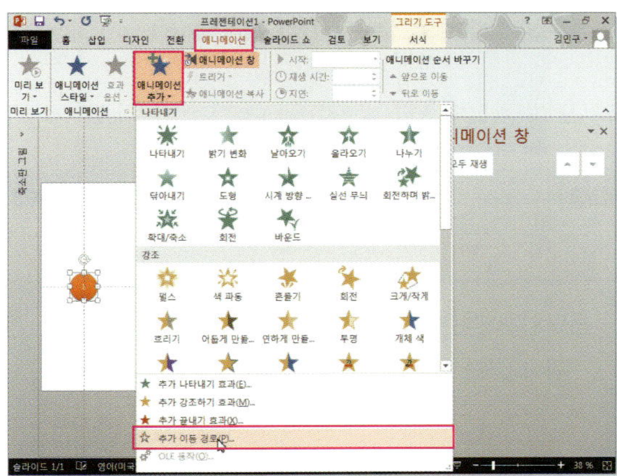

14 [이동 경로 추가] 대화상자 〉 [직선 및 곡선 경로] 〉 [오른쪽으로]를 클릭한 후, [효과 미리보기]를 확인합니다.

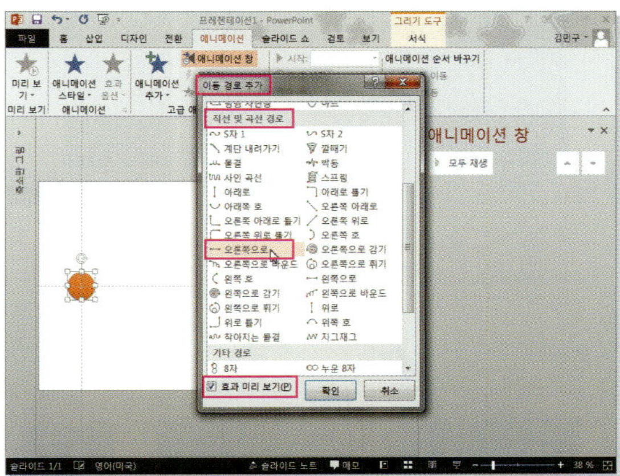

15 [확인]을 클릭합니다.

16 애니메이션이 적용되면서 애니메이션 창에 리스트가 생성되었습니다.

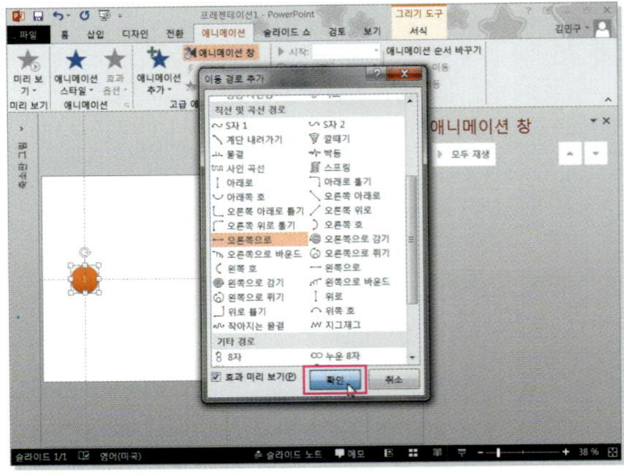

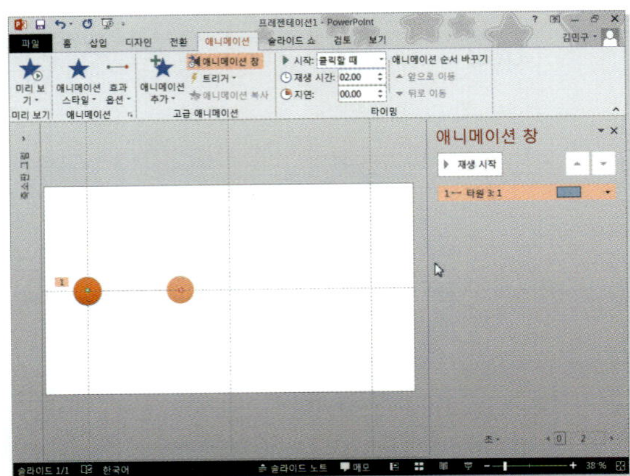

17 이동 거리를 늘리기 위해 빨간색 점을 클릭합니다.

18 마우스 모양이 바뀌면 우측 가로, 세로 안내선 중앙까지 이동 거리를 늘립니다.

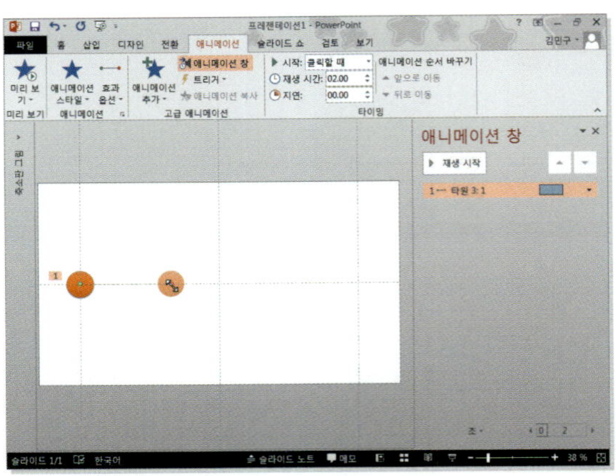

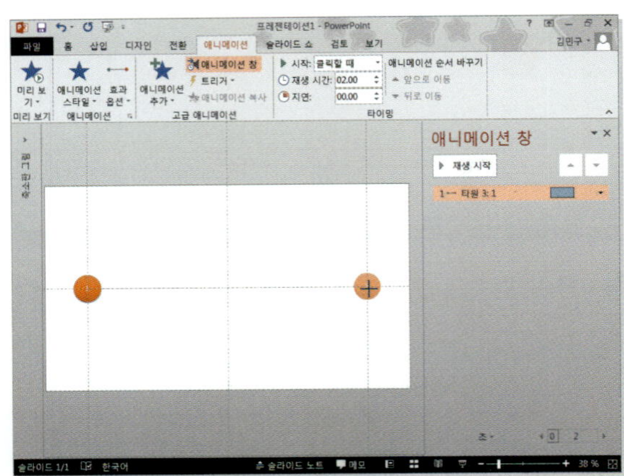

19 원하는 지점까지 이동 애니메이션의 거리가 늘어났습니다.

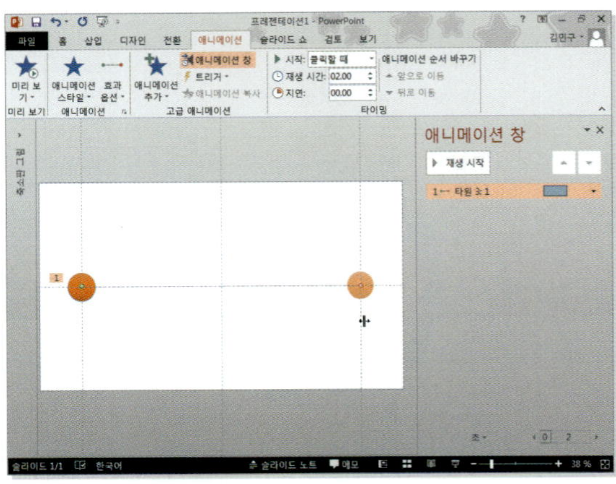

TIP "오른쪽으로" 이동 애니메이션 효과라 하더라도 빨간 점을 클릭하고 이동하면 상하좌우 원하는 곳으로 이동할 수 있습니다.

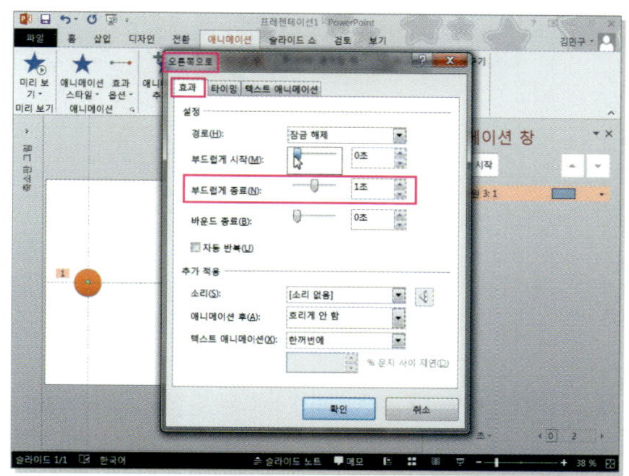

20 애니메이션 창의 리스트를 더블클릭합니다.

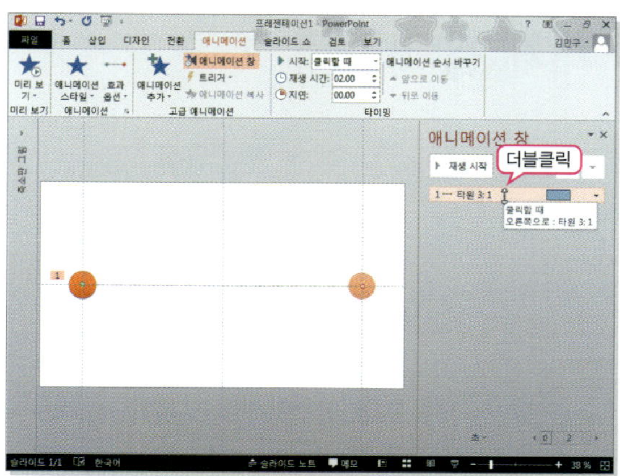

21 [오른쪽으로]대화상자가 나타납니다. [효과] 탭 〉 [부드 럽게 시작] 〉 [1초]를 [0초]로 조절합니다.

22 같은 방법으로 [효과] 탭 〉 [부드럽게 종료] 〉 [1초]를 [0초]로 조절합니다.

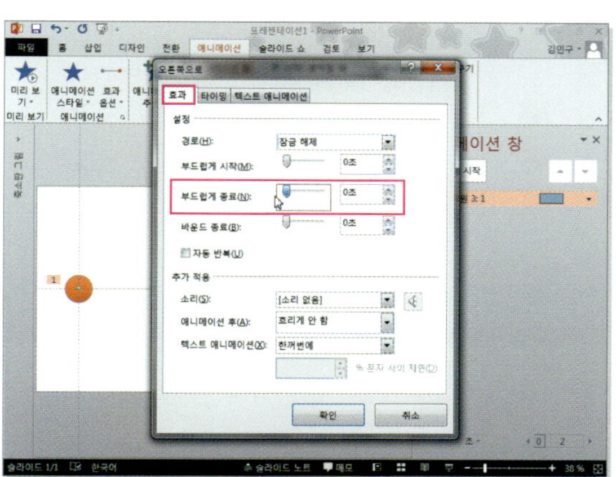

23 [효과] 탭 〉 [자동 반복]을 체크합니다.

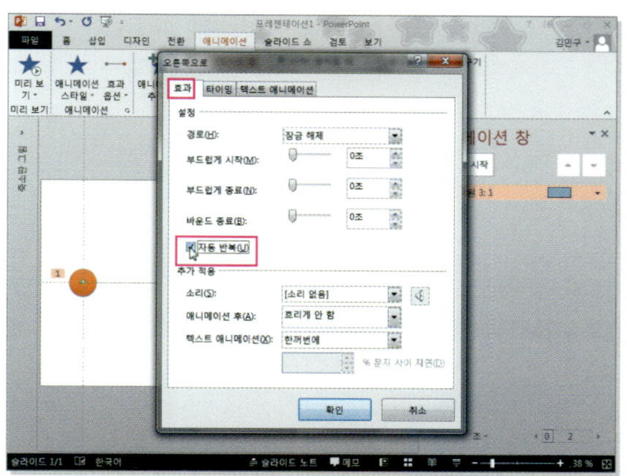

24 [타이밍]탭을 클릭합니다. [타이밍] 탭 〉 [반복:슬라이드 가 끝날 때까지]를 클릭합니다. [확인]을 클릭합니다.

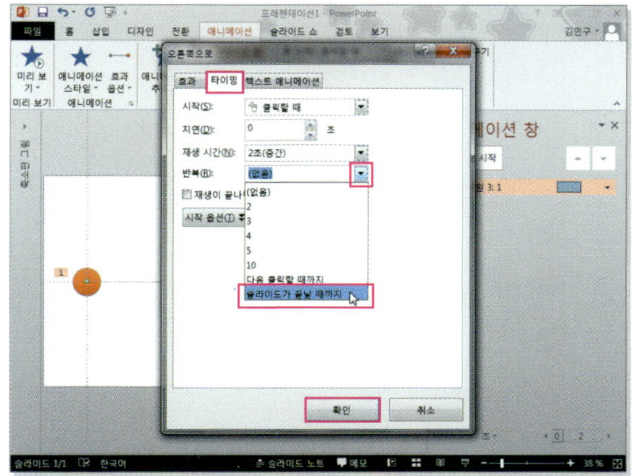

25 미리보기로 확인합니다.

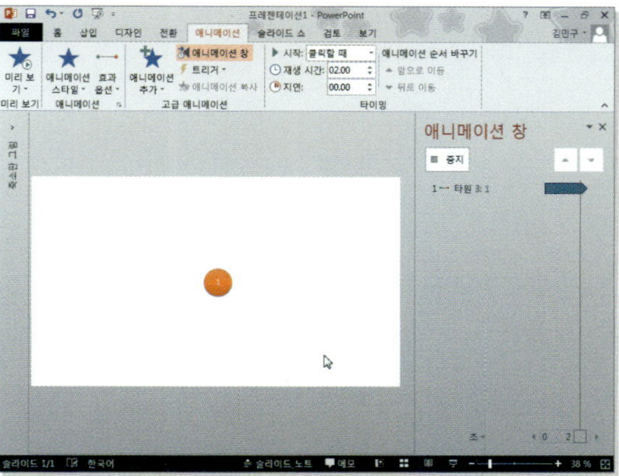

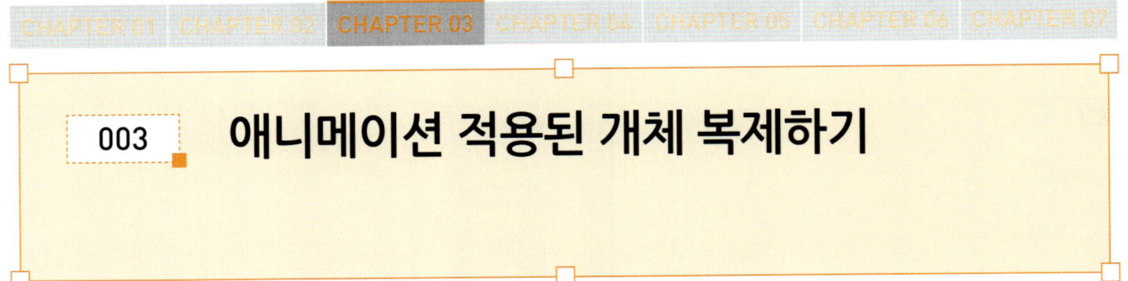

003　애니메이션 적용된 개체 복제하기

26 먼저, '이동' 애니메이션이 적용된 도형을 클릭합니다.

27 Ctrl + Shift 키를 동시에 누르고, 도형을 위쪽으로 끌어 복제합니다.

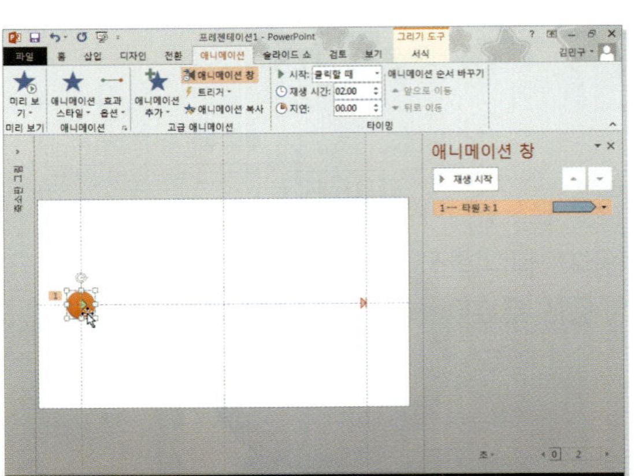

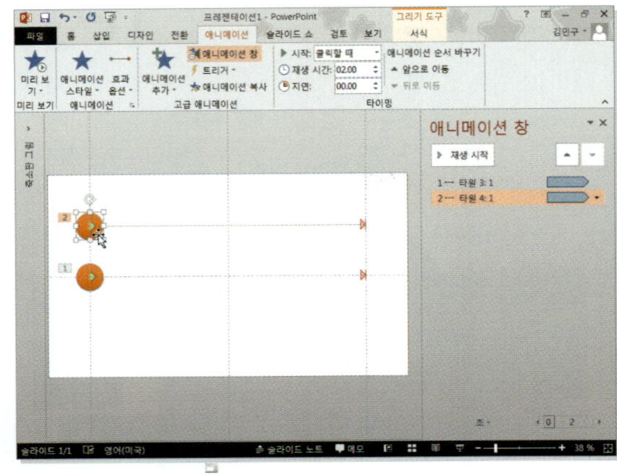

28 같은 방법으로 Ctrl + Shift 키를 동시에 누르고, 도형을 아래쪽으로 끌어 복제합니다.

29 도형의 복제와 함께 애니메이션도 복제되었습니다. 도형을 쉽게 구분하기 위해 각 도형에 숫자를 입력합니다. 먼저, 슬라이드를 크게 보기 위해 [애니메이션 창]을 닫습니다.

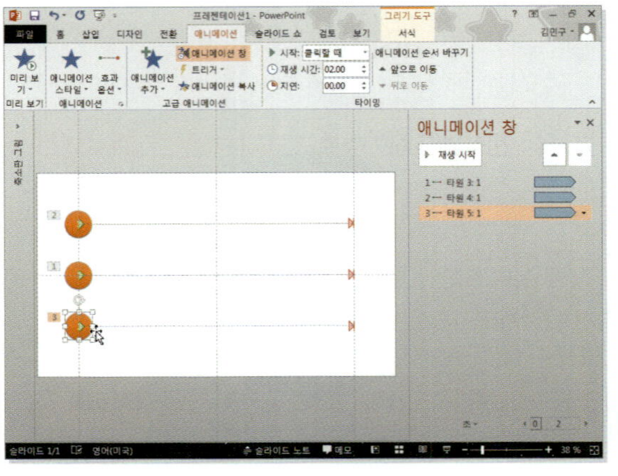

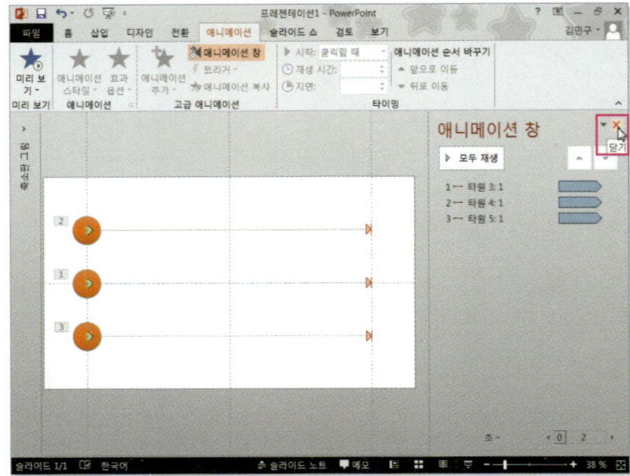

30 위쪽 도형에 숫자 "2"를 입력하고, 글꼴 크기를 "36p" 까지 키웁니다.

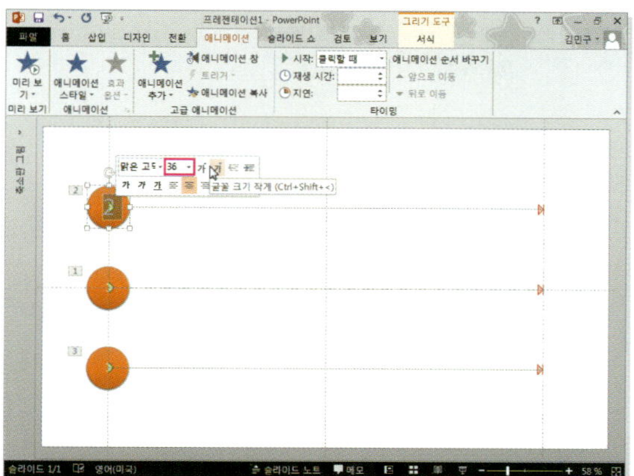

31 같은 방법으로 아래쪽 도형에 숫자 "3"을 입력하고, 글꼴 크기를 "36p"까지 키웁니다.

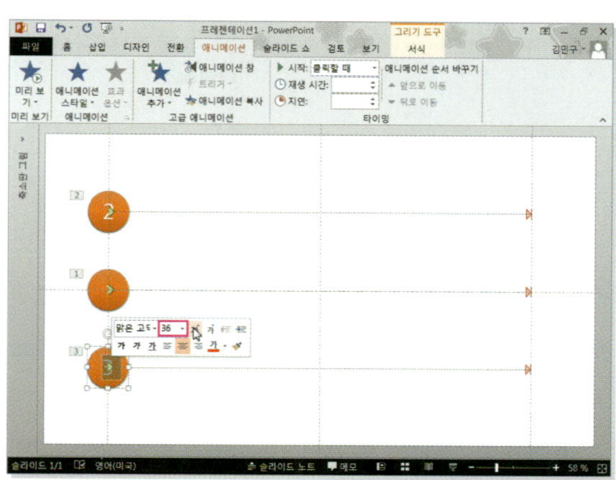

32 [애니메이션] 〉 [애니메이션 창]을 클릭합니다.

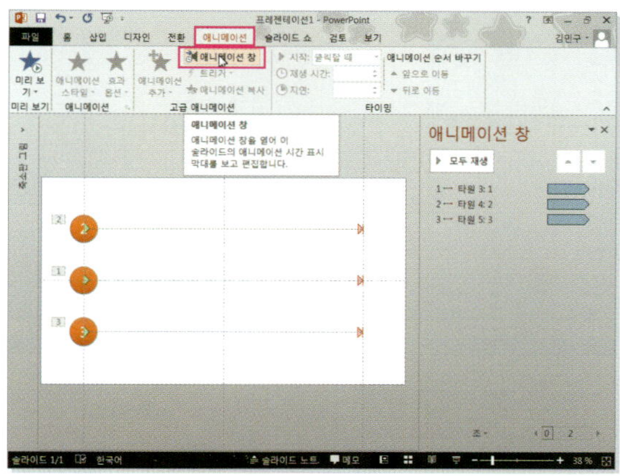

33 Shift 키를 누르고, "2" 도형을 "1" 도형 위로 겹치도록 이동합니다.

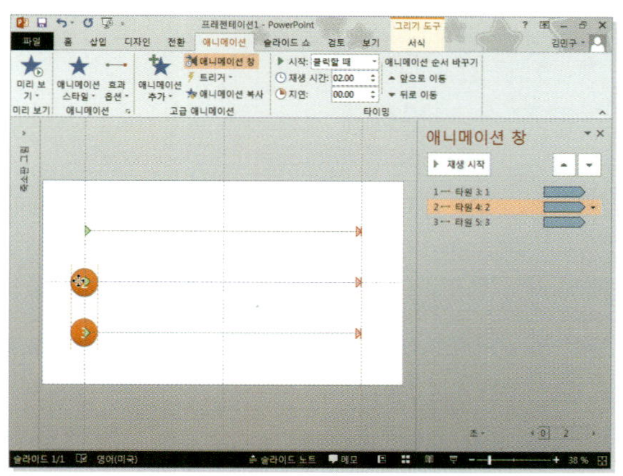

34 같은 방법으로 Shift 키를 누르고, "3" 도형을 "2" 도형 위로 겹치도록 이동합니다.

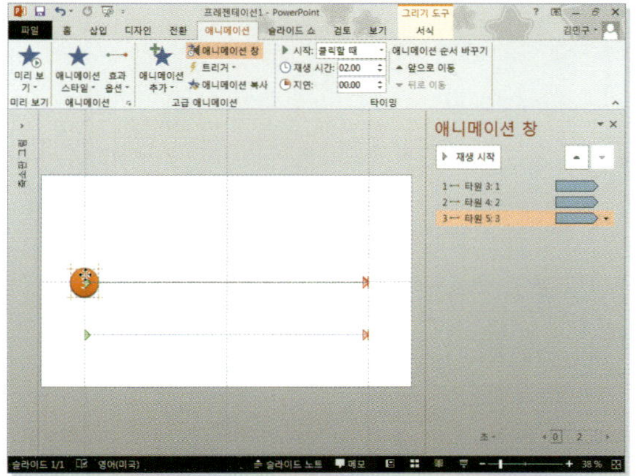

35 [애니메이션 창]에서 [2번:타원4]를 클릭합니다.

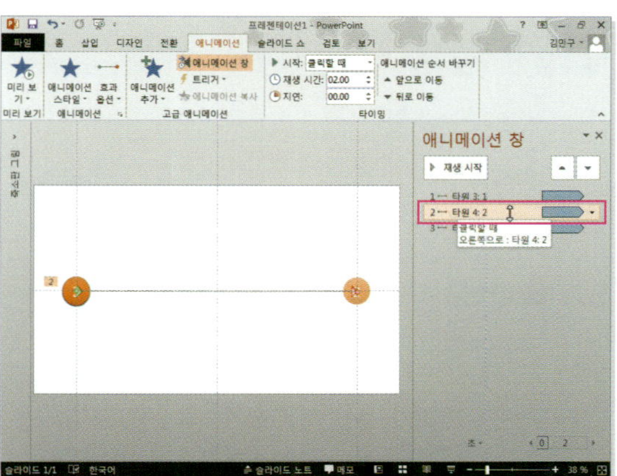

36 [애니메이션] 〉 [타이밍] 〉 [시작:이전 효과와 함께]를 클릭합니다.

37 [지연:00.50]으로 조절합니다.

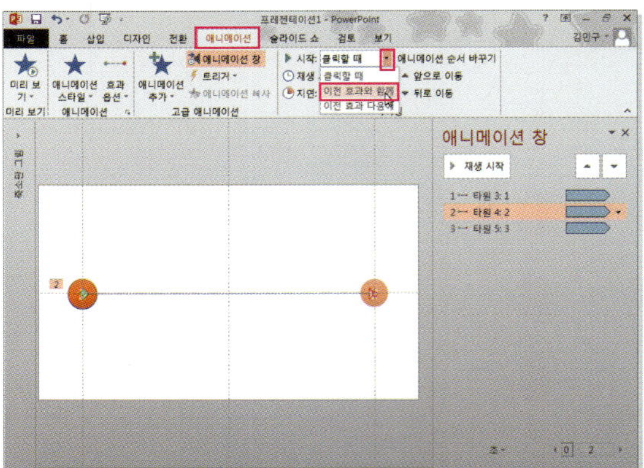

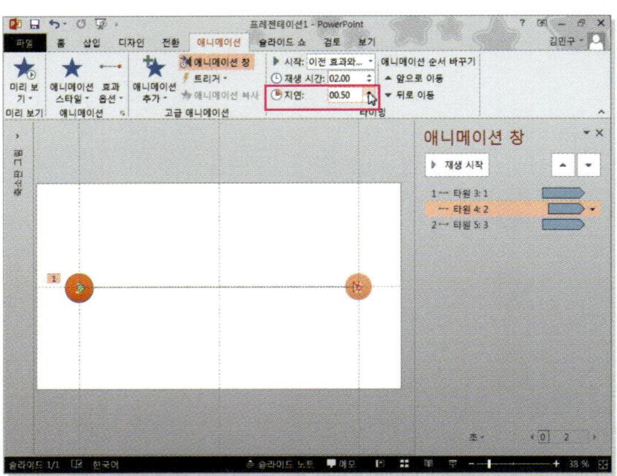

38 [애니메이션 창]에서 [2번:타원5]를 클릭합니다.

39 [애니메이션] 〉 [타이밍] 〉 [시작:이전 효과와 함께]를 클릭합니다.

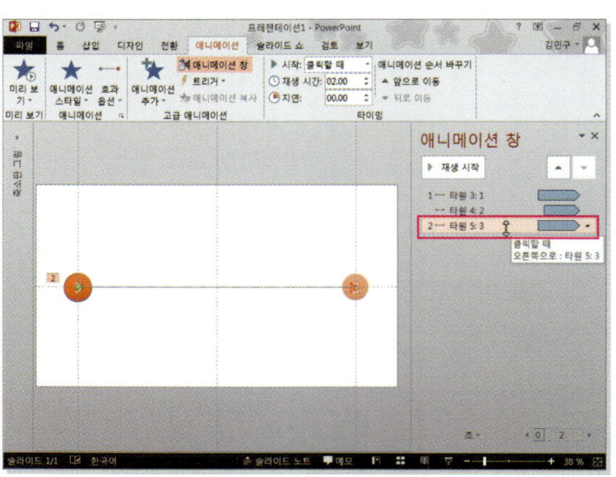

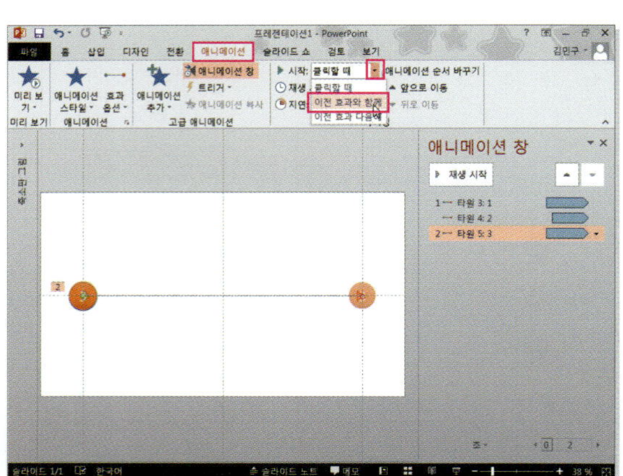

40 [지연:01.00]으로 조절합니다.

41 모든 애니메이션효과가 적용되었습니다. 슬라이드 쇼 보기에서 확인합니다. [슬라이드 쇼]를 클릭합니다.

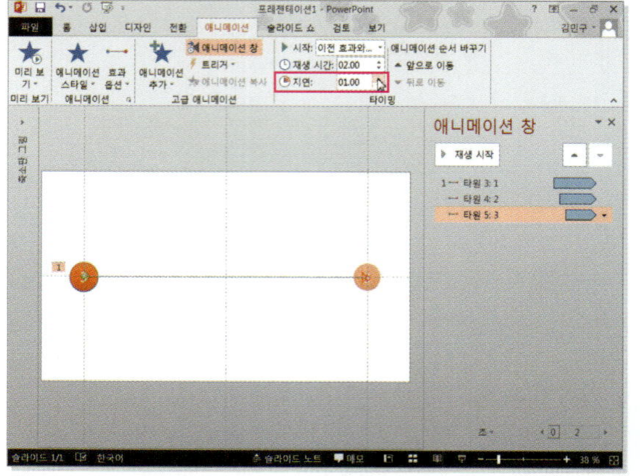

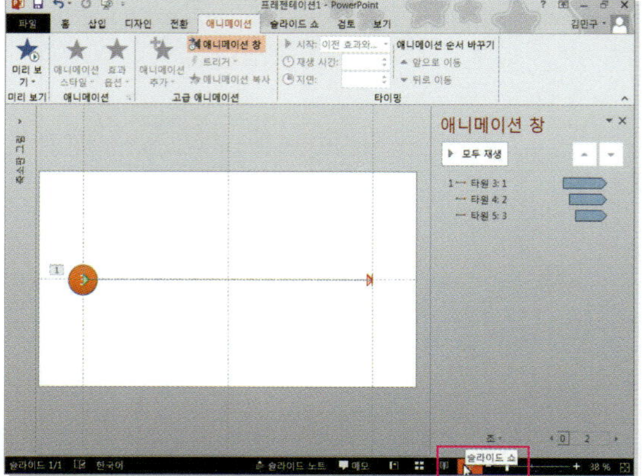

 3개 도형의 이동 애니메이션 효과가 제대로 작동합니다.

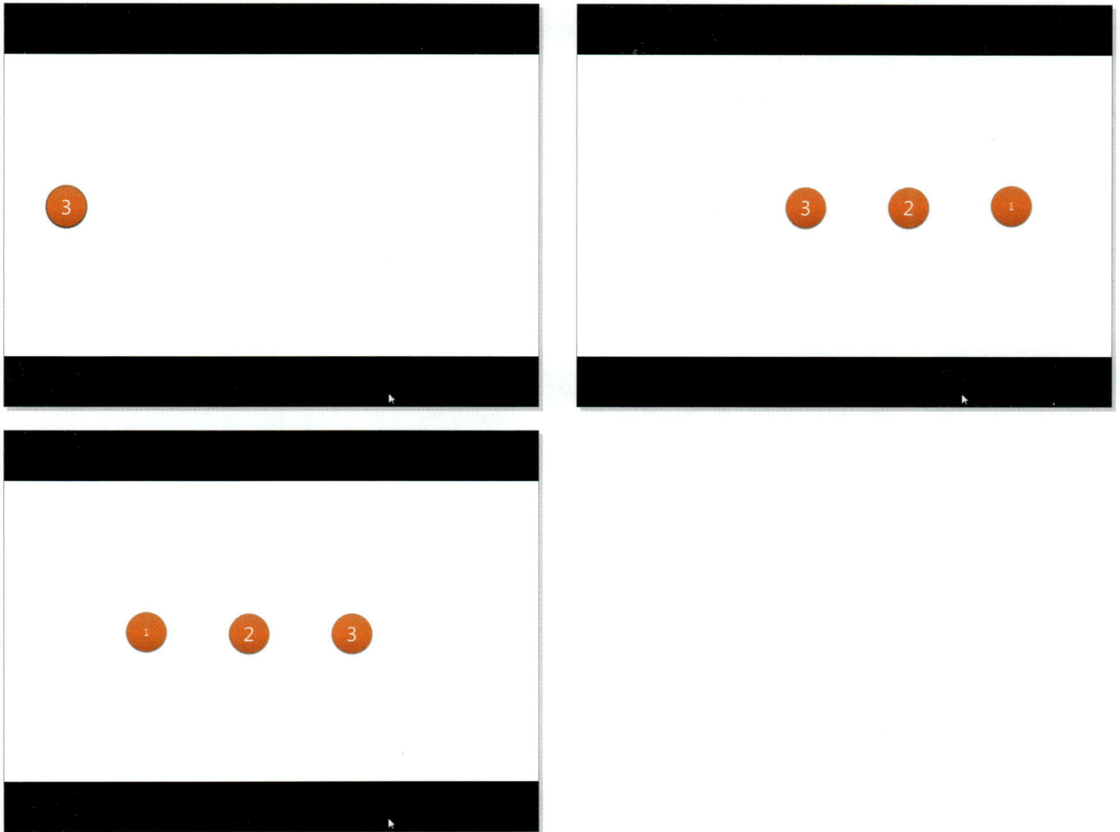

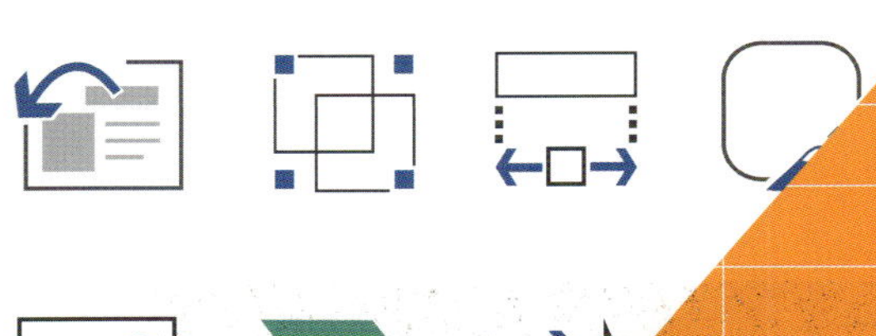
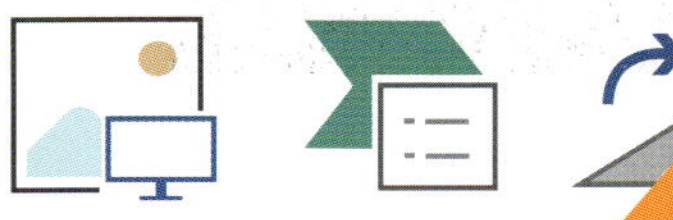

CHAPTER 04
강아지놀부 만들기

거칠고, 딱딱하고, 어려운 내용일수록 재미있게 슬라이드를 구성하는 것이 좋습니다. 사진 속 인물의 얼굴에 물고기 클립아트를 입힌다면 어떨까요? 놀부 얼굴을 강아지 얼굴로 대신하면 어떨까요? 쓰임새가 많은 '사진 포토샵 효과'를 통해 클립아트와 콜라보레이션 할 수 있습니다.

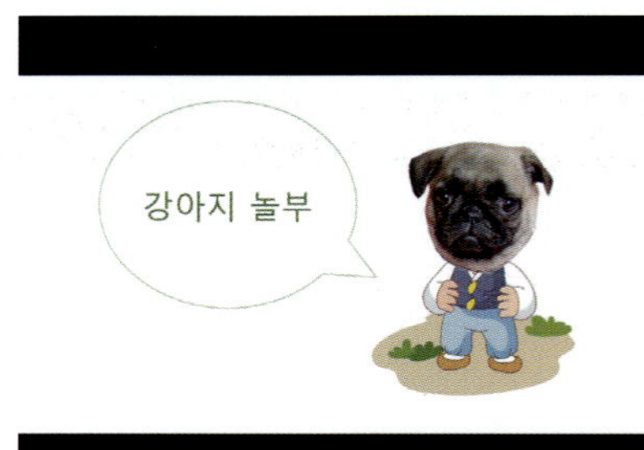

샘플 파일 _ part3-4.강아지놀부 만들기(샘플) **완성 파일** _ part3-4.강아지놀부 만들기(완성)

001 강아지 사진 포토샵 효과 연출하기
002 놀부 클립아트와의 콜라보레이션
003 놀부 클립아트 삽입하기
004 '강아지 얼굴'에 애니메이션 적용하기

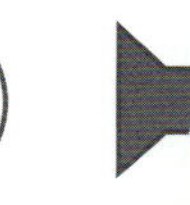

001 강아지 사진 포토샵 효과 연출하기

01 새 프레젠테이션 파일을 열고, 제목, 부제목 입력 상자를 모두 삭제한 다음, 슬라이드를 넓게 사용하기 위해 좌측의 [축소판 그림] 창을 닫습니다.

02 [삽입] 〉 [온라인 그림]을 클릭합니다.

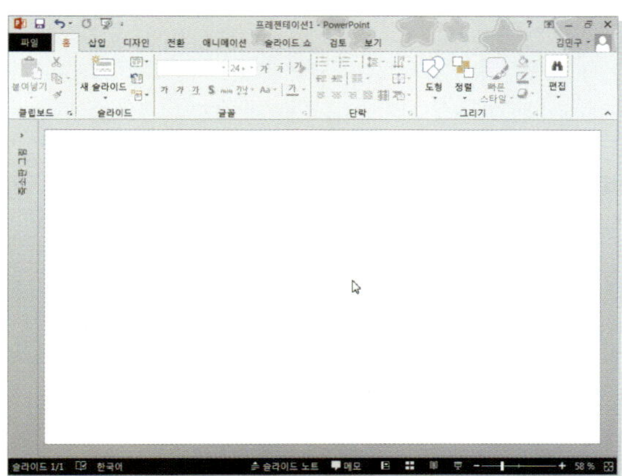

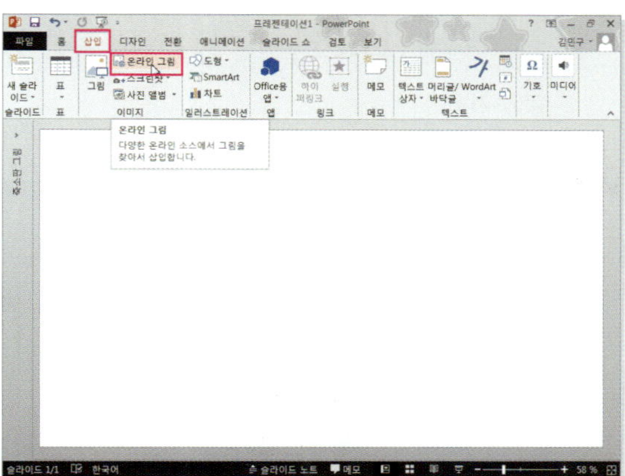

03 [그림 삽입] 대화상자 〉 [클립 아트] 검색란에 "강아지"를 입력합니다.

04 [장식한 목걸이를 찬 퍼그]를 선택한 후, [삽입]을 클릭합니다.

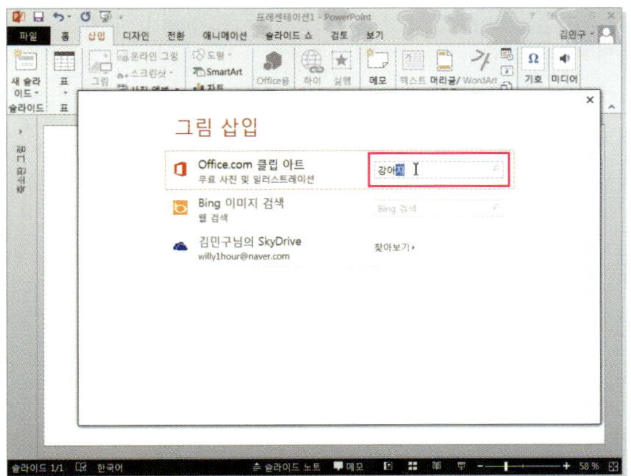

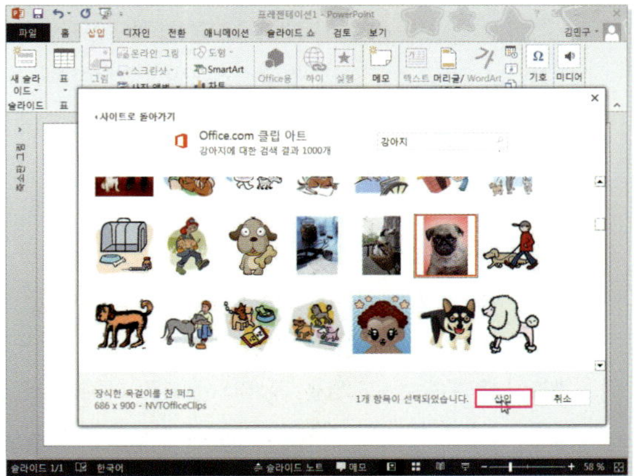

05 슬라이드에 강아지 사진이 삽입됩니다.

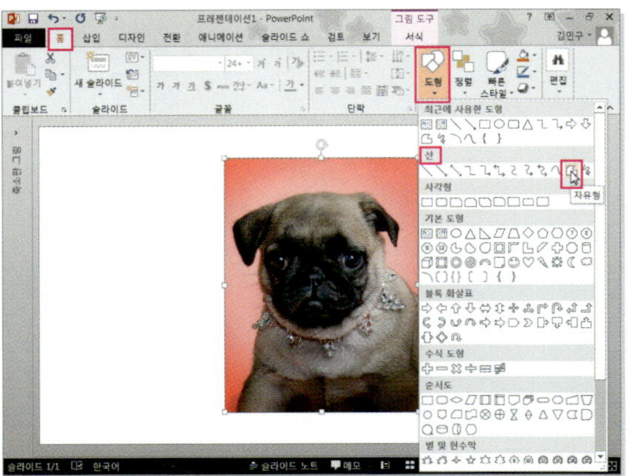
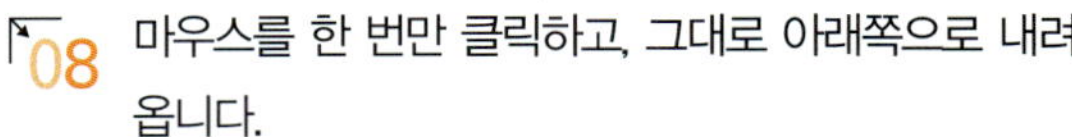

06 강아지 사진에서 강아지 얼굴만 발췌하기 위해, [홈] 〉 [그리기] 〉 [도형] 〉 [선] 〉 [자유형]을 클릭합니다.

07 마우스가 십자형으로 변하였습니다. 강아지 얼굴에서 가장 위쪽에 해당하는 부분의 3cm 위에 마우스를 놓습니다.

08 마우스를 한 번만 클릭하고, 그대로 아래쪽으로 내려옵니다.

09 강아지 얼굴의 선을 따라 마우스를 클릭하면서 그려 갑니다. 짧은 직선으로 조금씩조금씩 옮겨가면서 그려 가면 쉽습니다. 이때, [Alt] 키를 동시에 누르면 훨씬 부드럽게 그릴 수 있습니다.

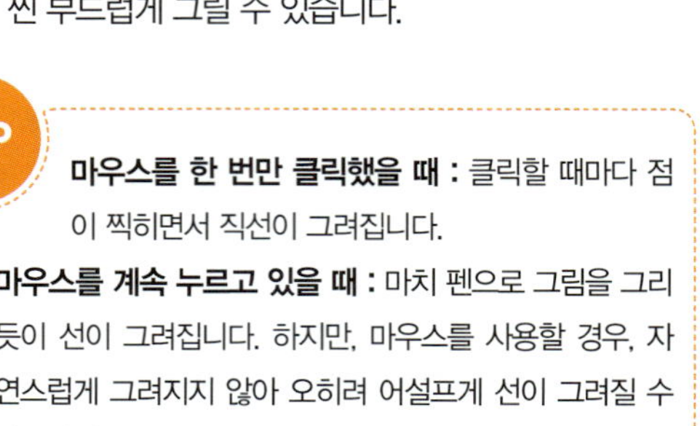

TIP

마우스를 한 번만 클릭했을 때 : 클릭할 때마다 점이 찍히면서 직선이 그려집니다.

마우스를 계속 누르고 있을 때 : 마치 펜으로 그림을 그리듯이 선이 그려집니다. 하지만, 마우스를 사용할 경우, 자연스럽게 그려지지 않아 오히려 어설프게 선이 그려질 수 있습니다.

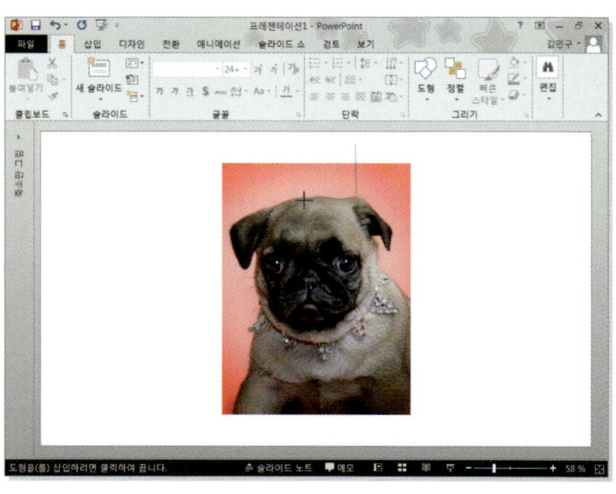

 강아지 얼굴선을 따라 시작되는 지점까지 계속해서 그려갑니다. Alt 키를 계속해서 누르고 진행하면 좋습니다.

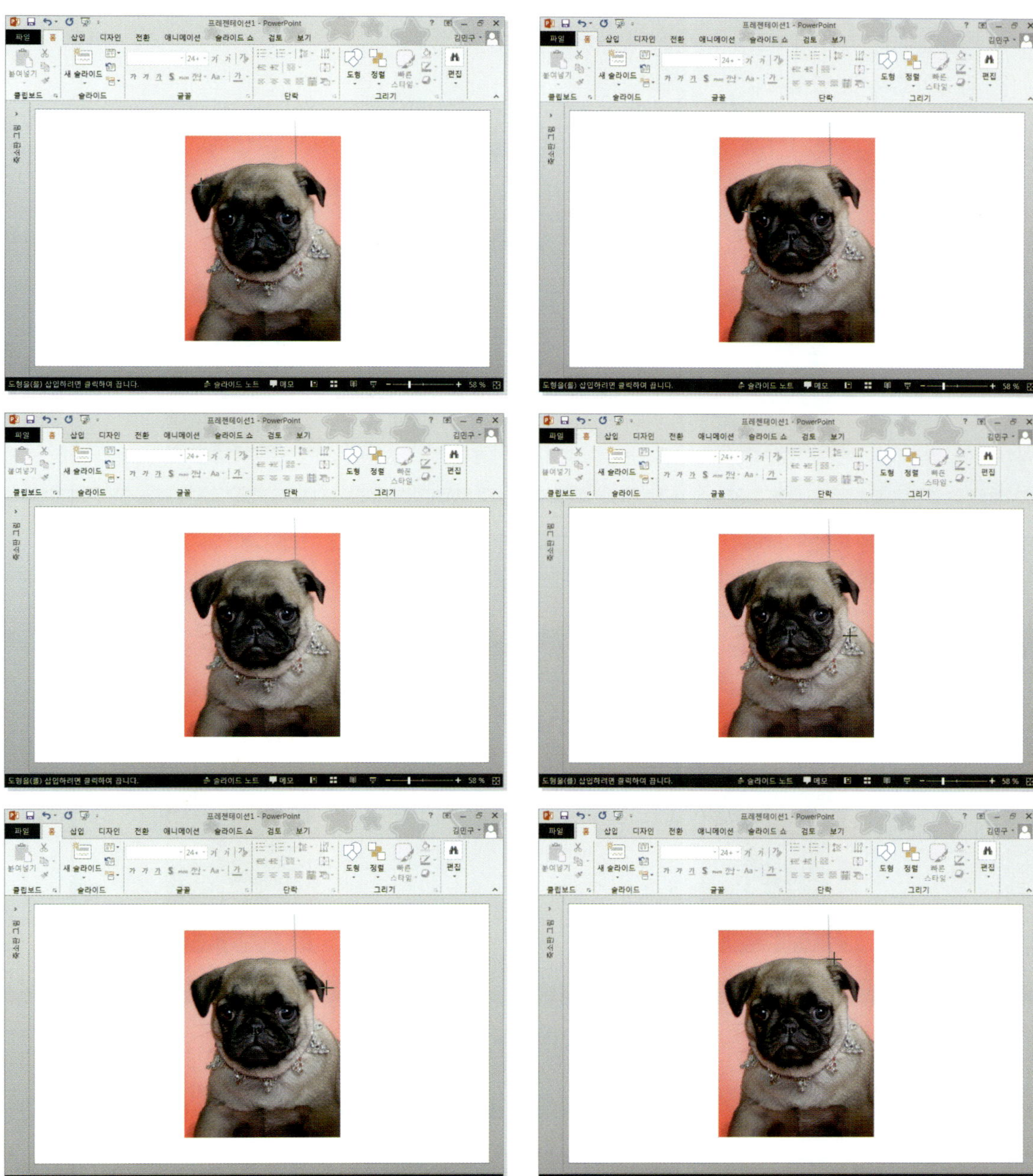

11 강아지 얼굴선을 따라 자유형이 거의 그려지면 선끼리 겹치지 않게 조금의 여유를 두고 그대로 위쪽을 향해 그립니다. 여기서 주의할 점은 절대 처음 시작점과 선이 겹쳐서는 안 됩니다.

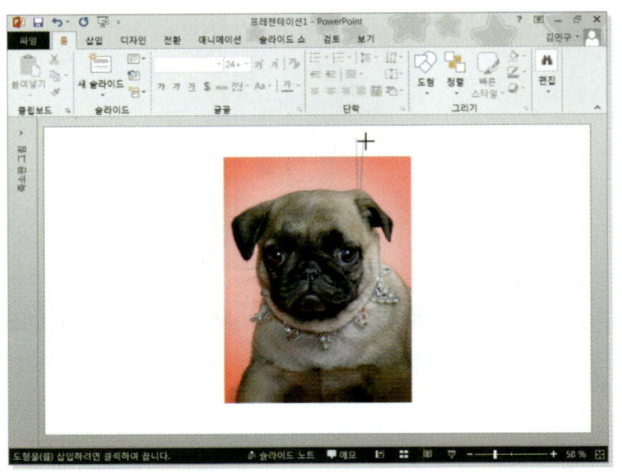

12 강아지의 얼굴만 필요하기 때문에 시작점과 겹치지 않고, 반대편으로 선을 그려갑니다.

13 강아지 얼굴을 제외한 나머지 부분에 색을 채우기 위해 아래쪽으로 계속 그려갑니다.

14 다시 좌측으로 그려갑니다.

15 다시 위로 그려갑니다.

16 처음 시작점과 클릭합니다.

17 강아지 얼굴만 남기고, 사진 나머지 부분이 파란색 도형으로 채워졌습니다.

18 파란색 도형을 더블클릭합니다.

19 [서식] 〉 [도형 스타일] 〉 [도형 채우기] 〉 [흰색, 배경 1, 15% 더 어둡게]를 클릭합니다.

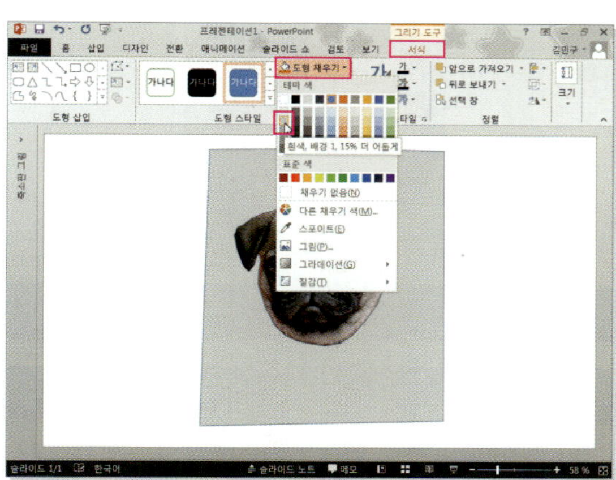

TIP 자유형으로 만들어진 도형의 색은 파란색이나 빨간색과 같은 진한 색보다 흰색에 가까운 옅은 색이 좋습니다.

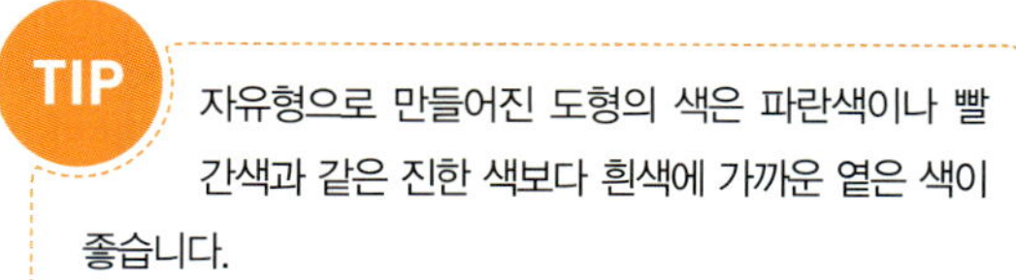

20 [서식] 〉 [도형 스타일] 〉 [도형 윤곽선] 〉 [윤곽선 없음]을 클릭합니다.

21 도형의 채우기 색이 바뀌고, 윤곽선이 사라졌습니다.

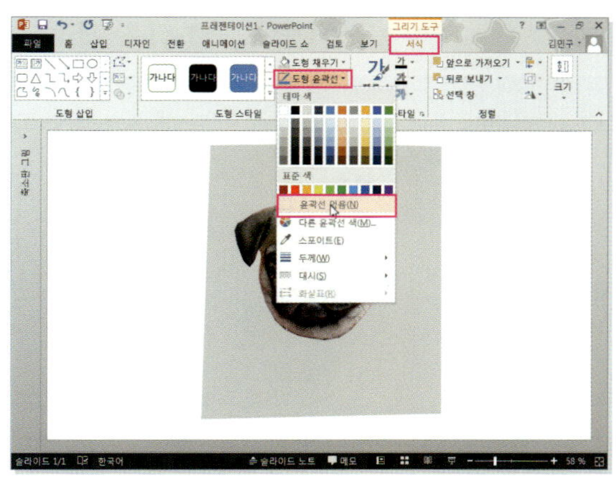

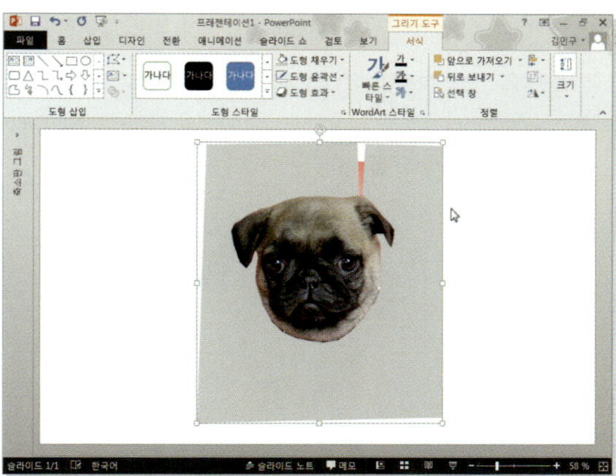

22 강아지 얼굴을 위주로 슬라이드를 확대해 캡처해야 합니다. 먼저, Ctrl 키를 누르고, 마우스 휠을 앞으로 돌려 슬라이드를 확대합니다. 확대 후, Print Screen Sys Rq (프린트스크린) 키를 누릅니다.

TIP

슬라이드 확대하기

Ctrl + 마우스 휠 앞으로 : 슬라이드 확대

Ctrl + 마우스 휠 뒤로 : 슬라이드 축소

개체 선택한 후, Ctrl + 마우스 휠 : 선택된 개체를 중심으로 슬라이드 확대/축소

23 다시 슬라이드를 원상태로 축소(Ctrl + 마우스 휠 뒤로)합니다.

24 프린트 스크린 된 그림을 새 슬라이드에 붙여넣기 합니다. 먼저, [홈] 〉 [슬라이드] 〉 [새 슬라이드] 〉 [빈 화면]을 클릭합니다.

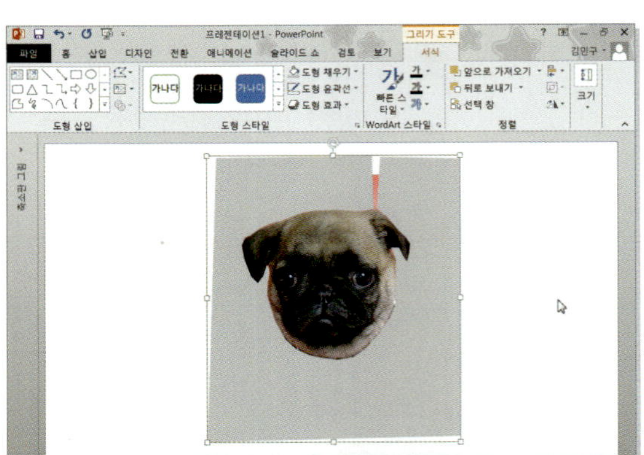

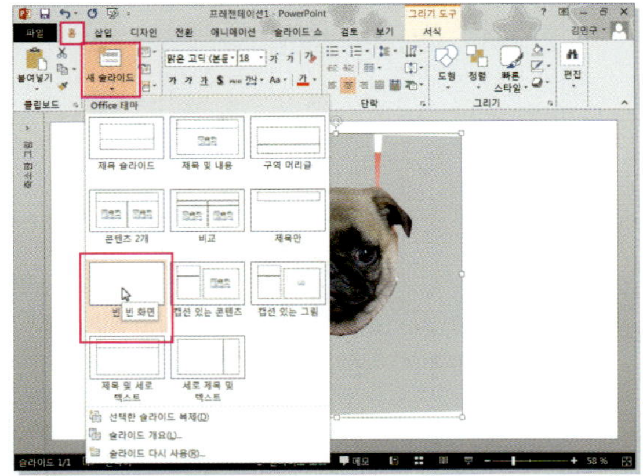

25 새 슬라이드에 붙여넣기(Ctrl + V)합니다.

26 붙여넣기 된 그림의 크기에 맞춰 슬라이드를 조금만 축소(Ctrl + 마우스 휠 뒤로)합니다.

27 그림을 더블클릭합니다.

28 [서식] 〉 [크기] 〉 [자르기]를 클릭합니다.

29 그림이 '자르기' 모드로 바뀌면 그림에 검정색 작은 선이 바깥선 4면에 생깁니다. 먼저, 위쪽면의 검정색 선을 클릭하여 강아지 얼굴까지 아래로 끌어내리면서 자르기 합니다.

30 좌측면을 자르기 합니다.

31 아래쪽 면을 자르기 합니다.

32 우측면을 자르기 합니다.

33 자르기가 완성되었습니다. 이제 강아지 얼굴만 발췌하기 위한 마무리로 '투명한 색 설정'을 적용합니다.

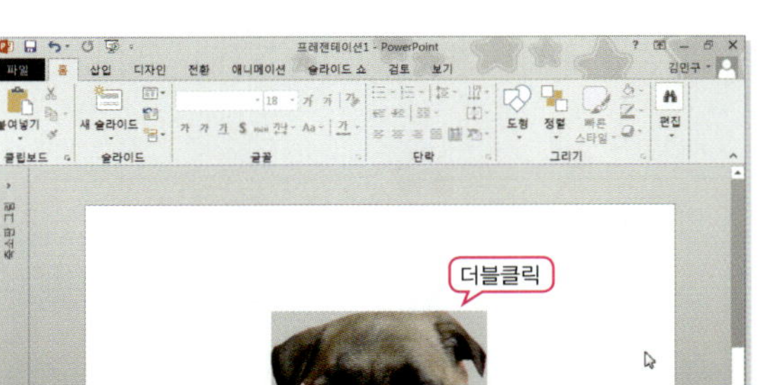

34 그림을 더블클릭한 후, [서식] 〉 [조정] 〉 [색] 〉 [투명한 색 설정]을 클릭합니다.

35 마우스가 '투명한 색 설정' 모드로 바뀌면, 그림의 회색 부분을 클릭하여 투명처리 합니다.

TIP **투명한 색 설정**

'투명한 색 설정' 기능은 슬라이드에 있는 그림(사진) 중 한 가지 색을 클릭하면 그림에 포함된 같은 색을 모두 투명하게 처리하는 기능입니다.

강아지 사진의 경우, 강아지 얼굴만 제외하고 나머지 부분을 한 가지 색으로 지정한 이유가 바로 여기에 있습니다. 주의할 점은 그림(사진)에 포함되지 않은 색으로 지정해야 동시에 투명해지는 오류를 피할 수 있습니다.

36 강아지 얼굴만 발췌되었습니다.

37 원래 사진과 비교하기 위해 그림을 복사합니다. 마우스 오른쪽 버튼을 클릭하여 [복사]를 클릭합니다.

38 좌측 [축소판 그림]을 클릭합니다.

39 [1번 슬라이드]를 클릭합니다.

40 슬라이드에서 마우스 오른쪽 버튼을 클릭하여 [붙여넣기(그림)]를 클릭합니다.

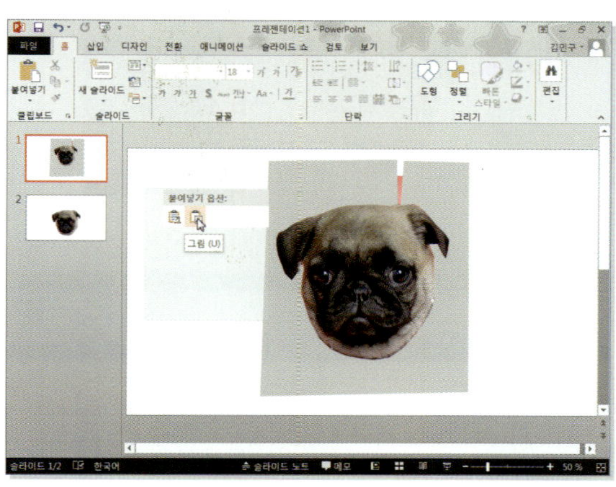

41 강아지 얼굴이 삽입되었습니다.

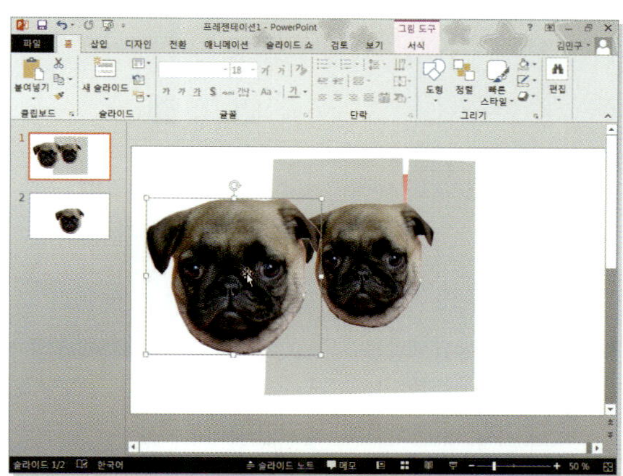

42 자유형 선으로 만든 회색 도형을 삭제합니다.

43 원래 사진과 비교합니다. 깔끔하게 강아지 얼굴만 가져왔죠. 이처럼 파워포인트로 사진의 원하는 부분만 발췌하는 기능을 필자는 '사진 포토샵 효과 연출하기'로 이름 지었습니다.

002 # 놀부 클립아트와의 콜라보레이션

44 좌측 [축소판 그림] 창의 [2번 슬라이드]를 클릭합니다.

45 기존에 작업했던 강아지 얼굴이 있습니다. 강아지 얼굴 주변에 흰색 선이 남아있습니다. 이럴 경우, [자르기] 기능으로 다시 한 번 잘라주면 됩니다.

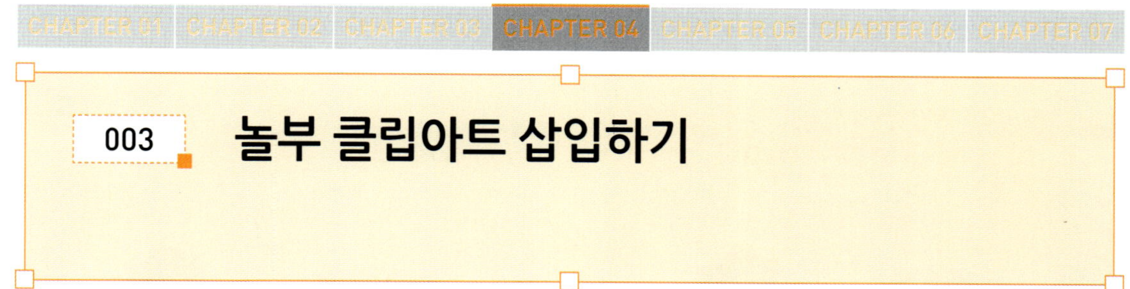

46 '놀부' 클립아트를 삽입합니다. 먼저, [삽입] 〉 [온라인 그림]을 클릭합니다.

47 [그림 삽입] 대화상자에서 [클립 아트] 검색란에 "놀부"를 입력합니다.

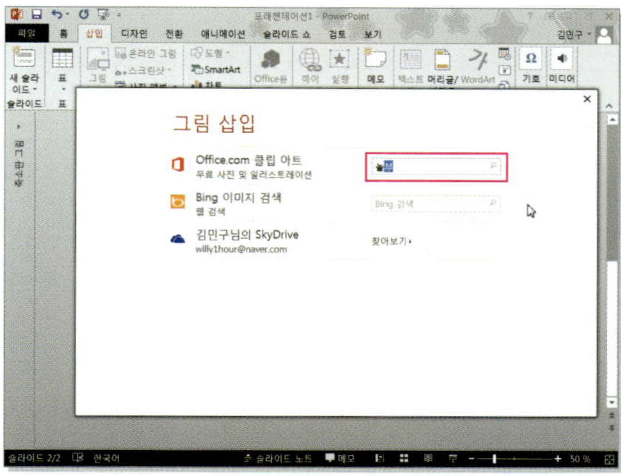

48 두 번째 클립아트를 클릭하고 [삽입]을 클릭합니다.

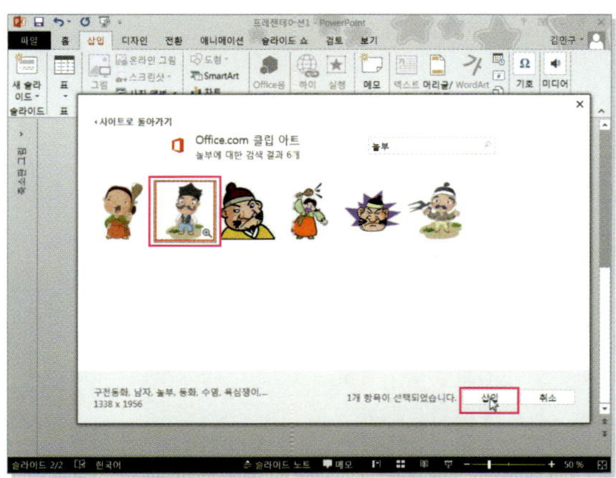

49 슬라이드 중앙에 '놀부' 클립아트가 삽입되었습니다.

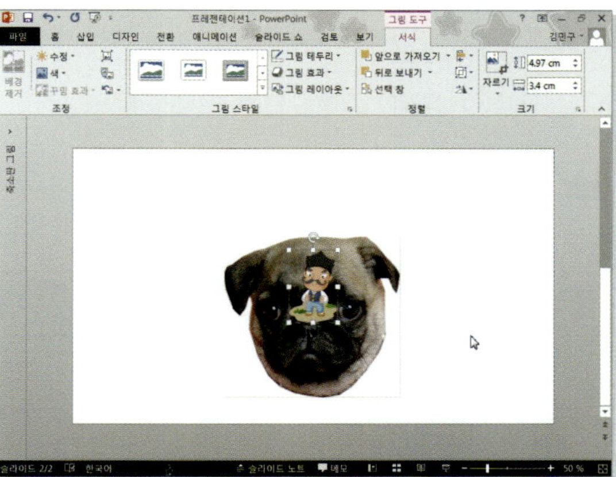

50 강아지 얼굴을 좌측 배치하고, '놀부' 클립아트를 우측에 크기를 키워 배치합니다.

51 '놀부'를 더블클릭합니다. [서식] 〉 [정렬] 〉 [그룹] 〉 [그룹 해제]를 클릭합니다.

52 [Microsoft PowerPoint] 대화상자에서 [예]를 클릭합니다.

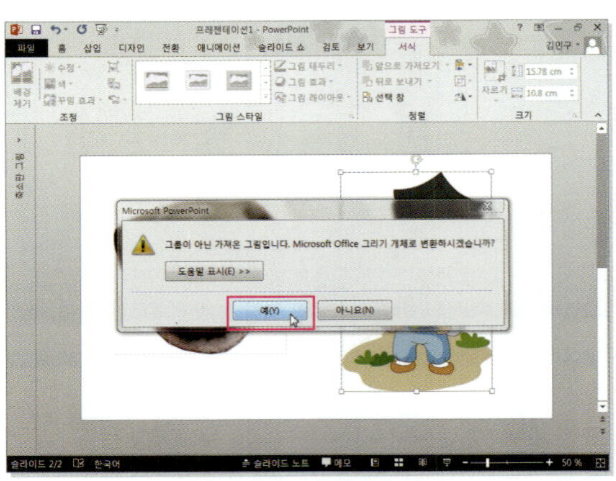

53 다시 한 번 '놀부'를 더블클릭합니다.

54 [서식] 〉 [정렬] 〉 [그룹] 〉 [그룹 해제]를 클릭합니다.

55 '놀부' 클립아트가 해체되었습니다.

56 해체된 '놀부' 주변 빈 곳을 클릭하면 투명한 사각 도형이 나타납니다. 이는 클립아트 전체를 잡아주는 도형으로 클립아트의 삭을 변경할 때 방해가 될 수 있습니다.

57 삭제합니다.

58 '놀부' 얼굴을 삭제합니다. 먼저, 마우스로 얼굴까지만 선택합니다.

59 '놀부'의 얼굴만 선택되었습니다.

60 삭제합니다.

61 '놀부'의 나머지 부분을 선택합니다.

62 나머지 부분이 선택되었습니다.

63 [서식] 〉 [정렬] 〉 [그룹] 〉 [그룹]을 클릭합니다.

64 '놀부'의 나머지 부분이 그룹화 되었습니다.

65 강아지 얼굴을 '놀부' 얼굴이 있던 자리로 배치합니다.

66 '놀부' 그림 뒤에 배치된 강아지 얼굴을 앞으로 가져
옵니다. [서식] 〉 [정렬] 〉 [앞으로 가져오기]를 클릭합
니다.

67 강아지 얼굴이 앞으로 배치되었습니다.

68 강아지 얼굴의 크기를 줄입니다. 먼저, 그림의 모서리 부분을 클릭합니다.

69 그림의 모서리 부분을 클릭하여 크기를 줄입니다.

70 크기가 줄어든 강아지 얼굴을 '놀부' 얼굴 자리에 배치합니다.

71 슬라이드 좌측에 말풍선을 삽입합니다. [홈] 〉 [그리기] 〉 [도형] 〉 [설명선] 〉 [말풍선]을 클릭합니다.

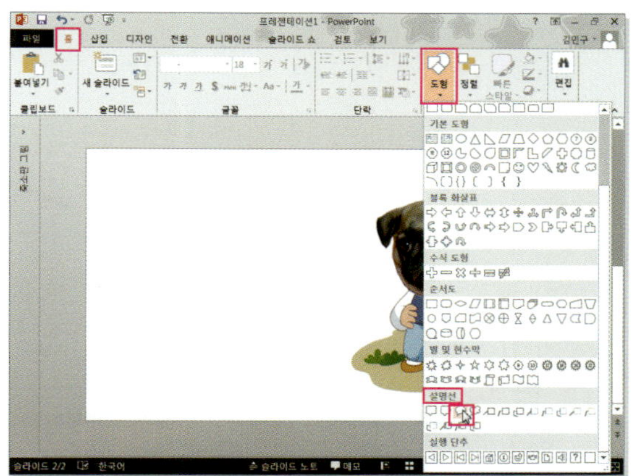

72 슬라이드 좌측에 말풍선을 삽입합니다.

73 말풍선 아래쪽에 배치된 노란점을 클릭합니다.

74 노란점을 '강아지 놀부' 방향으로 옮깁니다.

75 말풍선을 더블클릭한 후, [서식] 〉 [도형 스타일] 〉 [색 윤곽선–녹색, 강조6]을 클릭합니다.

76 말풍선에 "강아지 놀부"를 입력합니다.

77 "강아지 놀부" 글꼴 크기를 "48p"로 지정합니다.

78 [글꼴 색]을 황록색으로 지정합니다.

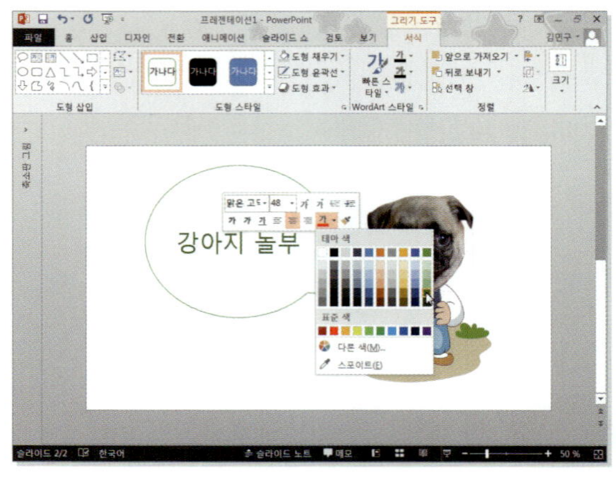

79 '강아지 놀부'와 말풍선이 완성되었습니다. 이제 강아지 얼굴에 애니메이션을 적용하면 완성됩니다.

004　'강아지 얼굴'에 애니메이션 적용하기

80 강아지 얼굴을 클릭합니다.

81 [애니메이션] 〉 [애니메이션 창]을 클릭합니다.

82 [애니메이션 창]이 열립니다.

83 [애니메이션] 〉 [애니메이션 추가] 〉 [강조] 〉 [회전]을 클릭합니다.

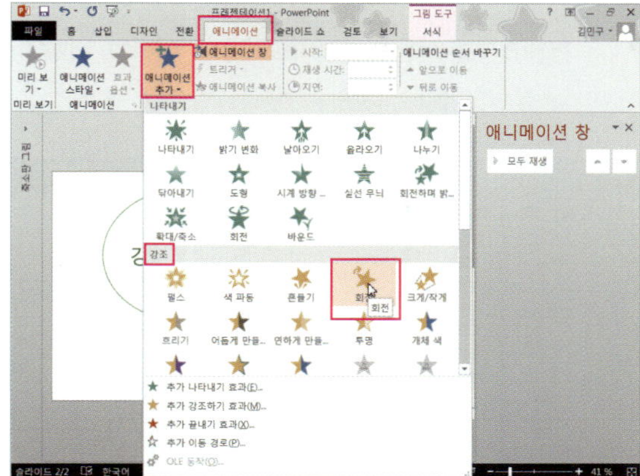

84 '회전' 애니메이션을 미리보기 합니다.

강아지 놀부

85 [애니메이션 창]에서 [1:그림1]을 더블클릭합니다.

강아지 놀부
더블클릭

86 [회전] 대화상재[효과] 탭 > [양(값)] 내림단추 > [사용자
지정:15도]를 직접 입력한 후, Enter 키를 누릅니다.

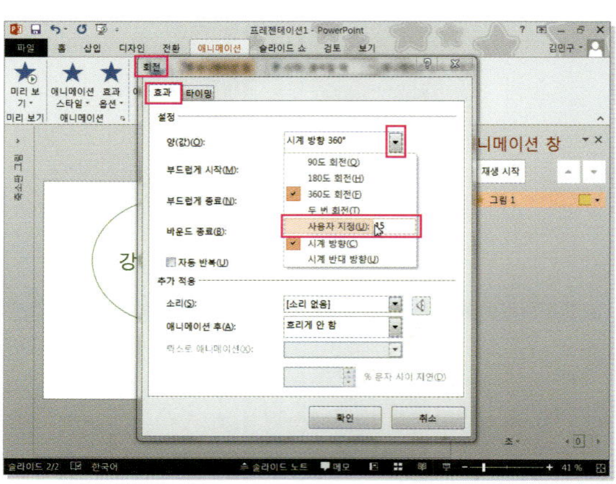

87 [효과] 탭 > [자동 반복]에 체크합니다.

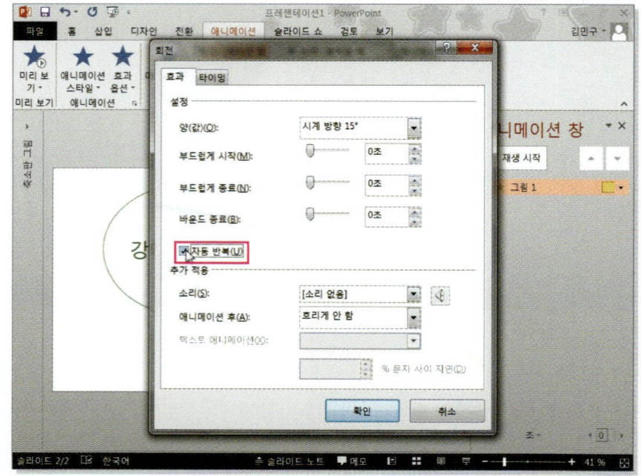

88 [타이밍] 탭 > [반복:슬라이드가 끝날 때까지] > [확인]
을 클릭합니다.

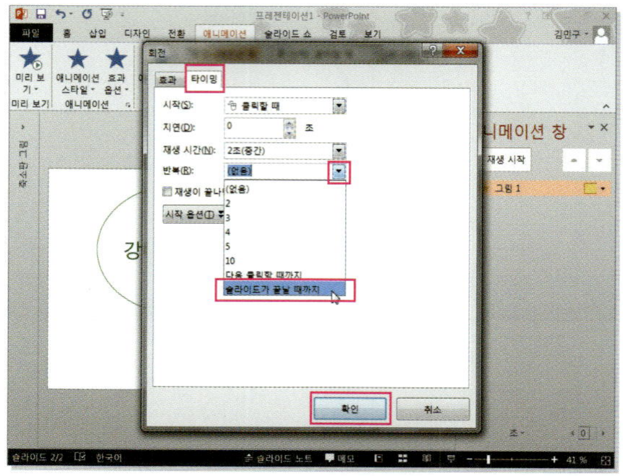

89 [애니메이션] > [타이밍] > [재생시간:00.50]을 지정합
니다.

강아지 놀부

90 모든 애니메이션 효과가 적용되었습니다. 슬라이 드 쇼 보기에서 확인합니다. [슬라이드 쇼]를 클릭 합니다.

91 강아지 얼굴에 적용된 애니메이션 효과가 제대로 작동합니다.

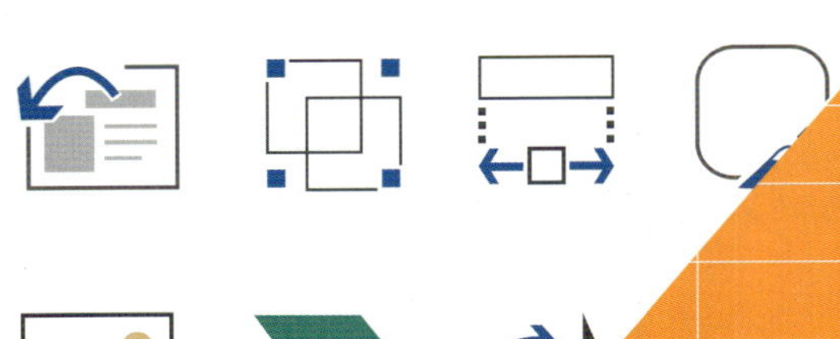

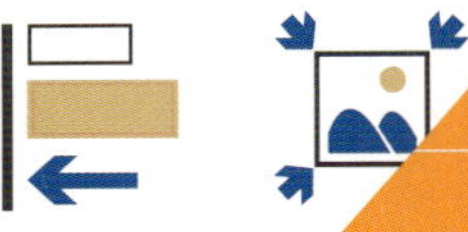

CHAPTER 05

사다리 게임 만들기

파워포인트로 게임을 만들면 학습과 동시에 모두가 재미있게 공부할 수 있습니다. 수많은 게임들 중에 가장 인기가 많았던 게임을 만들어볼까 합니다. 칠판에 사다리를 그렸던 것처럼 파워포인트로 사다리 게임을 만들어보겠습니다.

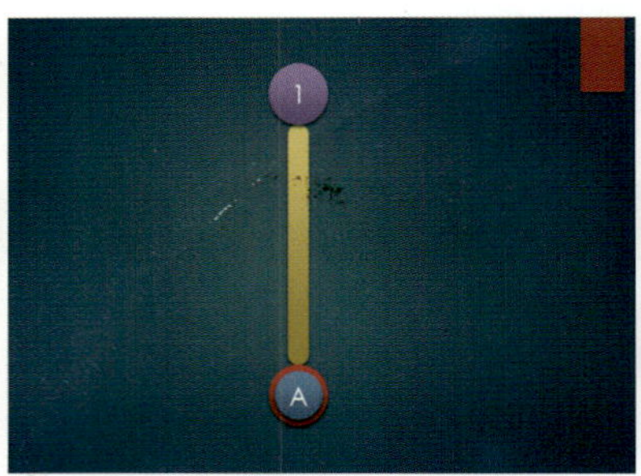

샘플 파일 _ part3-5.사다리 게임 만들기(샘플)

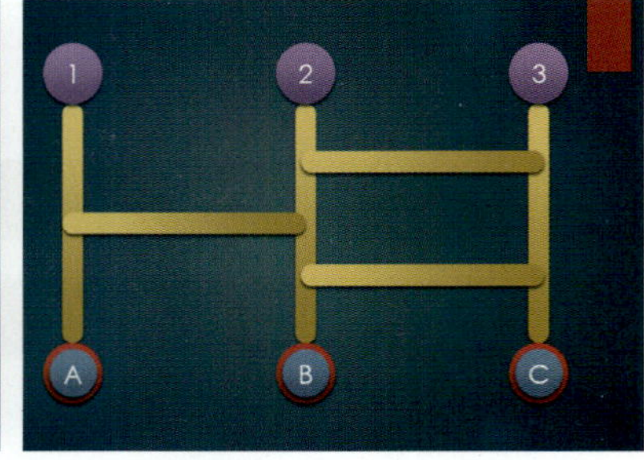

완성 파일 _ part3-5.사다리 게임 만들기(완성)

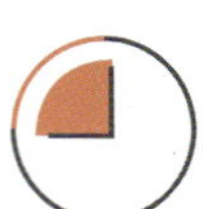

001 　기본 개체 만들기

001 새 프레젠테이션 파일을 열고, 제목, 부제목 입력 상자를 모두 삭제한 다음, 슬라이드를 넓게 사용하기 위해 좌측의 [축소판 그림] 창을 닫습니다.

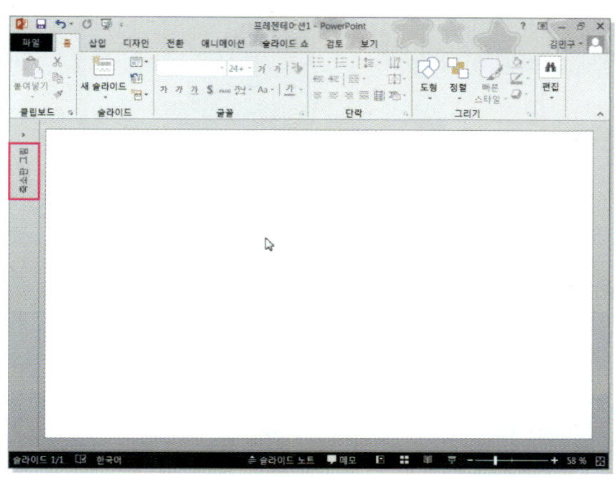

002 [디자인] 〉 [테마] 〉 [이온]을 클릭합니다.

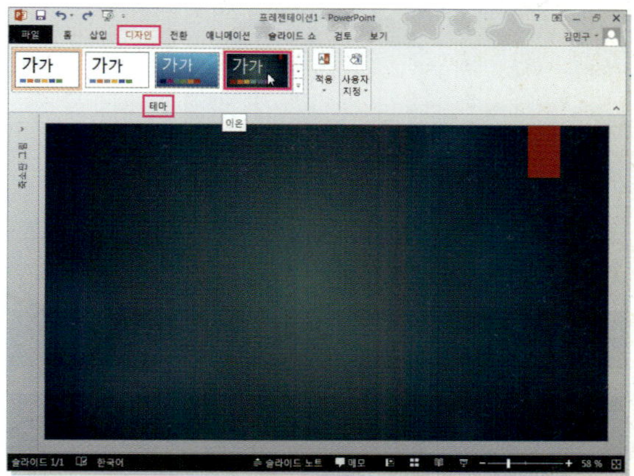

003 Alt + F9 키를 동시에 눌러 슬라이드에 안내선을 표시합니다.

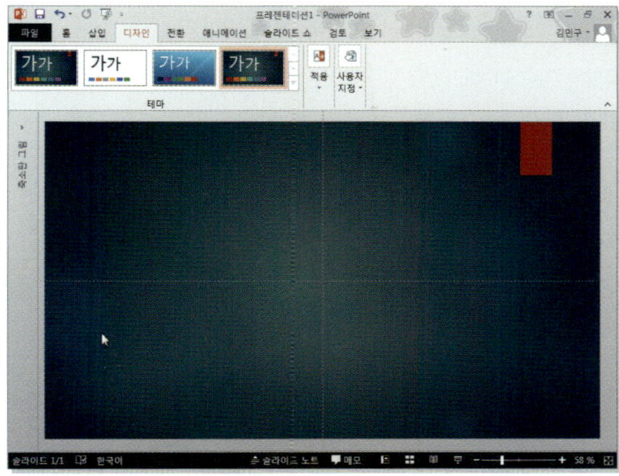

004 Ctrl 키를 누르고, 마우스로 가로 안내선을 클릭한 다음, 위쪽으로 끌면 안내선이 복제됩니다. [5.00] 위치에 복제합니다.

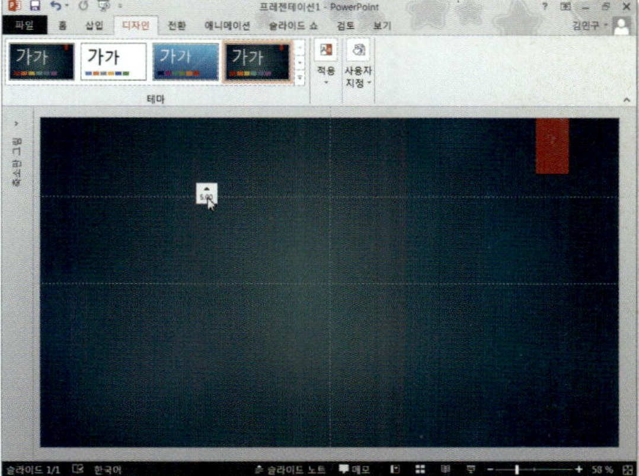

005 같은 방법으로 아래쪽 [5.00] 위치에 복제합니다.

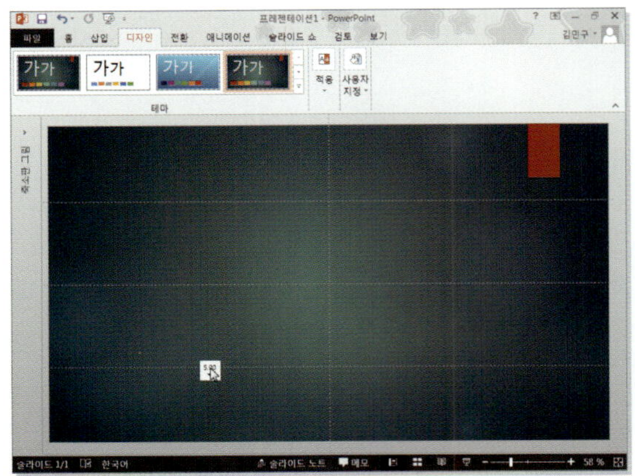

006 같은 방법으로 좌측 [10.00] 위치에 복제합니다.

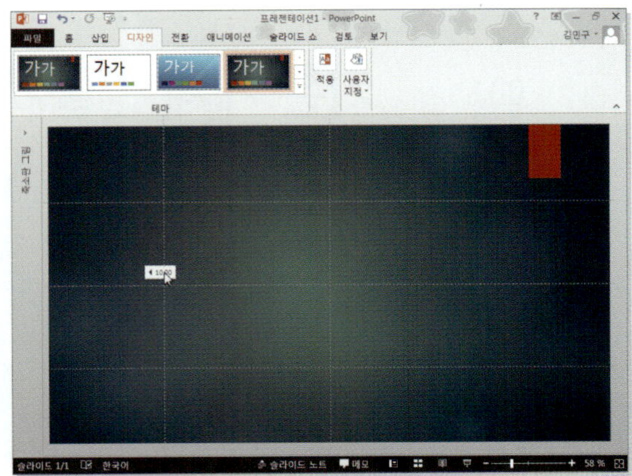

007 같은 방법으로 우측 [10.00] 위치에 복제합니다.

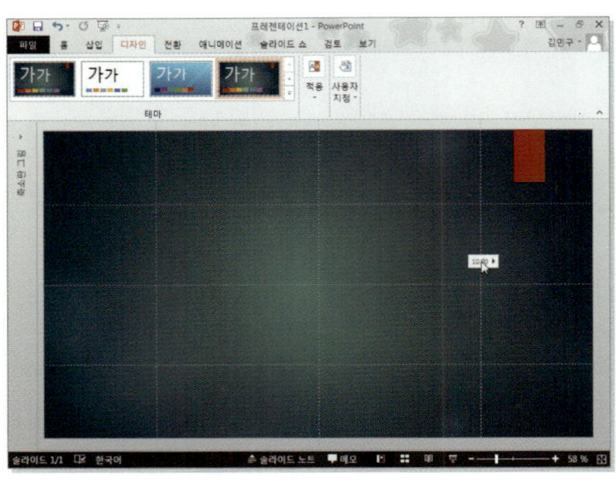

008 [홈] 〉 [그리기] 〉 [도형] 〉 [모서리가 둥근 직사각형]을 클릭합니다.

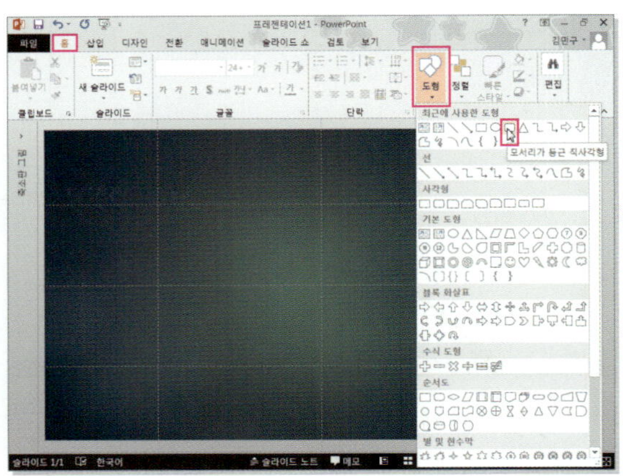

009 가운데 세로 안내선에 맞춰 도형을 삽입합니다.

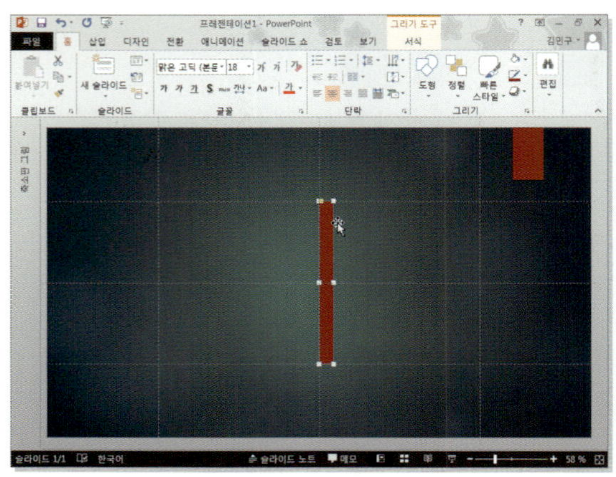

010 슬라이드를 확대(Ctrl + 마우스 휠 앞으로)합니다.

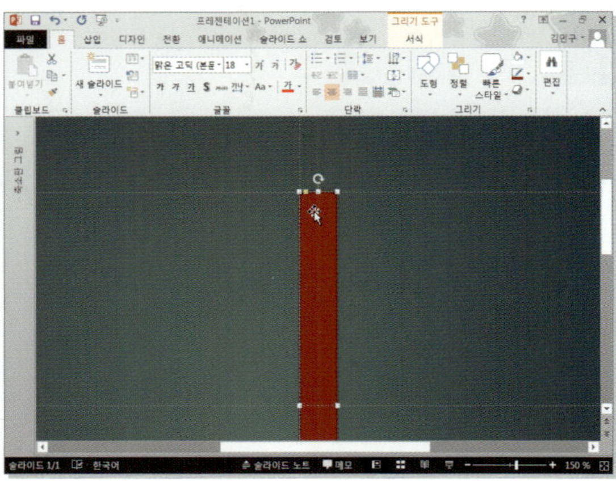

011 삽입된 도형의 윗부분에 노란색 점을 클릭합니다. 노란색 점을 우측으로 돌리면 도형의 모서리가 둥글게 변합니다.

012 [서식] 〉 [도형 스타일] 〉 [자세히]를 클릭합니다. [강한 효과–황금색, 강조3]를 클릭합니다.

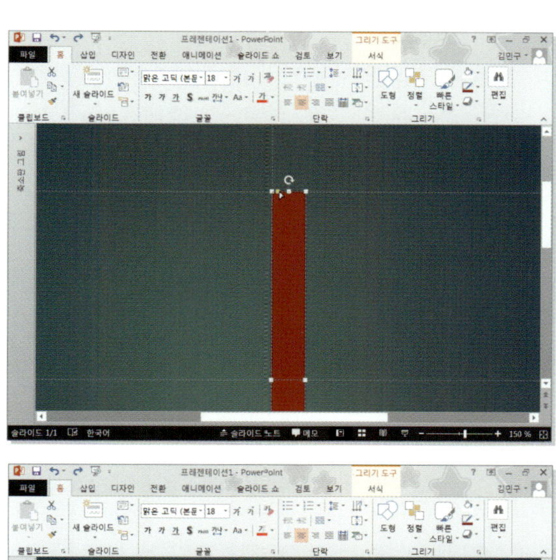

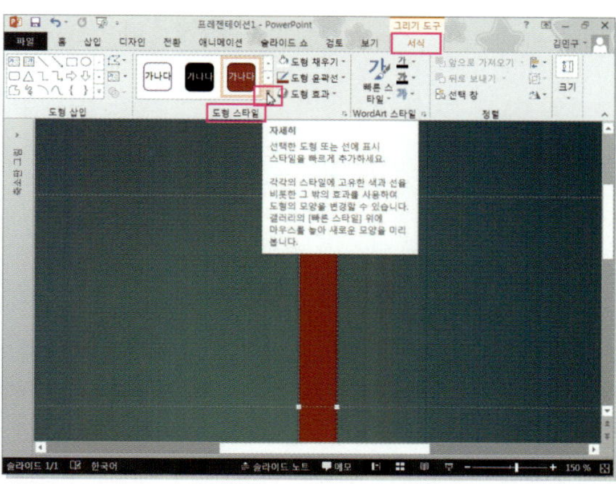

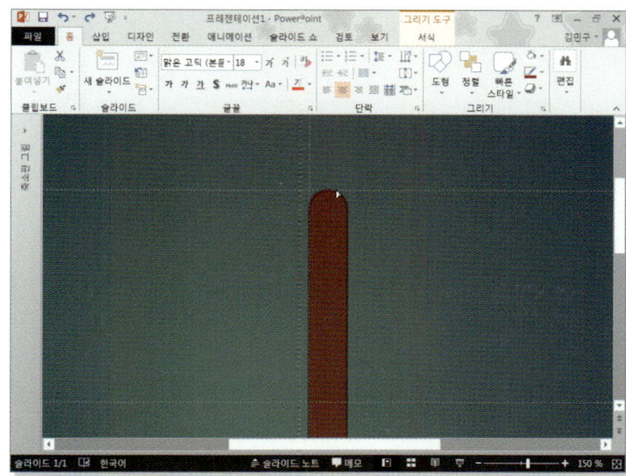

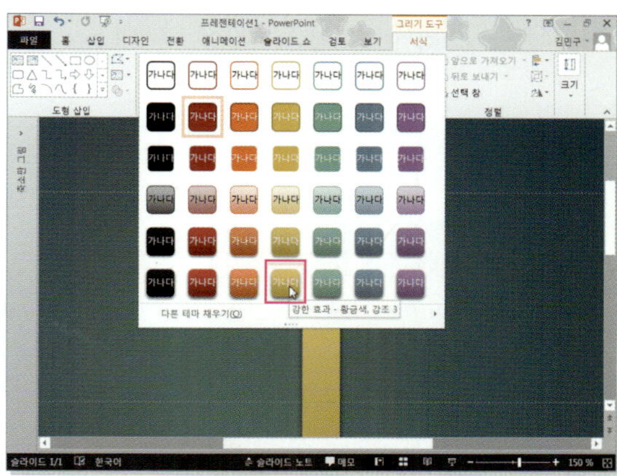

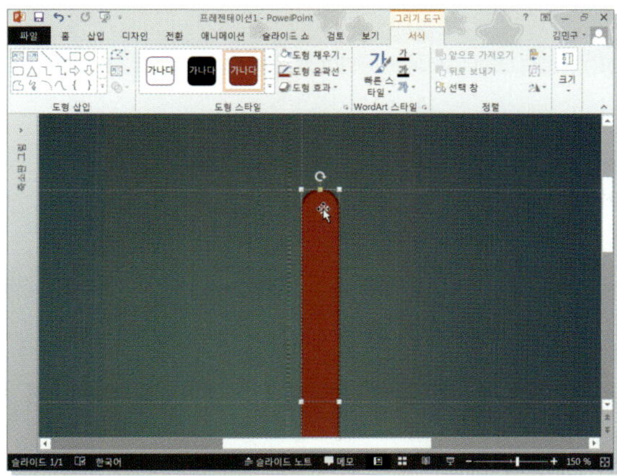

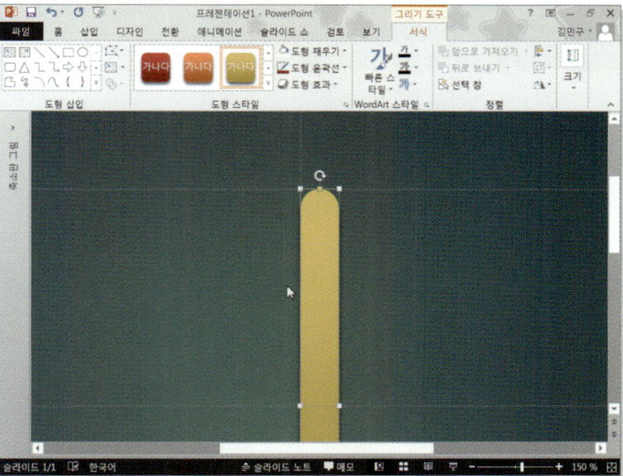

013 슬라이드를 축소(Ctrl + 마우스 휠 뒤로)합니다.

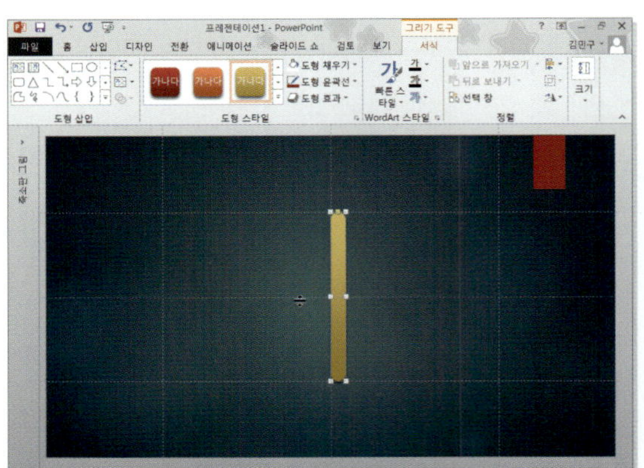

014 가로, 세로 안내선 중앙에 도형을 맞춰 이동합니다.

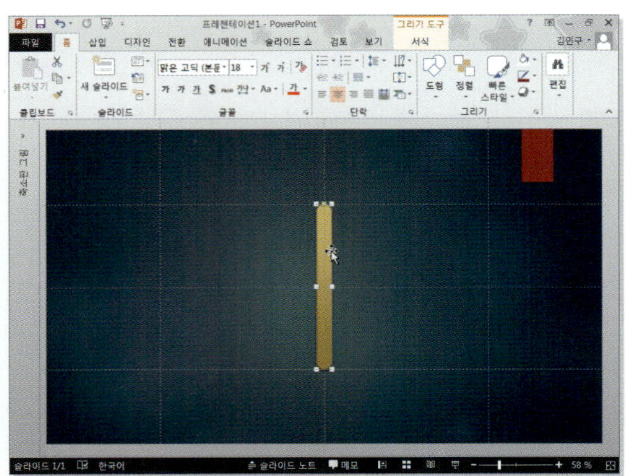

015 [홈]〉[그리기]〉[도형]〉[타원]을 클릭합니다.

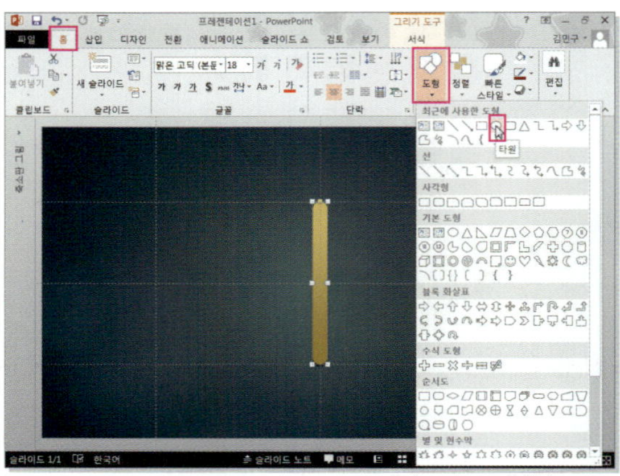

016 노란색 도형 위를 클릭하여 타원을 삽입합니다.

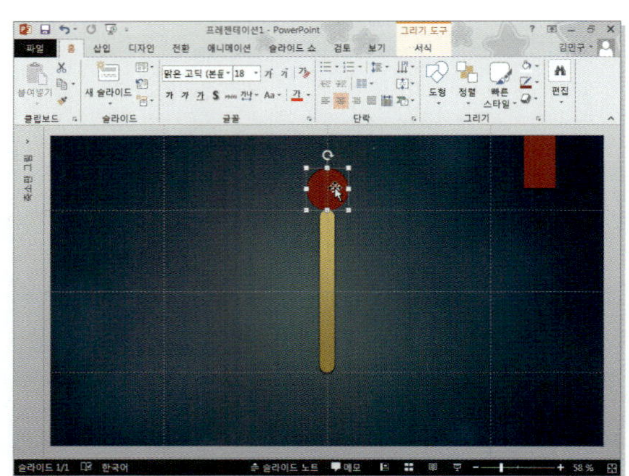

017 [서식]〉[도형 스타일]〉[자세히]〉[강한 효과-자주, 강조6]을 클릭합니다.

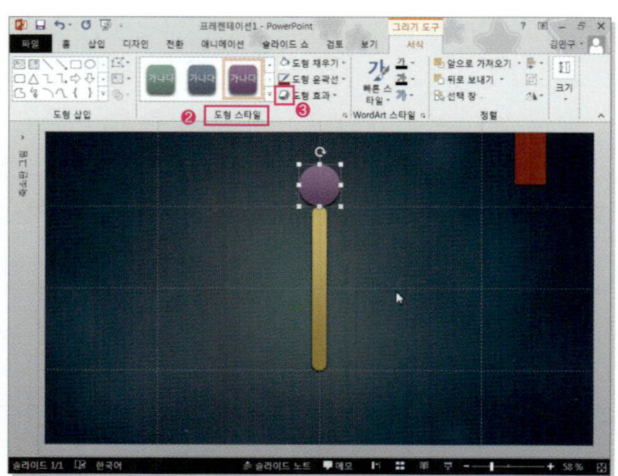

 삽입된 타원에 숫자 "1"을 입력하고, 글꼴 크기를 "32p"로 지정합니다.

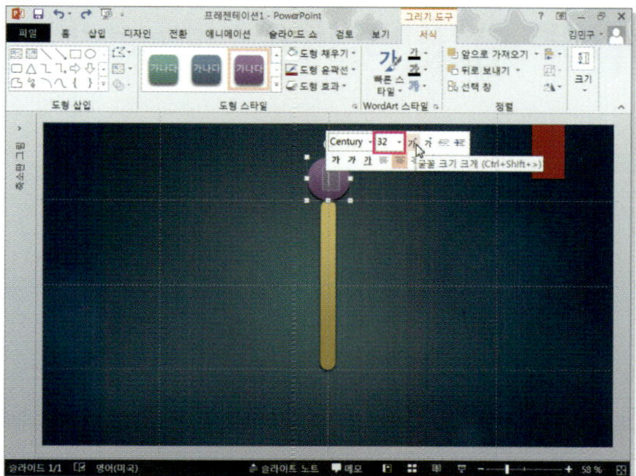

 "1"이 입력된 도형을 클릭한 후, Ctrl + Shift 키를 동시에 누르고, 아래로 끌어내려 복제합니다.

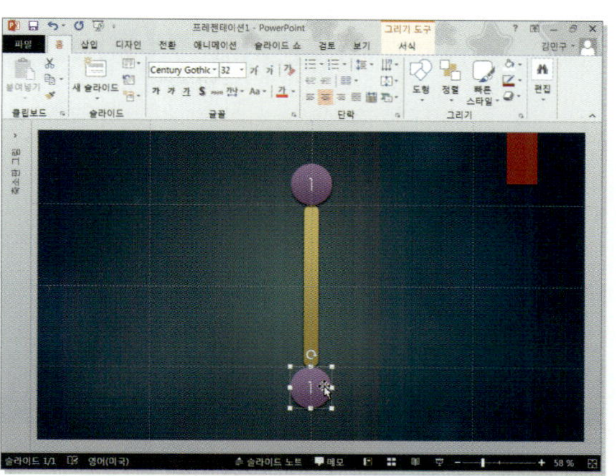

 아래로 복제된 도형의 숫자를 "꽝"으로 바꿔 입력합니다.

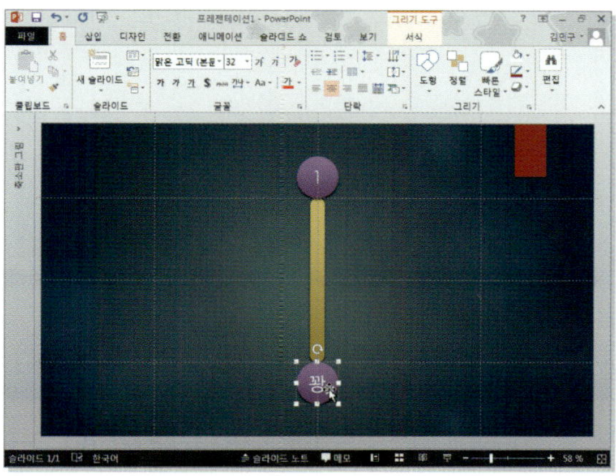

 "꽝" 도형을 더블클릭한 후, [서식] 〉 [도형 스타일] 〉 [자세히]를 클릭합니다.

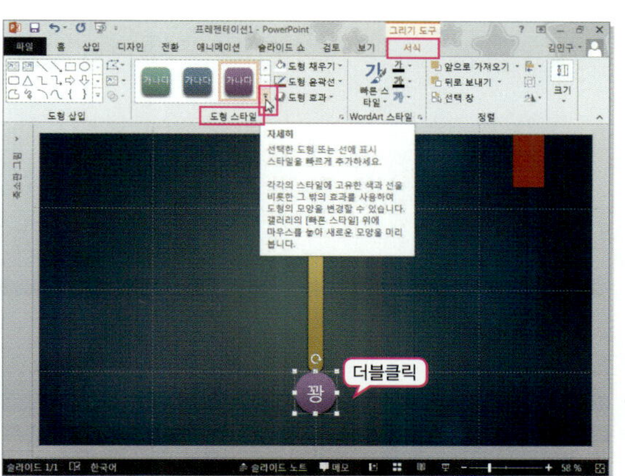

 [강한 효과–진한 빨강, 강조 1]을 클릭합니다.

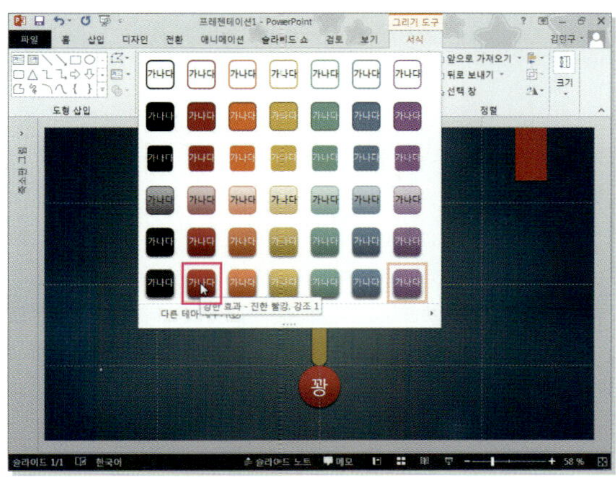

 사다리에 필요한 기본적인 개체가 만들어졌습니다. 이제 복제하여 사다리를 완성합니다.

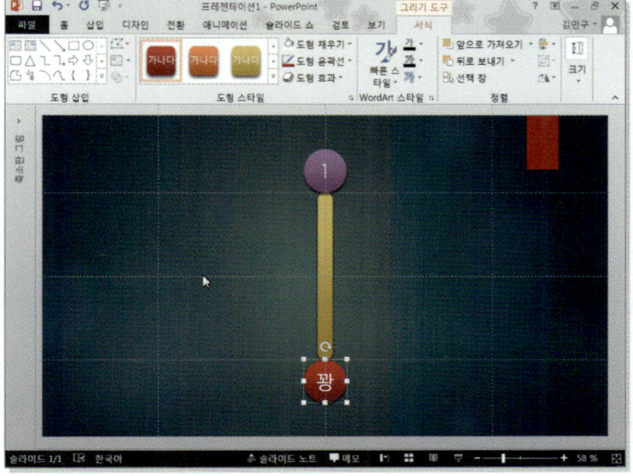

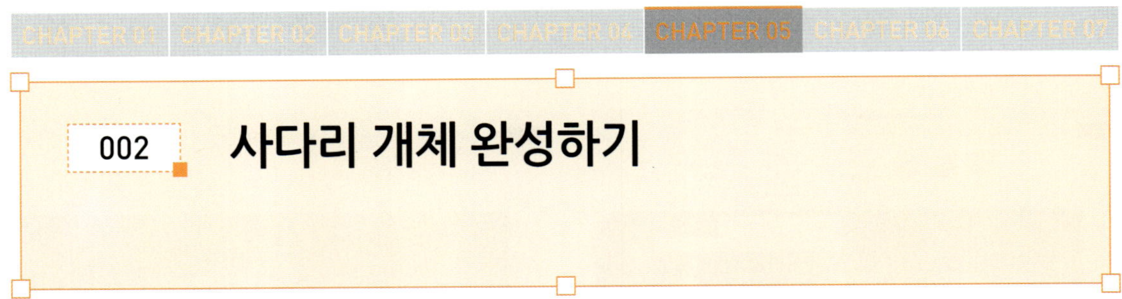

002　사다리 개체 완성하기

024 슬라이드에 있는 모든 개체(도형)를 마우스로 선택합니다.

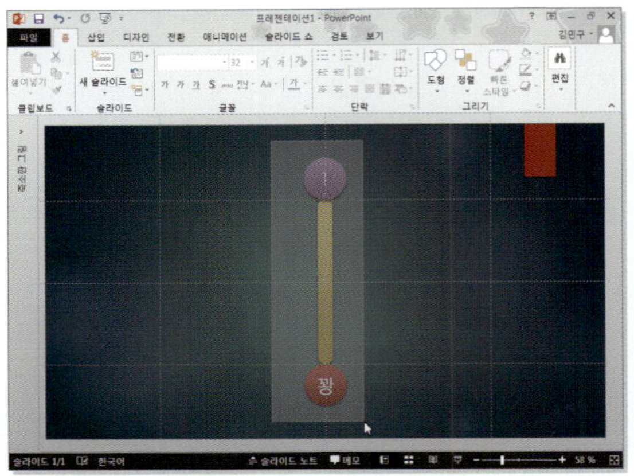

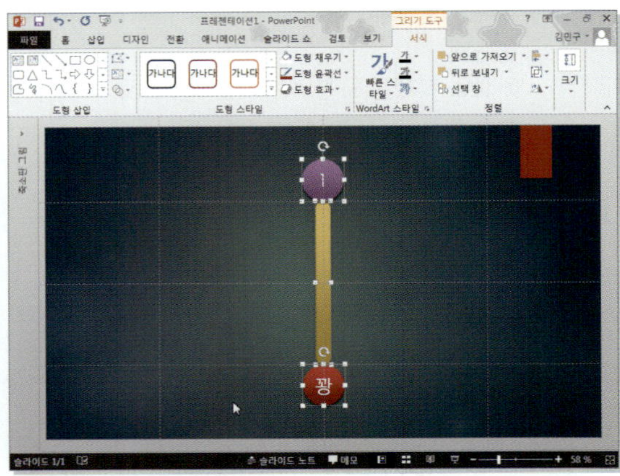

025 Ctrl + Shift 키를 동시에 누르고, 마우스로 클릭한 후, 좌측으로 끌어 안내선까지 복제합니다.

026 같은 방법으로 우측으로 끌어 안내선까지 복제합니다.

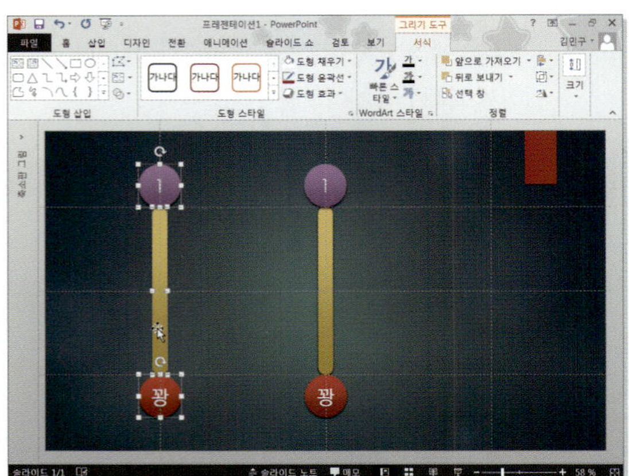

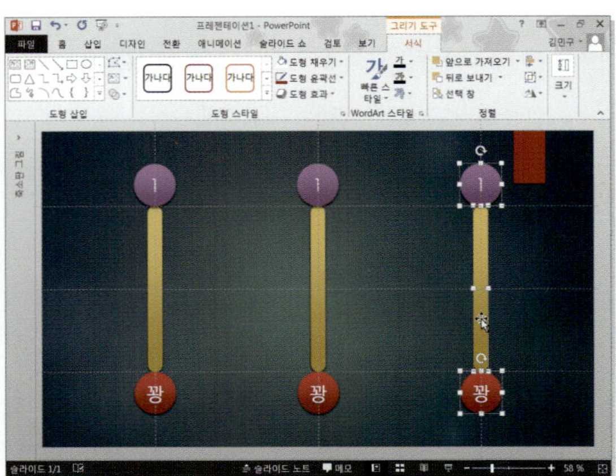

027 위쪽에 배치된 타원 중 가운데 타원의 숫자를 "2"로 변경합니다.

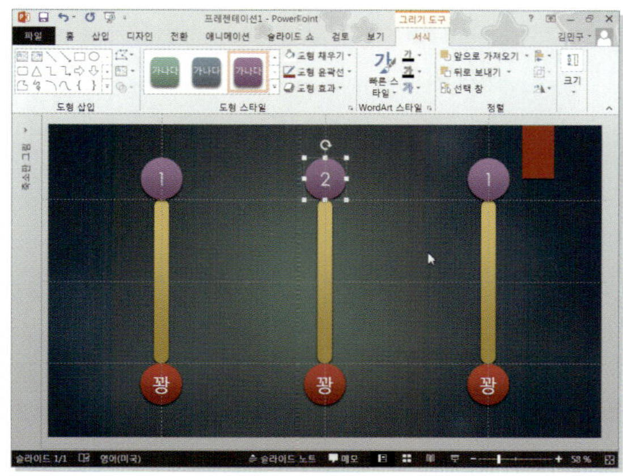

028 상단 우측의 타원을 숫자 "3"으로 변경합니다.

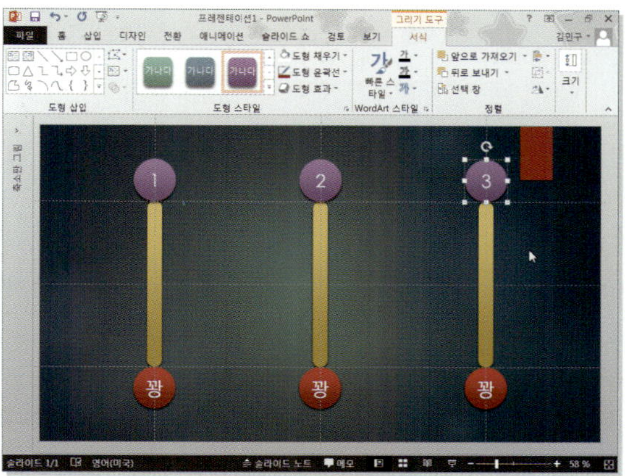

029 "꽝"이라고 입력된 도형의 텍스트를 가리기 위해 상단의 타원을 복제합니다. 먼저, 마우스로 상단의 타원들을 선택합니다.

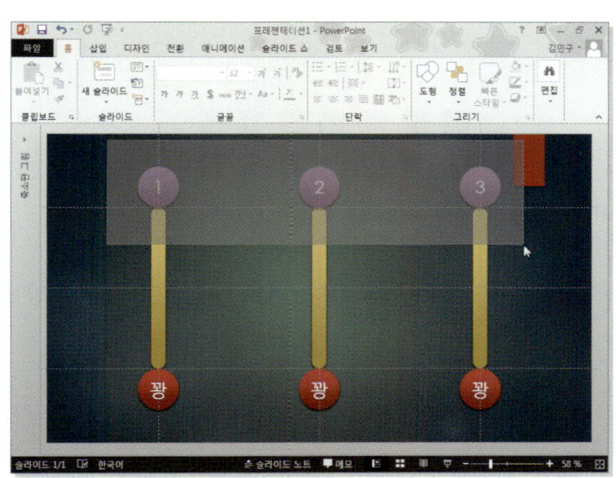

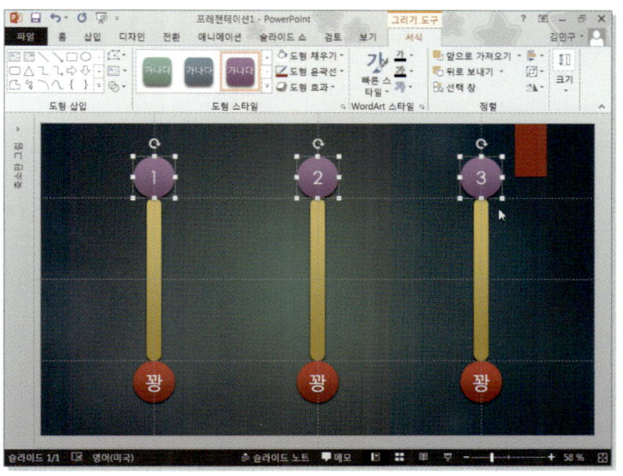

030 Ctrl + Shift 키를 동시에 누르고, "꽝" 도형까지 마우스로 끌어내려 복제합니다.

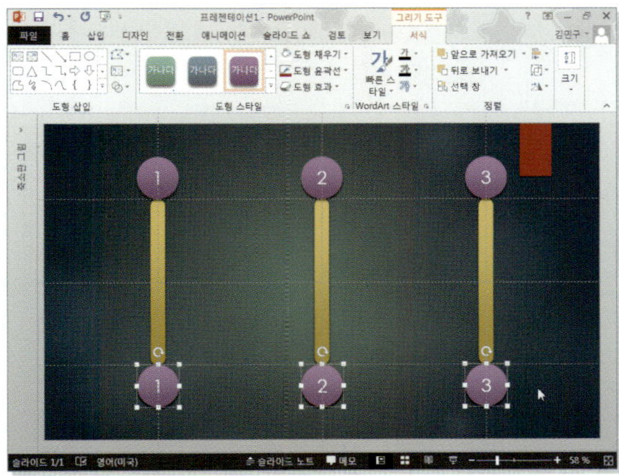

031 복제된 좌측 도형의 숫자를 "A"로 변경합니다.

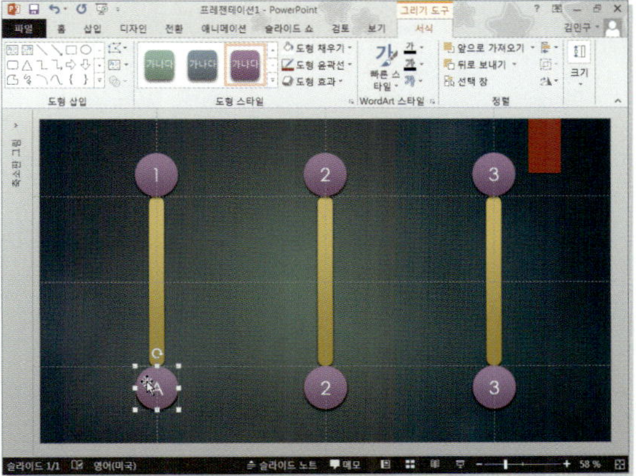

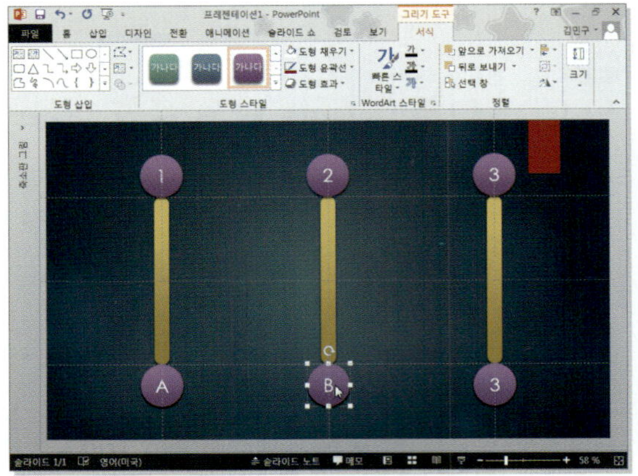

032 복제된 가운데 도형의 숫자를 "B"로 변경합니다.

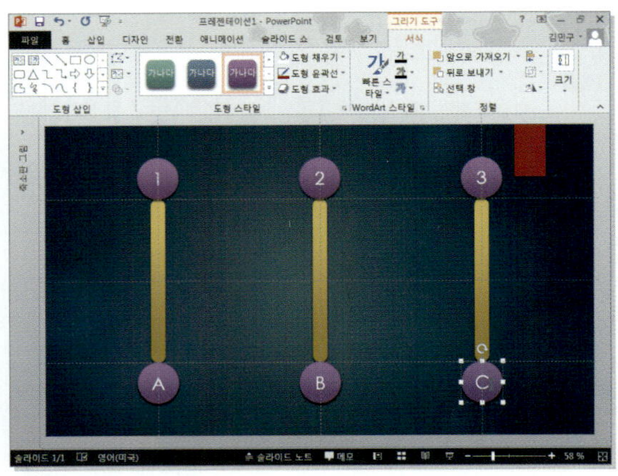

033 복제된 우측 도형의 숫자를 "C"로 변경합니다.

034 "A", "B", "C" 도형의 색상을 바꿉니다. 먼저, 3개 도형을 동시에 선택한 후 더블클릭합니다.(동시 선택은 Ctrl 또는 Shift 키를 누르고, 각 도형 클릭)

035 [서식] 〉 [도형 스타일] 〉 [자세히] 〉 [강한 효과–청회색, 강조 5]를 클릭합니다.

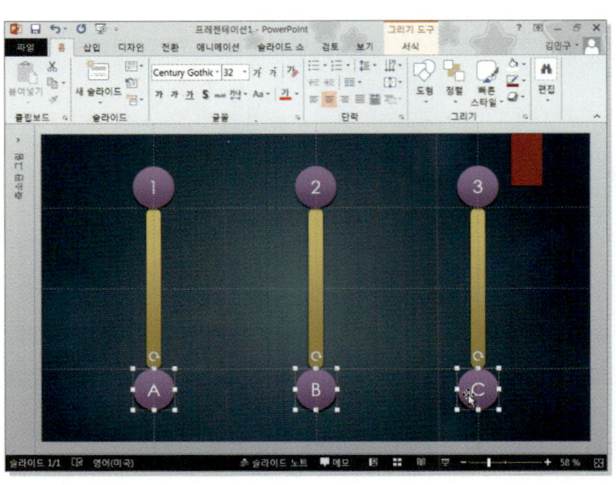

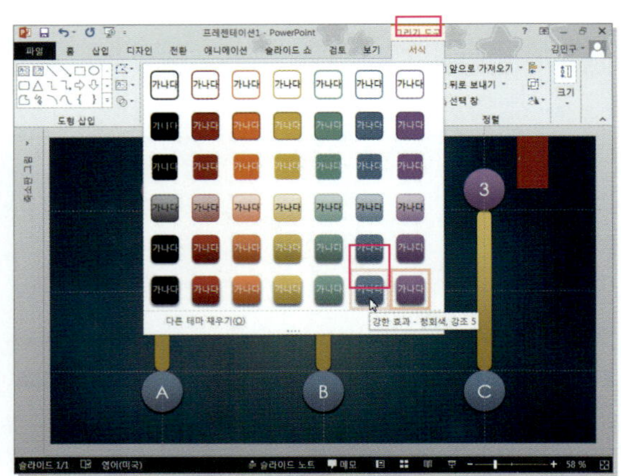

036 색상 변경 후, 도형의 크기를 조금 줄입니다. 먼저, 선택된 도형의 모서리 부분 클릭합니다.

037 Ctrl + Shift + Alt 키를 동시에 누르고, 마우스를 도형 안쪽으로 밀면서 도형의 크기를 줄입니다.

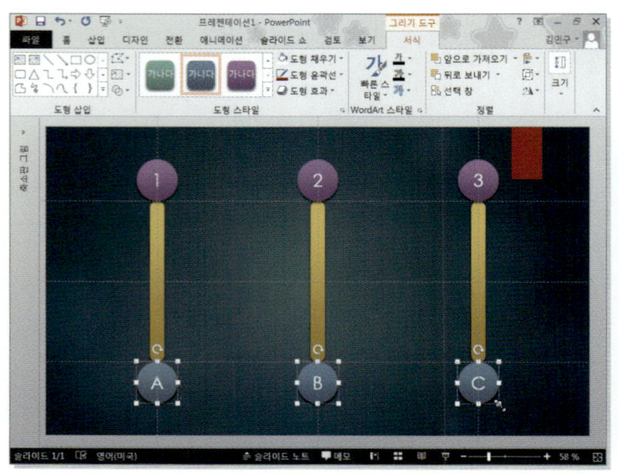

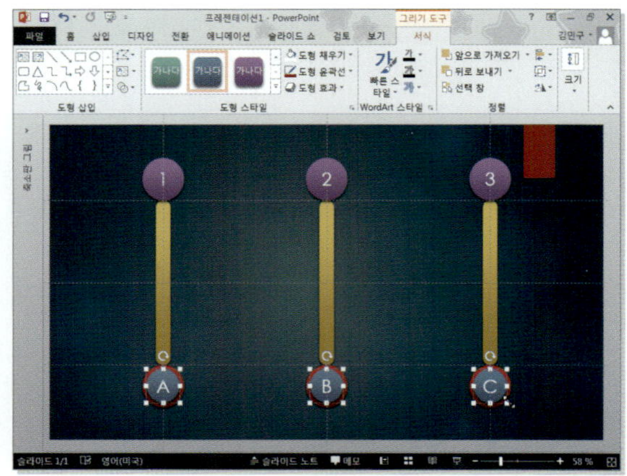

038 이제 가로 사다리를 만듭니다. 먼저, 첫 번째 노란색 세로 사다리를 옆으로 복제합니다.(Ctrl + Shift 키를 누르고, 마우스로 끌면 복제됩니다.)

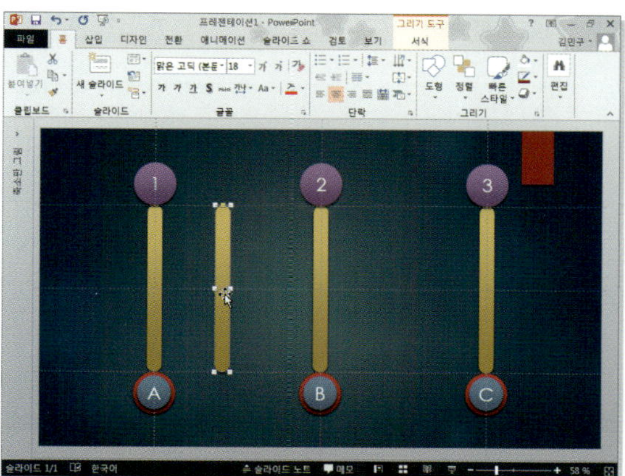

039 복제된 도형을 더블클릭한 후, [서식] 〉 [정렬] 〉 [개체 회전]를 클릭합니다.

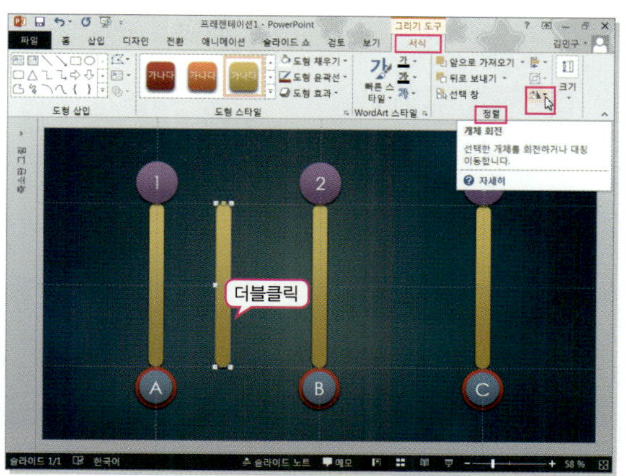

040 [왼쪽으로 90도 회전]을 클릭합니다.

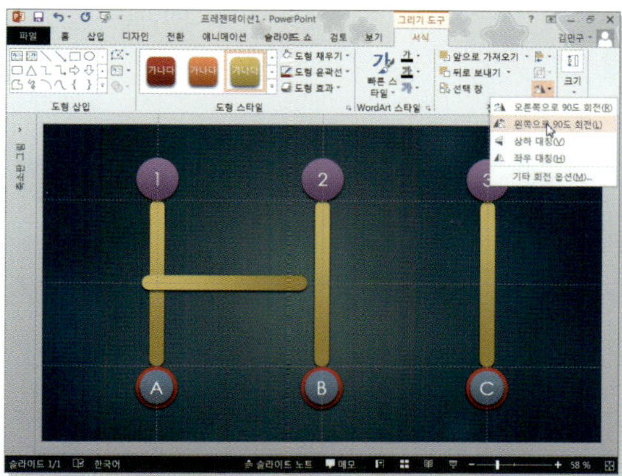

041 회전된 도형을 클릭한 후, 슬라이드를 확대(Ctrl + 마우스 휠 앞으로)합니다.

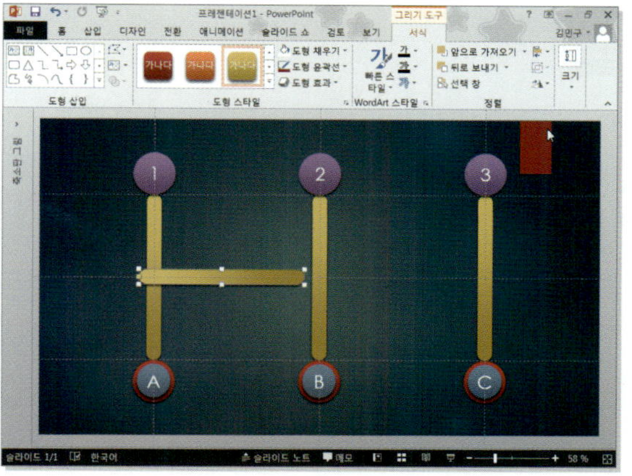

042 클릭된 도형을 중심으로 슬라이드가 확대되었습니다. 확대되면 도형의 흰색점이 드러나는데, 이는 도형의 길이를 늘이는데 필요합니다.

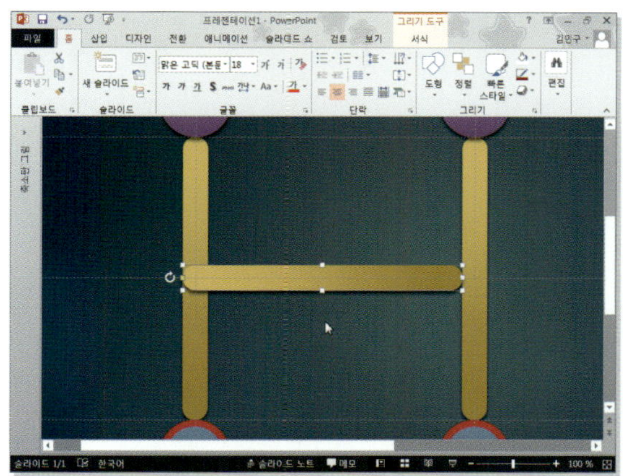

043 우측 가운데 흰색점을 클릭하여 길이를 안내선까지 늘입니다.

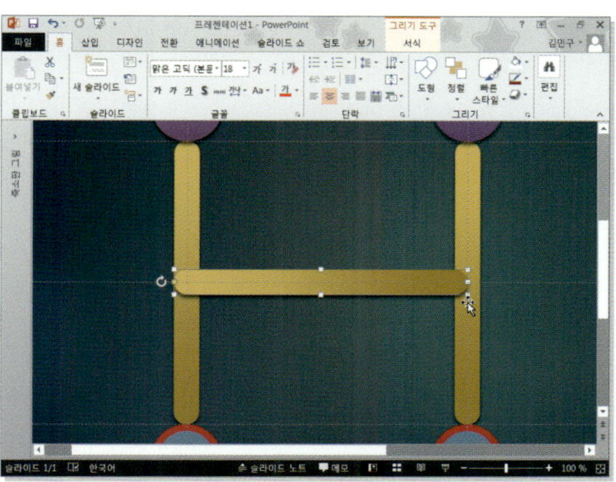

044 슬라이드를 다시 축소(Ctrl + 마우스 휠 뒤로)합니다.

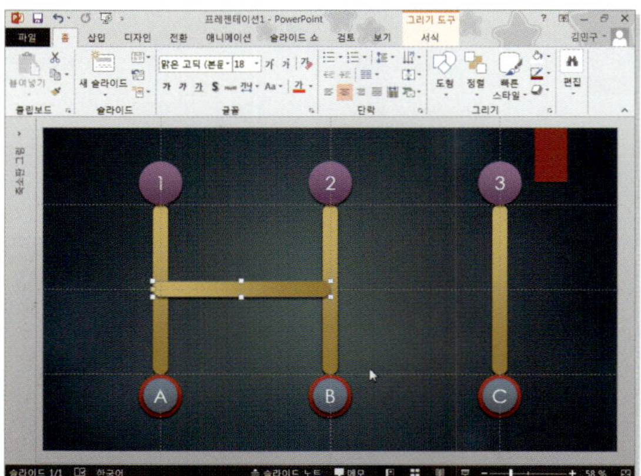

045 Ctrl + Alt 키를 동시에 누르고, 마우스로 클릭한 후, 우측 사다리로 복제합니다.

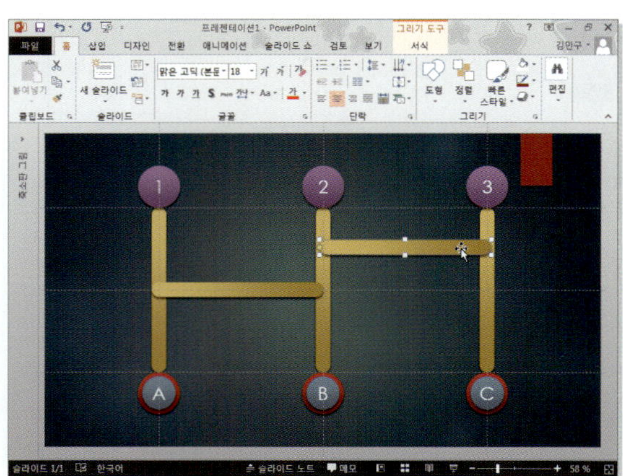

046 다시, Ctrl + Shift 키를 동시에 누르고, 마우스로 클릭한 후, 아래쪽 사다리로 복제합니다.

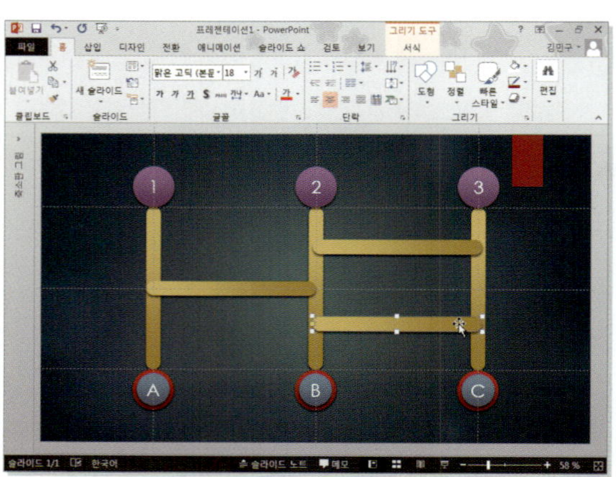

047 사다리 게임에 필요한 모든 개체가 만들어졌습니다.

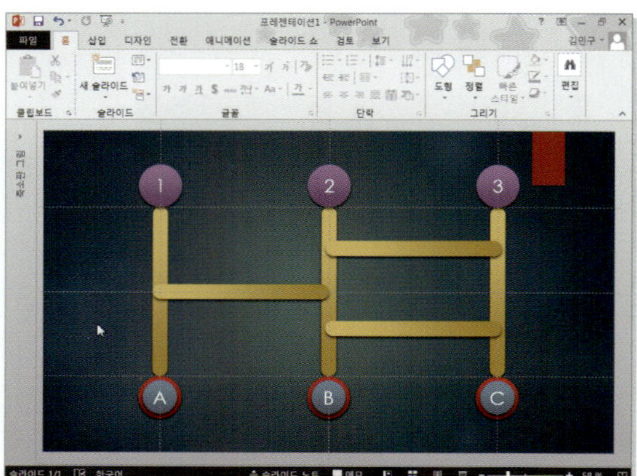

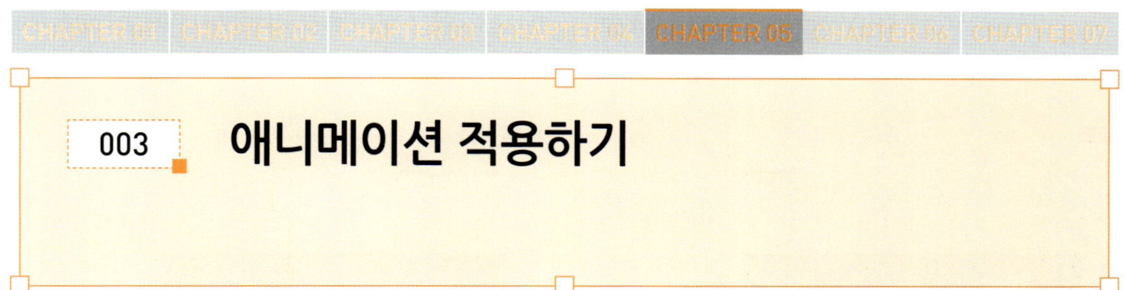

003 애니메이션 적용하기

048 [애니메이션] 〉 [애니메이션 창]을 클릭합니다.

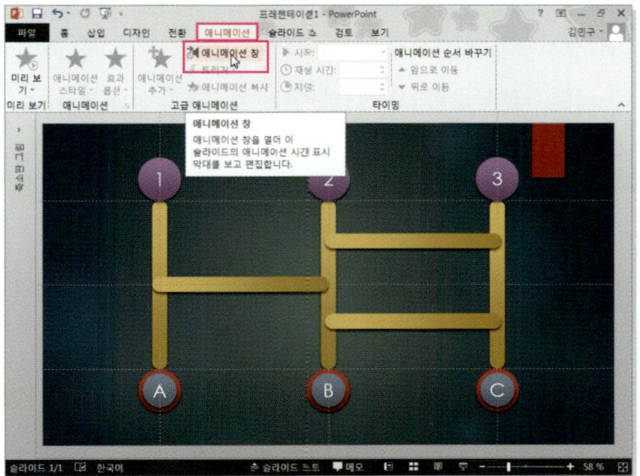

049 우측에 [애니메이션 창]이 열립니다.

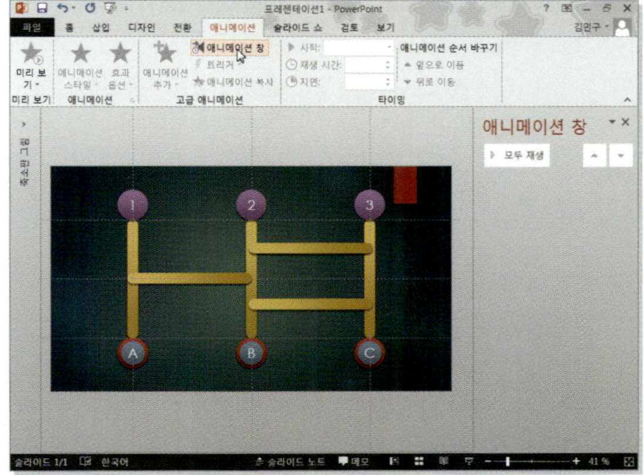

050 숫자 "1"이 입력된 도형을 먼저 클릭합니다.

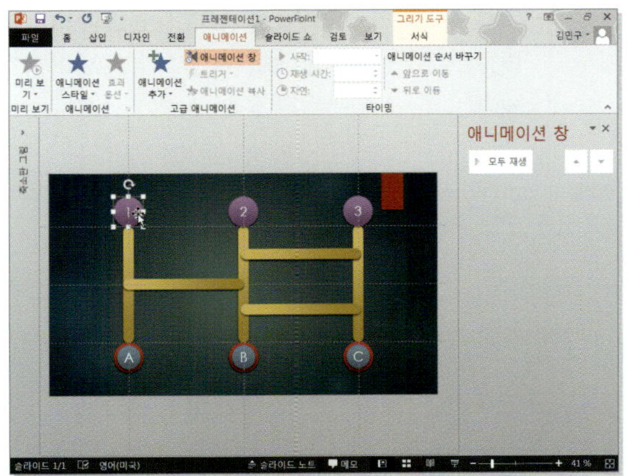

051 [애니메이션] 〉 [애니메이션 추가] 〉 [이동 경로] 〉 [사용자 지정 경로]를 클릭합니다.

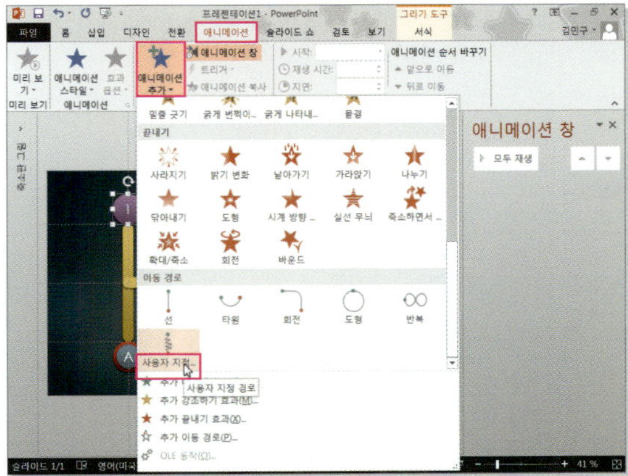

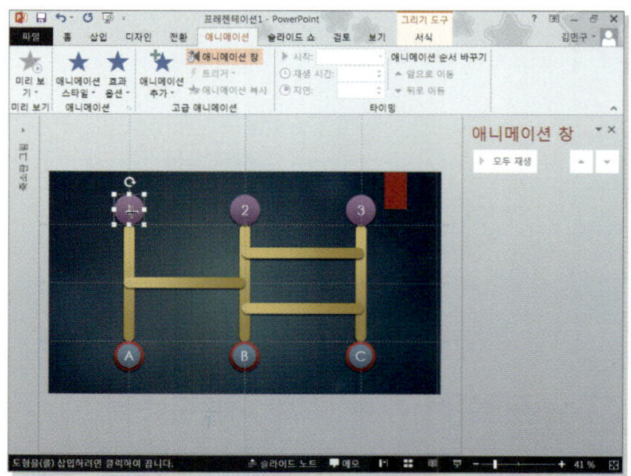

052 마우스 모양이 십자로 바뀌면 도형의 가운데 부분을 한 번 클릭합니다.

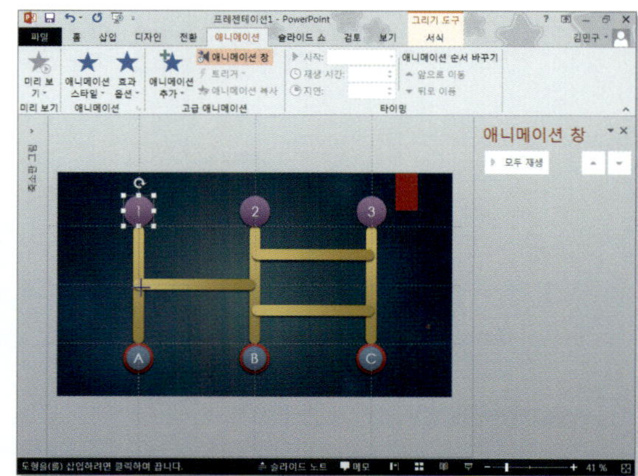

053 그런 다음, 아래쪽 사다리까지 마우스를 옮겨 다시 한 번 클릭합니다.

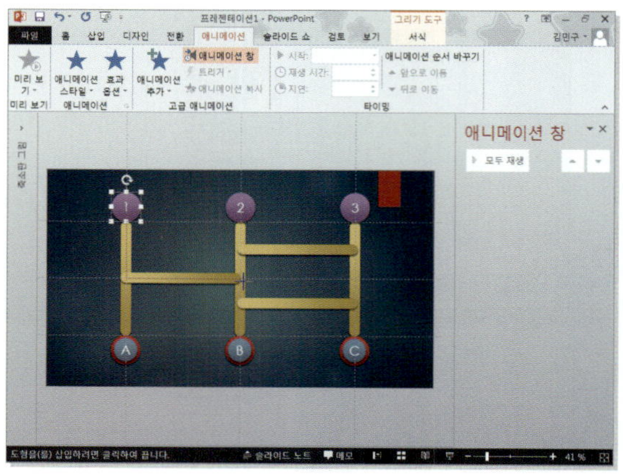

054 마우스를 다시 우측 사다리까지 옮겨 클릭합니다.

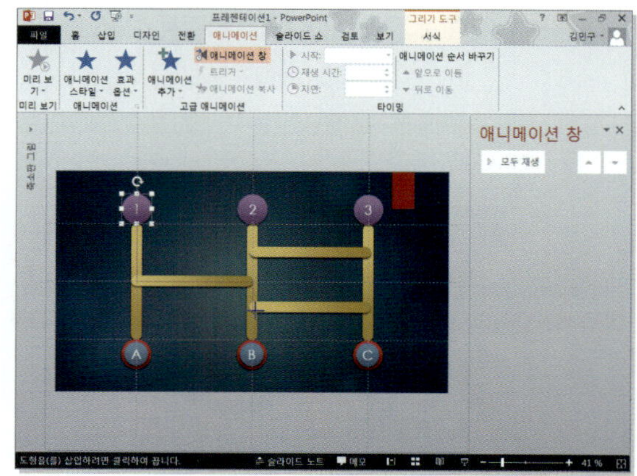

055 다시 아래쪽 사다리까지 마우스를 옮겨 클릭합니다.

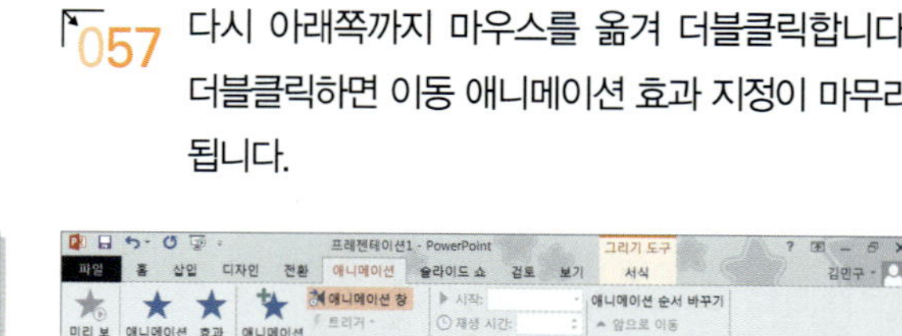

056 다시 우측 사다리까지 마우스를 옮겨 클릭합니다.

057 다시 아래쪽까지 마우스를 옮겨 더블클릭합니다. 더블클릭하면 이동 애니메이션 효과 지정이 마무리됩니다.

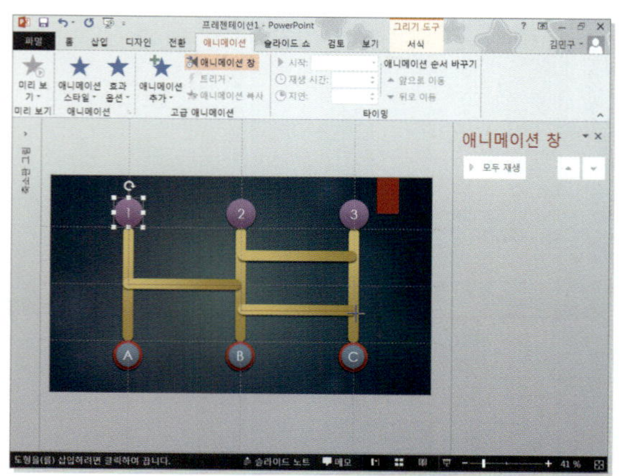

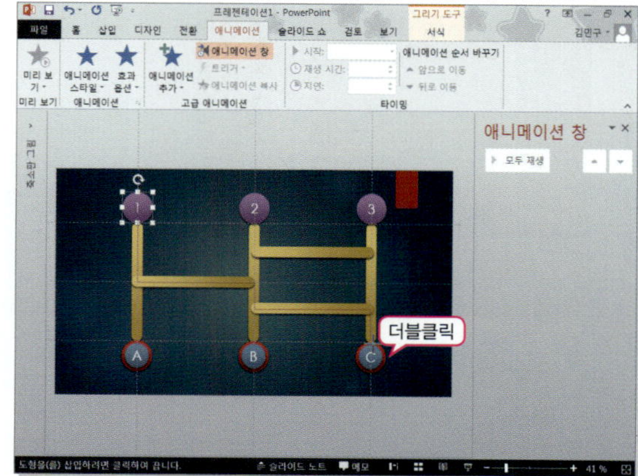

 다음으로 이어지는 애니메이션 효과는 "C" 도형이 사라지면서 뒤에 있는 글자가 나타나게 하는 것입니다. 먼저, "C" 도형 클릭합니다.

059 [애니메이션] 〉 [애니메이션 추가] 〉 [끝내기] 〉 [회전]을 클릭합니다.

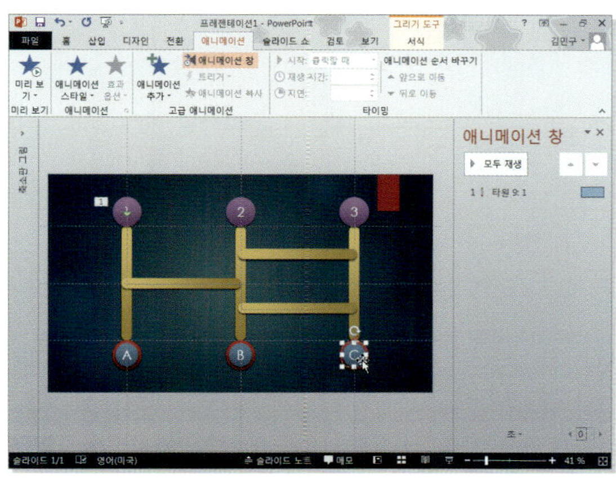

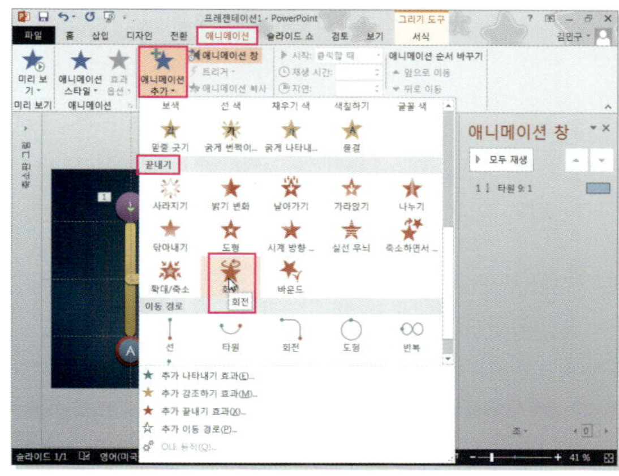

060 애니메이션 창에 효과가 지정되면서 리스트가 생성되었습니다.

061 [애니메이션 창]에서 [2번:타원16] 리스트를 클릭합니다.

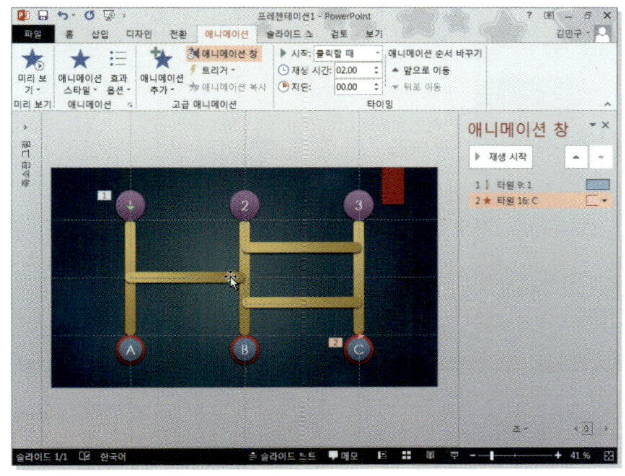

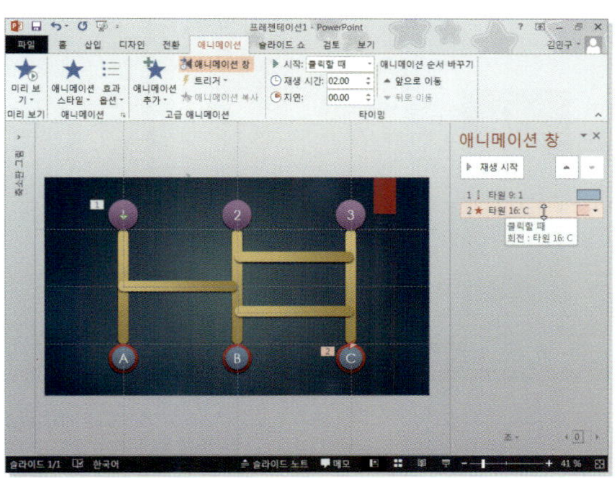

062 [애니메이션] 〉 [타이밍] 〉 [시작] 내림단추 〉 [시작:이전 효과 다음에]를 클릭합니다.

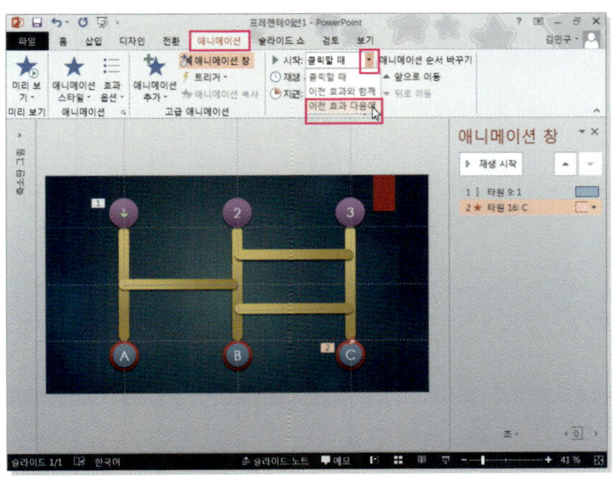

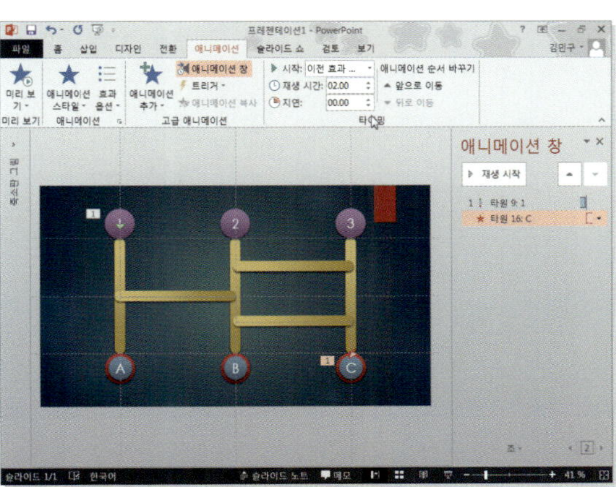

063 [애니메이션 창]에서 [1번:타원9] 리스트를 더블클릭합니다.

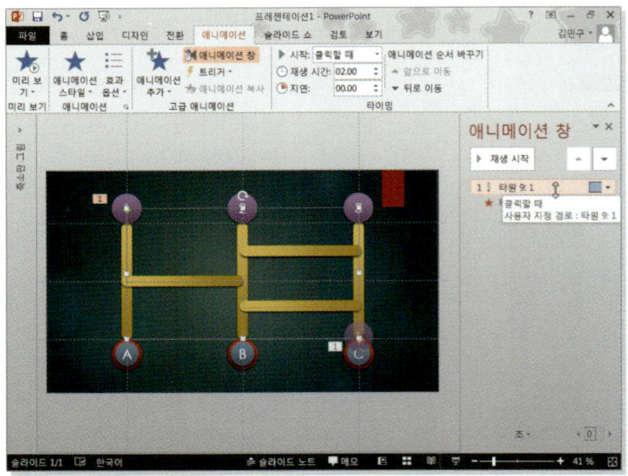

064 [사용자 지정 경로] 대화상자 〉 [효과] 탭 〉 [부드럽게 시작:0초]를 조절합니다.

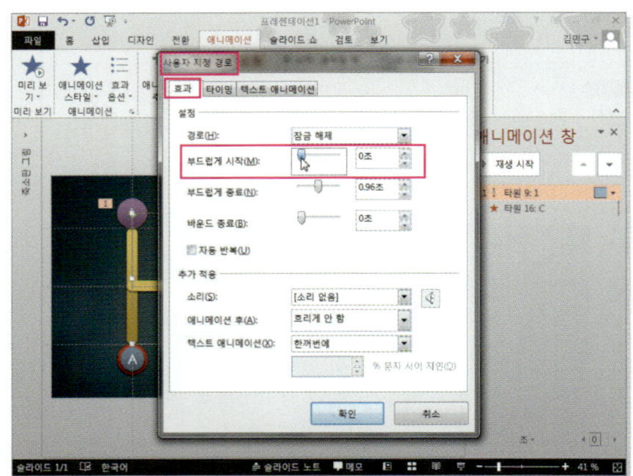

065 [효과] 탭 〉 [부드럽게 종료:0초]를 조절합니다.

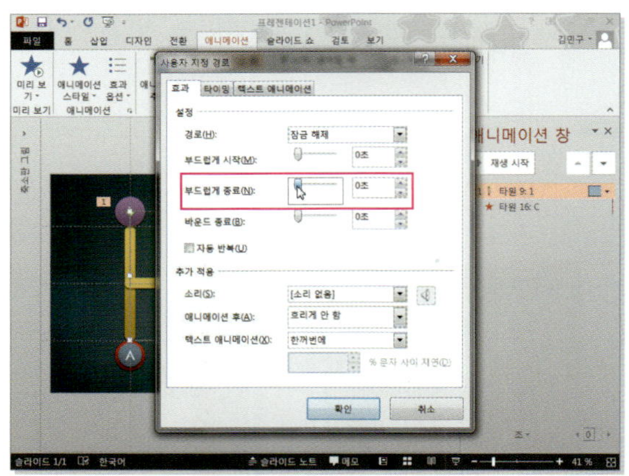

066 [확인]을 클릭합니다.

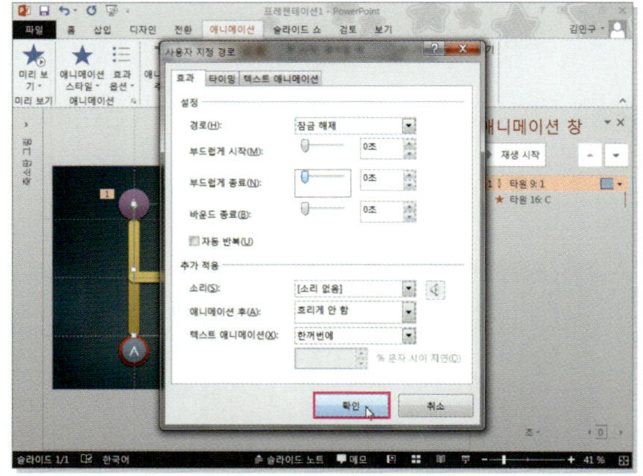

067 [애니메이션 창]에서 [모두 재생]을 클릭합니다.

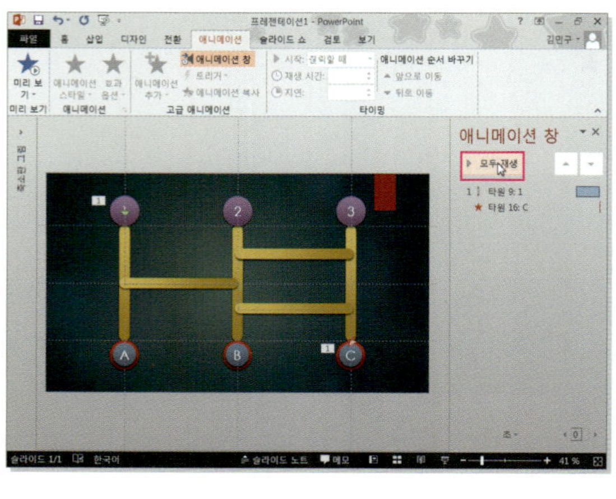

068 미리보기 합니다. 미리보기를 하게 되면 이동하는 도형이 사다리 뒤로 배치되어 있음을 알 수 있습니다. 이동하는 도형 모두를 맨 앞으로 가져옵니다.

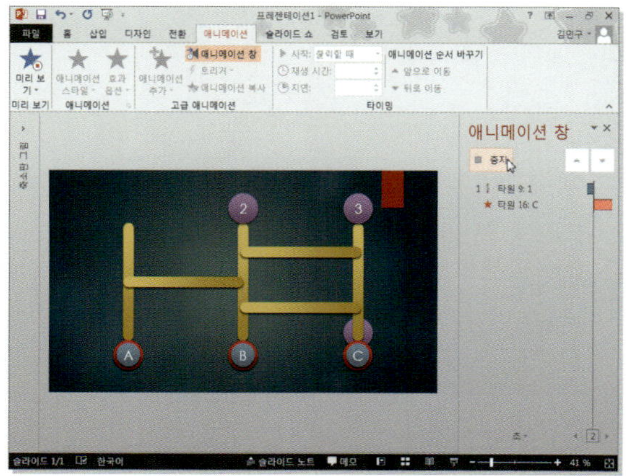

069 "1", "2", "3" 도형을 모두 선택합니다.

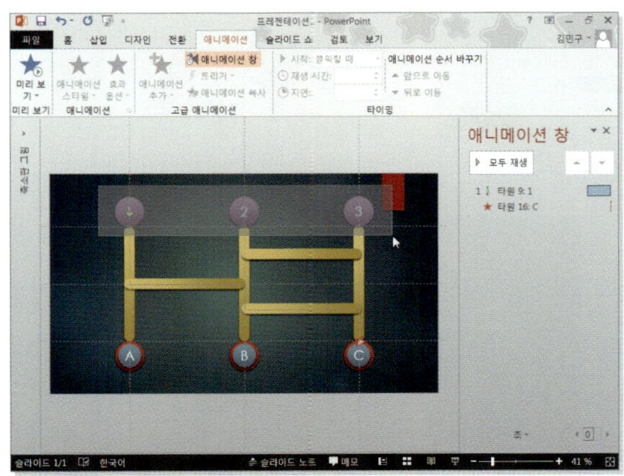

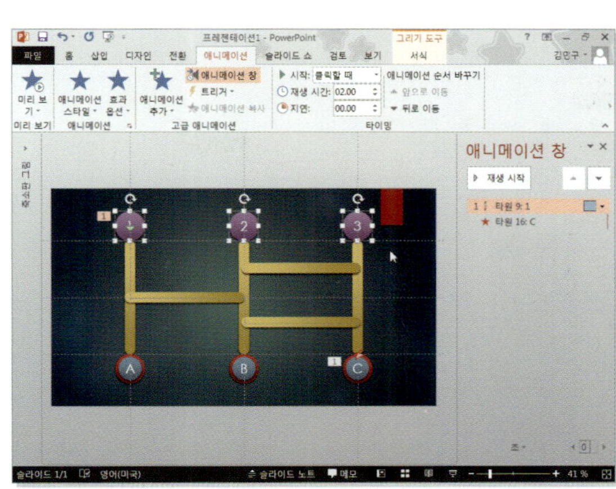

070 선택된 도형 중 하나를 더블클릭합니다. [서식] 〉
[정렬] 〉[앞으로 가져오기]를 클릭합니다.

071 앞으로 가져오기를 했는데도 사다리 앞으로 가져오
기가 되지 않으면 맨 앞으로 가져오기 합니다.
[앞으로 가져오기] 내림단추 〉[맨 앞으로 가져오기]
를 클릭합니다.

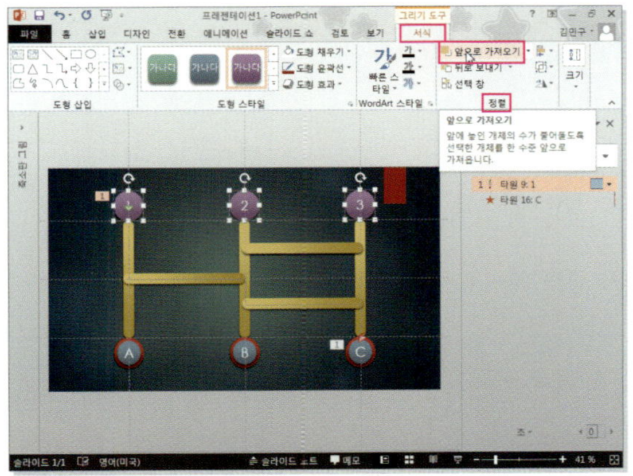

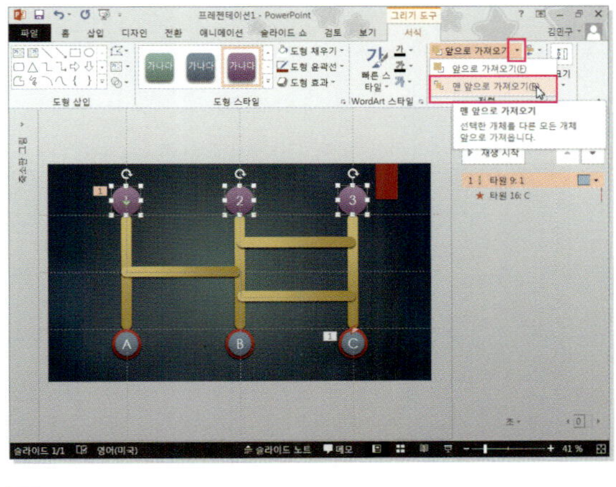

072 3개의 도형이 모두 맨 앞으로 배치되었습니다.

073 이번에는 숫자 "2"가 입력된 도형에 이동 애니메이
션 효과를 적용합니다. 먼저, "2" 도형을 클릭합니다.

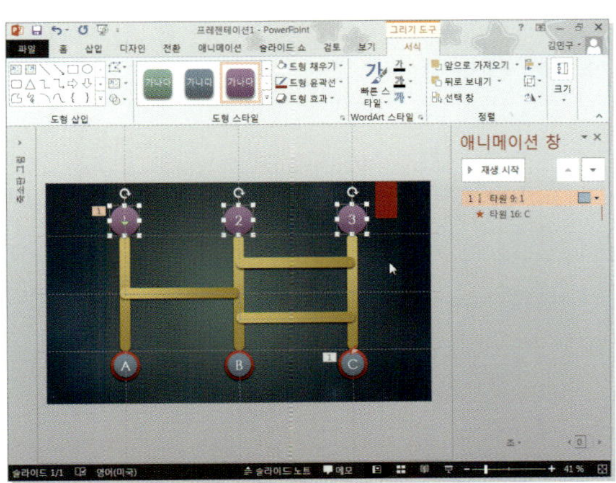

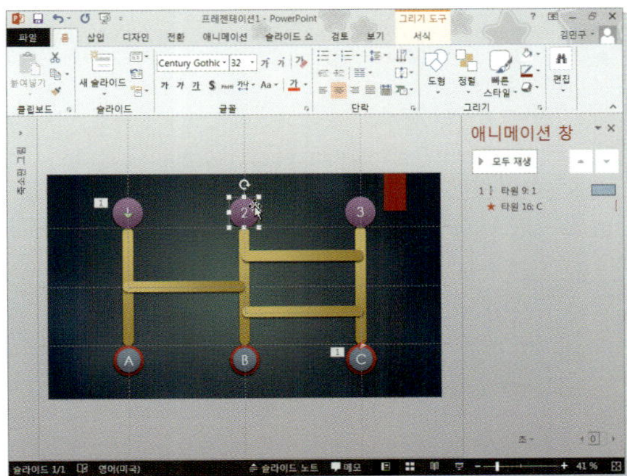

074 [애니메이션] 〉 [애니메이션 추가] 〉 [이동 경로] 〉 [사용자 지정 경로]를 클릭합니다.

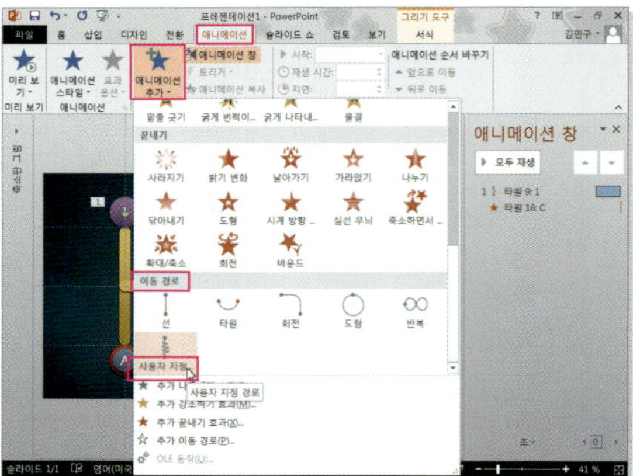

075 마우스 모양이 십자로 바뀌면 도형의 가운데 부분을 한 번 클릭합니다.

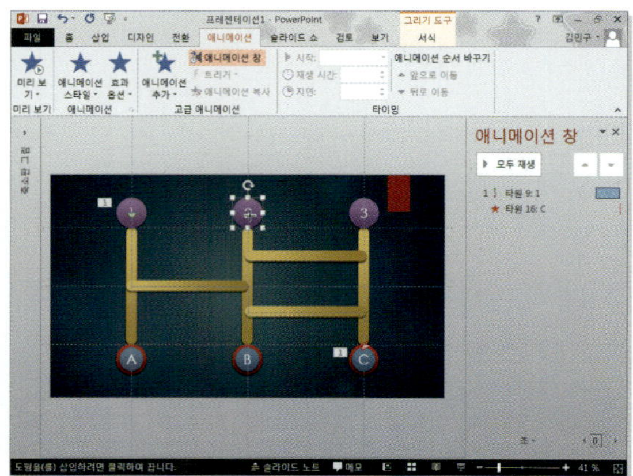

076 그런 다음, 아래쪽 사다리까지 마우스를 옮겨 다시 한 번 클릭합니다.

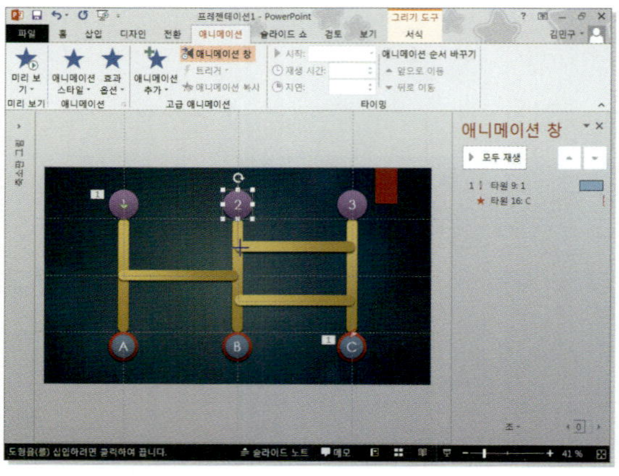

077 마우스를 다시 우측 사다리까지 옮겨 클릭합니다.

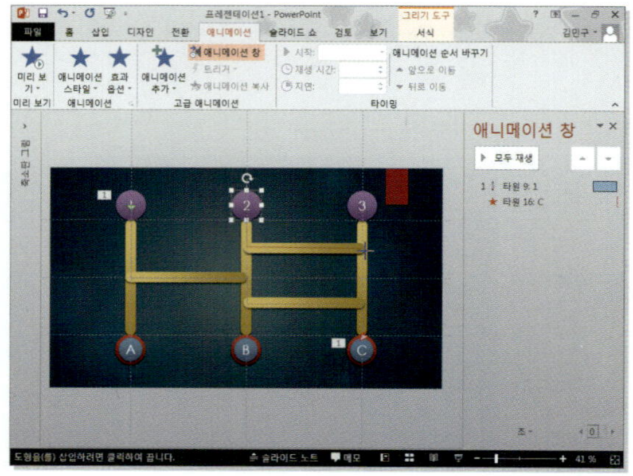

078 다시 아래쪽 사다리까지 마우스를 옮겨 클릭합니다.

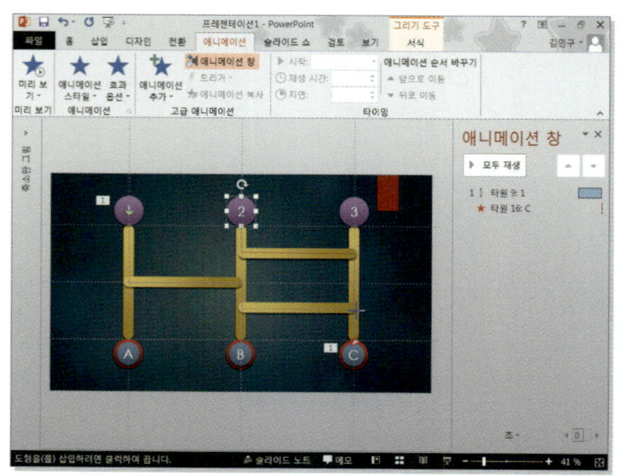

079 다시 좌측 사다리까지 마우스를 옮겨 클릭합니다.

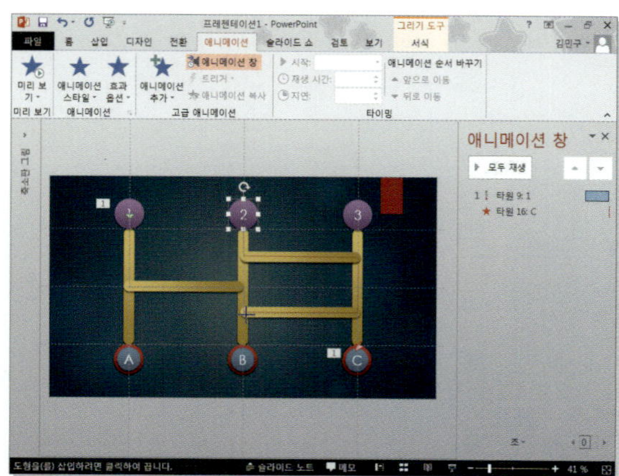

080 다시 아래쪽까지 마우스를 옮겨 더블클릭합니다.
더블클릭하면 이동 애니메이션 효과 지정이 마무리
됩니다.

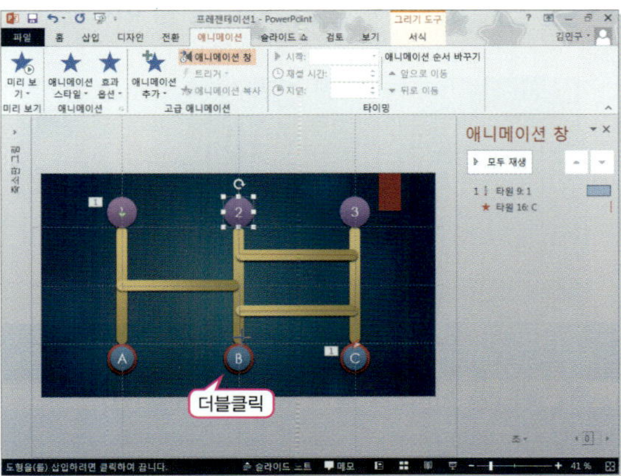

081 "2" 도형에 이동 애니메이션 효과가 적용되면서 애
니메이션 창에 리스트가 생성되었습니다.

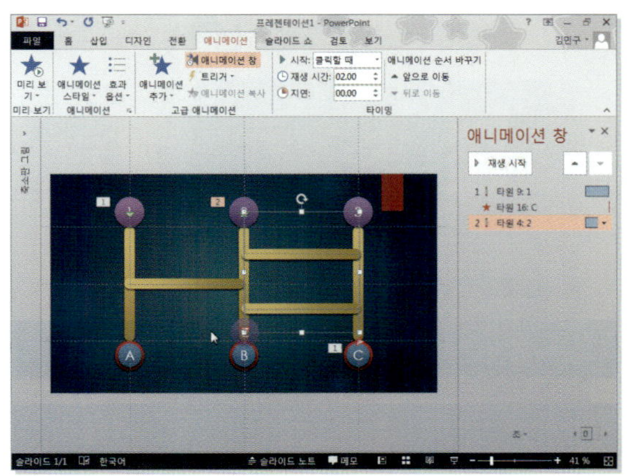

082 "B" 도형 클릭합니다.

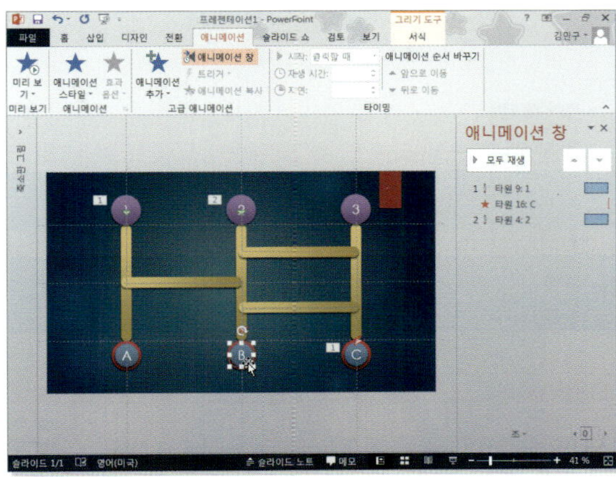

083 [애니메이션] 〉 [애니메이션 추가] 〉 [끝내기] 〉 [회
전]을 클릭합니다.

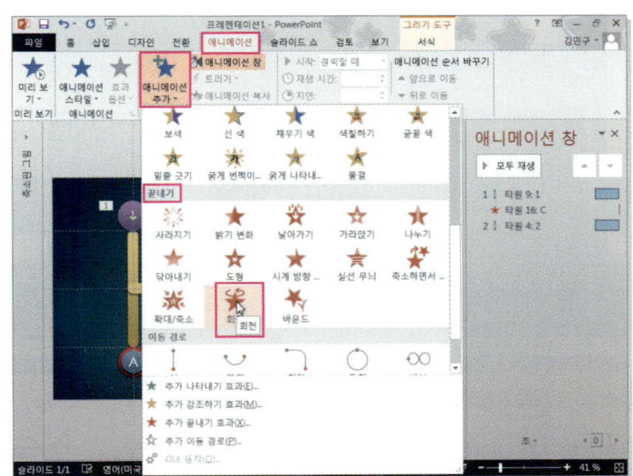

084 애니메이션 창에 리스트가 생성되었습니다.

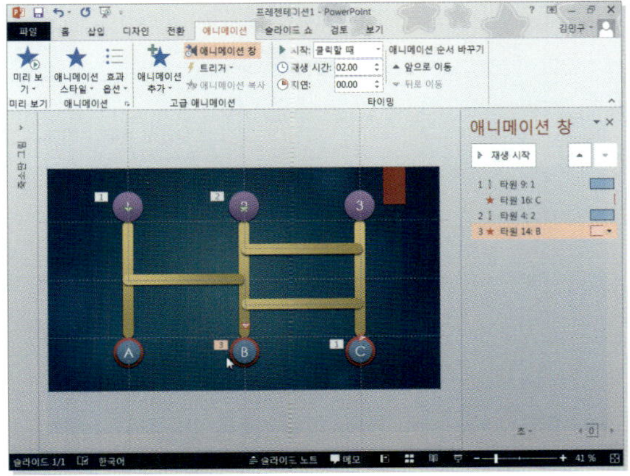

085 [애니메이션 창]에서 [3:타원14] 리스트를 클릭합니다.

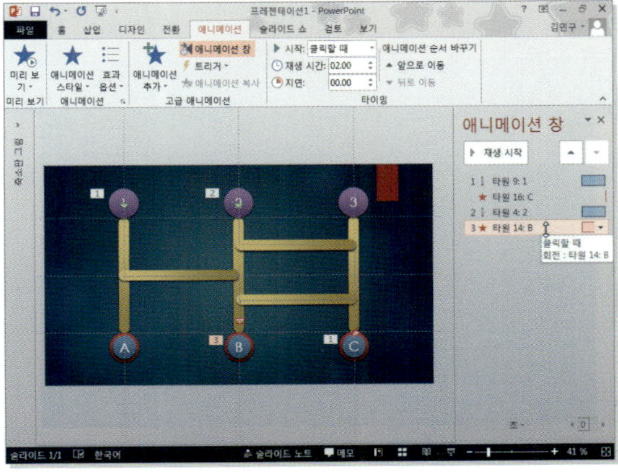

086 [애니메이션] 〉 [타이밍] 〉 [시작] 내림단추 〉 [시작:이전 효과 다음에]를 클릭합니다.

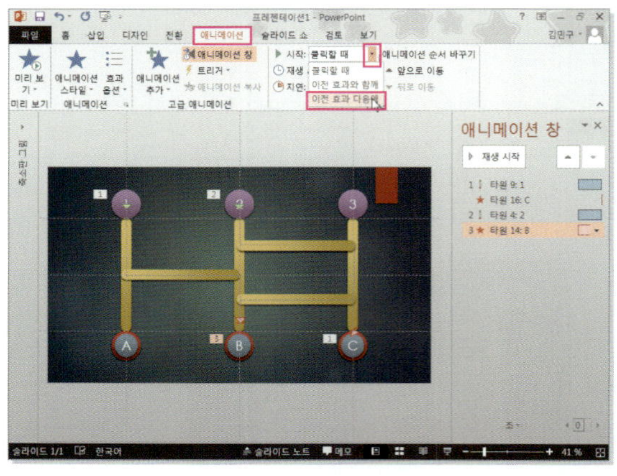

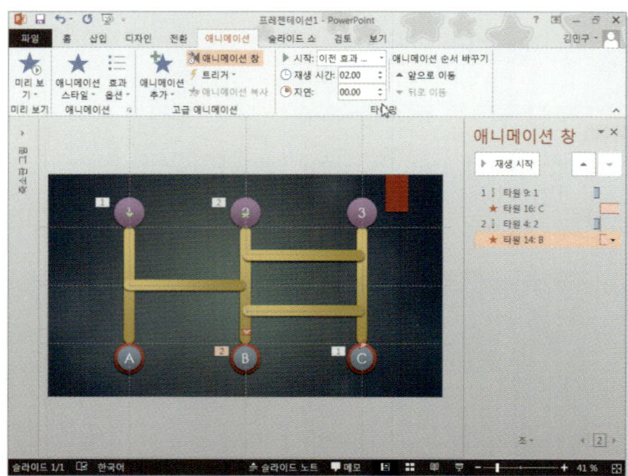

087 이번에는 숫자 "3"이 입력된 도형에 이동애니메이션 효과를 적용합니다. 먼저, "3" 도형 클릭합니다.

088 [애니메이션] 〉 [애니메이션 추가] 〉 [이동 경로] 〉 [사용자 지정 경로]를 클릭합니다.

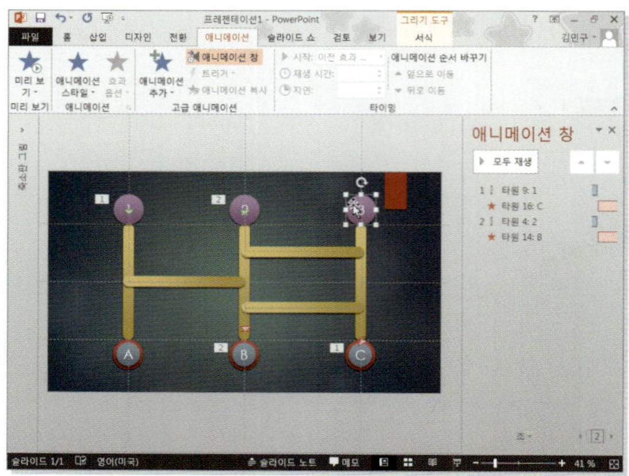

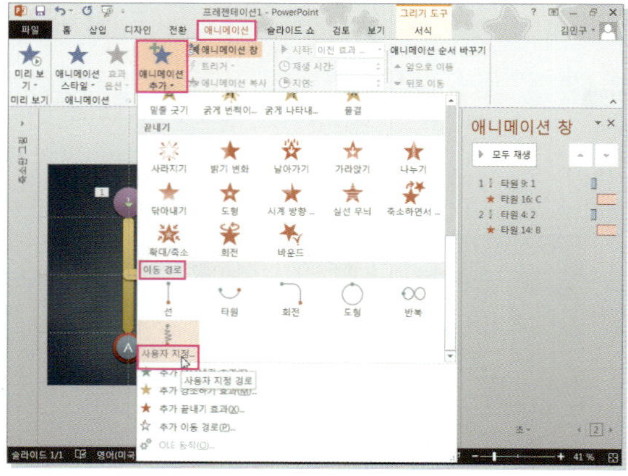

089 마우스 모양이 십자로 바뀌면 도형의 가운데 부분을 한 번 클릭합니다.

090 그런 다음, 아래쪽 사다리까지 마우스를 옮겨 다시 한 번 클릭합니다.

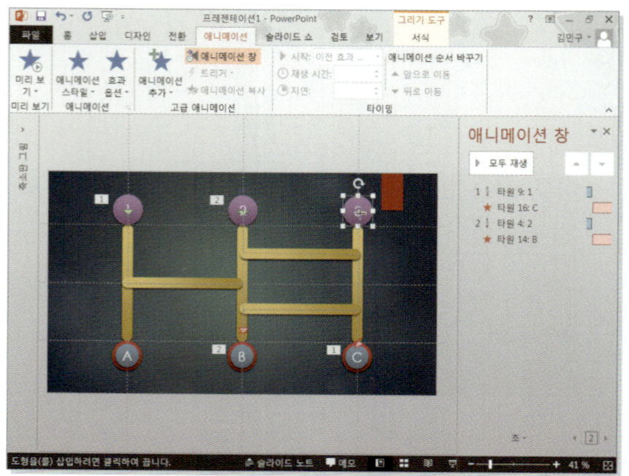

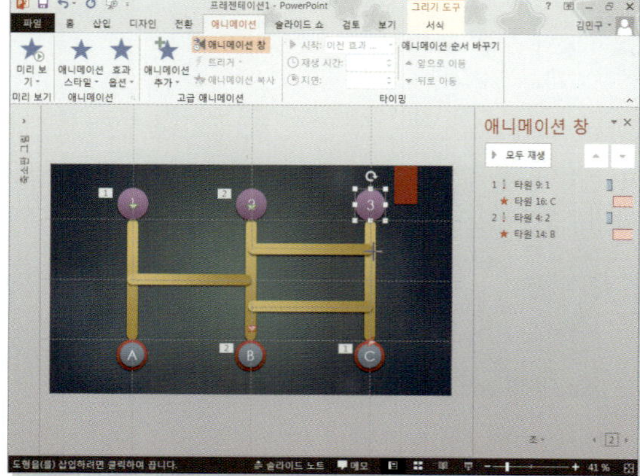

 마우스를 다시 좌측 사다리까지 옮겨 클릭합니다.

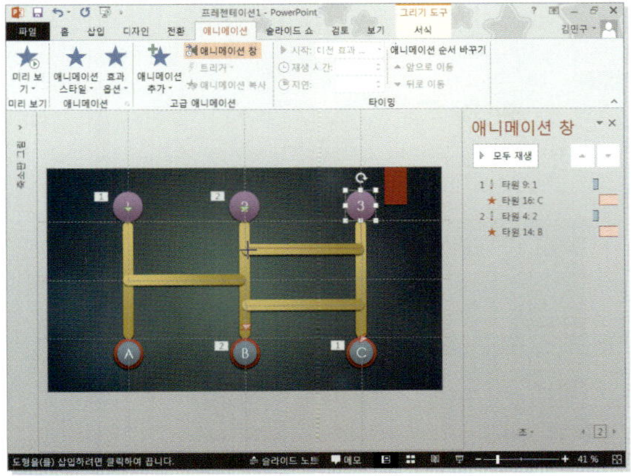

 다시 아래쪽 사다리까지 마우스를 옮겨 클릭합니다.

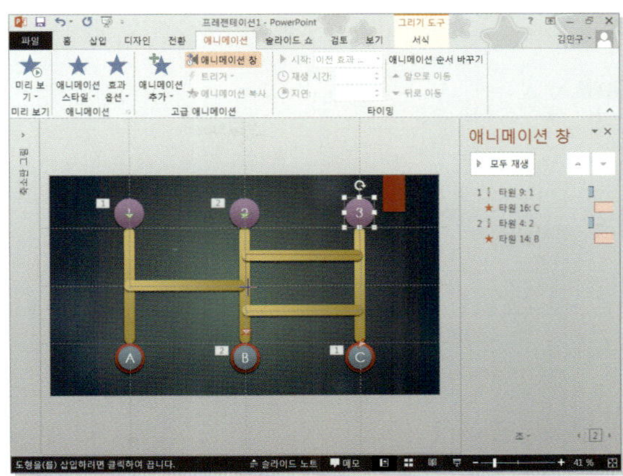

 다시 좌측 사다리까지 마우스를 옮겨 클릭합니다.

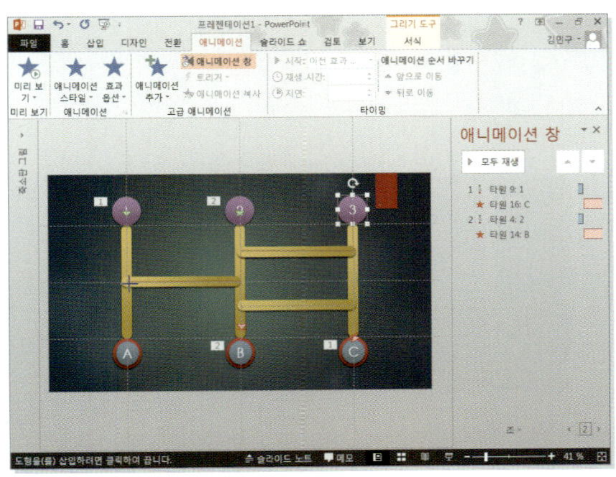

 다시 아래쪽 사다리까지 마우스를 옮겨 더블클릭합니다. 더블클릭하면 이동 애니메이션 효과 지정이 마무리됩니다.

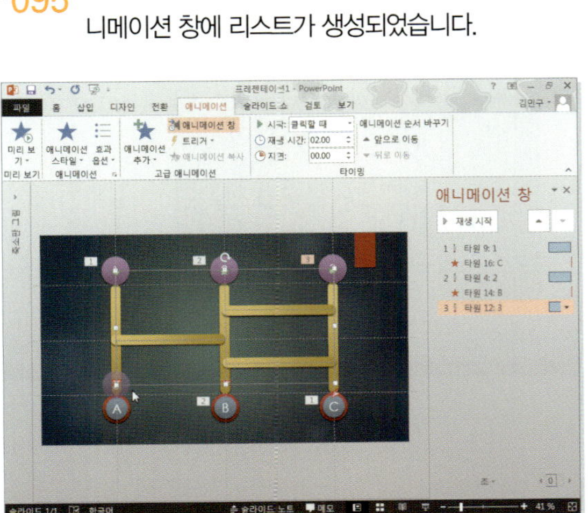

 "3" 도형에 이동애니메이션 효과가 적용되면서 애니메이션 창에 리스트가 생성되었습니다.

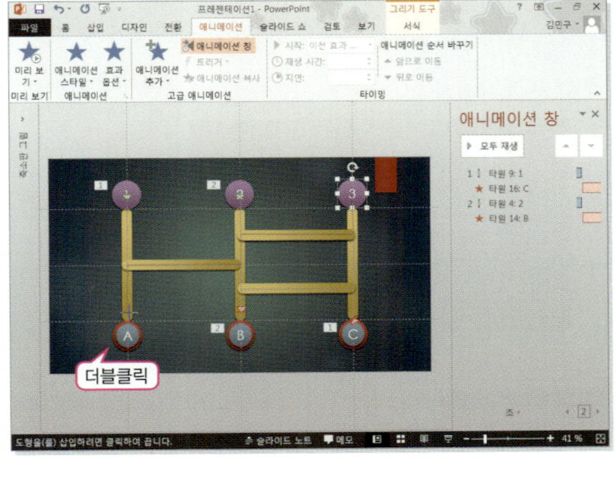

 "A" 도형을 클릭합니다.

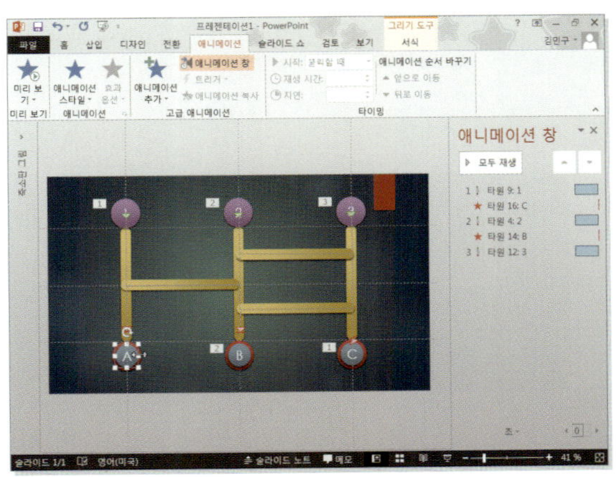

097 [애니메이션] 〉 [애니메이션 추가] 〉 [끝내기] 〉 [회전]을 클릭합니다.

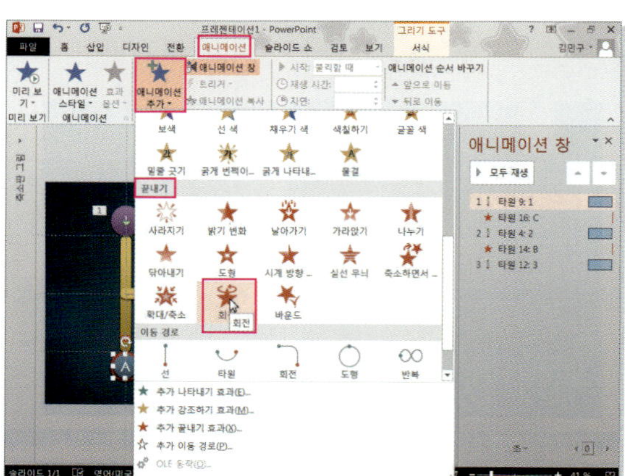

098 애니메이션 창에 리스트가 생성되었습니다.

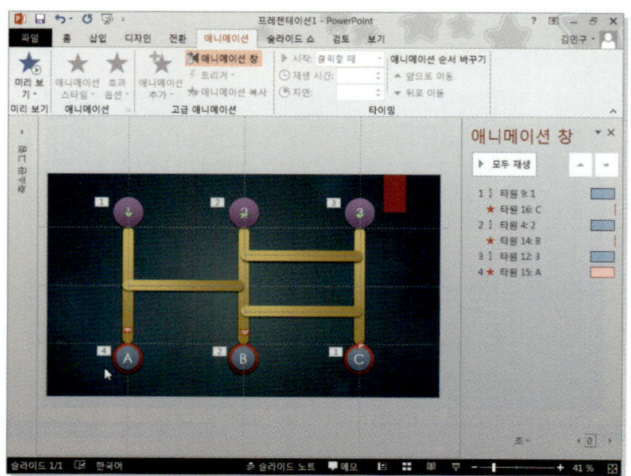

099 [애니메이션 창]에서 [4:타원15] 리스트 클릭합니다.

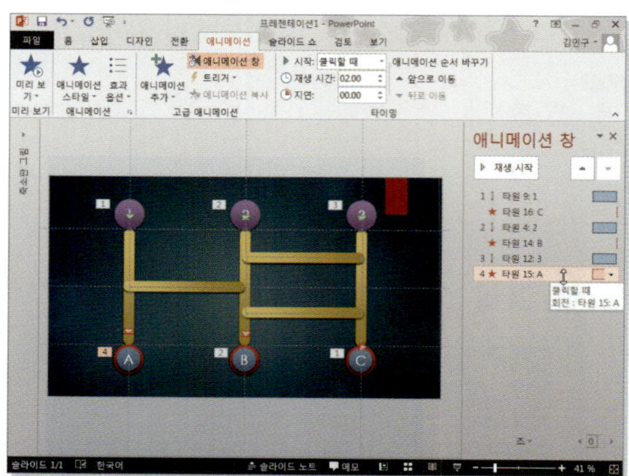

100 [애니메이션] 〉 [타이밍] 〉 [시작] 내림단추 〉 [시작: 이전 효과 다음에]를 클릭합니다.

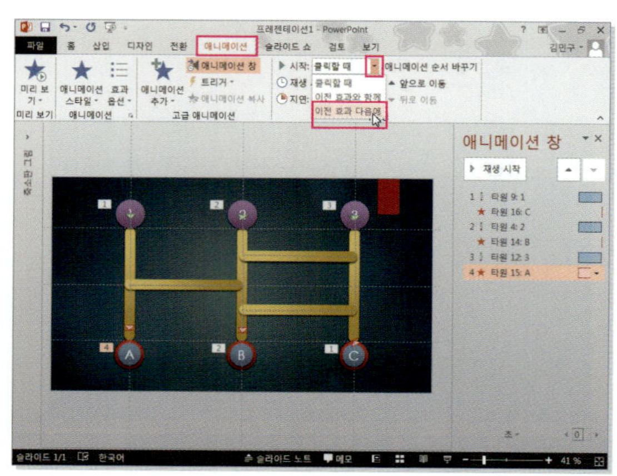

101 "2", "3" 도형에 적용된 이동 애니메이션 효과에 옵션을 지정합니다. 먼저, Ctrl 키를 누르고, [애니메이션 창]에서 [2:타원4]를 클릭합니다.

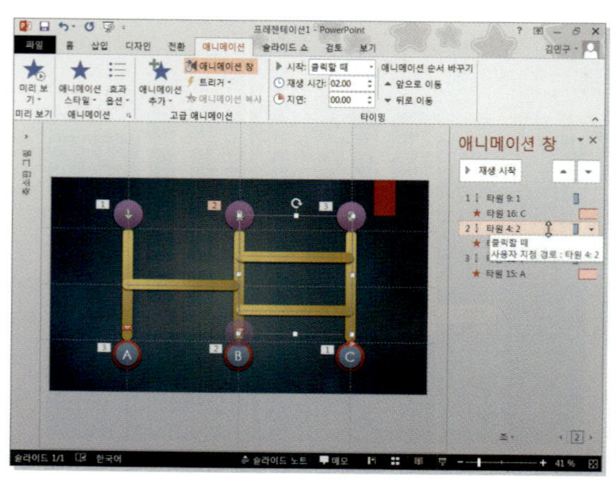

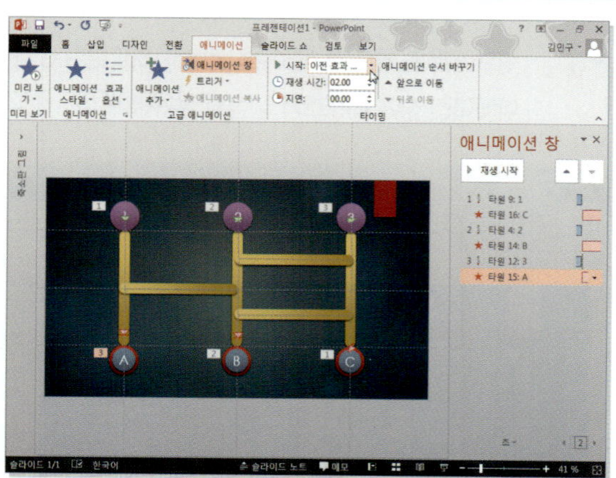

 Ctrl 키를 계속 누르고, [3:타원12]를 클릭합니다.

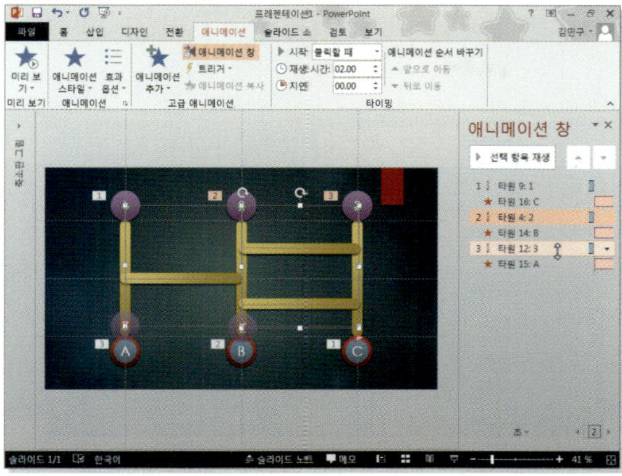

 애니메이션 창에 리스트 2개가 각각 선택되었습니다. 내림단추를 클릭합니다.

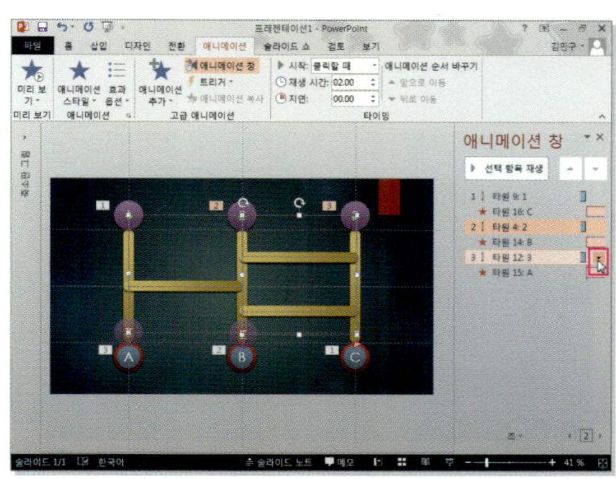

 [효과 옵션]을 클릭합니다.

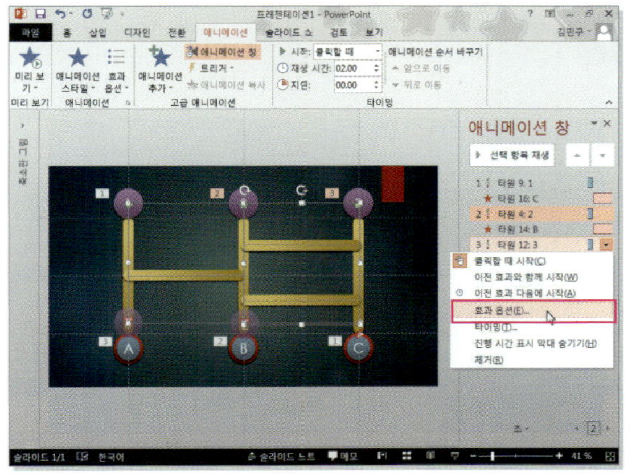

 [사용자 지정 경로] 대화상자 〉 [효과] 탭 〉 [부드럽게 시작:0초]을 지정합니다.

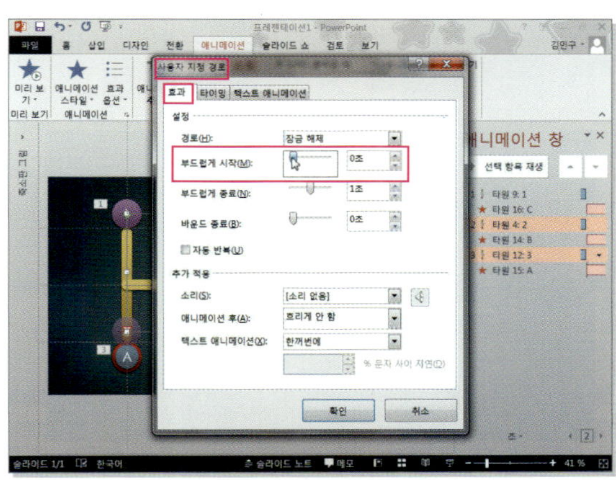

 [효과] 탭 〉 [부드럽게 종료:0초]를 지정합니다. [확인]을 클릭합니다.

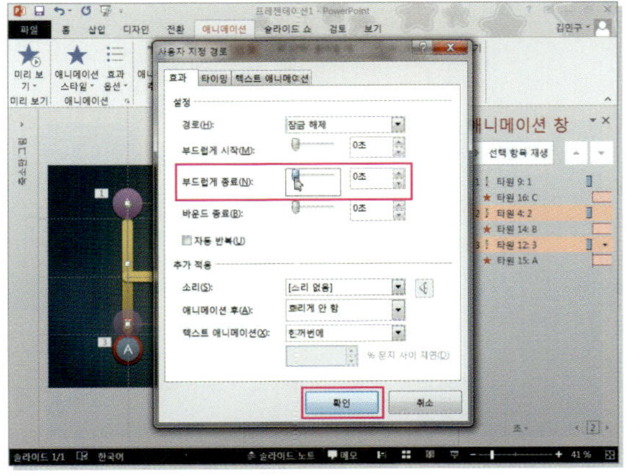

 미리보기 합니다.

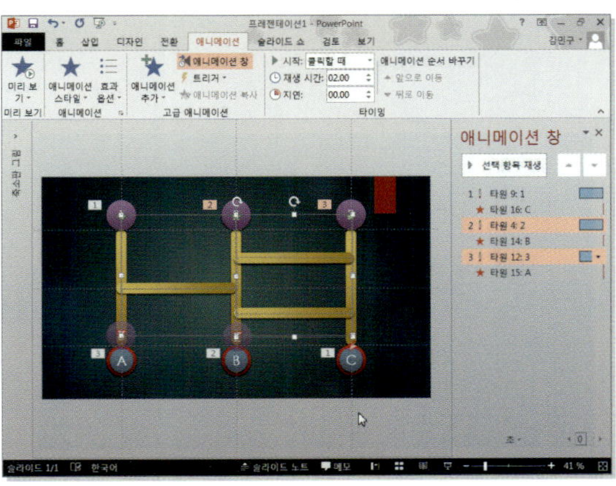

108 "A" 도형 뒤에 배치된 "꽝" 도형을 "복"으로 변경합니다. 먼저, "A" 도형을 옆으로 이동합니다.

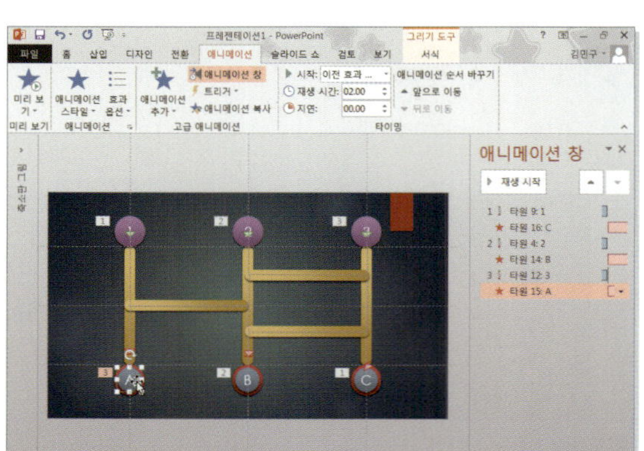

109 "꽝"을 "복"으로 변경합니다.

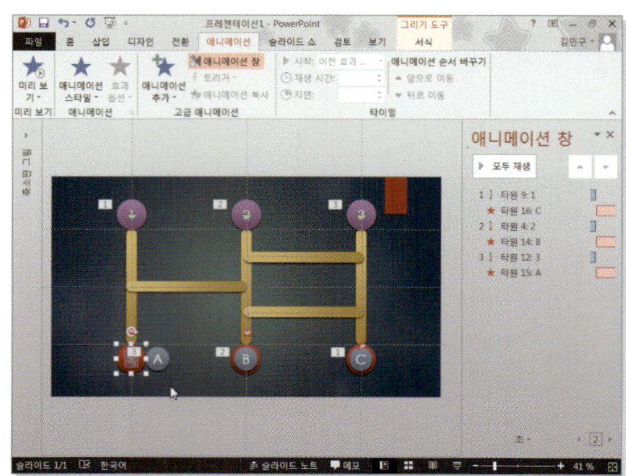

110 "A" 도형을 다시 원위치합니다.

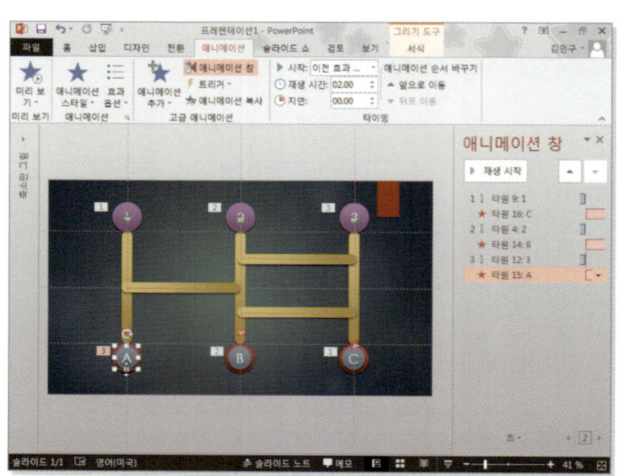

111 모든 애니메이션 효과가 적용되었습니다. 슬라이드 쇼 보기에서 확인합니다. [슬라이드 쇼]를 클릭합니다.

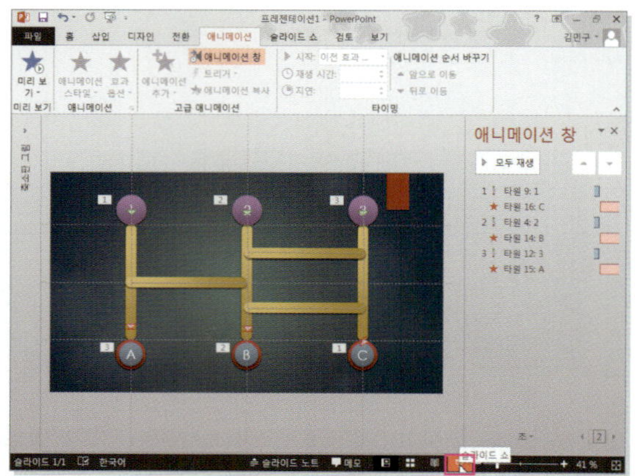

112 사다리 게임 애니메이션 효과가 제대로 작동합니다.

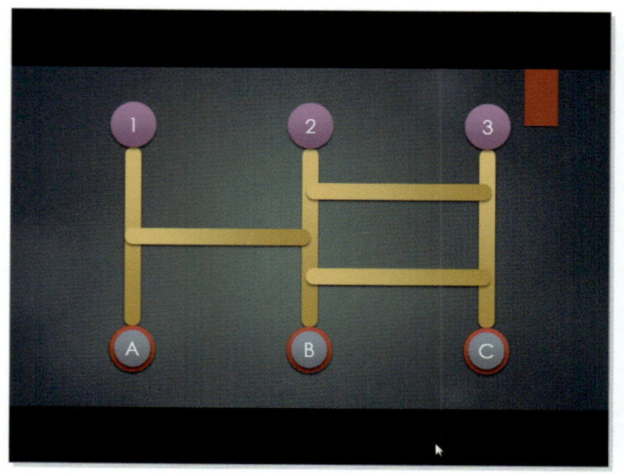

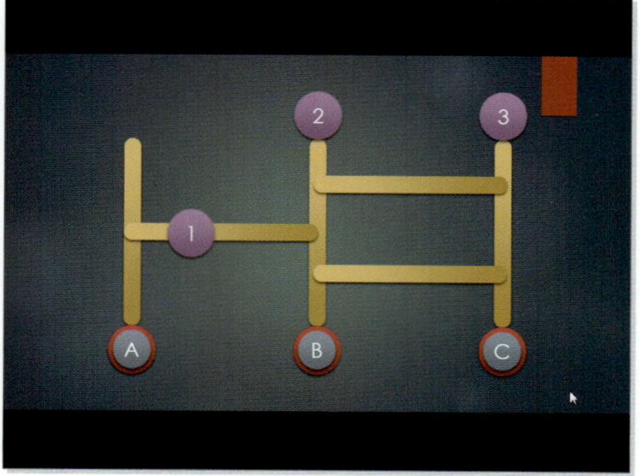

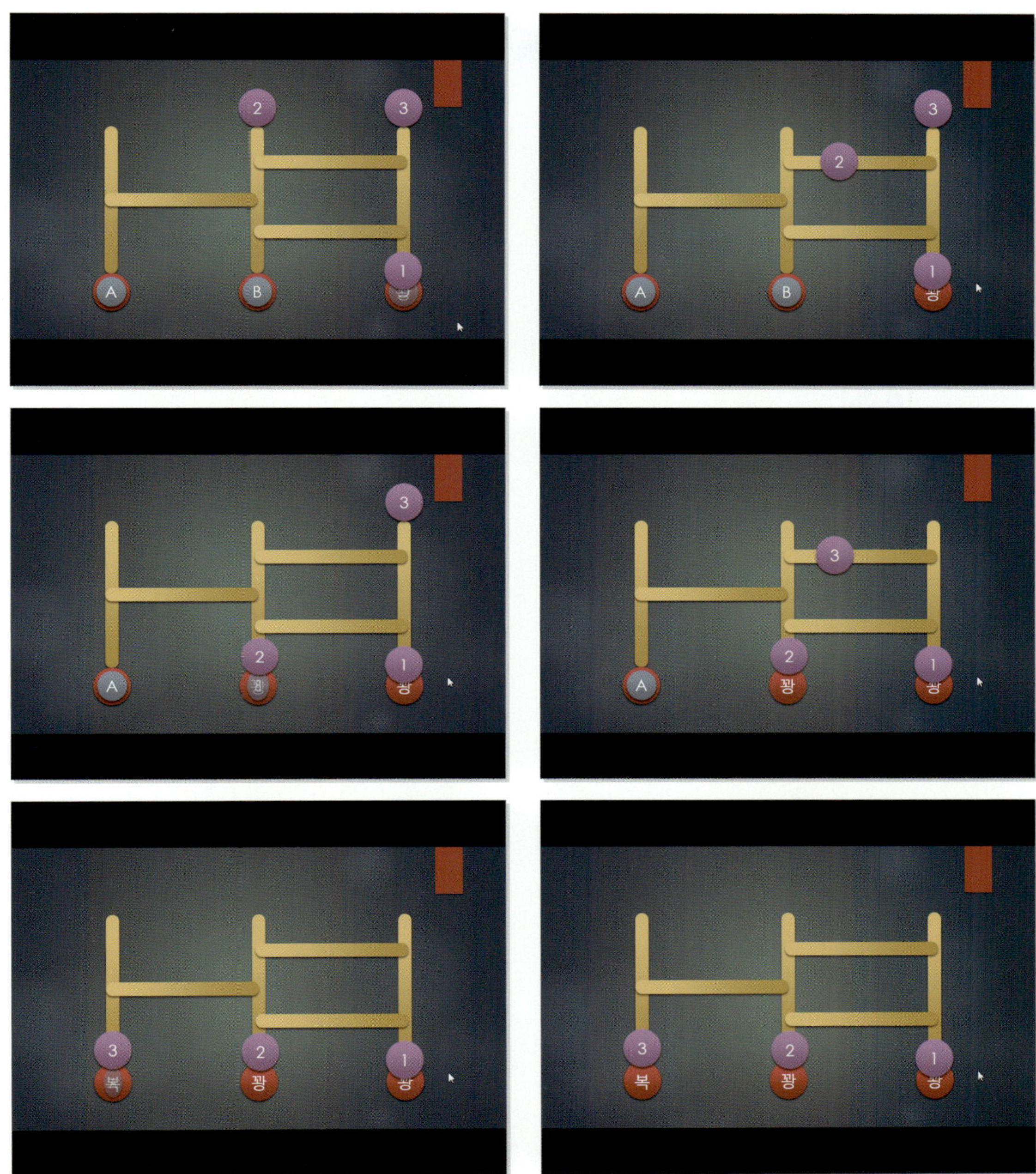

PART

광고회사에서 배우는

프레젠테이션 BASIC

05

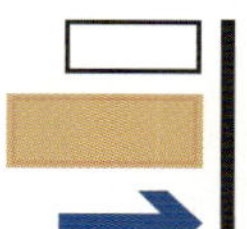

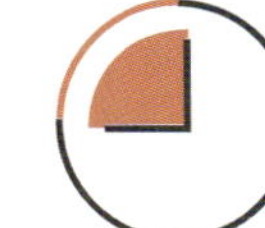
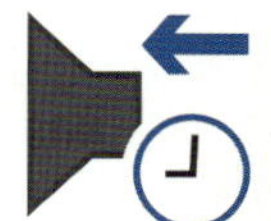

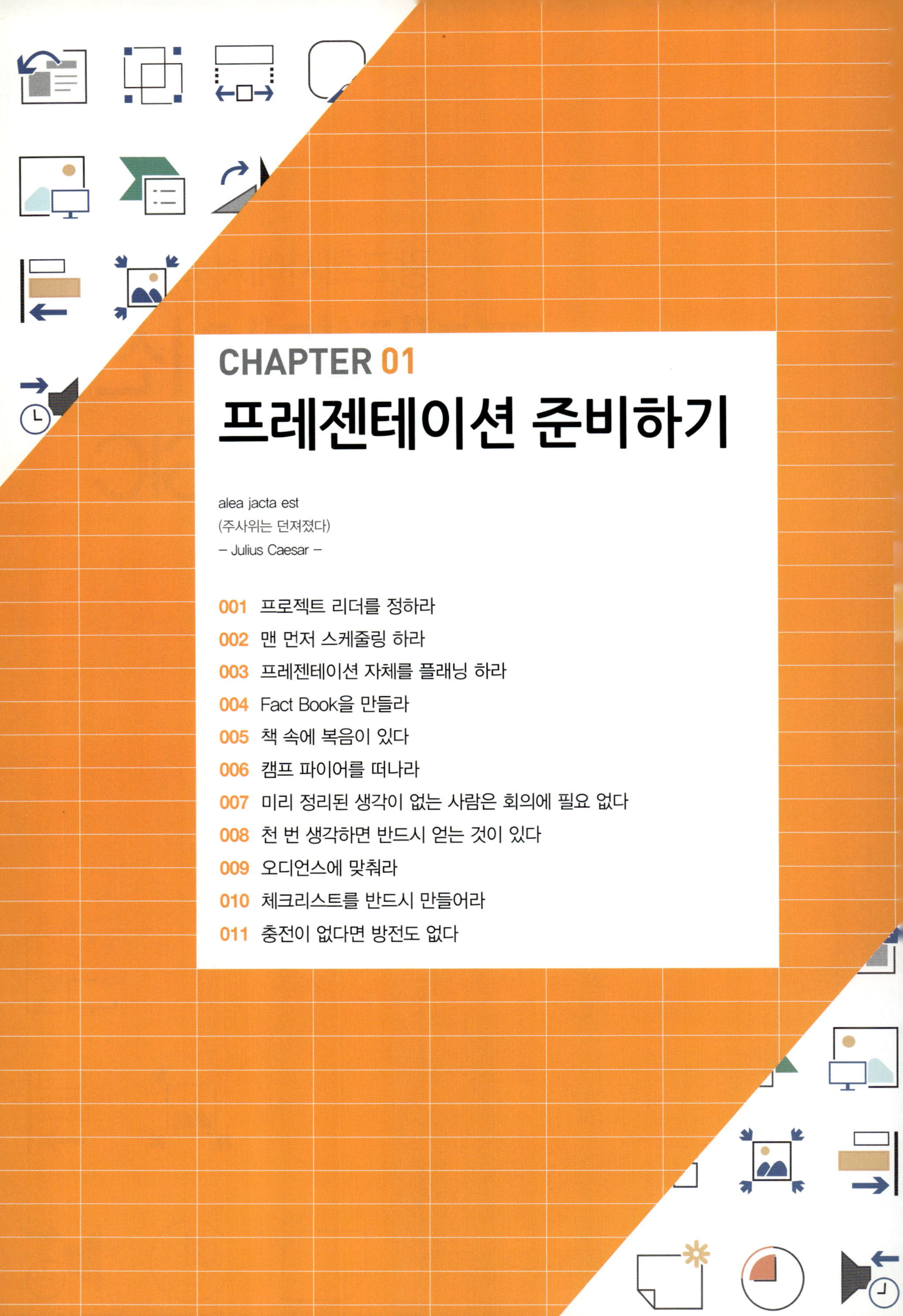

프레젠테이션 준비하기

alea jacta est
(주사위는 던져졌다)
– Julius Caesar –

"프로젝트 리더를 정하라"

"이번 프로젝트도 늘 그렇듯이 우리 팀원 중 몇 사람과 다른 몇 팀이 함께 작업을 하게 되었다. 특히 다른 회사에서 최근 옮겨온 신임 팀장이 처음으로 프로젝트에 참여하면서 주로 프로젝트를 주도했던 이차장과 호흡이 맞을지 걱정되었다. 그러던 어느 날 사건이 발생했다. 팀장회식이 있던 날 저녁 무렵 제작팀에서 전략방향과 제작물에 대한 세부 의견을 물어왔고 이차장은 평소와 같이 자신의 의견을 제작팀에 전달했다. 며칠 후 제작물 리뷰에서 팀장은 불만을 얘기하게 되었고 제작팀에서는 "왜 이랬다 저랬다 하냐?"라면 볼멘 소리를 했다. 이에 팀장은 이차장의 독단적인 의견개진을 나무라고 이차장은 항의하는 다소 시끄러운 일이 생긴 것이다. 결국 그날 밤 이차장은 팀을 바꾸든지 회사를 떠나든지 하겠다는 말을 팀원들에게 던져 버리고 말았다."

어떠한 일도 그렇듯이 처음부터 끝까지 하나의 의견과 해결점으로 진행되는 경우는 없다. 단계 단계 마다 중요한 의사결정의 문제가 발생한다. 특히 기존에 해왔던 일이 아니라 새로운 일을 하게 되는 프레젠테이션 프로젝트는 아주 사소한 문제에서부터 최종 결과물에 대한 선택까지 많은 의사결정이 성패를 좌우하게 된다. 따라서 프로젝트를 성공적으로 진행하려면 의사결정을 관리하고 주도할 프로젝트 리더를 명확하게 정해야 한다. 그렇지 않으면 그 프로젝트는 반드시 표류하게 된다.

기업 드라마에서 보면 "이번 프로젝트는 OOO가 맡아서 해보지"라고 하고, 주인공이 갑자기 주목 받는 계기가 되는 장면을 심심찮게 보게 된다. 물론 현실성 없이 갓 입사한 주인공이 회사를 대표하는 중요한 프로젝트를 갑자기 맡게 되는 이상한 일들이 대부분이지만, 하여간 '프로젝트의 주인' 즉 프로젝트 리더를 반드시 정해야 한다. 관리자의 역할은 프로젝트에 적합한 리더를 잘 선정하는 것이라 할 수 있다. 본인이 하든 아랫사람이 하든 윗사람이 하든 프로젝트의 중요도와 성격에 맞는 사람을 선정하는 것이 필요하다.

프로젝트 리더에게는 권한과 책임이 한꺼번에 주어진다. 지위에 상관 없이 그 프로젝트에서는 리더에게 많은 권한이 주어져야 한다. 인원의 구성에서 예산, 전략, 결과물에 이르기까지 프로젝트 리더의 의견을 가능한 존중해야 한다. 다른 구성원은 맡은 부분을 성실히 수행하면서 프로젝트 리더에게 지속적으로 정보와 의견을 전달하여야 한다. 하지만 이것의 한계는 프로젝트 리더의 자발성과 동기를 지원할 수 있는 수준이어야 한다. 또한 프로젝트 리더는 프로젝트의 모든 정보와 일정과 인원을 원활하게 조정하고 리드하여 최선의 결과물을 만들어 내야 한다. 프로젝트 리더는 항상 존중 받아야 한다. 프로젝트 리더를 둘러싼 상급자, 하급자들이 프로젝트 리더를 인정하지 않는 태도를 취할 때 그 프로젝트에는 큰 문제가 생긴다.

이러한 이유로 프로젝트 리더가 실제 프레젠테이션을 발표하는 프레젠터가 되는 것이 가장 합리적이다. 직접 프로젝트를 진두지휘한 프로젝트 리더가 그 프로젝트를 가장 잘 이해하고 애정을 가지게 되기 때문이다.

하지만 프로젝트의 사정상 프레젠터를 다른 사람이 하게 된다면 두 사람은 굉장히 많은 커뮤니케이션을 통해 거의 비슷한 수준의 정보와 확신을 가져야 한다.

만일 모든 프로젝트에서 직급순으로 프로젝트 리더를 하게 된다면 아마도 그 조직은 시스템적인 성장을 하지 못할 것이다. 팀원들은 항상 수동적이 될 것이고 존재감 없이 일하게 될 것이다. 그러다 어느 날 진급을 하게 되고 갑자기 프로젝트 리더 역할을 부여 받게 되면 당황하고 제대로 수행할 수도 없을 것이다. 작은 프로젝트는 미래의 프로젝트 리더를 발굴, 육성한다는 취지에서라도 하향이월 할 필요가 있다.

또한 프로젝트 리더가 되면 밤잠을 설치고 두통이 찾아오는 고통을 감내하고 프로젝트를 성공시키는 노력이 필요하다. 그럴 때 그 조직은 새로운 무기를 장착하게 된다.

[Summary]

"프로젝트 리더를 정하라"
✓ 프레젠테이션 프로젝트를 주도할 적임자를 프로젝트 리더로 선택하라.
✓ 프로젝트 리더에게 의사결정의 강력한 권한이 주어져야 한다.
✓ 프로젝트 리더는 팀 정신과 책임을 가지고 최선을 다해서 성공을 위해 노력해야 한다.

002 "맨 먼저 스케줄링하라"

프로젝트만 시작하면 그 순간 바로 "스케줄 표 만들어라"라고 말씀 하시던 선배 팀장이 있었다. 그 때는 '이 양반은 스케줄 체크만 하려고 하는 건가'라고 생각했다. 하지만 시간이 지나고 프로젝트 리더가 되고 난 후, 그 분의 말씀을 백 퍼센트 이해하게 되었다. 스케줄링 하는 것은 단순히 작업시간을 배분하는 것이 아니라, 각자의 역할과 책임(Role & Responsiblity)을 규정하고 사용할 툴과 프레젠테이션 예산까지도 협의하는 수단이 되는 중요한 작업이다.

또한 스케줄링은 일종의 공정표 역할을 한다. 시간적으로, 역할적으로 부족하거나 문제가 발생한 부분은 쉽게 파악하고 대응할 수 있게 한다. 예상과 달라진 일정이나 과업들을 스케줄 표를 통해 조정하는 것이 가장 효율적이다. 가능한 매일 스케줄 표를 리뷰해 보는 습관을 들이면 프로젝트의 효율성을 높일 수 있게 된다.

스케줄링에는 팀원 각자 및 참여하는 다른 팀을 포함하여 작성한다. 자료를 모으는 기간, 기획방향을 정하는 기간, 시안을 아이데이션 하는 기간, 보여줄 시안을 실제로 제작하는 기간, 협력 팀으로부터 담당 부분의 자료를 받는 기간, 중간 리뷰를 하는 기간, 리허설, 프레젠테이션까지의 시간을 계산하여 작성한다. 이렇게 하면서 왜 이런 시간이 필요한지, 누가 할 것인지, 프레젠테이션을 위한 시안이나 장비, 조사, 번역 등의 세부사항과 비용까지 밑그림을 그리게 된다. 이 때 이번 프로젝트에 대한 의견들이 스케줄링에 반영되게 된다.

스케줄링을 하는 방법 중에 가장 많이 쓰이는 것은 역산 스케줄링이다. 어떤 프로젝트를 하기에 적당한 시간을 스스로 세울 수 있는 경우는 별로 없다. 내부나 클라이언트에서 나름의 판단을 가지고 언제까지 해달라는 요청을 하게 된다. 2주일일 수도 있고 2달일 수도 있다. 따라서 실제 프레젠테이션을 하는 시간을 D-day로 놓고 필요한 작업들을 역산하여 스케줄링 할 수 밖에 없다. 따라서 필요한 과정들과 거기에 소요되는 최소한의 시간들을 놓고 프로젝트의 해석에 따라 각 과정의 기간들을 늘리거나 줄이면서 목표시간에 맞추면 된다.

스케줄 표는 프로젝트의 모든 팀원들과 공유하여야 한다. 만약 다른 의견을 가지고 있다면 신속하게 협의하여 수정하고 진행해야 한다. 실제 현장에서는 개인에 따라 프로젝트에 대한 해석이 다른 경우가 많아서 스케줄링에 대한 조율이 쉽지 않은 것이 현실이다. 스케줄 표를 작성하고 나면 모든 팀원들이 이 일정을 지켜야 한다. 만약 지키지 못하면 그 시점에서 다시 작성해서 수정된 스케줄 표를 공유하는 것이 필요하다. 프로젝트의 효율성과 퀄리티를 유지하는 첫 걸음은 스케줄링에 있다.

• PT Schedule •

구분	11월													
	10 (목)	11 (금)	12 (토)	13 (일)	14 (월)	15 (화)	16 (수)	17 (목)	18 (금)	19 (토)	20 (일)	21 (월)	22 (화)	23 (수)
기획	광고주 OT	기획 방향 아이데이션		기획 Brief 작성			타겟 인터뷰							
제작 (TV/인쇄)					제작 OT			1차 제작 회의	아이데이션	2차 제작 회의	콘티/ 인쇄 시안 제작	녹음		
BUZZ 실행안					실행안 아이데이션			실행안 draft	이미지 네이션 작업	1차 정리		최종 정리		
최종 마무리						기획서 작성				1차리뷰		기획서 정리 2차 리뷰	리허설	PT
Memo														

[Summary]

"맨 먼저 스케줄링 하라"
✓ 스케줄 표는 일종의 긍정표 역할을 한다.
✓ 스케줄 표에는 프로젝트에 대한 시간, 인원, 비용, 역할 등이 모두 반영된다.
✓ 스케줄링은 상황에 따라 변경될 수 있고, 변경 즉시 공유해야 한다.

"프레젠테이션 자체를 플래닝 하라"

"광고주의 오리엔테이션 내용은 기대했던 그대로였다. 소비자 조사 결과 브랜드의 이미지가 상대적으로 많이 떨어지고 있는 상황이니 브랜드 이미지를 높일 수 있는 캠페인이 필요하다는 것이다. 이번 프레젠테이션의 경쟁사는 우리 회사보다 훨씬 큰 규모를 가진 광고회사이고 대규모 기업 이미지 캠페인을 여러 번 진행했던 회사이다. 아마도 그들은 조사나 시안 제작에 많은 물량을 투입할 것이고 그들의 경험도 큰 강점으로 주장할 것이다. 이렇게 진행된다면 우리 쪽의 승산은 별로 없을 것이다. 지금 광고주의 문제는 브랜드 이미지를 장시간에 걸쳐 쌓는 것뿐만 아니라 실질적인 매출 효과도 함께 할 수 있는 효율성이 필요한 것이 아닌가? 특히 새로 부임해서 성과를 내야 하는 CEO의 마음은 그럴 것이다. 그렇다면 우리는 개별 상품의 강점을 시리즈로 통합한 새로운 형태의 브랜드 이미지 캠페인을 통해 상품 매출과 이미지 제고를 한번에 제안할 수 있지 않을까?"

프레젠테이션의 전 과정을 통틀어 한마디로 표현하라면 〈문제해결을 위한 플래닝〉이라 할 수 있다. 문제를 규정하고 해결방향과 실제 해결책을 제시하는 것을 넓은 의미에서 모두 플래닝이라 할 수 있고 따라서 플래닝이야말로 프로젝트를 관통하는 핵심 개념이라고 할 수 있다. 하지만 프레젠테이션의 경쟁력을 높이기 위해서는 프로젝트 해결을 위한 국지적인 플래닝 뿐만 아니라 프레젠테이션 자체의 지향점을 향한 거시적인 플래닝을 하는 것 또한 필요하다. 즉 이번 프레젠테이션의 전달력, 성공 가능성을 높이기 위해 활용할 수 있는 핵심요인은 무엇인가를 생각해 보고 그 요인에 적합한 방식으로 프레젠테이션을 전체적인 관점에서 플래닝해 보는 것이다.

예를 들면 클라이언트가 규정한 프로젝트를 재해석하는 것, 의사결정권자를 설득하기 위한 최선의 구성을 하는 것 등의 분석을 통해 일반적인 구성을 완전히 바꾸는 것, 의외의 프레젠터를 사용하는 것, 프레젠테이션 방법을 바꾸는 것 등 결과적으로 재조정된 프레젠테이션이 실행하는 것에 대한 플래닝이다. 이것은 모두 프로젝트의 상황에 따라 고려되는 것이다. 이 같은 프로젝트 자체의 플래닝은 결정권을 가진 오디언스를 감안하는 경우가 가장 많고, 경쟁팀과의 차별성 혹은 새로운 제안을 더욱 부각시키기 위한 방법으로 사용된다.

예산이 부족한 경우에는 '효율성'에 집중하는 플래닝을 할 수 있을 것이다. 예산이 넉넉하다면 가능성 있는 '새로운 시도'를 제안하는 것이 집중할 수도 있을 것이다. 의사결정권자의 목표가 장기적 관점인지 단기적 성과인지에 따라서도 프레젠테이션은 달라질 것이다. 경쟁자가 어떤 전략을 사용할 것인지에 대한 고려도 반드시 필요하다.

프레젠테이션의 형식과 내용 모두 프로젝트 플래닝의 대상이 될 수 있다. 그에 따라 참여하는 팀원도 달라질 수 있고 예산도 달라지고 프레젠테이션 자체도 변화하게 된다. 프레젠테이션 자체를 새롭게 플래닝하는 것이 프레젠테이션의 내용물을 더욱 새롭고 차별적으로 보이게 함으로서 성공 가능성을 높이게 되는 것이다.

물론 '차별화를 위한 차별화' 같은 의미 없는 맹목적인 방법은 옳지 않다. 프레젠테이션 자체에 대한 플래닝도 논리적인 배경과 연결성을 가지고 있어야 한다. 그런 논리성을 가지고 새로운 내용과 형식으로 제안한다면 그것은 프로젝트에 대한 열정과 애정을 표현함으로써 오디언스들에게 큰 감동을 주게 될 것이다. 이러한 프로젝트 자체에 대한 플래닝은 전체 프로젝트를 관장하는 경험이 많은 관리자급과 프로젝트 리더의 중요한 판단영역이 된다.

[Summary]

"프레젠테이션 자체를 플래닝하라"
✓ 프레젠테이션을 전체적인 관점에서 어떻게 할 것인지에 대한 플래닝이 필요하다.
✓ 의사결정권자, 경쟁상황, 기타 다양한 상황변수들이 고려 요인이 된다.

004 "Fact Book을 만들라"

일반적으로 Fact Book이라 하면 '기업에서 주주, 일반소비자, 방문객 등에게 기업의 현황을 과장하지 않고 있는 사실에 근거하여 현황을 알기 쉽게 전달하는 것을 목적으로 하는 책자'를 말한다. 단어에서 알 수 있듯이 사실(Fact)을 모아 놓은 것이므로 왜곡이나 포장이 적은 것이 특징이다.

프레젠테이션 프로젝트를 시작하게 되면 프로젝트 팀원 전체의 해당 프로젝트나 고객기업에 대한 전반적인 이해정보가 필요하다. 그런 자료들에 대한 수집과 이해 없이 프로젝트를 진행하는 것은 자칫 '장님이 코끼리 다리 만지는 실수'를 할 가능성이 매우 높다. 따라서 프로젝트나 고객기업에 대한 현황을 수집, 정리하여 공유하는 Fact Book의 작성은 반드시 필요하다.

Fact Book에는 프로젝트나 고객기업이 처한 배경상황이 되는 산업적인 Fact와 해당 프로젝트나 기업의 다양한 Fact들이 포함된다. 기업과 업계에 대한 자료들은 금융감독원이 제공하는 기업공개 정보와 그 프로젝트에 해당하는 각종 협회에 많은 자료들이 있다. 과거와 달리 상당히 많은 정보들이 공개되어 있기 때문에 양적으로나 질적으로 좋은 정보들을 수집할 수 있다. 특히 대부분 인터넷을 통해 열람 또는 저장이 가능하기 때문에 시간적으로 많이 절약이 된다. 또한 관련한 소비자 및 경쟁사의 동향과 주요인물의 프로필, 인터뷰 기사 등도 중요한 자료가 된다. 하지만 언론기사의 경우에는 객관적인 기사보다는 PR성 기사들이 많으므로 기업의 주장이 아니라, Fact를 파악하는 눈을 가지고 골라내야 한다.

어쨌거나 프로젝트 초반 Fact Book은 말할 필요도 없이 매우 중요하다. 전체의 흐름을 알고 문제나 기회, 소비자 트렌드를 파악하는데 기초자료 역할을 하게 된다. 즉 Fact Book을 통해 전반적인 〈숲〉의 모양을 파악하는 동시에 〈나무〉에 해당되는 해당 프로젝트의 해결점에 대한 기초지식을 얻게 되는 것이다.

Fact를 모아 놓는 것 자체만으로는 아무런 효용이 없다. 그것을 정리하고 중요한 점과 점검해 볼만한 이슈들을 모아서 함께 고민할 수 있는 재료로 만드는 과정이 필요하다. 이것을 'Fact의 정보화'라고 할 수 있다. Fact Book은 담당하는 팀원이 주도적으로 자료수집 및 정리를 진행하고, 전체 자료를 공유하는 동시에, 모든 팀원들에게 요약된 내용을 브리핑하는 것으로 효율성을 높이는 것이 좋다. 이러한 과정을 통해 부족한 자료의 보강이나 프레젠테이션의 내용에 대한 아이데이션도 가능해진다. 따라서 Fact Book 내용의 퀄리티는 무척 중요하다. 잘못된 정보로는 제대로 된 해결책을 내놓을 수 없기 때문이다.

005 · "책 속에 복음이 있다"

개인적으로 프레젠테이션 프로젝트가 생기면 빠지지 않고 하는 일은 근처 대형서점으로 가보는 일이다. 마케팅 쪽 서가를 한번 쭉 둘러보고 그 다음은 경제일반, 소설, 에세이, 철학 등까지 둘러본다. 그리고 몇 권의 책을 사서 돌아온다. 이것은 기분만 뿌듯하고 좋은 일이 아니다. 필요한 일이기 때문에 하는 일이다. 요즘 같이 인터넷이 생활화된 세상에서는 '굳이 종이로 된 책을 돈을 주고 사야 할까?'라고 생각하는 분들도 많을 것이다. 석학들의 개인 블로그도 있고, 논문들을 서비스하는 사이트도 많이 있다. 하지만 실제 종이책을 만나는 것이 가장 좋은 방법이라 생각된다. 개인 블로그의 글도 논문들도 시간이 지나고 쌓이면 실제 종이책으로 엮어 출간이 되지 않는가? 종이책이 가지는 여러 가지 장점과 독특한 향기 같은 것이 있다. 또한 나의 필요에 따라 돈을 들여서 구입한 책은 공짜로 얻는 것들보다 더 많은 관심과 애착을 가지는 것도 사실이다.

기본적으로 프레젠테이션은 〈새로운 제안〉이다. 새롭지 않다면 프레젠테이션의 의미가 없다. 심지어 "이번 프로젝트에는 새로운 제안이 필요 없습니다"라고 하는 것도 사실은 새로운 제안이다. 이러한 새로운 제안을 위해서는 오디언스가 제안을 받아들일 수 있도록 권위 있는 검증된 논리나 새로운 논리나 근거를 가지고 설득을 해야 한다. 권위 있는 논리라는 것들은 법칙이나 이론 같은 형태를 하고 있다. 새로운 제안을 위한 새로운 시간의 이론들이 책 속에 정리되어 있다.

이러한 이유에서 거장들의 오랜 연구결과인 책은 매우 유용하다. 책의 세계는 국내외의 석학들, 작가들이 늘 새로운 Frame과 Concept을 개발하여 제공하는 경쟁의 장이다. 서점에서 또는 인터넷에서 항상 새로운 책에 대한 관심을 가지는 것은 매우 실용적인 행동이다.

작은 노력과 적은 비용으로 프레젠테이션의 무기를 장착할 수 있는 것이다. 그들의 책 속에는 많은 시간을 들여 쌓아 온 논리가 있고 또한 그것을 증명하는 많은 증거들이 있다. 이것들은 프레젠테이션에서 사용하기 좋은 재료가 된다. 논리라는 측면이나 어떤 개념을 정리하는 새로운 용어도 그렇고 제시된 실제 사례들도 모두 그렇다.

반드시 비즈니스, 마케팅. 전문분야 서적에만 국한되는 것은 아니다. 경영학, 철학, 사회학 등은 물론이고 소설, 에세이, 시집에서도 유용한 내용들을 발견할 수 있다.

또한 반드시 현재의 트렌드를 설명하는 서적만을 찾을 것도 아니다. 수 많은 프레젠테이션에서 성경, 공자, 노자, 세익스피어 등의 인사이트 넘치는 명언과 시각들이 인용되고 있는 것이 바로 이러한 이유이다. 오히려 오래된 고전에서 인용된 내용들은 이론이나 하나의 설이 아니라 사회의 법칙화된 측면이 강하기 때문에 그 힘은 더 클 수도 있다.

이런 면에서 책은 인류 지식의 창고이다. 직접 만나지 않고도 시간을 많이 들이지 않고도 최고의 지식을 얻을 수 있다. 책의 세계를 통해서 피터 드러커, 필립 코틀러, 데이비드 아커, 알 리스, 세스 고딘, 스티브 잡스까지 그들의 인사이트를 만나고 활용할 수 있다.

필자가 아는 분 중 한 분은 매월 10권 이상의 마케팅 서적을 빠짐없이 사는 분이 있다. 이 분은 항상 대화의 아젠다를 주도하고 프레젠테이션의 돌파구를 만들어 내는 역할을 하고 있다. 책을 통해서 조금만 노력하면 프레젠테이션에서 경쟁력 있는 논리나 콘텐츠를 얻을 수 있다.

[Summary]

"책 속에 복음이 있다"
✓ 책 속에는 거장들의 새로운 Farme과 Concept가 있다.
✓ 서점에서 새로운 책들을 찾아 보는 것은 프레젠테이션의 새로운 제안을 위해 매우 실용적인 행동이다.

006   "캠프 파이어를 떠나라"

예전 재수 시절 종로학원에서 세계사를 가르치시던 은사님이 오후 수업시간을 힘들어 하던 우리들에게 아라비안 나이트에 대해 말씀하신 적이 있었다. 〈천일야화〉라는 제목에서도 알 수 있듯이 아주 긴 이야기인데 왜 이렇게 긴 이야기가 아라비아 지역에서 생겨났는지를 이렇게 설명해 주셨다. "이상하게도 밤에 모닥불을 피워 놓으면 사람들은 자연스럽게 말이 많아진다"는 것이었다. 낙타를 끌고 매일 이동하던 대상들은 매일 밤 추운 사막에서 모닥불을 피워놓고 이야기로 밤을 지낸 것이다. 그 이야기들이 모여서 천일야화가 되었다.

이것은 누구나 어린 시절 경험했을 법한 캠프 파이어의 추억과 같다. 수학여행을 가거나 MT를 가면 한번씩 캠프 파이어를 하게 된다. 처음에는 모닥불을 조명 삼아 노래 부르고 춤추기도 하지만, 시간이 지나면서는 둘러 앉아서 두런두런 이런저런 이야기를 하게 된다. 이렇게 되면서 캠프 파이어에서는 감성적이고 개인적인 이야기들이 스스럼없이 나오게 된다. 아마도 일상적이지 않은 장소, 적당한 조명, 서로의 시선이 어긋나는 배치 등이 이러한 분위기를 만들어 내는 것 같다.

프레젠테이션 프로젝트 초기에 문제를 규정하고 해결의 기회를 발견하는 아이디어 생성 단계에서 이러한 캠프 파이어 형식의 정말 자유로운 아이디어의 교류가 좋은 역할을 한다. 어떤 광고회사에서는 이런 방식을 제도화하여 사용하기도 한다. 자유로운 아이디어의 중요성을 알아보고 활용하자는 취지인 것이다. 어떤 회사의 경우에는 내부 지원뿐만 아니라 아예 대학생들을 초청해서 아이디어를 받아서 프로젝트에 활용하는 경우도 있다.

과정을 보면, 먼저 프로젝트에 대한 현재까지의 정보만을 공유한 후 일정기간 동안 각자 아이디어를 생각해 본다. 그 후 같은 자리에 모여서 자유롭게 각자가 생각하는 과제는 무엇이고 문제는 무엇이고 해결책은 무엇인지 얘기해보는 것이다. 이럴 때는 각자의 맡은 분야가 아니라도 누구나 그 프로젝트의 모든 부분을 생각해보고 아이디어를 얻는 것이 좋다. 일본의 광고회사인 덴츠에서는 이것을 'No Line'이라 부른다. 즉, 각자의 '역할에 따른 Line'을 불문하고 다양한 아이디어를 자유롭게 주고 받도록 하고 있다.

이 경우는 보통의 브레인 스토밍과 마찬가지로 남의 의견을 평가하거나 선택하는 것이 아니라 가능한 긍정적인 방향에서 수용함으로써 더 많은 아이디어를 저장하여야 한다. 또한 자신의 아이디어와 다른 사람의 아이디어를 합치거나 다듬는 계기로 활용할 수도 있다. 다른 생각, 엉뚱한 생각이 많을수록 창의적인 프레젠테이션이 될 가능성이 높아진다. 특히 젊은 팀원의 아이디어를 유도하고 인정하는 것이 보다 많은 아이디어를 구하는 길이 될 가능성이 높다.

[Summary]

"캠프 파이어를 떠나라"
✓ 자유롭게 다양한 아이디어를 얻는 과정이 필요하다.
✓ 각자의 분야를 넘어서 전체 프로젝트에 대한 모든 아이디어를 모든 사람들이 내면서 좋은 아이디어를 만들어 낼 수 있다.

"미리 정리된 생각이 없는 사람은 회의에 필요 없다"

"전략 방향에 대한 회의가 시작되었다. 오늘도 김대리가 자신이 준비한 파워포인트 파일을 띄워 놓고 자신의 의견을 얘기한다. 기획팀에 제작팀, 마케팅팀까지 모두 참석해서 열명이 넘는 사람들이 김대리의 발표만 듣고 있다. 김대리의 발표 도중에 마케팅팀의 오국장이 질문을 한다. 사전에 프로젝트 개요를 전달한 내용인데 다시 확인 질문을 한다. 김대리의 얼굴에 난감함이 묻어난다. 이어서 박차장이 자신의 의견을 발표한다. 두 사람의 의견은 문제를 무엇으로 보는가에서 시각이 달랐다. 기획팀의 이상무가 참석자들에게 의견을 말해보라고 한다. 살짝 졸다 깬 몇몇 사람들은 눈만 멀뚱멀뚱 아무 말이 없고, 다른 사람들은 어느 게 좋은지 확신이 서질 않는다는 둥 둘 다 별로라는 둥 하는 말만 한다. 회의 결과는 이틀 후에 다시 한번 보자는 것이었다."

프레젠테이션 프로젝트가 아니더라도 〈회의를 잘 하는 것〉은 회사업무에서 매우 중요하다. 그렇다면 회의를 잘 하는 방법은 무엇일까? 과거에는 회의가 공지사항을 전달한다든지 단순히 정보를 공유하는 일방향적인 커뮤니케이션의 자리인 경우도 많았다. 하지만 사전 정보공유는 이제 이메일을 통해 각자가 알아서 하는 시대이고, 회의는 상호 의견 개진을 통한 협의와 조정을 목적으로 한다. 과거에 비해 회의의 빈도가 적어지면서 중요도는 높아지고 있는 것이다. 개인적인 의견이지만 회의가 중요하지 않다면 아마 대부분의 사무직은 재택근무를 해도 될 것이다.

따라서 회의는 아이디어 교류와 의사결정의 생산적인 장이 되어야 한다. 특히 프레젠테이션 프로젝트와 같이 정해진 기간에 높은 강도로 진행되는 프로젝트에서 회의의 역할은 매우 중요하다. 효율적인 회의는 정리된 각자의 의견을 나누고 평가하고 향후의 작업에 대한 합의를 하는 것이다. 하지만 나쁜 회의 참석자는 자신의 의견을 가지고 오지 않는다. 참석하는 모든 사람이 의견을 공유하는 자리에서 자신의 의견 없이 자리만 지키거나 오히려 회의진행을 방해하는 경우도 수없이 많이 보아왔다.

예전에 존경하는 어느 선배 임원은 회의에서 자신의 의견을 가지고 오지 않는 사람들은 그 자리에서 회의장 밖으로 내보냈다. 직급이 높다는 이유로, 누군가 할 것이라는 이유로 아무 생각 없이 회의에 참석하는 것은 일종의 직무유기이다. 의견을 리뷰하는 사람은 한 사람이면 족하다. 팀원이라면 누구나 반드시 자신의 의견을 가지고 회의에 참석해야 한다. 그렇지 않다면 프로젝트에 참여할 자격이 없다.

직급이 높고 경험이 많은 사람이라서, 젊고 패기가 넘치는 사람이라서, 열정과 노력이 많은 사람이라서, 가장 이 상품에 경험이 많아서 등등의 이유로 모두 각자의 의견을 만들고 그것이 유용할 수 있다. 그런 각자의 의견들이 모여서 합쳐지고 다듬어지면서 가장 좋은 결과를 만들어 낸다. 채택되지 않는 의견이라도 그것이 최종 제안을 뒷받침하는 역할을 할 수도 있다.

모든 사람은 상대에게 영향을 받는 사회적 동물이다. 상대의 불성실은 그 자체로 그치지 않고 열심히 하는 사람의 사기와 의욕을 꺾고 만다. 의견 없이 회의에 들어오는 것은 무임승차가 아니라 업무방해라 할 수 있다. 회의에서의 의견개진은 가능한 문서로 하는 것이 좋다. 말보다는 문서가 정리된 생각을 보여줄 수 있고 효율성과 기록성도 높기 때문이다. 아직도 입만 들고 오는 사람이 있는 경우가 많다. 프로젝트 리더는 과감하게 그런 사람들에게 강력한 경고를 주거나 팀에서 제외시키는 결단이 팀 분위기와 프로젝트의 성공을 높이는 길이다.

[Summary]

"미리 정리된 아이디어가 없는 사람은 회의에 필요 없다"
✓ 각자의 정리된 아이디어를 나누어야 회의의 효율성이 높아진다.
✓ 가능한 문서로 작성해서 공유하고 기록을 남기는 것이 좋다.

008 "천 번 생각하면 반드시 얻는 것이 있다"

사마천의 사기(史記)에 등장하는 진여와 이좌거의 일화에 "愚者, 千慮一得"이라는 말이 있다. 아무리 어리석은 사람이라도 천 번을 생각하면 반드시 얻는 것이 있다라는 말이다. 물론 이 고사에서는 자신을 낮추고 윗사람을 비아냥하는 원래의 뜻이 있다고는 하지만, 프레젠테이션이 아이디어의 싸움이라고 한다면 반드시 새겨 들어야만 하는 이야기라 생각된다.

여러분께 이런 질문을 해본다. 정말로 하룻밤을 하나의 문제로 고민하면서 꼬박 지새본 적이 있는가? 천 번은 아니더라도 백 번 생각하고, 백 개의 아이디어를 내 본 적이 있는가? 필자는 개인적인 경험으로 보아 이런 노력을 하는 경우를 많이 보지 못했다. 스스로도 그랬고 주변의 사람들도 그랬다. 하지만 그렇게 한 경우는 항상 얻는 것이 많았다. 직접적으로는 프레젠테이션의 성공으로 이어졌고, 성공하지 못했거나 아이디어가 채택되지 않은 경우에도 만족감과 자신감은 매우 높아지는 경험을 하였다.

그런 많은 생각을 하기 위해서는 많은 정보가 필요하다. 인터넷도, 친구와의 전화도, 시장을 둘러보는 것도 모두 이런 많은 생각을 하기 위한 재료들이다. 앉아서 머리만으로 뭔가 새로운 것을 만들기는 어렵다. 따라서 천 번을 생각하기 위해서는 생각의 조합을 만들 수 있는 많은 노력들이 수반된다는 것을 거꾸로 증명하는 것이기도 하다.

일과시간이 끝나고 친구들을 만나거나 취미생활을 하거나 가족들에게 돌아가는 것은 권리이며 행복의 중요한 척도이다. 하지만 프레젠테이션 프로젝트를 진행하는 기간에는 이러한 것을 조금 포기할 필요가 있다. 특히 지식노동자들의 세계에서 나만의 경쟁력은 쉽게 확보하기 어렵다. 양이 쌓이면 저절로 질이 변화된다는 〈양질전환〉이라는 것도 있지 않은가.

어떤 일이건 열정을 가지고 집요하게 파고들면 저 멀리 터널의 끝에 빛나는 해결책이 아주 살짝 꼬리를 내보이는 것이 보통이다. 대부분의 사람들이 이러한 치열한 노력을 중도에 포기하거나 아니면 '이 정도면 된 것 아닌가?'하는 생각으로 대충 끝내 버린다. 우리 대부분은 천재가 아니다. 순간의 번뜩이는 해결책은 영화에서나 나오는 일이다. 집중하라. 집요하라. 많이 생각하라. 가장 쉬운 성공법이다.

수 많은 해결책의 가능성을 이리저리 생각하다 보면 하얗게 날이 밝아 온다. A4 용지에 끄적거린 몇 가지 아이디어들, 깜빡거리는 컴퓨터 화면의 커서, 몇 개의 종이컵... 이런 것들이 프레젠테이션의 질을 결정한다고 하면 전근대적 생각이라 할 사람들도 많은 것이다. 하지만 한번 스스로 시험해보라. 분명히 얻는 것이 있을 것이다.

[Summary]

"천 번 생각하면 반드시 얻는 것이 있다"
✓ 대부분의 우리는 천재가 아니다.
✓ 집요하게 많이 생각하는 것은 반드시 경쟁력이 된다.

009 "오디언스에 맞춰라"

프레젠테이션은 최종 소비자를 설득하는 행위가 아니다. 프레젠테이션에 참석한 소수의 평가자들을 설득하는 일종의 〈스몰 그룹 설득 커뮤니케이션〉이다. 특히, 그 중에서도 의사결정권을 가진 타겟 오디언스를 설득하는 것이 프레젠테이션의 성공으로 이어진다.

이렇게 정의하면 많은 분들이 오해를 하기 시작한다. 그러면 '그들이 듣기에 좋은 말만 해야 된다는 것인가?'라고 말이다. 그것이 아니라 그들을 이해하고 더 잘 설득할 수 있는 방법을 사용해야 한다는 것이다.

기초적으로 그들의 성향과 평소 태도 및 프로젝트와 관련한 의견 등을 여러 경로를 통해 알아두는 것은 필요하다. 내부의 사람들에게 정보를 얻을 수도 있고 홈페이지, 인터뷰 기사, 자서전 등 정보를 확인할 수 있는 길은 다양하게 존재한다. 종교나 정치 성향은 매우 민감한 문제이므로 사전에 파악하는 것이 좋다. (그것을 활용하려는 의도보다는 결정적인 실수를 방지하는 차원에서 더욱 필요하다. 예를 들어 설명하거나 비유를 하면서 그 분들의 신념체계를 침해하는 경우가 가끔 있기 때문이다.)

특히, 자수성가한 오너 경영인의 경우 특별한 점이 있다. 이런 분들의 공통점은 논리적 분석을 통해서 최선의 대안을 선택해서 성공한 것이 아니라는 것이다. (아마 논리적 분석만을 통해서 성공할 수 있다면 누구나 성공할 수 있을 것이다.) 그렇게 하지 않았기 때문에 성공했을 가능성이 매우 높다. 누구나 생각하고 실행할 수 있는 보편적 방법으로 시장에서 두드러진 결과를 얻을 수 없는 것이 현실이기 때문이다. 따라서 이런 분들은 자신의 개인적 경험과 직관과 감을 매우 중요시하며 그것이 하나의 신념화된 경우가 많다. 모든 사람들이 무모하다고 한 길을 자신만의 확신으로 왔기에 성공한 것이다. 이런 분들의 눈높이에서 이해하고 설득하는 것이 성공의 키가 되는 경우가 많다.

기본적으로 오디언스를 감안해서 비유나 사례나 논리나 용어를 적합하게 사용해야 한다. 그들이 쉽게 이해하고 공감할 수 있도록 해야 한다. 디자인적으로 보아도 폰트의 크기나 컬러의 사용도 적합하도록 사용해야 한다. 프레젠터의 프레젠팅 방식과 태도 또한 맞춤식이 되어야 한다. 진지하게 할 것인지, 발랄하게 할 것인지, 권위적으로 할 것인지, 겸손하게 할 것인지 선택하는 기준은 오디언스가 되어야 한다는 것이다.

오디언스의 현재 관심사를 활용하는 것도 좋은 방법이 된다. 이런 사례가 있었다. 클라이언트는 프로 야구단을 보유한 기업이었고 오너는 야구에 엄청난 관심과 열정을 가지고 있는 분이었다. 이 때 담당 프레젠테이션 팀은 기획서의 내용을 모두 야구에 비유하여 설명하였고 일러스트레이션으로 표현하였다. 물론 결과는 성공이었다. 단지 오디언스가 좋아하는 관심사를 사용했다는 측면뿐만 아니라 오디언스에 대한 배려와 열정이 높게 평가되었던 것이다. 이와 같이 오디언스가 선호하는 방향과 방법을 사용하면서 제안을 하게 된다면 성공의 가능성이 상당하게 높아질 것이다.

[Summary]

"오디언스에 맞춰라"
✓ 프레젠테이션은 오디언스를 설득하는 행위이다.
✓ 오디언스를 이해하고 설득에 가장 적합한 방법을 사용해야 한다.

010 "체크리스트를 반드시 만들어라"

"드디어 결전의 날이 밝았다. 오늘 새벽까지 파워포인트를 만지고 좀 전에 최종 리허설을 마쳤다. 지금은 프레젠테이션을 위해 회사 차로 이동하는 중이다. 이제 30분이면 종로에 있는 클라이언트의 회사에 도착한다. 생각보다 마지막 순간까지 일들이 몰려서 진행되었지만 이제 프레젠테이션만 마치면 프로젝트는 끝이 난다. 오늘 새벽 회사 프린터의 컬러 카트리지가 부족해서 회사 밖 24시간 프린트 서비스 센터에 가서 프린트하는 예기치 않은 사고가 있었지만 어찌어찌 시간에 맞춰서 프린트와 제본을 하였다. 자, 이제 최선을 다

프레젠테이션은 소설이나 시와 같이 혼자서 하는 자유창작 작업이 아니다. 많은 사람이 참여하고 정해진 시간 안에 실행해야 하며, 비용과 장소 같은 물리적 한계가 존재하며, 각종 장비들을 사용해야 하는 복합적인 작업이다. 따라서 프로젝트 리더는 각 진행과정에 맞추어 중요 일정에 구체적인 체크리스트를 작성하고, 프로젝트 팀원들과 체크리스트를 공유하면서 진행해야 한다. 물론 처음에는 이런 체크리스트를 작성하는 것 자체가 노력과 시간이 투여되는 일이라 여길 수도 있지만, 한 번 작성하고 진행한 후, 보완을 하면 다음 프레젠테이션에도 약간의 수정만 하면 작성할 수 있으므로 그리 어려운 일은 아니니 너무 염려하지 않기를 바란다.

먼저 전체 일정에 대한 스케줄링이 끝나면 중요한 일정에 체크리스트를 작성하면 된다.

프레젠테이션 체크리스트는 프로젝트나 해당 조직의 환경에 따라 달리 작성할 수 있을 것이다. 하지만 체크리스트가 있는 것과 없는 것은 분명히 다른 효율과 결과를 만들어 낸다. 체크리스트 없이 프레젠테이션을 진행하는 조직에서 회의실 예약이나 장비를 빠트리는 바람에 낭패를 보는 경우를 많이 보았다. 이것은 개인의 문제가 아니라 그런 사고를 방지하고 효율적으로 관리할 수 있는 시스템을 갖추지 못한 팀 전체의 능력이라고 할 수 밖에는 없다. 프레젠테이션의 좋은 결과물을 만들기 위해서 매끄럽고 조직화된 준비는 꼭 필요하고 많은 기여를 한다.

프레젠테이션 체크리스트는 프레젠테이션 전체 스케줄과 연동하여 각 작업구간별로 체크해야 할 사항들을 정리하여야 하며 각 항목에는 그것을 담당할 사람을 명시하여야 한다. 그리고 그 항목이 완료되면 체크하여 완료되었음을 표기하는 방식으로 하는 것이 용이하고 명확하다. 예를 들면 기획방향 설정을 위해 외국의 협력업체가 방문하여 회의를 진행하는 일정이 있다고 한다면 그 일정의 체크리스트에는 회의실, 장비, 통역사, 통역장비, 참석자 확정, 식사, 교통, 숙박까지 포함되는 것이 좋다. 너무 구체적인 사항들을 모두 기입하는 것이 번거롭다고 하더라도 항목 자체와 담당자는 반드시 있어야 한다.

가장 기본적이고 필수적인 체크리스트는 프레젠테이션 당일의 장비에 관한 것일 것이다. 특히 노트북, 빔프로젝터, 무선 프레젠터(리모트 컨트롤러), 스피커 등은 반드시 예비 장비를 준비하는 것이 좋다. 체크리스트에 예비 장비에 대한 것도 포함시켜야 한다. 만약 여벌의 장비가 없다면 개인 장비를 활용하거나 렌털 서비스를 사용해서라도 준비하는 것이 필요하다. 또한 예비 장비로도 리허설을 실시하여 만일의 사태를 대비해야 한다. 아침까지 리허설을 하다가 클라이언트 회사의 프레젠테이션 장소로 이동하면서 노트북의 전원공급 어댑터를 챙기지 못하고 도착해서 프레젠테이션 도중에 노트북의 전원이 꺼져버려서 프레젠테이션이 엉망으로 변한 것을 실제로 보았다. 물론 결과는 좋지 못했다. 체크리스트를 손에 들고 하나씩 체크하는 꼼꼼한 팀을 보면 이미 절반쯤은 성공을 예상하게 된다.

• 체크리스트 작성 사례 •

날짜	시간	제목	항목	세부항목	담당자	준비	기타
3월3일	14:00	일본시장 사례 협의	참석자	일본측 3명, 팀원 3명 (통역 1)	△△△ 대리	OK	–
			회의실		△△△ 대리	OK	
			노트북 1		○○○ 사원	OK	
			노트북 2		○○○ 사원	OK	
			빔 프로젝터		○○○ 사원	OK	
			동시 통역사		▷▷▷차장	OK	–
			통역기		○○○ 사원	OK	–
			식사		○○○ 사원	OK	
			교통(공항 → 회사)		◇◇◇ 사원	OK	–
			교통(회사 → 호텔)		◇◇◇ 사원	OK	–

[Summary]

"체크리스트를 반드시 만들어라"

✓ 귀찮다고 생각하지 말고 반드시 체크리스트를 만들어라. 한번 만들면 두 번째부터는 쉬워진다.

✓ 프레젠테이션 진행에 맞추어 중요일정에 체크리스트를 만들고 담당자를 지정하라.

✓ 프레젠테이션 필수장비는 예비분까지 포함하여 체크리스트를 만들어라

---

011   "충전이 없다면 방전도 없다"

"벌써 2년째 야근과 휴일근무가 이어지는 바쁜 회사생활을 계속하고 있다. 지기 싫어하는 성격 때문에 프로젝트가 걸리면 누구보다 먼저 출근하고 늦게 퇴근하는 독종 같은 근무를 이어 가고 있다. 하지만 이제 슬슬 지친다. 특히 예전 프로젝트에서는 재미 있는 아이디어도 잘 내는 편으로 인정 받았다고 생각했었는데 요즘은 아이디어의 양이나 질이 모두 평범하기만 한 것 같다. 이게 내 능력의 전부란 말인가? 드디어 한계인가?"

유명한 작가나 배우들, 가수들이 한번 히트작을 내면 대부분 휴식을 취하고 여행을 떠난다고 한다. 그런 모습들이 연예 뉴스를 통해 자주 전달되곤 한다. 아마도 대부분의 일반인은 그들이 돈은 벌었으니 여유를 가지고 좀 쉬는 한가로운 모습으로 이해할 것이다. 실제로 그런 이유도 있겠이지만 더욱 중요한 이유는 재충

전이라 생각된다. 충전의 이유는 신체적인 측면과 정신적 측면이 모두 있다. 회사 생활을 하는 우리들도 다르지 않다고 생각된다. 대일 같은 일과가 반복되며 강도 높은 업무, 창의력이 끊임없이 요구되는 일을 하다 보면 체력은 물론이고 지력(知力)이 고갈되게 마련이다. 그래서 대학교수들은 안식년이라는 제도가 있고 일부 회사에서는 안식월 제도를 시행하고 있기도 하다. 하지만 대부분의 경우에 충전은 개인의 판단과 책임으로 할 수 밖에 없다. 일 잘하는 것만큼이나 잘 쉬는 것도 중요하다는 것은 진리이다.

냉장고의 찬물을 계속 빼서 먹다 보면 다시 채우지 않고는 언젠가는 없어지고 만다. 프레젠테이션 프로젝트란 아주 높은 수준으로 머리를 쓰는 일이기에 더욱 빨리 소모될 것이다. 일을 하다 보면 머리가 뜨끈뜨끈해지면서 두통이 생기는 현상을 경험한 적이 있을 것이다. 사람뿐만 아니라 컴퓨터가 많은 로드가 걸리는 작업을 하는 경우를 보면 CPU가 뜨거워지고 냉각팬이 빨리 돌아가며 퍼포먼스가 아주 낮아지고 어떤 경우는 아예 작동을 멈춰버리기도 한다. 사람도 마찬가지다.

충전은 단순히 육체적인 휴식과 보강이 아니다. 정신적으로 잠시 휴식을 가지는 것도 중요하고 휴식 후에는 머릿속을 다시 채우는 것이 더 중요하다. 업무 관련 책이나 전시도 찾아보고 흔히 말하는 인문학적인 흐름도 새롭게 머리에 채워야 한다. 대부분의 프로젝트는 사람과 관련되어 있다. 소비자, 고객사 직원, 정책결정자 모두 사람이다. 따라서 인문학의 흐름을 놓치지 않고 프레젠테이션에 활용하는 자원으로 지속적으로 보충하는 것은 중요한 일이다.

우리의 뇌는 새로운 것에 더 많이 반응하고 스스로 능동적으로 찾아서 집중할 때 훨씬 많이 기억한다. 스스로 고갈된 것을 채워주는 노력을 해야 업무에서 새롭게 충분히 방전할 수 있다. 학교를 갓 졸업했던 시절에는 그 동안 학교에서 많은 것을 충전했기 때문에 많은 아이디어를 방전할 수 있었던 것이다. 마르지 않는 샘이 없듯이 충전의 노력은 장기적인 측면에서 매우 중요하다. 힘들다고, 시간이 없다고 충전을 게을리 하는 것이 보통의 사람이다. 여러 분 자신의 자각과 노력으로 해결해야 할 일이다.

[Summary]

"충전이 없다면 방전도 없다"
- ✓ 충분히 방전하기 위해서 충전이 반드시 필요하다.
- ✓ 재충전은 육체와 머리 모두 필요하다.

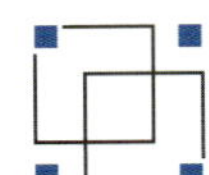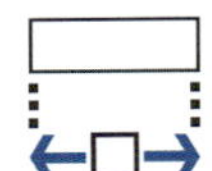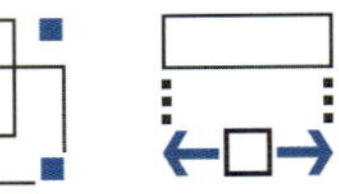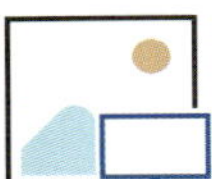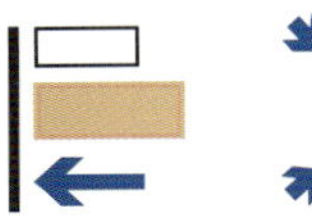

CHAPTER 02

프레젠테이션 콘텐츠 플래닝

새로운 기회와 아이디어는
깊이 있는 이해와 참신한 시각의 결합을 통해 나온다.
– Adam Morgan 「Eating The Big Fish」 –

문장은 간결하고 진솔하며 누가 뭐래도 우아하고 과감해야죠
– 헤밍웨이 –

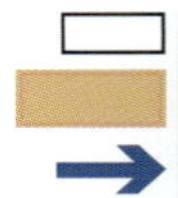

012   # "창의력을 키워라"

'갑자기 팀장인 박부장이 문제를 냈다. "여러 분, 산토끼의 반댓말이 뭔지 아나?" 순간 우리들은 모두 기가 막혔다. 이게 무슨 뚱딴지 같은 소린가? 무슨 옛날 유머로 한번 들어본 것 같기는 한데... 왜 물어보시나? 박부장은 이어서 말했다 "그 답 속에 창의력의 단서가 있을 수도 있어"라고'

창의력이란 매우 복잡한 개념이라고 한다. 그래도 쉽게 정의하면 '전혀 새로운 생각이나 개념을 만들어 내거나, 기존의 생각이나 개념을 새롭게 조합해내는 능력'이라고 한다. 다른 생물과는 달리 인간의 우수한 지적 능력 중에서도 최고의 능력이 아닐까 생각한다. 그것이 인류의 문화와 문명을 만들어 왔다고 한다. 그렇게 중요하기에 유아, 아동교육에서는 창의력을 키워주는 것을 최고의 목표로 한다고 하는 경우가 많다.

그런 어려운 능력임에도 불구하고 프레젠테이션 프로젝트를 진행하면 창의력에 대한 요구를 계속적으로 받게 된다. 창의력의 벽 앞에서 자신의 능력에 절망하는 사람들이 대부분이다. 그렇다면 창의력은 어떻게 육성되는 것인가? 학원에서 쉽게 배울 수 있다면 배우고 싶은 사람들이 많을 것이다. 수 많은 책들이 창의력을 키울 수 있는 묘수들을 알려준다고 하지만 배우기 쉬운 정답은 없는 것 같다.

그러면 조금 쉽게 창의력을 높이는 방법은 없을까? 개인적인 생각은 이렇다. 앞의 정의에서 보듯이 창의력은 전혀 새로운 개념을 만들거나 기존의 생각을 새롭게 조합하는 것이 핵심이다. 하지만 전혀 새로운 개념을 만들 수 있는 사람을 별로 없다. 예술계에서는 실제로 완전히 새로운 것을 창조하는 진정한 크리에이터는 1%밖에 되지 않는다고 한다. 나머지는 그것을 베끼거나 다른 것과 재조합하는 사람들이라고 한다. 우리가 할 수 있는 가능한 일은 기존의 생각을 새롭게 조합하는 것일 것이다. (아마 그것의 최고 선수는 맥가이버일 것이다) 하늘 아래 새로운 것은 없다고 하지 않는가?

개념의 재조합이라는 측면에서 혹은 새로운 생각을 하는 방법이라는 측면에서 다시 산토끼로 돌아가 보자. 산토끼의 반댓말은 〈끼트산〉〈집 토끼〉〈강 토끼〉〈물 토끼〉〈들 토끼〉〈마을 토끼〉〈하늘 토끼〉〈죽은 토끼〉〈판 토끼〉〈공짜 토끼〉〈안산 토끼〉〈훔친 토끼〉〈알칼리 토끼〉〈비싼 토끼〉까지 수 많은 답이 있다. (개인적으로 비싼 토끼는 정말 대단한 창의력이다. 경상도 사람들만 알 수 있다) 산토끼 유머를 예로 든 이유가 있다. 이 사례는 다양한 생각의 방법을 느끼게 해주기도 하지만, 특히 경쟁자와의 상대적인 위치인 포지셔닝을 생각해야 하는 많은 경우에 적용할 수 있는 방법이다.

창의력을 위해서는 두 가지 요소가 필요한 것 같다.

먼저 재조합을 하기 위한 재료라고 할 수 있는 지식이 필요하다. 지식이 없이 무엇으로 재조합을 할 것인가? '앎' 즉, 재조합을 위한 지식은 같은 분야의 것일 수도 있고, 이질적인 분야의 것일 수도 있지만 더욱 창의적이 되려면 이질적인 분야의 것들이 결합되는 것이 더 경쟁력이 있는 것 같다. 아무래도 같은 분야의 재조합은 이미 시도했을 가능성이 높기 때문일 것이다.

두 번째는 재조합의 결과이다. 창의력을 발휘하여 재조합하는 방법에는 정답이 없지만 (없다기 보다는 너무 많다) 결과는 무조건 새로운 것이어야 한다. 엉뚱하다고 해도 위험하다고 해도 새롭지 않으면 창의적이지 않은 것이기 때문이다. 창의력이 높은 분야는 예술분야라고 할 수 있다. 이 분야의 스타들이 하는 것을 보면 전혀 이질적인 것들을 조합, 연결하거나 터부시하는 것들에 대한 재조명과 도전의 경우가 많은 것을 알 수 있다. 따라서 생각의 벽을 없애야 한다. '이건 안될 거야'라는 생각보다는 '이런 것도 될 거야'라는 생각을 끊임없이 해보아야 한다. 기존의 생각과 한계를 뛰어 넘는 용기가 필요하다. 다르게 보고 다르게 생각해 보라.

013   **"방향수정을 두려워 말라"**

프레젠테이션은 정해진 기간에 해내야 하는 경우가 대부분이므로 빠듯한 스케줄로 진행되기 마련이다. 그러다보면 잘못된 길로 가거나 더 좋은 대안이 있어도 시간적인 이유로 외면하는 경우가 많다. 실제로 미리 계획했던 방향에서 수정하게 되면 너무나도 고통스러운 작업이 될 가능성이 높다. 하지만 경험적으로 결과 및 프로젝트 만족도를 생각한다면 방향의 수정은 두려워할 일이 아니다. 더 좋은 아이디어가 찾아와 준 것에 감사하면서 수정하는 것이 옳다.

방향을 수정하게 되면 무엇이 두려운지를 체크해보자. 추가되는 비용과 더 많은 야근이 걱정될 것이다. 더욱이 두려운 것은 팀원들의 반발일 것이다. 새로운 방향이 맞다고 인정하더라도 왜 애초에 그런 방향을 찾지 못했는지 팀원들의 원망이 귓가에 아른거릴 것이다. 하지만 결과 및 만족도가 낮은 프레젠테이션과 조금 힘들었지만 좋은 결과에 만족도가 높은 프레젠테이션 중에서 팀원들은 어떤 것을 선택할 것인가? 스스로는 어떤 것을 선택할 것인가? 후회하지 않을 자신이 있는가?

사람은 관성이 지배하는 동물이다. 기존에 하던 것을 바꾸는 것은 생존본능적으로 금지되어 있는 행동이다. 새로운 행동, 변화된 행동이 위험을 증가시킨다고 생각하기 때문이다. 프레젠테이션 프로젝트에서도 결정된 방향을 바꾸는 것은 위험을 증가시키는 일이라 생각할 수도 있다. 하지만 새로운 대안이 더 좋은 방향이라고 생각된다면 신속하게 수정하는 것이 성공의 길이라 생각된다. 잘못 들어선 길에서 벗어나는 방법은 계속 그 길을 가는 것이 아니라 빨리 차를 돌려 새로운 길로 접어드는 것이다.

과거 소수 독점형 의사결정 구조의 광고회사에서는 프레젠테이션 하루 전에 완전히 싹 바뀌는 경우가 많았다. 심지어 그날 아침에 바뀌는 경우도 있었다고 한다. 그런 경우는 너무 예외적이고 강압적인 경우라고 할지라도 팀 내부에서 더 좋은 방향이나 아이디어가 있다면 두려움을 버리고 선택해야 한다. 늦었다고 생각할 때가 가장 빠르다는 말이 있다.

사실 방향 수정은 고마워해야 할 일이다. 더 좋은 대안으로 생각되는 생각이 있다는 것이기 때문이다. 그것이 없는 것이 문제이지 있는데 왜 포기해야 하는가? 혹시 힘들어서? 시간이 없어서? 아니면 내가 한 생각이 아니라서? 그 모든 것이 이유가 되지 않는다. 좋은 대안을 선택하는 것에는 망설임이 필요 없다.

"방향수정을 두려워 말라"
✓ 방향수정은 오히려 좋은 기회이다.
✓ 새롭고 더 좋은 대안이 있다면 망설이지 말고 수정하라.

014 "다중 깔때기 구조"

얼마 전 유명한 한 인터넷 방송에서 〈깔때기〉라는 말이 유행했다. 다른 사람의 공적에 자신도 슬쩍 편승하는 것을 '깔때기를 댄다'라고 표현하는 것 같다. 재미 있는 표현이지만 흔히 써오던 깔때기의 개념과 조금 다른 것 같다. 깔때기는 범위가 넓은 곳에서 내려오는 물질을 작은 통로로 모아서 더 좁은 곳으로 모을 수 있게 해주는 도구이다.

프레젠테이션 콘텐츠 플래닝에서 '깔때기 구조'라고 하는 것은 많은 사실들과 의견들을 앞쪽에서 서술하고 이것의 결론이 하나로 모이는 구조를 의미한다. 예를 들어 '소비자가 이러이러하고, 경쟁자가 이러이러하고, 우리의 자산이 이러이러하기 때문에 결론적으로 우리가 가야 할 길은 무엇입니다'라고 하는 논리전개를 지칭하는 것이다. 일반적인 방법이라고 하겠지만 많은 경우에 이러한 전개를 매끄럽게 하지 못해 무엇 때문인지, 무엇을 말하려는지 이해하기 어려운 경우가 많은 것도 현실이다.

이런 작업에 완성도를 높이기 위해서는 미리 논리전개의 밑그림을 그려보는 작업이 필요하다. 일종의 순서도를 그려서 한 눈에 논리전개에 문제가 없는지 체크해 보는 것이다. 쉽게 말하면 앞쪽에서의 상황분석들이 최종적인 결론과 어긋남이 없어야 하며, 가능한 하나의 결론을 위해서 존재하는 것처럼 보이도록 배열하는 작업이다. 자연과학이건 사회과학이건 여러 가지 현상을 모아서 그 현상을 하나의 이유로 연결하면 하나의 법칙으로 설명하는 것과 같은 이치이다.

또한 논리의 흐름이 아주 길어지게 되어 중간에 작은 결론들이 필요한 경우나, 프로젝트의 성격에 따라 과제가 복수인 경우 여러 가지 결론이 필요할 때는 이러한 깔때기 구조를 중간결론의 형태나 각 결론을 도출하는 방법으로 중복하여 사용하면 된다. 이후에 결론들을 모아서 종합결론을 제시하면 된다. 이러한 중복되는 깔때기 구조를 〈다중 깔때기 구조〉가 부른다.

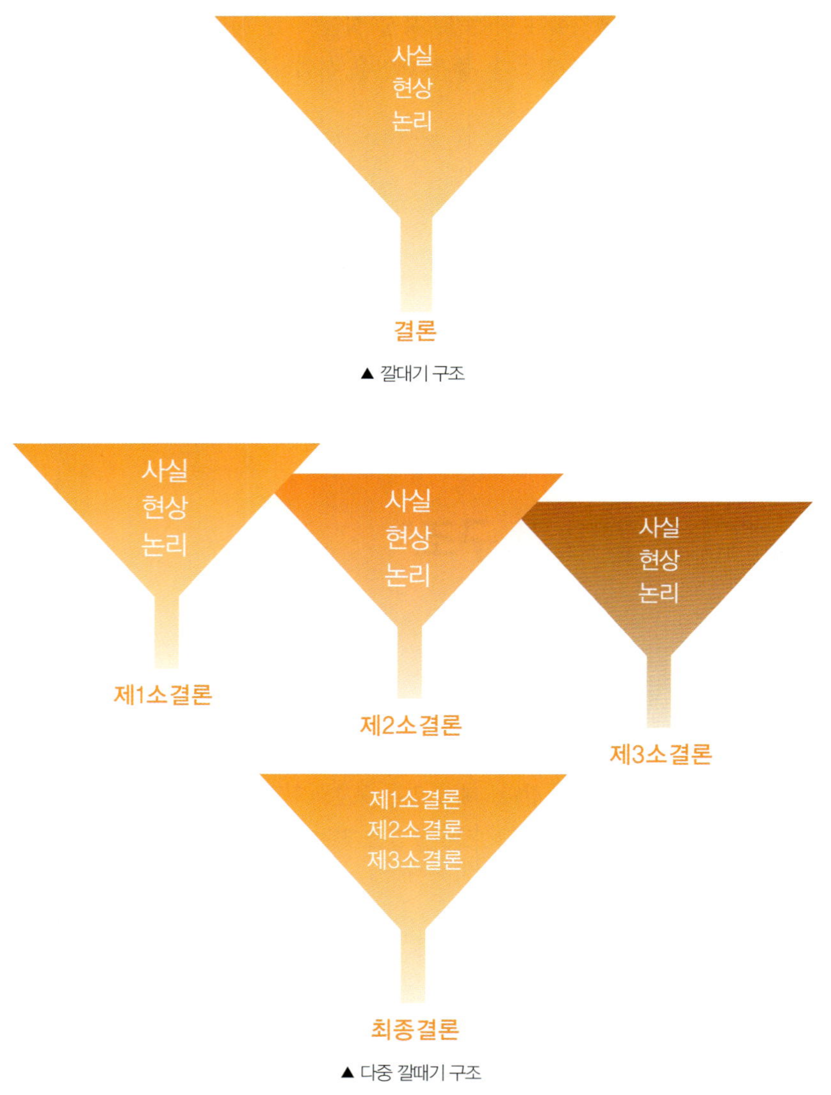

▲ 깔대기 구조

▲ 다중 깔때기 구조

[Summary]

"다중 깔때기 구조"
✓ 여러 가지 사실과 논리들은 하나의 결론으로 집중되어야 한다.
✓ 논리가 복잡해지면 깔때기 구조를 여러 번 사용하면 된다.

"필요한 정보만 제시하라"

프레젠테이션의 목적은 우리가 가진 제안을 상대(오디언스)에게 받아들이도록 하는 것이다. 따라서 모든 내용은 오디언스가 조금이라도 더 우리의 제안에 귀 기울이고 우리의 제안에 수긍하도록 설계되어야 한다. 그런 관점에서 결론이 되는 우리의 제안으로 귀결되는 정보 이외에는 설명하지 않는 것이 좋다. (결과적으로 앞의 깔때기 구조에 들어갈 내용들에 관한 이야기이다)

경마에서 보면 경주마의 눈에 주변의 시선을 차단하는 장비을 씌워둔 것을 볼 수 있다. 이것을 '눈가면'이라 하는데, 이것을 쓰면 주변의 사물이나 다른 경주마를 보지 않고 똑바로 목표를 향해 달려나가게 된다고 한다. 이럴 때 전방을 집중하고 따라서 성적도 좋아진다는 것이다. 사람의 경우에도 마찬가지이다. 이런 현상은 골프장에서 쉽게 발견할 수 있다. 이론적으로는 주어진 방향으로 필요한 거리만큼만 공을 보내면 되지만 실제 샷에 들어서면 온갖 상황들이 시야에 들어오면서 집중에 방해를 받게 된다. 좁은 페어웨이, 멀리 있는 개울, 앞 사람이 친 미스 샷... 모두 방해요소가 된다.

프레젠테이션도 마찬가지이다. 십 수년 전의 프레젠테이션에서는 시장 전체의 상황이나 소비자 조사 결과를 모두 발표하고 그 중에서 중요한 부분을 선택하여 결론으로 이끌어가는 형태도 많았었다. 이런 방식은 전체를 파악하는데는 도움이 되겠지만 우리의 주장을 설득하는데는 오히려 방해가 된다. 이것은 경주마가 주어진 길과 목표점이 아니라 다른 길을 쳐다보게 되는 것과 같고 목표에 대한 집중력도 저하되는 것과 같은 결과가 될 것이다. 수 많은 사람들이 프로스트의 '가지 않은 길'이라는 시에 동의하듯이 여러 가지 생각이 있다는 것은 결론을 흐리게 할 가능성이 높아진다는 것이다.

프레젠테이션에서 오디언스에게 제시되는 모든 정보는 논리를 이어나가고 결론을 증명하는 것으로만 채워질 때 높은 효과를 발휘한다. 또한 오디언스의 주의를 계속 유지할 수 있도록 가능한 간결하고 흥미롭게 구성하는 것이 좋다.

물론 합리성이 결여된 잘못되거나 편향된 정보만을 제시하는 것은 결론에 대한 타당성을 설득하기 어렵게 된다. 높은 합리성을 가진 정보들 중에서 결론을 뒷받침하는 정보들을 정리해야 하는 것은 당연한 일이다. 또한 이러한 정보들이 서로 관계 없는 파편적 정보가 아니라 하나의 현상 또는 문제를 설명하거나 해결 방향의 힌트가 되는 의미 있는 정보로 가공하고 체계화하여 전달하여야 한다.

[Summary]

"필요한 정보만 제시하라"
✓ 새로운 제안을 위한 정보만 전달하라. 결론과 관계 없는 정보는 방해가 될 뿐이다.
✓ 잘못되거나 편향된 정보로는 설득할 수 없다.

"숫자의 나열 보다는 사례"

숫자보다 정확한 것은 없다. 숫자는 가장 명확하고 가장 이해하기 쉽고 등간격이므로 해석이 필요 없다. 많은 철학자들이 수학의 명확성을 중시하는 것도 이런 이유 때문일 것이다. 그래서 많은 경우에 숫자를 중심으로 프레젠테이션을 구성하게 된다. 특히 요즘 같이 숫자 데이터의 시대에서 숫자의 활용성을 더욱 높아질 것으로 보인다.

우리는 서구식 학문으로 공부해왔기 때문에 대부분 계량적인 것에 익숙하고 절대적 신뢰를 보내고 있다. 하지만 숫자를 통한 분석으로 성공한 일들이 얼마나 있을까? 그렇다면 그 많은 주식 시세나 경제전망이 모두 맞아 들어야 하지 않을까? 숫자 중심으로 된 프레젠테이션이 과연 얼마나 설득적일까?

예를 들어 아이들에게 '착한 일을 하면 복을 받게 된다'라는 명제를 설명한다고 해보자. 만약 숫자로 설득하기 위해서라면 착한 일을 해서 성공한 사람들의 비율과 나쁜 일을 해서 벌을 받은 사람들의 비율을 통해 설득하게 될 것이다. 하지만 아마도 그것을 통해 아이들에게 선악의 판단을 설득하는 일은 쉽지 않을 것이다. 하지만 착한 일을 해서 성공한 사례와 나쁜 일을 해서 실패한 사례를 이야기로 구성하면 설득력이 높아지게 된다. 많은 동화들이 이러한 개념 하에 수 많은 세월을 통해 전해지고 있다.

비즈니스에서 숫자는 매우 중요하다. 따라서 숫자의 개념을 떠나서 모든 것을 설득할 수는 없다. 하지만 그런 숫자는 숫자가 목적이거나 중심이 아니라 목표나 결론을 보조하는 수단으로 부분적으로 사용되는 것이 좋다. 숫자의 명확성은 반드시 필요하나 이것만으로는 오디언스를 지루하고 따분하고 머리 복잡하게 만들 가능성이 매우 높다. 숫자는 오디언스가 자기 책상에 차분하게 앉아서 하나하나 짚어가면서 스스로 검토할 수는 있겠지만 다른 사람이 짧은 시간에 설명하는 프레젠테이션에서는 인지의 과부하로 인해 이해력이 떨어질 수 밖에 없다. 따라서 숫자를 사용하되 가능한 적게 사용하고 그런 숫자를 만들어 낸 성공 사례를 재미 있게 구성하여 마치 동화처럼 전달하는 것이 오디언스의 졸음과 두통을 멈추게 하고 우리에게 귀 기울이게 하는 방법이다.

또한 프로젝트와 유사한 사례는 일종의 시뮬레이션 효과를 가져다 준다. 귀납적 논리 측면에서 "이 사례에서 이렇게 했기 때문에 성공했다. 따라서 우리도 이렇게 하면 성공할 수 있다"라는 설득이 가능하다. 수 많은 기업 내부에서 성공과 실패 사례를 연구하는 것도 바로 이런 이유이다. 누구나 쉽게 이해할 수 있고 이유와 결과가 명백한 사례가 더욱 효과적일 것이다.

사례를 들 때는 그 프로젝트와 관련성이 높은 사례가 가장 좋다. 비슷한 비즈니스 환경과 문제점을 가지고 있기 때문에 이해하기 쉽다. 만약 그렇지 않다면 누구나 알만한 브랜드나 프로젝트의 사례를 드는 것이 좋다. 그런 사례는 일반화하기 쉽다는 인식을 주기 때문이다.

[Summary]

"숫자의 나열보다는 사례"
✓ 숫자는 필요하지만 오디언스를 따분하게 만든다.
✓ 재미 있게 구성된 관련성이 높은 사례는 설득력을 높인다.

017 "3의 법칙" (증거는 3개면 충분하다)

프레젠테이션에서는 사실들을 모아서 현상을 분석하고, 분석된 결론을 바탕으로, 다음 논리를 전개하는 과정이 반복된다. 이 때마다 "왜 그렇게 분석했는지?"에 대한 이유들을 제시함으로써 타당성을 확보하고 다음 논점으로 이동하게 된다. 그렇다면 '얼마나 많은 갯수의 증거를 제시해야 할까?' '증거의 최소값이나 최적값은 무엇일까?'하는 의문이 들게 된다.

누구나 어릴 때 이런 경우가 있었을 것이다. "엄마 나도 OOO브랜드 신발 사줘"라고 하면 어머니는 "그런 비싼 신발을 누가 신고 다니냐? 네 친구들 중에 그런 신발 신은 애들이 있이냐?"라고 하셨을 것이다. 그 때 몇 명의 아이들 예를 들면 어머니가 수긍하셨을까? 앞집. 옆집, 뒷집 애들이 신었다고 하면 끝나는 일이었다. 이상하게도 3개 이상이면 마치 〈전부〉 또는 최소한 〈대부분〉이라는 생각이 들었던 기억이 있었을 것이다.

사람 인식의 한계일지도 모르지만 3이라는 숫자에는 마력이 있는 것 같다. 3대 요소, 3대 인물, 금은동, ABC, 3위 일체까지 숫자 '3'은 뭔가 완결을 의미하는 가장 작은 숫자로 사람들에게 안심이 되는 측면이 있는 것 같다. 흔히 증거 1, 증거 2, 증거 3이면 충분한 근거가 된다는 생각이 든다. 이러한 심리를 광고에서 가장 잘 사용하고 있다. 보통 3명 사례 또는 3가지 이유가 제시되고 그래서 결론은 OO다라고 하는 경우를 많이 볼 수 있다. 3개뿐임에도 불구하고 마치 3개의 증거만 있으면 충분한 것처럼 느껴진다.

실제 사례로 카레 신제품 〈고베식당〉의 TV-CF에서는 1) 양파가 맛이 들길 기다린다. 2) 야채가 다듬어지길 기다린다. 3) 맛이 깊어지길 기다린다. 라고 한 후 "급하게 만든 카레로는 낼 수 없는 맛"이라며 고베식당의 카레가 천천히 만든 깊은 맛이라는 것을 3개의 기다림으로 설명한다.
또한 최근 NH 농협은행 CF에서는 배우 송강호씨가 '사회공헌 베스트 은행', 최민식씨가 '국내점포 최다 은행', 설경구씨가 '국내자본 100% 은행'이라고 말하고 "I am Korean, NH 농협은행"으로 마감하면서 3개의 중요한 기준을 통해 농협이 대한민국 대표은행임을 알리고 있다.

특히 시간이 제약된 프레젠테이션에서도 너무 많은 증거들을 제시할 여유도 없고 필요도 없다. 3개의 증거면 충분하다. 예를 들면 "현재 소비행태에서 주부의 역할이 가장 중요하다"라는 논리가 있다. 이 논리의 근거는 이렇다. 첫째, 주부의 취업증가로 가처분 소득이 늘고 있다. 둘째, 다른 가족 구성원의 소비에 큰 영향을 미친다. 셋째, 자신의 소비에 대한 충성심이 높고 강력한 사회적 확산자 역할을 한다. 소비에서 주부의 역할이 중요하다는 논리에 3가지 이유를 제시했다. 아마 대부분 납득할 것이다. 더 많은 근거들을 제시하는 것은 오히려 노이즈처럼 들리거나 자신 없어 자꾸 덧칠하는 것처럼 보인다.

프레젠테이션에서 논리적 증거를 제시하는 것은 필요한 일이다. 하지만 주어진 시간에서 효율적으로 오디언스의 주의를 잃지 않도록 끌고 가기 위해서는 최대 3개의 증거면 충분하다. 비록 현재는 확신하기 어렵거나 전문적인 분야라 할지라도 3개의 증거면 설득할 수 있는 근거가 된다. 프레젠테이션의 효율성과 주목성을 위해서 잘 활용해봐야 할 원리이다.

거꾸로 자신의 논리를 3가지의 합리적인 증거로 증명할 수 있는지 찾아보는 것도 좋은 방법이다. 그렇지 못하다면 그 논리의 취약점이 있다고 볼 수 있을 것이다.

018 "기승전결, 두근거림의 과학"

무엇인가 흐름을 가지고 누군가에게 나의 주장을 설득적으로 전달한다는 측면에서 프레젠테이션은 문학 또는 공연의 성격과 매우 흡사하다. 특히 시, 소설, 희곡 등에서 중요한 요소로 보는 구성(플롯, Plot)은 전체 흐름을 설계한다는 측면에서 매우 중요하다. 이 구성은 한시(漢詩)에서는 기승전결(起承轉結), 소설에서는 발단-전개-위기-절정-결말, 희곡에서는 도입-전개-절정-파국(또는 재귀)-대단원으로 정리되고 있다.

각 장르에 따라 조금씩 다르지만 이런 구성에서 볼 수 있는 것은 인간을 설득하는 과정이라는 것은 오래 전부터 여러 장르를 통해 검증되었던 것과 같이 거의 유사하다는 것이다. 잔잔한 도입부와 가파른 오르막이 있고 격정적인 위기가 있고 모든 것이 해결되는 결말이 존재함으로써 관객의 이해와 감동이 가장 효과적으로 확보되는 것이다. 감동을 위해서는 감동적인 결말이 필요하고 감동적인 결말까지 연결하는 과정들이 필요하다는 것이다.

앞서 설명했던 〈깔때기 구조〉와 〈필요한 정보만 제시〉라는 원칙들에 비추어 생각해보면, 많은 사실과 현상들이 앞쪽에 전개가 먼저 되는 것이고, 그것들을 모아서 문제에 대입해보고, 비로소 해결책인 결론을 제시하는 구조가 된다. 이것들이 수평적으로 나열되는 것이 아니라 서로 강력한 관계를 가졌기 때문에 하나의 부분이 끝나면 그 다음의 이야기들이 궁금해지는 장치들을 통해 몰입하도록 만들어야 한다는 것이다. 인간이라는 존재는 이성적이려고 노력하지만 본능적으로는 감성적인 존재이다. 뭔가 드라마틱한 장치가 없다면 감동을 받거나 기억하려는 노력을 하지 않게 된다.

요즘 기획서를 리뷰하는 자리에서 가장 많이 하는 평가가 바로 '드라마틱하지 않다'라는 것이다. 내용은 모두 들어 있고 문제발견이나 해결책인 결론도 좋은데 너무 평범하고 재미가 없다는 뜻이다. 이럴 때 마치 소설이나 드라마 쓰듯이 재미와 관심을 끌 수 있는 요소들을 활용하라고 한다.

즉, 프레젠테이션은 뉴스와 같은 나열식 방법이 아니라 탐사보도 프로그램 같이 하나의 흐름을 가진 것이 되어야 한다는 것이고, 문학이나 공연 같은 흐름을 가진 감동적 설득과정이 되어야 한다는 것이다. 즉, 하나의 부분이 지나면 다음 부분이 기대되게 하는 장치들이 반드시 필요하고 특히, 결론 부분은 그야말로 드라마틱하게 연출되어 출현하여야 한다. 너무 뻔한 결말이나 너무나 당혹스런 아무런 인과관계가 없는 결말은 감동을 전달할 수 없다.

"기승전결, 두근거림의 과학"
✓ 기승전결은 설득을 위한 강력한 장치이다.
✓ 계속적으로 다음 이야기가 기다려지는 구조를 고민해야 한다.

019 "꿈을 이야기하라"

프레젠테이션은 현재를 분석하는 것을 기반으로 하지만 현재 실행하는 행동이 아니라 미래의 실행을 미리 그려보고 예상되는 결과를 설득하는 것이다. 따라서 프레젠테이션의 내용이 실제로 실행되고 결과가 나오기까지는 많은 시간, 비용, 노력이 소요된다. 즉 많은 비용과 시간과 인력이 투여되는 결정하기 어려운 투자를 마음먹게 하는 것이 프레젠테이션인 것이다.

그렇기 때문에 프레젠테이션이 일상의 작은 문제들이 해소되는 정도의 모습을 그려서는 결정권자의 결심을 받기 어렵다. 우리가 제안하는 프로젝트들이 얼마나 큰 의미를 가질 수 있는지 그리고 그것을 통해 장단기적으로 얼마나 많은 성과를 얻을 수 있는지를 전달하여야 한다. 단순히 침소봉대, 과대포장해서 오디언스를 속이라는 것이 아니라 프로젝트를 해석해서 그 결과를 의미 있게 받아 들이도록 제시하라는 것이다.

마치 주부가 새로 나온 세탁기를 구매하려고 한다면 단순히 지금 가지고 있는 낡은 세탁기의 세탁 기능을 대체하는 것이 아니라, 얼마나 더 편리해지고 따라서 더 우아하게 생활할 수 있는지, 또한 얼마나 더 여유로워지며 그 여가를 자신을 위해 사용할 때 혜택은 무엇인지, 더 좋은 세탁력이 가족들을 얼마나 더 행복하게 만들지 그리고 그런 결정을 한 자신은 얼마나 똑똑한 사람인지까지의 많은 욕구를 연상하게 하는 것이 필요한 것과 같다.

인간의 욕구는 원래 가지고 있는 것이 아니라 만들어지는 것이라는 말이 있다. 우리의 제안이 가져다 올 결과가 결정권자의 최종 목표나 더 나아가 더 큰 꿈을 꾸게 할 수 있다면 프레젠테이션의 채택 가능성은 매우 높아질 것이다. 새로운 꿈에는 새로운 제품으로의 확장, 세계시장으로의 진출, 압도적 이미지의 확보, 기업이념의 실현, 획기적 수익창출 등 기업이나 브랜드가 최종적으로 지향할 수 있는 목표들이 될 수 있다.

현재에 만족하는 것만으로는 프레젠테이션도 할 필요가 없다. 꿈은 꿈 자체로도 의미가 있다. 또한 프레젠테이션을 하는 사람이 큰 꿈을 이야기하는 것만으로도 좋은 것이다. 꿈을 실현하지 못한다고 하더라도 모두를 그쪽으로 달려가게 하고 노력하게 한다. 더욱이 이전에 생각하지 못했던 새로운 꿈을 가리키고 가능성을 이야기하는 프레젠테이션은 듣는 사람의 가슴을 뛰게 한다.

가능한 그 꿈은 오디언스가 원하는 방향과 일치하는 것이 좋다. 아니 사실은 오디언스의 꿈을 미리 파악하거나 예상하여 구체적인 솔루션으로써 프레젠테이션을 하는 것이 좋다. 기업의 존재가치이자 목표는 이익추구에 있다고 하지만 오디언스 입장에서 보면 단순히 이익뿐만 아니라 많은 목표들이 있을 것이다. 이러한 목표들을 꿈이라 생각하면 프레젠테이션이 하나의 문제를 해결하는 작은 것이 아니라 큰 꿈을 달성할 수 있게 하는 원동력이 될 것이라는 제안은 매우 강력할 수 있다.

[Summary]

"꿈을 이야기하라"
✓ 작은 문제해결이 아니라 꿈의 실현을 이야기할 때 설득 가능성이 높아진다.
✓ 오디언스의 꿈과 같은 방향의 꿈이 설득에 유리하다.

020 · "구조의 파괴, 변화"

프레젠테이션을 여러 번 진행하다 보면 어느새 정해진 구조적인 형식이 생기게 된다. 늘 하던 순서와 논리 전개가 반복된다. 기본적으로 짚어야 할 요소들은 동일하기 때문일 것이다. 소비자, 경쟁자, 법규, 제품 등 등… 하지만 어떤 일도 마찬가지 듯이 반복되는 것, 일상적인 것은 흥미를 잃어 버리게 한다. 특히 프레젠테이션이 대부분 경쟁상황이기 때문에 구조적인 변화를 통한 새로움이 필요하다.

이렇기 때문에 문학작품의 경우를 보면 화자(話者)를 달리 한다든지 (1인칭 주인공 시점, 1인칭 관찰자 시점, 3인칭 관찰자 시점, 전지적 작가시점 등) 논설문의 경우에는 결론의 위치를 달리 한다든지 (두괄식, 미괄식, 양괄식, 병렬식 등) 하는 구조적 변화를 가지고 있다. 이를 통해 새로움을 추구하고 독자들의 흥미를 이끌어 내고 있다.

마찬가지로 프레젠테이션에서도 구조적인 파괴 또는 변화를 통해 새로움과 흥미를 유발해야 할 필요가 있다. 필자가 실전에서 종종 사용했던 새로운 형식은 일종의 두괄식 형태였다. 프레젠테이션이 시작되자 마자 바로 TV-CF 시안을 보여주고 그 후에 왜 이런 제작물을 제안하는지 설명하는 방식이었다. 처음에는 이런 방식에 익숙하지 않아 적응에 어렵기도 했지만 오디언스 입장에서는 오히려 신선했고 제작물을 보고 난 이후에 이 제작물의 제조·의도가 되는 기획내용을 경청할 마음이 들었다는 평가를 받았다.

이런 구조의 변화는 단순히 색다름을 추구하려는 것이 아니라 경쟁상황에서 우리의 제안이 더욱 더 신선하고 흥미 있는 것으로 이끌어 가기 위한 수단인 것이다. 그것은 프레젠테이션의 제안(내용)은 항상 새로운 것이기 때문에 구조(형식)드 새로운 것일 때 상승효과를 가질 수 있는 것이기 때문이다. 항상은 아니더라도 상황에 따라서 이러한 시도를 해보는 것도 프레젠테이션의 성공을 위해 좋은 방법이 될 것이다.

구조의 파괴라는 것이 쉽지는 않다. 새로운 구조를 발상하는 자체가 무척 어렵기 때문이다. 또한 새로운 구조는 새롭다는 점으로써 가치가 있다고 하지만 거꾸로 보면 전달력이 의심될 수 있기 때문이다. 기존의 익숙한 구조는 식상하다고 비판받을지언정 안전한 방법이다는 뜻이기 때문이다. 하지만 그럼에도 불구하고 새로운 구조에 대한 고민과 개발은 필요하다. 그것은 프레젠테이션은 경쟁상황이기 때문이다. 경쟁상황에서 우리의 제안을 뚜렷하게 기억에 남기기 위해서는 임팩트가 필요한데 구조의 파괴가 그러한 역할을 해줄 수 있기 때문이다.

[Summary]

"구조의 파괴, 변화"
✓ 구조의 변화는 새로움의 하나이다.
✓ 어렵지만 새로운 구조를 고민하는 것이 경쟁력이 된다.

"지루하게 하지 말라, 채널이 돌아간다"

인간은 나이에 따라 집중할 수 있는 시간에 차이가 있다고 한다. 일반적으로 어린 아이들이 집중력을 유지할 수 있는 시간은 성인보다 매우 떨어지는 것으로 알려져 있다. 하지만 성인의 경우에도 집중력을 지속적으로 유지하는 것은 매우 어려운 일이다. 특히, 요즘과 같은 정보 과잉의 시대, 다채널 시대의 현대인들은 초(秒)단위로 집중의 대상을 옮겨 다니는데 아주 익숙하다. TV도, 인터넷도, 모든 매체들이 그러하다. 장시간 집중에 어려움을 겪는 것이 현실이다. 요즘 노래들의 길이가 조금씩 짧아지는 것도 이러한 이유라고 한다.

리모컨이 대중화되면서 TV 프로그램에서는 매분 마다 시청자의 주의를 자극할 수 있는 아이템을 지속적으로 삽입한다고 한다. 같은 시간대에 비슷한 포맷의 프로그램들이 편성되는 현실에서 언제 채널이 돌아갈지 모르기 때문이라고 한다. 요즘 큰 인기를 끌고 있는 오디션 프로그램들이 가장 극명한 사례이다. 흔히 '악마의 편집'이라고 하는 것이 바로 그것이다. 참가자들이 하는 아주 긴 시간의 녹화된 영상 중에서 편집자가 시청자들이 흥미 있을 만한 캐릭터를 만들기 위해 그런 부분만 편집해서 방송한다. 악녀, 순수남, 꼴통, 훈남, 엄친아, 라이벌, 연인 등은 이렇게 만들어지고 시청률을 높인다. 또한 중간광고가 나가기 직전이나 다음 편이 이어지는 지점에는 도저히 다음 장면을 볼 수 밖에 없는 상황을 넣는다. 이런 현상은 채널경쟁이 없는 영화에서도 마찬가지로 벌어지고 있다. 숨가쁘게 자극이 연속되는 장면들을 통해 집중력을 유지시키고 그것이 영화의 매력으로 회자되는 것이다.

어찌 보면 프레젠테이션은 다소 지루하고 듣기 싫을 콘텐츠일 가능성이 높다. 고도로 요약되고 정제된 논리적이고 심각한 내용들이 채 소화되기도 전에 지나가고 다시 진행되기 때문이다. 실제로 필자도 프레젠테이션을 할 때는 몰랐는데 듣는 입장이 되어보니 집중력을 계속 유지하는 것은 매우 어려웠다. 어떤 경우에는 프레젠테이션보다 문서로 보는 것이 나을 것 같다는 생각이 들었다. 그만큼 오디언스 입장에서 주의집중을 유지하는 것은 어려운 일이다.

따라서 의도적으로 집중력을 유지할 수 있도록 다양한 방법들을 통해 지루하지 않도록 설계해야 한다. 그 방법으로는 그림이 될 수도 있고, 음악이 될 수도 있고, 유명인의 인터뷰 영상이 될 수도 있고, 의외의 행동이 될 수도 있다. 기획서를 써보고 리허설을 해보면서 이러한 문제들을 해결해 나갈 수 있을 것이다.

[Summary]

"지루하게 하지 말라, 채널이 돌아간다"
✓ 현대인의 집중력은 더욱 짧아지고 있다.
✓ 오디언스의 집중력을 유지할 수 있는 콘텐츠를 개발하라.

022   **"무한도전, 1박2일, 지식채널e"**

요즘 주변에서 'TV 보지 않기 운동'을 하는 분들을 종종 보게 된다. 특히 아이들의 교육에 좋지 않다는 이유로 거실에서 TV를 없애고 TV 시청 자체를 죄악시하는 분들도 많이 있는 것 같다. 필자는 개인적으로 TV 매니아이기도 하지만, 직업적인 측면에서 TV 콘텐츠를 반드시 봐야 한다고 생각한다. 광고를 보아야 하기 때문만이 아니라 TV 콘텐츠에서 배울 점이 많기 때문이다. 대부분의 경우 늦은 밤에 귀가를 해서라도 한 두 시간은 TV의 주요 프로그램들을 보고 잠자리에 든다.

분명히 TV의 역기능도 있다. 또한 다매체 시대가 되면서 TV 프로그램의 위상이 예전만 못한 것도 사실이다. 특히 실시간으로 시청하는 이른 바 '본방사수'는 분명히 많이 줄어들었다. 이런 현상은 시청율 조사를 통해 실증적으로 입증되는 현실이다. 하지만 한국사회에서 공중파 4사의 콘텐츠는 최고의 수준과 영향력을 가진 것은 아직도 분명하다. 거대 자본, 오랜 경험, 우수한 인력, 사회적 존재감 등을 배경으로 매일매일 최고의 콘텐츠를 생산해내고 있다.

그 중에서도 몇몇 프로그램은 여러 가지 측면에서 프레젠테이션에 도움이 되는 많은 측면들을 공급해주고 있다고 생각한다. 개인적으로 '무한도전', '1박2일', '지식채널e'를 꼽고 있다. 이 프로그램들은 상당한 시청률 또는 영향력을 가지고 있다. 이들은 일종의 '당의정'(糖衣錠, sugar-coated tablet)식 어프로치를 구사한다고 생각된다. 기본적으로 〈재미 또는 흥미〉라는 포장을 하고 있지만 그 안에는 탄탄한 〈주제의식〉이 숨어 있는 것이다. 요즘 개편 이후(강호동씨의 이탈과 연출자 교체) 1박2일이 주춤하고 있는 이유도 이러한 원래의 장점이 많이 사라졌기 때문이라 생각된다.

전체적으로 이 프로그램들은 잘 짜여진 논리 아래에 구성이 된다. 단순히 웃고 떠드는 것이 아니라 전달하고자 하는 바를 분명히 가지고 있다는 것이다. 프로그램 자체의 기획의도도 있고 각 회마다의 주장도 항상 존재한다. 그리고 그것은 항상 신선하며 사회적으로 좋은 영향력을 의도하고 있다. 어떤 회의 경우 문제가 생기면 시청자들과의 소통을 통해 사과하기도 하고 수정하기도 하고 심한 경우 출연자가 하차하기도 한다.

세부적으로 보면 재미와 의미의 요소가 적절히 녹아져 있다. 무한도전, 1박2일의 캐릭터 설정이나 자막 플레이가 그러하고 지식채널e의 놀랍고 새로운 사실의 발견, 멘트 없이 음악과 자막으로만 이루어진 형식 등이 그러하다. 그리고 수 많은 특집들을 준비하고 놀라우면서도 새로운 시도들을 해나간다. 지루할 틈 없이 전개해나가고 또 다음 회를 기대하게 한다. 프레젠테이션도 이래야 한다는 생각을 하게 된다.

또한 나아가 지금의 프레젠테이션 기획자는 방송국 PD와 유사한 일을 해야 하는 것이라는 생각을 하게 된다. 살벌한 비즈니스 세계에서 까불어대는 예능 프로그램을 의식한다는 것이 이상하다는 분들도 있겠지만 그것은 아닌 것 같다. 엄연히 예능 프로그램도 살벌한 쇼 비즈니스의 세계에서 플레이하고 있는 것이기 때문이고 그들을 통해 배울 점이 매우 많기 때문이다. 새로운 사실, 새로운 도전, 새로운 형식, 재미와 의미의 조화는 프레젠테이션에서도 반드시 구성해야 할 요소들이다.

[Summary]

"무한도전, 1박2일, 지식채널e"
✓ 우수한 TV 프로그램은 프레젠테이션의 교과서 역할을 한다.
✓ 프레젠테이션 기획자는 TV PD와 같이 새로움을 추구하고 실행해야 한다.

023 "피티 순서에 따라 콘텐츠가 달라진다"

〈나는 가수다〉라는 프로그램을 보면 경연날 처음하는 일이 경연순서를 정하는 것이다. 경연순서 때문에 울고 웃기도 한다. 총 7명이 경연하는 이 프로그램에서는 평균적으로 보아 1번이 가장 불리하고 7번이 가장 유리하다고 한다. 아마도 마지막까지 노래를 듣고 투표를 하게 되면 1번이 기억될 가능성이 가장 떨어지기 때문일 것이다. 마찬가지로 경쟁 프레젠테이션의 경우에도 항상 프레젠테이션 순서를 결정하는 과정이 있다. 대부분의 경우에는 첫 번째와 마지막을 가장 선호하고 중간에 끼는 것을 싫어한다. 이것은 그 시간에는 오디언스의 주의력이 가장 높기 때문일 것이다. 특히, 점심식사 직후의 시간에 배정되는 것을 최악으로 생각한다. 그것은 순서적으로도 혼동이 될 수 있고, 식곤증 때문에 주의력이 가장 떨어지는 시간이기 때문이다.

여러 팀이 경쟁하는 경쟁 프레젠테이션의 경우에 프레젠테이션의 순서와 시간에 따라 콘텐츠를 달리할 필요가 생긴다. 경쟁 프레젠테이션은 상황의 공정성과 보안 등을 이유로 하루에 모든 팀들의 프레젠테이션을 진행하는 것이 보통이다. 이 경우 첫 번째 순서인 경우와 두 번째 또는 세 번째인 경우, 마지막인 경우에 콘텐츠를 달리할 필요가 있다. 또한 순서뿐만 아니라 식곤증이 있을 수 있는 점심 직후 시간이나 퇴근 무렵의 순서인 경우에는 시간적인 배경을 의식할 필요가 있다.

가장 차이가 나는 것은 '첫 번째 순서인가 아닌가'이다. 이것은 인간의 정보처리 원리와 관계가 있다. 인간은 정보처리에 있어서 상당한 귀차니즘을 가지고 있다. 즉, 똑같은 또는 유사한 내용에는 귀 기울이지 않음으로써 자신의 인지적 낭비를 줄이려는 본능을 가지고 있는 것이다. 따라서 첫 번째 순서인 경우에는 상황분석을 충분하게 해주는 것이 도움이 되겠지만, 두 번째 순서 이후인 경우에는 상황분석을 간단하게 처리하는 것이 좋다. 만약 두 번째 순서 이후인 팀이 비슷하게 상황분석을 하게 되면 "앞 팀이나 뒷 팀이나 똑같은 소리를 하더라구"하는 평가를 받는 경우를 많이 보았다. 오히려 "다 아시는 내용이시고 앞 팀에서도 하셨을 것입니다"라는 멘트와 함께 간단하게 정리하고 본론으로 들어가고 결론 이후를 더 보강하는 편이 좋다.

시간적으로 점심 식사 직후 타임에 프레젠테이션을 하게 된다면 가능한 활기차고 적극적인 프레젠테이션을 진행하는 것이 좋다. 인간도 동물이기 때문에 식곤증을 피할 수는 없다. 이러한 오디언스의 상황을 고려해야 한다는 것이다. 예전 학생 시절 5교시 선생님들이 추운 날씨에도 창문을 열게 하거나 중간중간 기지개를 펴라고 하는 것도 같은 이유 때문일 것이다. 또한 퇴근 시간에 맞물린 경우에는 다소 압축적으로 진행하는 것이 좋다. 누구나 해가 지면 또 다른 시간을 기대하는 것이 보통이기 때문이다.

물론 그렇다고 해서 프레젠테이션의 알맹이를 전달하는 것을 포기할 수는 없다. 하지만 오디언스의 상황을 고려하고 이해하는 것은 실제로 설득의 효과를 높이기도 하고 오디언스에게 배려의 감정을 전달함으로써 호감의 태도를 형성하게 되는 긍정적 효과를 얻을 수 있다.

[Summary]

"피티 순서에 따라 콘텐츠가 달라진다"
✓ 프레젠테이션 순서를 고려해서 콘텐츠를 구성하라.
✓ 오디언스의 상황을 생각해보면 콘텐츠를 어떻게 구성할 것인지 알 수 있다.

024 "내 이야기를 하라"

(반복되는 화두이지만) 인간은 매우 이성적인 것 같지만 사실은 상당히 비이성적이다. 특히 얼굴을 맞대고 벌어지는 커뮤니케이션 상황에서는 더욱 그러하다. 채용을 위한 면접을 보거나 직원들의 인사고과를 하는 경우에도 이런 현상이 많이 나타난다. 면접평가서나 인사고과표에는 이런 오류들을 방지하기 위해 각 부분별로 평가하도록 통제하고 있지만 실제로 〈전반적 인상〉이나 〈특징적인 일부분〉이 다른 항목의 평가에까지 큰 영향을 미치게 된다. 마찬가지로 프레젠테이션에서도 더 효과적인 설득을 위해 그런 현상을 사용할 수 있다. 그 중에 주요한 방법이 프레젠터 자신의 경험과 평가를 이야기하는 것이다. 이 방법을 통해서 프레젠터와 오디언스 사이에 일종의 공감이 생기면서 설득의 벽을 넘을 수 있게 된다.

프레젠테이션에서 어떠한 현상을 설명하기 위해 대규모 조사 데이터를 사용하는 경우가 많다. 조사는 숫자로 정확하게 현상을 설명하는 힘을 가지게 된다. 하지만 모든 것을 조사할 수는 없다. 또한 조사결과를 그대로 받아 들일 수만도 없다. 어떤 경우는 조사결과를 거의 거꾸로 해석해야 하는 경우도 발생하게 된다. 그야말로 행간을 읽어야 하는 경우가 많다.

예를 들면, 한번도 시장에서 검증되지 않은 신제품에 대한 구매의향은 거의 항상 매우 높은 것으로 조사된다. 질문지에서 "만일 앞서 설명 드린 OOO이 판매된다면 구매하실 의향이 있으신가요?"라고 질문하면 실제 구매부담이 없는 피조사자들을 높은 평가를 해버리는 것이다. 이것을 곧이 곧대로 받아들이기는 어렵다. 또는 구매나 비구매의 중요한 이유가 체면이나 죄의식 같은 밝히기 어려운 속마음에 있는 것이라면 소비자 조사로 결과를 얻기 힘들다.

이런 경우 프레젠터 자신의 이야기를 해 보는 것은 좋은 방법이다. 물론 공감할 수 있는 것을 개인화하여 스토리로 전달하는 것이다. "제가 직접 써봤는데요... 집사람하고 한참 얘기해봤는데요.... 저희 아이들이 말하기를요..." 같은 설명을 하는 것이다. 자신의 이야기를 하는 것은 수 많은 사람들의 조사결과만큼이나 의미 있는 경우가 많다. 왜냐하면 프레젠터는 이 프로젝트에 가장 애착과 정보가 많은 사람이고 그런 사람이 자신 또는 가족의 평가를 거짓으로 하지는 않을 것이라는 진정성을 인정할 수 있기 때문이다.

025 "Desk-work이 아니라 Foot-work"

그야말로 정보의 홍수 시대이다. 양적으로 많을 뿐만 아니라 PC 인터넷에 이은 스마트 폰의 등장으로 정보의 접근성이 높아지고 사람 사이의 커뮤니케이션도 실시간으로 벌어지고 있다. 사무실에 앉아서, 아니 커피숍에서도 내가 원하는 거의 모든 정보를 실시간으로 찾을 수 있는 시대이다. 오히려 너무 많은 정보, 정제되지 않은 정보가 큰 문제가 되는 시대이다.

프레젠테이션의 자료가 되는 시장 및 소비자 동향, 심지어 소비자의 반응까지도 Desk-work 또는 Desk-research가 가능하게 되었다. 공개된 자료뿐만 아니라 기업에 따라서는 각 분야의 전문자료를 온라인으로 제공받는 경우가 대부분이다. 광고업계에는 광고제작물, 광고량을 자리에 앉아서 바로 보고 분석할 수 있는 유료 시스템이 연결되어 있다. 이제는 더 이상 도서관에서 자료를 찾고 복사하고 정리하는 사람을 찾기 어려운 것이 현실이다.

하지만 Desk-work에는 한계가 있다. 가장 큰 이유는 내가 알 수 있다면 다른 사람도 알 수 있다는 점이다. 경쟁팀은 물론이고 특히 오디언스도 알 수 있는 정보라는 것이다. 전혀 새로울 것이 없는 정보를 잘 정리하는 것만으로는 부족하다. 그래서 보통은 별도의 소비자 조사를 실시하는 경우가 많다. 정량조사, 정성조사를 실시해서 그것을 새로운 데이터로 하는 정보를 제시하는 것이다. 그러나 소비자 조사 또한 한계를 가지고 있다. 실제 사용상황이 아니라 기억과 인식에 의존한다는 점이나 일반 소비자는 조사가 용이하지만 판매업주 등 특수집단에 대한 조사는 어렵다거나 하는 이유들이다.

프레젠테이션의 초기 단계에서의 Desk-work의 필요성은 인정할 수 있으나, 새로운 경쟁력 있는 발견점을 위해서는 생산현장, 판매현장, 사용현장을 직접 발로 뛰고 눈으로 확인하는 Foot-work이 매우 중요하다. 필자의 경험으로 보아 이러한 Foot-work이 많았던 프레젠테이션의 성공 확률이 매우 높았다. Foot-work을 통한 현장확인은 이해부족으로 인한 어처구니 없는 실수도 방지할 수 있다. 오죽하면 "춤을 글로 배웠습니다"라고 하는 광고가 있었을까. 또한 분명히 새로운 인사이트를 발견할 수 있다. 사람들은 직접 만나면 아무래도 대화를 통한 내용의 〈깊이〉가 생기게 마련이다. 부가적으로 프레젠테이션의 자신감이 생긴다. '내가 직접 봤는데 나가 직접 들었는데 내 생각은 확실해'라는 확신을 가지고 프레젠테이션을 할 수 있다. 자신감은 일종의 아우라로 사람들에게 전달되고 성공의 가능성을 높여주게 된다.

Foot-work도 프로젝트 리더나 프레젠터(동일한 사람일 가능성이 높다)가 직접 참여해야 한다. 팀원들을 통해서 간접적으로 전달받는 것은 아무래도 생생함과 확신이 부족해질 수 밖에 없다. 생생하고 현실감 넘치는 이해와 직접 대화를 통해서만 건질 수 있는 숨어 있는 이슈들을 담은 것은 프레젠테이션 자체를 매우 설득력 있게 만들어 줄 수 있다. 〈발로 뛰는 프레젠테이션〉이라는 말만 들어도 열정과 확신의 냄새가 나지 않는가?

[Summary]

"Desk-work 이 아니라 Foot-work"
✓ 직접 보고 확인한 Foot-work을 통한 정보들에는 생명력이 있다.
✓ Foot-work은 다른 팀과의 차별점을 만들고 우리 팀에게는 자신감을 준다.

026 "하나의 문장과 하나의 비주얼을 남기면 성공"

프레젠테이션의 모든 내용을 오디언스에게 기억시킬 수는 없다. 그것은 가능하지도 효율적이지도 않기 때문이다. 그렇다면 과연 어느 정도의 내용을 기억시키도록 하는 것이 좋을까? 누구나 자신의 프레젠테이션 프로젝트에 대단한 애착을 가진다. 한 마디, 한 장, 모두 심사숙고 후에 정리한 내용들이고 준비한 기간 동안 팀원들의 노력과 투여된 비용이 모두 담겨 있기 때문이다. 따라서 가능한 많이 전달하고 많이 기억해주기를 기대한다. 하지만 그것은 가능하지 않은 일이다.

프레젠테이션이 끝나고 오디언스들이 모여서 회의를 하게 되면 가장 많이 하는 말은 "그 팀에서 주장한 게 뭐였더라?" "그래서 한마디로 뭐라는 거야?"다. 프레젠테이션을 준비하는 입장에서는 억울할 일이겠지만 의사결정의 순간에는 이렇게 될 수 밖에 없는 것이다. 따라서 프레젠테이션은 남기고 싶은 하나에 집중해야 한다.

프레젠테이션에서 남겨야 할 한 가지는 주로 하나의 단어, 즉 키워드일 가능성이 높다. 좀 더 길어진다면 몇 개의 단어가 조합된 하나의 문장일 것이고 그것이 언어적, 개념인 것이 아니라 실체적인 것이라면 하나의 장면 또는 하나의 비주얼이 될 것이다. 광고회사의 프레젠테이션을 예로 들면, 남겨야 할 것은 항상 키 메시지와 키 비주얼이 된다. 다수의 팀이 프레젠테이션을 하고 난 후 자료가 아니라 기억에만 의존하여도 오디언스가 그 팀이 제안한 키 메시지와 키 비주얼을 떠올릴 수 있다면 매우 성공적이라 할 수 있다. 기억해내지 못하는 경우가 매우 많은 것이 현실이다. 오디언스들은 '나의 기억에도 남지 못하는 것이 소비자들에게는 어떻게 전달될 수 있는가?'하는 의문을 남기게 되는 것이다.

프레젠테이션에서 전달해야 하는 내용적인 측면에서 보면 모든 준비와 콘텐츠, 디자인은 모두 이 키 메시지와 키 비주얼을 위해 존재하는 것이라 할 수 있다. 따라서 어떻게 하면 키 메시지의 타당성과 매력도를 높일 수 있을지 고민해야 하고, 키 비주얼의 임팩트를 높일 것인지를 다각도로 연구해야 하는 것이 프레젠테이션의 성공을 좌우하게 되는 것이다.

[Summary]

"하나의 문장과 하나의 비주얼을 남기면 성공"
✓ 당연히 프레젠테이션의 모든 내용을 기억시킬 수 없다.
✓ 기억에 남기고자 하는 하나의 문장과 비주얼에 집중하라.

027 "개콘 수준의 윤리성"

프레젠테이션에서 보여줄 수 있는 콘텐츠가 가진 자극성의 최고 수위는 어디까지 일까? 자극의 강도가 높을수록 전달력이 높아진다는 생각에 무리한 수준의 콘텐츠가 발표되는 경우도 있다. 그야말로 과유불급이다. 개인적으로 표현의 윤리성의 수준을 KBS2 TV의 개그 프로그램인 개그 콘서트 수준으로 생각하고 있다.

왜 개그 콘서트인가? 먼저 개그 콘서트는 TV 프로그램으로서의 규제를 받고 있다. 그 규제는 방송법에 따른 방송심의규정에 의한 것이고 시청연령도 15세 이상으로 제한되고 있다. 방송심의 규정은 표현의 자유를 제한한다는 측면에서 비판을 받고 있기는 하지만, 그 내용을 보면 다소 모호하고 포괄적인 규정이 문제이기는 하지만, 전반적으로는 사회에 대한 방송의 공공성을 유지하기 위한 규제로 이해할 수 있다. 방송심의규정에는 민주적 기본질서, 인권존중, 건전한 가정생활, 아동 및 청소년의 보호, 양성평등, 국제적 우의증진, 장애인 권익증진, 언어순화 등이 규정되어 있다. 따라서 보편적으로 경제활동 인구가 느끼는 도를 넘는 자극의 제작을 통제하는 역할을 하게 되어 있다.

또한 다년간 최고의 프로그램으로 자리매김하면서 스스로 자율적인 조절을 하고 있는 것으로 보여진다. 정치, 성, 폭력, 가정 등 다양한 분야를 소재로 삼고 있지만 다른 개그 프로그램에 비해서 적절한 수준의 자극을 유지하고 있다. 그것은 자극의 강도가 지나치면 순간적으로 주목을 받을 수는 있지만 장기적으로 보면 오히려 역풍을 맞게 된다는 경험이 쌓인 결과라 생각된다. 개그 콘서트는 이러한 자극의 한계를 지키면서도 최고의 재미를 지켜오고 있다.

대개의 프레젠테이션이 다루는 과제와 해결책은 사회적 규범 안에서의 경제활동을 배경으로 하고 있다. 따라서 프레젠테이션의 성공을 위해 자극의 강도를 높여 기억에 남게 하는 것도 반드시 필요하지만 그것은 일반적, 보편적인 윤리성을 넘지 않아야 한다. 또한 오디언스가 역겹거나 위험하다고 느끼지 않는 수준을 지키는 것이 반드시 필요하다.

'구슬이 서말이라고 꿰어야 보배'라는 말이 있다. 프레젠테이션 안에서의 내용도 그러하지만 결론이 되는 해결책의 좋은 아이디어, 임팩트 있는 아이디어도 실제로 실행했을 때 현재 사회의 규범 안에서 수용할 수 있는 것이 되어야 한다. 강력한 자극에는 한계가 존재한다는 것이고 그것을 측정할 수 있는 수준으로 개그 콘서트를 연구대상으로 해 볼 가치가 있다.

[Summary]

"개콘 수준의 윤리성"
✓ 프레젠테이션 콘텐츠는 강력한 임팩트를 추구하지만 한계를 가진다.
✓ 현재의 개그콘서트가 보여주는 수준의 윤리적 한계는 참고할만한 기준이 된다.

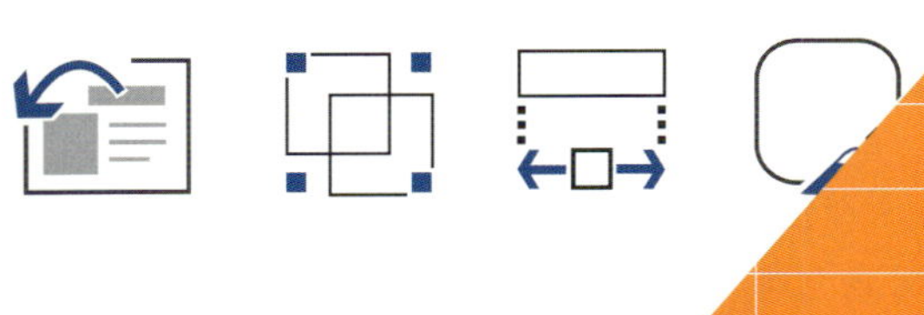
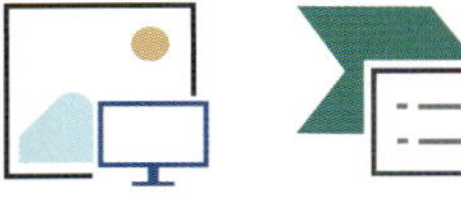

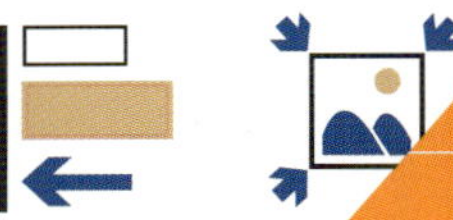
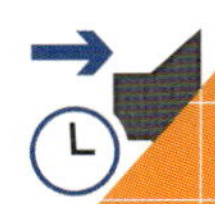

CHAPTER 03

프레젠테이션 슬라이드 디자인

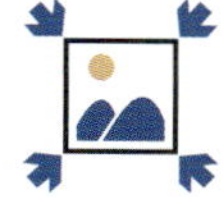
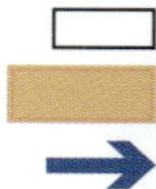

"여백의 미학"

비즈니스 세계에서 프레젠테이션이 일상화되면서 흔히 '슬라이드 공해'라는 말까지 나올 정도가 되었다. 어떤 전문가는 "99%의 프레젠테이션은 〈형편없다〉"라고 말하기까지 한다. 그 중에서도 가장 욕을 먹고 있는 것이 슬라이드 디자인에 대한 것이다.

주로 전문가들이 말하는 슬라이드 공해나 형편없는 슬라이드 디자인의 원인은 '복잡함'이다. 스티브 잡스의 제품 디자인 철학은 '단순함'이었듯이, 그의 프레젠테이션 슬라이드 디자인도 단순함의 극치를 보여주고 있고 최근 최고의 프레젠테이션으로 평가 받고 있다.

'단순함은 삭제와 생략을 통해 효과를 증폭시킨다'고 알려지고 있다. 이런 단순함을 실행하는 것은 생각보다 매우 어렵다. 왜냐하면 하나의 프레젠테이션을 위해 장기간 수집하거나 분석한 내용은 무척 방대하기 때문에 이를 버린다는 것이 심리적으로 매우 아깝다는 생각이 들기 때문이다. 또한 실제로 무엇을 버리고 무엇을 살릴 것인가에 대한 판단이 아주 고도의 훈련, 직관, 용기가 필요하기 때문이다.

단순함을 슬라이드 디자인의 회화적인 입장에서 본다면 〈여백의 미학〉이라 할 수 있다. 즉, 여백을 많이 확보하려는 원칙을 지키기 위해서는 슬라이드에 들어갈 내용이 단순하고 적게 할 수 밖에 없다. 또한 여백의 기능은 단순히 내용을 줄이기 위한 것만은 아니다. 완전히 비어 있는 여백이 있기 때문에 반대로 들어 있는 내용에 집중할 수 있는 것이다.

신문지를 한번 상상해보자. 여러 가지 제목과 본문, 사진 등으로 가득한 지면이 떠오를 것이다. 20포인트 정도의 크기를 가진 폰트로 인쇄된 문장이 눈에 들어올까? 다시 한번 상상해보자. 신문지면에는 아무 내용도 없고 중앙에 같은 크기의 한 문장만이 있다고 해보자. 눈에 들어오지 않을 수 있을까?

어떤 경우는 불가피하게 많은 정보를 하나의 슬라이드 페이지에 담을 수 밖에 없을 수도 있다. 하지만 이러한 경우에도 다양한 방법을 통해 최대한 여백을 확보하는 것이 좋다. 디자인을 전공하지 않은 기획자들이 고민하는 완성도 높은 디자인에 대한 고민을 해결할 수 있는 첫 번째 포인트는 여백의 확보에 있다고 생각한다. 여백을 확보하려고 노력하는 디자인은 그 자체로 높은 미학적 완성도를 보인다. 한번 시도해보라. 먼저 보통 때처럼 내용을 주욱 늘어 놓은 디자인을 한 후 그것들을 한쪽으로 몬다든지 덩어리를 만든다든지 하여 여백을 확보해보면 그 느낌을 알 수 있을 것이다. 그리고 그 중에서 내용들을 과감하게 생략해보면 더욱 더 그 느낌을 알 수 있게 된다. 특히 동양적인 감성을 체득한 한국인의 정서에는 여백의 미학이 높은 완성도를 전달하는 수단이 된다.

[Summary]

"여백의 미학"
✓ 여백(빈 공간)은 디자인적인 완성도는 물론, 내용에 집중하게 한다.
✓ 여록의 확보를 위해서는 많은 훈련과 용기가 필요하다.

029 "컬러도, 폰트도, 그림도, 데이터도 절제하라"

슬라이드 디자인에서 가장 많이 들어가는 콘텐츠의 형식은 대부분 글과 숫자로 구성된 텍스트이다. 그 다음은 그림(사진)이 될 것이다. 앞에서는 단순함을 전체 공간적 입장에서 여백의 미학으로 설명하였다. 하지만 반드시 공간적, 크기의 문제가 아니라 콘텐츠의 단순한 표현도 중요하다. 이것 또한 절제가 필요하다는 것이다.

다시 한번 스티브 잡스를 생각해보자. 스티브 잡스는 애플의 제품에 3가지 색밖에는 쓰지 않는다. (물론 과거에는 몇 가지 컬러를 더 쓰기도 했고 현재도 아이팟 나노와 셔플 같은 제품에는 여러 컬러가 쓰인다) 흰색, 검정색, 회색 단 3가지만 사용한다. 물론 이 3가지 색이 고급감을 표현하는 역할을 하기 때문이기도 하다. 하지만 기본적으로는 절제를 통해 존재감을 부각시키려는 의도가 있다.

제품뿐만 아니라 스티브 잡스의 프레젠테이션을 한번 보자. (인터넷에 많이 있는 스티브 잡스의 제품소개 프레젠테이션 동영상을 하나만 보시길). 텍스트는 거의 흰색 한가지만 사용되었다. 또한 텍스트의 폰트(글꼴)은 모두 동일한 하나의 폰트만을 사용하였다. 그림은 사이즈가 크더라도 거의 하나의 슬라이드 페이지에는 하나의 그림만을 사용하고 있다. 이를 통해 주목의 효과를 높일 뿐만 아니라 슬라이드 디자인의 완성도를 높이는 효과를 얻어가고 있는 것을 확인할 수 있다.

프레젠테이션 슬라이드는 봄날 산에 피는 꽃이 아니다. 이름도 모를 수 백 가지 꽃들이 빽빽하게 피어 있는 모습은 자연의 경이와 조화로운 모습을 편안하게 받아들이기에는 좋은지 몰라도 오디언스를 나의 주장에 주목하게 하기는 어렵다. 하나의 슬라이드 페이지에 각각 다른 폰트에 각각 다른 컬러를 입히고 여러 개의 그림과 데이터를 보여준다면 그야말로 무엇을 봐야 하고 무엇을 이해해야 하는지 알 수 없는 상황이 되어 버린다. 과감하게 버리고 절제해야 한다. 만약 많더라고 반드시 제시해야 할 것들이 있다면 차라리 페이지를 나누어서 전달하여야 한다. 한 페이지에 하나 이상의 것을 설명하는 것은 반드시 피해야 한다.

완성도 높은 슬라이드 디자인(형식)은 전달력을 높일 뿐만 아니라 오디언스에게 프레젠테이션 플래닝(내용)의 완성도가 높다는 인식을 주게 된다. 디자인의 완성도를 높이는 것은 절제하는 것이 가장 효과적이다. 명품의 디자인을 보라. 벤츠나 BMW의 디자인은 고도로 절제되어 있다. 원래 없는 X가 시끄럽고 화려한 법이다.

[Summary]

"컬러도 폰트도 그림도 데이터도 절제하라"
✓ 절제된 디자인 요소들이 오디언스의 집중을 증대시킨다.

030   "圖解하라"

학술논문을 보는 경우와 신문이나 잡지의 기사를 보는 경우에 내용의 이해도가 다른 것을 경험할 수 있다. 논문의 경우는 매우 정확하게 서술하고 있고 중복되는 단어도 대명사를 사용하지 않고 전체 단어를 반복 기술함으로써 자칫 생길 수 있는 이해의 차이를 줄이고자 하고 있다. 이것은 학술논문의 특성상 불가피한 일이다. 하지만 읽는 사람 입장에서 보면 오히려 읽기가 무척 어려운 점이 있다. 복잡한 현상을 인과관계 등을 글로만 서술하기 때문에 전후 관계를 계속적으로 의식하면서 읽어야만 하기 때문이다. 훈련이 되지 않은 사람들은 읽어내기 쉽지 않은 까닭이다. 반면에 신문이나 잡지의 기사들은 내용도 간략하게 되어 있지만 사실관계를 도표나 그림으로 표현하여 이해하기가 수월한 것이 현실이다. 나이키와 아디다스를 '글자로 비교하는 것'과 '각각의 BI로 비교하는 것', '각각의 BI가 들어 있는 제품사진으로 비교하는 것' 중 어느 것이 효과적일까?

프레젠테이션 슬라이드에서도 가능한 이해하기 쉬운 쪽의 설명을 하는 것이 효과적이다. 따라서 그림으로 표현하는 방법이 더 효과적이다. 즉 도해하는 방법이 좋다. 특히, 프레젠테이션 슬라이드는 계속적으로 논리의 연결을 시도하고 있기 때문에 문장으로 설명하는 것보다 다이어그램처럼 도해하는 것이 훨씬 이해하기 쉽다. 아마도 대부분의 프레젠테이션 기획자들은 이미 이러한 도해의 중요성과 효율성은 이해하고 있을 것이다. 하지만 그것이 생각보다 쉽지 않다는 것도 현실이다.

요즘 이러한 도해를 표현하는 용어로 〈인포그래픽스〉라는 말을 쓰고 있다. 말 그대로 해석해보면 '정보를 그래픽으로 표현한다'라는 것인데 정보를 문장으로 표현하는 것이 아니라 도형과 선, 컬러 등을 활용하여 한눈에 알아 볼 수 있도록 그리는 것이다. 마치 수학이나 과학에서 사용하는 도형, 집합, 순서도, 각종 그래프처럼 표현하는 것이다. 따라서 도해에는 나름의 논리구조가 있다는 것이다. 도형의 크기, 컬러, 선의 굵기, 화살표의 방향과 흐름 등 그림의 내용이 모두 누구나 이해할 수 있도록 구성되어야 한다는 것이다.

문장으로 10페이지를 설명하는 것보다 한 장의 도해가 모든 것을 담고 표현하는 경우가 더 많다. 특히 문장으로 표현하는 것은 무엇이 중요한지 무엇이 얼마만한 크기를 가지는지 표현하기 어렵고 전달하기 어려운 경우가 많다. 따라서 도해는 전달하고자 하는 내용의 핵심을 간단하고 정확하게 이해시키는 중요한 수단이 된다. 만일 가능하다면 모든 슬라이드는 하나의 도해와 하나의 문장으로만 구성되어도 좋은 프레젠테이션 슬라이드가 될 것이다.

[Summary]

"도해하라"
✓ 논리를 문장으로 설명하는 것보다 도해하는 것이 효율적이다.
✓ 하나의 도해와 하나의 문장으로 구성된 슬라이드는 강력한 힘을 가진다.

031 "폰트도 메시지다"

커뮤니케이션학에서 미디어 결정론이라는 이론이 있다. 마샬 맥루한 교수의 미디어에 대한 이론으로 "매체가 메시지다"("The medium is the message")로 요약되는 이론이다. 이 이론에 의하면 동일한 내용의 메시지라도 어떤 미디어를 통해 전달하느냐에 따라 메시지의 실체나 느낌이 달라질 수 있다는 것이다. 이 이론에 대한 찬반은 차치하고, 이러한 경향이 있다는 것은 동의할 수 있으며, 이런 이론적 접근이 슬라이드 디자인에도 해당될 수 있다는 생각이 든다.

특히, 폰트는 최근 들어 매우 중요한 디자인 요소로 활용되고 있다. 아예 폰트로만 비주얼을 사용하는 광고나 영화 타이틀도 있고 국내에서도 많은 폰트 회사들이 있고 예술의 전당에서는 '타이포 잔치'라는 이름으로 〈국제 타이포그래피 비엔날레〉를 개최하고 있다. 사실 동양의 서예 문화가 폰트의 원류라고 할 수 있을 것이다.

폰트를 나누어 보면 크게 3가지 정도로 대별할 수 있을 것이다.

첫째는 각이 진 형태의 고딕체 계열 폰트가 있고, 둘째는 부드러운 붓글씨 형태의 명조체 계열 폰트가 있고 마지막은 최근 인기를 얻고 있는 손글씨 폰트가 있다. 일반적으로 고딕체 계열의 폰트는 선언적, 규정적인 경우에 주로 사용하는 것이 좋다. 형태적으로 각이 있어서 힘 있는 주장의 느낌이 들기 때문이다. 반면에 명조체 계열의 폰트는 설명적인 경우에 주로 사용한다. 부드러운 느낌 느낌의 전달이 가능하기 때문이다. 손글씨 폰트는 폰트에 따라 느낌의 차이가 상당히 존재하지만 주로 대화나 감정을 전달하는 경우에 사용된다.

하지만 이런 일반적인 사용을 반드시 따를 필요는 없다. 전체적으로 프레젠테이션의 느낌(Tone & Manner)을 정하였다면 하나의 폰트만을 사용하는 경우도 많다. 예를 들어 매우 젠틀하고 부드러운 설득의 프레젠테이션을 계획했다면 슬라이드 전체를 명조체로만 사용하는 것이다. (이 경우 강조를 위해서는 폰트는 그대로 두고 굵기만 변화시키게 된다) 광고계에 유명한 프레젠터인 모회사의 대표님은 오로지 한가지 폰트만 사용하시는 것을 보았다. 매우 강한 고딕체 계열의 폰트만을 사용하시는 것이다. (헤드라인 폰트라고 한다) 이것은 그 분의 프레젠테이션 경향이 워낙 강렬한 스타일이기 때문이다. 영문의 경우에는 대문자와 소문자의 사용도 가려야 할 필요가 있다. 보통 소문자는 소프트하고 겸손한 느낌을 전달하고 대문자는 선언적이고 힘 있는 느낌을 전달하게 된다.

요즘은 대형 포털이나 정부기관 등에서 전용폰트를 개발하고 모든 사람들에게 무료로 배포하고 있다. 이런 폰트들 중에는 완성도 높은 폰트들도 많이 있다. 예전 같이 돈을 들여서 폰트를 구입하지 않아도 되는 시대가 되었다. 다만 어떻게 활용하는가는 슬라이드 디자인을 하는 기획자들의 몫이다. 슬라이드의 가장 많은 양을 차지하는 텍스트를 구성하는 폰트의 활용이 슬라이드 디자인의 중요한 부분임에는 틀림 없는 것이다.

[Summary]

"폰트도 메시지다"
✓ 폰트가 가진 고유한 의미를 목적에 따라 선택하여 사용할 수 있다.
✓ 폰트의 좋은 사용만으로도 슬라이드 디자인의 수준을 크게 향상시킬 수 있다.

032 "큰 게 좋다?"

동일한 배경 안에서 어떤 크기의 글자 또는 그림이 더 잘 읽혀질까? 언뜻 생각하면 클수록 잘 읽힐 것이라는 생각하기가 쉽다. 진짜 그럴까? 그렇다면 실제로 한번 실험해보라. 파워포인트의 화면에 배경색을 하나 정하고 글씨나 그림의 크기를 조절해서 슬라이드를 작성해보라. 진짜 가장 큰 (아마도 화면을 가득 채웠을 것이다. 프레젠테이션 혼장에서는 두 눈에 가득 그 문장이 들어오게 된다.) 경우가 가장 잘 읽혀지는가?

슬라이드 디자인에서 글자나 그림의 적당한 크기는 전체 글자 수나 그림의 갯수와 관계가 있다. 앞서 말한 바와 같이 여백을 살리기 위해서는 하나의 슬라이드에 너무 많은 정보가 들어가서는 안 된다고 했다. (그럴 경우는 슬라이드 페이지를 나누라고 했다) 하지만 갯수와 마찬가지로 크기도 하나의 자극이다. 너무 많고 큰 자극은 오히려 정보의 전달을 방해한다. 여백을 살리기 위해서는 갯수와 크기 모두 적당하게 유지하여야 한다.

물론 너무 작은 크기는 전달 자체를 어렵게 한다. 폰트의 경우 경험상 일종의 '역치'라고 할 수 있는 한계의 크기가 존재한다는 생각이다. 보통 프레젠테이션은 100~120인치의 스크린에서 이루어진다. 이 경우 가장 작게 쓸 수 있는 크기는 14포인트 정도라고 생각한다. 하지만 14포인트는 예외적인 경우에 쓰는 것이고 (예를 들면 표에 들어가는 표 소제목 등) 본문에 들어가는 글자의 크기는 최소한 18포인트는 되어야 한다. 특히 프레젠테이션이 벌어지는 장소의 크기가 크고 참석자가 많은 경우는 크기를 다소 크게 하는 것이 좋다. 또한 오디언스가 시력이 떨어지는 고연령 집단인 경우에도 글자의 크기를 더욱 크게 하는 것이 좋다.

반대로 가장 글자와 그림을 가장 크게 사용하는 경우에도 최대한으로 전체 슬라이드 크기의 2분의 1이상을 넘지 않게 하는 것이 좋다. 이렇게 글자의 크기를 절제하는 것 또한 하나의 전술이라 할 수 있다. 왜냐하면 대부분의 프레젠테이션이 매우 지적인 방법으로 오디언스를 설득하는 행위이다. 따라서 너무나 큰 글자와 그림의 크기는 순간적인 임팩트는 전달할 수 있지만 지나친 압박감과 거친 느낌으로 오디언스에게 긍정적인 느낌을 전달하기 어렵기 때문이다. 아주 가끔은 정말 큰 크기를 통해 강조할 수 있지만 지속적으로 큰 크기의 글자나 그림을 사용하는 것은 피해야 할 일이다.

[Summary]

"큰 게 좋다?"
✓ 큰 그림이나 큰 글씨가 전달력이 더 높은 것은 아니다.
✓ 전달을 위한 최소한의 크기와 최대의 크기를 고려해야 한다.

033 "분할해 보라"

프레젠테이션에서 논리를 전개하는 방법으로 유용한 것으로 대비를 통한 방법이 많다. 예를 들어 '맞는 것'과 '틀린 것', '해야 할 것'과 '하지 말아야 할 것', '질문'과 '답변', '문제'와 '해결책', '현재'와 '미래' 등 상당히 많은 경우에 해당이 된다. 이런 방법을 쓰는 것은 대비라는 방법이 오디언스 입장에서는 이해하기에 쉽고, 전달하는 입장에서는 압축적이고 명확하게 전달할 수 있기 때문이다.

이러한 논리적 대비를 슬라이드 디자인에서 효과적으로 표현하는 방법이 슬라이드를 분할하는 것이다. 프레젠테이션 슬라이드는 인간의 시각의 구조와 같이 가로가 긴 형태의 가로형 화면을 이루고 있다. 따라서 가로가 길기 때문에 보통의 경우 좌우로 분할하는 것이 디자인적으로 용이하다. 진행방향은 당연히 좌측에서 우측으로 가는 것이 좋다. 주로 슬라이드 디자인을 한 후에 슬라이드 애니메이션을 이용해서 좌측을 먼저 보여주고 우측을 보여주는 방법을 사용하게 된다. 한꺼번에 양쪽을 모두 보여주면 프레젠터로부터 오디언스의 주목을 분산시키그 기대감을 떨어뜨리게 된다.

좌우의 분할을 활용해 보았다면 상하의 분할도 사용해 보길 권한다. 좌우로 분할하는 경우 좌측의 공간이
나 우측의 공간이 모두 거의 정사각형의 공간이 되기 때문에 공간적으로 디자인하기에 유리한 점이 있지만
상하로 분할하게 되면 위쪽 아래쪽 모두 굉장히 길쭉한 가로 사각형이 되기 때문에 활용하기 어려운 단점이
있다. 하지만 문장(텍스트)만을 사용하는 경우는 오히려 매우 강력한 대비 효과를 얻을 수 있다. 위쪽으로
단 한 줄의 문제가 보여진 후 아래쪽에 또 단 한 줄의 해결책이 제시된다고 하면 매우 강한 느낌을 전달할
수 있다.

[Summary]

"분할해 보라"
✓ 슬라이드를 분할하여 디자인하는 것으로 논리적 대비에 의한 전달력을 높일 수 있다.
✓ 슬라이드 상하 분할과 좌우 분할을 상황에 맞게 사용할 수 있다.

034 "잡지를 주목하라"

"프레젠테이션 문서를 만들 때마다 스스로 자괴감에 빠진다. 옆 팀의 김차장은 슬라이드 디자인 실력으로
회사 내에서 많은 인정을 받고 있다. 나도 매번 새롭고 효과적인 슬라이드 디자인을 해보려고 고민하지만
늘 발전이 없는 것 같다. 디자인 학원이라도 다녀야 하나? 도대체 뭔가 좀 세련되고 트렌드에 맞는 그런 슬
라이드 디자인을 프로젝트에 따라 멋지게 만들어 낼 수는 없을까?"

프레젠테이션 슬라이드는 콘텐츠를 기획하고 작성한 기획자가 직접 디자인하는 경우가 대부분이다. 그리고
그 기획자들은 대부분 디자인에 대한 전문적인 지식이나 기능을 교육받지 않은 사람들이다. 하지만 슬라이
드 디자인에는 내용의 전달력을 높이는 것은 물론이고 전반적인 느낌을 전달하고 완성도를 높게 보이기 위
한 디자인적인 요소가 반드시 필요하다. 그래서 많은 기획자들이 슬라이드 디자인에 고민을 하게 된다. 다
른 사람들의 슬라이드 디자인에서 아이디어를 얻는 경우가 많지만 횟수가 반복될수록 새로운 슬라이드 디
자인에 대한 갈증이 더 생기게 된다.

이 경우 디자인 능력을 높이기 위한 좋은 학습서로
써 〈잡지〉를 추천한다.

그 이유의 첫 번째는 프레젠테이션 슬라이드 디자
인도 잡지와 같은 일종의 편집 디자인 작업이므로
유사성이 높기 때문이다. 제목이나 중요한 텍스트
를 어떤 폰트와 컬러와 형태로 보여줄 것인지, 비주
얼 자료들과 텍스트를 어떻게 조합할 것인지. 강조할
부분을 어떻게 하이라이팅하는지, 다이어그램과 표
는 어떻게 디자인하는지 등등의 것들이 잡지에는 많
은 사례를 통해 보여준다. 다만 잡지의 내용이 프레
젠테이션 슬라이드에 비하여 좀 더 많은 텍스트로
이루어져 있을 뿐이다.

▲ 다양한 분야의 잡지들

두 번째로 큰 이점은 잡지의 시의성(時宜性)이다. 잡지는 최신의 이슈를 최신의 트렌드에 따른 편집 디자인
으로 상당한 시간과 노력을 통해 제작해낸다. 특히 편집 디자인이 좋다고 알려진 잡지들은 매우 우수한 편
집장과 디자이너들이 항상 피나는 경쟁을 하고 있다. 이들은 디자인 측면에서도 자신들의 잡지가 최고가 되
기 위해 노력하며 매월 새로운 디자인을 창조해낸다. 잡지만큼 현재의 트렌드를 디자인적으로 보여주는 매
체는 없는 것 같다. 또한 대부분의 잡지는 특별한 목표독자(타겟)를 대상으로 제작되기 때문에 프레젠테이
션 프로젝트에 따라 그 분야의 잡지에서 디자인 아이디어를 많이 얻을 수도 있다. 패션지, 자동차 잡지, 명
품, 금융, 주니어, 리빙, 요리 등등 잡지 성격에 따라 각각의 정체성에 맞는 다양한 디자인들을 볼 수 있다.

많은 경영학, 인문학, 사회과학, 공학 출신의 기획자들이여
자신이 디자인 전공이 아니라고 자신의 능력을 한탄하지 말고, 가까이 쉽게 접할 수 있는 잡지에서 조금씩
능력을 키워나가기를 제안한다. 조금만 노력하면 슬라이드 디자인의 향상을 금방 느끼게 될 것이다.

[Summary]

"잡지를 주목하라"
✓ 잡지의 편집 디자인과 프레젠테이션 슬라이드 디자인의 유사성이 높으므로 잡지에서 슬라이드 디자인의 아이디어
　를 발굴할 수 있다.
✓ 특히 잡지는 최신 트렌드를 반영하여 디자인되므로 프레젠테이션 슬라이드 디자인의 경쟁력 확보에 큰 도움이
　된다.

"스마트 폰으로 인터뷰 영상을"

앞서 프레젠테이션 콘텐츠 플래닝 단계에서 현장을 발로 확인하는 Foot-work의 중요성을 설명한 바 있다. 이것을 가장 효과적으로 슬라이드 디자인에 활용하는 방법이 본인이 확인한 현장을 사진이나 동영상으로 슬라이드에 삽입하는 것이다. 사실 TV 뉴스는 대부분 이런 방식으로 사실과 논리를 전개해 나간다. 인간은 그 무엇보다 (특히 데이터보다) 진솔한 다른 인간의 말을 신뢰한다. 자신의 이름과 얼굴을 걸고 말하는 인터뷰는 높은 신뢰를 얻을 수 있기에 많이 사용되게 된다.

과거에는 이러한 현장 사진과 동영상을 얻기 위해서는 매우 어려웠던 것이 사실이다. 2000년대 초반만해도 현장 사진을 필름 카메라로 사진을 찍어서 현상, 인화한 후 스캔을 받아서 슬라이드에 올렸던 기억이 난다. 동영상은 더욱 어려웠다. 회사의 PD와 함께 커다란 카메라를 들고 나가서 (방송국 사람으로 오해하곤 했다) 인터뷰를 하고 그것을 다시 데이터로 변환시키고 편집을 해서 슬라이드에 올렸다. 당시에는 이런 방법이 좋은 줄은 알아도 한번 하려면 시간과 노력과 비용이 많이 들어서 엄두를 못 내고 포기하곤 했었다.

하지만 이제 정말 편리한 세상이 되었다. 특히 스마트 폰의 발달은 이러한 과거의 투자를 모두 일소해 버렸다. 스마트 폰으로 생방송도 할 수 있는 세상이다. 이런 변화를 우리가 하는 프레젠테이션에 적극적으로 활용해 볼 수 있다. 실제로 요즘 프레젠테이션에서는 이런 스마트 폰을 사용한 인터뷰를 자주 사용한다. 팀원들이 각자 현장을 확인하고 즉석에서 자료화면이나 인터뷰 영상을 찍어 웹 하드나 클라우딩 서비스로 공유한다. 그리고 손쉽게 PC에서 간단한 편집을 하고 슬라이드에 삽입한다. PC에서의 작업도 여러 가지 고난도의 프로그램들도 많지만 굳이 그런 프로그램을 사용할 필요 없이 MS에서 제공하는 무비메이커를 사용하면 간단하게 작업할 수 있다.

특히 이러한 스마트 폰을 통한 인터뷰 동영상은 시공을 초월하는 작업을 가능하게 한다. 실제로 어떤 프레젠테이션에서 해외 각국의 팀들이 협력하고 의견이 필요한 경우가 있었는데, 이 때 우리 팀에서는 각국의 프로젝트 담당자에서 이메일을 하나 보내서 해결했다. 이메일에는 그들이 해결해야 할 질문이 있었고 이것에 대한 답변을 담당자가 직접 스마트 폰으로 찍은 인터뷰 영상을 보내 달라는 것이었다. 프레젠테이션에서 각 나라의 담당자들이 직접 출연한 동영상을 보여주는 것으로 답변을 대신했더니 오디언스들은 무척 놀라워하고 신뢰를 보냈다. 물론 결과는 성공이었다.

[Summary]

"스마트 폰으로 인터뷰 영상을"
- ✓ 실제 인물의 인터뷰는 상당히 효과적인 콘텐츠다.
- ✓ 스마트 폰을 이용한 동영상 촬영은 프레젠테이션에서 사용하기에 매우 용이하고 효율적인 방법이다.

"여유가 있다면 녹음실로 가자"

일반 회사에서 프레젠테이션을 만들면서 가장 고민하는 것이 바로 "가장 중요한 부분을 어떻게 강력하게 전달할 것인가?"하는 문제일 것이다. 프레젠터가 멋진 슬라이드 디자인을 한 후 슬라이드 쇼와 애니메이션을 설정하고 힘주어서 발표하는 것이 대부분일 것이다. 하지만 뭔가 늘 비슷하고 임팩트가 떨어진다는 고민을 하게 될 것이다.

이럴 때 광고회사에서는 종종 중요한 핵심적인 부분을 영상과 사운드로 전달하는 방식을 취하는 경우가 많다. 영상은 흔히 편집실이라고 부르는 CF 영상편집을 전문적으로 하는 곳에서 여러 가지 영상을 수집하여 자르고 이어 붙이는 편집작업과 약간의 수정과 자막 등을 추가하는 작업 등을 통해 전달하고자 하는 내용을 완성하게 된다. 광고회사의 프레젠테이션에서는 CF 시안 자체가 중요한 생산물이기 때문에 완성도를 확보하기 위해서 전문적으로 편집실을 사용하는 것이 불가피한 일이고 아주 익숙한 일이다. 하지만 CF 시안뿐만 아니라 핵심적인 부분(예를 들면 컨셉트, 테마 또는 기대효과 등)을 효과적으로 전달하기 위해 동영상 편집이 사용되기도 한다.

이러한 영상작업 이후에는 녹음실에 가서 BGM(Back Ground Music)을 선택하고, 필요하다면 SE(Sound Effect)들을 추가하고, 전문성우를 기용하여 멘트를 녹음하고, 이것들을 믹싱하는 작업을 한다. 이 작업들을 하면서 개인적으로 항상 놀라는 것은 사운드의 힘이 의외로 강력하다는 것이다. BGM도 매우 중요한 컨텍스트 역할을 해주며 전문성우의 녹음은 매우 강력한 전달력을 가진다.

물론 이런 영상작업과 사운드 작업은 비전문가에게 여러 면에서 쉬운 일은 아니다. 특히 전문 편집실을 통한 영상작업과 사운드 작업을 모두 진행하기에는 상당한 비용이 필요하게 된다. 따라서 필자는 사운드 작업만 녹음실에서 진행해 보는 것을 추천해 본다. 그 이유는 영상작업은 파워포인트의 애니메이션 기법이나 무비메이커 프로그램의 활용으로 어느 정도 가능하며 요즘에는 사용하기 쉬운 영상편집 프로그램들이 많이 있기 때문에 팀 내부에서 해결 가능할 것이라는 생각이 있기 때문이다. 대부분의 경우에는 파워포인트에서 스틸 사진들을 조합하여 페이지를 이어 붙이고 간단한 화면전환 효과만 주면 꽤 괜찮은 영상을 만들수 있을 것이라 생각된다. 하지만 사운드 작업은 개인이 하기에 무척 어렵다. 전문 장비와 녹음을 위한 스튜디오가 필요하고 전문성우도 필요하기 때문이다. 하지만 녹음의 효과가 높기 때문에 한번 시도해보는 것도 좋을 것이다. 특히나 요즘은 영상제작이 활발해지면서 비용부담이 적은 녹음실도 많이 생겨나 일반 회사에서 작업을 하기에 좋은 여건이라 할 수 있다. 녹음작업에 경험이 부족하더라도 녹음실에 있는 전문가들의 힘을 빌리면 좋은 결과를 얻을 수 있다.

시간과 비용에 여유가 있다면 팀이 영상과 스틸 사진에 전문적인 사운드 작업을 시도해보는 것도 프레젠테이션의 임팩트를 높이는 좋은 방법이 될 것이라 생각된다. 최근 언론에서 나온 뉴스를 보면 변호사나 의사들도 프레젠테이션이 많아지고 중요해지면서 이런 사운드 작업을 하는 경우가 많이 늘었다고 한다.

[Summary]

"여유가 있다면 녹음실로 가자"
✓ 잘 제작된 사운드 콘텐츠는 확실한 힘을 가진다.
✓ 시간과 비용에 약간의 여유가 있다면 전문 녹음실에서 쉽게 좋은 콘텐츠를 만들 수 있다.

037 "검은색 배경은 항상 좋다"

슬라이드 디자인을 하면서 늘 고민되는 선택 중의 하나가 "슬라이드 배경을 무엇으로 할 것인가?"의 문제일 것이다. 프레젠테이션 대상이 기업인 경우 그 기업의 CI에 쓰이는 컬러를 배경으로 하는 경우가 많고, 또는 주장하고자 하는 제안을 암시하는 배경무늬 또는 사진을 사용하기도 할 것이다. 슬라이드 배경도 모든 것이 그렇듯이 정답은 없다. 하지만 몇 가지 생각해볼 여지는 있다.

먼저 완전히 검은색의 배경을 쓰는 경우이다. 최근 프레젠테이션의 일인자라고 할 수 있는 스티브 잡스의 프레젠테이션은 거의 모두 검은색 배경이다. 앞에서 말한 바와 같은 검은색 컬러는 고급감을 가지고 있다. 하지만 배경으로 검은색을 사용하는 것은 고급성 때문만은 아니다. 검은색이 프레젠테이션에서 실질적으로 유리한 면이 있기 때문이다.

'왜 검은색의 배경이 유리한가?'에 대해서 프레젠테이션의 일반적인 상황을 잠시 떠올려 보자. 프레젠테이션이 벌어지는 프레젠테이션 룸을 보면 오디언스들이 앉아 있는 회의 테이블이 있고 근처에 빔 프로젝터가 놓여지고 그 앞쪽에 스크린이 있고 스크린의 한쪽으로 프레젠터가 서서 프레젠테이션을 진행하게 된다. 이 때 출력 장치로 빔 프로젝터를 사용하는 것이 대부분이므로 실내의 조명은 약간 어둡게 하게 된다. 이 경우에 검은색 배경을 사용하는 것이 유리한 점이 발생된다. 마치 마술이나 극장에서의 효과와 같이 스크린의 영역뿐만 아니라 스크린 바깥의 어두운 부분까지 마치 스크린으로 연장되어 인식되기 마련이다. 스티브 잡스의 프레젠테이션에서도 전면의 모든 부분을 어둡게(검은색 막) 처리함으로써 빔 프로젝터가 쏘아지는 부분만이 스크린이 아니라 눈에 들어오는 모든 배경이 스크린처럼 느껴지는 효과가 생기는 것이다. 이 경우에 아주 큰 하나의 검은색 배경이 시각을 독점하게 되어 다른 시각정보로부터의 방해 없이 내용에 집중할 수 있게 하는 것이다. 따라서 오디언스의 주의력을 높일 수 있도록 내용에 집중하게 하는 효과를 가진 배경색으로서 검은색은 항상 좋다고 할 수 있다.

물론 반대의 경우도 효과가 있다고 할 수 있다. 철저히 스크린과 다른 공간을 분리함으로써 집중의 효과를 올릴 수다는 것이다. 따라서 하얀 색의 배경도 좋은 대안이 될 수 있다는 것이다. 이러한 분리의 효과를 배가하기 위해서 하얀 색의 배경을 따라 테두리에 컬러를 처리하는 것도 좋은 방법이다.

다시 한번 강조하지만 이러한 것은 전달하고자 하는 내용에 주목하게 하고자 하는 것이 목적이다. 가능한 모든 요소들을 단순하게 사용하여 방해요소를 줄여 오디언스의 집중력을 높이는 것이 최선이다.

"검은색 배경은 항상 좋다"
✓ 프레젠테이션 룸의 어두운 조명을 생각하면 검은색 배경으로 집중을 유도할 수 있다.
✓ 하얀 색의 배경도 집중을 위해 대안이 될 수 있다.

038 "발표용과 프린트용, 가깝고도 먼 사이"

프레젠테이션을 진행하면서 불가피하게 실제 프레젠테이션을 하는 발표용 슬라이드와 오디언스들의 확인용 또는 참고용으로 사용하는 프린트용 슬라이드가 필요하게 된다. 최근에는 프린트를 하지 않고 데이터로 직접 전달, 공유하는 경우가 많아졌지만 아직도 프린트 물의 형태로 제출하거나 프레젠테이션 장소에 준비하여 제공하는 경우가 많은 것이 현실이다.

실제 프레젠테이션의 현장을 생각해보면 발표용 슬라이드는 프레젠터의 발표가 없으면 이해하기 쉽지 않은 형태로 간략하게 슬라이드를 꾸미는 경우가 많다. 이것은 슬라이드에 모든 것이 서술되어 있는 경우에는 슬라이드에 너무 많은 정보가 올라가게 되어 복잡해진다는 측면과 오디언스들이 프레젠터에 집중하지 않고 슬라이드를 먼저 읽어 나가는 현상을 방지하기 위한 것이다. 이렇기 때문에 프레젠테이션을 듣지 않은 사람이 발표용 슬라이드만으로 이해하는 것이 어렵다는 문제가 생기고 프린트용 슬라이드에 대한 고민이 생기는 것이다.

필자의 경험으로 보아 최근의 경향과 몇 가지 경우를 통해서 생각해 보기로 하자.

예전에는 일단 프린트용 슬라이드를 먼저 작성한 후, 압축하여 발표용 슬라이드로 다시 작성하여 두 가지 버전을 만들고 따로 사용하는 것이 보편적이었다. 이런 현상의 기저에는 실제 프레젠테이션 현장에 의사결정권자가 참석하지 않는 경향이 많았기 때문이라 생각된다. 하지만 최근에는 프레젠테이션이라는 과정의 중요성이 높아지면서 실제 프레젠테이션 현장에 의사결정권자가 참석하는 경우가 늘어나고 있고 참석하지 않더라도 기본적인 상황과 이슈를 이해하고 있는 경우가 많아지면서 예전과 같은 '해설서'식 프린트 물은 더 이상 필요하지 않게 되었다. 따라서 최근에는 발표용과 프린트용 슬라이드를 동일하게 하는 경우도 늘어나고 있다. 만약 발표용 슬라이드만으로는 이해가 어려울 것 같아 걱정이 된다면 발표용 슬라이드 마지막에 부록이나 참고자료 형식으로 보강자료를 추가해서 프린트용으로 전달하는 것도 좋은 방법이다.

부득이하게 프린트용 슬라이드가 필요한 경우는 있다.

첫 번째는 아예 프린트 물로 1차 예선을 치루는 경우이다. 이런 경우에는 당연히 프레젠테이션이 없기 때문에 프린트된 문서만으로도 충분히 이해할 수 있는 프린트용 슬라이드를 작성하고 프린트 물을 제출해야 한다.

두 번째는 의사결정권을 가진 일부의 오디언스가 프레젠테이션에 참석하지 않는 경우이다. 물론 이 경우에는 프레젠테이션에 참석했던 오디언스가 프린트물과 함께 추가설명을 해주거나 일종의 해설, 요약본을 추가해서 보고하는 경우도 닳다.

기본적으로 누구의 도움도 없이 이해하는 것을 생각하고 프린트용 슬라이드를 작성해야 한다.

하지만 프레젠테이션과 마찬가지로 프린트용 슬라이드도 지루하거나 제안의 핵심을 혼란스럽게 하는 구성은 피해야 한다. 그렇기 때문에 가능한 프레젠테이션과 같은 임팩트는 유지하되 설명력을 높이기 위해 발표용 슬라이드에 적은 양의 핵심적인 설명만을 추가하여 설명하고 다른 자료들은 참고자료로 구성하는 경우가 많다.

[Summary]

"발표용과 프린트용, 가깝고도 먼 사이"
✓ 프린트용 슬라이드가 따로 필요한 경우에도 가능한 내용을 간략하게 만드는 것이 좋다.

039 "자료사진 vs. 직접촬영"

앞서 프레젠테이션 콘텐츠 기획에서 언급한 바와 같이 Desk-work 보다는 Foot-work가 주는 감동과 현실감이 훨씬 효과적이다. 따라서 슬라이드 디자인에 들어가는 사진 자료도 마찬가지이다. 요즘 같이 앉아서 많은 자료를 얻을 수 있는 시대에는 앉은 자리에서 인터넷을 통해 그야말로 '멋진 자료사진'을 수도 없이 찾아서 사용할 수 있다. 하지만 그런 것에는 생명력이 없다.

요즘의 언론기사들을 한번 생각해보자.

요즘의 기사는 몇 개의 자료사진과 인터넷이나 방송에서 돌아다니는 내용들을 짜깁기하면 기사가 된다. 제목만 멋지게 붙이면 그야말로 '낚시 기사' 하나쯤은 몇 분이면 만들 수 있다. 연예기사의 경우 사실 그런 기사들로 넘쳐나는 것이 현실이다. 하지만 이런 기사에 어떠한 열정과 진심을 느낄 수 있는가? 언론의 위기는 이러한 탁상에서 생산된 기사의 위기이다. 요즘은 발로 뛰는 취재기사를 찾아 보기 힘들뿐만 아니라 그것을 대기획이니 특집이니 탐사보도니 하면서 마치 특별한 것인양하지만 비로소 그런 기사야말로 그 언론의 질을 좌우한다. 요즘 많이 사용하는 SNS에서도 〈직찍〉이 가지는 힘을 많이 확인할 수 있다. 멋진 사진이 아니라 살아 있는 사진이 주는 힘이 따로 있는 것이다.

프레젠테이션도 마찬가지이다. 인사이트가 중요하다고 하지만 그것은 다른 사람과는 다른 노력과 확인의 과정이 있어야 오디언스들은 감동하게 된다. 다행히도 기술의 발전은 이러한 노력에 편이성을 제공하고 있다. 전문적인 카메라 장비나 기술 없이도 콤팩트 카메라나 항상 가지고 다니는 핸드폰 카메라만으로도 충분히 프레젠테이션용 사진을 얻을 수 있다. 가능한 우리 팀만이 획득한 고유한 촬영사진을 사용하는 것만으로도 열정과 참신함과 진정성을 얻어 낼 수 있다. 사람들을 만나고 현장을 확인하고 사례를 검토하는 과정에서 이런 직접 촬영한 자료들은 프레젠테이션에 생명력을 불어 넣는 커다란 역할을 하게 될 것이다.

예를 들어 이런 경우가 있었다. 한 치킨배달 프랜차이즈 브랜드 프레젠테이션의 경우였다. 주어진 과제 중에 매출증대를 위한 아이디어 제시가 있었는데 이것을 제시하는 방법으로 실제 현장 사진촬영을 진행하였다. 매출증대를 위한 아이디어에는 새로운 메뉴와 세트, 판촉물이 선택되었는데 이것을 모두 실제 그 브랜드의 점포에서 실제 조리하는 과정과 판촉물의 부착장면을 촬영하여 진행하였다. 결과적으로 현실성과 현장감을 직접 전달할 수 있었고 우리 팀의 열정을 전달하는 좋은 평가로 이어졌다.

[Summary]

"자료사진 vs. 직접촬영"
✓ 죽어 있는 자료사진보다 살아 있는 직접촬영 사진이 프레젠테이션에 생명력을 불어 넣는다.

"실물도구를 사용하는 것도 좋다"

개인적으로 가장 인상 깊었던 프레젠테이션의 퍼포먼스는 스티브 잡스가 맥북에어를 발표했을 때였다. 언제나 그렇듯이 스티브 잡스의 신제품 발표는 철저하게 베일에 가려 있었고 그 때도 마찬가지였다. 항상 그렇듯이 스티브 잡스는 똑 같은 복장으로 무대에 올랐다. (헤어 스타일, 안경, 검은색 스웨터, 청바지, 운동화까지) 다만 다른 때와는 다르게 한 손에 아주 얇은 종이 서류봉투 하나를 들고 들어왔다. 그리고는 그 서류봉투를 무대 한 켠의 탁자에 내려놓고 마치 아무 그 봉투와는 아무 상관 없다는 듯 무대중앙에 서서 신제품에 대해 설명하기 시작했다. 새로운 노트북 컴퓨터였다. 새로운 디스플레이와 OS와 응용 프로그램과 CPU 등이 화려하게 설명되었다. 그리고는 그럼에도 불구하고 세계에서 가장 얇고 가볍게 제작되었다고 마지막 설명을 하였다. 사람들은 매우 놀랐지만 아주 대단하게 놀라지는 않았다. 그 때 스티브 잡스는 무대 한 켠으로 이동하여 탁자 위에 놓인 맨 처음 등장할 때 가져온 서류봉투에서 무엇인가를 꺼냈다. 바로 새로운 맥북에어였다. 사람들은 경악했다. 마치 진짜 겨우 20페이지 짜리 공책 같은 가볍고 작은 고성능 노트북이었다.

이렇듯 실물보다 강력한 증거는 없다. 모델 제안을 할 때 김태희의 사진이 아니라 김태희 본인이 직접 등장한다면 어떨까? 프레젠테이션의 제안에 포함된 실물을 프레젠테이션에 포함시키는 것은 정말 좋은 방법이 된다. 그것을 단순히 보여주기만 하여도 좋고 그것을 시연하거나 오디언스에게 체험시키는 것도 매우 좋은 방법이 된다. 화면이 아니라 직접 보고 만질 수 있게 하는 것만으로도 새롭고 신선하다. 가장 강력한 마케팅은 체험이 아닌가!

광고회사의 프레젠테이션에서도 이런 경우가 많이 등장한다. 광고회사의 생산물 중에 CF는 빔 프로젝터 영상으로 보여주게 되지만 신문광고의 경우에는 실제 신문에 부착해서 신문광고를 직접 집행한 실물로 보여주기도 하고, 판촉물을 실제로 만들어서 보여주기도 한다.

광고계에서는 전설 같은 얘기도 있다. 한 때 광고계를 이끌던 유명한 기획자가 프레젠테이션을 하게 되었다. 그 때 하나의 큰 문제는 광고주가 한 편의 광고에 많은 이야기를 하기를 원한다는 것이었다. 이 때 그 기획자는 광고주에게 동시에 두 개의 귤(정확히 뭐였는지는 상관 없다)을 던졌다. 당연히 둘 다 잡지 못했다. 그 기획자는 광고주에게 "두 개의 귤을 잡을 수 없는 것처럼 소비자도 여러 개의 메시지를 기억하지 못한다"는 말로 광고주를 설득했다고 한다. 제안의 내용과는 상관 없지만 말이나 글로 하는 것보다 실물로 설득하는 것의 좋은 예라고 할 수 있다.

[Summary]

"실물도구를 사용하는 것도 좋다"
✓ 실물보다 강력한 증거는 없다.
✓ 실물을 제작하여 보여주는 것은 프레젠테이션의 새로움을 높인다.

041 "파워포인트 프로그램"

마이크로 소프트에서 제작한 프레젠테이션용 프로그램인 파워포인트는 윈도우의 높은 OS 점유율에 따라 업계의 표준 프로그램처럼 사용되고 있다. 파워포인트의 사용법에 대한 해설서는 엄청나게 많이 존재한다. 독자들 대부분도 그 사용법에 대부분 익숙할 것이다. 기본적인 기능의 사용에서 좀 더 발전하기 위해서는 슬라이드 화면전환, 애니메이션 등의 기능을 좀 더 숙련시키면 될 것이다. 파워포인트는 과거에는 완성도 측면에서 문제도 많았지만 버전이 높아지면서 최근에는 높은 퍼포먼스를 보여 준다.

042 "키노트 프로그램"

애플에서 만든 프레젠테이션용 프로그램이다. 광고회사에서는 몇 년 전부터 많이 사용하고 있는 프로그램이다. 높은 완성도를 가진 프레젠테이션 슬라이드를 만들 수 있다. 사용자의 의도와 창의성을 발휘할 수 있도록 되어 있으며 기본으로 제공되는 효과들이 마치 방송국에서 TV 프로그램을 제작한 듯한 느낌을 준다.
하지만 반대로 생각해보면 익숙해지는데 어려움이 있다는 단점이 크다. 또한 작성과 플레이를 위해서 별도의 애플 컴퓨터가 반드시 필요하고 (IBM 계열 컴퓨터로는 사용할 수 없다) 그렇기 때문에 다른 사람들과의 공유가 어렵다. 어떤 경우는 빔 프로젝터나 TV 등 다른 기기와의 연결에 문제가 생기기도 한다.

043   # "프레지 프로그램"

프레지(www.prezi.com)는 2009년 시작된 클라우드 기반의 프레젠테이션용 프로그램이다. 슬라이드의 일부분을 줌인하고 줌아웃하면서 화면을 전환하는 ZUI(Zoomerble User Interface)로 유명하다. 실제 프레젠테이션 현장에서 사용되는 경우는 아직 많지 않지만 많은 이들의 관심을 받고 있으며 사용자가 꾸준하게 증가하고 있다고 한다.

기존의 프레젠테이션 슬라이드가 평면적인 느낌이었다고 한다면 역동적인 화면전환을 통해 입체적인 프레젠테이션이 가능하다는 장점이 있다고 한다. 하지만 그 현란한 효과 때문에 긍정적인 측면과 부정적인 측면이 동시에 존재한다는 평가이다.

044   # "ibooks author 프로그램"

ibooks author는 애플이 만든 전자책 제작용 프로그램이다. 프레젠테이션용 프로그램은 아니지만 한번 참고해 볼만한 프로그램이다. 텍스트들을 입력하고 그림, 사진이나 동영상을 삽입할 수 있다. 동영상의 경우에는 플레이를 따로 하지 않아도 자동으로 플레이가 된다. 마치 영화 〈해리포터〉에서 나온 마법신문 같은 모습을 하고 있다.

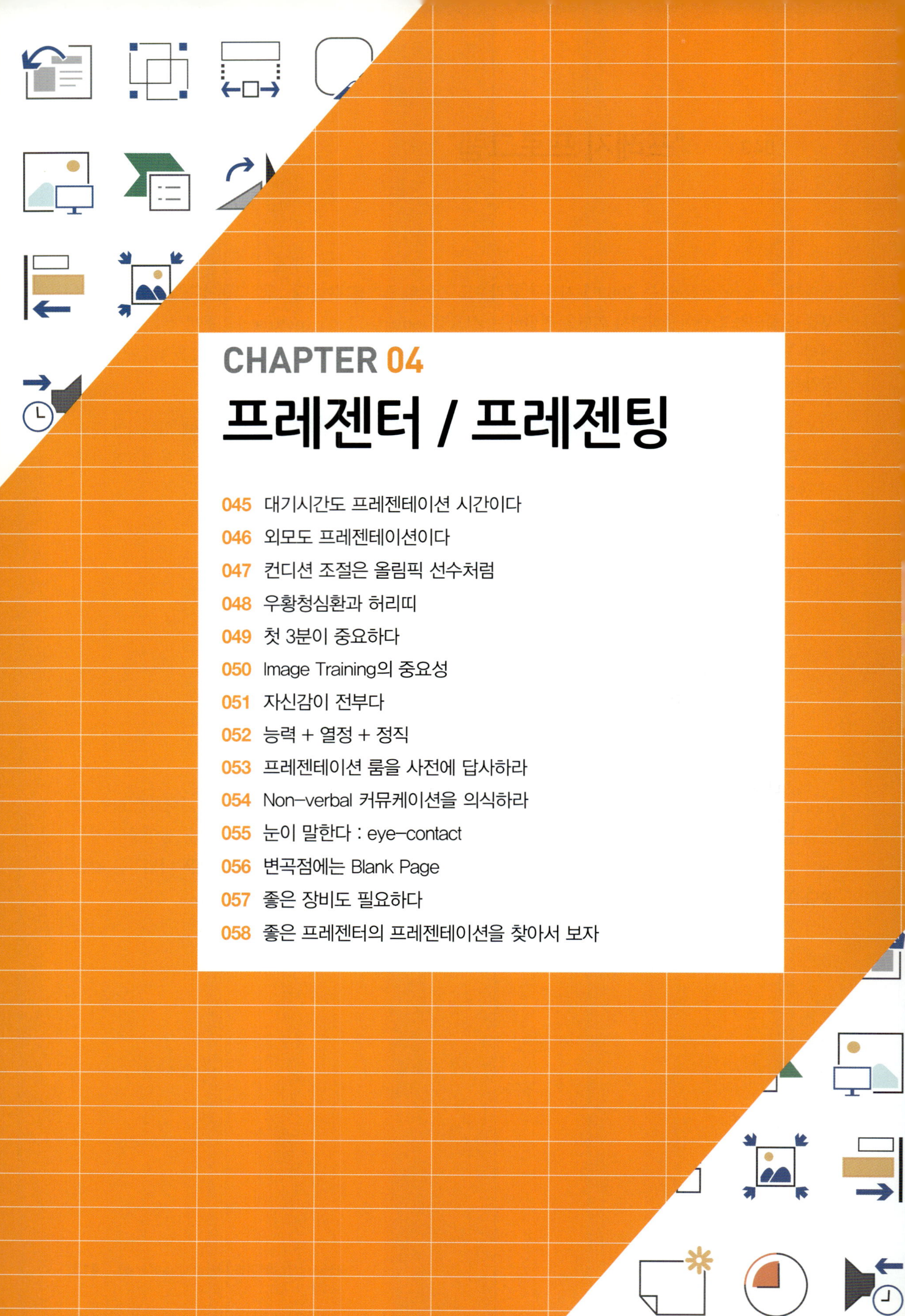

"대기시간도 프레젠테이션 시간이다"

실제로 프레젠테이션을 하게 되면 프레젠테이션이 시작되기 전까지 어느 정도의 막간 타임이 발생한다. 이 시간은 주로 앞의 팀의 프레젠테이션을 기다리는 시간이거나 프레젠테이션 장소에 장비를 세팅하는 시간, 그리고 오디언스들이 참석하는 것을 기다리는 시간 등이 해당된다.

요즘 연예인들 기사의 대부분은 무대 밖 그들의 행동이다. TV에 노출되는 그들의 모습은 이미 뉴스거리가 되지 않기 때문이기도 하지만 정리되고 편집된 그들보다 진짜 그들의 모습을 알고 싶어 하는 대중의 필요 때문이다. 물론 이러한 무대 밖의 모습들도 대부분 의도적으로 연출된다. 그럼에도 불구하고 사소한 그들의 행동과 말로 그들을 평가하는 대중을 많이 보게 된다.

마찬가지로 프레젠테이션 시간뿐만 아니라 나머지 시간도 프로젝트 팀의 모습을 보여주는 시간이 된다. 어쩌면 이 시간에 보여주는 모습이 실제 프레젠테이션의 인상을 좌우하는 선입견이 될 수 있다. 가능한 전문적이고 열정적인 모습을 보여 주어야 한다. 그러기 위해서는 이러한 시간을 위한 준비도 필요하다. 대부분 즉흥적으로 또는 관행적으로 이러한 시간들을 해결하고 있지만 가능한 사전에 계획된 행동을 하는 것이 좋다.

먼저 프레젠테이션을 대기하는 순간부터는 당연히 말조심을 하는 것이 중요하다. 팀원들끼리만 할 수 있는 농담은 절대 하지 않아야 한다. 좋은 뜻으로 하는 말이라도 맥락을 모르는 오디언스의 입장에서는 자칫 매우 조심성이 없고 불손하게까지 생각되는 경우가 매우 많다. 그것은 대기하는 장소나 화장실이나 커피 자판기 앞이나 흡연장소에서도 마찬가지다. 불량한 태도나 클라이언트에 대한 자신들만의 평가를 오디언스가 듣거나 본다고 생각해보라. 이미 절반쯤은 실패한 프레젠테이션이 될 것이다.

프레젠테이션 장비를 설치하는 것은 팀원들 각자 역할을 사전에 나누어서 체계적인 모습을 보여주는 것이 좋다. 그것은 시간적으로도 절약이 되고 만약의 실수도 예방하게 되지만 일사분란하게 일 처리하는 모습을 보여줌으로써 팀의 역량을 암시하게 된다. 각자의 역할도 나누고 사용장비간의 조정도 사전에 세팅을 해두는 것이 반드시 필요하다.

또한 그 시간은 프레젠터에게 매우 중요한 시간이다. 올림픽 한국 수영의 영웅인 박태환 선수의 경우에는 입장대기 시간부터 입장해서 풀에 다이빙하는 시간까지를 매우 조심스럽게 준비한다고 한다. 그것을 위해 헤드폰으로 음악을 들으면서 컨디션 조절을 하는 모습은 매우 유명하기도 하다. (덕분에 그 헤드폰이 더 유명해졌다) 프레젠터는 가급적 상황에 동요하지 말고 심리적 안정을 유지하도록 노력해야 한다. 프레젠테이션 내용을 한번 더 연습해보거나 아니면 심호흡을 하면서 긴장감을 완화시키는 것이 좋다.

마지막으로 장비설치 등이 완료된 후 오디언스들의 참석을 기다리는 시간에는 별도의 슬라이드 화면을 준비하는 것이 좋다. 필자가 주로 활용하는 방법은 발표할 프레젠테이션의 내용을 암시하는 복선의 역할을 하는 그림의 배경 위에 "잠시 후 XXXX팀의 프레젠테이션이 시작됩니다"라는 텍스트를 써놓는 것이다. 이 슬라이드는 하나 둘 오디언스들이 자리에 앉게 되면서 스크린을 보게 되면 우리 팀을 각인시키면서 사전에 분위기를 조성하는 역할을 하게 된다.

[Summary]

"대기시간도 프레젠테이션이다"
✓ 프레젠테이션을 기다리거나 준비하는 시간도 계획적으로 관리하여야 한다.
✓ 프레젠터에게 대기시간은 중요한 준비시간이다.

046 "외모도 프레젠테이션이다"

프레젠터의 외모가 프레젠테이션의 일부라고 하는 말에 대부분의 프레젠터들이 동의할 것으로 생각된다. 최근에는 과거에는 없던 전문적으로 외모를 컨설팅하는 이미지 컨설턴트라는 직종이 존재하기도 한다. 지난 총선에서 이들이 많은 후보들의 외모를 컨설팅했다고 한다. 누군가를 설득하기 위해 외모는 상당히 중요한 역할을 하게 된다는 점은 부인할 수 없고 오히려 더욱 중요해지고 있다.

그렇다면 프레젠테이션에서 외모를 고려할 때 기준이 되는 것은 무엇일까? 과거의 프레젠테이션에서는 거의 동일한 표준적인 외모를 강요했다. 튀지 않는 정장에 말쑥한 헤어 스타일이 중심이었다. 그러다 보니 프레젠터가 누구였던지 기억나지도 않았고 프레젠테이션에서 주장했던 내용의 전달을 강화하지도 못했다. 따라서 프레젠터의 외모를 결정하는 기준은 첫 번째, 프레젠테이션에서 주장하는 내용과 전체적인 분위기(Tone & Manner)이고 두 번째, 오디언스의 성향이 되어야 한다고 생각한다.

스티브 잡스는 늘 같은 옷을 입고 프레젠테이션을 했다. 옷뿐만 아니라 헤어스타일, 수염, 안경, 신발까지 그렇다. 그런데 스티브 잡스의 외모는 흔히 말하는 깔끔한 정장이 아니다. 청바지에 운동화와 검은색 터틀넥 스웨터 차림이다. 왜 일까? 그것은 모두들 알다시피 애플의 제품과 그것의 프레젠테이션의 핵심내용은 항상 이노베이션이기 때문이다. 이노베이션은 딱딱한 사고방식에서 나오지 않는다. 따라서 딱딱한 정장이 아니라 자유로운 평상복을 입음으로써 프레젠테이션의 효과를 높이고자 한 것이다. 물론 이것도 초창기의 많은 시행착오를 거쳐서 완성된 것이다.

우리의 현실에서도 마찬가지이다. 20대를 향한 자유로움과 열정을 주장하면서 평범한 정장 차림이 도움이 될까? 정장이라고 하더라도 매우 패셔너블한 캐릭터 정장 정도는 준비되어야 전달효과를 높일 수 있다. 광고회사의 프레젠테이션에서 제작부문을 담당하는 CD(Creative Direct)들은 이런 경우 대부분 매우 강렬한 인상의 외모로 프레젠테이션을 한다. 정장 차림의 경우는 거의 없다. 헤어 스타일이나 액세서리 하나도 달라 보이려고 노력한다. 남자들은 꽁지머리, 스킨헤드도 많고 강력한 색의 염색도 주저하지 않는다. 그래야 자신이 제안하는 제작물이 강렬하고 크리에이티브해 보이기 때문이다.

또한 오디언스의 성향도 중요하다. 한국의 경영자들은 50대 이상의 남성인 경우가 대부분이다. 그렇기 때문에 정장 차림이 비즈니스에 매너라고 생각하는 경향이 높다. 따라서 불가피하게 정장의 범주를 벗어나기 어려운 것이 현실이다. 하지만 이 경우에도 무언가 프레젠테이션의 효과를 높일 수 있는 방법을 고안해야 하며 다른 경우인 개방적인 오디언스들에게는 좀 더 다른 시도가 필요할 것이다. 대통령 선거에서 넥타이의 선택이 이미지의 많은 부분을 좌우한다고 한다. 정장을 벗어나기 힘들다면 정장의 스타일뿐 아니라 셔츠나 넥타이에서 그 프레젠테이션에 적합한 외모를 만들도록 생각해봐야 할 것이다.

외모를 준비하는 데는 생각뿐만 아니라 돈과 시간이 필요하다. 프레젠터라면 외모에 어느 정도 투자해야 한다. 필자가 아는 대부분의 프레젠터들은 상당한 투자를 한다. 그 때 그 때 트렌디한 옷을 사고 헤어 스타일을 만들고 액세서리를 준비한다. 이유 없이 비싼 명품을 사라는 것이 아니라 프레젠테이션의 성공을 위해 분장을 하는 수준의 준비가 필요하다는 것이다.

[Summary]

"외모도 프레젠테이션이다"
✓ 프레젠터의 외모는 프레젠테이션의 일부분이다.
✓ 프레젠테이션의 내용과 오디언스의 성향에 따라 외모를 계획하여야 한다.

047 "컨디션 조절은 올림픽 선수처럼"

프레젠터의 컨디션 조절은 다른 사람이 도와주기 힘든 개인적인 영역이다. 프레젠터 스스로가 조절해서 최상의 모습을 보여줘야 한다. 컨디션은 심리적인 측면과 육체적인 측면을 모두 포함하는 개념이다. 따라서 심리적으로도 안정을 유지해야 하고 육체적으로도 좋은 상황을 만들어야 한다. 흔히 프레젠테이션을 마무리하는 마지막 순간에는 거의 밤샘을 하는 듯한 과도한 업무를 지속하기도 한다. 하지만 이것은 특히 프레젠터에게는 치명적일 수 있다. 만일 지나치게 일이 몰린다면 다른 팀원들이 조금 분담하더라도 프레젠터에게는 프레젠테이션 자체에 몰입하고 자신의 컨디션을 관리할 수 있는 여유를 주는 것이 좋다.

컨디션을 조절하는 방법은 가장 용이한 것이 실제 프레젠테이션이 실시되는 날을 D-day로 설정하고 역산하여 최상의 컨디션이 되도록 조절해 나가는 방법일 것이다. 지나친 야근이나 불가피한 술자리 등은 차라리 프레젠테이션과 멀리 떨어진 시기(프로젝트 초기)로 모두 몰아 버리고 최소한 프레젠테이션 일주일 전부터는 당일의 컨디션을 위해 조절해 나가는 것이 좋다.

실제로 체육학을 전공한 분에게 올림픽 출전선수들의 컨디션 조절에 대해서 들은 적이 있다. (그 분은 이것으로 졸업논문을 썼다고 한다) 올림픽은 4년에 한번 개최되는 아주 긴 간격으로 일어나는 경기이다. 따라서 참가선수는 대부분 신체적 능력의 한계로 인해 평생 동안 1번 또는 2번 밖에는 참가할 수 없게 된다. 거기다가 올림픽에서의 입상은 여타 다른 대회보다 훨씬 큰 명예를 가지게 되는 엄청난 중요도를 가진다. 결과적으로 길게 보면 4년 적어도 1년 정도는 경기 일정에 맞춰서 컨디션을 조절하게 된다는 것이다. 우리나라에서도 올림픽 출전 선수들의 경기 컨디션 조절을 위해 다양한 과학적 연구들이 진행되고 실제 적용되고 있다고 한다. 특히 여자선수들은 생리 주기까지 관리하여 최상의 컨디션을 통한 최고의 경기력을 발휘하도록 하고 있다는 것이다. 최근 런던 올림픽에서 박태환 선수는 예선에서 실격판정을 받는 바람에 결국 판정이 번복되어 결선에 나섰지만 제 기량을 발휘하지 못한 것은 최종판정이 내려지기 까지 컨디션 조절을 할 수 없었기 때문일 것이다.

사람에 따라서 최상의 컨디션을 조금씩 개인차가 있을 수 있다. 어떤 사람은 가장 편안한 상태를 최고의 컨디션이라고 생각하기도 하고 어떤 사람은 다소 긴장이 유지된 상태를 최고의 컨디션이라고 생각하기도 한다. 이런 이유에서라도 프레젠터 스스로 가장 잘 할 수 있는 상태를 찾아서 유지하도록 하여야 한다. 그것을 위해 필요하다면 조금 미안하고 부끄럽더라도 팀원들의 협조도 적극 이끌어 내야 한다.

048 "우황청심환과 허리띠"

프레젠터를 맡게 되면 누구나 긴장한다. 경험이 많은 사람은 긴장하지 않는다고 하지만 실상은 정도의 차이가 있을 뿐 긴장하게 된다. 그 이유는 두 가지라 생각이 된다. 첫 번째는 당연히 '무대 공포증'에서 기인한다. 두 번째는 프레젠테이션이라는 행위 자체에는 두려움이 적지만 프레젠테이션의 결과에 대한 부담감 때문이다. 두 가지 모두 쉽게 해소되지 않는 문제이면서 프레젠터들의 가장 큰 고민이고 누구도 도와주기 어려운 부분이다.

이런 의미에서 프레젠터들은 충분히 칭찬받고 존중받고 보상받아야 한다. 요즘은 TV에서도 생방송을 거의 하지 않는다. 그만큼 현장에서 실시간으로 하는 프레젠테이션은 어려운 일이기 때문이다. 지금은 국민MC로 불리는 유재석씨도 과거 연예프로그램의 리포터를 하면서 생방송에서 거의 정신이 빠진 모습을 보였었다. 몇 마디만 하면 되는 것을 몇 번씩이나 더듬었다. 그만큼 아무도 도와주지 않고 모든 눈과 귀가 자신에게 몰린 상황과 그것으로 인한 프로젝트의 성패를 생각하면 프레젠터의 중압감은 높을 수 밖에 없다.

필자도 프레젠터를 맡으면서 초기에는 작은 프레젠테이션을 몇 번 하면서 조금씩 적응해나가고 있었으나 마침내 제법 큰 프로젝트의 프레젠터를 맡게 되면서 상당한 부담감을 가지게 되었던 적이 있었다. (누구나 그런 상황이 언젠가는 오게 된다. 지금도 편하지만은 않다) 부담감에 고민하던 차에 업계의 선배님께 상의를 드렸다. 그랬더니 그 선배님께서도 똑 같은 경험을 했다는 말씀을 해주시고는 본인이 했던 방법을 알려 주셨다. "우황청심환 한 알 먹고 허리띠가 끊어지도록 배에 힘을 꽉 주고 프레젠테이션을 했더니 괜찮던데"라는 경험이었다. 참 전통적인 방법이라 생각했지만 실제로 해보았다. 결과는 좋았다. 완전히는 아니지만 왠지 가슴이 안정되고 자신감이 들었다. 우황청심환이 비법의 약이라 그랬을까? 이제와 생각하면 우황청심환은 일종의 위약(僞藥, placebo)으로 작용하였다고 생각된다. 뭔가에 의지하려고 하지만 의지할 수 없는 상황에서 의지할 대상을 만들어 준 것이지 약의 효과로 완전히 극복되지는 않았을 것이다. 또한 '허리띠가 끊어지도록 배에 힘을 꽉 주는 것'도 심리적인 부분이 큰 것 같다. 배에 힘을 꽉 주면 몸이 살짝 경직되면서 몸이나 목소리가 떠는 현상이 없어지게 되고, 그것으로 인해 '난 떨지 않고 있어'라는 자신감이 생기면서 스스로의 능력을 인정함으로써 안정을 찾게 되는 것이다.

더 중요한 것은 프레젠터는 원래 어려운 것이라는 것을 스스로 인정하는 것이다. 자신의 불완전함을 인정하고 나면 오히려 편안해진다. 타고 나기를 무대 공포증이 없는 사람들이 있기는 하다고 한다. 최근 열풍인 오디션 프로들을 보면 그런 사람들이 가끔 있다. 하지만 대부분의 사람들은 무대 공포증을 가지고 있다. 그리고 다행하게도 그런 무대 공포증을 가진 많은 사람들 중에 차근차근 경험을 가지고 잘 극복하는 사람들이 오디션의 주인공이 되는 경우가 대부분이다. 프레젠테이션의 세계도 마찬가지이다. 왜냐하면 약간의 긴장과 경직은 그 프로젝트에 대한 열정과 열망, 팀원들에 대한 책임감의 결과라는 것을 오디언스들도 잘 알고 있기 때문이다.

하지만 그런 약간의 긴장과 경직은 인정하더라도 전달력 자체를 떨어뜨리는 일은 해서는 안 되는 일이다. 프레젠터가 긴장하지 않기 위한 가장 큰 요인은 프레젠테이션 내용에 대한 완벽한 숙지와 오디언스 설득에 대한 확신이다. 따라서 스스로 만족스런 경쟁력 있는 프레젠테이션 콘텐츠가 되어야 하고 많은 연습(리허설)을 통해 콘텐츠와 설득 방법을 숙지해야 한다. 시험공부를 많이 한 학생은 시험이 두렵지 않은 법이다.

[Summary]

"우황청심환과 허리띠"
✓ 누구나 무대공포증을 가지고 있다. 연습으로 극복해야 한다.
✓ 약간의 긴장은 필요하지만 너무 많은 부담감은 버려야 한다.

049 "첫 3분이 중요하다"

모든 만남과 설득이 그러하듯이 프레젠테이션도 첫인상이 중요하다. 프레젠테이션의 도입 부분에서 어떤 내용과 태도를 보이는가에 따라 오디언스들은 이후의 시간을 몰입할 것인가 말 것인가, 긍적정으로 볼 것인가 말 것인가가 결정된다고 한다. 길게 보아도 3분 안에 우리의 프레젠터이션에 긍정적인 태도로 귀 기울이게 만들어야 한다는 것이다. 덧붙여서 첫 3분은 프레젠터와 오디언스 사이의 보이지 않는 서먹함의 벽을 허물기 위한 Ice Breaking의 요소도 필요한 시간이다.

또한 프레젠터의 입장에서 보아도 첫 3분이 중요하다. 요즘 인기인 프로야구에서도 1회가 투수에게는 큰 고비라고 한다. 1회를 잘 막으면 6회 이상 버텨내면서 실점을 적게 하는 퀄리티 스타트를 하게 되고, 1회를 못 막으면 대량실점하며 조기에 마운드를 내려올 가능성이 높다는 것이다. 이것은 투수의 몸이 아직 채 웜업(warm up) 되기 전이기 때문이다. 골프에서도 첫 3홀이 가장 어렵고 중요하다고 한다. 마찬가지로 프레젠터도 웜업 할 시간이 필요하다. 이것을 도입 부분의 3분내에 해결하는 것이 필요한 것이다.

따라서 첫 3분에는 오디언스를 주목하게 하는 요소와 프레젠터가 웜업 할 수 있는 요소를 동시에 고려하여 배치하는 것이 좋다. 팀원과 프레젠터가 프로젝트에 따라서 어떤 내용을 도입 부분에 넣어야 할지 판단하는 과정이 필요하다. 다만 아주 직접적으로 본론에 들어가거나 너무 가벼운 농담으로 시작하는 것은 그 의도와 중요성에 맞지 않는다. 그래서 대부분의 경우는 일종의 히스토리 리뷰를 하게 된다. 히스토리는 오디언스도 이미 알고 있는 부담이 적은 내용이고 히스토리 리뷰를 통해 앞으로 전개될 프레젠테이션 내용으로 연결하기도 용이하기 때문이다.

좀 더 창의적인 접근도 좋다. 최근에 유행하는 영화나 음악을 들려주거나 개인적으로 겪은 일들을 보여주는 것도 좋다. 오디언스나 프레젠터 입장에서 부담은 적지만 그 다음을 기대하게 하는 것이 좋다. 프레젠테이션에서의 첫 3분은 마지막 결론 못지 않게 중요한 역할을 하게 된다는 것을 생각하고 아이디어를 모아 보는 것이 필요하다.

[Summary]

"첫 3분이 중요하다"
✓ 오디언스와 프레젠터에게 모두 첫 3분이 중요하다.
✓ 첫 3분을 위해 좀 더 편안하고 친밀감을 높일 수 있는 아이디어가 필요하다.

"Image Training의 중요성"

프레젠터가 실제로 연습을 하는 것은 많은 제약이 따른다. 가장 어려운 점은 모든 것이 준비된 후에야 제대로 연습을 해 볼 수 있는데, 모든 것이 준비되는 것이 실제 프레젠테이션을 얼마 남기지 않은 시점인 것이 대부분이라는 것이다. 어떨 때는 불과 몇 시간을 남기고 완성되는 경우도 허다한 것이 현실이다. 단 한번의 연습만으로 프레젠테이션을 하게 될 수도 있다. 또한 시간적으로 여유가 있더라도 신체적 피로 등을 감안하면 많은 연습을 할 수 없는 것도 현실이다.

이와 같은 이유로 프레젠터는 일종의 〈Image Training〉을 지속적으로 하는 것이 좋은 해결책이 된다. 〈Image Training〉은 언제 어디서나 할 수 있다는 좋은 점이 있다. 출퇴근하는 차 안에서도, 화장실에서도, 침대에서도 할 수 있다. 프레젠테이션의 흐름을 정리해보고 어떤 지점에서 강조를 할 것인지 어떻게 행동할 것인지 등을 머릿속으로 정리하고 다시 재조정할 수 있다. 중요한 점은 메모를 하고 수정할 수 있다. 또한 〈Image Training〉는 혼자 할 수 있다. 공식적인 연습, 리허설은 혼자 할 수 없지만 〈Image Training〉은 다른 팀원들이 작업을 하는 중간에도 프레젠터 혼자서 할 수 있다. 또한 〈Image Training〉은 최종적인 완성이 되지 않은 시점에서도 할 수 있다. 사실상은 그것을 통해 최종적인 완성을 해나간다고도 할 수 있다. 강조점을 바꿀 수도 있고 행동을 변화시킬 수도 있다.

무엇보다 중요한 것은 프레젠테이션의 두려움과 실수를 줄여 줄 수 있다는 것이다. 심리적인 안정성이 중요시되는 사격이나 양궁 같은 종목에서 〈Image Training〉을 중요하게 훈련하는 것도 마찬가지라고 한다. 어떻게 보면 자신이 처하게 되는 환경을 심리적으로 자신이 주도하는 것으로 변화시키는 것이라 할 수 있다. 많은 횟수의 〈Image Training〉를 통해서 프레젠터 자신의 행동과 프레젠테이션의 흐름과 오디언스의 반응을 미리 그려보고 다소 의외의 상황이 발생하더라도 동요하지 않고 원래 생각했던 그림으로 돌아올 수 있는 심리적 안정을 얻을 수 있게 되는 것이다.

눈을 감고 생각해보자.
'...안내에 따라 프레젠테이션이 시작된다. 내(프레젠터)가 일어서서 본인 소개를 하고 첫 페이지가 시작된다. 첫 부분에서는 과거의 히스토리를 간략하게 점검한다. 오디언스들이 조금씩 반응하기 시작한다. 다음에는 문제의 발견을 설명한다. 이 부분에서 다소 과격한 평가로 오디언스들의 반응이 격해지기 시작한다. 이 부분에서 강조할 단어는 OOO이다. 오디언스의 반응에도 불구하고 지속적으로 강조한다...'

이렇듯 중요 단어와 전체 흐름을 중심으로 지속적으로 정리하고 다듬으면 프레젠테이션의 내용 완성도도 높아지고 프레젠터의 자신감도 부쩍 높아지게 될 것이다.

[Summary]

"Image Traning의 중요성"
✓ 실제 리허설도 중요하지만 Image Training을 통한 반복훈련도 중요하다.
✓ Image Training에는 제안 내용뿐 아니라 프레젠터의 모든 행동을 포함하여야 한다.

051　　　**"자신감이 전부다"**

궁극적으로 프레젠터가 가져야 하는 태도를 정의하기 위해서는 먼저 프레젠테이션 자체에 대한 정의가 필요하다. 프레젠테이션은 어떤 주체가 가지고 있는 문제를 해결하기 위해 사실들과 논리적인 추론들을 바탕으로 나름의 해결책을 제시하고 설득하는 행위이다. 즉, 어떤 프레젠테이션도 결정적인 오류가 없다면 완전하게 옳지도, 잘못된 것도 아니라는 것이다. 오디언스 입장에서는 상대적으로 가장 타당하고 효과적이라 판단되는 제안을 현재 시점에서 선택할 뿐이다.

따라서 프레젠터가 가져야 할 태도는 프로젝트에 대한 자신감이다. 당연히 자신감의 근거는 논리적 근거와 그 해결책에 대한 확신에 있다. 그것을 오디언스들에게 확신하게 하는 일차적인 동력은 프레젠터의 자신감에 있다. 프레젠터가 자신감 있는 태도로 프레젠테이션을 하고 그 자신감이 오디언스들에게 전달되는 것이 오디언스들의 결과에 대한 확신으로 연결되는 것이다.

상대를 설득하게 하는 요인은 여러 가지일 수도 있다. 동정이나 연민일 수도 있고 우정이나 사랑일 수도 있고 존경일 수도 있다. 하지만 비즈니스 세계에서는 결과의 성공에 대한 자신감 외에는 다른 선택이 있기 어렵다. 오디언스들도 자신감을 가진 해결책에 기대고 싶어하고 믿고 싶어지는 것이 프레젠테이션의 세계이다.

자신감을 표현하는 색깔과 방법에는 차이가 있을 수 있으나 자신감은 프레젠터가 가져야 할 태도의 전부라고 할 수 있다.

[Summary]

"자신감이 전부다"
✓ 프레젠터의 자신감 있는 태도가 오디언스에게 확신을 전달한다.

프레젠터가 가져야 할 태도가 자신감이라면 궁극적으로 전달하고 선택하게 할 요소들은 무엇일까? 프레젠터의 프레젠테이션에서 무엇을 오디언스는 선택하게 되는 것일까? "나는 OOO해서 이번 프레젠테이션을 선택하기로 했어"라는 말을 하게 될까?

그것은 3가지로 귀결되는 것 같다. 능력, 열정, 정직이 그것이다. 가능하다면 3가지 모두를 전달하는 것이 최선이다. 하지만 그것은 어려운 일이다. 그렇다면 최소한 한 가지는 반드시 집중하고 전달해야 한다. 프로젝트를 진행하다보면 그 프로젝트에 무엇이 가장 중요한지 판단할 수 있을 것이다. 그 부분에 집중하는 것이 프레젠테이션의 성공 확률을 높이는 길이다.

첫 번째 문제해결을 위한 능력은 무엇보다 가장 중요하다. 프레젠테이션의 기본적인 목적이 새로운 제안을 통해 문제의 해결을 요구하는 것이기 때문이다. 프레젠테이션 내용은 문제 해결책을 결론으로 집중되어 작성된다. 많은 경우에 오디언스가 프레젠테이션을 듣고 난 후에 결론인 문제 해결책은 다소 마음에 들지 않더라도 프레젠테이션에서 보여준 능력의 가능성을 보고 선택하게 된다. 일단 능력에 대한 확신을 하면 추가 협의를 통해 새로운 해결책을 만들 수 있을 것이라고 기대하기 때문이다.

두 번째는 프로젝트에 임하는 열정이다. 얼마나 많은 열정을 가지고 프로젝트에 임했는지는 프레젠테이션에 고스란히 보여진다. 뜨거운 가슴으로 많은 시간과 노력을 들여 애정을 가진 모습은 오디언스에게 감동을 주게 된다. 자신의 프로젝트에 이렇게 많은 열정을 가진 사람들을 어찌 좋아하지 않을 수 있을 것인가? 능력이 비슷하다면 당연히 열정의 크기로 선택하게 될 것이다.

세 번째는 프로젝트와 고객에 대한 정직함이다. 아무리 좋은 능력을 가지고 열정을 가진 것으로 보인다고 하더라도 정직함은 가장 근본적인 덕목이다. 비즈니스 세계에서 정직함은 특히 중요하다. 좋은 능력을 가졌으면서도 정직하지 않다면 프로젝트 또는 회사 전체를 위기로 이끌 가능성이 더욱 높아지는 것은 누구나 알고 있다. 정직함은 여러 가지 측면에서 전달될 수 있다. 데이터의 사용과 해석, 해결책의 윤리성, 기대효과에 대한 예측, 조직 또는 사회와의 조화 등에서 드러나게 된다. 정직함은 우열의 요소라기보다는 반드시 가져야 할 필수요소라 생각된다.

[Summary]

"능력 + 열정 + 정직"
✓ 프레젠테이션에서 전달해야 하는 것은 문제해결 능력이 최우선, 열정은 추가점수, 정직은 기본요소이다.

"프레젠테이션 룸을 사전에 답사하라"

프레젠테이션을 진행하게 되는 공간도 매우 중요한 변수가 되는 경우가 많다. 좋은 프레젠테이션을 위해서는 공간의 크기, 조명, 테이블과 의자의 배치, 스크린의 크기 등이 모두 영향을 줄 수 있기 때문이다. 따라서 프레젠테이션 전에는 반드시 실제 프레젠테이션 룸을 답사할 필요가 있다.

프레젠테이션 룸의 상황에 따라 프레젠터의 위치와 동선을 조정해야 한다. 필자의 경우에도 동일한 프레젠테이션을 다른 장소에서 수 차례 진행한 적이 있었다. 한번은 일반적인 대회의실이었고 두 번째는 CEO의 사무실, 마지막은 대강당이었다. 첫 번째의 경우는 일반적인 환경이어서 큰 어려움이 없었으나 두 번째와 세 번째는 모두 당황스러웠고 실제 만족스러운 프레젠테이션이 되지 못했다. CEO 사무실에서는 스크린이 아니라 사무실에 비치된 작은 화면의 TV에 노트북을 연결해서 진행하였고 대강당에서는 매우 산만한 환경에서 마이크를 사용해야만 했다. 사전에 정보가 없었고 답사도 못했기 때문에 곤란을 겪었던 것이다. 불가피하다고 할 수도 있지만 미리 챙기는 것은 우리 팀의 책임이다.

프레젠테이션 룸에서 챙겨야 할 것 중에 전원의 위치 또한 중요하다. 만약 장비와 전원과의 거리가 멀다면 익스텐션 케이블을 사용해서 조정해야 한다. 익스텐션 케이블은 전기용도 준비해야 하지만 데이터 케이블(노트북과 빔 프로젝터 연결용)과 오디오 케이블(노트북과 스피커 연결용)도 준비해야 한다.

가능하다면 프레젠테이션 팀에서 준비해가는 장비와 프레젠테이션 룸에 설치되어 사용해야 하는 장비를 서로 사전에 답사하면서 시험연결도 해보는 것이 좋다. 대부분의 프레젠테이션 룸에는 스크린과 빔 프로젝터가 설치되어 있고 그 장비를 사용하는 경우가 많다. 어떤 경우에는 스피커도 프레젠테이션 룸의 것을 사용하게 되는데 마찬가지로 시험연결을 해보아야 한다. 노트북과 빔 프로젝터가 제대로 연결되지 않는 경우는 요즘도 종종 일어나는 일이다. 필자는 파워포인트가 아니라 키노트로 프레젠테이션을 하면서 애플의 노트북을 가져 갔는데 빔 프로젝터와 연결되지 않아서 진땀을 흘린 적이 있다. 다행히 준비해간 일반 노트북과 파워포인트 버전으로 프레젠테이션을 진행하기는 했지만 무척이나 아찔한 순간이었다.

[Summary]

"프레젠테이션 룸을 사전에 답사하라"
✓ 프레젠테이션의 환경을 알아야 더 좋은 프레젠테이션이 가능하다.
✓ 조명, 전원, 장비, 전체 크기 등 모든 요소를 꼼꼼하게 체크해야 한다.

054 "Non-verbal 커뮤니케이션을 의식하라"

인간의 커뮤니케이션을 연구하는 학자들의 연구에 따르면 인간의 커뮤니케이션에서 Verbal한 측면이 차지하는 것보다 Non-verbal 커뮤니케이션이 차지하는 비중이 훨씬 높다고 한다. 입에서 나오는 말의 내용보다 말하는 사람의 행동이 더 많은 것을 전달한다는 것이다. 범죄심리학에서도 이러한 Non-verbal한 측면을 통해서 증언의 진실여부를 추정하기도 한다.

Verbal 커뮤니케이션에서도 내용뿐만 아니라 중요한 부분이 목소리이다. 목소리는 저마다 타고난 음색이 있고 높낮이가 있고 말하는 속도와 발음이 있다. 모두 중요하다. 한석규씨, 김명민씨, 지진희씨, 이순재씨 같은 좋은 배우들을 생각해보자. 이 분들의 공통점은 목소리 연기에 있다고 한다. 이들의 특징은 작게 말하더라도 한 음절 한 음절 모두 또렷하게 들리는 좋은 발성, 단어와 단어 사이의 띄어 읽기, 문장 내에서의 강약조절이 매우 절묘하다는 것이다. 일반인이 이런 전문가들과 같을 수는 없다. 하지만 가장 쉽게 따라 할 수 있는 것은 말하는 속도이다. 프레젠터가 가장 하지 말아야 할 것이 빠르게 말하기다. 빨리 말하고자 하는 이유는 빨리 프레젠테이션을 마치고 싶은 욕구와 많이 말하고 싶은 욕구 때문이다. 하지만 빨리 말하는 것은 전달력도 떨어지고 자신감도 없어 보이고 집중력도 떨어지게 만든다. 가능한 보통 속도로 핵심적인 내용을 정확하게 전달하는 것이 좋다. 다큐멘터리 나래이션을 하는 성우나 아나운서나 배우들을 보라. 대통령 선거에 나서는 후보들의 연설을 보라. 따발총, 속사포 같은 빠른 속도는 아무도 없을 것이다.

프레젠테이션에서 프레젠터의 서 있는 자세와 설명을 위한 보조 행동이 Non-verbal 커뮤니케이션의 대부분을 차지한다. 서 있는 자세는 프레젠테이션에서 가장 많은 시간 보여주는 모습이다. 자신감을 표현하기 위해서는 곧고 바른 자세가 필요하다. 지나치게 상체를 숙이면 비굴해 보이고 상체를 젖히면 거만해 보인다. 너무 경직되지 않되 다이내믹한 느낌의 곧은 자세가 좋다. 얼굴 표정도 기본적으로는 자신감 있는 표정에 프레젠테이션 흐름에 따라 변화를 주면 된다. 서 있는 자세와 표정은 하루아침에 바뀌지 않기 때문에 프레젠터는 평소에 연습을 할 필요가 있다.

프레젠터의 행동에서 가장 문제가 되는 것은 눈과 손의 동작이다. 눈에 대해서는 다음에 자세히 설명하게 될 것이다. 손의 경우에는 가능한 손이 의지할 것이 있는 것이 좋다. 실제로 치지도 않는 기타를 메고 나와서 손을 얹어 놓거나 마이크를 사용해서 노래를 부르는 가수들도 그러한 이유 때문이다. 그렇기 때문에 무선 프레젠터(리모트 컨트롤러)를 사용하는 것이 좋다. 한 손에 무선 프레젠터를 들고 있으면 어색하거나 산만한 손 동작을 하지 않기 때문이다. 설명할 필요가 있을 때 손 동작을 하는 것은 필요하지만 과도한 동작은 자제하는 것이 좋다. 서구인의 경우 큰 동작이 일상적이지만 우리의 경우에는 좋지 않게 보는 경향이 아직 강하다. 필자가 근무한 적이 있는 미국계 대행사에서는 무대를 가로질러 왔다갔다하는 것도 좋은 방법이라고 교육하고 있는데 이것 또한 우리 실정에는 역효과가 날 수 있다. 시선을 모으고 주의를 환기시키는 역할을 할 수는 있지만 다소 산만하고 건방지게 보일 가능성도 있다. 하지만 역시 중요한 것은 자신감을 잃지 않기 위해 절도 있고 세련된 동작을 하는 것이 좋다는 점이다.

[Summary]

"Non-verbal 커뮤니케이션을 의식하라"
✓ Non-verbal 커뮤니케이션에서 목소리의 높이, 속도, 발음, 느낌 등이 매우 중요하다.
✓ 프레젠터의 자세와 행동은 절도 있고 세련되어야 한다.

055 "눈이 말한다 : Eye Contact"

이제는 프레젠테이션에서 기본이 되어 버린 Eye Contact은 역시 중요하다. 눈은 마음의 창이라고 하듯이 눈을 보면 그 사람의 현재 감정을 알 수 있기 때문이다. 또한 눈을 마주친 상대에게는 동질감 또는 유대감을 느끼는 인간의 본능 때문이기도 하다. 얼마나 많은 드라마와 소설에서 '두 눈을 마주한다'라는 표현이 두 사람이 하나가 되는 것으로 서술되었는가.

하지만 그렇기 때문에 실제로 처음 보는 사람, 익숙하지 않은 타인과 눈을 마주치는 것은 쉽지 않은 일이다. 특히나 의사 결정권을 가진 사람과 눈을 깊숙하게 마주치는 것은 다소 두려운 일이기조차 하다. 하지만 그 순간들이 일종의 moment of truth이기 때문에 반드시 해야 한다.

나의 눈을 보여주는 동시에 상대의 눈을 보아야 한다. 나의 진심을 보여주고 상대의 진심을 읽어내야 한다. 프레젠테이션이 일방향적인 커뮤니케이션처럼 보이지만 양방향적인 커뮤니케이션이 되는 것이 바로 Eye Contact이다.

그렇다면 누구와 Eye Contact해야 할까? 많은 사람들은 의사 결정권을 가진 오디언스와 하는 것이 좋다고 한다. 하지만 필자의 생각으로는 주로 의사 결정권을 가진 오디언스에 맞추는 것이 좋지만 다른 사람들에게도 Eye Contact을 번갈아 가면서 해나가는 것이 더 좋다는 생각이다. 그것을 통해 전체 오디언스에게 배려와 성의를 표하게 되고 자신감도 더욱 돋보이게 된다고 생각한다.

[Summary]

"눈이 말한다. : Eye Contact"
✓ Eye Contact은 프레젠테이션에서 중요한 양방향 커뮤니케이션 역할을 한다.

"변곡점에는 Blank Page"

어쩔 수없이 프레젠테이션은 슬라이드에 들어 있는 콘텐츠의 내용에 따라 진행된다. 그러다 보면 오디언스는 프레젠터와 스크린을 번갈아 보거나 아예 스크린에 시선을 고정하고 듣게 된다. 이러다 보니 불과 몇 분만 지나면 주의집중에 한계가 와 지루함이 찾아 온다. 심지어 식사를 마친 직후의 프레젠테이션에서는 꾸벅꾸벅 조는 오디언스들이 종종 나타난다. 그러다 보면 정작 중요한 지점에서도 주의력이 떨어지면서 내용을 놓치는 상황이 발생한다. 이 경우에 다시 한번 주의를 환기하고 다시 한번 집중하게 하는 방법들이 필요하다.

좋은 해결책 중의 하나는 오디언스에게 질문을 하는 방법이 있다. 갑자기 질문을 하면 그 동안 수동적으로 듣기만 하던 오디언스들이 답변이라는 능동적인 역할이 주어지면서 머리를 회전시키게 된다. 질문은 프레젠테이션 흐름과 연결될 수 있으면서 다소 유머러스한 것이 좋다고 한다. 모두 함께 한번 웃으면서 머리를 자극해주게 되는 것이다.

또 하나 좋은 방법이 슬라이드를 통해 계속적으로 전달되던 자극을 일시적으로 없애 버리는 것이다. 즉, 다음 페이지를 넘겼더니 아무 내용도 없는 빈 화면을 보게 하는 것이다. 오디언스는 조금 당황하게 된다. '이거 슬라이드에 사고가 난 건가? 노트북이 섰나? 뭐지?'하게 된다. 이 때는 슬라이드의 내용 없이 프레젠터에게만 집중하게 되고 프레젠터는 앞의 내용을 정리하거나 다음에 나올 내용과 연결되는 이야기를 하면 된다.

이런 방법을 써야 할 지점은 프레젠테이션에서 변곡점이 될만한 단계이다. 해결책에 대한 설명이 시작되는 입구나 또 다른 문제나 측면을 건드리고자 하는 장면에서 사용하면 아주 효과적이다. "앞에서 말씀드린 문제들 가지고 저희는 한달 내내 고민했습니다. 아주 어려웠습니다. 하지만 마침내 그 해결책을 찾았습니다" 또는 "앞서의 문제는 이러이러했습니다. 반면에 놓치진 말아야 할 중요한 또 다른 문제도 있었습니다."와 같은 슬라이드에는 없는 프레젠터의 말로 흐름을 살짝 바꿔 놓는 역할을 하게 된다.

[Summary]

"변곡점에는 Blank Page"
- ✓ 오디언스의 주의력을 환기할 수 있는 장치들이 필요하다.
- ✓ 중요한 전환점이 되는 부분에서는 아예 내용이 없는 페이지로 프레젠터에게 주목하게 하는 방법도 유용하다.

"좋은 장비도 필요하다"

'명필은 붓을 가리지 않는다'라는 말이 있다. 분명히 훌륭한 격언이고 진리에 가깝다. 하지만 우리는 보통 사람들이다. 특히 요즘 같이 기술의 발전이 빠른 시대에는 장비가 결과를 좌우하는 경우도 많다. 골프 치는 사람들을 보면 골프장비에 따라 스코어가 달라진다는 말들을 많이들 한다. 올림픽에 출전하는 선수들은 모든 장비가 기록에 큰 영향을 준다고 한다. 거대 스포츠 메이커들은 스포츠 과학이라는 이름으로 계속적으로 기술을 개발하고 고가의 장비들을 판매하고 있다. 좋은 장비는 성능의 안정성이라는 장점 외에도 오디언스에게 '항상 새로운 것에 관심이 많은 팀'이라는 좋은 인상을 전달하는데도 유용하다.

프레젠테이션에 쓰이는 장비는 어찌 보면 단순하다. 노트북 컴퓨터, 무선 프레젠터(리모트 컨트롤러), 빔 프로젝터, 스크린은 기본 장비이고, 스피커, TV 등은 필요에 따라 추가되는 장비가 될 것이다. 이 외 프레젠테이션의 특성에 따라 별도의 장비가 필요한 경우도 발생한다. 기본적으로 모든 장비는 안정적으로 작동할 수 있는 상태이어야 한다.

요즘은 그런 일들이 많이 줄어 들었지만 과거에는 노트북 컴퓨터가 말썽을 부리는 경우가 자주 있었다. 예비 장비를 챙기는 것도 필요하지만 좋은 메인 장비를 준비하는 것이 더 좋다. 또한 파워포인트가 아니라 애플의 키노트를 사용하려면 맥북 컴퓨터가 당연히 필요하다. 빔 프로젝터도 성능의 차이가 많이 나는 장비이다. 물론 가격에 따라 성능이 대부분 정해지지만 잘 선택하면 가격 대비 성능이 좋은 프로젝터를 찾아 쓸 수 있다. 십수년전 빔 프로젝터의 성능이 떨어지던 시절에 어떤 광고회사는 흔히 '대포'라고 불리는 행사용 대형 빔 프로젝터를 프레젠테이션에 사용하기도 했다. 하지만 곧 현장에서 퇴출되었다. 빔 프로젝터는 밝기와 해상도가 중요하지만 추가로 신경 써야 할 것은 냉각팬의 소음과 발열량이기 때문이었다. 큰 빔 프로젝터는 엄청난 열이 나며 그것을 식히지 위해 커다란 소리를 내는 팬이 쉬지 않고 돌아가기 때문이었다. 울지도 웃지도 못할 일이었다.

스피커의 경우도 상당한 차이가 있다. 흔히 이동성을 중시하여 작은 크기의 PC용 스피커를 사용하는 경우가 많은데 이런 스피커는 프레젠테이션 룸에서 듣기에는 적합하지 않다. 10명이 이상이 함께 듣게 되는 공간에서 작은 출력의 스피커는 '앵앵'거리는 상당히 좋지 않은 소리를 내게 된다. 프레젠테이션 룸 정도의 공간에서 사용하기 적합한 스피커는 오디오 전문 브랜드에서 생산된 중간 크기의 포터블 스피커이다. PC용 소형 스피커에 비해 다소 비싸지만 이동성과 크기에 비해 만족할만한 음질을 제공한다.

[Summary]

"좋은 장비도 필요하다"
✓ 좋은 장비는 안심과 완성도를 높여준다

"좋은 프레젠터의 프레젠테이션을 찾아서 보자"

가르침을 받는 방법에는 사사(師事)라고 하는 직접 가르침을 받는 것이 있고, 사숙(私淑)이라고 하여 직접 배우지는 않았지만 그 가르침을 따르는 방법이 있다고 한다. 직장에서 직접 가르침을 받는 것에는 한계가 있을 수 밖에 없다. 프레젠테이션도 마찬가지이다. 기본적인 것들은 가르쳐 줄 수 있으나 시간적인 한계도 있고 가르치는 사람 또한 부족한 점이 있으므로 한계가 있는 것이다.

디지털 네트워크 시대의 장점이 언제 어디서나 공개된 방대한 정보를 바로 찾아 볼 수 있다는 것이다. 좋은 프레젠테이션을 하는 좋은 프레젠터 또한 찾아 볼 수 있다. 검색에서 프레젠테이션을 검색해서 동영상을 보면 좋은 프레젠터의 프레젠테이션을 많이 볼 수 있다.

특히 추천하고 싶은 프레젠테이션은 앞에서도 많이 언급했지만 스티브 잡스의 프레젠테이션이다. 동영상을 보면 많은 것을 느낄 수 있을 것이다. 물론 스티브 잡스라고 하는 개인의 명성과 그에 대한 기대가 효과를 배가시켜주는 면도 있지만 절대적인 관점에서 보아도 좋은 프레젠테이션이다. 콘텐츠와 슬라이드 디자인도 배울 점이 매우 많을 것이다.

또 하나 추천하고 싶은 것은 Ted.com에서 제공하는 강연 동영상이다. 수 많은 세계의 유명인들이 스스로 정한 주제를 짧은 시간에 청중들에게 프레젠테이션 형태로 강연하고 이 강연을 동영상으로 제작하여 전세계인들에게 무료로 제공하고 있다. 한국어 해석도 되어 있으니 영어에 익숙하지 않아도 내용이해에는 문제가 없다. 지식이 많은 사람들이 자기 분야의 전문성을 가지고 강연을 하기 때문에 내용적으로 완성도가 높은 것이 사실이다. 더불어 많은 연사들이 프레젠터로서도 매우 우수한 역량을 보여 준다. 아마도 이들은 강연할 기회가 많았기 때문이었을 것이다. 매우 자연스럽고 열정적이고 전달력이 높다. 콘텐츠도 매우 적절하게 구사한다. 세상은 넓고 고수는 많다.

[Summary]

"좋은 프레젠터의 프레젠테이션을 찾아보자"
✓ 좋은 프레젠터를 잘 관찰하고 나에게 적용하는 것이 큰 학습이 된다.

CHAPTER 05

강호 고수들의 프레젠테이션에 대한 다른 생각들

질문 1) 당신이 생각하는 프레젠테이션이란(정의) ?

질문 2) 가장 기억에 남는 프레젠테이션 관련 에피소드는?

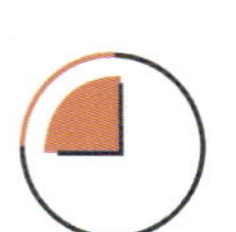

059   **"프레젠테이션은 기대와 신뢰"**

– 서재근, astonemarketing 대표 –

 **Q1** 내가 생각하는 프레젠테이션이란?

프레젠테이션을 통해서 최종적으로 획득하는 것은 오디언스들의 의사결정이다. 그것을 위해서 중요한 것은 프레젠테이션이 어떤 내용이든 어떤 형식이든 오디언스들의 기대와 신뢰를 이끌어 내야만 의사결정을 얻어 낼 수 있다고 생각한다.

화려한 수사나 언변이나 쇼보다는 오디언스에게 어떻게 기대와 신뢰를 갖게 할 것인가를 놓고 프레젠테이션을 디자인하게 된다. 프레젠테이션 현장은 프레젠터가 주도하고 오디언스는 수동적인 존재가 된다. 따라서 프레젠터가 자신들의 문제를 예상을 뛰어 넘는 미래지향적이고 진취적인 시각에서 해결책을 제시하여 결과적으로 〈큰 기대〉를 갖게 하지 않으면 안 된다는 것이다. 평범한 제안으로는 수동적인 오디언스의 주목을 얻을 수 없게 된다. 더불어서 이런 〈기대〉를 현실화할 수 있는 능력에 대한 〈신뢰〉를 얻는 것이 최종적인 의사결정을 얻어내는 방법이 된다.

이러한 프레젠터의 말에 귀 기울이게 하기 위해서는 콘텐츠를 구성함에 있어서 '무엇을 이야기할 것인가?'를 고민하는 것 보다는 '오디언스가 무엇을 듣고 싶어할 것인가?' 또는 '어떤 말에 귀 기울일 것인가?'를 먼저 생각해야 한다. 또한 프레젠테이션 콘텐츠는 오디언스의 주목을 놓치지 않기 위해 항상 가장 간결하고 쉽게 만드는 '빼는' 작업이 매우 중요하다.

Q2 가장 인상 깊었던 프레젠테이션 에피소드는?

2004년쯤에 있었던 프레젠테이션에서의 경험이다. 그 회사는 공기업이었는데 광고 프레젠테이션 의사결정에 대한 논란이 많았던 시기였다. 그 당시 많은 고민을 하다가 결론적으로는 그 광고를 직접 보게 되는 일반 소비자를 프레젠테이션의 의사결정자로 하게 되었다. 회사의 담당팀이나 중역들의 결정은 일반인들의 광고 수용과 거리가 있다는 이유 때문이었고 모든 결정은 오로지 프레젠테이션에 참석한 일반 소비자의 채점에 맡기기로 했다. 어떤 면에서는 매우 옳은 결정이라고 할 수 있지만 보통 클라이언트의 광고 담당 라인을 대상으로 프레젠테이션을 하던 광고회사의 관행과는 달라서 고민이 많았다.

특히나 어려웠던 것은 채점단으로 참석한 일반 소비자들의 공통점이 전혀 없다는 것이었다. 광고 소재가 전 국민을 대상으로 하는 기업이미지였기 때문에 채점단은 20대, 30대, 40대 남녀를 고루 섞어 구성되었다. 어느 한 그룹에도 집중할 수 없는 상황이었다.

많은 고민을 거듭한 후에 팀에서는 기본적인 전략적 설명을 모두 배제하기로 하였다. 광고 담당자들에게는 중요한 부분이지만 일반 소비자들은 알기도 어렵고 알 필요도 없는 부분이기 때문이었다. 대신에 프레젠테이션 시간을 모두 전국민을 대상으로 하는 '아주 긴 광고'로 생각하고 구성하였다. 그 당시 프레젠테이션 시간은 약 30분 정도였는데 모든 시간을 광고 같은 콘텐츠로 구성하고 자세하고 흥미를 끌 소재와 사례들을 연결시켜 보여 주었다.

이런 구성을 통한 프레젠테이션은 시종일관 화기애애하고 즐거운 분위기로 진행되었고 결과도 승리로 끝났다.

060 · "프레젠테이션은 연극이다"
– 현직 광고회사 AP팀장 –

Q1 내가 생각하는 프레젠테이션이란?

프레젠테이션이란 한편의 연극이다. 연극의 3요소는 희곡, 배우, 관객이라고 한다. 이에 빗대어 프레젠테이션의 3요소를 말한다면 프레젠테이션 원고, 프레젠터, 클라이언트라고 할 수 있겠다.

프레젠테이션 원고는 듣는 사람이 쉽고 강렬하게 받아들일 수 있도록 발표되기 전까지 다듬고 다듬고 또 다듬는다. 리허설을 하며 어디를 어떻게 강조하고 페이지와 페이지의 호흡은 어떻게 가지고 갈 것인가를 고민한다. 희곡이 작가의 인생관과 경험, 재치, 필력 등이 결합된 결과물이라면 프레젠테이션 원고 역시 프레젠테이션을 준비한 사람의 그것들이 녹아 있는 작품이다.

배우의 역할을 하는 사람은 프레젠터다. 그는 프레젠테이션의 주인공이다. 듣는 사람의 표정이나 반응을 보고 애드립을 할 때도 있지만 거의 대부분은 사전에 준비된 것이다. 준비가 철저할수록 청중을 몰입시킬 가능성이 높아진다.

프레젠터 외에도 이 프레젠테이션을 위해 노력한 수많은 사람들이 광고회사에는 존재한다. 그들 하나 하나가 모두 보이지 않는 조역들이다. 단지 현실적으로 소수의 프레젠터만이 무대 위로 올라가지만 그들은 프레젠테이션을 빛나게 하기 위해서 수많은 회의에서 싸우고 타협하고 짜낸다.

누구는 음악에 깊은 조예가 있고, 누구는 역사에 누구는 트렌드에 누구는 미술에 조예가 깊다. 그들이 치열할수록 프레젠테이션은 풍부해지고 수준 높아진다.

클라이언트는 프레젠테이션에서 어떤 역할을 할까? 단지 연극이 좋으면 감동하고 남들에게 추천하는 관객과 같은 사람들인가? 클라이언트는 프레젠테이션에서 더 결정적인 역할을 한다. 광고회사는 클라이언트의 배경, 취향 등등을 사전에 파악하고 있다. 프레젠터가 클라이언트에게 전달하고 싶은 말은 클라이언트가 익숙한 언어나 취향으로 각색될 때 보다 효과적이다. 아마도 어떤 프레젠터가 숫자나 근거에 기초해 프레젠테이션을 하고 있다면 클라이언트는 이성적이고 신중한 선택을 하는 사람일 가능성이 높다.

Q2 가장 인상 깊었던 프레젠테이션 에피소드는?

컨셉을 전달하기 위해서는 언어적 수단 이외에도 이해를 돕기 위해 관련 이미지를 많이 사용한다. 좀 오래되어서 이제는 어떤 컨셉을 팔려고 했는지 기억이 확실치 않지만 그 당혹스러웠던 기억은 아직도 잊을 수 없다.

당시 아마도 progressive, evolving이런 단어와 연관된 컨셉을 전달하려고 했던 것 같다. 그래서 유인원부터 현생인류까지 진화하는 모습의 그림을 인터넷에서 구해 프레젠테이션 원고에 삽입했다. 많은 이미지 중 하나였고 우리는 사전에 어떤 문제도 인식하지 못했다.

그런데 보고를 들으시던 분이 갑자기 화를 내시며 프레젠테이션을 난감한 상황으로 몰아가셨다. 그분의 말씀의 요지는 진화론은 말이 안 된다는 것이었다. 알고 보니 그분은 대형교회의 장로이셨던 것.

매우 당황했지만 어찌 수습이 안 되는 상황이었다. 진땀을 흘리면서 그분의 화가 풀리길 기다렸던 기억이 잊혀지지 않는다.

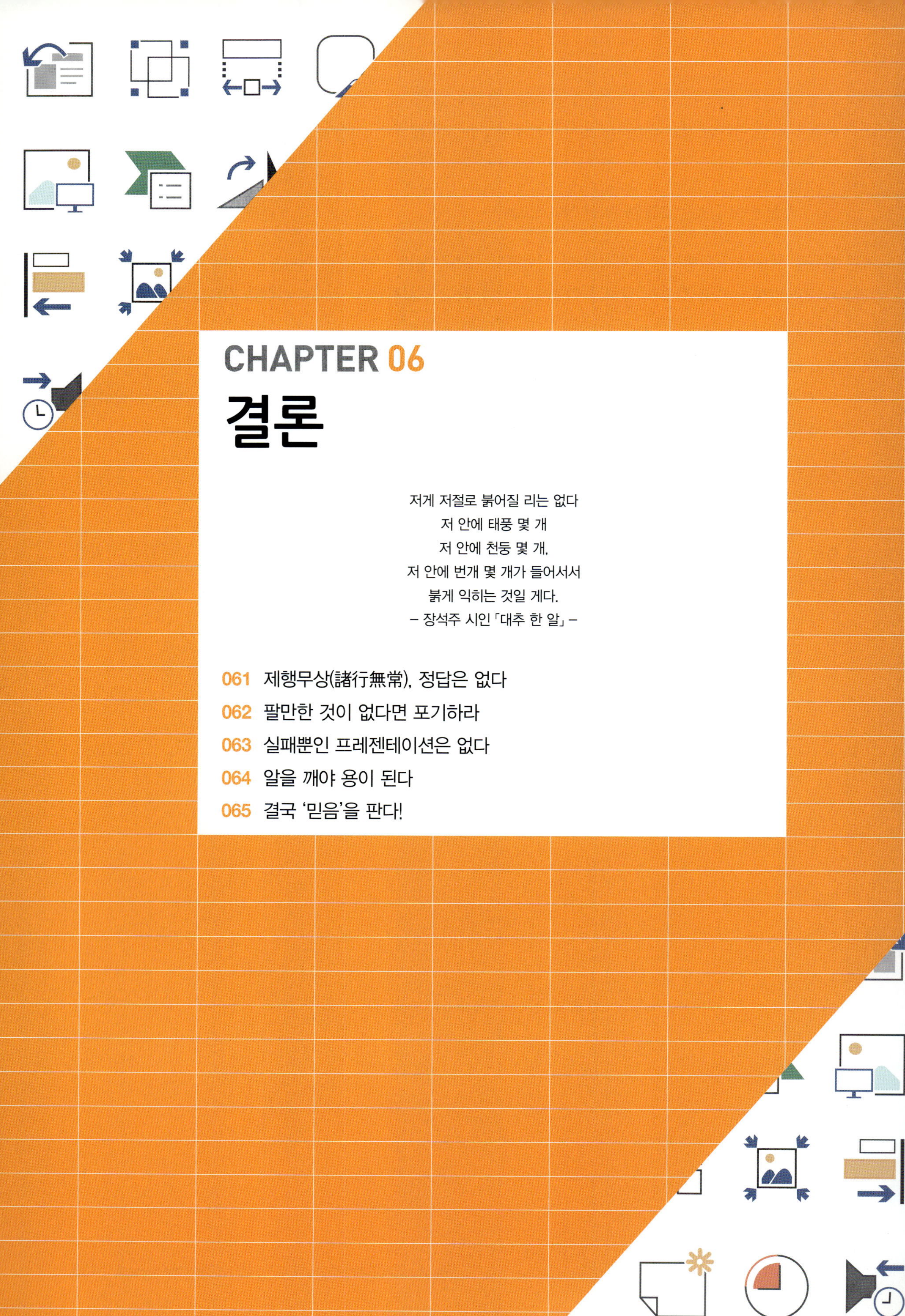

CHAPTER 06

결론

저게 저절로 붉어질 리는 없다
저 안에 태풍 몇 개
저 안에 천둥 몇 개,
저 안에 번개 몇 개가 들어서서
붉게 익히는 것일 게다.
– 장석주 시인 「대추 한 알」 –

"제행무상(諸行無常), 정답은 없다"

불교의 중요한 원리 중 '제행무상'이라는 표현이 있다고 한다. 모든 것은 멈추어 있지 않고 변한다는 뜻이다. 종교적 원리를 이해하라는 것이 아니라 이처럼 우주만물이 변하듯이 프레젠테이션도 세상과 함께 늘 변하고 있다는 것을 이해하길 바란다는 것이다.

프레젠테이션을 하는 물리적 장비도 공간도 당연히 늘 변화하고 있다. 선호하는 프레젠터의 모습도 변한다. 따라서 어떻게 하면 프레젠테이션을 잘 할 수 있는가에 대한 정답은 없다. 만약 만고불변의 정답이 있다면 항상 동일하게 그 정답에 맞추어서 하면 된다. 하지만 그런 것은 없다. 시간이 변하고 공간이 변하고 오디언스가 변하고 우리도 변한다. 이러한 관계 속에서 스스로 자신만의 최선의 모습을 찾아야 한다. 앞서 기술한 것들은 모두 기본적인 것에 대한 설명일 뿐이고 현재 입장에서 쓴 것뿐이다. 읽었고 이해했다면 각자 스스로 최선의 프레젠테이션 방법을 찾아야 한다.

오히려 좋은 프레젠테이션은 그 자체로 혁신적이어야 한다고 생각한다. 프레젠테이션은 문제에 대하여 뭔가 새로운 해결책을 제시하는 것이라면 프레젠테이션 자체도 새로운 것이 좋다는 것이다. 하지만 얼마나 어느 면에서 새로워야 하는가는 각자의 몫이다.

"팔만한 것이 없다면 포기하라"

프로젝트를 진행하면서 가장 괴로운 상황은 새로운 해결책이 없는 상황일 것이다. 그럼에도 불구하고 프레젠테이션을 실시하는 경우를 종종 보게 된다. 분명 딜레머일 것이다. 어떠한 문제도 척척 획기적인 해결책을 내놓아야 한다는 것이 스스로를 힘들게 할 것이다.

하지만 그럴 경우에는 과감하게 프레젠테이션을 포기하는 것이 좋다. 고객이 흔쾌히 살만한 좋은 물건이 없다면 나쁜 물건을 파는 것보다 아예 팔지 않는 것이 좋은 이치와 같다. 한번 잘못한 프레젠테이션은 하지 않는 것보다 못하다.

완전히 포기하는 것이 어렵다면 솔직히 상황을 설명하고 시간을 더 얻어내거나 이번은 빠지고 다음을 기약하는 것이 좋은 방법이다.

063   # "실패뿐인 프레젠테이션은 없다"

흔히 프레젠테이션에서 제시한 해결책이 채택되지 않으면 "프레젠테이션에서 졌다"라고 표현한다. 그리고는 모든 것들이 잘못되었다고 자책하고 팀원들 서로가 힘들어 하게 된다.

하지만 패배에서도 얻을 수 있는 것이 반드시 있다. 어떤 회사에서는 실패한 프레젠테이션을 리뷰하는 공식적인 자리를 가지는 회사도 있다. 벌을 주려는 것이 아니고 좋은 점을 찾아내고 보완할 부분을 찾는 것이다. 이런 노력이 다음의 성공을 만들어 낼 수 있다.

실패는 어쩔 수 없는 사실이지만 모든 것을 잃는 것은 아닌 것이다. 특히 비록 프레젠테이션 프로젝트가 실패했다고 하더라도 젊은 팀원들을 길러 내는 것은 분명한 소득이다.

"알을 깨야 용이 된다"

프레젠테이션을 진행하다 보면 어느 순간 큰 벽을 만나는 느낌을 받게 된다. 아이디어를 낼 때, 논리를 정리할 때, 슬라이드 디자인을 할 때, 프레젠터가 되었을 때 매 순간마다 그런 느낌을 받을 것이다.

세상을 제압하는 거대한 용도 처음에는 자신을 둘러 싼 알을 깨는 고난의 과정이 있었다. 프레젠테이션을 진행하면서 만나는 벽들은 마치 어린 새끼가 단단한 알을 깨는 것과 같은 극복의 과정을 통해 깨고 넘어서야 한다. 그 벽을 넘지 못하면 그 다음 벽은 만나지도 못하게 된다. 그렇다면 프레젠테이션의 세계를 포기할 수 밖에 없어진다. 많은 사람들이 그 벽을 못 넘는 것을 보아왔다. 그렇기에 어렵지만 극복한 사람의 미래는 밝다.

힘든 만큼 얻게 된다. 힘들지 않고 얻는 것은 없다. 이빨을 꽉 깨물고 어둡고 높은 벽을 깨부수고 넘어서 보라.

065 **"결국, 믿음을 판다!"**

프레젠테이션에서 가져야 할 자세는 '자신감'이며, 오디언스에게 전달해야 할 요소는 '능력, 열정, 정직'이라고 앞서 설명했다. 이것을 한마디로 정의한다면 '믿음'이라고 할 수 있을 것 같다.

프레젠테이션에서 제시하는 해결책은 현재 세상에 존재하는 것이 아니다. 미래의 계획일 뿐이다. 따라서 의사결정권자가 우리 팀의 프레젠테이션을 선택하는 것은 우리가 제시한 해결책의 성공을 믿는 것이다. 그 성공에 대한 믿음의 근거가 부분적으로는 막연한 자신 있는 태도이거나, 구체적인 아이디어이거나, 작은 정성일 수도 있다. 하지만 그것이 무엇이다 하더라도 최종적으로 "우리를 믿는다"라는 것을 얻어 내야 하는 것이 목적이 되는 것에는 차이가 없다.

'믿음'을 획득하기 위해 모든 것이 조금씩 포인트를 쌓을 수 있어야 하고 그것에 정조준되어야 한다.

파워포인트 2013 마스터링 북

1판 1쇄 인쇄 2013년 6월 25일
1판 1쇄 발행 2013년 6월 30일

지은이	김민구 · 오병관 · 음준식
발행인	이미옥
발행처	디지털북스
정가	23,000원
등록일	1999년 9월 3일
등록번호	220-90-18139
주소	(143-839)서울 광진구 능동 253-21
새주소	(143-849)서울 광진구 능동로 32길 159
전화번호	(02)447-3157~8
팩스번호	(02)447-3159

저자합의
인지생략

ISBN 978-89-6088-123-5 (13000)

D-13-11

파워포인트 2013 마스터링 북